Karsten Geisler

Typografie

Das umfassende Handbuch

Rheinwerk
Design

Liebe Leserin, lieber Leser,

in einer Welt, die von digitalen Medien geprägt ist, könnte man meinen, dass Typografie an Bedeutung verliert. Doch genau das Gegenteil ist der Fall. Mehr denn je sind wir umgeben von Schriftbildern, die unsere Aufmerksamkeit auf sich ziehen, unsere Emotionen wecken und Botschaften prägen. Vom gedruckten Buch bis zur Webseite, vom Plakat bis zur App – Typografie ist allgegenwärtig und unverzichtbar.

Typografie arbeitet dabei oft im Verborgenen. Die Wahl einer passenden Schrift wird dem Betrachtenden nicht sofort ins Auge springen, die Verwendung des korrekten Apostrophs vielleicht ebenso wenig, aber unterschwellig verfügt gute Typografie über eine starke kommunikative Kraft. Daher werden Sie in diesem Buch erfahren, wie Sie die richtige Schriftart wählen, den perfekten Zeilenabstand finden und Harmonie auf einer Seite schaffen. Zudem bietet es wichtiges Hintergrundwissen über die Geschichte der Schrift, über technische Aspekte und nicht zuletzt über Web-Typografie.

Was ich besonders an diesem Buch mag, sind die liebevollen Details, mit denen es gestaltet wurde: Viele Typobeispiele zeigen die Praxisanwendung, und umfangreiche Schriftporträts stellen wichtige Schriften vor. Ein weiteres Plus für Typobegeisterte sind die Zusatzkapitel, die kostenlose, vertiefende Informationen bieten. Sie finden sie auf der Website zum Buch unter *www.rheinwerk-verlag.de/4083*. Direkt oben sehen Sie den Reiter »Materialien«, unter dem Sie die Dokumente herunterladen können.

Ihre Ruth Lahres
Lektorat Rheinwerk Design
ruth.lahres@rheinwerk-verlag.de

Rheinwerk Verlag • Rheinwerkallee 4 • 53227 Bonn
www.rheinwerk-verlag.de

Auf einen Blick

Wir hoffen, dass Sie Freude an diesem Buch haben und sich Ihre Erwartungen erfüllen. Ihre Anregungen und Kommentare sind uns jederzeit willkommen. Bitte bewerten Sie doch das Buch auf unserer Website unter **www.rheinwerk-verlag.de/feedback**.

An diesem Buch haben viele mitgewirkt, insbesondere:

Lektorat Ruth Lahres
Korrektorat Petra Bromand, Düsseldorf
Herstellung Denis Schaal
Typografie und Layout Vera Brauner, Christine Netzker
Einbandgestaltung Mai Loan Nguyen Duy
Autorenfoto Cover © Ralf Bauer, atelier-ralfbauer.de
Satz Karsten Geisler
Druck Firmengruppe Appl, Wemding

FSC www.fsc.org MIX Papier | Fördert gute Waldnutzung FSC® C004592

Dieses Buch wurde gesetzt aus der Syntax Next (9,75 pt/14 pt) in Adobe InDesign.

Gedruckt wurde dieses Buch mit mineralölfreien Farben auf matt gestrichenem, FSC®-zertifiziertem Bilderdruckpapier (115 g/m²).

Hergestellt in Deutschland.

Bibliografische Information der Deutschen Nationalbibliothek:
Die Deutsche Nationalbibliothek verzeichnet diese Publikation in der Deutschen Nationalbibliografie; detaillierte bibliografische Daten sind im Internet über *http://dnb.dnb.de* abrufbar.

ISBN 978-3-8362-4066-6

1. Auflage 2024

Informationen zu unserem Verlag und Kontaktmöglichkeiten finden Sie auf unserer Verlagswebsite **www.rheinwerk-verlag.de**. Dort können Sie sich auch umfassend über unser aktuelles Programm informieren und unsere Bücher und E-Books bestellen.

Inhalt

1 Sehen lernen: Eine Einführung

2 Das Schriftzeichen

BDEFHIJK
LNPRTUY

3 Wort, Zeile, Absatz

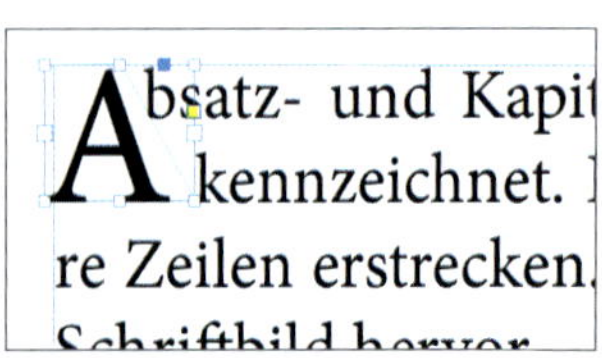

4 Schriftgeschichte und Schriftklassifikation

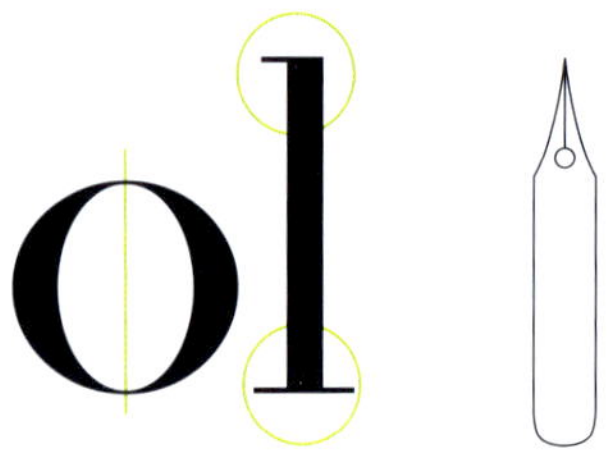

5 Layout und Gesamtkomposition

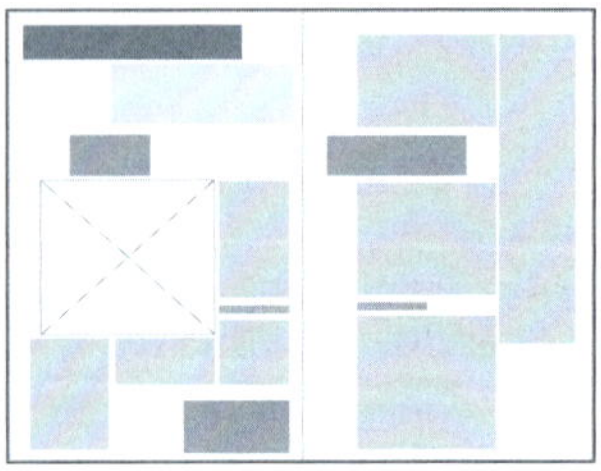

© iStock: yulkapopkova

6 Die richtige Schrift

7 Mikrotypografie

Leerer Raum
Leerer Raum
Leerer Raum

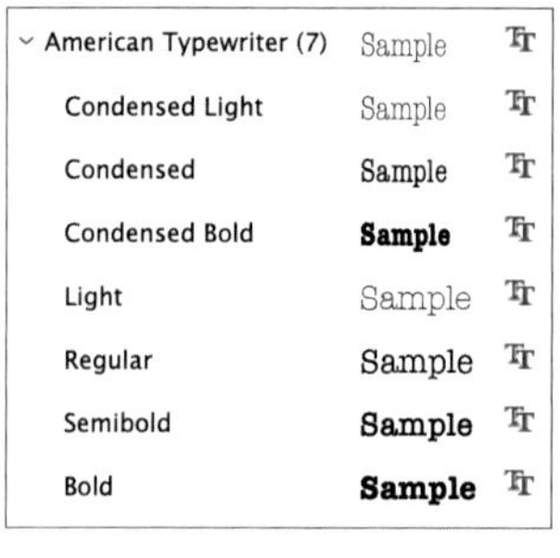
American Typewriter (7) Sample
Condensed Light Sample
Condensed Sample
Condensed Bold Sample
Light Sample
Regular Sample
Semibold Sample
Bold Sample

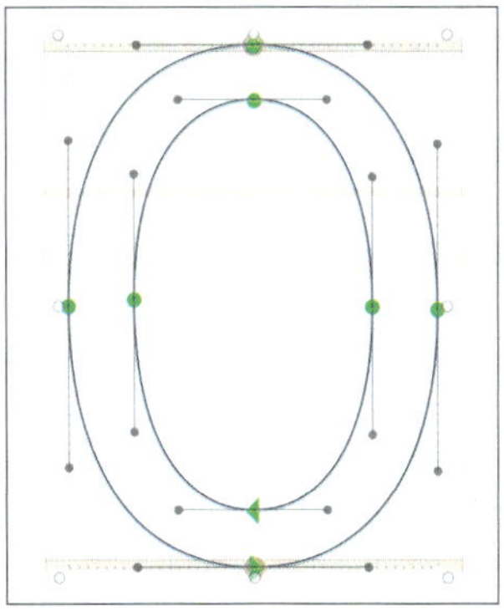

9 Web-Typografie

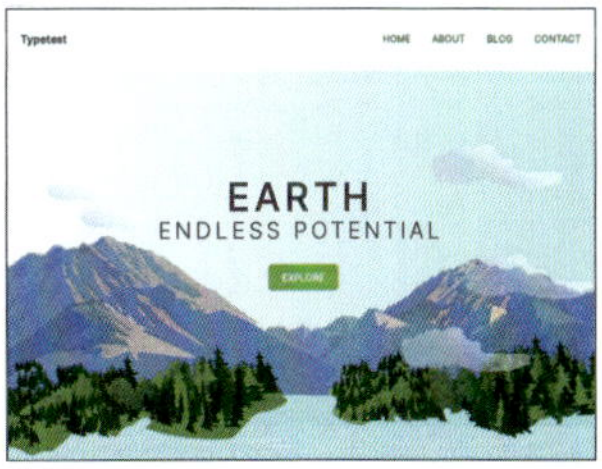

Schriftporträts

eok
Garamond

Mil1
Fira Code

Rags
Memphis

eok
Univers

Kapitel 1

Sehen lernen: Eine Einführung

Lernen Sie Schrift mit neuen Augen zu sehen. So selbstverständlich für uns der Umgang mit Schrift ist, so ungewohnt ist es zunächst, die Besonderheiten einzelner Schriften bewusst wahrzunehmen. Tauchen Sie ein in die spannende und überraschende Welt der Schriften.

1.1 Schrift ist überall

© Aaron Burden, unsplash.com

© Nick Morrison, unsplash.com

© Ashni, unsplash.com

▲ **Abbildung 1.1**
Schrift ist überall

Zum Sprechen und Verstehen von gesprochener Sprache brauchte niemand von uns zur Schule zu gehen. Sprechen lernen Kleinkinder in ihren ersten Lebensjahren sozusagen nebenbei. Für das Erlernen von Lesen und Schreiben hingegen reicht das Imitieren der Eltern und anderer Bezugspersonen nicht mehr aus. Deshalb steht hierfür der Schulbesuch an. Besondere Probleme bereitet das Erlernen von Lesen und Schreiben im Normalfall nicht, und deshalb wird diese eigentlich bemerkenswerte Leistung als gegeben und als selbstverständlich hingenommen. Tatsächlich kommen Kinder in der Grundschule durch das Erlernen von Lesen und Schreiben mit einer der größten Kulturleistungen der Menschheit überhaupt in Berührung: der Schrift!

Die westliche moderne Kultur hätte ohne Schrift nämlich ein anderes Gesicht, ein anderes Aussehen und würde ganz sicher auch anders funktionieren. Denn: ein Großteil der modernen Welt fußt auf dem Verfassen, dem Austausch und dem Lesen von Texten.

Versuchen Sie nur einmal, sich einen Supermarkt ohne Text vorzustellen: Hinweisschilder für Regale, Kennzeichnung von Produkten, Preise, Mengen, Gewichtsangaben, Verfallsdatum. Diese Angaben würden ohne Schrift nicht funktionieren. Dasselbe gilt für

Geld: Wie sollte man Geldmengen allgemeingültig ohne ein Zähl- und Schriftsystem festlegen oder austauschen? Personalausweise, Fahrpläne, Stadtpläne, Adressen beinhalten Informationen, die über Text ausgetauscht werden. Auch eine Geschichtsschreibung ist – wie schon im Wort selbst abzulesen – ohne Schrift undenkbar.

Genauso grundlegend ist der Gebrauch von Text auch in jüngeren Berufsfeldern. Webprogrammierer und -programmiererinnen schreiben Text, den Code, um Webseiten zu programmieren. Auch der Quellcode von Programmen ist zunächst nichts anderes als Text. Literatur, Zeitungen und Magazine basieren selbstverständlich auch auf Text.

▲ **Abbildung 1.2**
Auch im öffentlichen Raum spielt Schrift – etwa für die Orientierung – eine zentrale Rolle.

Sammeln Sie Alltagstypo
Um ein »typografisches Auge« zu entwickeln, können Sie eine eigene Sammlung von Typofundstücken anlegen. Machen Sie sich einfach mit Handykamera auf die Suche, und legen Sie eine digitale Sammlung von typografischen Beispielen an. Lichten Sie Beispiele ab, die Ihnen gefallen, oder auch solche, die nicht unbedingt Ihrem Geschmack entsprechen, aber dennoch professionell gestaltet sind. Ein Gratistool zum Sammeln ist z. B. *evernote.com*. Damit können Sie bequem per Smartphone und Browser Fundstücke erstellen, verwalten und mit Schlagwörtern versehen.

Die beiden genannten Umstände – erstens das frühe, quasi unbewusste Lernen von Lesen und Schreiben und zweitens die Fülle an textlichen Informationen im Alltag – stellen zunächst eine Herausforderung dar, wenn man beginnt, sich ernsthaft mit Schrift zu beschäftigen. Denn wie soll man sich etwas bewusst machen, das einem so selbstverständlich wie Schrift ist?

Nichts ist selbstverständlich | Selbstverständliches ist nur schwer ins Bewusstsein zu bringen. Sie kennen dieses Phänomen vom Thema »Gesundheit«: Solange man keine Beschwerden hat, sagt man sich nicht ständig etwa »klasse, keine Kopfschmerzen«. Normalerweise nehmen wir noch nicht einmal wahr, dass wir keine Schmerzen haben. Aber wenn man z. B. Kopfschmerzen bekommt, wird einem der praktisch unermessliche Wert von Gesundheit bewusst.

Und genauso mag es Ihnen ja auch bei Schrift gehen: Schauen Sie sich also von nun an Schrift und Text mit einem neuen Blick an, und versuchen Sie, Schrift bewusst wahrzunehmen. Seien Sie gespannt, wo Sie überall Schrift antreffen und welche enorme Spannweite an unterschiedlichen Schriften Sie kennenlernen werden. Falls das Thema Typografie neu für Sie ist, werden Sie eine ganz neue Sicht auf Dinge entwickeln.

Times

Die Times, 1932 von Stanley Morison entworfen, war für die gleichnamige Tageszeitung konzipiert. Wie die Arial ist auch sie auf allen Windows- und Mac-Rechnern verfügbar, was den inflationären Einsatz erklärt. Wegen der enormen Verbreitung der Times kann man diesem Arbeitspferd keine Originalität mehr nachsagen. Denn das ist wohl das Los aller Originale: Ab einer großen Verbreitung ist das, was vorher als originell wahrgenommen wurde, nur noch gewöhnlich.

Die Times wird nach wie vor sehr häufig in Zeitungen und Zeitschriften als Fließtextschrift verwendet. Die nüchterne Anmutung dieser Schrift transportiert Inhalte sehr zurückhaltend, die hervorragend lesbare Schrift fällt selbst nicht auf.

1.2 Bekannte Schriften am Beispiel: Arial und Times

Lassen Sie mich mit den beiden bekanntesten Schriften beginnen. Die meisten von Ihnen dürften die beiden Schriften Arial und Times kennen. Vielleicht gelingt es Ihnen sogar, sich ein paar Besonderheiten der jeweiligen Schrift vorzustellen?

Serifen | Was Sie sicher vor Augen haben: Die Times hat Häkchen und Füßchen an den Zeichenenden.

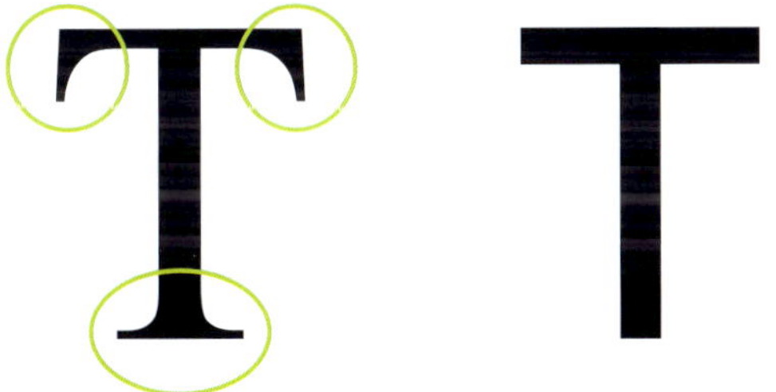

Diese Häkchen sind die sogenannten Serifen. Bei der Times (links) sind sie deutlich zu sehen. Im Gegensatz zur Times hat die Arial (rechts) keine Serifen, sie ist »serifenlos«.

Serife

Neben der in Fachkreisen gängigen Bezeichnung Serife gibt es auch den weniger gebräuchlichen, dafür aufschlussreichen Begriff »Endstrich«. Genau das ist nämlich eine Serife: ein (meist querliegender) Strich am Ende der eigentlichen Zeichengrundform.

Standardschriften | Bevor wir weiter in das Thema Buchstabenformen einsteigen: Warum sind die Times und die Arial so bekannt? Warum oder woher kennen Sie sie? Ganz einfach, weil sie in *der* Textbearbeitung – Microsoft Word – die absoluten Standardschriften sind. Die Times und besonders die Arial sind nicht so bekannt

Schlechte Schriften?

Schlechte Schriften gibt es eigentlich nicht. Die entscheidende Frage ist: Passt die Schrift in den Kontext? So passt die Arial in den Büroalltag, aber kaum in einen Kontext, in dem typografische Gestaltung eine wichtige Rolle spielt.

Kommunikation auf mehreren Ebenen

Sie werden im Laufe dieses Kapitels erfahren, dass es eine reine Informationsübermittlung nur in absoluten Ausnahmefällen gibt. Zwischenmenschliche Kommunikation findet nämlich *immer* auf mehreren Ebenen statt. Und deshalb ist es eben auch nicht so ganz egal, ob Sie die Standardschriften Arial oder Times oder vielleicht doch besser andere Schriften benutzen.

Unbeliebte Schriften

Im Internet finden Sie manche Listen mit Schriften, die von Designerinnen und Designern – um es nett auszudrücken – eher nicht benutzt werden. Auf solchen Listen finden Sie garantiert die folgenden beiden Fonts: Comic Sans und Arial.

und weit verbreitet, weil diese Schriften über besondere ästhetische Merkmale verfügen würden. Andersherum gesagt: Ohne Word hätten sich weder die Times noch die Arial so weit in unseren Gedächtnissen verankern können, dass auch typografisch ungeschulte Personen sogar ihre Schriftnamen kennen. Sie können ja mal selbst den Test machen und im Bekannten- und Freundeskreis nach Schriftnamen fragen: Arial und Times werden auf jeden Fall genannt werden!

In der Schule werden bei den ersten Referaten die Arial oder Times verwendet, und auch Vorgaben zum Verfassen wissenschaftlicher Arbeiten beziehen sich häufig auf die Times. Sowohl die Times als auch die Arial sind nunmehr bewährte Schriften. Wohlgemerkt: bewährt in einem Kontext, bei dem es *nicht* um Gestaltung geht. Handouts für Referate, Bachelor- und Masterthesis und Texte in der Bürokommunikation müssen vor allem eines: funktionieren. Funktionieren im Sinne von »Weitergabe von Informationen«. Fragen der Ästhetik oder Lesbarkeit spielen in diesen Kontexten leider selten eine Rolle.

Details sind entscheidend | So viel schon einmal an dieser Stelle: Die Arial wird im Kommunikationsdesign praktisch nie verwendet. Das liegt an einzelnen Zeichenformen, die der Arial einen eher »ungestalteten« Charakter geben.

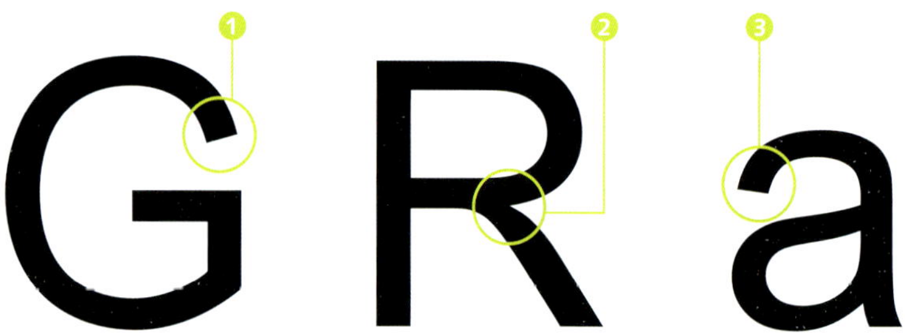

Das Arial-»G« zeigt im gesamten Bogen eine seltsame Unwucht. Das Ende des Bogens ❶ läuft optisch nicht in den Stamm unten. Das »R« ist sehr breit aufgestellt, das Bein läuft oben sehr schmal in den Bauch ❷. Ein auffälliges Detail dieser Schrift sind die schrägen Abschlüsse, die Sie hier beim »G« ❶ und »a« ❸ sehen. Generell wirkt die Arial eher ungelenk.

Ich kann mir sehr gut vorstellen, dass Sie sich bei diesem Beispiel zwei Fragen stellen. Zum einen, ob solche Buchstabendetails überhaupt ins Gewicht fallen, wenn man die Arial in einer üblichen, also viel kleineren Schriftgröße liest. Ja, denn genau solche Details entscheiden über die Anmutung einer Schrift. Bei den meisten Schriften reichen auch wenige Zeichen, um eine Schrift zweifelsfrei zu erkennen. Sie werden im Laufe dieses Buches noch eine Vielzahl solcher manchmal winziger Details kennenlernen, die über das Aussehen und die Wirkung von Texten entscheiden.

Und zum anderen fragen Sie sich vielleicht, ob Sie sich solche Details überhaupt werden merken können. Aber sicher, denn Sie können Ihr Auge und Ihr visuelles Gedächtnis immer weiter schulen. Und wenn Sie sich viel mit Schriften beschäftigt haben, werden Sie bei wichtigen Schriften irgendwann nicht mehr auf Einzelheiten wie das Arial-»G« und -»a« achten müssen, um die Arial in einem beliebigen Text zu erkennen. Denn dann erkennen Sie eine Schrift schon am charakteristischen Schriftbild. Damit ist das Aussehen eines Textes im Ganzen gemeint und eben nicht das Aussehen einzelner Zeichen.

Handwerkerschrift

Neben dem Gebrauch der Arial im Büroalltag können Sie diese unästhetische Schrift sehr oft auf Lieferwagen von Handwerksbetrieben und auf LKWs zahlreicher Transportunternehmen sehen.

Die Wirkung von Arial und Times | Bevor Sie einen routinierteren Blick für Typografie und die diversen Details entwickeln, werden Sie schon die Arial und die Times in eine zeitliche Beziehung setzen können: Welche Schrift wirkt älter, altertümlicher, welche ist vermutlich neueren Datums und wirkt moderner?

Times Arial

Die meisten typografischen Laien sagen hier ohne Zögern, dass die Times älter ist als die Arial. Das ist richtig und offenbart einen ganz entscheidenden Punkt innerhalb der visuellen Kommunikation. Wir nehmen visuelle Eindrücke zumeist unbewusst wahr. Und unsere Einschätzung des visuell Erlebten (z. B. über das Alter einer Schrift oder die emotionale Wirkung) läuft dementsprechend auch meist unbewusst ab. Und das geschieht in so kurzer Zeit, dass wir das Sehen und die unbewusste Empfindung als einen Eindruck wahrnehmen. Das gilt umso mehr für Menschen, die keinen bewussten Umgang mit Typografie haben.

Und wenn schon das Alter einer Schrift unbewusst wahrgenommen wird, ist es sicher nur noch ein kleiner Schritt dahin, zu sagen, dass Inhalte, die in der Times gesetzt sind, älter wirken als ein Text, der in Arial gesetzt wurde. Oder zumindest traditioneller, kon-

Beruf Designer*in

Das Klischee »Designer und Designerinnen machen Sachen schön« bezieht sich darauf, dass sie sich ausschließlich um die Form kümmern. Dass zum »Verschönern« eines Textes ein Verständnis des Inhaltes gehört, ist vielen nicht klar.

Form follows Content

Um eine schlüssige Gestaltung mit einer passenden Schrift zu konzipieren, müssen Sie sich zunächst mit dem Inhalt, den Sie transportieren wollen, beschäftigen. Denn der Inhalt ist unlösbar mit der Form verbunden.

servativer, seriöser, aber vielleicht auch wertiger, überzeugender. Und Texte in Arial: moderner, zeitgemäßer, jugendlicher, frischer, lebendiger.

Ich habe an dieser Stelle bewusst auf wertende Adjektive wie besser und schlechter verzichtet. Denn darum geht es: Times ist nicht besser als Arial. Aber auch nicht schlechter. Es kommt zum einen darauf an, welchen Inhalt ein Text hat, und zum anderen, in welchem Kontext der Text wahrgenommen werden wird. Ohne sich mit dem Inhalt und dem Umfeld beschäftigt zu haben, ist die Suche nach einer zum Inhalt und Kontext passenden Schrift ziemlich sinnlos.

Arial = schlechte Helvetica

Die grundsätzliche Idee hinter der Arial war es, eine serifenlose Schrift zu entwickeln, die in den Zeichenbreiten exakt der Helvetica entsprach. Texte in Helvetica bzw. Arial sollten einen identischen Umbruch haben: also dieselben Zeilenlängen und Worttrennungen sollten an denselben Stellen sein.

Auf Times und Arial bezogen können wir festhalten, dass man sich bei Verwendung dieser Schriften in das Heer der ungezählten Office-User einreiht, denen es nicht in erster Linie auf die visuelle Wirkung ihrer Word-Dokumente und PowerPoint-Präsentationen ankommt. Das klingt arroganter, als es gemeint ist, denn nicht jeder kann und will sich mit Gestaltung beschäftigen. Und davon abgesehen finde ich die Vorstellung auch sehr reizvoll, den Inhalt über die Form zu stellen. Nur: die meisten von uns nehmen ihre Umwelt nicht so unvoreingenommen wahr, dass ein Inhalt unabhängig von seiner Form wahrgenommen werden könnte. Das können Sie an folgenden Beispielen selbst überprüfen und werden sehen, dass sich die Aussage des Textes über unpassende Schriften sogar in ihr Gegenteil verkehren kann.

tRAUeRHALLe | LiEBESLEBEN

Heavy Metal | Eckkneipe

OrdnUngshÜter | Spaceshuttle

Hochzeitsalbum | Dönerkette

Niemand würde bei dem Trauerhalle-Beispiel wirklich an Trauer denken. Dafür ist die verwendete Synthemesc viel zu kindlich-verspielt, zu quirlig. Das bedeutet, dass die Schrift den Inhalt überdeckt und einen ganz entscheidenden Einfluss auf die Wahrnehmung des Inhaltes hat. Bei der romantischen Snell Roundhand haben wir keine Rockgitarren, die an Verstärkertürme angeschlossen sind, vor Augen. Hier stellen wir uns eher ein Spinett oder ein Streichquartett vor. Der Ordnungshüter in der Adolescence lässt uns vielleicht an eine Punkband denken, die mit der Ästhetik von Erpresserbriefen spielt, aber das Bild eines Polizeibeamten werden Sie beim Lesen dieses Wortes kaum vor Augen haben. Das Hochzeitsalbum in der DIN ist vielleicht Geschmackssache, die technische Wirkung dieser Schrift ist in jedem Fall auffallend. Die brutale Mason Serif, in der das Liebesleben gesetzt ist, lässt vielleicht Bilder von mittelalterlichen Kerkern vor Ihrem inneren Augen entstehen? Die schreibmaschinenartige Letter Gothic ist wieder eine überraschende Schriftwahl für eine gediegene Kölschkneipe. Das Spaceshuttle wird durch die Carol Gothic mal eben ein paar Jahrhunderte in das frühe Mittelalter gebeamt. Durch die edle Bodoni erhält die billige Dönerkette die Anmutung eines hochpreisigen Fashionlabels. Derartige Stilblüten entstehen, wenn gestaltet wird, ohne den Inhalt zu berücksichtigen. Vielleicht stimmen Sie nicht in allen Punkten mit meinen Interpretationen überein, aber diese Beispiele sollen klarmachen, welchen enormen Einfluss die Form auf den Inhalt hat.

Auch die beiden viel zitierten Merksätze »Man kann nicht nicht kommunizieren« (Paul Watzlawick) und »Der erste Eindruck zählt« beziehen sich auf zwischenmenschliche Kommunikation im Allgemeinen, gelten aber ebenso für die Kommunikation über andere Kanäle wie Printmedien, Internetseiten und E-Books.

Gestaltung sollte begründbar sein | Als Gestalter und Gestalterinnen sollten wir also wissen, was und warum wir etwas tun. Sonst laufen wir wie in den gezeigten Beispielen Gefahr, am Inhalt vorbeizugestalten. Da Kommunikationsdesign keine Wissenschaft ist, spielt auch immer der eigene Geschmack eine – wenn auch untergeordnete – Rolle. Und so bleibt beim Design immer ein Quäntchen Ungewissheit bestehen, was für mich mit den Reiz des Gestaltens ausmacht. Auf alle Fälle überzeugt ein Satz wie »Ich habe die Schrift ›ABC‹ verwendet, weil sie sich beim Lesen nicht in den Vordergrund drängt« mehr als »Ich habe die Schrift ›ABC‹ verwendet, weil sie mir gefällt«. Oder noch weniger überzeugend »... weil sie die erste im Schriftmenü war«.

Bevor ich Ihnen Alternativen zu Arial und Times vorstelle, schauen Sie sich die Times auf der folgenden Seite einmal genau an.

Gute Schriften kosten

Bei der professionellen Beschäftigung mit Typografie reichen Schriften, die mit dem Betriebssystem auf Ihrem Rechner installiert wurden, nicht mehr aus. Dann kommen Sie um Schriftlizenzen nicht mehr herum – und die kosten richtig Geld. So kann ein (!) Schnitt der Helvetica schon mal mit knapp 50€ zu Buche schlagen.

Apps: Arial vs. Helvetica

Falls Sie anfangs Mühe haben, Arial und Helvetica auseinanderzuhalten, können Sie sich auch spielerisch den Unterschieden widmen. Zumindest für iOS und Windows 10 und 11 gibt es Apps, mit denen Sie Ihr Auge schulen können. Auch ganze Webseiten wie *www.ironicsans.com/helvarialquiz* widmen sich den beiden Schriften.

Paul Watzlawick (1921–2007)

Der Philosoph, Psychotherapeut und Kommunikationswissenschaftler hat die Automatismen beschrieben, mit denen sich der Mensch seine eigene Wirklichkeit erschafft. Lesetipp: »Anleitung zum Unglücklichsein«

Times New Roman

Stanley Morison, 1932

Morison war Berater der Monotype Corporation, als er die Typografie der Londoner Tageszeitung Times überarbeiten sollte. Nach umfangreichen Tests kam er nicht nur zu dem Schluss, dass die Zeitung generell einer Neugestaltung bedurfte, sondern dass auch eine neue für den Zeitungsdruck optimierte Schrift zu entwickeln sei. Das überragend erfolgreiche Ergebnis hiervon ist die Times, die mittlerweile in verschiedensten Versionen vorliegt.

Als weitere wichtige Schrift hat Morison die Bembo gezeichnet, deren Vorlage auf Drucke aus dem 15. Jh. zurückgeht.

C G J a b g

Schriftdetails | Das große »C« weist nur oben eine Serife auf, unten fehlt sie. Das »G« hat einen ungewöhnlich langen Schaft. Das »J« endet unten auf der Schriftlinie. Der Bauch des »a« ist hoch angesetzt. Das »b« hat unten links keinen Fuß. Das Fähnchen beim »g« ist waagerecht angesetzt und ohne jegliche Modulation. Die Zeichendetails sind in den fetten und schrägen Versionen teils deutlich anders.

Blindtext in Times New Roman 9,5/13,75 pt | Zwölf Boxkämpfer jagen Viktor quer über den großen Sylter Deich. Franz jagt im komplett verwahrlosten Taxi quer durch Bayern. Die heiße Zypernsonne quälte Max und Victoria ja böse auf dem Weg bis zur Küste. Sylvia wagt quick den Jux bei Pforzheim. Jörg bäckt quasi zwei Haxenfüße vom Wildpony.

Times New Roman 32 pt

Chrysantheme **Jahresbeiträge**

Prothetik *Gemeinschaftspraxis*

Times New Roman Regular 25 pt

abcdefghijklmnopqrstuvwxyzßäöü
ABCDEFGHIJKLMNOPQRST
UVWXYZÄÖÜ1234567890?!&„“-–

Alternativen zu Arial und Times

Wenn Sie sich nun gegen diese äußerst verbreiteten Schriften entscheiden, welche Alternativen haben Sie? Das hängt natürlich auch davon ab, welche Schriften Ihnen überhaupt zur Verfügung stehen bzw. welche Schriften Sie auf Ihrem Rechner installiert und aktiviert haben. Die Schriften, die ich Ihnen nun vorstelle, gehören nicht zu den Standardfonts, die mit den Betriebssystemen Windows oder macOS installiert werden: Für diese Fonts müssen Sie Lizenzen erwerben.

Zeitungsschrift Excelsior

Neben der nach wie vor im Editorial-Design – der Gestaltung von Zeitungen, Magazinen, Broschüren und Büchern – stark verbreiteten Times finden Sie im Zeitungssatz auch die Excelsior.

Helvetica | *Die* Groteskschrift (d. h. Schrift ohne Serifen), die professionellen Gestaltungsansprüchen genügt und weltweit im Kommunikationsdesign am meisten verwendet wird, ist die Helvetica. 1957 von Max Miedinger und Eduard Hoffmann gezeichnet, hat die Helvetica eine konkurrenzlose Karriere gemacht. Keine andere Schrift kann es von der Verbreitung her mit diesem Schrift-Superstar aufnehmen.

Lassen Sie sich jedoch von der weltweiten extremen Verbreitung dieser Schrift nicht dazu verleiten, die Helvetica auch »einfach so« zu verwenden. Denn was viele machen, muss nicht auch für Ihre Gestaltungsaufgabe passen. Denn die Helvetica hat bei aller Eleganz und formalen Perfektion kein besonders hervorstechendes Merkmal, keinen deutlichen eigenständigen Charakter. Genau das macht sie einerseits zwar alltagstauglich, und deshalb war diese Schrift lange Zeit erste Wahl für Global Player. Große Firmen und Marken bieten weltweit eine große Bandbreite an Produkten und/oder Dienstleistungen an, und da kam die Helvetica gerade recht, um so viele verschiedene Leistungen unter ein gestalterisches Dach zu bringen. Andererseits wirken Texte in der Helvetica auch beliebig, gesichtslos.

Apple und die Helvetica

Helvetica Neue war die Basisschrift für das Betriebssystem iOS für Apples mobile Endgeräte wie iPhone und iPad. Durch das Betriebssystem OS X 10.10 »Yosemite« wurde die Helvetica Neue auch auf Desktoprechnern zur voreingestellten Schrift für die Bedienoberfläche. Mit OS X 10.11 »El Capitan« und iOS 8 führte Apple 2015 schließlich zum ersten Mal für alle Geräte einen gemeinsamen Font ein: die San Francisco.

◂ **Abbildung 1.3**
Global Player treten gern in der Helvetica auf.

Helvetica

Eduard Hoffmann und Max Miedinger, 1957

Als Geschäftsführer der Haas'schen Schriftgießerei plante Eduard Hoffmann schon 1949 eine neue serifenlose Schrift und beauftragte den Züricher Grafiker Max Miedinger. Die neue Schrift sollte zunächst *Neue Haas Grotesk* heißen. Da der Name *Helvetia* schon besetzt war und *Helvetische Grotesk* zu sperrig schien, entschied man sich schließlich für Helvetica. 1983 wurde die Helvetica von Linotype neu gezeichnet, um verschiedene Versionen der Schrift zu vereinheitlichen, der Name *Neue Helvetica/Helvetica Neue* wurde eingeführt.

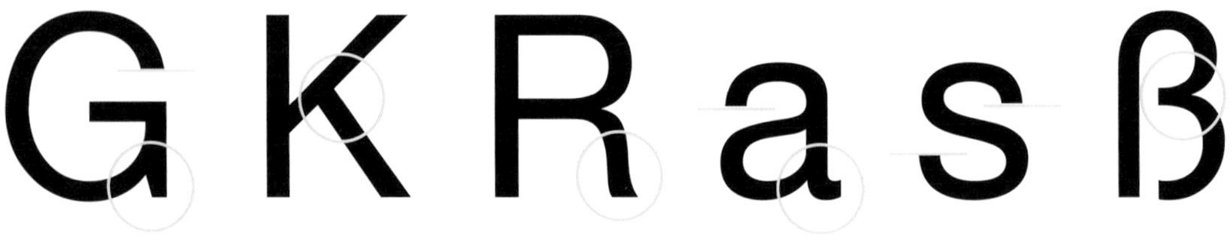

Schriftdetails | Insgesamt hat die Helvetica durch ihre horizontalen Abschlüsse an den Zeichenenden einen eher statischen Charakter. Besonders einfach lässt sich die Helvetica am »G«, »K« und »a« erkennen. Im Kleinbuchstaben »a« ist die Grundform eines gespiegelten »s« erkennbar.

Blindtext in Helvetica Neue 9,5/13,75 pt | Zwölf Boxkämpfer jagen Viktor quer über den großen Sylter Deich. Franz jagt im komplett verwahrlosten Taxi quer durch Bayern. Die heiße Zypernsonne quälte Max und Victoria ja böse auf dem Weg bis zur Küste. Sylvia wagt quick den Jux bei Pforzheim. Jörg bäckt quasi zwei Haxenfüße vom Wildpony.

Helvetica Neue 32 pt

Glutenfrei KOHLENHYDRATE
OPTIKER *Gleitsicht* **Nullstelle**

Helvetica Neue 55 Roman 25 pt

abcdefghijklmnopqrstuvwxyzßäöü
ABCDEFGHIJKLMNOPQRST
UVWXYZÄÖÜM1234567890?!&„"-–

Im folgenden Beispiel sehen Sie die Arial und Helvetica im direkten Vergleich (Arial liegt in farbiger Kontur über der Helvetica in Schwarz). So gering die Unterschiede erscheinen (beispielsweise unterscheiden sich die Strichenden der Bögen und die Gestaltung der Rundungen von »G« oder »R«), so eindeutig lassen sich darüber die Schriften auseinanderhalten bzw. identifizieren.

Akzidenz Grotesk | Neben der ziemlich gesichtslosen Helvetica sollten Sie sich auf alle Fälle die großartige Akzidenz Grotesk anschauen. Sie werden sie wesentlich seltener als die Helvetica in Anwendung sehen. Die »AG«, wie sie ab und zu genannt wird, wirkt weniger elegant, hat mehr Ecken und Kanten. Dadurch wirkt sie aggressiver, aber sie hat eben auch einen stärkeren Ausdruck, ein eigenes Gesicht.

Schriftlinie

Fast alle Großbuchstaben und die meisten der Kleinbuchstaben stehen unten auf einer Linie, der Grund- oder Schriftlinie.

MmOo

Die Akzidenz Grotesk kann als Mutter der serifenlosen Schriften angesehen werden. Sie wurde gegen 1880 von Ferdinand Theinhardt gestaltet. Zwischen 1958 und 1973 wurden die verschiedenen Versionen der Akzidenz Grotesk vom deutschen Schriftgestalter Günter Gerhard Lange, dem künstlerischen Leiter der Berthold AG, vereinheitlicht. Die Akzidenz Grotesk und ihre Tochter Helvetica sind sehr eng mit der wichtigen typografischen Schule »Schweizer Typografie« verbunden. Mit dieser Strömung, die in den 1960er Jahren ihren Höhepunkt erreichte, ist eine sehr aufgeräumte und strukturierte Gestaltung gemeint. Wichtige Typografen dieser Designrichtung sind etwa Adrian Frutiger, Josef Müller-Brockmann und Otl Aicher. Auf alle drei Gestalter werde ich später noch genauer zu sprechen kommen.

Minion | Die Minion sollten Sie ins Auge fassen, wenn Sie eine elegante, aber unauffällige Schrift für lange Texte suchen und Ihnen die Times zu gewöhnlich, zu sachlich-nüchtern und zu abgenutzt erscheint. Die Minion hat einen anderen Gestaltungsansatz, der sich an verschiedenen Details ablesen lasst. Eines dieser Details ist

Minion als Hausschrift

Die Minion wird beispielsweise von der Post, DHL und dem WDR als Mengenschrift verwendet.

die Ausformung der Serifen, die wir uns hier im Vergleich mit der Times (im folgenden Beispiel rechts) ansehen wollen.

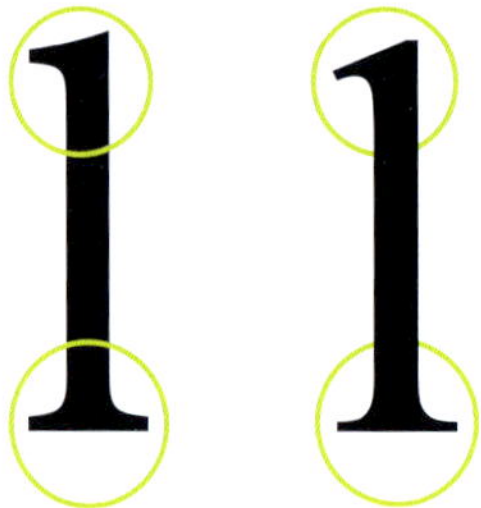

Weitere Schriftklassen

Neben den hier angesprochenen Schriftklassen Renaissance-Antiqua, Barock-Antiqua und Grotesk gibt es noch weitere: etwa die Klassizistischen Antiquas (links: Bodoni) und die serifenbetonten Linear-Antiquas (rechts: Rockwell). Mehr dazu in Kapitel 4.

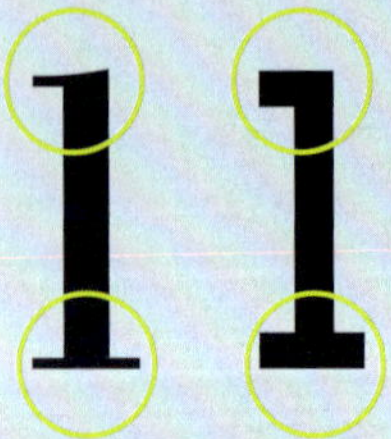

Während die Times (rechts) ziemlich feine, dünne und spitz auslaufende Serifen aufweist, sind die Serifen der Minion (links) kräftiger. Das gilt sowohl für die Serifen am Kopf der beiden »l«-Varianten als auch für die Fußserifen. In der Größe, in der Sie hier die beiden »l« sehen – es sind 104 pt – ist noch ein weiteres Detail zu erkennen: Während die Serifen der Times wie mit dem Lineal gezogen gerade erscheinen, sind die Minionserifen ganz leicht nach innen gebogen.

Die beiden genannten Unterschiede – kräftigere, gebogene Serifen bei der Minion und die spitzeren, feinen und geraden Serifen – weisen darauf hin, dass die Times und die Minion nicht derselben Schriftklasse, in die sich Schriften einteilen lassen, angehören: Die Times gehört zu den Barock- oder Übergangsantiquas, die Minion ist eine Vertreterin der Renaissance-Antiquas. Schriftgeschichtlich sind die Renaissance-Antiquas älter. Ich werde diese genaueren Abstufungen von Schriftgruppen in Kapitel 4 im Detail erläutern.

Wenn Sie sich die Schriftbilder von Times und Minion noch einmal anschauen, werden Sie vielleicht feststellen, dass die Times insgesamt eine härtere, konstruiertere Anmutung als die lieblichere Minion hat. An der Minion Italic, aber auch am Regularschnitt können Sie eine viel größere Nähe zu einer mit Hand geschriebenen Schrift wahrnehmen als bei der Times.

1.3 Serifenschrift und Grotesk

Lassen Sie uns nach dem kurzen Ausflug in das Thema Schriftklassifikation einen Schritt zurück machen: Achten Sie zunächst nur darauf, ob eine Schrift Serifen hat oder nicht – unabhängig von den jeweiligen Details. Kategorisieren Sie alle Schriften in eine dieser beiden riesigen Schriftgruppen. Eine Schrift mit Serifen nennt sich

Minion Pro

Robert Slimbach, 1990

Slimbach entwarf die Schrift für Adobe, das die Minion lange als Hausschrift für Fließtexte verwendete. Vorbilder für die Minion waren französische Schriften, die sogenannten Renaissance-Antiquas, mit denen Slimbach sich für seine Version der Garamond beschäftigt hatte. Weitere wichtige Schriften, die Slimbach neben der Minion und der Adobe Garamond entworfen hat: Utopia, Myriad (mit Carol Twombly) und Adobes aktuelle Hausschrift Clean (die ich hier nicht abbilden kann, da Adobe sie nicht lizenziert). Slimbach ist Leiter der Abteilung für Schriftentwicklung bei Adobe.

J Q R e g

Schriftdetails | Das »J« ist sehr schlank, unten ohne Serife. Der Schwanz des »Q« ragt gerade eben in den Innenraum. Der Fuß des »R« ist leicht gebogen. Das »e« ist durch die deutliche Schräge in der Horizontalen einer der prägnantesten Buchstaben der Minion. Am »g« mit der detailreichen Schlaufe lassen sich die perfekte Ausgewogenheit und die Raffinesse, die die Minion insgesamt auszeichnet, ablesen.

Blindtext in Minion Pro 9,5/13,75 pt | Zwölf Boxkämpfer jagen Viktor quer über den großen Sylter Deich. Franz jagt im komplett verwahrlosten Taxi quer durch Bayern. Die heiße Zypernsonne quälte Max und Victoria ja böse auf dem Weg bis zur Küste. Sylvia wagt quick den Jux bei Pforzheim. Jörg bäckt quasi zwei Haxenfüße vom Wildpony. Vogel Quax zwickt Johnys Pferd Bim.

Minion Pro 32 pt

Vertrauensvorschuss ***Zentralabi***

Gesangbuch *Misstrauensvotum*

Minion Pro Regular 25 pt

abcdefghijklmnopqrstuvwxyzßäöü
ABCDEFGHIJKLMNOPQRST
UVWXYZÄÖÜ1234567890?!&„“-–

Antiqua

»Antiqua« ist in der Typografie ein durchaus komplizierter Begriff: Sie bezeichnet sowohl eine Schriftgattung als auch eine Hauptschriftgruppe. Die Schriftgattung Antiqua umfasst die Satzschriften römischen Ursprungs, wozu Serifenschriften und serifenlose Schriften zählen, als Hauptschriftgruppe bezeichnet Antiqua allerdings nur die klassischen Serifenschriften mit deutlichem Schriftkontrast (siehe Kapitel 4).

»Serifenschrift« und die ohne »Grotesk«. Alternative Bezeichnungen hierfür sind »Serifenlose«, »Sans-Serif« oder »Endstrichlose«. Beide Gruppen – die Schriften mit und ohne Serifen – sind im Sinne der Schriftgattung Antiquaschriften und machen den weitaus größten Teil unserer Schriften aus. Im Unterschied hierzu machen Schriften, die keine Antiquas sind, nur einen unbedeutenden Anteil aus: gebrochene Schriften (wie die Fette Gotisch) und Schreibschriften (wie die Künstler Script).

Sie werden bei Ihren Beobachtungen vermutlich auch feststellen, dass es ein paar Schriften gibt, bei denen es gar nicht so eindeutig wie bei Times und Arial ist, ob sie nun Serifen hat oder nicht. Bei manchen Schriften, deren meiste Schriftzeichen serifenlos sind, sehen Sie vielleicht einzelne Zeichen, die sehr wohl Serifen haben. Das ist etwa bei der Akzidenz Grotesk der Fall. Die »7« hat als einziges Schriftzeichen der Akzidenz Grotesk eine Serife. Und es gibt Schriften, die nur angedeutete Serifen haben. Haben Sie in solchen Fällen eine Serifenschrift oder eine Grotesk vor sich?

Rein Rein Rein

Der Begriff »Grotesk«

Übrigens: Der Begriff »Grotesk« rührt daher, dass diese serifenlosen Schriften bei der Einführung (ca. 1850) von vielen als seltsam, merkwürdig, absonderlich – eben grotesk – wahrgenommen wurden. Für uns im 21. Jahrhundert ist das kaum mehr nachzuvollziehen, wo Groteskschriften mindestens gleichberechtigt neben Serifenschriften stehen. Lesen lernen wir auch anhand von Groteskschriften: Schulbücher in den unteren Klassen sind meist in serifenlosen Schriften gesetzt.

Die Optima (links) hat keine Serifen im eigentlichen Sinne. Aber so richtig wie eine klassische Grotesk wirkt sie auch nicht. Die Rotis Semi Serif (Mitte) ist in mehrerer Hinsicht untypisch. So hat das »R« oben links eine Serife, unten ist das »R« serifenlos. Dasselbe gilt für »i« und »n«: oben Serifen, unten ohne Serifen. Zeichen der Letter Gothic (rechts) haben zumeist keine Serifen, nur Einzelzeichen wie das »i« weisen Serifen auf.

Um die Zuordnung nicht unnötig zu verkomplizieren: Solche Schriften sind nicht die Regel, sondern Ausnahmen. Bei den allermeisten Schriften lässt sich diese ganz grobe Einordnung in eine der beiden Gruppen »Serifenschrift« und »Grotesk« problemlos vornehmen.

Neben den genannten alternativen Bezeichnungen für »Grotesk« gibt es noch den Begriff »Serifenlose Linear-Antiqua«. An der Bezeichnung »Linear-Antiqua« können Sie ablesen, worin sich die Serifenschriften noch von Groteskschriften unterscheiden können: Die sogenannte Strichstärke variiert bei Serifenschriften meist deutlicher als bei Groteskschriften.

Hier sehen Sie das »O« der Serifenschrift Minion (links) und zweimal das der Gill (Mitte und rechts), einer der wichtigsten Groteskschriften. Bei vielen Groteskschriften wirken die Strichstärken, als ob sie einheitlich wären. Dies wird durch eine geschickte Schriftgestaltung erreicht: Die Schriftgestaltung variiert leicht, aber die menschliche Optik nimmt vertikal verlaufende Linien schlanker als horizontale Linien wahr. So entsteht der Eindruck der Einheitlichkeit.

Schreibfeder

Ein weiterer Grund für die fließende Änderung der Strichstärke liegt im Schreibwerkzeug begründet: Die Verwendung einer Schreibfeder beispielsweise führt praktisch automatisch zu einer Strichstärkenänderung in den einzelnen Schriftzeichen. In Abbildung 1.22 greife ich dieses Thema nochmals auf.

Dass das mittlere »O« kein gezirkelter Kreis ist, ist bei näherem Hinsehen gut zu erkennen. Hätten Sie aber vermutet, dass die Varianz der Strichstärke derartig groß ist? Ich habe zum Vergleich einfach eine Ellipse mit einheitlicher Konturstärke auf das »O« rechts gelegt.

Was für Kreise gilt, gilt für Linien genauso: Damit eine horizontale Linie genauso breit wirkt wie eine vertikale Linie, muss die horizontale schmaler gezeichnet werden. In der linken Version habe ich beide Balken mit derselben Konturstärke angelegt, in der rechten Variante sehen Sie das originale »T« der Helvetica Neue mit schmalerem Querbalken.

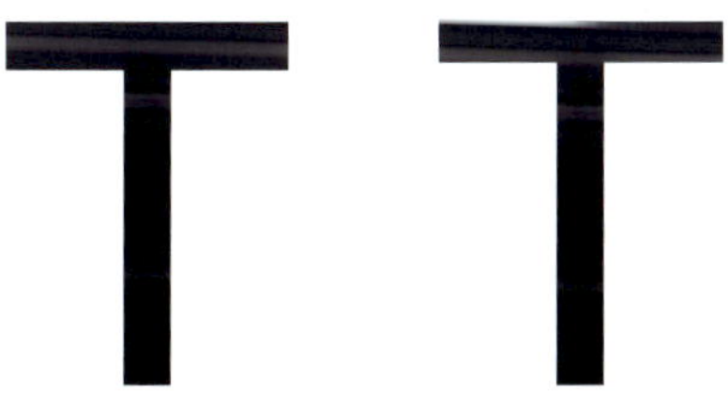

1.4 Schrift im Kontext von Wahrnehmung, Kommunikation und Kunst

Die Schrift im Kontext zu betrachten, bedeutet, sie nicht nur als System von Zeichen oder als Methode zur Aufzeichnung von Sprache zu verstehen, sondern auch ihre Rolle und Bedeutung in verschiedenen Bereichen des menschlichen Lebens zu erkennen. Schrift kann nicht nur als Mittel zur Informationsübermittlung verstanden werden, sondern auch als visuelles Medium, das die menschliche Erfahrung bereichert, die Kultur prägt und die Grenzen des künstlerischen Ausdrucks erweitert.

Schrift, Wahrnehmung und Physik

»Wenn Sie nicht wissen, welche Schrift Sie vor sich haben, schauen Sie auf die Serifen: Hat die Schrift welche, ist es wahrscheinlich die Times, hat sie keine, ist es wahrscheinlich die Helvetica.«

Professor Heinz Bähr

Die Beobachtung, dass eine Groteskschrift linear erscheint, obwohl sie es nicht ist, führt uns zu einem interessanten Thema: dem Zusammenspiel von Schrift, Wahrnehmung und Physik. Wenn ich Ihnen die Frage stellte: »Was sehen Sie auf dieser Seite?«, so würden Sie vermutlich etwas antworten wie: »Ich sehe einen Text, Buchstaben, Abbildungen.«

Ein Naturwissenschaftler würde etwas ganz anderes antworten – vielleicht so etwas wie: Sie haben Druckfarben auf einem Trägermedium vor sich, und die Farben reflektieren, wenn das Licht die nötigen Wellen enthält, unterschiedliche Wellenanteile. Ihr Auge nimmt diese wahr und leitet die Farbinformationen an das Gehirn weiter, wo es zu einer weiteren Verarbeitung kommt. Diese Verarbeitung kann auf emotionaler und/oder intellektueller Ebene stattfinden und passiert in so extrem kurzer Zeit, dass wir keine zeitliche Verzögerung zwischen dem Sehen und der Wahrnehmung/der Verarbeitung durch Nerven und Gehirn feststellen.

Wir sehen die Welt nicht, wie sie ist | Dieser Unterschied zwischen Sehen und Wahrnehmen ist für uns im Kommunikationsdesign von zentraler Bedeutung. Dagegen ist die Physik für die Gestaltung ziemlich irrelevant. Es ist einfach nicht von Bedeutung, ob ein »O« kreisrund, geometrisch konstruiert *ist*, viel wichtiger ist, ob es kreisrund *aussieht*.

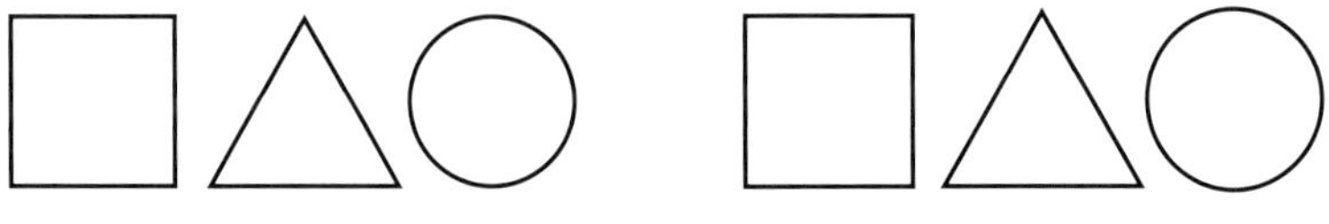

Sie können auch dies wieder überprüfen. Sehen Sie im linken Beispiel, dass die drei geometrischen Grundformen Quadrat, Kreis und Dreieck gleich groß sind? Nein, denn das werden Sie so nicht wahrnehmen. Das müssten Sie mit einem Lineal überprüfen. Für unser Auge wirkt das Quadrat nämlich größer als das Dreieck, das wiederum größer als der Kreis erscheint. In den rechten Varianten habe ich das Dreieck nach oben und den Kreis nach oben und unten vergrößert. Dadurch wirken die drei Formen nun gleich groß.

Ich habe die rechten Versionen aus dem vorherigen Beispiel kopiert. Dass die drei Grundformen hier nicht gleich groß sind, sehen Sie an den durchgezogenen gelben Linien.

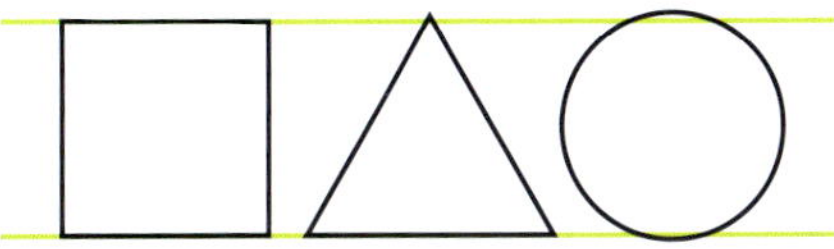

Wie bei den »O« und den variierenden Strichstärken und den horizontalen/vertikalen Balken gilt auch für die geometrischen Grundformen: Damit sie optisch gleich groß wirken, müssen sie unterschiedlich groß sein! Und genau dieses Prinzip sehen Sie an verschiedenen Buchstabenformen. Besonders eindrücklich können Sie das an Groteskschriften sehen.

Was für runde Zeichenformen gilt, hat für spitze, auf dem Dreieck basierende Buchstabendetails genauso Bedeutung. Das können Sie besonders gut an einer der bekanntesten deutschen Marken sehen.

◄ **Abbildung 1.4**
Spitze, auf Dreiecken beruhende Zeichen werden ebenfalls vergrößert, um eine gleichmäßige Optik zu erreichen.

Dieser faszinierende Unterschied zwischen dem, was wir tatsächlich vor uns haben und was unsere Wahrnehmung daraus macht, wird uns an ganz verschiedenen Stellen immer wieder beschäftigen.

Die Macht der Gewohnheit: Leserichtung | Was wir gewohnt sind, nehmen wir als selbstverständlich wahr. Oder wir nehmen es vielleicht gar nicht wahr. Oder erst, wenn wir beeinträchtigt sind und uns nach dem vorher Selbstverständlichen zurücksehnen.

In Bezug auf visuelle Kommunikation und Typografie gibt es verschiedene Konventionen, die uns selbstverständlich erscheinen.

Ein paar davon haben Sie im vorigen Abschnitt kennengelernt. Was empfinden Sie beim Betrachten folgender Linie? Wie nehmen Sie diese einfache Form wahr?

Ich bin mir sicher, dass Sie die Linie als ansteigend wahrnehmen. Vermutlich würden Sie die Linie als von links unten nach oben rechts verlaufend beschreiben. Niemand aus dem westlichen Kulturkreis würde auf die Idee kommen, die Linie als von oben rechts nach unten links verlaufend zu bezeichnen. Woher kommt diese eindeutige Wahrnehmung? Sie erklärt sich durch unser Leseverhalten, oder genauer gesagt: durch die Leserichtung. Was für uns vollkommen selbstverständlich ist, nämlich das Lesen von links nach rechts und von oben nach unten, ist in anderen Kulturkreisen anders. Unsere Leserichtung hat sich übrigens über lange Zeiträume auch erst zu dieser einen Richtung entwickelt. Auch hier liegt kein Naturgesetz vor, aber beim Sehen sind wir uns in der Regel so sicher, dass wir unbewusst davon ausgehen, es gäbe solche absolut gültigen Wahrnehmungsregeln.

Sie alle kennen eine der Ikonen des deutschen Corporate Designs: das Logo der Deutschen Bank.

▸ **Abbildung 1.5**
Welche Variante baut mehr Vertrauen auf?

Hier sehen Sie die steigende Linie in der Anwendung. Was kommuniziert dieser aufsteigende Balken? Und wie wirkt dasselbe Logo, wenn ich es vertikal spiegele? Ändert sich die Aussage dieser einfachen Formen? Aber sicher: Jetzt zeigt die Kursentwicklung nach unten. Keine gute Idee für ein Bankenlogo. Denn wer will schon sein Geld mit der Aussicht anlegen, dass es mit der Zeit an Wert verliert?

Der Wortlaut der Deutschen Bank dazu, was das Logo darstellt: »Wachstum in einem stabilen Umfeld.«

Kommunikationsanlass und Typografie

Wenn Sie die Anfrage erhalten, eine Visitenkarte, eine Broschüre oder ein Magazin zu gestalten, geht es offensichtlich darum, Gestaltungsvorschläge zu erstellen. Bevor Sie sich an die konkrete Ausgestaltung machen, versuchen Sie zunächst, sich eine möglichst umfassende Vorstellung von der Aufgabenstellung zu verschaffen.

Bei der Gestaltung einer Visitenkarte beispielsweise geht es natürlich darum, das Logo und die Kontaktdaten des Kunden auf einem rechteckigen Format zu organisieren. Sie könnten sich jetzt sofort daranmachen, im Skizzenbuch oder sogar direkt am Rechner erste Entwürfe zu erstellen. Klären Sie aber auf alle Fälle möglichst früh, worin die Gestaltungsaufgabe wirklich besteht. Versuchen Sie, dem Briefing oder der Kundenanfrage möglichst tief auf den Grund zu gehen. Und das bedeutet häufig, die richtigen Fragen zu stellen. Die beiden allerwichtigsten Fragen lauten:

- Was soll kommuniziert werden?
- Wer ist der Empfänger?

Skizzenbuch vs. Rechner

Es gibt Designerinnen und Designer, die sich direkt nach dem Briefing an den Rechner setzen, um erste Entwürfe zu erarbeiten. Meiner Meinung nach geht für die Annäherung an eine Gestaltungslösung nichts über ein unliniertes Skizzenbuch. Auf unliniertem Papier können Sie einfach und schnell Ideen entwickeln. Hierbei geht es um die grobe Richtung, nicht um Details.

Der Rechner verleitet zwangsläufig dazu, dass Sie sich direkt mit Themen wie Schriftwahl und -größen befassen müssen, die zu diesem Zeitpunkt noch nicht Kern Ihrer Arbeit sein sollten.

Solche Überlegungen dienen dazu, den Kontext, in dem sich der Kunde bewegt, und den des zu gestaltenden Mediums zu klären. So hat eine Visitenkarte eine andere Kommunikationsaufgabe (Weitergabe von Kontaktdaten) als etwa eine Imagebroschüre (Vermittlung eines umfassenden Firmenbildes). Beide Medien sollten natürlich im Einklang stehen und grundsätzlich denselben Gestaltungsansatz zeigen. Das Umfeld und der konkrete Inhalt sind aber verschieden. In jedem Fall haben Sie es mit einem Sender, einer Nachricht und einem Empfänger zu tun.

◂ **Abbildung 1.6**
Das einfachste Kommunikationsmodell

So simpel das Kommunikationsmodell aus Sender, Nachricht und Empfänger ist, so allgemeingültig ist es. Fehlt eine der drei Kommunikationsbeteiligten, findet keine Kommunikation mehr statt. Weder die Zahl der Empfänger noch das Nachrichtenmedium spielen bei diesem grundlegenden Konzept eine Rolle. Egal, ob Sie sich mit einer Privatperson oder einem Kunden unterhalten, eine Mail oder einen Tweet verfassen: In jedem Fall wird vom Sender eine Nachricht an einen oder mehrere Empfänger gesendet.

Auf unser berufliches Umfeld bezogen, sendet immer Ihr Kunde bzw. Ihre Kundin die Nachricht an die Zielgruppe:

▶ **Abbildung 1.7**
Für den Designbereich ergeben sich leicht abgewandelte Begriffe.

In diesem Schaubild kommen wir Gestaltenden nicht mehr aktiv vor. Aber natürlich spielen wir eine entscheidende Rolle bei der Lösung einer Kommunikationsaufgabe. Und wahrscheinlich werden Sie irgendwann einmal die Erfahrung machen, dass ein Kunde gar keine genaue Vorstellung von der Nachricht hat, die er übermitteln will. Dann liegt es an Ihnen, genau das durch Fragen herauszubekommen.

Fragen, fragen, fragen

Zum Kommunikationsdesign gehört es natürlich, gestalterische Antworten auf Kommunikationsfragen oder -aufgaben, die der Kunde im Briefing formuliert hat, zu finden. Genauso gehört meiner Erfahrung nach dazu, auch die richtigen Fragen zu stellen. Denn häufig weiß der Kunde gar nicht so genau, welche Lösung für sein »Problem« infrage kommt.

Und mit Nachricht meine ich alles, was kommuniziert werden soll: Welche Aussage möchte eine Firma durch das Firmenlogo – oder weiter gefasst mit dem gesamten Corporate Design – machen? Welche Anmutung soll ein neues Magazin haben? Durch Farben, Umgang mit Bildern und mit Typografie bilden Sie ganz unterschiedliche Tonalitäten. Und diese sind Teil der Nachricht und müssen deshalb auch zur Nachricht passen. Denn weiter vorn habe ich schon angedeutet, dass es »die reine Nachricht« oder »die reine Information« in unserem Alltag eigentlich überhaupt nicht gibt. Immer spielt der Kontext einer Nachricht eine zentrale Rolle. Und der Kontext wiederum bestimmt das Medium, mit dessen Hilfe die Nachricht übermittelt wird.

Nachrichtenebenen | Nachrichten werden bei der zwischenmenschlichen Kommunikation immer auf verschiedenen Ebenen gesendet und empfangen. Deshalb macht es für den Nachrichtenempfänger einen immensen Unterschied aus, ob er im persönlichen Gespräch angesprochen wird, ob er denselben Inhalt als handgeschriebenen Brief oder als Mail erhält.

Im Kommunikationsdesign hat eine Nachricht immer Aspekte von vier Bereichen:

- der Sachebene
- der Ich-Botschaft
- der Du-Botschaft
- des Kanals

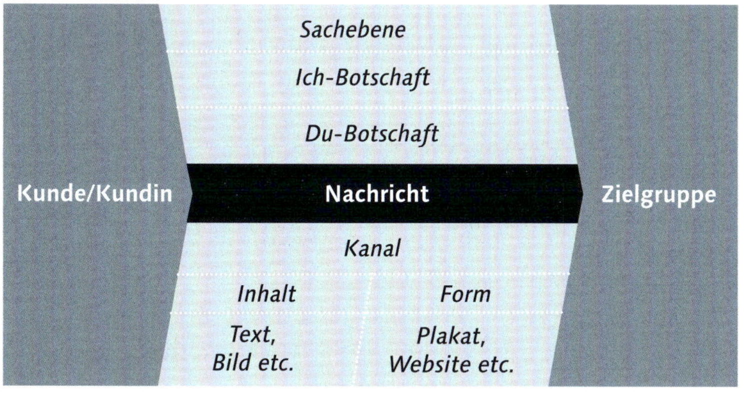

◂ Abbildung 1.8
Nachrichten weisen fast immer mehrere Kommunikationsebenen auf.

Mit Sachebene ist die eigentliche Information gemeint. Die Ich-Botschaft sagt hingegen etwas über den Sender aus, während die Du-Botschaft auf den Empfänger zielt und einen Appellcharakter haben kann. Der Kanal summiert die verwendeten Techniken auf, die für eine Nachricht verwendet werden.

Bedenken Sie, dass die gesendete Nachricht vom Empfänger nicht automatisch richtig verstanden wird, nur weil vom Sender die verschiedenen Ebenen bedacht worden sind. Kulturelle, technische und psychologische Faktoren können beim Empfänger zu einem Missverständnis der Nachricht führen. Für Sie als Kommunikationsdesigner oder -designerin bedeutet das, dass Sie sich mit den jeweiligen Gegebenheiten im Detail vertraut machen müssen, um Botschaften möglichst unmissverständlich kommunizieren zu können.

Ganz allgemein gilt: Je abstrakter das Medium, desto größer ist die Gefahr, dass der Empfänger eine Nachricht falsch versteht, sie »in den falschen Hals bekommt«. Die zwischenmenschliche Kommunikation funktioniert nun einmal nach wie vor am besten, wenn sich Sender und Empfänger direkt gegenüberstehen. Nur dann können nämlich alle vom Sender ausgegebenen Signale vom Empfänger wahrgenommen werden. Dass die gesandten Signale auch genauso wie beabsichtigt wahrgenommen werden, ist selbst dann nicht garantiert.

Kommunikationsmodelle

Laut dem bekannten Vier-Seiten- oder Vier-Ohren-Modell von Schulz von Thun haben Nachrichten auch eine Beziehungsebene. Diese spielt meiner Ansicht nach im Kommunikationsdesign häufig keine tragende Rolle, da hier die Kommunikation ja immer über ein Medium wie Plakat, Zeitschrift oder Website stattfindet und nicht von Angesicht zu Angesicht.

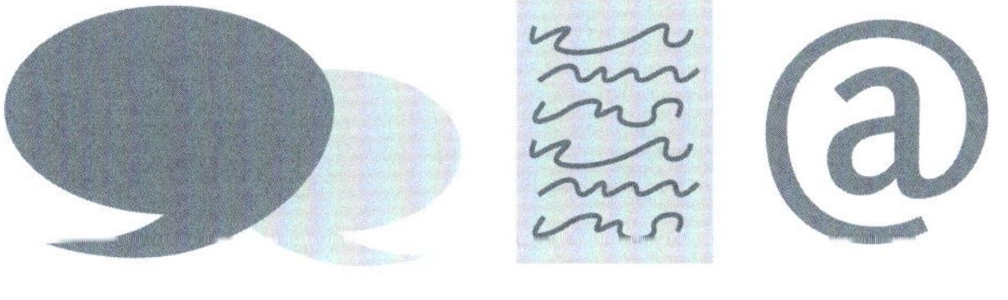

◂ Abbildung 1.9
Je abstrakter/technischer das Medium, desto größer die Gefahr, missverstanden zu werden. Das Gespräch bietet die ganzheitlichste Kommunikation, dem handgeschriebenen Brief hingegen fehlen wichtige Kommunikationsebenen, die E-Mail ist das abstrakteste Medium.

Dass beides – Senden und Empfangen – von den Nachrichtenbeteiligten meist unbewusst stattfindet, macht die Kommunikation nicht einfacher. Mimik und Gestik können einen entscheidenden Anteil an der Art und Weise haben, wie die Information vom Hörer wahrgenommen wird. Sprachliche Nuancen wie Ironie können im direkten Gespräch viel besser ausgemacht werden als etwa in einer E-Mail oder in Forenbeiträgen im Internet. Anders als bei »Netiquette«, die erklärt, was an Verhalten in Foren gewünscht oder eben ein »No-Go« ist, haben Sie diese Erklärungsmöglichkeiten im Grafikdesign nicht: Ihre Gestaltung wirkt. Und zwar, ohne dass Sie Ihr Design erklären können, da sich Ihnen oder besser gesagt Ihrem Kunden hierfür einfach keine Gelegenheit bietet.

Kommen wir nun zur Bedeutung des Kommunikationsmodells für die Aufgaben, die wir in der Gestaltung und Typografie zu erledigen haben.

Kommunikationsebenen am konkreten Beispiel | Ich möchte die verschiedenen Ebenen, die im Kommunikationsdesign am häufigsten vorkommen, anhand einer Visitenkarte verdeutlichen.

Die **Sachebene** einer Visitenkarte ist schnell geklärt. Eine Visitenkarte soll in erster Linie Kontaktdaten wie Name, Adresse und Telefonnummer transportieren. Üblich ist auch die Nennung der Berufsbezeichnung oder die Position des Visitenkartenbesitzers innerhalb einer Firma. Und natürlich ist die Visitenkarte auch eine willkommene Gelegenheit, die Firma zu nennen und das zentrale Element eines Erscheinungsbildes, das Firmenlogo, zu zeigen.

Zur Verdeutlichung der Kommunikationsebenen verwende ich eine möglichst einfache Visitenkarte ohne Logo.

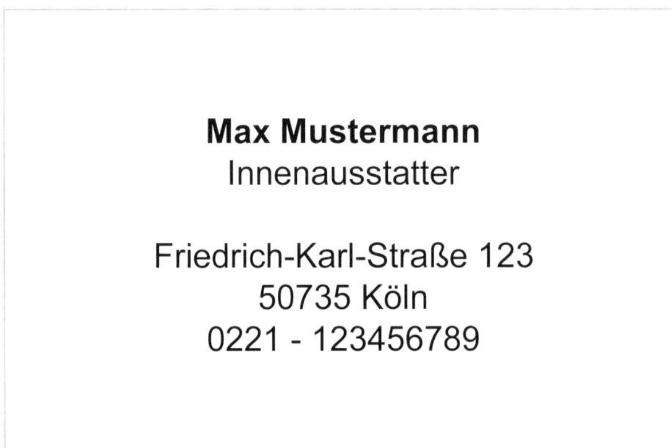

▸ **Abbildung 1.10**
Wie wirkt diese einfache Visitenkarte (Variante A) auf Sie? Seriös, hochwertig, gestaltet?

Die Informationen der Sachebene sind diesem Entwurf also klar zu entnehmen. Lassen Sie uns einen genaueren Blick auf die beiden anderen Kommunikationsebenen werfen. **Wie könnte man die Ich- und die Du-Botschaft beschreiben?** Die Ich-Botschaft vielleicht: Mir ist eine hochwertige, gestaltete Visitenkarte nicht so wichtig. Und die Du-Botschaft? Melden Sie sich bei mir, wenn Sie einen preiswerten Innenausstatter benötigen. Das Problem dabei ist, dass »preiswert« möglicherweise als »billig« wahrgenommen wird und dass man die billige Anmutung der Visitenkarte unwillkürlich auch auf die zu erwartende Dienstleistung überträgt. Im schlechtesten Fall wäre das also: Von Herrn Mustermann ist keine hochwertige Leistung zu erwarten.

Einige Änderungen an der Visitenkarte könnten zu folgendem Ergebnis führen:

▲ **Abbildung 1.11**
Wie wirkt diese modifizierte Visitenkarte (Variante B) auf Sie?

Und wie eben sollten Sie den Entwurf spontan wahrnehmen. Was hat sich geändert? Ist die Anmutung eine andere? Was kommuniziert dieser Entwurf anders als die ursprüngliche Version? In beiden Fällen ist ja die Sachinformation dieselbe. Aber durch die kleinen gestalterischen Eingriffe erzielt dieser Entwurf eine deutlich andere Wirkung. Zunächst einmal wirkt diese Version »gestalteter«: Der vorige Entwurf mit der starken Betonung der Mittelachse war naheliegend und kommuniziert dadurch eine Beliebigkeit, die eben auch unbedacht oder billig wirkt. Die kleine Überarbeitung lässt viel eher auf eine bewusste Gestaltung schließen, was auch gleich hochwertiger wirkt. Und das bedeutet, dass sich bei derselben Sachinformation die Ich- und die Du-Botschaft geändert haben.

Wirkung

Bevor ich die Ich- und Du-Botschaft als wichtige Anteile der Kommunikation dieses Visitenkartenentwurfs erläutere, stellen Sie sich bitte selbst die Frage, wie diese Karte auf Sie wirkt. Lassen Sie dabei alle spontanen Reaktionen zu, es gibt dabei kein Richtig oder Falsch. Die spontane, unbewusste Wirkung ist der nicht zu überschätzende Anteil einer Gestaltung.

Vielleicht haben Sie Eindrücke wie »schon mal gesehen«, »gewöhnlich«, »unauffällig« oder auch »billig« bei sich wahrgenommen? Genau das ist dieser Entwurf nämlich. Diese Visitenkarte könnte aus einem Automaten am Bahnhof oder von einem der ungezählten Onlineangebote stammen.

Die Ich-Botschaft lautet nun viel eher: »Ich – Max Mustermann – lege Wert auf Gestaltung. Dabei sind mir auch Details wichtig. Den Aufwand, der hierfür nötig ist, nehme ich gerne in Kauf.« Hierbei ist bedeutsam, dass dieser Entwurf diese Inhalte kommuniziert, und zwar unabhängig davon, ob der Empfänger diese Inhalte bewusst wahrnimmt oder ob er diese Inhalte gar benennen kann.

Schriftschnitt

Mit Schriftschnitt ist eine konkrete Variante einer Schrift gemeint. Die Schrift Minion Pro liegt beispielsweise in den Schnitten regular, italic, bold und bold italic vor:

Minion Pro regular
Minion Pro italic
Minion Pro bold
Minion Pro bold italic

Die Du-Botschaft: Kontaktieren Sie mich, wenn Sie einen zuverlässigen, qualitätsbewussten Innenausstatter suchen, der zwar seinen Preis hat, aber diesen eben auch wert ist. Auf der Sachebene – der Wiedergabe der Kontaktdaten – hat sich überhaupt nichts geändert.

Schauen Sie sich nun beide Visitenkartenentwürfe noch einmal en detail an, und machen Sie ein Suchspiel aus der Gegenüberstellung: In wie vielen Gestaltungsbereichen finden Sie Unterschiede? Bevor Sie sich die folgende Tabelle mit der »Auflösung« anschauen: Sie können acht Elemente auf den beiden Entwürfen finden, in denen sich die Designs unterscheiden. Manche dieser Unterschiede treten natürlich deutlicher als andere zutage. Haben Sie alle Änderungen gesehen? Und haben Sie diese auch benennen können?

	A – original	**B – überarbeitet**
Schrift	Arial	Helvetica
Anzahl Schriftschnitte	zwei	ein
Anzahl Schriftgrößen	eine	zwei
Schriftgröße(n)	12 pt	10 und 8 pt
Textausrichtung	zentriert	linksbündig
Vertikale Textausrichtung	mittig	oben/unten
Adressangaben	Ein Block	Zwei Blöcke
Gruppierte Telefonnummer	nein	ja

▸ **Tabelle 1.1**
In diesen gestalterischen Details unterscheiden sich die Visitenkartenentwürfe aus Abbildung 1.10 und Abbildung 1.11.

Wie Sie an dieser Auflistung sehen können, sind die Änderungen überschaubar. Und doch ist der Unterschied in der Wirkung beider Entwürfe enorm. Auch dieses ist eine wichtige Erkenntnis: Kleine Änderungen bezüglich der Gestaltung haben meist einen großen Einfluss auf das Gesamtergebnis/die Anmutung. Im Bereich Typografie geht es eigentlich immer sowohl um den Blick für das große Ganze, das Layout, als auch um die teils wirklich winzigen Details wie Abstände zwischen Zeichen oder etwa Strichlängen.

Alle der in der Tabelle 1.1 genannten Gestaltungsparameter werde ich im Laufe des Buchs noch ausführlich besprechen. Ich möchte an dieser Stelle aber schon einmal auf zwei der genannten Gestaltungsmaßnahmen eingehen. Das ist zum einen die Anordnung der Texte auf dem Format insgesamt und zum anderen die Trennung der Adressangaben in postalische Adresse und Telefonnummer.

Die typografischen Details der Visitenkarten | Typografie wird häufig in zwei Bereiche unterteilt: in die **Mikro-** und die **Makrotypografie.** Statt Mikrotypografie wird synonym auch der Begriff »Detailtypografie« verwendet. In diesem Teilbereich werden Entscheidungen die Schrift betreffend zusammengefasst. Also Schriftwahl, -größen, -abstände, -farbe etc. Zur Makrotypografie zählt die Positionierung der einzelnen größeren Layoutbestandteile wie etwa Textblöcke, Abbildungen, Flächen und Linien.

Mikro- und Makrotypografie

So berechtigt diese beiden Begriffe sind: Das eine macht ohne das andere nur bedingt Sinn. Behalten Sie in der Gestaltung möglichst von Beginn der Entwurfsphase an beides im Auge: die Wirkung einer Seite als Ganzes genauso wie die Details.

Lassen Sie uns einen erneuten Blick auf die beiden Visitenkartenentwürfe werfen. Das Augenmerk legen wir jetzt auf das Layout/die Makrotypografie. Deshalb fasse ich die Texte in grauen Balken zusammen, die Prinzipien, um die es mir hier geht, sind dann besser auszumachen. Hierfür kann ich beide Varianten auch verkleinert wiedergeben.

▲ **Abbildung 1.12**
Das Layout der beiden Visitenkartenvariante im Vergleich

Bei der linken Variante ist der gesamte Text **zentriert** gesetzt. Damit ist die Positionierung auf der horizontalen Achse gemeint. Daraus folgt zwangsläufig ein symmetrisches Bild der grauen Flächen. Einen solchen Satz sind wir von Etiketten, Seitenköpfen von Zeitungen, älteren Büchern und vielleicht Menükarten gewohnt. Ein

Vorwurf, den man dieser Gestaltung auf einer Visitenkarte machen kann, ist die Spannungsarmut des Ergebnisses. Das Layout sieht herkömmlich, gewöhnlich und ungestaltet aus. Beim zentrierten Satz braucht man sich nicht allzu viele Gedanken um das Ergebnis machen: Das konkrete Ergebnis ist ja fast ausschließlich von den jeweiligen Zeilenlängen abhängig.

Die rechte Variante lebt durch die **Asymmetrie**, die durch den linksbündigen Satz der Kontaktdaten entsteht. Hier, im Vergleich der beiden Alternativen, sehen Sie auch, dass die Textblöcke nicht nur links ausgerichtet sind, sondern auch oben und unten. Der Name mit Berufsbezeichnung ist in dieser Version viel deutlicher von den eigentlichen Kontaktdaten getrennt. Das Prinzip, das dahintersteht, ist äußerst wichtig: Inhalte, die zusammengehören, werden auch als zusammengehörig oder als Gruppe gestaltet. Inhalte, die nicht zusammenstehen müssen, können und sollten auch voneinander abgerückt werden.

Sie merken, dass an dieser Stelle der Gestaltung eine genauere Beschäftigung mit den zu gestaltenden Inhalten stattfinden muss – und zwar nicht nur auf Visitenkarten bezogen. Ansonsten können Sie natürlich nicht ernsthafte Entscheidungen bezüglich der inhaltlichen Zusammenhänge treffen.

Der beschriebene Gestaltungsansatz ist das sogenannte »Gesetz der Nähe« oder besser: **»Prinzip der Nähe«**. Es gilt übrigens nicht nur, wenn etwas als zusammengehörig gestaltet wurde, es spielt ganz allgemein in der menschlichen Wahrnehmung eine zentrale Rolle. Immer, wenn Sie mindestens zwei gleiche oder zumindest sehr ähnliche Objekte in einer gewissen Nähe zueinander sehen, nehmen Sie diese als Paar oder Gruppe wahr. Das gilt bei alleinstehenden Bäumen auf einer großen Wiese genauso wie bei Buchstaben, die sich zu Wortgruppen zusammenfügen.

▼ Abbildung 1.13
Links eine Gruppe und rechts einzelne Bäume: Der Abstand zueinander entscheidet über unsere Wahrnehmung.

Das Prinzip der Nähe habe ich nicht nur in der Aufteilung in Name/Berufsbezeichnung einerseits und Kontaktdaten andererseits angewendet, sondern auch in den Kontaktangaben selbst. Dort habe ich eine weitere Gruppierung in die postalischen Adressangaben und die Telefonnummer vorgenommen. Das können Sie an den beiden unteren grauen Flächen in Abbildung 1.12 sehen.

Kommen wir nun zu einem weiteren Punkt, dem **Weißraum**. Achten Sie nun bei den Visitenkartenvarianten auf unbedruckten Raum, der sich von den Textblöcken zu den nächstliegenden Formaträndern bildet. Bei der zentrierten Anordnung sind die Räume links und rechts vom Text identisch, auch der Platz ober- und unterhalb der Kontaktdaten ist gleich. Diese jeweils horizontal bzw. vertikal gespiegelten Räume könnte man entweder als ruhig oder eben als langweilig bezeichnen.

Im Gegensatz dazu führt die Positionierung der Textblöcke nach links zu einer deutlichen Gewichtung: Der linke, bedruckte Teil ist nun optisch schwerer geworden, die rechte, unbedruckte Seite leichter. Diese asymmetrische Gestaltung führt zu einer unruhigeren, spannungsreicheren und damit interessanteren Anmutung. Und: diese Maßnahmen lassen auf eine bewusste Auseinandersetzung bei der Gestaltung schließen, wodurch dieser Entwurf nicht mehr das Zufällige, das »Irgendwie-Gestaltete« ausstrahlt.

Grundsätzlich gilt, dass eine Gestaltung, die wie zufällig wirkt, häufig weniger überzeugt als eine, bei der die gestalterischen Eingriffe deutlich spür- und sichtbar sind.

Die oben angesprochenen unbedruckten Flächen werden im Kommunikationsdesign als Weißraum bezeichnet. Weißraum ist sozusagen der verbleibende Hintergrund des konkreten Formates. Das Wort Hintergrund hat jedoch im normalen Sprachgebrauch eine andere, eher negative Bedeutung: Der Hintergrund ist zweitrangig, weil das Wichtige stets im Vordergrund stattfindet. Beim Weißraum ist das jedoch anders: Er nimmt eine völlig gleichberechtigte Stellung zur gestalteten Fläche ein, auf der sich Text oder auch weitere Gestaltungselemente wie etwa Bilder befinden können. Beide Ebenen eines Layouts – »gestaltete« Flächen mit Text und »ungestalteter« Weißraum – bedingen sich also. Das eine ist ohne das andere nicht denkbar. Und eine völlig unbedruckte Fläche wäre demnach kein Weißraum, sondern nur noch leere Fläche, leerer Raum und damit tot. Bedruckte/unbedruckte Teilflächen hingegen stehen immer in einer mehr oder minder lebhaften Beziehung zueinander. Und diese Beziehung und den Grad der Lebendigkeit gilt

Gestaltgesetz vs. Gestaltprinzip

Übrigens werde ich im Weiteren von Gestaltprinzip statt Gestaltgesetz sprechen. Das Wort »Prinzip« deckt zum einen viel eher den von mir gemeinten Inhalt ab: Ein Prinzip ist wandelbar, offen und flexibel. Und: ein Prinzip kann ich anwenden – bei einem Gesetz habe ich keine Wahl, das muss ich anwenden. Und zum Glück gibt es nirgends ein Gestaltungsgesetzbuch, nach dem wir uns zu richten hätten …

Ist Weißraum immer weiß?

Dabei muss dieser Raum oder diese Fläche nicht weiß sein. Häufig, weil schwarze Schrift auf weißem Hintergrund die gängige Farbkombination in der typografischen Gestaltung ist, ist der gemeinte Raum zwar tatsächlich weiß. Es geht beim Begriff »Weißraum« aber immer um den Platz auf einem Format, der nicht von Text oder Bildern eingenommen wird – unabhängig von der tatsächlichen Farbe des Weißraums.

es für uns beim Design bewusst zu sehen und eben zu gestalten. Dies führt uns zu einem der zentralen Gestaltungsansätze.

Vom Weißraum und der Bedeutung des Hintergrunds kommen wir zum **Gestaltprinzip Figur-Grund**. Dieses Prinzip kennen Sie von Bildern, in denen es um optische Täuschungen oder ganz allgemein um die menschliche Wahrnehmung geht:

▼ Abbildung 1.14
Das Schwarze ist nicht ohne das Weiße denkbar, das Weibliche nicht ohne das Männliche: Beim Yin & Yang-Zeichen bedingen sich Vorder- und Hintergrund in selten gesehener Überzeugung.

▶ Abbildung 1.15
Was immer Sie gerade sehen, es sind immer die Vase und die beiden Gesichter da. Aber beides gleichzeitig können Sie nicht wahrnehmen.

Was Sie hier – und bei den Visitenkarten – sehen, ist die sogenannte Figur-Grund-Dualität. Damit ist die untrennbare Verbindung zwischen Figur (oder Vordergrund) und Grund (oder Hintergrund) gemeint. Sie spielt sowohl in der Makro- als auch in der Mikrotypografie eine ganz zentrale Rolle. Denn auch bei jedem noch so kleinen Schriftzeichen entscheidet nicht nur die Zeichenform selbst über die Ästhetik einer Schrift. Auch Raum, der von einem Zeichen *nicht* eingenommen wird, hat Einfluss auf die Anmutung einer Schrift. Das gilt für den Raum innerhalb von Zeichen wie auch für den Raum zwischen Zeichenpaaren.

Umschreibt ein Zeichen einen Raum, sprechen wir von **Punze**. Diese kann beispielsweise wie beim »o«, »a«, »e« geschlossen oder wie bei »m«, »n«, »h« offen sein. Hier die geschlossenen »a«-Punzen der Helvetica (links) und Univers (rechts) im direkten Vergleich.

> **Punze**
> Viele Zeichenformen umschließen Flächen, dabei wird zwischen geschlossenen und offenen Flächen unterschieden. Diese Flächen oder Binnenräume werden in der Typografie Punzen genannt. Beispiele für geschlossene Punzen finden Sie bei »o«, »e« und »a«, offene Punzen sehen Sie etwa bei »m« und »n«.

Univers

Adrian Frutiger, 1954

Der Schweizer Adrian Frutiger (1928–2015) ist einer der wichtigsten Schriftentwerfer – mit der Univers und der Frutiger hat er zwei der absoluten Schriftklassiker entworfen. Die Ursprünge der eleganten Univers liegen in Entwürfen, die Frutiger mit 21 Jahren an der Kunstgewerbeschule Zürich schon 1947 angefertigt hatte. Und obwohl die Univers einige Jahre früher auf dem Markt war, hat sie sich nicht gegen die allmächtige Helvetica behaupten können – nach Meinung vieler Gestalter und Gestalterinnen zu Unrecht.

G K Q a t ß

Schriftdetails | Wie bei der Helvetica bewegen sich die Zeichenabschlüsse bis in die Horizontale. Der obere Bogen des »G« bezieht sich auf den gegenüberliegenden Schaft. Beim »K« steht ein einfacher Winkel am Stamm. Der Schwanz des »Q« wächst waagerecht aus der Rundung heraus. Der Bauch des »a« bewegt sich fast horizontal in den Stamm.

Blindtext in Univers 9,5/13,75 pt | Zwölf Boxkämpfer jagen Viktor quer über den großen Sylter Deich. Franz jagt im komplett verwahrlosten Taxi quer durch Bayern. Die heiße Zypernsonne quälte Max und Victoria ja böse auf dem Weg bis zur Küste. Sylvia wagt quick den Jux bei Pforzheim. Jörg bäckt quasi zwei Haxenfüße.

Univers 32 pt

Urzeit *reizarm* Zentralbank
Notfallpraxis E-Bike ***Team***

Univers 55 25 pt

abcdefghijklmnopqrstuvwxyzßäöü
ABCDEFGHIJKLMNOPQRST
UVWXYZÄÖÜ1234567890?!&„“–—

Praxisbeispiel

Zeichnen Sie z. B. eine beliebige Überschrift aus einem Magazin oder eine Wortmarke wie adidas möglichst detailgenau ab – aber zeichnen Sie hierbei nicht die Schriftzeichen, sondern die Räume zwischen den Zeichen: Die Buchstaben bleiben dann als weiße Flächen stehen, so entsteht eine Negativversion des Vorbildes, das Sie sich ausgesucht haben. So entwickeln Sie nicht nur ein Gespür für die enorme Bedeutung von Details, sondern vor allem auch für die Abstände zwischen einzelnen Zeichen und Wörtern.

Leerzeichen

Layoutsoftware wie Adobe InDesign bietet Ihnen eine ganze Reihe von Leerzeichen zur Wahl an. Den jeweiligen Verwendungszweck schauen wir uns in Abschnitt 7.1 genauer an.

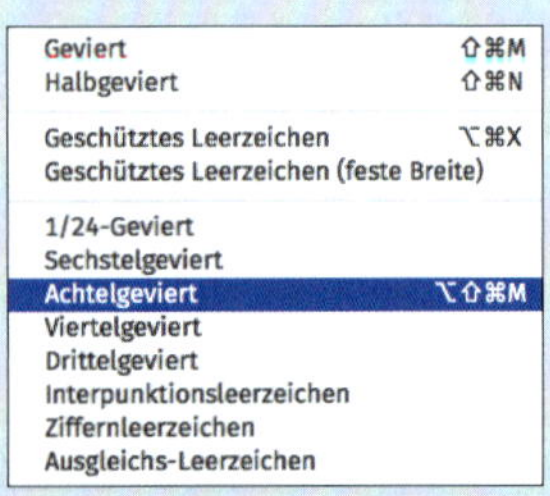

▲ **Abbildung 1.16**
Über das Menü SCHRIFT gelangen Sie zu den Leerräumen.

Sosehr sich die beiden a-Zeichenformen der Helvetica und der Univers von Adrian Frutiger beim ersten Blick ähneln mögen, diese beiden wichtigen Groteskschriften können Sie auch an den Formen der geschlossenen Punzen auseinanderhalten.

Als letzten Punkt möchte ich noch auf ein **mikrotypografisches Detail** der überarbeiteten Visitenkarte eingehen. Hier sehen Sie die jeweiligen Telefonnummern der beiden Visitenkartenentwürfe im direkten Vergleich.

0221 - 123456789 0221–1 23 45 67 89

Am augenfälligsten ist die unterschiedliche Schriftgröße. Sicher, die Schriften selbst sind auch verschieden: links Arial, rechts Helvetica.

Achten Sie jetzt auf die Details beider Varianten. Bei der rechten optimierten Version sehen Sie einen längeren Strich, der ohne sichtbare Leerräume zwischen den Ziffern »1« und »1« steht. Links ist ein kleiner Strich mit normalen Leerzeichen zu sehen. Diese Lösung trennt die Vorwahl viel zu weit von der Telefonnummer, optisch ist hier praktisch kein Zusammenhang zwischen Vorwahl und der restlichen Telefonnummer mehr festzustellen: Die Vorwahl, der Strich und die Telefonnummer sind optisch auseinandergerissen.

Bei der Überarbeitung der Visitenkarte habe ich die Telefonnummer von rechts ausgehend in Zweiergruppen aufgeteilt. Der Abstand zwischen diesen Ziffernpaaren ist geringer als ein normales Leerzeichen. Ich habe hier sogenannte Sechstelgeviertleerräume angewendet. Was es mit diesem Namen auf sich hat und wo welche Leerräume verwendet werden, schauen wir uns später noch genauer an. Die paarweise Aufteilung der fiktiven Telefonnummer macht es den Lesern und Leserinnen einfacher, die Ziffernfolge zu erfassen. Die Lesbarkeit dieser Variante ist somit höher als bei der ungruppierten Version links.

Diese hier gezeigte Lösung, mit Telefonnummern typografisch zu verfahren, ist einer von verschiedenen denkbaren Ansätzen. Und: man könnte den Ziffernsatz auch noch weiter optimieren. Wenn Sie etwa bei der Vorwahl auf den Abstand zwischen der »2« und der »1« in der überarbeiteten Version achten, können Sie sehen, dass beide Ziffern im Unterschied zu den anderen Ziffernkombinationen etwas zu groß ist. An dieser Stelle möchte ich nicht weiter auf diese Ungenauigkeit eingehen, ich komme später darauf zurück. Die Aufgabe, Ziffern zu setzen, kann sich auch dadurch ändern, dass die Nummer beispielsweise durch eine Durchwahl länger wird.

Design und Kunst

Für mich unterscheiden sich die beiden Betätigungsfelder Kunst und Design darin, dass es bei Design praktisch ausnahmslos um eine Aufgabe geht, die von außen – nämlich vom Kunden – an den Designer oder Designerin herangetragen wird. Diese Aufgabe ist in der Regel eine Kommunikationsaufgabe, die es zu lösen gilt. Der Gestalter ist somit ein »Problemlöser« und tritt hinter dem Auftraggeber, der Aufgabe und gefundenen Lösung zurück und steht so gut wie nie im Rampenlicht.

Bei Kunst hingegen schöpft die Künstlerin aus sich selbst und löst Aufgaben, die sie selbst als wichtig erachtet und mit denen sie sich selbst ausdrücken kann. Während bei Kunst der Ausdruck der Kunstschaffenden selbst im Mittelpunkt steht, soll Design immer einen konkreten Nutzen haben.

Viele Tätigkeitsbereiche und das dazugehörige Wissen decken sich bei Design und Kunst. Dazu gehört das Wissen um Farbe und deren Wirkung, Bildaufbau oder der bewusste Umgang mit Formaten.

Kurt Weidemann (1922–2011)

Für das Corporate Design der Daimler-Benz AG Ende der 1980er Jahre entwarf Kurt Weidemann die Schriftsippe Corporate. Die Corporate liegt in den Schriften Corporate A, Corporate S und Corporate E vor.

»Der Künstler tut, was er will, der Designer will, was er tut.«

Kurt Weidemann

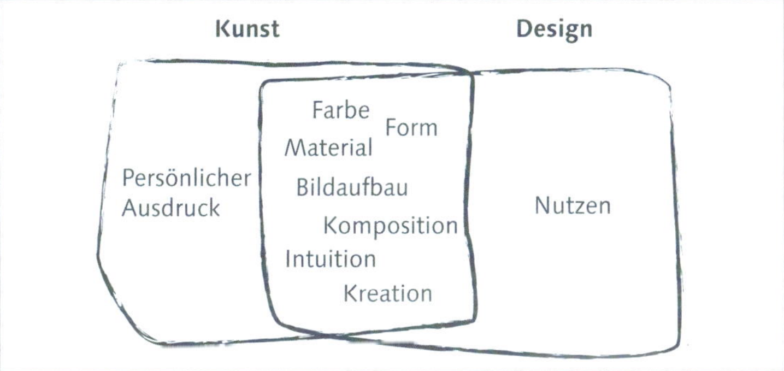

Im Zusammenhang mit Typografie trifft man ab und zu auch auf den Begriff »Schriftkunst«. Da wie etwa bei einem Magazinlayout auch bei einer neuen Schrift das Hauptaugenmerk auf dem verfolgten Zweck liegt, ist der Begriff »Schriftkunst« meiner Ansicht nach nicht nur irreführend, sondern sogar ein Widerspruch in sich. Denn der Schriftdesigner drückt ja nicht in erster Linie sich selbst durch eine neue Schrift aus. Und das steht meiner Meinung nach nicht in Widerspruch dazu, dass bei ganz großen Typedesignern und -designerinnen wie Eric Gill, Adrian Frutiger, Erik Spiekermann oder Zuzana Licko deren eigene Ästhetik, ihr individuelles Formempfinden, im übertragenen Sinne ihre eigene Handschrift in ihren Schriftentwürfen erkennbar sind.

Dieter Rams (*1932)

Als langjähriger Chefdesigner bei dem deutschen Elektrogerätehersteller Braun hat Dieter Rams maßgeblich die klare Designlinie geprägt. Mit Entwürfen wie dem Plattenspieler-Radiogerät SK4 – auch bekannt unter dem Namen »Schneewittchensarg« – hat Rams Produktdesigngeschichte geschrieben. Auch in Apples Hard- und Software finden sich immer wieder deutliche Zitate von Rams' Entwürfen.

Jan Tschichold (1902–1974)

Der deutsch-schweizerische Typograf ist eine der wichtigsten Persönlichkeiten der Typografie. Neben wichtigen Lehrbüchern verfasste er 1925 die »elementare typographie«, die viel beachtet und diskutiert wurde. Später distanzierte er sich von den hier formulierten Forderungen nach einer sehr grafischen Formsprache, verstärkter Verwendung von Groteskschriften und der konsequenten Kleinschreibung. Mit der Sabon schuf er eine Leseschrift mit großer Anmut.

Gutes Design | Dieter Rams, einer der wichtigsten Produkt- und Möbeldesigner weltweit, hat zehn Thesen zusammengestellt, die seiner Meinung nach gutes Design ausmachen:

1. Gutes Design ist innovativ.
2. Gutes Design macht ein Produkt brauchbar.
3. Gutes Design ist ästhetisch.
4. Gutes Design macht ein Produkt verständlich.
5. Gutes Design ist ehrlich.
6. Gutes Design ist unaufdringlich.
7. Gutes Design ist langlebig.
8. Gutes Design ist konsequent bis ins letzte Detail.
9. Gutes Design ist umweltfreundlich.
10. Gutes Design ist so wenig Design wie möglich.

Interessant an Rams' Thesen finde ich, dass aus ihnen eine besondere Haltung des Designers spricht, auch wenn der Gestalter selbst in keiner der zehn Thesen Thema ist. Aber er übernimmt Verantwortung: Design ist nicht gedankenlos. Das ist für mich der Kernpunkt der zehn Thesen. Wir arbeiten nicht in einem luftleeren Elfenbeinturm, und wir sind auch nicht die immer wieder bemühten »Schönmacher«, die nur an der Form interessiert sind.

Wie bei Dieter Rams steht auch bei Kurt Weidemanns zehn Thesen zu guter Typografie die Verantwortung der Designerin und des Designers im Vordergrund.

1. Typographie ist die Kunst des feinen Maßes. Ein Zuwenig und Zuschwach entfernt sie ebenso von der Meisterschaft wie ein Zuviel und Zustark.
2. Typographie ist eine Dienstleistung. Die Kunst dabei ist vor allem die Kunst, von sich selbst weitgehend absehen zu können, sich nicht zwischen Autor und Leser zu drängen. Schriftkunst ist anonym; sie hat ihre Kenner, aber sie hat kein Publikum.
3. Typographie hat schon vor Jahrhunderten ihre gültigen Formen gefunden. Dafür haben sich Gebote und Regeln gebildet und bewährt, die dem Auge und der Hand dienen, dem Sehen und Begreifen. Ergreifen zielt auf Besitz. Begreifen fördert die Einsicht.
4. Typographie im Abendland arbeitet mit einem zweitausendjährigen kaum zu verändernden Zeichenvorrat des römischen Alphabetes. Die Grundformen ihrer Anwendung sind so gültig wie die Formen von Beil, Sichel, Pflugschar. Das Rad muß nicht immer wieder neu erfunden werden.

5. Typographie setzt logisches Denken und psychologisches Vermögen voraus. Das Lesen nacheinander geordneter Buchstaben und Wörter setzt die Fähigkeit zum Folgedenken voraus. Das ist mühselig und kann nur durch gute Typographie erleichtert werden. Gestalterische Mätzchen sind Verrat am Text.
6. Typographie ist Umweltschutz der Augen, die es zwar zu öffnen und zu interessieren, aber nicht zu verwirren und zu beleidigen gilt. Das Sichtbarmachen von Sprache in all ihrer Ausdrucksvielfalt ist an den Grundzeichenvorrat des Alphabetes, die Gesetze des Sehens und Verstehens und die Gewohnheiten des Lesens gebunden.
7. Typographie strukturiert Information und bereitet sie nach ihrem Inhalt auf: nach sachlich-logischen und mit ästhetisch-emotionalen Gesichtspunkten. Schlechter Satz ist unsozial. Wissen und Können führen zur Erkenntnis. Erkenntnis führt zu Haltung und Stil. Haltung und Stil befähigen zur Überzeugung.
8. Typographie bildet durch Schrift. Schriftwahl ist Charakterwahl. Sie charakterisiert ihren Entwerfer, entlarvt Phrasen, falsches Pathos, Gemeinplätze, Anbiederungen. Selbstüberschätzung ist ein sicheres Zeichen für Dilettantismus. Mit der Wahrheit leben vermeidet Gedächtniskonflikte.
9. Typographie stellt so vielfältige Aufgaben, mit so unterschiedlichen Zielen, daß engstirnige Stilfanatiker in Konflikte kommen. Stilfanatismus endet in Routine. Routine ist kalt und abweisend. Etwas verstehbar machen ist erst die Vorstufe zum Erlebbarmachen.
10. Typographie kennt nur wenige Regeln und Meister, die nicht zu kopieren, aber zu kapieren sind. Die Kunst, Sprache in der ihr angemessenen Form sichtbar, lesbar und verstehbar, also: einsichtig zu machen, ist alleiniges Ziel. In der Typographie gibt es so wenig grundsätzlich neu zu erfinden wie in der Kochkunst oder im Bett.

»Gute Typographie ist so, wie ein guter Diener gewesen sein mag: da und doch nicht bemerkbar; unauffällig, aber eine Voraussetzung des Wohlbefindens, lautlos, geschmeidig […] Gute Schrift, richtige Anordnung; das sind die beiden Pfeiler aller Schriftkunst.«

Jan Tschichold

So wenig, wie Rams und Weidemann ihre Thesen als unumstößlich gemeint haben, müssen Sie mit ihnen übereinstimmen. Aber Sie können die Thesen von Rams und Weidemann auf alle Fälle als Grundlage zur Selbstpositionierung nehmen: Wo stimmen Sie überein? Wo sind Sie anderer Meinung? Haben Sie ein übergeordnetes Ziel, das Sie verfolgen? Möchten Sie die Welt verbessern, indem Sie sie ästhetischer machen, Arbeitsabläufe optimieren oder

Character
Das englische Wort für Schriftzeichen ist interessanterweise »character«.

allgemein zur Orientierung des Menschen auf dieser Erde beitragen? Versuchen Sie sich klarzumachen, welche Ziele Sie selbst bei Ihrer Arbeit verfolgen. Das wird Ihrer Tätigkeit größere Autorität verleihen und Sie möglicherweise selbst auch zufriedener werden lassen.

Ästhetik und Technik

Villem Flusser
Wer sich auf einer philosophischen Ebene mit Schrift beschäftigen möchte: Flussers Buch »Die Schrift« ist unbedingt empfehlenswert.

Dass Schreiben eine der wichtigsten Kulturtechniken überhaupt darstellt, habe ich eingangs erwähnt. Schauen wir uns in diesem Abschnitt an, wie sich Technik und Ästhetik beeinflussen oder besser: bedingen.

Ohne ein Schreibwerkzeug und ein Medium lässt sich nicht schreiben. Beides gehört untrennbar zusammen: denn genauso, wie Sie ohne ein Schreibwerkzeug wie einen Stift nicht schreiben können, können Sie ohne ein Medium wie ein Blatt Papier keinen Text verfassen. Diese jeweiligen Techniken des Schreibgerätes und der Schreibunterlage haben von Anbeginn des Schreibens die Ästhetik des geschriebenen Wortes bestimmt.

Und auch in unserer Zeit ist zu beobachten, wie sich neue Ästhetikstandards durch das Aufkommen und die weitverbreitete Nutzung von Handys und Tablets bilden. Wenn ich häufig Texte auf Displays lese, gewöhne ich mich mit der Zeit an die Darstellung von Schrift. Genauso lerne und gewöhne ich mich an das jeweilige Handling: So wird das Blättern in Seiten auf dem Display zum Wischen.

▶ **Abbildung 1.17**
Technik hat schon immer die Ästhetik mitbestimmt.

Die Möglichkeiten und teils drastischen Einschränkungen bei der Gestaltung von digitalen Texten werden wir in Kapitel 9 genauer betrachten.

Was ästhetisch ist, hat für die meisten Menschen einen höheren – möglicherweise auch nur höheren ideellen – Wert als etwas, das wir als unästhetisch bezeichnen. Was aber ist ästhetisch? Darüber entscheidet einerseits unsere Herkunft/die Kultur, in der wir aufgewachsen sind: Wir lernen Ästhetik und gestalterische Konventionen.

Ein Beispiel: In unserem Kulturkreis steht Weiß etwa für Reinheit, Unschuld, Beginn, Klarheit. Schwarz wird beispielsweise mit Nacht, Ende, Bedrohung, Trauer assoziiert. So lässt sich Schwarz als gängige Farbe für Trauerkleidung erklären. Genauso gängig ist bei uns aber auch die weiße Braut und der Bräutigam im schwarzen Anzug. Hier greift die Erklärung zum Trauerschwarz wiederum nicht. Farbwirkung ist also nicht angeboren, sondern wird erlernt und hängt auch ganz entscheidend vom jeweiligen Kontext ab.

Konventionen brechen

Gestaltungsregeln und -konventionen müssen Sie nicht immer einhalten und befolgen. Aber Sie sollten sie kennen, um sie *bewusst* brechen zu können. Wichtige Impulse in der Kunst, aber auch im Grafikdesign sind nicht nur durch Weiterentwicklung, sondern gerade durch den Bruch mit Traditionen erfolgt.

◂ Abbildung 1.18
Eine Konvention bei Brautmoden: Schwarz für den Bräutigam, Weiß für die Braut

Übrigens hat sich die Bedeutung der Farbe Schwarz als Kleidungsfarbe in Europa über die Jahrhunderte auch immer wieder geändert. Und Weiß kann in asiatischen Ländern auch als Farbe der Trauernden getragen werden. Derartige Konventionen finden Sie nicht nur in der Mode, sondern überall, wo gestaltet wird – und wie in den verqueren Typobeispielen weiter vorn in Abschnitt 1.2 kann die Wahl eines unpassenden Designs wie beim Geburtstagsgruß, der wie eine Todesanzeige aussieht, fatale Folgen haben.

▴ Abbildung 1.19
Schwarze Rahmen stehen bei uns für Traueranzeigen und nicht für Geburtstagsgrüße.

Keine Geschichte ohne Schrift

In der Geschichtswissenschaft wird die Menschheitsgeschichte in die Bereiche Ur-, Früh- und (historische) Geschichte unterteilt. Aus der Urgeschichte sind keinerlei schriftliche Zeugnisse bekannt. Frühgeschichte bezeichnet die Zeit, aus der nur wenige schriftliche Aufzeichnungen vorliegen. Mit Entwicklung der Schrift und der Überlieferung von Texten lassen sich die Kulturen vergangener Zeiten rekonstruieren – die Geschichtsschreibung beginnt ca. 4000 v. Chr.

Menschenbild

Sowohl Leonardos »vetruvianischem Mann« als auch Le Corbusiers Maßsystem kann man vorwerfen, dass beide den Mann als alleinige Grundlage ihrer Proportionslehren herangezogen haben.

Als Gestalter und Gestalterin sollten Sie in der Lage sein, die Gestaltung dem Anlass und dem Umfeld gemäß anzupassen, passend zu machen. Und je mehr Sie sich mit Gestaltung beschäftigen, desto geschulter wird Ihr Auge und Ihr Beurteilungsvermögen. An dieser Stelle verläuft auch eine Trennlinie, die Sie als Gestaltungsprofi ausweist. Sie sehen Gestaltung mit anderen Augen und können z. B. auch durch die Verwendung von Fachbegriffen genauer beschreiben, welche ästhetische Wirkung Sie bezwecken und durch welche Maßnahmen Sie diese Wirkung erzielen.

Neben den erlernten Konventionen gibt es andererseits gestalterische Gesetzmäßigkeiten, die eher universellen Charakter haben und vermutlich von den meisten Menschen gleich bewertet werden. Dazu zählen etwa Proportionen, die wir als angenehm oder ausgewogen wahrnehmen. Eine der klassischen Proportionen und Konstruktionsprinzipien – der Goldene Schnitt – lässt sich in der Natur wiederfinden. Es scheint so zu sein, dass die Natur einen ganz erheblichen Einfluss auf unsere Wahrnehmung hat: Das, was wir in der Natur als ausgewogen, angenehm oder auch als rhythmisch empfinden, prägt uns so sehr, dass wir dieselben »Gestaltungsprinzipien« auch in vom Menschen selbst gestalteten Werken als angenehm empfinden. Dabei ist es zweitrangig, ob es sich dabei um Bauwerke wie Brücken, Kirchen, Wohn- oder Verwaltungsgebäude oder eben um Seitenformate und Buchstabenformen handelt.

Herausragende Kunstschaffende wie Leonardo da Vinci und Le Corbusier haben intensive Studien zu Proportionen gemacht. Dabei war der menschliche Körper eines der wichtigsten Studienobjekte.

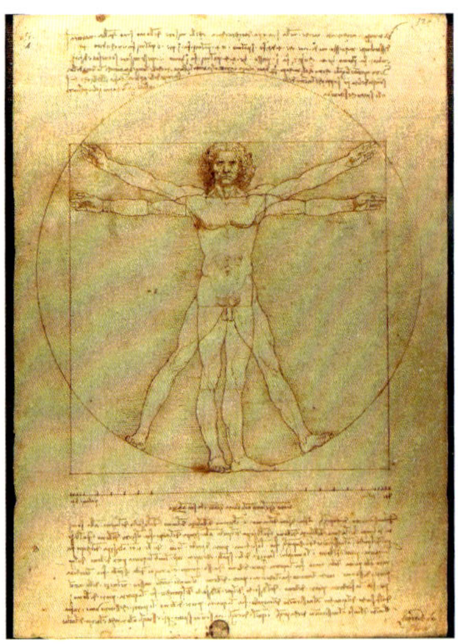

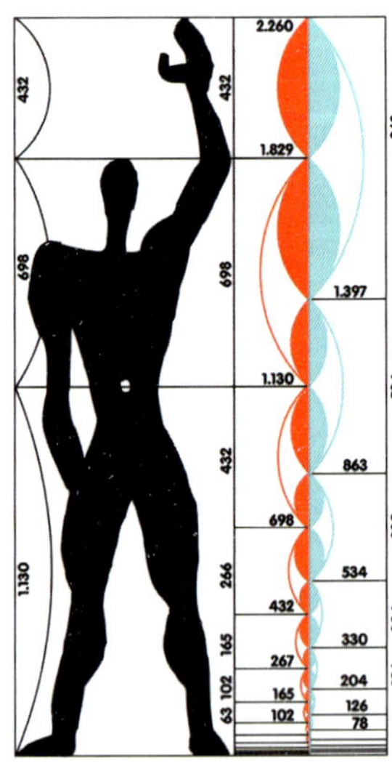

▸ **Abbildung 1.20**
Künstler auf der Suche nach mathematischen Beschreibungen von als schön empfundenen naturgegebenen Proportionen: da Vincis »vetruvianischer Mann« und Le Corbusiers »Modulor«

Sowohl Leonardos berühmte Proportionsstudie nach Vetruv, in der der Mensch sowohl in einen Kreis als auch in ein Quadrat passt, als auch Le Corbusiers Verfahren »Modulor« sind Versuche, die menschliche Anatomie mittels mathematisch-geometrischer Mittel zu beschreiben. Le Corbusiers Modulor führt die menschlichen Proportionen auf den seit der Antike bekannten Goldenen Schnitt zurück, der auch bei Seitenformaten Verwendung findet.

Kehren wir zu Schreiben und Schrift zurück. Ein kurzer Abstecher in die etwa 6.000 Jahre währende Schriftgeschichte macht deutlich, wie sehr die Technik immer schon die Schriftästhetik beeinflusst hat.

▼ Abbildung 1.21
5.000 Jahre Schriftgeschichte und Schriftästhetik in drei Abbildungen: sumerische Keilschrift, Text mit Feder auf Pergament und Computerschrift

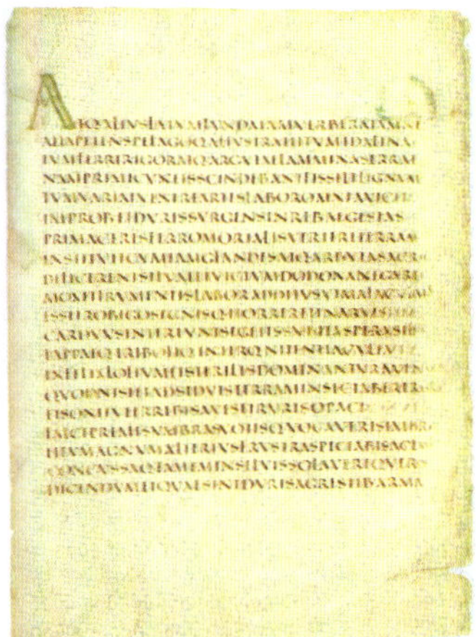

An dieser sumerischen Keilschrift (Abbildung links; ca. 3000 v. Chr.), einem der altesten Funde mit Schriftzeichen, lässt sich erkennen, dass die in Ton eingeritzten Schriftzeichen zu einer reliefartigen Oberfläche führen. Wie bei allen der ältesten überlieferten Schriftzeugnisse wurden auch in dieser Tontafel Informationen zum Handel festgehalten: Hier sind die Mengen an Behältern und deren Inhalt notiert. Die mit Feder auf Pergament geschriebenen Texte zeichnen sich durch deutliche Unterschiede in der Strichstärke der einzelnen Zeichenformen aus. Der optische Rhythmus, der durch die meisterhafte Anwendung der Schreibfeder entsteht, führt hier zu einer beeindruckenden Ästhetik. Der Text ist eine Abschrift eines Textes von Vergil, einem der bedeutendsten römischen Dichter, und stammt aus dem 4. Jh. Die gestalterischen Beschränkungen, die zu Beginn der Computerisierung galten, haben Typografen und Typografinnen zu spannenden Schriftentwürfen inspiriert. So hat Zuzana Licko 1985 die geringe Auflösung der ersten Desktopdru-

Sumerer
Im südlichen Mesopotamien, dem Gebiet zwischen Euphrat und Tigris (heutiges Syrien bzw. Irak), hat das Volk der Sumerer als erstes in der Menschheitsgeschichte eine Hochkultur entwickelt. So wurden beispielsweise zum ersten Mal Städte gebaut, und Schrift begann eine zentrale Rolle zu spielen.

cker zum Anlass zu Schriftentwürfen wie der LoRes 15 genommen. Der Schriftname spiegelt die Anzahl der Pixel in der Vertikalen wider.

Strichstärkenänderung | Das Schreibwerkzeug, mit dem Texte geschrieben werden, hat einen bedeutenden Einfluss auf die Ausformung der Einzelzeichen. Zu erwähnen ist neben der Tatsache, dass die Breite eines Stifts direkt am Schriftbild ablesbar ist, die Veränderung der Strichstärke *innerhalb* von Zeichen. Bei den modernen, statischen Schreibgeräten wie einem Kugelschreiber, Faserstift oder Fineliner ändert sich die Strichstärke nicht nennenswert. Das ist bei den jahrhundertelang verwendeten breiten Schreibfedern anders: Hier ändert sich die Strichstärke nicht nur durch den aufgewendeten Druck, sondern auch durch den Winkel, in dem die Feder gehalten wird. Bei dem folgenden Beispiel wurde die Feder fast konstant in einem Winkel von 30° gehalten.

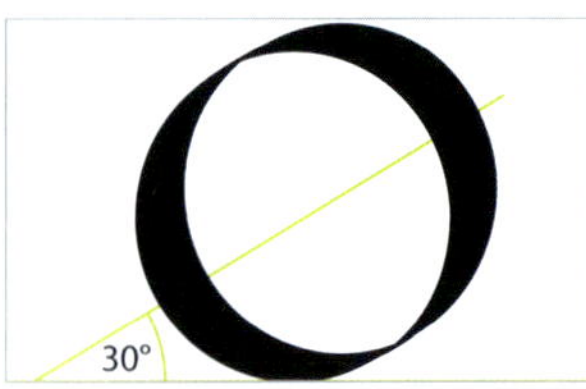

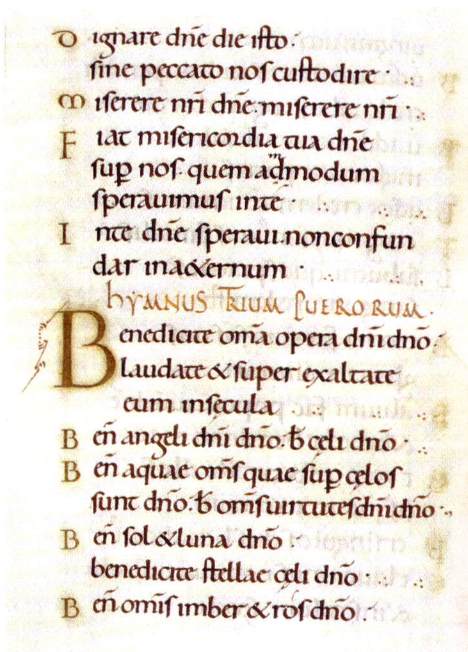

▲▶ **Abbildung 1.22**
Durch ein breites Schreibgerät wie eine Feder erhält Text seinen typischen optischen Rhythmus. Hier zu bewundern an dem »Ramsey-Psalter« aus dem Jahre 966. Ein definierter Federwinkel von z. B. 30° wird beim Schreiben praktisch durchgehend beibehalten.

Diesen Strichstärkerhythmus, der von dem ständigen Wechsel zwischen feinen und kräftigen Strichstärken herrührt, finden Sie in den meisten Antiqua-, aber auch in vielen Groteskschriften wieder. Im Beispiel sehen SIe den Großbuchstaben »O« in der Adobe Garamond Pro und der Univers, beide in Schriftgröße 118 pt gesetzt.

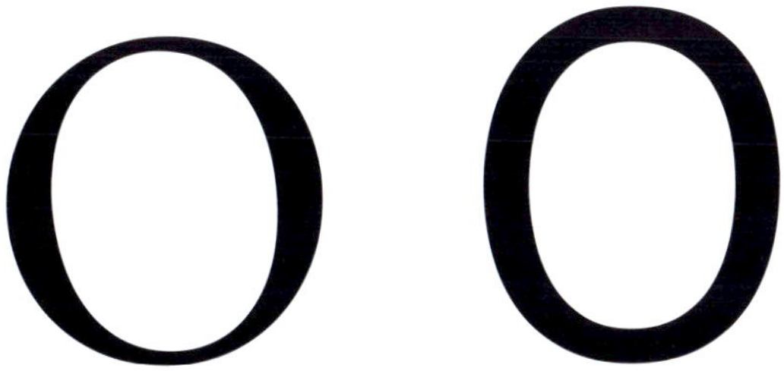

Bei der Adobe Garamond Pro links ist die humanistische Herkunft – nämlich die mit Schreibfeder geschriebene Schrift – mit dem Wechsel von leichten und schweren Strichstärken gut zu erkennen. Der Wechsel der Strichstärke innerhalb eines Buchstabens hat neben dem weiter vorn beschriebenen Grund – Horizontalen müssen für dieselbe optische Wirkung schmaler als Vertikalen sein – also auch die Ursache im verwendeten Schreibgerät. Oder anders formuliert: Ein flexibles Schreibgerät wie eine Feder nimmt sozusagen automatisch Rücksicht auf die menschliche Wahrnehmung, indem die Schriftzeichen in den eher horizontalen Partien schmaler geschrieben werden. Auch bei der Univers ist der – wenn auch nur angedeutete – Strichstärkenwechsel zu sehen.

Schriftgrößen

Wie Sie in der Abbildung der beiden »O« gut erkennen können, bedeutet dieselbe Schriftgröße nicht, dass zwei Schriften gleich groß wirken. Viel wichtiger als die verwendete Schriftgröße ist die optische Größenwirkung einer Schrift. Und die lässt sich bei Printprojekten ausschließlich an einem Ausdruck in Originalgröße beurteilen. Gewöhnen Sie sich an, schon sehr früh in der Entwurfsphase Testausdrucke zu machen, um die Größe einer Schrift zu überprüfen.

Statische Schriften | Neben Schriften, die eine deutliche humanistische Herkunft haben, gibt es auch solche, die kaum oder gar keine Variation der Strichstärke aufweisen. Diese werden dementsprechend als »statisch« oder als »monoline« klassifiziert. Durch die gleichbleibenden, eben statischen Strichstärken wirken solche Schriften sehr kühl und unpersönlich. Manche dieser Schriften haben dennoch einen ganz eigenen, reizvollen, wenn auch auffallend technischen Charakter.

Als herausragende Schrift dieser Gruppe ist hier die DIN zu nennen. Ursprünglich war sie jahrzehntelang »nur« auf deutschen Autobahn-, Orts- und Nummernschildern zu sehen. Nachdem sie 1995 von Albert-Jan Pool digitalisiert wurde und als FF DIN vertrieben wurde, ist sie in den verschiedensten Zusammenhängen zu sehen. Zunächst gab es die DIN wie die Vorlage nur in zwei Varianten: der Mittel- und der Engschrift. Die weiteren Schnitte von »Condensed Thin« bis »Black Italic« kamen erst später hinzu.

Deutsche Industrie-Norm

Neben dem allseits bekannten Papierformat DIN A4 normiert das Deutsche Institut für Normung e.V. verschiedenste Produkte, aber auch Dienstleistungen und Prozesse.

Auch die nordamerikanische Monoline-Schrift Interstate hat eine ähnliche Karriere gemacht. Angeregt durch die DIN wurde eine eigene Schrift für Straßenschilder von einer Unterabteilung des Verkehrsministeriums der Vereinigten Staaten entwickelt. Die »FHWA Series fonts« wurde von 1949 an eingesetzt und diente

DIN

Ludwig Goller 1926, Albert-Jan Pool, 1995

Der Ursprung der DIN geht auf eine Schrift zurück, die ab 1906 für die Beschriftungen der Fahrzeuge der Preußischen Staatseisenbahnen verwendet wurde. Ludwig Goller, seines Zeichens Ingenieur bei Siemens und Vorsitzender des DIN-Ausschusses für Zeichnungen, modifizierte diese Schrift, die von 1936 an für die deutsche Straßenbeschilderung eingesetzt wurde. Unter Berücksichtigung optischer Ausgeglichenheit digitalisierte Albert-Jan Pool die Schrift 1995, die als FF DIN veröffentlicht wurde und mittlerweile in verschiedensten Schnitten und einer abgerundeten Version vorliegt.

G M a g l ß

Schriftdetails | Die DIN wirkt schablonenhaft, ist aber dennoch detailreich und weist bei aller Statik geringe Strichstärkenunterschiede auf. Wie an manch anderen Zeichen kann man am »G« den konstruierten Charakter nachempfinden: Hier springt einem der Zirkel und das Lineal quasi ins Auge. Bei »M« steht die mittlere Spitze oberhalb der Schriftlinie. Geschwungener Fuß beim »l«.

Blindtext in DIN 9,5/13,75 pt | Zwölf Boxkämpfer jagen Viktor quer über den großen Sylter Deich. Franz jagt im komplett verwahrlosten Taxi quer durch Bayern. Die heiße Zypernsonne quälte Max und Victoria ja böse auf dem Weg bis zur Küste. Sylvia wagt quick den Jux bei Pforzheim. Jörg bäckt quasi zwei Haxenfüße vom Wildpony. Vogel Quax zwickt Johnys Pferd Bim.

DIN 32 pt

Autobahnausfahrt **Köln-Zentrum**

Baustelle DOM-HAUPTBAHNHOF

DIN 1451 Mittelschrift 25 pt

abcdefghijklmnopqrstuvwxyzßäöü
ABCDEFGHIJKLMNOPQRST
UVWXYZÄÖÜ1234567890?!&„“-–

Interstate

Tobias Frere-Jones, 1993

Die nordamerikanische Schwester der DIN: Im Vergleich zur DIN ist die Interstate runder und schlanker, die häufig abgeschrägten Strichenden führen zu einem lebhafteren Schriftbild. Tobias Frere-Jones digitalisierte die Beschilderungsschrift der US-amerikanischen Highways 1993, die ihrerseits von der DIN beeinflusst war. Bei uns hat sich die Interstate lange nicht so weit verbreitet wie die DIN – trotz oder vielleicht wegen ihrer Ecken und Kanten. Als Hausschrift wird sie etwa von der Citibank verwendet.

C G b d g ß

Schriftdetails | Wo bei der DIN Geraden vorherrschen, sind bei der Interstate Kurven zu sehen, z. B. beim »C« und »G«. Besonders auffallend sind die schrägen Abschlüsse bei den geraden Kleinbuchstaben. Prägnantestes Zeichen ist das »g« durch die schräg abgeschnittene, sehr offene Schlaufe. Auch auffallend: das sehr lange »ß«.

Blindtext in Interstate 9,5/13,75 pt | Zwölf Boxkämpfer jagen Viktor quer über den großen Sylter Deich. Franz jagt im komplett verwahrlosten Taxi quer durch Bayern. Die heiße Zypernsonne quälte Max und Victoria ja böse auf dem Weg bis zur Küste. Sylvia wagt quick den Jux bei Pforzheim. Jörg bäckt quasi zwei Haxenfüße vom Wildpony.

Interstate 32 pt

Highway **Amsterdam** **Flughafen**
North-East **OUT** ÜBERGANG

Interstate Regular 25 pt

abcdefghijklmnopqrstuvwxyzßäöü
ABCDEFGHIJKLMNOPQRST
UVWXYZÄÖÜ1234567890?!&„“--

Tobias Frere-Jones 1993 als Vorlage für eine digitalisierte Variante, die Interstate.

Trotz der eher schmal anmutenden Zeichen benötigt die Interstate durch die recht hohen Zeichenabstände mehr Platz als die DIN. Die Interstate hat mehr Ecken und Kanten, ist aber deutlich seltener zu sehen als die DIN, die sich nicht nur im Print-, sondern auch im Web-Bereich großer Beliebtheit erfreut.

Achsenneigung | Neben den relativ offensichtlichen Schriftmerkmalen Serifen und Strichstärkenänderung gibt es noch eine weitere Eigenschaft, die einen entscheidenden Einfluss auf die Ästhetik einer Schrift hat: die Neigung der Schriftachse.

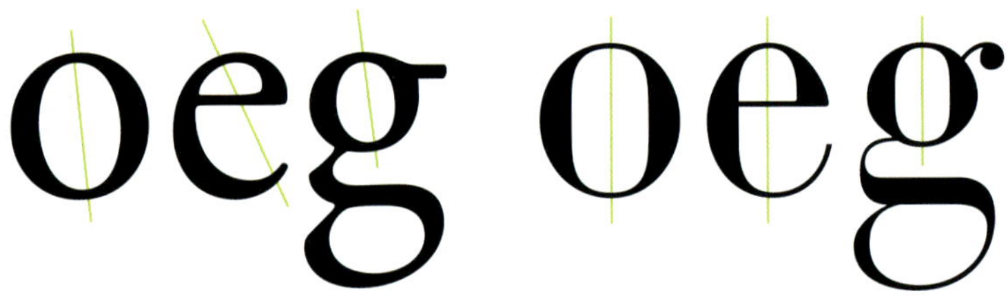

Diese Neigung ist bei Schriftzeichen zu sehen, die auf einem Kreis basieren, links die Adobe Garamond Pro, rechts die Bauer Bodoni. Und die Achsenneigung ist eng mit der Strichstärke verbunden: Ohne eine Änderung der Strichstärke gibt es auch keine Achse, die sich beobachten ließe. Monolineschriften weisen daher keine oder höchstes angedeutete Achsen auf.

Wie Sie sehen, zeichnen sich Schriften wie die Garamond durch eine Linksneigung der Schriftachse aus, bei der Bodoni hingegen stehen die Schriftachsen aufrecht. Bei Schriften mit schrägen Achsen sprechen wir von humanistischen Schriften. Bei aufrechten Zeichenachsen haben wir eine konstruierte Schrift mit eher statischem Charakter vor uns.

Adrian Frutiger

Der gebürtige Schweizer Adrian Frutiger (1928–2015) hat eine Reihe zeitloser Schriften mit enormer Bedeutung geschaffen, darunter die Univers, die Frutiger, die Meridien, die Avenir und die OCR-B, die bis heute zu den weitverbreitetsten Schriften des 20. Jahrhunderts zählen. Seine Arbeit hat die Welt der Typografie nachhaltig geprägt und revolutioniert.

Frutiger absolvierte zunächst eine Schriftsetzerlehre und studierte anschließend an der Kunstgewerbeschule Zürich. Dort befasste sich Frutiger intensiv mit dem Holzdruck, den er meisterlich beherrschte. Anschließend war er als Grafiker in Zürich beschäftigt, ging dann nach Paris und arbeitete bei der Schriftgießerei Deberny & Peignot. 1962 gründete er sein eigenes Grafikatelier.

Bei all seinen Schriften scheint ein deutlich humanistischer, handschriftlicher, analoger Ansatz durch, der zu einer warmen, verbindlichen und nie aufdringlichen Anmutung führt.

Die Univers (1957 gestaltet) ist eine der ersten Schriftfamilien, die als einheitliches System mit einer breiten Palette an Strichstärken und Breiten konzipiert wurde, auf das wir auch in Abschnitt 2.4 eingehen. Die Schriftart Frutiger von 1976 wurde ursprünglich für die Beschilderung des Pariser Flughafens Charles de Gaulle entwickelt und hieß zunächst Roissy. Ihre herausragende Lesbarkeit auch aus großer Entfernung und bei schlechten Lichtverhältnissen machte sie zu einer beliebten Wahl für Wegweiser, Beschilderungen und Gebrauchsgrafik.

▲ **Abbildung 1.23**
Adrian Frutiger 2002

▲ **Abbildung 1.24**
Einsatz der Univers bei Londoner Straßenschildern

◄ **Abbildung 1.25**
Einsatz der Frutiger am Flughafen Charles de Gaulle

Jan Tschichold

▲ **Abbildung 1.26**
Jan Tschichold

Jan Tschichold (1902–74) gilt als einer der wichtigsten deutschen Typografen, insbesondere im Bereich Buch- und Lesetypografie. Er studierte an der »Staatlichen Akademie für Graphische Künste und Buchgewerbe«, der heutigen »Hochschule für Grafik und Buchkunst Leipzig«, wo er früh durch sein Talent auffiel. Durch den Kontakt zu den Gestaltungskonzepten und Künstlern des Bauhaus wie Walter Gropius, Ludwig Mies van der Rohe, Oskar Schlemmer und Wassily Kandinsky wandte sich Tschichold von der bisherigen Typografie ab und wurde einer der wichtigsten Vertreter der »Neuen Typografie«. Mit dem Sonderheft »Elementare Typografie« der »Typografischen Mitteilungen« von 1925 entfachte Tschichold eine beispiellose Diskussion über die Aufgabe von Typografie und deren konkreten Lösungen und machte die Neue Typografie weltweit bekannt.

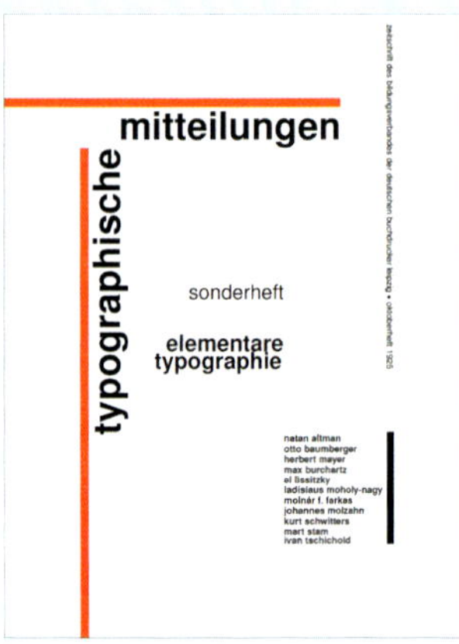

▲ **Abbildung 1.27**
In den »Typografischen Mitteilungen« von 1925 veröffentlichte Tschichold seinen Artikel zur Neuen Typografie

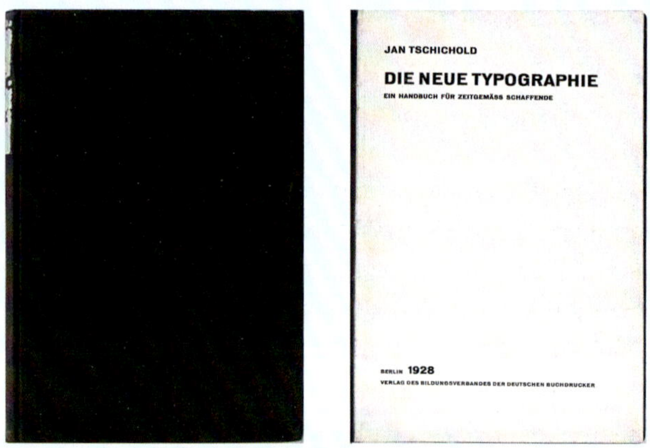

▲ **Abbildung 1.28**
1928 veröffentlichte Tschichold sein Werk »die neue Typografie«; die Gestaltung sowie das Cover sind selbst Beispiele für die von ihm propagierte Klarheit und Reduktion.

Als streitbarer Gestalter wandte sich Tschichold später wieder von diesem Gestaltungsansatz ab. Neben seinen Fachbüchern ist insbesondere seine Sabon, eine Variante der Garamond, bemerkenswert.

Sabon regular
Sabon italic
Sabon bold

Kapitel 2

Das Schriftzeichen

Welche Zeichenformen es gibt, wie diese aufgebaut sind und wie sie sich zum lateinischen Alphabet zusammenfügen, erfahren Sie in diesem Kapitel. Nebenbei schärfen Sie den Blick auf Details, durch die sich Schriften unterscheiden.

2.1 Der Zeichensatz

Um Texte zu schreiben, benötigen wir unterschiedliche Arten von Schriftzeichen. Dazu gehören zunächst die Buchstaben – in den beiden Varianten Groß- und Kleinbuchstaben. Dann brauchen wir noch Ziffern für Zahlen sowie Sonderzeichen, Umlaute und diakritische Zeichen und Satzzeichen, um Texte zu strukturieren. Die Summe dieser Zeichen wird Zeichensatz genannt, wobei die konkrete Zeichenanzahl von Schrift zu Schrift variieren kann.

Tradition durch Schreibweise

Die italienische Schmuckmarke Bulgari zitiert nicht zufällig die lateinische Schreibweise: Hier wird jahrtausendealte Tradition durch das als »V« geschriebene »U« vermittelt.

BVLGARI

Die Buchstaben

Unser Standardalphabet basiert auf lateinischen Buchstabenformen, die etwa 2.500 Jahre alt sind. Manche der uns geläufigen Buchstaben wie »J«, »U« und »W« sind allerdings deutlich jünger (siehe Kapitel 4). Ein komplettes Alphabet zählt 26 Schriftzeichen, hier am Beispiel der Minion Pro.

ABCDEFGHIJKLMN
OPQRSTUVWXYZ

Die 26 elementaren Buchstaben kommen auch in den gewohnten kleinen Varianten vor.

abcdefghijklmn
opqrstuvwxyz

Alphabet
Der Begriff »Alphabet« für die Schriftzeichen hat seinen Ursprung in den griechischen Anfangsbuchstaben Alpha (α) und Beta (β).

Die 52 Buchstaben des Alphabets repräsentieren gesprochene Laute als geschriebene Zeichen. Für die Bezeichnung von Mengen haben sich hingegen nicht Buchstaben, sondern Ziffern durchgesetzt.

Ziffern

Die Ziffern gehören wie die Satzzeichen im engeren Sinn nicht zu einem Alphabet, gehören aber unverzichtbar zu einem Zeichensatz. Wie umständlich die Buchstaben für die Wiedergabe von Zahlen sind, können Sie leicht nachvollziehen, wenn Sie Ihre Telefonnummer einmal als Wort aufschreiben.

Genau wie bei den Buchstaben hat sich die Grundform der einzelnen Ziffern seit ihrer Verbreitung nicht geändert.

1234567890

Zahlenschreibempfehlung
In Fließtexten werden Zahlen bis einschließlich zwölf ausgeschrieben, wenn sie ohne Einheit stehen – also etwa: »drei Mal«. Größere Zahlen und solche, die von einer Einheit begleitet werden, werden mit Ziffern wiedergegeben:
149 Autos, 3 kg Obst.

Die Ziffern sind nicht lateinischen, sondern indisch-arabischen Ursprungs und sind in Europa erst Ende des ersten Jahrtausends n. Chr. in den gängigen Zeichenvorrat aufgenommen worden. Bis dahin wurden Zahlen mit den römischen Buchstaben geschrieben.

Und so ausgereift die lateinischen Buchstaben waren, so umständlich war deren Verwendung für Zahlen. Häufig benötigen römische Zahlen nicht nur mehr Zeichen als bei der arabischen Schreibweise – sie setzen zum Verständnis der Zahl auch eine Rechnung beim Leser voraus.

VIII = 8

Hier müssen das »V« für »5« und die drei »I« für jeweils den Wert »1« erst zusammengerechnet werden, um zur Zahl »8« zu kommen.

Die bisher besprochenen Zeichengruppen der Groß- und Kleinbuchstaben samt den Ziffern bilden zusammen die Gruppe der alphanumerischen Zeichen. Mancherorts werden Satz- und Sonderzeichen und auch Steuerzeichen wie Tabulator- oder Neue-Zeile-Zeichen ebenfalls dazugerechnet.

Passwörter

Bei der Anlage von Passwörtern etwa auf Webseiten begegnet einem manchmal die Vorgabe »erlaubt sind nur alphanumerische Zeichen« – Sonderzeichen sind dann strikt unerwünscht.

Besondere Zeichen

Neben den Buchstaben und Ziffern benötigen wir in einem vollständigen Zeichensatz noch weitere Zeichen.

Satzzeichen | Um die Inhalte eines Textes zu strukturieren, werden Satzzeichen verwendet. Neben den druckbaren und deshalb sichtbaren Zeichen gehört auch das Leerzeichen dazu. Wiewichtig diesesZeichenistbemerkenSiewennesmalfehlt.

. , ; : - „ “ » « ! ? ( )

Umlaute und scharfes S | Fürs Deutsche brauchen wir zu den bisher gezeigten knapp 80 Zeichen aber noch die Umlaute und das besondere Zeichen »ß« (scharfes S oder »Eszett«), das ausschließlich in Deutschland und Österreich eingesetzt wird (siehe auch unter »Ligaturen«). Umlaute sind modifizierte Buchstaben.

ÄÖÜäöü ß

Das »ß« finden Sie in den meisten Schriften nur als Kleinbuchstaben. Manche neuere Schriften wie hier die Museo Sans bieten es auch als Großbuchstaben. Dieser wurde 2017 offiziell vom Rat der deutschen Rechtschreibung in die deutsche Rechtschreibung aufgenommen.

STRAẞE Straße

Übrigens: Der Duden benutzt die beide Begriffe »scharfes S« und »Eszett« – für mich spricht mehr für die Verwendung von »scharfes S«, da das gängige Kleinbuchstabenzeichen selbst meist nicht mit einem »z« assoziiert werden kann. Im englischen Sprachraum ist die Bezeichnung für diesen urdeutschen Buchstaben »sharp s«.

Sonderzeichen
Zu Sonderzeichen werden alle Grundformen gezählt, die nicht alphanumerisch sind. Demnach sind auch die Umlaute und das scharfe S Sonderzeichen.

Weitere Sonderzeichen | Auch wenn wir mit diesen zusätzlichen, nichtlateinischen Schriftzeichen schon ganz gut im Deutschen zurechtkämen: Es fehlen neben den Umlauten und dem Eszett noch weitere Sonderzeichen, die zu einem praktikablen Zeichensatz gehören. Das sind etwa Währungssymbole, Copyrightzeichen und mathematische Zeichen sowie diverse Klammern.

€ $ @ § % & © + – × = [ ]

Damit sind wir bei knapp 100 Zeichen, die wir im Deutschen zum Schreiben benötigen. Diese 100 Zeichen muss eine Schrift in den wichtigsten Schnitten wie normal, **bold**, *italic* und ***bold italic*** enthalten, damit sich damit ernsthaft arbeiten lässt.

Diakritische Zeichen | In anderen europäischen Ländern werden außerdem noch diakritische Zeichen benötigt. Das sind zusätzliche Zeichen, die das gewohnte lateinische Schriftzeichen ergänzen, um die Aussprache zu variieren, die Betonung anzuzeigen oder auch um Wörter zu unterscheiden (z. B. französisch ou = oder, où = wo)

▼ **Tabelle 2.1**
Auswahl gängiger diakritischer Zeichen samt Buchstaben, mit denen sie häufig kombiniert stehen

è	é	â	ñ	ë	å	č	ç
È	É	Â	Ñ	Ë	Å	Č	Ç
Gravis	Akut	Zirkumflex	Tilde	Trema	Ringakzent	Hatschek	Cedille

Eine sehr umfangreiche Übersicht über diakritische Zeichen und deren Eingabekürzel für verschiedene Betriebssysteme finden Sie außerdem unter *https://infothek.rotkel.de/tastaturkuerzel/schriftzeichen/sonderbuchstaben/alphabetisch.html*.

Genau genommen enthalten die im vorigen Abschnitt besprochenen Umlaute auch diakritische Zeichen. Entsprechend ihrer Häufigkeit sind sie auf deutschsprachigen Tastaturen aber als eigenständige Zeichen hinterlegt. Auf Handys und Tabletgeräten können Sie die virtuellen Tastaturen mit wenigen Klicks auf andere Sprachen umschalten. Auf einer spanischsprachigen Tastatur sehen Sie dann etwa das »ñ« als eigenständiges Zeichen, das wir auf deutschsprachigen Keyboards durch einen Alt-Code setzen müssen.

◂ **Abbildung 2.1**
Auf dem iPad wird statt der Umlaute und des scharfen S der deutschen Tastatur (links) auf dem spanischsprachigen Keyboard das »ñ« eingeblendet.

Durch diese zusätzlichen Formen wächst ein Zeichensatz zwar schon deutlich an, ist aber noch kein Vergleich zu Schriften, die auch nichtlateinische Zeichen verwenden. Denken Sie etwa an Griechisch, Russisch, Arabisch oder Chinesisch.

Bedenken Sie also bei der Schriftwahl, welche Schriftzeichen Sie brauchen werden. Gratisfonts fallen auch wegen ihres häufig geringen Zeichenumfangs selbst bei geringeren Ansprüchen aus: Im Netz finden Sie eine Unmenge an gratis angebotenen Schriften, da jedoch die Gestalter und Gestalterinnen häufig nicht aus dem deutschsprachigen Raum kommen, suchen Sie Umlaute und das scharfe S in vielen Gratisschriften vergebens.

Nichtlateinische Sprachen

Neben den für uns gebräuchlichen lateinischen Schriftzeichen gibt es noch eine enorme Vielzahl an anderen Zeichensystemen wie etwa Russisch (русский), Griechisch (ελληνικά) oder Koreanisch (한국의).

Herkunft des Wortes *Buchstabe*

Es gibt verschiedene Theorien über die Herkunft des Begriffs *Buchstabe*.

- Die Germanen ritzten oder drückten mittels stempelartiger Werkzeuge, der Punzen, ihre Runen in ihre Waffen und in Stäbchen aus Buchenholz (ca. 200 n. Chr.). Diese Buchenstäbchen wurden verwendet, um per Los bzw. Orakel Entscheidungen zu fällen. Allerdings: das Wort Buchstabe kommt im Germanischen gar nicht vor.
- Im 8. Jh. wurden die beiden Wörter *bok/s* (gesticktes Kissen, Buch) und *stabi/a* (Stab, Element) zur Bezeichnung einzelner lateinischer Schriftzeichen zusammengeführt.

Übersicht Zeichendetails

An vergleichsweise kurzen Wörtern, die wie »Hamburgefons« ruhig bedeutungslos sein können, lassen sich einige wichtige Merkmale einer Schrift ablesen, beispielsweise:

- Hat die Schrift eher humanistischen oder konstruierten Charakter?
- Wie kontrastreich ist die Schrift?
- In welchem Verhältnis stehen Ober- und Unterlängen zur x-Höhe?
- Überragen die Oberlängen die Versalhöhe?
- Hat die Schrift Serifen? Wenn ja: Welche Form haben die Serifen?
- Außerdem: Verläuft die Haarlinie des Minuskel-»e« horizontal oder ist sie angewinkelt?

1 Abstrich, Stamm
2 Haarstrich, Querbalken (verbindet zwei Buchstabenteile, auch in »A«, »e«)
3 Serifen, Endstrich
4 Strichabschluss, Tropfen (auch bei »f«, »r«, »y«)
5 Schulter
6 Anstrich, Serife
7 Bauch (geschlossene Rundung innerhalb der x-Höhe auch bei »a«, »d«, »p«, »q«)
8 Ohr, Fähnchen
9 Punze (geschlossen), beim »e«: Auge
10 evtl. schräg verlaufende Haarlinie
11 Querstrich (kreuzt Vertikale, auch bei »t«)
12 Ausgleichsserife
13 Majuskel, Versalie
14 Minuskel, Gemeine
15 Endstrich (auch beim »u«)
16 Punze (offen)
17 Schrift-/Schattenachse (bei allen auf Kreis basierenden Zeichenformen)
18 Steg
19 Schlinge, Schleife
20 Auslauf
21 Unterlänge
22 Schrift-/Grundlinie
23 x-Höhe, Mittellänge
24 Versalhöhe
25 Oberlänge

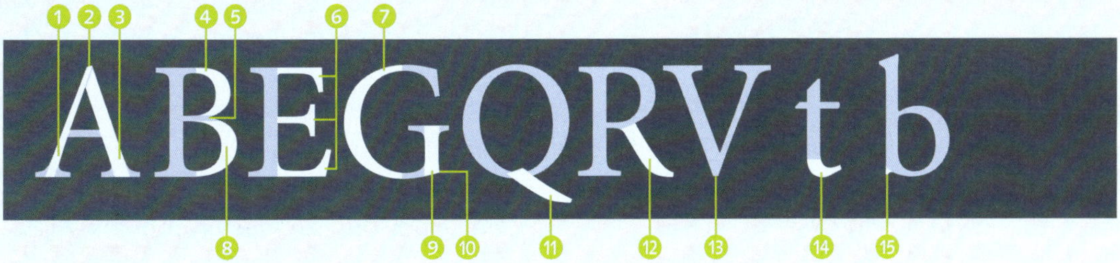

1. Aufstrich (gerade Linie von links unten nach rechts oben)
2. Scheitel
3. Abstrich (gerade senkrechte Linie wie bei »H«, »I«, »J« oder schräg von oben links nach unten rechts verlaufend wie beim »A«, »V«, »W«, »Y«), Diagonale
4. oberer Bogen
5. Taille
6. Arme
7. Bogen (umschließt offene oder geschlossene Punze)
8. unterer Bogen, Bauch
9. Hals
10. Sporn (hier in der Minion nur angedeutet)
11. Schweif (geschwungener Endstrich, bei »Q« auch als Cauda bezeichnet)
12. Bein (auch bei »K«, »k«)
13. Spitze
14. Schweif
15. Sporn (hier beim »b« der Garamond)

Zeichenalternativen

Bei den obenstehenden Zeichen gibt es zwei alternative Grundformen. Sie sehen bei den Formenpaaren jeweils links die Minion, rechts die Futura.

1. Doppelstöckiges und einstöckiges »a«
2. Dreistöckiges und zweistöckiges »g«
3. Eszett auf Grundlage von langem und rundem S (links) bzw. langem S und »z« (rechts)

Serifenformen/Strichenden

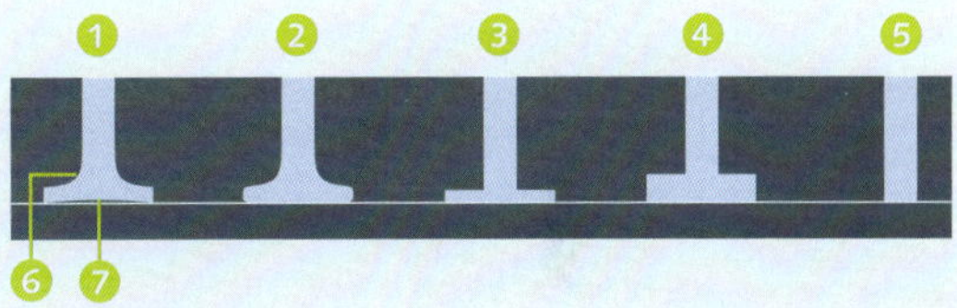

Strichenden können meistens einer von fünf Grundformen zugeordnet werden. Diese entsprechen grob der Schriftentwicklung seit der Renaissance.

1. Eckige Serifen mit gekehltem Übergang 6 (Renaissance-Antiqua), möglich ist auch eine leichte Wölbung nach innen 7
2. Runde Serifen mit Kehlung
3. Eckige Serifen, etwa in Stärke der Haarlinie, häufig wie hier ohne Kehlung angesetzt (Klassizistische Antiqua)
4. Eckige Serife, etwa in Stärke des Stamms (Serifenbetonte Antiqua)
5. Serifenloser Endstrich (Serifenlose Linear-antiqua/Grotesk/Sans-Serif)

Unicode

Ende der 1980er Jahre machte IBM den Versuch, verschiedene Schriftcodierungen zu vereinheitlichen. Das Problem bis dato war, dass verschiedene Zeichensätze dieselben Zeichen unterschiedlich codierten. Die Darstellung eines Textes war somit vom verwendeten Zeichensatz abhängig, was den Datenaustausch fehleranfällig machte: Dasselbe Dokument konnte auf verschiedenen Systemen unterschiedlich aussehen.

Unicode ist ein Standard, der jedem bekannten Schriftzeichen eine Codenummer innerhalb eines Zeichensatzes zuordnet. 1991 wurde dann das Unicode-Konsortium, eine gemeinnützige Organisation, gegründet. Bei der ersten Version von 1991 umfasste dieser Standard gut 7.000 Zeichen. Zurzeit liegt Unicode in der Version 15 vor – mit ca. 150.000 Zeichen. Unicode zielt darauf ab, ein universelles Zeichenset zu unterstützen, das alle weltweit verwendeten Schriftsysteme abdeckt, und ermöglicht die effiziente Verarbeitung, Speicherung und den Austausch von Text in jeder Sprache.

Schriften können aufgrund technischer Beschränkungen »nur« gut 64.000 Zeichen beinhalten. Die am weitesten ausgebaute Schrift dürfte die Arial Unicode MS mit gut 50.000 Zeichen sein.

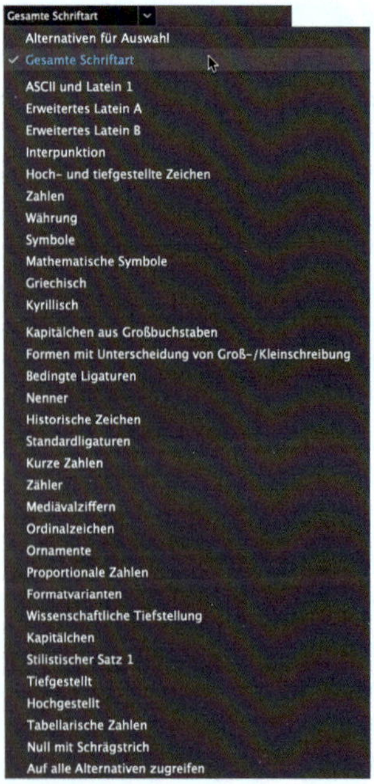

▲ **Abbildung 2.2**
Über das Untermenü des GLYPHEN-Fensters können Sie die angezeigten Schriftzeichen filtern.

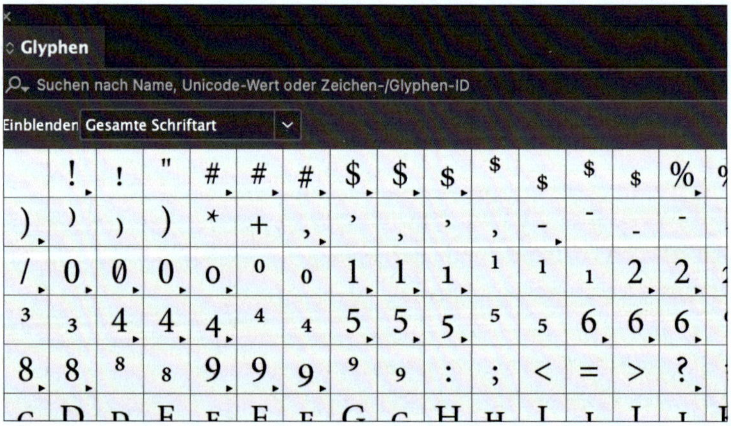

▲ **Abbildung 2.3**
Um einen Überblick über den Zeichenvorrat einer aktivierten Schrift zu bekommen, rufen Sie in InDesign über SCHRIFT • GLYPHEN das entsprechende Fenster auf. Hier sehen Sie die ersten Schriftzeichen der Minion Pro Regular.

Unicode weist jedem Zeichen einen eindeutigen numerischen Wert zu, den sogenannten Codepunkt, der mit »U+« gefolgt von einer Hexadezimalzahl angegeben wird.

2.2 Aufbau von Schriftzeichen

Die Zeichenformen des lateinischen Alphabets lassen sich aus einer überschaubaren Gruppe von geometrischen Grundformen konstruieren. Das Ergebnis sind 26 gut unterscheidbare Zeichen.

Großbuchstaben

Die Großbuchstaben bzw. Versalien oder Majuskeln sind die ältesten Zeichenformen unseres Alphabets. BEI TEXTEN, DIE KOMPLETT IN VERSALIEN GESCHRIEBEN SIND, HANDELT ES SICH UM VERSALSATZ. EINZELNE WÖRTER ODER ÜBERSCHRIFTEN UND WORTMARKEN/LOGOS WERDEN GERN DURCH VERSALSATZ BETONT – FÜR DEN FLIESSTEXT IST DIE DAUERHAFTE GROSSSCHREIBUNG ALLERDINGS VOLLKOMMEN UNBRAUCHBAR.

Versalien zeichnen sich dadurch aus, dass sie auf der sogenannten Grund- oder Schriftlinie ❶ stehen und oben auf derselben optischen Linie, der Versalhöhe ❷, enden. Die optische Höhe ist also bei fast allen Buchstaben gleich. Wie im folgenden Beispiel zu sehen, bilden nur das »Q« und das »J« der Minion Pro eine Ausnahme, da sie unten über die Schriftlinie hinausragen. Die Punkte der Umlaute sind oberhalb der Versalhöhe positioniert. Wenn Sie sehr genau hinsehen, fällt auch auf, dass die Rundungen bei »S«, »Q« und »Ö« und die Spitze des »A« leicht über die Versalhöhe hinausragen. Dies geschieht aus optischen Gründen, damit die runden nicht kleiner wirken als die übrigen Buchstaben.

Der Formenkanon unserer Versalien basiert auf den geometrischen Grundelementen Rechteck, Dreieck und Kreis und hat sich seit den römischen Vorbildern nicht geändert. Hier am Beispiel der Trajan:

Abbildung 2.4 ▸
Diese Inschrift auf der Trajansäule in Rom aus dem 2. Jh. gilt als *das* Vorbild für unsere Großbuchstaben.

> **Großes Kino**
> Die Trajan wird auffallend häufig für unterschiedlichste Kinoplakate verwendet – also nicht nur für solche, die wie »Gladiator« oder »Troja« in der passenden Zeit angesiedelt sind. Bekannte Filmplakate sind »Master and Commander«, »The Final Destination« oder auch Serien wie »Game of Thrones«.

Die Trajan | Schauen wir uns den Aufbau der Zeichenformen einmal am Beispiel der Trajan an. Die Designerin Carol Twombly hat diese vermutlich »klassischste« Schrift 1989 für Adobe basierend auf der römischen Versalschrift entworfen.

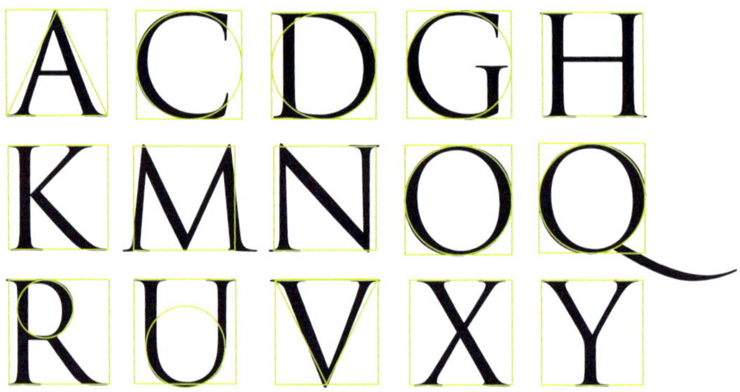

Während sich die meisten Zeichenformen der Majuskeln am Quadrat orientieren, beziehen sich einige Buchstaben auf die halbe Breite des Quadrats. Das sind »B«, »E«, »F«, »L«, »P« und »S«.

Beim »I« und »J« offenbart sich der Bezug auf das Quadrat nur durch Nachmessen: Die Strichbreite entspricht nämlich hier bei der wunderschönen Trajan einem Achtel des Quadrats.

Das »Z« nimmt eine Sonderrolle ein, es ist nämlich drei Viertel so breit wie das zugrunde liegende Quadrat. Und das »T« und »W« reißen aus den offensichtlich geometrischen Beziehungen aus: Während das »T« deutlich schmaler als die Grundform ist, ist das »W« umso breiter.

Diese durchaus strenge Formgebung ist einerseits beeindruckend, führt aber andererseits durch die einheitliche Größe und Form auch zu einer schlechten Unterscheidbarkeit der Buchstaben und damit zu einer geringeren Lesbarkeit.

»Buchstaben sind praktische und nützliche Zeichen, aber ebenso reine Form und innere Melodie.«

Wassily Kandinsky

Zeichenelemente | Schauen Sie sich die Buchstaben der Trajan einmal daraufhin an, aus welchen Zeichenelementen sie bestehen. Sie werden als wichtigste diese Elemente ausmachen: Vertikale, Horizontale, Kreis bzw. Kreissegment, Schräge und Schwünge (falls man diese als eigene Formen gelten lässt). Da Serifen für uns optional sind, lasse ich sie in der folgenden Auflistung weg – die anderen Elemente sind nach wie vor für unsere Zeichenformen essenziell.

Die Vertikale ist das vorherrschende Zeichenelement bei den versalen Buchstabenformen. Achten Sie auf die unterschiedlichen Breiten bei »N« und »U«.

Als zweithäufigstes Element sind nicht etwa horizontale Linien, sondern Schrägen in unterschiedlichen Ausformungen zu sehen.

Der Kreis als Ganzes oder Teile davon spielen ebenfalls eine wich tige Rolle in der Ausgestaltung der Einzelformen.

»Man sollte nicht sein ganzes Leben mit Buchstaben verbringen – es gibt ja noch die Typografie.«

Hans Peter Willberg

Obwohl horizontale Linien wesentlich seltener in Zeichenformen vorkommen, funktionierte unser Alphabet ohne sie nicht.

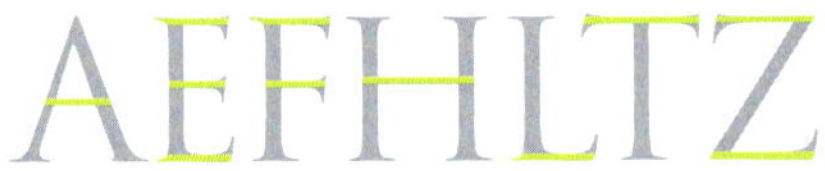

Der Schwung beim »J« und der Schweif beim »Q« sind Einzelfälle und eigentlich eher Modulationen der Ursprungsformen von »I« und »O«. In vielen Schriften werden diese beiden Details auch aus Kreissegmenten oder Schrägen gezeichnet.

Orientierung in der Vertikalen | Neben den Zeichenelementen sehen Sie als weiteres Gestaltungsprinzip, dass die mittleren Horizontalen weder zufällig noch auf der geometrischen Mitte positioniert sind, wie Sie anhand der Hilfslinien sehen können. Entsprechend dem Prinzip der optischen Mitte (das besagt, dass ein Gestaltungselement visuell ausgewogener erscheint, wenn es nicht exakt geometrisch zentriert, sondern leicht oberhalb der tatsächlichen Mitte platziert wird) sind sie etwas nach oben gerückt.

Auch bei verwandten Buchstabenformen wie dem »P« und »R« offenbart sich der nichtgeometrische Formenreichtum der Trajan: Das »R« ist eben nicht nur ein »P« mit einem weiteren Strich.

Um in sich ausgewogene Zeichenformen zu erhalten, führen die oberen Bögen des »P« und »R« bei der Trajan unterhalb der geometrischen Mitte zurück in die Vertikale. Ähnliches sehen wir beim

»G«: Die Vertikale mit der Serife endet ebenfalls unterhalb der geometrischen Mitte. Dasselbe gilt übrigens auch für die Syntax, in der dieser Text gesetzt ist: Schauen Sie sich die beiden Zeichen in diesem Absatz noch einmal genau an.

Wenn man sich vor Augen führt, dass die Schrift 2.000 Jahre später immer noch als Vorbild für ausgewogene Zeichenformen gilt, bekommen wir eine Ahnung, welche schier unermessliche Leistung die römische Kultur vollbracht hat.

Schriftgestaltung | So verlockend es vielleicht erscheinen mag: Mit den besprochenen wenigen Vorgaben allein – quadratische oder darauf bezogene Proportionen, ein paar Zeichenelemente und Beachtung des Prinzips »optische Mitte« – lässt sich keine ästhetisch überzeugende Schrift erstellen. Dazu gehört noch eine ganz gehörige Portion Augenmaß.

Seit dem 20. Jh. wurden und werden immer wieder Versuche gemacht, Schriften komplett zu konstruieren – formal überzeugende Entwürfe für Leseschriften entstehen dabei aber nicht.

Leseschrift?

Mit Leseschrift ist eine Schrift gemeint, die man gut für lange Texte verwenden kann. Andere Schriftarten wie Displayschriften, beispielsweise die Zalamander, sind für Anzeigen oder Überschriften geeignet, weil sie auffallen sollen – als Leseschrift sind sie aus demselben Grund ungeeignet. Schriften können noch für ganz andere Zwecke optimiert sein: beispielsweise für die Erfassung durch Lesegeräte/Scanner (etwa OCR A) oder für Telefonbücher (z. B. Bell Gothic).

Kleinbuchstaben

Unabhängig von der extrem schlechten Lesbarkeit von langen Texten, die in Versalien geschrieben sind, haben die Großbuchstaben noch einen anderen entscheidenden Nachteil: Mit ihnen lassen sich Texte nur langsam per Hand schreiben. Das können Sie ganz einfach überprüfen, indem Sie das nächste Mal, wenn Sie eine Notiz handschriftlich verfassen – so selten es vermutlich vorkommt –, ausschließlich in Versalien schreiben.

Als zum 4. Jh. immer mehr per Hand geschrieben wurde, haben sich aus den Großbuchstaben mit der Zeit die kleingeschriebenen Varianten gebildet, denn die Kleinbuchstaben ermöglichen einfach eine ökonomischere, schnellere Schreibung.

Im Unterschied zu den Majuskeln sind die Grundformen der Minuskeln, wie die Kleinbuchstaben im Fachjargon auch bezeichnet werden, durch einen erheblichen Zuwachs an Zeichenelementen deutlich variabler und detailreicher. Kleinbuchstaben sind meist ziemlich eigenständige Formen – ihre direkte Nachkommenschaft von den Versalien sieht man ihnen kaum an. Ein ganz wichtiger Unterschied zu den Majuskeln ist die unterschiedliche Zeichenhöhe. Während die Majuskeln alle dieselbe Höhe haben, gibt es Minuskeln in drei Höhen, wie Sie hier am Beispiel der Minion sehen.

> **Die Einheit der Schriftgröße**
>
> Die Einheit, in der Schriftgrößen angegeben werden, heißt Punkt (engl. point). Zur Abgrenzung zum Pica- und Didot-Punkt, die vor dem Computersatz gebräuchlich waren, wurde auch die Bezeichnung DTP-Punkt verwendet. Die Bezugsgröße des Punktes ist ein Zoll (2,54 cm), die in Nordamerika gebräuchliche Längeneinheit. Ein Punkt ist der 72ste Teil eines Zolls: 254 mm : 72 = 0,358 mm, er liegt damit zwischen dem französischem Vorläufer Didot-Punkt (0,376 mm) und dem amerikanischem Vorläufer Pica-Punkt (0,351 mm).

Die wichtigste Bezugslinie kennen Sie schon von den Majuskeln: die Schriftlinie ①. Auch die Versalhöhe ② ist Ihnen bekannt. Nun kommt als nächste wichtige Größe die x-Höhe ③ hinzu. Diese Größe wird auch Mittellänge genannt. Das Größenverhältnis von Versalhöhe zu x-Höhe hat entscheidenden Einfluss auf die Größenwirkung einer Schrift. Zwei weitere Elemente der Kleinbuchstaben können die Oberlänge ④ und die Unterlänge ⑤ sein. Die Oberlänge ist der Teil des Buchstabens, der über die x-Höhe hinausgeht. Dabei kann die Oberlänge bei unterschiedlichen Schriftgestaltungen mit der Versalhöhe zusammenfallen oder sogar darüber hinausragen.

Im Folgenden habe ich die Minuskeln in Gruppen sortiert. Da die Trajan nur Versalien kennt, zeige ich hierfür die Minion Pro.

Zeichen, die von der Schriftlinie bis zur x-Höhe reichen, sind die häufigsten.

acemn orsuvw

Viele Zeichen der Minuskeln besitzen eine Oberlänge.

bdfhikl

Wenige Zeichen arbeiten mit Unterlängen zur Unterscheidung, nämlich »g«, »p« und »q«.

gpq

Nur ein besonderes Zeichen besitzt gleichzeitig eine Ober- und eine Unterlänge: das »j«.

j

Kapitälchen

Neben den Majuskeln und Minuskeln gibt es noch eine dritte Buchstabenform: die Kapitälchen. Kapitälchen sind Großbuchstabenformen, die in etwa der x-Höhe der Minuskeln entsprechen. Auch in der Strichstärke werden sie im Schriftdesign an die Kleinbuchstaben angepasst.

KAPITÄLCHEN Hxg

Nicht jede Schrift hat Kapitälchen, und Kapitälchen sind eher in Antiquaschriften als in Groteskschriften anzutreffen. Bei der Minion Pro sind die Kapitälchen wie die bekannten Schnitte regular, bold und italic ein eigener Schriftschnitt: Minion Small Caps & Oldstyle Figures. Häufig heißen diese Spezialschnitte mit Kapitälchen entsprechend der abgekürzten englischen Schreibweise für Small Caps einfach SC.

Kapitälchen werden neben Titeln und Firmennamen für sogenannte Auszeichnungen verwendet. Damit sind Textpassagen im Fließtext gemeint, die betont und hervorgehoben werden sollen. Der Vorteil von KAPITÄLCHEN ist die große Zurückhaltung dieser Lösung: Der Leser nimmt die Hervorhebung erst wahr, wenn das Auge bei dem ausgezeichneten Wort angekommen ist. Eine **Auszeichnung in Bold** ist im normalen Fließtext viel zu laut, zu brachial: Es ist kaum möglich, diese drei Wörter beim Überfliegen der Seite nicht wahrzunehmen.

Achten Sie bei der Verwendung von Kapitälchen unbedingt darauf, dass die Schrift, in der Sie Kapitälchen einsetzen wollen, auch wirklich Kapitälchen aufweist. Denn neben Office- und DTP-Programmen bietet auch CSS im Webdesign die Möglichkeit, Kapitälchen zu erzeugen, wo keine vorhanden sind. Und das ist immer sichtbar und wirkt billig.

ECHTE KAPITÄLCHEN

ELEKTRONISCH ERSTELLTE KAPITÄLCHEN

Im Beispiel oben sehen Sie die Kapitälchen der Syntax. Unten habe ich im Zeichenprogramm Illustrator auf den Kapitälchen-Button geklickt, die Schrift ist aber die gewöhnliche Syntax. Bei diesem

Capitals

Wichtige römische Schriften wie Capitalis Monumentalis haben im Namen schon einen Hinweis darauf, dass es sich um eine reine Großbuchstabenschrift handelt. Im Englischen wird »capital« eben auch für Großbuchstaben verwendet.

Kapitälchen im Webdesign

Was im Printbereich unästhetisch aussieht, wirkt im Web ebenso. Also: machen Sie auch um die CSS-Anweisung `font-variant: small-caps` einen Bogen. Bei variablen Fonts können Sie – falls im Font Kapitälchen hinterlegt sind – `font-feature-settings: "smcp" 1` verwenden.

Wichtige Begriffe aus dem Bleisatz

Die Typografie hat viele grundlegende Konzepte und Begriffe aus dem Bleisatz genommen, was die tiefe historische Verbindung zwischen der traditionellen Technik und der modernen Textgestaltung aufzeigt. Einige wichtige Konzepte wollen wir uns hier ansehen.

Dickte

Fast alle Schriften, die Sie bisher in diesem Buch gesehen haben, haben eine wichtige Gemeinsamkeit: Die Einzelzeichen sind unterschiedlich breit. Das gilt auch für die überwältigende Mehrheit aller Schriften, von denen wir im Alltag umgeben sind. Und ohne Ihre Handschrift zu kennen, kann ich behaupten, dass Sie Buchstaben auch unterschiedlich breit schreiben.

Am Beispiel der Trajan habe ich im Zusammenhang mit Konstruktionsprinzipien auf die unterschiedlichen Zeichenbreiten hingewiesen. Jetzt möchte ich Ihnen zeigen, was es bei den Zeichenbreiten noch zu bedenken gibt. Als Beispielzeichen verwende ich die Zeichen, die in vielen Schriften das breiteste und das schmalste Schriftzeichen darstellen: das »M« und das »i«.

Um die beiden Schriftzeichen habe ich Rechtecke eingezeichnet – diese stoßen zwischen den Buchstaben aneinander. Diese Flächen bezeichnen die jeweilige Gesamtbreite des Zeichens und sind größer als die Breite des Zeichens selbst. Dies sorgt dafür, dass nebeneinanderstehende Schriftzeichen optisch nicht aneinanderstoßen.

Die Breite des Rechtecks setzt sich somit aus verschiedenen Größen zusammen:

Vor dem eigentlichen Zeichen ② ist links die Vorbreite ① des »M« zu sehen. Dementsprechend wird der Raum rechts des Zeichens als Nachbreite ④ bezeichnet. Die Summe aus den drei Größen Zeichenbreite, Vor- und Nachbreite ergibt die Bruttobreite des Schriftzeichens: die Dickte ③.

In der Bleisatzzeit hatte jedes Schriftzeichen eine fest definierte physikalische Breite, weil jedes einzelne Zeichen als ein sogenannter Kegel gegossen wurde.

Die Gesamtbreite des Kegels ⑤ entspricht der Dickte eines Zeichens. Die Fläche um einen Buchstaben ist das sogenannte Fleisch ⑥. Mit Kegel oder Schriftkegel ist das Schriftzeichen als Ganzes ⑦ gemeint, mit dem im Hand- oder Maschinensatz Texte erst gesetzt

Zeichen markieren

Wenn Sie ein einzelnes Zeichen mit dem Cursor markieren, wird Ihnen dessen Dickte angezeigt.

und anschließend gedruckt wurden. Was für die Dickte gilt, ist ebenso bei der Kegelhöhe (8) der Fall: Sie ist größer als das Zeichen selbst und war für alle Zeichen einer Schriftgröße dieselbe.

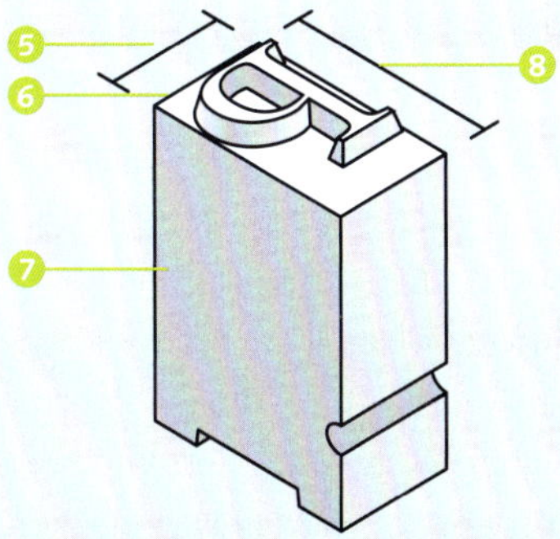

Kompresser Satz

Die Kegelhöhe bestimmte im Bleisatz auch den kleinsten möglichen Zeilenabstand. Denn näher als direkt auf Stoß lassen sich – im Unterschied zum digitalen Satz – Bleilettern nicht ineinanderschieben:

Hier stehen zwei Textzeilen
im kompressen Satz.

Entspricht der Zeilenabstand der verwendeten Schriftgröße, spricht man von kompressem Satz. Für Fließtexte ist das in der Regel zu eng.

Unterschneidung

Für einige Zeichenkombinationen wie »Te« stehen die Zeichen aufgrund ihrer jeweiligen Nach- bzw. Vorbreite viel zu weit auseinander, wenn hier nicht gegengesteuert wird: Das Fleisch der Bleiletter musste manuell entsprechend bearbeitet werden, damit sich das »e« weiter in das »T« schieben ließ. Im folgenden Beispiel sehen Sie links das Wort ohne und rechts mit Unterschneidung. Dieses wichtige Thema werden wir weiter hinten noch vertiefen.

Text Text

Vorgehen verkleinern die Programme die Großbuchstaben auf die x-Höhe. Da hierbei die Strichstärke der Buchstaben mit hinunterskaliert wird, ist das Ergebnis vollkommen unausgewogen.

Ziffernvarianten

> **Ziffern und Zahlen**
> In unserem dezimalen Zahlensystem werden die Ziffern 0–9 verwendet, um praktisch alle Zahlen zu notieren (die Zahl »12« wird aus den Ziffern »1« und »2« geschrieben). Im hexadezimalen Zahlensystem etwa werden zusätzlich noch die Buchstaben A–F verwendet.

Ähnlich wie bei den Buchstaben, die wir nicht nur als Versalien, Minuskeln und Kapitälchen kennen, sondern neben den proportionalen auch noch als Monospace-Varianten (siehe Abschnitt 4.5), gibt es auch bei den Ziffern eine Auswahl.

Versalziffern für Tabellen | Die Bezeichnung Versalziffer verweist auf ihre Größe: Diese Ziffern sind etwa so groß wie die Versalien derselben Schriftgröße. Versalziffern für Tabellen sind die gängigste Ziffernvariante – Sie finden sie in praktisch allen Schriften, und sie sind für die Verwendung in Tabellen optimiert. Genau deshalb sind sie für Fließtext eher ungeeignet.

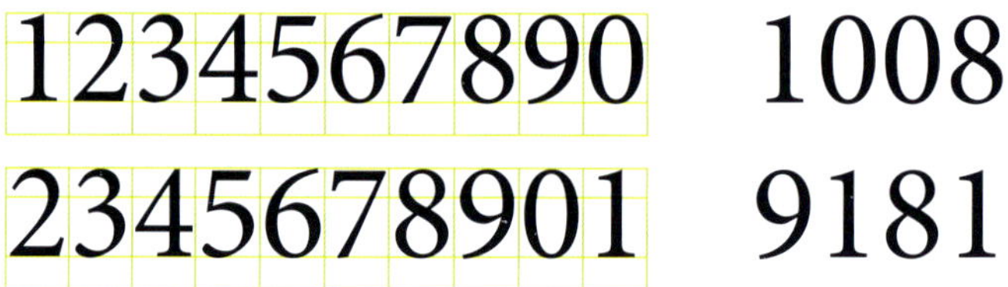

Da die Dickten der Ziffern für Tabellen dieselben sind, stehen die einzelnen Ziffern sauber untereinander. Was für Tabellen von Vorteil ist – die Ziffern stehen unabhängig von ihrer optischen Breite immer sauber untereinander (im Beispiel links) –, ist in Fließtexten oder bei Seitenzahlen ein Problem. Eine optisch schmale Ziffer wie die »1« erscheint wegen ihrer Dickte von den umgebenden Ziffern abgerückt (rechts).

Proportionale Versalziffern | Da die Tabellenziffern sozusagen die Monospace-Variante darstellen, gibt es dazu ebenso die proportionalen Alternativen.

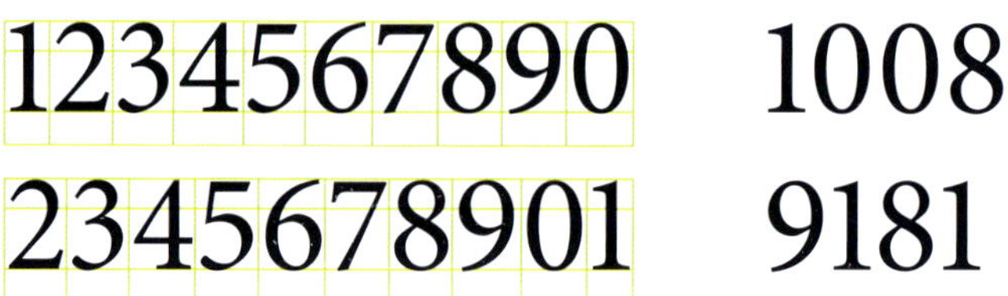

Im Vergleich zu den Versalziffern für Tabellen hat die »1« bei den proportionalen Versalziffern nun eine deutlich schmalere Dickte. Wegen der individuellen Dickten können die Ziffern nun nicht mehr genau untereinanderstehen (links). Der Gesamteindruck der proportionalen Versalziffern (rechts) ist dafür bemerkenswert ausgeglichener, weil die Zeichen eben nur noch den Raum um sich haben, den sie optisch benötigen.

Mediävalziffern für Tabellen | Als dritte Variante für Ziffern stellen umfangreiche Schriften Mediävalziffern bereit. Mediävalziffern zeichnen sich im Gegensatz zu Versalziffern durch verschiedene Zeichenhöhen aus. Und wie bei den Versalziffern für Tabellen sehen Sie hier auch wieder dieselbe Dickte für alle Ziffern.

Mediäval = mittelalterlich

Obwohl die Mediävalziffern häufig eher einen Sonderstatus einnehmen, sind sie die ältere Zeichenform.

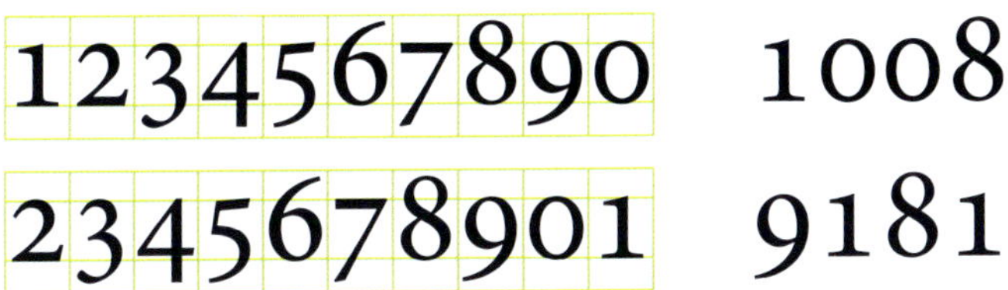

Hier sehen Sie deutlich, wie sich die Ziffernformen an den Minuskeln orientieren: Manchen Ziffern reicht der Raum zwischen Schriftlinie und x-Höhe, andere haben eine Ober- oder Unterlänge (links). Wie bei den Versalziffern für Tabellen sehen Sie erwartungsgemäß auch in diesem Beispiel (rechts) die optisch abgerückte »1«. Durch die unterschiedlichen Zeichenhöhen wirken diese Ziffern einerseits zurückhaltender als ein Block Versalziffern, andererseits haben die Mediävalziffern eine illustrativere Anmutung, die je nach Anwendung auffallen kann.

Zurichtung

Wenn Sie bei Versal- oder Mediävalziffern die Wahl zwischen dicktengleichen bzw. proportionalen Ziffernsätzen haben, unterscheiden sich diese im Zeichenabstand – der Zurichtung – zueinander, nicht unbedingt in den Zeichenformen.

Proportionale Mediävalziffern | Als vierte und letzte Variante finden Sie in gut ausgebauten Schriften diese Ziffernvariante, die die erste Wahl für Fließtext darstellt.

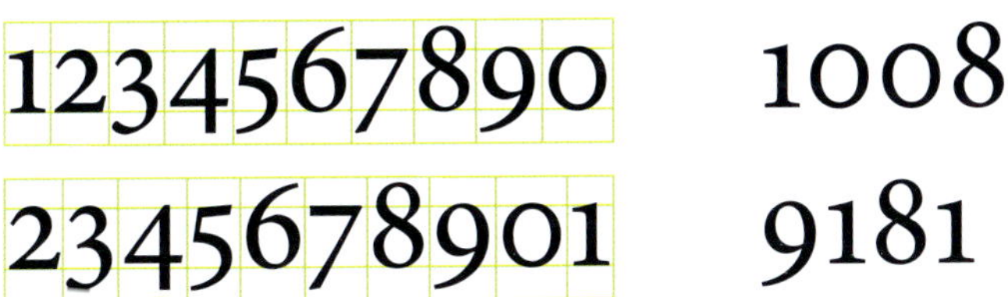

Hier können Sie die variablen Dickten und den Wechsel zwischen den drei Zeichenhöhen nachempfinden. Und wie bei den proportionalen Versalziffern stehen sie in Zahlenspalten nicht untereinander (links). Proportionale Mediävalziffern benötigen teilweise deutlich weniger Platz in der Zeile (rechts) als in den anderen Varianten.

Die Empfehlung bezüglich Ziffern lautet: Nehmen Sie in Tabellen die Versalziffern für Tabellen, die entsprechenden Mediävalziffern wirken möglicherweise zu gestelzt. Im Fließtext sollten Sie möglichst die proportionalen Mediävalziffern verwenden.

Ligaturen

Eine Ligatur (von lat. ligare, binden) ist ein Schriftzeichen, das durch das Ineinanderschieben und/oder das Verbinden zweier, selten auch dreier eigentlich getrennter Einzelbuchstaben entsteht. Diese Praxis der Ligatur gibt es bereits seit den frühesten Handschriften, wo sie der Vereinfachung dienten. Sie wurden dann in den Bleisatz übernommen, wo sich eine Ligatur auf einem Schriftkegel befand. Auch bei modernen OpenType-Fonts wird die Ligatur ähnlich als ein gemeinsames Sonderzeichen behandelt. Typische Ligaturen sind zum Beispiel »ff«, »ft«, »fl« oder »fi«. Ligaturen dienen dazu, ein möglichst einheitliches Schriftbild zu erstellen. Von einer ganz besonderen Ligatur war schon weiter vorn die Rede: dem scharfen S.

Bedingte Ligaturen

In Adobe-Programmen finden Sie die Option der bedingten Ligaturen. Aktivieren Sie diese Option bei einem Font, der diese zusätzlichen Glyphen bereitstellt, werden weitere, eher schmückende Ligaturen eingefügt.

Teﬆ Minion Pro

Scharfes S/Eszett | Genau wie es für diese Ligatur zwei Bezeichnungen gibt, nämlich scharfes S und Eszett, zeigen auch die möglichen Zeichenformen zwei Alternativen. In beiden Ansätzen ist das lange S beteiligt. Dieser Buchstabe, der heute nicht mehr verwendet wird, war bis ins 20. Jh. in sogenannten gebrochenen Schriften gängig. Das lange S wurde in der Wortmitte und am Wortanfang verwendet, während das runde S am Wortende stand.

ſ / s → ß   ſ / ʒ → ß

Wird das lange S mit einem normalen, runden S kombiniert (links), erhält man eine geschwungene Form, in der beide Ursprungszeichenformen noch erkennbar sind. Bei der Alternative wird das lange S mit einem kleinen »z« verbunden, genauer gesagt dem lateinischen Kleinbuchstaben »z« mit Unterschlinge (rechts). Für beide Varianten finden sich Beispiele – sowohl in Antiqua- als auch in Groteskschriften, die so charakteristisch sind, dass Sie daran Schriften meistens gut erkennen können.

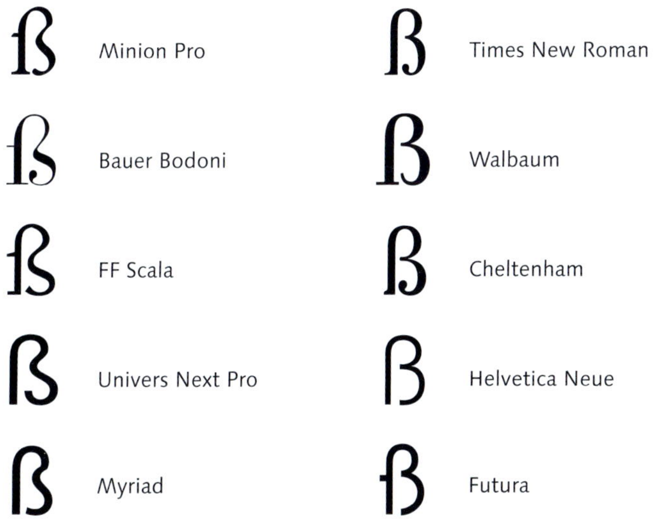

Weitere Ligaturen

Es gibt noch weitere Ligaturen wie »œ« und »æ«, die im Deutschen allerdings nicht vorkommen.

Auch wenn sich das Schriftzeichen »ß« aus einer Ligatur entwickelt hat, ist das »ß« genau genommen keine Ligatur mehr, sondern ein eigenständiger Buchstabe. Dasselbe gilt auch für das »W«: Diesen Buchstaben gab es in den ursprünglichen lateinischen Alphabeten nicht, er hat sich durch das Zusammenfügen zweier »V« gebildet. Nebenstehend sehen Sie von oben nach unten Beispiele für das »V« und »W« in den Schriften Garamond Pro, Bauer Bodoni und Minion Pro.

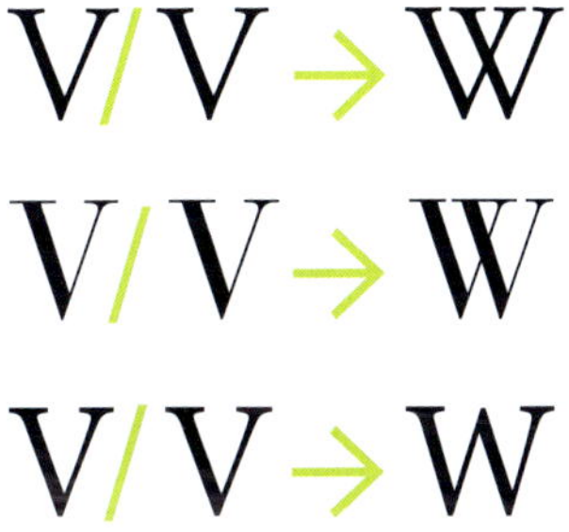

Et-Zeichen | Auch dieses Zeichen hat sich durch das Ineinanderschieben von zwei Buchstaben gebildet. In vielen Zeichenformen sind das »e« und das »t« nicht mehr erkennbar. Im Deutschen wird das »Et«-Zeichen (von lateinisch et: und) auch als »kaufmännisches Und« bezeichnet. In Antiquaschriften finden sich insbesondere in Italic-Schnitten sehr illustrative Formen wie etwa in der Adobe Garamond und der Sabon.

Adobe Garamond Italic | Sabon Italic | Univers Next Pro | Rotis Sans Serif

Gängiger – und deshalb besser verständlich – sind sicher die Formen, bei denen das et kaum noch nachzuvollziehen ist.

&	&	&	&
Times New Roman	Bauer Bodoni	Gill Sans	Helvetica Neue

Gängige Ligaturen | Ligaturen im engeren Sinn sind Zeichenzusammenfügungen, um ein gleichmäßigeres Satzbild zu erreichen. Obwohl Ligaturen als Schriftzeichen im Zeichensatz hinterlegt sein müssen, damit Sie sie verwenden können, handelt es sich dabei – im Unterschied etwa zum »ß« und »W« – nicht um eigenständige Buchstaben. Die gängigsten Ligaturen sind folgende (hier am Beispiel der Minion Pro):

ﬁ ﬂ ﬀ ﬃ ft

Im folgenden Beispiel sehen Sie die Ligaturen in der Anwendung. Beachten Sie die schlüssigeren Details der Ligaturen:

+	–
ﬁschen	fischen
ﬂach	flach
Sauerstoﬀ	Sauerstoff

Ligaturen umsichtig verwenden

Bitte überdenken Sie den Einsatz von Ligaturen gewissenhaft, er hängt stark von Kontext, Zweck und ästhetischen Überlegungen ab: So ist zum Beispiel bei Leseanfängern oder auch beim Lesen auf dem Bildschirm die Verwendung von Ligaturen hinderlich. In der Anwendung von Schrift im Designkontext ist ein Einsatz von Ligaturen aber anzuraten.

Sollten Sie sich jetzt fragen, ob solche winzigen Zeichendetails überhaupt ins Gewicht fallen: Ja, das tun sie. Bedenken Sie, dass wir nicht alles benennen können müssen, um etwa einen Text als unruhig oder eben als ruhig und ausgeglichen wahrzunehmen. Und Ligaturen sind noch eines der offensichtlicheren Details, die zu einem überzeugenderen Satz führen.

Im Deutschen gibt es für den Satz von Ligaturen eine Empfehlung, wann Ligaturen eingesetzt werden und wann nicht, die besonders im Designkontext zu bedenken ist. Wenn eine von Ihnen gewählte Schrift Ligaturen bietet, benutzen Sie sie. Möglicherweise müssen Sie die Ligaturen im verwendeten Programm erst aktivieren. Achten Sie dann darauf, ob die Sinnhaftigkeit von Wörtern unter Ligaturen leidet. Das ist nämlich immer dann der Fall, wenn Ligaturen Wortbestandteile verbinden. Häufig entsprechen die

Wortbestandteile den Silben, aber eben nicht immer. Kurz gesagt: Ligaturen sollten Sie in Ihren Dokumenten überprüfen.

InDesign
Ligaturen lässt man sich in InDesign anzeigen über VOREINSTELLUNGEN • SATZ • MARKIEREN • ERSETZTE GLYPHEN.

+	−
Schifffahrt	Schifffahrt
Sauerstoffflasche	Sauerstoffflasche
	Sauerstoffflasche

Wenn Ligaturen über die Grenzen von Wortbestandteilen wie etwa bei Schifffahrt in der rechten Spalte eingesetzt werden, leidet die Lesbarkeit der betreffenden Wörter deutlich. Die gezeigten Beispiele sind zugegebenermaßen händisch erstellt, Software wie InDesign und Illustrator schlagen Ihnen bei aktivierten Ligaturen die korrekten Stellen vor.

Bei Wörtern mit Nachsilben, die wie »-ig«, »-ich« und »-isch« mit »i« beginnen, werden abweichend von der Wortbestandteilregel Ligaturen verwendet. Krampfig etwa besteht aus den Wortbestandteilen krampf und der Nachsilbe »ig«, dennoch wird hier eine Ligatur eingesetzt. Die Worttrennung wäre übrigens kramp-fig.

Ligaturen in Webfonts
Auch manche Webfonts stellen Ligaturen bereit. Allerdings können Sie den Einsatz der Ligaturen – anders als im Printbereich – nur mit erheblichem Aufwand steuern.

+	−
krampfig	krampfig
pfiffig	pfiffig

Im folgenden Beispiel sehen Sie Wörter, bei denen keine Ligaturen verwendet werden, da die Nachsilben nicht mit »i« beginnen. Das sind dann die Fälle, auf die Sie ein Auge haben müssen: Diese Wörter werden von DTP-Programmen nämlich nicht automatisch vom Einsatz von Ligaturen ausgelassen.

+	−
feinstofflich	feinstofflich
kopflos	kopflos

2.3 Schriftschnitte

Schriften werden meist in mehreren Varianten angeboten: den Schriftschnitten. Der Name rührt daher, dass die Buchstaben im Bleisatz mit der Hand in Metall »geschnitten« wurden. Der Ver-

Schriften mit nur einem Schnitt

Bei ausgesprochen illustrativen, handschriftlichen und Monospace-Schriften finden sich Fonts, die nur einen Schnitt aufweisen, beispielsweise die Inked Balterm Regular, Compendium Regular oder die OCR A.

wandtschaftsgrad dieser Schriftschnitte ist sehr ausgeprägt, weil der grundlegende Gestaltungsansatz (Duktus, Art der Serifen, Proportionen) bei aller Unterschiedlichkeit in Schriftbreite, -lage und -stärke bestehen bleibt.

Schriftstärke

In den meisten Schriftfamilien (siehe Abschnitt 2.4) finden sich Schriften, die sich durch die Schriftstärke unterscheiden. Dabei sind neben dem regulären oder normalen Schnitt oft kräftigere Varianten zu finden. Zusätzlich zu den sogenannten Bold-Schnitten können aber auch leichtere Schnitte vorliegen. Diese werden meist als »light« bezeichnet. Auch hier gilt, wie bei den Kapitälchen, dass ein fetter Schriftschnitt nicht durch manuelles Fetten erstellt werden sollte.

Myriad Pro Light Myriad Pro **Myriad Pro Bold**

Schriftnamen

Für die verschiedenen Schriftstärken gibt es international unterschiedliche Bezeichnungen.

- Mager: thin, light, semilight
- Normal: regular, book, roman
- Halbfett: medium, semibold
- Fett: bold, black, ultrablack, heavy

Die Wahl der Schriftstärke beeinflusst den Charakter und den Stil eines Designs erheblich. Ein leichtes Schriftgewicht kann beispielsweise Eleganz und Feinheit vermitteln, während ein fettes Schriftgewicht Stärke und Nachdruck ausdrücken kann. Bei der Anwendung von Schriftstärken ist es wichtig, das Medium (z. B. Druck oder Bildschirm), den Zweck (z. B. Werbung, redaktioneller Inhalt oder Benutzeroberfläche) und den Kontext (z. B. Hintergrundfarbe, Textgröße und angrenzende visuelle Elemente) zu berücksichtigen. Auf den Einsatz von Schriftstärke beispielsweise für die Schaffung visueller Hierarchien oder zur Optimierung der Lesbarkeit auf unterschiedlichen Hintergründen auch im Web kommen wir später noch zu sprechen.

Schriftlage

Innerhalb einer Schriftfamilie findet sich meist neben dem normalen (aufrechten) Schnitt noch ein schräg stehender Schnitt. Neben »italic« wird hierfür auch »kursiv« oder »oblique« verwendet. Während italic und kursiv auf eigens gezeichnete Entwürfe hindeuten, ist oblique ein Hinweis auf die simple Schrägstellung eines normalen Schnitts.

Myriad Pro Light Italic *Myriad Pro Italic* ***Myriad Pro Bold Italic***

Bei einer Schrift wie der Myriad können Sie sehr gut sehen, dass der Italic-Schnitt ein eigenständiger Schriftentwurf und nicht einfach eine schräg gestellte Variante des Regular-Schnitts ist. Insbesondere beim »a« unterscheiden sich beide Formen deutlich. Kursivschrift wird oft verwendet, um Betonung zu verleihen, Gedanken oder Zitate hervorzuheben und für Abwechslung im Textfluss zu sorgen. Sie vermitteln Eleganz und Bewegung.

Bei der Benennung einer Schrift wird die Schriftlage normalerweise nach der Schriftstärke angegeben, beispielsweise Myriad Pro Bold Italic.

Vom Ursprung her ist die Kursive gar kein gesonderter Schnitt einer Schrift, sondern eine vollkommen eigenständige Schrift. Und dass kursive Schnitte neben normal und bold eine weitere Untergruppe innerhalb einer Schrift darstellen, ist schriftgeschichtlich eine vergleichsweise junge Entwicklung: Bis Anfang des 20. Jh. wurden verschiedene passende Schriften gemischt, um normale und kursive Buchstabenformen in einem Text verwenden zu können.

Dass die Kursiven aus eigenständigen Schriften hervorgegangen sind, lässt sich vor allem an manchen Serifenbuchstaben ablesen. Hier am Beispiel von Adobe Garamond (links) und der Meta Pro rechts.

Ladezeit einsparen

Mit der Anweisung `font-style: italic` bzw. `oblique` wird der Browser angewiesen, den entsprechenden Schriftschnitt darzustellen. Gibt es diesen Schnitt nicht, wird die Schrift vom Browser verschieft, wodurch zwar Bandbreite/Ladezeit gespart wird, das Ergebnis ist allerdings unbefriedigend.

aefg *aefg* aefg *aefg*

Am Beispiel der großartigen Garamond können Sie den gänzlich anderen Duktus von normalem und kursivem Schnitt sehen. Die Kursive hat einen deutlich stärkeren handschriftlichen Charakter und die Zeichenformen erscheinen auffallend schmaler als ihre aufrechten Varianten.

In manchen Programmen wird durch die Anwahl eines entsprechenden Italic-Buttons nicht unbedingt ein Italic-Schnitt verwendet: Falls die Schrift nicht in einer Kursiven vorliegt, verschieft die Software kurzerhand die Schrift. Mit einer gestalteten Kursiven hat das allerdings nichts zu tun. Mit etwas Übung können Sie solche verzerrten Schriften im Alltag finden. In der professionellen Typografie verwenden Sie entweder einen kursiven Schriftschnitt oder, wenn Ihnen dieser nicht zur Verfügung steht, belassen es bei der normalen, aufrechten Schriftvariante.

Garamond verschieft
Garamond kursiv

Schriftbreite

Die dritte wichtige Möglichkeit, Schriften zu variieren, ist die Zeichenbreite. Dabei bieten sich sowohl breitere als auch schmalere Zeichenformen an. Hierbei geht man in der Definition immer vom normalen Schnitt aus. Bezeichnungen sind hier:

- eng: compressed
- schmal: condensed, narrow
- breit: expanded, extended

Myriad Pro Condensed Myriad Pro Regular Myriad Pro SemiExtended

Enge Schriftschnitte eignen sich besonders gut für Situationen, in denen Platz begrenzt ist, wie beispielsweise in Zeitungsspalten. Sie können eine moderne und dynamische Wirkung erzielen. Breite Schriftschnitte werden oft verwendet, um visuelle Präsenz zu erhöhen, da sie als stabil und kraftvoll wahrgenommen werden, und eignen sich gut für Überschriften.

Da die verschieden breiten Schnitte jeweils auch in Bold bzw. Light und in Italic erstellt werden können, ergeben sich durch die drei Zeichenparameter Schriftstärke, -lage und -breite eine Vielzahl von Schnitten.

2.4 Schriftfamilien und Schriftsippen

»Schriftfamilie« und »Schriftsippe« sind grundlegende Begriffe, die oft verwendet werden, um die Beziehungen und Unterschiede zwischen verschiedenen Schriftarten zu beschreiben.

Schriftfamilien

Die verschiedenen Schnitte einer Schrift ergeben eine Schriftfamilie: Dieses Buch ist in der Schriftfamilie Syntax Next LT Pro gesetzt. Zu dieser Schriftfamilie gehören beispielsweise die Schriftschnitte

Regular, Italic, Bold und Bold Italic. Weit ausgebaute Fonts können deutlich mehr Schriftschnitte aufweisen – und bei Schriften, die als Variable Fonts angelegt sind, lassen sich die Varianten der Ausgangsschrift auf gegebenenfalls mehreren Achsen stufenlos definieren (dieses Thema vertiefen wir in Abschnitt 8.1). Die Schnitte einer Schriftfamilie variieren nach Schriftstärke, Schriftlage und Schriftbreite, bieten jedoch ein einheitliches visuelles Erscheinungsbild. Schriftfamilien werden gerne angewendet, da sie in einem optisch einheitlichen Umfeld Optionen für verschiedene Hierarchien bieten.

Die Schriftfamilie Univers

Adrian Frutiger war der Erste, der eine umfangreiche Schriftfamilie gezeichnet hat, die sich durch Varianten der drei Achsen Schriftstärke, -lage und -breite gibt. Mit der Univers und ihren ursprünglichen 21 Schnitten hat Frutiger Schriftgeschichte geschrieben, als die Schrift 1957 von der Schriftgießerei Deberny & Peignot in Paris vorgestellt wurde.

Mit der Univers hat Frutiger auch ein Zahlensystem eingeführt, welches das zugrunde liegende Konzept der Schriftgestaltung widerspiegelt – und das an das Periodensystem der Elemente erinnert. Die Fette eines Schnitts wird durch die Zehner, die Breite und die Lage werden durch die Einer definiert.

Familienzuwachs

Die Univers liegt seit 1997 nicht nur in diversen Zeichensätzen wie Kyrillisch und Arabisch, sondern auch in der Univers Next mit 63 Schnitten vor, darunter vier Monospace-Schnitte.

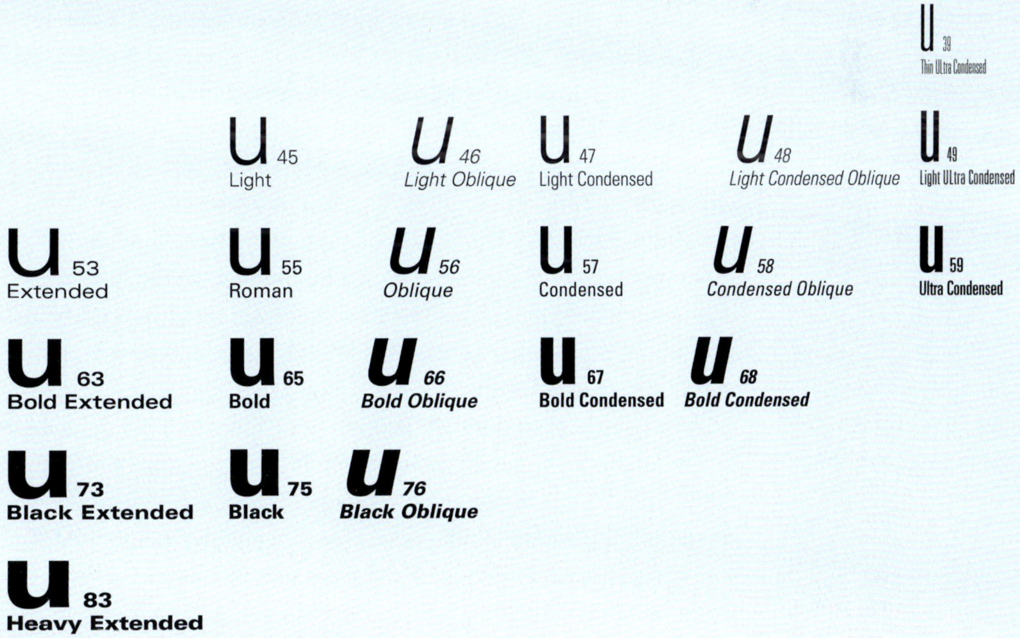

Schriftsippen

Wenn eine Schrift in mehreren, grundsätzlich verschiedenen Schnitten entworfen wurde, liegt eine Schriftsippe vor. Häufig bestehen Schriftsippen aus zwei Schriftfamilien, bei denen eine mit Serifen und eine ohne Serifen ausgestattet ist, wie beispielsweise die Meta Pro und die Meta Serif Pro.

Neben der Meta finden Sie etwa auch von der Stone, Rotis, Mrs Eaves/Mr Eaves und Officina Schriftfamilien mit und ohne Serifen. Manche Schriftsippen bestehen sogar aus noch mehr Schriftfamilien.

Jörg bäckt quasi zwei „Haxenfüße" vom Wildpony
Jörg bäckt quasi zwei „Haxenfüße" vom Wildpony

Jörg bäckt quasi zwei „Haxenfüße" vom Wildpony
Jörg bäckt quasi zwei „Haxenfüße" vom Wildpony
Jörg bäckt quasi zwei „Haxenfüße" vom Wildpony

Jörg bäckt quasi zwei „Haxenfüße" vom Wildpony
Jörg bäckt quasi zwei „Haxenfüße" vom Wildpony
Jörg bäckt quasi zwei „Haxenfüße" vom Wildpony
Jörg bäckt quasi zwei „Haxenfüße" vom Wildpony

Hier sehen Sie von oben Vista Sans und Vista Slab, dann die Stone Sans, Stone Informal und Stone Serif. Zuunterst sehen Sie die Rotis Sans, Rotis Semi Sans, Rotis Semi Serif, Rotis Serif. Hier können Sie sehr gut sehen, wie sehr sich beispielsweise die Grauwerte innerhalb der Schriftsippen ähneln. Aber noch entscheidender ist derselbe Gestaltungsansatz innerhalb einer Sippe: Neben denselben Grundformen innerhalb einer Sippe (gut zu sehen etwa am »c« der Rotis-Schriften) ist hierbei auch das Verhältnis von x-Höhe zu Ober- und Unterlänge dasselbe, wodurch die grundsätzlichen Zeichenproportionen gewahrt bleiben. Auch der Strichstärkenverlauf ist innerhalb der Sippen ähnlich, achten Sie z. B. auf das »o« in den verschiedenen Schriften.

Wozu sind derartige Schriftsippen gut? Schriften, die derselben Sippe angehören, lassen sich problemlos miteinander mischen. Denn wenn Sie umfangreichere typografische Anforderungen wie bei einem Corporate Design oder etwa bei einem Zeitschriftenprojekt haben, möchten Sie vielleicht zwei Schriften verwenden – eine ohne, eine mit Serifen –, um mehr »Farbe«, Abwechslung in der

Schriftmischung auf Webseiten

Im Webdesign können manche typografischen Prinzipien genauso wie im Printdesign angewandt werden. So bietet etwa Google die Schriftsippen Alegreya, Droid und Roboto an, die Sie in Varianten mit und ohne Serifen verwenden können:
Alegreya Sans
Alegreya
Droid Sans
Droid Serif
Roboto Regular
Roboto Slab

Gestaltung anwenden zu können. Denn eine Schrift – auch wenn sie über diverse Schnitte verfügt – ist in ihrer visuellen Aussage natürlich deutlich eingeschränkter als zwei Schriften. Eine übliche Mischung zweier Schriften besteht darin, für Fließtexte eine Serifenschrift, für Headlines und Zwischenüberschriften eine Groteskschrift zu verwenden.

– Name war Lorem Ipsum, hinaus zu gehen in die weite Grammatik.

Backen eines Wildponys
Weit hinten, hinter den Wortbergen, fern der Länder Vokalien und Konsonantien leben die Blindtexte. Abgeschieden wohnen sie in Buchstabhau-

+ Name war Lorem Ipsum, hinaus zu gehen in die weite Grammatik.

Backen eines Wildponys
Weit hinten, hinter den Wortbergen, fern der Länder Vokalien und Konsonantien leben die Blindtexte. Abgeschieden wohnen sie in Buchstabhau-

+ Name war Lorem Ipsum, hinaus zu gehen in die weite Grammatik.

Backen eines Wildponys
Weit hinten, hinter den Wortbergen, fern der Länder Vokalien und Konsonantien leben die Blindtexte. Abgeschieden wohnen sie in Buchstabhau-

Wenn Sie allerdings vom Fließtext zur Zwischenüberschrift nur die Schrift wechseln, z. B. von der Stone Serif zur Stone Sans (wie im Beispiel links), ist diese typografische Maßnahme zur Kennzeichnung einer anderen Textsorte für typografisch nicht vorgebildete Lesende nicht erkennbar: Der Kontrast zwischen beiden Schriften ist unzureichend. Wählen Sie einfach den Bold-Schnitt der Groteskschrift wie im mittleren Beispiel, und die Zwischenüberschrift ist deutlich als solche zu erkennen. Im Beispiel rechts habe ich die Variante ohne Schriftmischung gesetzt. Das ist selbstverständlich auch eine denkbare Möglichkeit, und Sie sehen an diesem Beispiel, dass die Typografie genauso schlüssig wirkt, aber eine zurückhaltendere Anmutung hat. Das Thema »Schriftmischung« schauen wir uns in Abschnitt 6.3 noch einmal genauer an.

2.5 Schriftgröße

Die Schriftgröße (auch: Schriftgrad) ist ein wesentliches Merkmal, das die Lesbarkeit, das Erscheinungsbild und die Gesamtwirkung eines Textes erheblich beeinflusst. Sie beeinflusst Hierarchien und muss nach Zielgruppe, Medium und Kontext ausgewählt werden. Texte für ältere Lesende oder Kinder beispielsweise erfordern größere Schriftgrößen, um die Lesbarkeit für die Zielgruppe zu verbessern. Auf Plakaten und Werbematerial wird oft zu größeren Schriftgrößen gegriffen, um die Aufmerksamkeit auf sich zu ziehen, und in Fließtexten tragen unterschiedliche Schriftgrößen zur Strukturierung bei. So zentral die Wahl einer passenden Schriftgröße eines Textes ist, so unklar ist, worauf sich die Schriftgröße

Voreingestellte Schriftgrößen

Die voreingestellte Schriftgröße in Office- und DTP-Programmen für Fließtext – häufig mit 12 pt definiert – ist für Medien wie Bücher und Zeitschriften viel zu groß. Der Fließtext dieses Buches ist in 9,75 pt gesetzt, der Text, den Sie gerade lesen, in der Schriftgröße 9 pt.

eigentlich bezieht. Sie werden in diesem Abschnitt sehen, dass die Schriftgröße ein überraschend unscharfes Konzept in der Typografie darstellt.

> **Richtwerte für die Auswahl von Schriftgrößen**
> - Lesetexte: 9–12 pt
> - Schautexte: Überschriften, Plakattexte usw.: ab 13 pt
> - Konsultationstext: dazu zählen Fußnoten, Wörterbücher, Lexika: 6–8 pt

Größenwirkung | Texte, die Sie in derselben Schriftgröße, aber in zwei verschiedenen Schriften setzen, können deutlich andere Größenwirkungen haben. Das liegt an den Proportionen innerhalb der Schriften, denn bei gleicher Schriftgröße hat das Verhältnis von x-Höhe zu Ober- und Unterlänge einen entscheidenden Einfluss auf die Größenwirkung einer Schrift.

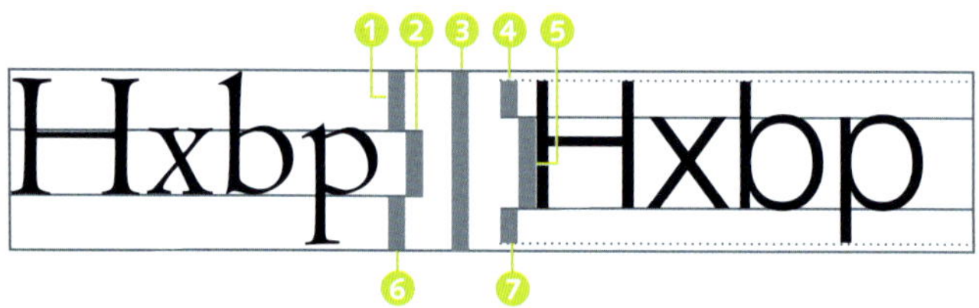

> **Kompress**
> Zeilenabstand und Schriftgröße sind gleich.

Hier sehen Sie links die Centaur, rechts die Helvetica Neue Light, die Beispielbuchstaben sind jeweils in 44 pt gesetzt, hier habe ich die Schriftgröße durch den mittleren durchgehenden Balken ❸ gekennzeichnet. Bei der Centaur summieren sich die Oberlänge ❶, x-Höhe ❷ und Unterlänge ❻ zur Schriftgröße auf. Im Gegensatz dazu bleibt bei der Helvetica ein Teil der Schriftgröße ungenutzt: Oberlänge ❹ und Unterlänge ❼ bleiben innerhalb des zur Verfügung stehenden Raumes. Dadurch, dass die Helvetica-Buchstaben kleiner als die Bruttogröße sind, stoßen die Buchstaben bei kompressem Satz nicht aneinander.

Interessanter sind jedoch die Proportionen innerhalb der Schriften. Bei der Centaur erscheinen die Oberlänge, x-Höhe und Unterlänge etwa gleich groß: Sie stehen etwa im Verhältnis 1 : 1 : 1 zueinander. Bei der Helvetica sind die Ober- und Unterlänge kürzer als die Hälfte der x-Höhe ❺. Hier stehen die Oberlänge, x-Höhe und Unterlänge ungefähr im Verhältnis 1 : 2,5 : 1 zueinander.

Diese Größenverhältnisse innerhalb der Schriften führen dazu, dass die Helvetica – obwohl sie nicht einmal die ganze Schriftgröße ausnutzt – deutlich größer als die Centaur wirkt! Damit sind Aussagen wie »auf einem DIN-A4-Format immer eine 9-pt-Schrift verwenden« mindestens fragwürdig, da die Angabe der Schriftgröße ohne die Nennung einer konkreten Schrift so gut wie keine Rückschlüsse auf die optische Größenwirkung einer Schrift zulässt.

Für Gestalter und Gestalterinnen bedeutet dies wiederum, dass wir immer wieder Testausdrucke machen müssen, um die Größenwirkung einer Schrift tatsächlich beurteilen zu können. Beide Texte im folgenden Beispiel sind in der Schriftgröße 11 pt mit einem Zeilenabstand von 13 pt gesetzt. Links sehen Sie die Centaur, rechts die Helvetica Neue Light.

Dies ist ein Typoblindtext. An ihm kann man sehen, ob alle Buchstaben da sind und wie sie aussehen. Manchmal benutzt man Worte wie Hamburgefonts, Rafgenduks oder Handgloves, um Schriften zu testen. Manchmal Sätze, die alle Buchstaben des Alphabets enthalten – man nennt diese Sätze »Pangrams«. Sehr bekannt ist dieser: The quick brown fox jumps over the lazy old dog.

Dies ist ein Typoblindtext. An ihm kann man sehen, ob alle Buchstaben da sind und wie sie aussehen. Manchmal benutzt man Worte wie Hamburgefonts, Rafgenduks oder Handgloves, um Schriften zu testen. Manchmal Sätze, die alle Buchstaben des Alphabets enthalten – man nennt diese Sätze »Pangrams«. Sehr bekannt ist dieser: The quick brown fox jumps over the lazy old dog.

2.6 Anforderungen an eine Schrift

Nachdem Sie nun einen Blick für die Vielzahl an Buchstabendetails bekommen haben: Stellen Sie sich ganz zu Beginn Ihres nächsten Projektes die Frage, welche Anforderungen an die Typografie gestellt werden.

- Was ist der Zweck des Textes (Information, Aufmerksamkeit ...)?
- Wer ist die Zielgruppe?
- Medium: Print, Web oder mobile Anwendungen beeinflussen die Schriftwahl.
- Kontext des Designs: Die Schriftwahl sollte zum Stil und Ton des gesamten Designs passen.
- Anforderungen an die visuelle Hierarchie: Welche Überschriften und Textformen werden benötigt?

Beschränkungen

Nicht immer werden Sie Einfluss auf die Schriftwahl nehmen können. Vielleicht, weil Ihr Kunde eine sogenannte Hausschrift verwendet oder auch, weil etwa Webfonts oder die Schriften eines E-Book-Readers nicht alle typografischen Anforderungen erfüllen.

Davon ausgehend kommen Sie zu den Anforderungen, die an die auszuwählende Schrift gestellt werden:

- Welche Schnitte braucht die Schrift?
- Benötigen Sie Kapitälchen?
- Eine Kursive?
- Werden Ziffern in Tabellen und/oder im Fließtext benötigt?

Syntax Next
Wie Sie in den Rheinwerk-Büchern wie diesem sehen können, verfügt die hier verwendete Syntax Next über alle genannten Anforderungen.

Möglicherweise können Sie ganz am Anfang eines Projektes noch gar nicht absehen, was Sie bei der Arbeit an Ihrem Layout oder auch Ihrer Website noch brauchen werden. Dieser Umstand spricht dafür, dass Sie eher auf gut ausgebaute Schriften zurückgreifen, weil Sie dann für verschiedenste Anforderungen gewappnet sind und nicht während der Arbeit an einem Projekt die Schrift ändern müssen. In jedem Fall müssen Sie sich einen inhaltlichen Überblick verschaffen, aus dem heraus Sie die Typografie entwickeln können.

Empfehlungen | Eine Schrift, die Sie für ein einfacheres Print- oder Webprojekt mit Überschriften und Fließtext verwenden möchten, sollte folgende Mindestvoraussetzungen erfüllen:

- Regular-Schnitt mit Majuskeln und Minuskeln
- Bold-Schnitt mit Majuskeln und Minuskeln
- Kursive mit Majuskeln und Minuskeln
- Bold-Kursive mit Majuskeln und Minuskeln

Falls im Fließtext häufig Zahlen vorkommen, ist es von Vorteil, wenn die Schrift auch proportionale Mediävalziffern bereitstellt.

Optional kann es vorteilhaft sein, wenn Sie für spezielle Textarten wie Rubriken neben den normalen Majuskeln und Minuskeln auch noch Zugriff auf Kapitälchen haben. Bei Kapitälchen sollten Sie sich auch mit der Frage beschäftigen, ob Sie ein versales scharfes S benötigen. Noch stellen die wenigsten Schriften dieses spezielle Zeichen bereit, das Vorhandensein ist aber auf alle Fälle ein Vorteil einer konkreten Schrift.

Verzichten Sie unbedingt auf:

- Verzerrung jeglicher Art von Schriften, also z. B. keine Verschiefung, stattdessen echte Kursive
- Falsche Kapitälchen: entweder echte Kapitälchen oder keine

Meta Pro

Erik Spiekermann, 1991

Im Zuge eines umfangreichen Redesigns des Firmenauftritts der Deutschen Post zeichnete Erik Spiekermann eine Schrift, die die bis dahin verwendete Helvetica ablösen sollte. Schließlich entschied sich der Auftraggeber gegen die neue Schrift, die »PT 55«. Nach der Digitalisierung wurde diese Schrift als »FF Meta« herausgebracht. Seitdem ist sie in verschiedensten Zusammenhängen zu sehen: von Magazinen über Corporate Designs bis zu Verpackungen. Eine enge Verwandte der Meta, die Fira, wird vom Firefox-Browserhersteller Mozilla verwendet.

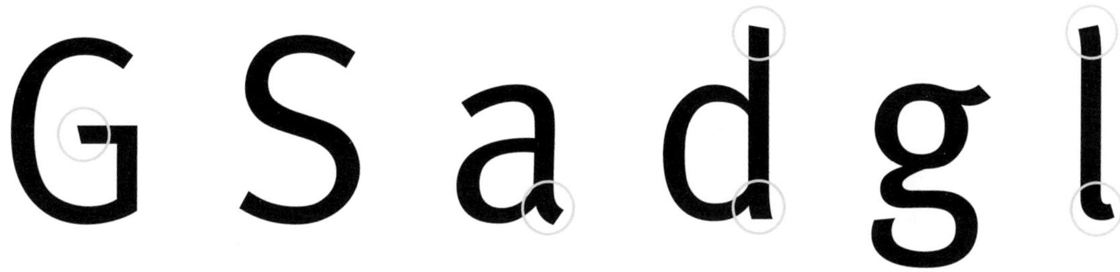

Schriftdetails | Die Meta ist eine Schrift, die trotz der vielen schwungvollen Details bewegt, aber nie unruhig wirkt. Sie benötigt auffallend wenig Platz. Prägnante abgeschrägte Strichenden. Verspieltes »g«. Mediävalziffern im Normal-Schnitt, »1« mit Serife. Die Zeichenformen wechseln bei »a« und »g« im Normal-Schnitt zu »*a*« und »*g*« in der Kursiven.

Blindtext in Meta Pro 9,5/13,75 pt | Zwölf Boxkämpfer jagen Viktor quer über den großen Sylter Deich. Franz jagt im komplett verwahrlosten Taxi quer durch Bayern. Die heiße Zypernsonne quälte Max und Victoria ja böse auf dem Weg bis zur Küste. Sylvia wagt quick den Jux bei Pforzheim. Jörg bäckt quasi zwei Haxenfüße.

Meta Pro 32 pt

Spieleinlagenbeleg ***Kapselgel***
Rennradprofil *Browserkrieg*

Meta Pro 25 pt

abcdefghijklmnopqrstuvwxyzßäöü
ABCDEFGHIJKLMNOPQRST
UVWXYZÄÖÜ1234567890?!&„“-–

Meta Serif Pro

Erik Spiekermann, Christian Schwartz, Kris Sowersby, Ralph du Carrois, Botio Nikoltchev, 2007

Nach dem enormen Erfolg der Meta in den 1990er Jahren gab es einen wachsenden Bedarf an einer Serifenschrift, mit der sich die Meta kombinieren ließ. Erik Spiekermann und weitere Typografen entwickelten die Meta Serif in einem mehrjährigen Designprozess. Das Ergebnis ist eine frische, moderne Antiqua, die bei aller Verwandtschaft mit der serifenlosen Vorgängerin eine bemerkenswerte Eigenständigkeit zeigt. Beide Schriften sind aufgrund ihrer auffallend schmalen Zeichen recht platzsparend.

Schriftdetails | Die Meta Serif zeigt zwei grundlegend verschiedene Serifenformen: Bei den geschwungenen Formen wie »G«, »S« und »a« enden die Striche in aufrecht stehenden Rechtecken, die angesetzten Serifen bei geraden Formen wie beim »d« und »l« sind dagegen kräftige dreieckige Formen. Auffallend lebendiges »g« . Angeschrägtes »l«.

Blindtext in Meta Serif Pro 9,5/13,75 pt | Zwölf Boxkämpfer jagen Viktor quer über den großen Sylter Deich. Franz jagt im komplett verwahrlosten Taxi quer durch Bayern. Die heiße Zypernsonne quälte Max und Victoria ja böse auf dem Weg bis zur Küste. Sylvia wagt quick den Jux bei Pforzheim. Jörg bäckt quasi zwei Haxenfüße.

Meta Serif Pro 32 pt

Grünanlagenweg **Schutzhaft**

Regenguss *Sonnenstrahlung*

Meta Serif Pro 25 pt

abcdefghijklmnopqrstuvwxyzßäöü
ABCDEFGHIJKLMNOPQRST
UVWXYZÄÖÜ1234567890?!&„“-–

Kapitel 3
Wort, Zeile, Absatz

In diesem Kapitel setzen wir die Einzelzeichen zu Worten, Zeilen und schließlich zu Absätzen zusammen. Was bei den Schriftzeichen galt, ist auch hier ein wichtiges Prinzip: Die einzelnen Elemente eines Textes sollten für sich, aber insbesondere im größeren Zusammenhang überzeugen.

3.1 Vom Zeichen zum Wort

Lehnen Sie sich einen Moment zurück, und machen Sie sich Gedanken darüber, was ein Wort ist. Vermutlich fällt Ihnen direkt ein enormer Unterschied auf, abhängig davon, ob Sie sich ein gesprochenes oder ein geschriebenes Wort vorstellen.

Denn sicher kennen Sie die Verwirrung, die sich bei uns breitmacht, wenn wir unter Menschen sind, die eine Sprache sprechen, die wir nicht einmal ansatzweise verstehen, zu der wir überhaupt keinen Zugang haben. In diesem Fall können wir vielleicht beurteilen, ob jemand eine Frage stellt oder einfach so Gedanken formuliert. Aber zu erkennen, wo ein normaler Satz innerhalb eines längeren Redebeitrags anfängt und aufhört – dazu gehört schon eine gewisse Spracherfahrung. Dementsprechend ungleich schwieriger wird es, wenn Sie in einer Ihnen fremden Sprache einzelne Wörter im Sprechfluss ausfindig machen sollten.

जतातत ै त्यहाँ पुरानो कहानी।
लेआउट पाठ आउन ढलेो छ, पूरा
भएको छ। अब नाङ्गो यो लेआउट
ठाउँ र सानो छ र खाली, हुन्छ म
एक कूद: डमी पाठ।

Везде та же старая история.
Компоновка закончена,
текст медленно. Этот макет
в настоящее время не голый
в пространстве и малых и
пусто происходит, я
прыгать: фиктивный текст.

في كل مكان نفس القصة القديمة.
الانتهاء من التخطيط، والنص وه
بطيئا. هذا التخطيط الآن ليست
عارية في الفضاء والصغيرة
ويحدث فارغة، لقد والقفز: النص
وهمية.

Derselbe Blindtext wurde im Beispiel in Nepalesisch (Devanagari), Russisch (Verdana) und Arabisch (Times New Roman) gesetzt. In geschriebenen Texten hingegen können wir selbst ohne entsprechende Sprachkenntnis Wörter zweifelsfrei ausmachen.

Wortzwischenräume

Dass wir in fremdsprachigen Texten einzelne Wörter erkennen können, liegt natürlich daran, dass wir die Wortgrenzen erfassen. FehlenWortgrenzenundSatzzeichenwirddasEntziffernauchinSprachendiewirbeherrschenzueinerüberraschendanspruchsvollenAufgabenochschwierigerwirddaslesenvontextwennauchnochdiegroßbuchstabenamsatzanfangbeieigennamenundnomenfehlenWIRDDERTEXTDANNALLERDINGSAUCHNOCHINGROSSBUCHSTABENGESCHRIEBENLEIDETDIELESERLICHKEITNOCHWEITER.

Noch im 4. Jh. wurden Texte wie der Codex Sinaiticus ohne Wortzwischenräume geschrieben.

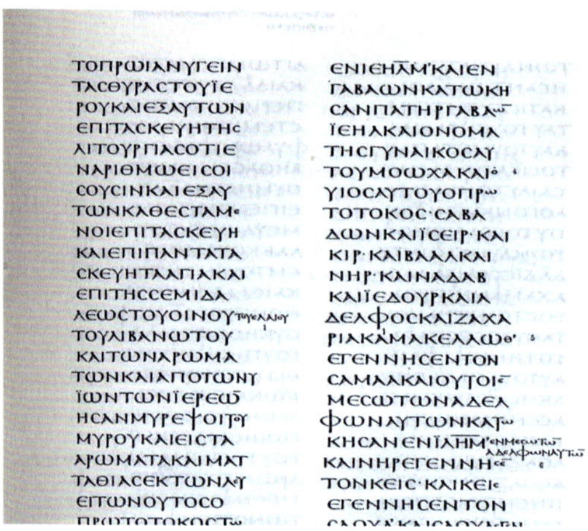
ΤΟΠΡΩΙΑΝΥΓΕΙΝ
ΤΑΣΘΥΡΑΣΤΟΥΙΕ
ΡΟΥΚΑΙΕΞΑΥΤΩΝ
ΕΠΙΤΑΣΚΕΥΗΤΗΣ
ΛΙΤΟΥΡΓΙΑΣΟΤΙΕ
ΝΑΡΙΘΜΩΕΙΣΟΙ
ΣΟΥΣΙΝΚΑΙΕΞΑΥ
ΤΩΝΚΑΘΕΣΤΑΜΕ
ΝΟΙΕΠΙΤΑΣΚΕΥΗ
ΚΑΙΕΠΙΠΑΝΤΑΤΑ
ΣΚΕΥΗΤΑΑΓΙΑΚΑΙ
ΕΠΙΤΗΣΣΕΜΙΔΑ
ΛΕΩΣΤΟΥΟΙΝΟΥ
ΤΟΥΛΙΒΑΝΩΤΟΥ
ΚΑΙΤΩΝΑΡΩΜΑ
ΤΩΝΚΑΙΑΠΟΤΩΝΥ
ΙΩΝΤΩΝΙΕΡΕΩΝ
ΗΣΑΝΜΥΡΕΨΟΙΤΟΥ
ΜΥΡΟΥΚΑΙΕΙΣΤΑ
ΑΡΩΜΑΤΑΚΑΙΜΑΤ
ΤΑΘΙΑΣΕΚΤΩΝΛΕΥ
ΕΙΤΩΝΟΥΤΟΣΟ

ΕΝΙΕΗΛΜΚΑΙΕΝ
ΓΑΒΑΩΝΚΑΤΩΚΗ
ΣΑΝΠΑΤΗΡΓΑΒΑΩΝ
ΙΕΗΛΚΑΙΟΝΟΜΑ
ΤΗΣΓΥΝΑΙΚΟΣΑΥ
ΤΟΥΜΟΩΧΑΚΑΙΟ
ΥΙΟΣΑΥΤΟΥΟΠΡΩ
ΤΟΤΟΚΟΣ·ΣΑΒΑ
ΔΩΝΚΑΙΙΣΕΙΡ·ΚΑΙ
ΚΙΡ·ΚΑΙΒΑΑΛΚΑΙ
ΝΗΡ·ΚΑΙΝΑΔΑΒ
ΚΑΙΙΕΔΟΥΡΚΑΙΑ
ΔΕΛΦΟΣΚΑΙΖΑΧΑ
ΡΙΑΚΑΙΜΑΚΕΛΛΩΘ
ΕΓΕΝΝΗΣΕΝΤΟΝ
ΣΑΜΑΑΚΑΙΟΥΤΟΙΓΕ
ΜΕΣΩΤΩΝΑΔΕΛ
ΦΩΝΑΥΤΩΝΚΑΤΩ
ΚΗΣΑΝΕΝΙΛΗΜ
ΚΑΙΝΗΡΕΓΕΝΝΗΣΕ
ΤΟΝΚΕΙΣ·ΚΑΙΚΕΙΣ
ΕΓΕΝΝΗΣΕΝΤΟΝ

▶ **Abbildung 3.1**
Ausschnitt aus dem Codex Sinaiticus – einem der bedeutendsten Bücher der Geschichte – der auf Griechisch verfassten Bibel aus dem 4. Jh, und die Inschrift der Trajansäule.

Auch der lateinische Text der Trajansäule aus dem 2. Jh. weist zwar keine Wortzwischenräume auf, es wurden aber kleine Punkte oberhalb der Schriftmitte eingefügt 1. Schon diese kleine Maßnahme erhöht die Leserlichkeit des Textes.

Gestaltprinzip der Nähe | Das Wort wird durch die Wortzwischenräume von den umliegenden Schriftzeichen optisch getrennt. Oder, wenn wir die Perspektive umkehren: Durch die Wortzwischenräume bilden sich Zeichengruppen – nämlich Wörter – statt eines langen »Textstromes«.

Lassen Sie mich in diesem Zusammenhang noch einmal genauer auf das Abschnitt 1.4 angesprochene zentrale Gestaltungsprinzip der Nähe eingehen. Schauen Sie sich die drei »Versuchsanordnungen« im folgenden Beispiel an, und lassen Sie diese auf sich wirken. Was empfinden Sie beim Betrachten der Testbilder?

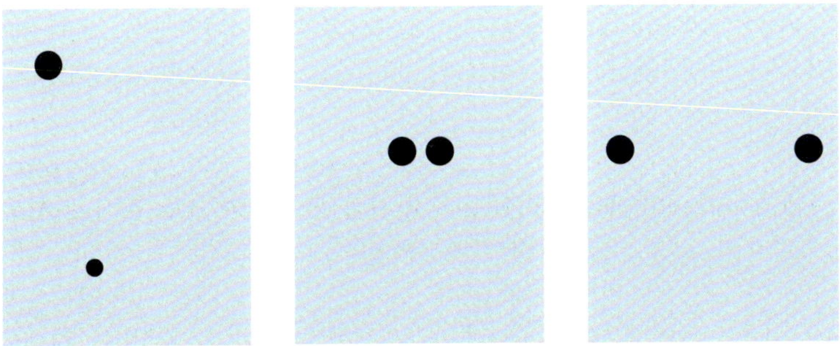

Obwohl ich versucht habe, in der linken Illustration eine möglichst zufällige Anordnung und ebenso zufällige Größenverhältnisse der beiden Punkte zu zeigen, wird es Ihnen kaum möglich sein, die beiden Punkte ohne Bezug zueinander wahrzunehmen. Daran würde sich auch nichts ändern, wenn ich statt eines zweiten Punktes einen Strich oder eine Farbe eingesetzt hätte. Offensichtlich sind die menschliche Wahrnehmung und die Verarbeitung des Wahrgenommenen nämlich darauf spezialisiert, Muster zu bilden oder zu erkennen. In dem mittleren Bild sehen Sie zwei gleich große Punkte. Aber dabei würden Sie es nicht belassen, wenn Sie die Grafik beschreiben sollten, denn sicherlich würden Sie die Punkte als nah beieinander oder als Paar oder Gruppe beschreiben. Und bei der rechten Version würden Sie nicht mehr von einem Paar, sondern von getrennten Punkten sprechen, obwohl die Punkte »nur« weiter voneinander entfernt sind.

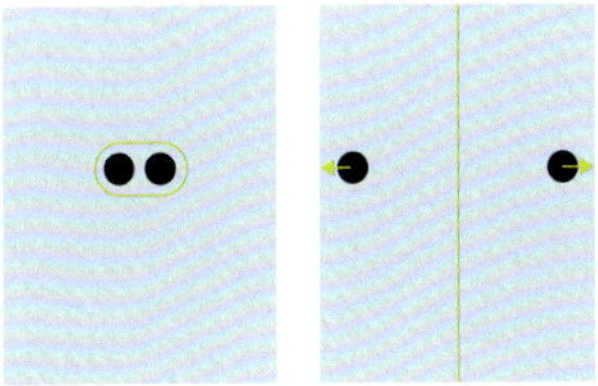

Hat das etwas mit unserem Thema zu tun? Und ob, denn diese Wahrnehmung von Einzelelementen als Gruppe oder eben als eher voneinander getrennte Elemente (wie in der Abbildung) sehen Sie in jedem Wort und in jedem Wortabstand sozusagen in der Anwendung. Und dieses Gestaltprinzip der Nähe greift nicht nur bei den kleinsten Elementen, den Zeichen, die sich durch ihre Nähe zueinander zu Wörtern gruppieren bzw. durch Wortabstände erst zu Gruppen werden, sondern genauso bei Zeilen, bei Spalten in einer Zeitung, bei den Textflächen einer Doppelseite, bei der Organisation von Kontaktangaben auf einer Visitenkarte usw.

Eigentlich fußt Typografie und ganz allgemein visuelle Gestaltung auf dem Prinzip der Nähe. Denn wenn ich den Bezug von Buchstaben untereinander oder von der Überschrift zum Artikel nicht herstellen und wahrnehmen kann, funktioniert Typografie nicht mehr. Sie werden demnach keine typografischen Beispiele finden, in denen das Prinzip der Nähe nicht angewendet wurde.

Wenn wir nun statt der Punkte Buchstaben nehmen, wird die zentrale Bedeutung des Gestaltprinzips der Nähe sehr deutlich.

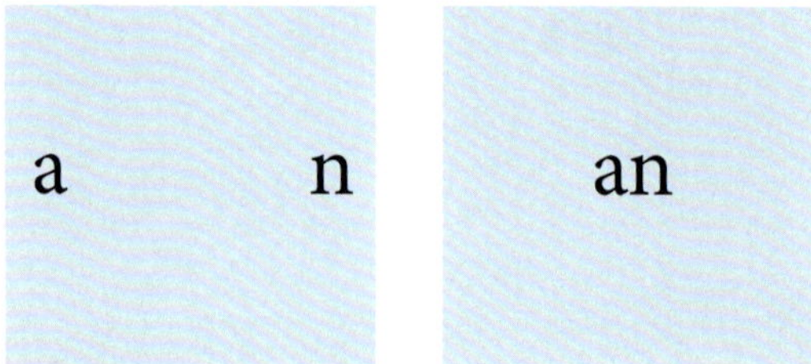

Denn wenn Schriftzeichen zu weit voneinander entfernt sind, nehmen wir sie nicht mehr als zusammengehörig, als Worteinheit, sondern als zusammenhangslose Einzelzeichen (links) wahr. Stehen Sie wie gewohnt direkt nebeneinander, lesen wir sie als Wort (rechts).

Da Zeichen wie Komma und Satzpunkt weder Teil eines Wortes noch eigenständige Worte sind, sollten sie minimal vom Wort, auf das sie folgen, abgerückt stehen. Mit welchen Abständen beliebige Zeichenpaare zueinanderstehen, wird beim Schriftdesign in der Kerningtabelle des jeweiligen Zeichensatzes definiert und ist ein nicht zu unterschätzendes Qualitätsmerkmal eines Fonts. Denn in sich stimmige Schriftzeichen nützen in der Anwendung nichts, wenn durch mangelhafte Zeichenabstände ein unruhiges oder gar fleckiges Schriftbild entsteht.

Abstände in der Vertikalen | Das Gestaltprinzip der Nähe wirkt nicht nur in unserer normalen Leseorientierung, der Horizontalen, sondern ebenso in der Vertikalen.

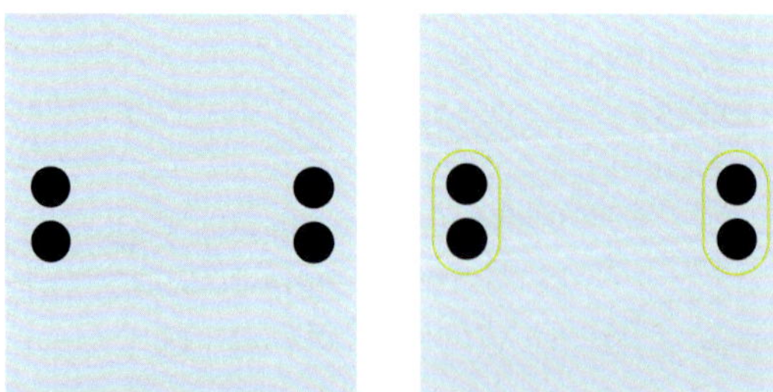

Elemente, die sich in der Vertikalen näher als in der Horizontalen sind, nehmen wir als Paare oder Gruppen wahr. Dies gilt es zu berücksichtigen, wenn es um das Ermitteln eines angenehmen Zeilenabstands, die Positionierung von Aufzählungspunkten oder die Anordnung eines Logos auf einem Briefbogen geht.

Tausche ich die Punkte im Beispiel durch Buchstaben aus, haben wir folgende Situation vor uns.

- Zeichen
- Wort
- Absatz

- Zeichen
- Wort
- Absatz

Gestaltprinzip der Nähe bei Aufzählungen

Wenn Aufzählungszeichen wie im oberen Beispiel zu weit von den Texten entfernt stehen, nehmen wir die Aufzählungszeichen als eigenständige Gruppe wahr – und nicht mehr als zu den Texten gehörig. Im unteren Beispiel habe ich die Punkte mit dem Wert des Zeilenabstands abgerückt.

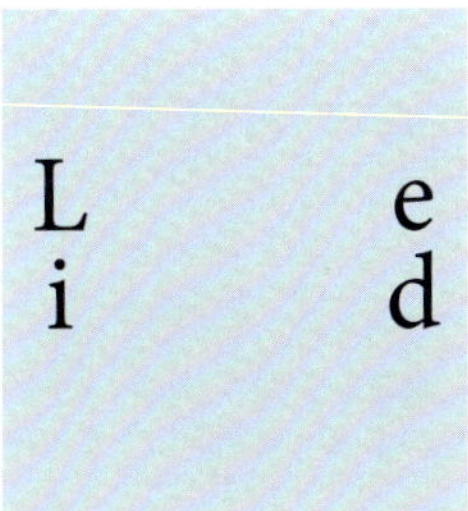

Was haben Sie gelesen? Lied oder Leid? Sicher werden Sie Lied gelesen haben, denn das Prinzip der Nähe müssten Sie schon bewusst »aushebeln« und sich darauf konzentrieren, die vier Buchstaben in der Horizontalen »abzulesen«. Da die Abstände in der Horizontalen als enorm trennend wirken, werden Sie genau genommen auch nicht Lied, sondern Li ed gelesen haben – wir nehmen den horizontalen Abstand direkt als trennenden Abstand, als Wortabstand wahr.

Zeichenabstände

Der Zeichenabstand beeinflusst die Gesamtwirkung und Lesbarkeit eines Textes wesentlich. Wie Sie schon im Exkurs zur Dickte in Kapitel 2 erfahren haben, definieren sich die Abstände zwischen zwei Zeichen durch die Summe der beim Schriftdesign festgelegten Nach- und Vorbreite der beiden beteiligten Buchstaben (bzw. eines Buchstabens und des folgenden Satzzeichens). Folgen allerdings beispielsweise zwei Buchstaben direkt aufeinander, die ausladende Oberlängen aufweisen (wie »ff«), bietet sich die Verwendung einer Ligatur an (siehe Abschnitt 2.2).

Unterschneidung bzw. Kerning | Bei den meisten Zeichenformen greift das beschriebene Prinzip, das aus der Bleisatzzeit stammt, erwartungsgemäß. Und das ist immer dann der Fall, wenn der Buchstabe eine eher quadratisch/rechteckige oder eine runde Form hat.

Vor allem bei Buchstaben, die sich auf ein Dreieck zurückführen lassen, muss anders verfahren werden. Sie bedürfen einer sogenannten Unterschneidung.

> **Herkunft**
> Im Bleisatz wurde diese Optimierung von problematischen Zeichenpaaren durch das Wegschneiden des Raumes um das Zeichen erreicht – daher der Name »Unterschneidung«.

Im folgenden Beispiel sehen Sie, dass die jeweils zweiten Buchstaben der Beispielwörter näher an bzw. in die Versalie geschoben wurden. Dieses Prinzip wird Unterschneidung genannt. Ohne dieses Vorgehen würden die Buchstaben optisch zu sehr voneinander getrennt stehen.

Obwohl hochwertige Schriften bei den meisten Zeichenpaaren keine Modifikation benötigen, achten Sie besonders beim Versalsatz oder bei Kapitälchen auf Unstimmigkeiten.

> **Tipp**
> Um stimmige Abstände etwa in versal gesetzten Wortmarken zu erhalten, kann es helfen, den Entwurf einmal um 180° gedreht zu begutachten und die Zeichenabstände in dieser kopfstehenden Variante zu optimieren.

Auch bei Geschäftsausstattungen empfiehlt sich die genaue Kontrolle etwa des Wortes Telefon (oder der abgekürzten Variante Tel.) auf Briefbögen und Visitenkarten.

Kerningtabellen | Bei Fonts, also den digital verfügbaren Zeichensätzen, die wir im DTP verwenden, sind die entsprechenden Abstände in sogenannten Kerningtabellen hinterlegt.

Um nun das Kerning zwischen zwei Zeichen, etwa zwischen »T« und »e« in dem Wort Telefon ❶, geschrieben in der Myriad, auf einer Visitenkarte zu optimieren, setzen Sie beispielsweise in InDesign den Textcursor zwischen die beiden Buchstaben ❷. Im Kerning-Menü sehen Sie in runden Klammern den im Font hinterlegten Kerningwert für das betreffende Zeichenpaar ❸. Hier steht der Kerningwert von »Te« bei –71.

Im Folgenden habe ich das Kerning von »Te« auf –91 gesetzt.

Da sich Kerning ausschließlich auf den Abstand zwischen zwei Zeichen bezieht, springt die Anzeige im Kerning-Menü von InDesign direkt auf eines der beiden möglichen Kerningverfahren um, wenn Sie nicht nur den Textcursor zwischen beliebigen Zeichen positioniert haben, sondern ein oder mehrere Zeichen damit markiert haben.

InDesign bietet das Kerning in den beiden Varianten METRISCH und OPTISCH an. Beim metrischen Kerning greift InDesign auf die im Font hinterlegten Kerningwerte zu, beim optischen Kerning berechnet InDesign die Zeichenabstände selbstständig und berücksichtigt dabei die Zeichenformen. Bei hochwertigen Schriften sollten Sie das von Adobe voreingestellte metrische Kerning auch beibehalten.

InDesign und Kerningtabellen

InDesign bietet Ihnen keine Möglichkeit, in die fontinternen Kerningtabellen einzugreifen, um etwa die Abstände von Buchstaben zu Satzzeichen zu ändern. Hierfür müssten spezialisierte Fontentwicklungsprogramme wie Fontographer, Fontlab oder Glyphs herangezogen werden.

Kerningeinheit | Wie Sie in den Screenshots des Kerning-Menüs von InDesign sehen können, wird der Kerningwert ohne Einheit angezeigt. Das rührt daher, dass die verwendete Einheit eine relative und keine absolute Größe darstellt: Sie ist allein von der Schriftgröße der jeweiligen Zeichenpaare abhängig. Der vergebene Wert, beispielsweise der in der Myriad definierte Kerningwert für »Te« von –71, wird immer angewendet, unabhängig davon, ob die beiden Buchstaben in der Schriftgröße 6 pt oder 36 pt oder einer sonstigen Schriftgröße wiedergegeben werden.

Die relative Größe, auf die sich die Kerningeinheit bezieht, ist das sogenannte Geviert. Diese Größe wird Ihnen in anderen Zusammenhängen wieder begegnen, etwa bei den verschiedenen Strichlängen und Leerzeichen. Das Geviert, hier als schraffiertes Quadrat gekennzeichnet, bezeichnet ein Quadrat mit der Seitenlänge der verwendeten Schriftgröße. Dieses Quadrat ist tatsächlich »nur« eine Bezugsgröße (und kein druckbares Zeichen oder Ähnliches). In Adobe-Programmen wird als Einheit für das Kerning 1/1.000 Geviert verwendet.

Hinweis

Damit InDesign überhaupt auf die Kerningdaten eines Fonts zugreifen kann, müssen die benachbarten Zeichen nicht nur aus derselben Schrift, sondern auch im selben Schriftschnitt und in derselben Schriftgröße gesetzt sein.

Schriftgröße 6 pt

Schriftgröße 36 pt

> **Begriffsherkunft**
>
> Der Begriff »Spationieren« kommt wie mancher typografische Fachbegriff aus dem Bleisatz: Ein Spatium war ein feiner Metallstreifen, der zum Vergrößern des Zeichenabstands zwischen die betreffenden Zeichen eingefügt wurde.

Laufweite | Ein eng mit dem Kerning/Unterschneidung zusammenhängender Begriff ist die Laufweite. So wie sich das Kerning auf den Abstand zweier benachbarter Zeichen bezieht, wird mit »Laufweite« der Abstand der Zeichen oder Ziffern innerhalb ganzer Wörter oder ganzer Texte bezeichnet.

Texte, deren Laufweite nicht im Satzprogramm geändert wurde ❶, haben die Laufweite 0. Die Laufweite von markiertem Text ❷ lässt sich im Laufweiten-Menü ❸ von InDesign ablesen und gegebenenfalls modifizieren. Wird die Laufweite erhöht, ist dies eine Spationierung, bei Verringerung der Laufweite sprechen wir wieder – genau wie bei einzelnen Zeichenpaaren – von Unterschneidung.

Das spationierte Beispiel habe ich mit einer Laufweite von +100, das unterschnittene mit –50 angelegt. Während deutlich spationierte Wörter einen illustrativen Charakter erhalten, zerstören kräftige Unterschneidungen harmonische Schriftbilder. Die verwendete Einheit in InDesign bzw. Illustrator ist hier wie beim Kerning 1/1.000 Geviert.

Spationiert Unterschnitten

> **Laufweite und Kerning**
>
> - Laufweite: Gesamtabstand mehrerer Buchstaben
> - Kerning/Unterschneidung: Abstand zweier Buchstaben/eines Buchstabenpaares

Da Fonts meist für Lesegrößen – also etwa zwischen 9 und 12 pt – optimiert sind, sollten Sie besonders genau bei Schriftgrößen hinschauen, die deutlich von den genannten Lesegrößen abweichen: Bei sehr kleinen Schriftgrößen können Sie davon ausgehen, dass ein leichtes Anspationieren der Lesbarkeit guttut. Auch bei negativ gesetztem Text bietet sich ein minimales Spationieren an. Bei sehr großen Plakaten hingegen werden Sie ziemlich sicher Überschriften unterschneiden können, da in großen Größen die Zwischenräume dazu neigen, unproportional groß zu wirken.

Wenn Sie in InDesign in einem Wort sowohl beim Kerning eingegriffen als auch die Laufweite verändert haben: Die jeweiligen Abstände beeinflussen sich nicht gegenseitig und bleiben deshalb einfach bestehen. Im Beispiel habe ich zusätzlich zum mit –91 unterschnittenen »Te« die Laufweite insgesamt auf +50 erhöht. Dabei machen weder die Reihenfolge der Manipulation der Zeichenabstände noch die jeweiligen Vorzeichen einen Unterschied.

»Life is way too short for kerning. How many more pixels can I push before they start pushing me?«

Erik Spiekermann

Da ja Kerning und Laufweite größenunabhängige Modifikationen am Schriftbild sind, habe ich den bearbeiteten Schriftzug in InDesign auf die doppelte Größe gebracht: Im Kerning-Eingabefeld bleibt die Angabe unverändert.

Wortabstände

Der Wortabstand bezeichnet den Leerraum zwischen zwei Wörtern. Auch der Wortabstand beeinflusst die Lesbarkeit eines Textes, denn ein zu großer oder zu kleiner Wortabstand kann die Lesegeschwindigkeit negativ beeinflussen. Die optimale Einstellung des Wortabstands hängt von verschiedenen Faktoren ab, einschließlich der Schriftgröße, des Zeilenabstands, des Schriftstils sowie des Kontextes und Zwecks des Textes. Dazu gleich mehr.

Beginnen wir mit den Zeichen, die selbst gar nicht zu sehen sind, sondern die Abstände definieren, dem Leerraum. Als Referenzgröße für Leerräume (und für Strichlängen) wird das Geviert herangezogen. Ein Geviert ist eine schriftgrößenabhängige Größe und beschreibt ein Quadrat der jeweiligen Schriftgröße. Das haben wir ja eben bereits gesehen.

Der Wortabstand oder Wortzwischenraum hat in Satzschriften mit normaler Laufweite etwa die Größe eines Viertelgevierts. Dabei variiert seine tatsächliche Breite entsprechend den jeweiligen Zeichen, zwischen denen er steht. Die Wortzwischenräume stoßen aufgrund der individuellen Nach- und Vorbreiten nicht bis an die Zeichen selber: Der tatsächliche Wortzwischenraum ergibt sich somit aus dem Leerraum, der Nach- und Vorbreite und dem Kerning der jeweiligen Zeichenkombinationen.

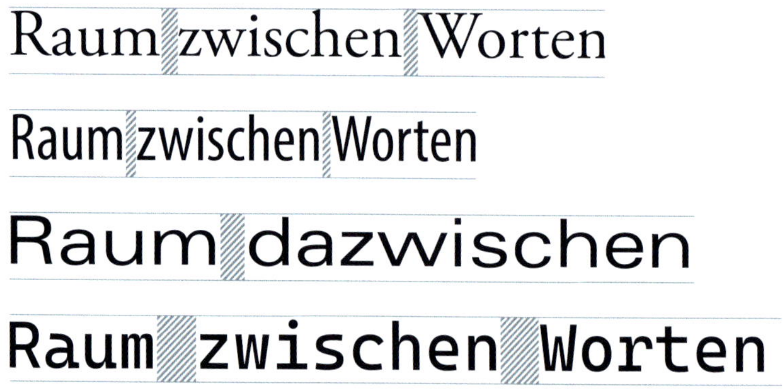

Proportionalschrift und Wortzwischenraum

Bei Proportionalschriften gilt häufig der offene Innenraum (die offene Punze) des Minuskel-»n« als Orientierung für die Breite des Wortzwischenraums.

Im Beispiel sehen Sie, wie die Breite von Wortzwischenräumen von der jeweiligen Schrift abhängt. Ganz oben sehen Sie die Adobe Garamond Pro Regular, darunter die Myriad Pro Condensed. Die beiden unteren Schriften sind die Univers Pro Extended und die Cascadia Code Regular. Alle Beispiele sind in 36 pt gesetzt. Da bei Monospace-Schriften wie der Cascadia Code ausnahmslos alle Schriftzeichen dieselbe Dickte haben, ist auch der Wortzwischenraum genauso breit wie alle anderen Zeichen.

Was beim Satz zu beachten ist: Breite Schriften benötigen häufig einen größeren Wortabstand, wohingegen man sich bei schmaler laufenden Schriften eher für einen kleineren Wortabstand entscheiden kann. Auch die Schriftgröße hat Einfluss auf den Wortabstand, wobei es sich so verhält, dass bei großen Schriftgrößen ein etwas kleinerer Wortzwischenraum ausreicht, bei kleineren Schriftgrößen aber ein größerer Wortzwischenraum benötigt wird, damit die Buchstaben nicht ineinander verlaufen.

Blocksatz und Wortzwischenräume | Neben der im Schriftdesign angelegten Breite des Wortzwischenraums und des Kernings hat auch die Wahl der Satzart einen Einfluss auf die tatsächlich sichtbare Größe des Abstands. Denn beim Blocksatz versucht das Satzprogramm, insbesondere durch die Änderung des Wortzwischenraums die Zeilen auf Satzbreite auszutreiben. Neben dem Wortzwischenraum gibt es noch zwei weitere Parameter, die beim Blocksatz zum Einsatz kommen können, damit der zur Verfügung stehende Raum ausgenutzt wird: der Zeichenabstand und die Glyphenskalierung.

In InDesign finden Sie diese drei Größen beispielsweise im Dialogfenster SATZ-FEINEINSTELLUNGEN, das Sie über das Menü des ABSATZ-Fensters oder besser noch über die Absatzformate aufrufen können. Und natürlich können und sollten Sie die entsprechenden Einstellungen in den Absatzformatoptionen hinterlegen. Mehr zu den Satz-Feineinstellungen finden Sie in Abschnitt 3.7.

Sinnvolle Satz-Feineinstellungen

Der minimale Wortabstand ist in den Satz-Feineinstellungen auf 80% eingestellt, der maximale auf 120%. MINIMAL sollte nicht unter 75% verändert werden, MAXIMAL nicht über 135%. Das hängt natürlich auch von der Schrift und der Schriftgröße ab.

3.2 Die Zeile

Die Gestaltung von Zeilen bedeutet immer auch die sorgfältige Abwägung des Zusammenspiels von Zeilenlänge, Zeilenabstand und Textausrichtung, um ein harmonisches und zugängliches Leseerlebnis zu schaffen.

Die Zeilenlänge

Neben der gewählten Schrift und Schriftgröße ist die Länge einer Textzeile eine der hervorstechendsten Eigenschaften eines Textes. Die Zeilenlänge wird beeinflusst durch das Medium und das Format: Auffallend schmale Zeilen finden Sie beispielsweise in Tageszeitungen. Besonders lange Zeilen sehen Sie häufig im Kleingedruckten von Anzeigen, etwa, wenn es um Medikamente, besondere Bedingungen von Telefontarifen oder Finanzierungsprodukte geht.

▼ Abbildung 3.2
Lange Zeilen wie in einer Toyota-Anzeige und kurze Zeilen wie in Zeitungen haben ihre jeweiligen Stärken und Schwächen, die Sie kennen sollten.

Zeilenlänge am Beispiel

1 Neben der gewählten Schrift und Schriftgröße ist die Länge einer Textzeile ihre hervorstechendste Eigenschaft. Auffallend schmale Zeilen finden Sie beispielsweise in Tageszeitungen. Besonders lange Zeilen sehen Sie ab und zu auch im Kleingedruckten von Anzeigen, etwa, wenn es um Medikamente, besondere Bedingungen von Telefontarifen oder Finanzierungsmodelle geht.

An den Beispielen dieser Doppelseite, die alle in der Syntax Regular in 8,25/11,85 pt gesetzt sind, können Sie erkennen, wie sich die wichtigen typografischen Parameter Schrift, Schriftgröße, Satzart, Satzbreite und Worttrennung gegenseitig bedingen. Beim Vergleich der sieben Varianten desselben Textes fallen besonders die beiden Extreme auf: die sehr schmale 1 und die extrem breite Zeile 7.

Bei der sehr schmalen Textspalte 4 sehen Sie an mehreren Stellen Probleme, die nicht ohne Weiteres zu beheben sind. Das sind einerseits die Wörter wie »gewählten« und »Schriftgröße«, die durch ihre enorme Laufweite förmlich ins Auge springen. Andererseits ist diese Textspalte voller Löcher, weil das Satzprogramm bei der gewählten Satzart »Blocksatz« versucht, eine Zeile durch Verbreiterung des Wortzwischenraums auf die Spaltenbreite aufzufüllen. Bei der gewählten Schrift, der gewählten Schriftgröße, dieser Spaltenbreite (21,5 mm) und bei Blocksatz müssen Sie mit solchen Problemen leben. Derselbe Text sieht im linksbündigen Flattersatz 8 ausgeglichener aus, dafür ist die rechte, die »flatternde« Satzkante dann unruhig: Sie kommen an Kompromissen nicht vorbei, wenn Sie Text in derart schmale Spalten setzen müssen.

Die letzte Variante mit der extrem langen Zeile 7 ist noch schlechter lesbar als die sehr schmale Version. Aus Sicht der Lesenden ist so etwas inakzeptabel. Eine so überlange Textspalte sagt

2 Neben der gewählten Schrift und Schriftgröße ist die Länge einer Textzeile ihre hervorstechendste Eigenschaft. Auffallend schmale Zeilen finden Sie beispielsweise in Tageszeitungen. Besonders lange Zeilen sehen Sie ab und zu auch im Kleingedruckten von Anzeigen, etwa, wenn es um Medikamente, besondere Bedingungen von Telefontarifen oder Finanzierungsmodelle geht.

3 Neben der gewählten Schrift und Schriftgröße ist die Länge einer Textzeile ihre hervorstechendste Eigenschaft. Auffallend schmale Zeilen finden Sie beispielsweise in Tageszeitungen. Besonders lange Zeilen sehen Sie ab und zu auch im Kleingedruckten von Anzeigen, etwa, wenn es um Medikamente, besondere Bedingungen von Telefontarifen oder Finanzierungsmodelle geht.

7 Neben der gewählten Schrift und Schriftgröße ist die Länge einer Textzeile ihre hervorstechendste Eigenscha
gedruckten von Anzeigen, etwa, wenn es um Medikamente, besondere Bedingungen von Telefontarifen oder

eben auch aus: »Ich stehe hier nur aus Pflichtbewusstsein« – und wird vielleicht auch deshalb gar nicht erst gelesen.

Achten Sie bei den Versionen 2–6 einmal genau auf die Wortzwischenräume, die Worttrennungen an der rechten Satzkante und die Leserlichkeit der verschiedenen Satzbreiten. In dieser 2 immer noch recht schmalen Textbreite (49 mm) sehen Sie zwar keine einzelnen Wörter, die durch ihre Laufweitenänderung auffallen, große Wortzwischenräume sind hier aber weiterhin ein Problem. Etwa jede dritte Zeile wird getrennt. Bei der nächstbreiteren Spalte 3 mit 76,5 mm sind die Wortzwischenräume noch ausgeglichener, auch die Worttrennungen werden weniger. Große Wortzwischenräume sehen Sie hier aber immer noch, z. B. in der vorletzten Zeile. Bei den drei Varianten 4, 5 und 6 wirken die Textbilder insgesamt recht ausgeglichen. Allerdings sehen Sie bei 4 eine sich wiederholende, irritierende Trennung bei Zei-le. Die recht große Satzbreite von 6 setzt die Leserlichkeit herab. Somit bleiben 4 und 5 als Favoriten übrig, wobei ich selbst aufgrund der unschönen Trennungen bei 4 der breiteren Variante den Vorzug geben würde. Die diversen typografischen Stellschrauben, die Ihnen neben der Satzbreite noch zur Verfügung stehen, lernen Sie im Verlauf dieses Kapitels noch kennen.

8 Neben der gewählten Schrift und Schriftgröße ist die Länge einer Textzeile ihre hervorstechendste Eigenschaft. Auffallend schmale Zeilen finden Sie beispielsweise in Tageszeitungen. Besonders lange Zeilen sehen Sie ab und zu auch im Kleingedruckten von Anzeigen, etwa, wenn es um Medikamente, besondere Bedingungen von Telefontarifen oder Finanzierungsmodelle geht.

4 Neben der gewählten Schrift und Schriftgröße ist die Länge einer Textzeile ihre hervorstechendste Eigenschaft. Auffallend schmale Zeilen finden Sie beispielsweise in Tageszeitungen. Besonders lange Zeilen sehen Sie ab und zu auch im Kleingedruckten von Anzeigen, etwa, wenn es um Medikamente, besondere Bedingungen von Telefontarifen oder Finanzierungsmodelle geht.

5 Neben der gewählten Schrift und Schriftgröße ist die Länge einer Textzeile ihre hervorstechendste Eigenschaft. Auffallend schmale Zeilen finden Sie beispielsweise in Tageszeitungen. Besonders lange Zeilen sehen Sie ab und zu auch im Kleingedruckten von Anzeigen, etwa, wenn es um Medikamente, besondere Bedingungen von Telefontarifen oder Finanzierungsmodelle geht.

6 Neben der gewählten Schrift und Schriftgröße ist die Länge einer Textzeile ihre hervorstechendste Eigenschaft. Auffallend schmale Zeilen finden Sie beispielsweise in Tageszeitungen. Besonders lange Zeilen sehen Sie ab und zu auch im Kleingedruckten von Anzeigen, etwa, wenn es um Medikamente, besondere Bedingungen von Telefontarifen oder Finanzierungsmodelle geht.

lend schmale Zeilen finden Sie beispielsweise in Tageszeitungen. Besonders lange Zeilen sehen Sie ab und zu auch im Klein-
ungsmodelle geht.

Die optimale Zeilenlänge | Wenn Sie Mengentext etwa in einem Buch setzen möchten, können Sie sich an einer Faustregel orientieren: In einer Zeile sollten um die 70 Anschläge Platz finden. Dabei können Sie Leerzeichen mitrechnen. Im Deutschen kommen Sie so auf 8–12 Wörter pro Zeile. Im Englischen beispielsweise finden bei 70 Zeichen mehr Wörter Platz, da hier im Vergleich zum Deutschen eher kürzere Wörter vorkommen. Diese Angabe ist natürlich nur ein Näherungswert, bei der Festlegung der Zeilenlänge müssen Sie immer auch Schriftart, Schriftgröße und den Zeilenabstand sowie die Leseumgebung mitbedenken. So muss beispielsweise bei längeren Zeilen möglichst auch der Zeilenabstand vergrößert werden, um die Lesbarkeit zu gewährleisten. Dazu im Abschnitt »Zeilenabstand« gleich mehr.

Optimale Zeilenlängen

Neben den für Fließtext genannten 70 Zeichen für eine optimale Zeilenlänge bietet sich bei mehrspaltigen Texten eine Zeilenlänge von ca. 50 Zeichen an, für Marginalien ungefähr 35 Zeichen.

Zeilenlänge im Web | Auch im Webdesign sollten Sie Ihr Augenmerk auf Zeilenlängen richten: Zu lange Zeilen halten immer eher vom Lesen ab, als dass sie zum Lesen einladen. Legen Sie entsprechend den zu erwartenden Textmengen Ihre Webdesigns an, und gestalten Sie vom Inhalt her kommend und nicht für bestimmte Ausgabegeräte oder -breiten.

E-Books und Zeilenbreiten

Gerade im Vergleich zum Printbereich, aber auch im Vergleich zum Webdesign haben Sie bei E-Books noch weniger Einfluss auf die Spaltenbreiten. Hier entscheidet schließlich allein das verwendete Gerät über die Darstellung des Textes samt Zeilenbreite.

Eine in vieler Hinsicht vorbildliche Lösung sehen Sie im Standardtheme »Twenty Sixteen« des Content-Management-Systems WordPress. Die Open-Source-Software WordPress kann praktisch als Standard für neue Webauftritte bezeichnet werden. Das Aussehen von Webseiten übernehmen in WordPress die sogenannten Themes, die sowohl gratis als auch gegen Gebühr zur Verfügung gestellt werden.

▼ Abbildung 3.3
Hier sehen Sie den Designansatz »Content first« vorbildhaft am WordPress-Theme »Twenty Sixteen«.

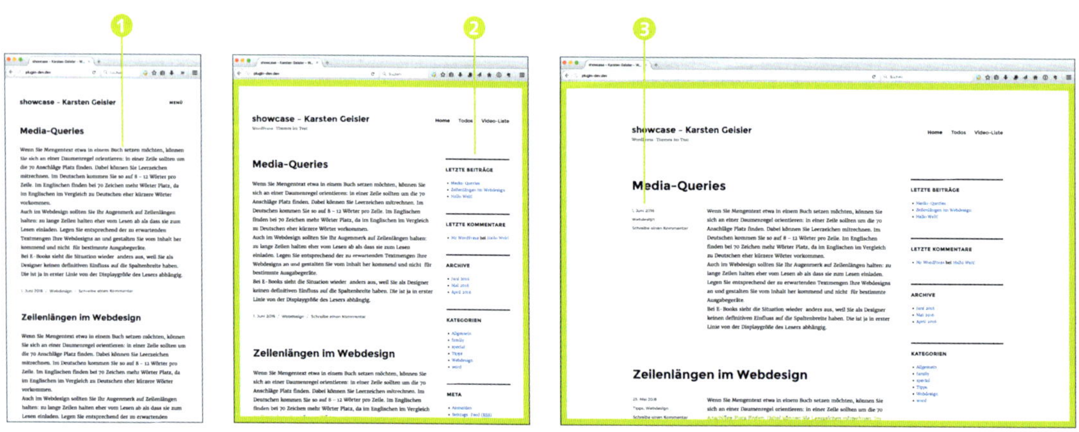

In Abbildung 3.3 sehen Sie dieselbe Website in verschiedenen Darstellungsbreiten. In der hier schmalsten Version ❶ sehen Sie, dass dem Haupttext der Blogbeiträge die komplette Fensterbreite zur Verfügung steht. Damit die Zeilenlänge der Texte bei breiteren Darstellungsgrößen nicht »aus dem Ruder läuft«, wird rechts neben den Beiträgen ab einer definierten Breite die Seitenleiste mit weiterführenden Links eingeblendet ❷. Wird die Seite in einem noch breiteren Fenster angezeigt, werden nun die Informationen zum Text, die in den schmaleren Versionen unter den Texten positioniert waren, links daneben angezeigt ❸. Wie Sie an diesem Screenshot auch sehen können, ist die Maximalbreite, die das Design einnehmen kann, begrenzt, sodass auch hierdurch die Zeilenlänge nicht beliebig breit werden kann.

Das Vorgehen, Webseiten von der kleinsten Darstellung ausgehend hin zu den größeren Darstellungsbreiten zu entwickeln, wird »mobile first« genannt. Eng hiermit verbunden ist das Prinzip »content first«. Es bedeutet, dass sich Auftraggeberin und Designer genau darüber klar werden, was der wirklich wichtige Inhalt auf einer Website sein soll. Denn auf kleineren Displays dürfen die Inhalte mit der höchsten Wichtigkeit nicht erst nach den eigentlich untergeordneten Inhalten zu sehen sein. Auch die begrenzte Bandbreite von mobilen Geräten ist ein weiterer Grund für eine genaue Gewichtung der Inhalte. Denn für Unwichtiges ist niemand bereit, sein Datenvolumen zu vergeuden. Und von da ist es nur noch ein kleiner Schritt, zu entscheiden, welche Inhalte es überhaupt schaffen, auf einer Webpräsenz gezeigt zu werden, und welche nicht.

Wenn Sie genau hinschauen, können Sie beim »Twenty Sixteen« auch sehen, dass die Überschriften über den Blogbeiträgen bei gleichbleibender Fließtextgröße mit größerer Fensterbreite auch größer angelegt sind. Der Gesamteindruck der drei Varianten ist genau dadurch sehr ausgeglichen – die kleineren Überschriften in der schmalen Version würden in der rechten, breiten Variante untergehen. Andersherum würden die größeren Überschriften im schmalen Browserfenster zu klobig wirken. So können Sie am Beispiel des »Twenty Sixteen« sehr schön beobachten wie alle Elemente eines Layouts ineinandergreifen, um einen harmonischen Gleichklang zu erzeugen.

Die Arbeit mit sehr kurzen oder sehr langen Zeilen | Nach diesem kleinen Exkurs zur Thematik Responsive Webdesign – als Design, das sich der Ausgabegröße anpasst – zurück zu allgemeinen

Media-Queries

Mit Media-Queries (siehe Abschnitt 9.5) können Sie in den Formatierungsanweisungen der Stylesheets sogenannte Breakpoints definieren. Mit diesen können Sie etwa regeln, bis zu welcher Displaybreite ein Layout einspaltig sein soll: Wird der Breakpoint erreicht, springt das Layout zu einer zweispaltigen Version um.

Textinfos ablesen in InDesign

Informationen etwa über die Anzahl der markierten Zeichen können Sie in InDesign im INFORMATIONEN-Fenster einsehen. Sie rufen es über das FENSTER-Menü auf.

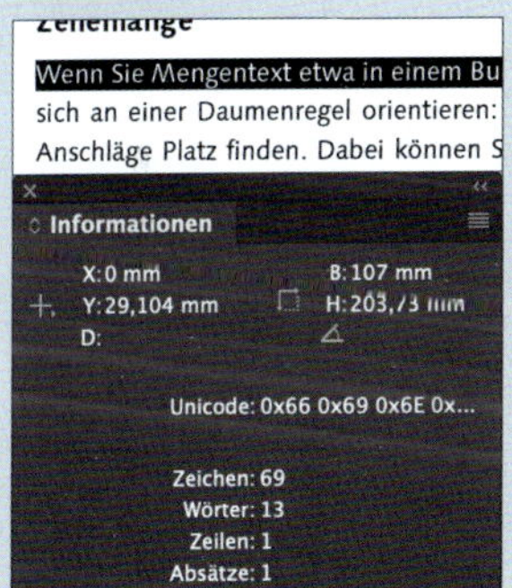

▲ **Abbildung 3.4**
INFORMATIONEN-Fenster in InDesign

»Typografie zieht Texte an – passend zu Aussage und Anlass, mal Jeans, mal das kleine Schwarze.«

John D. Berry

Betrachtungen bezüglich Zeilenlängen. Wie Sie im Exkurs »Zeilenlänge« sehen konnten, sind vor allem die Extreme mit den sehr kurzen oder sehr langen Zeilen problematisch: Sie lassen sich nur schwer lesen. Warum ist das so? Immerhin sind doch die Schrift und die Schriftgröße passend?

Zunächst einmal geht es bei unserer Betrachtung um kurze Textzeilen, die Lesetext enthalten. Überschriften, Hinweise in Orientierungssystemen und Adressangaben auf Visitenkarten oder Briefbögen sind auch immer kurz, sind aber unproblematisch fürs Lesen. Bei langen Texten haben wir allerdings eine ganz andere Situation vor uns: Wir wollen – und sei es unbewusst – den Text möglichst ohne Ermüdung und ohne überflüssigen Energieaufwand erfassen können.

Und da bei sehr kurzen Zeilen das Auge beim Lesen viel öfter in die nächste Zeile wechseln muss, ermüdet das Auge schneller. Hinzu kommt, dass Texte in so sehr kurzen Zeilen dazu tendieren, in einzelne Wörter zu zerfallen, was auch der Lesefreundlichkeit des Textes sehr abträglich ist.

Die Spaltenbreite des dreispaltigen Absatzes beträgt 29,5 mm. Bei der Schriftgröße, in der der Fließtext dieses Buches gesetzt ist (9,75 pt), haben wir nur noch durchschnittlich 3–4 Wörter in einer Zeile.

Es gibt auch Anwendungsbeispiele wie Tages- und Wochenzeitungen, in denen recht schmale Spalten – also um die 45 mm – gängig sind. Der Vorteil von schmalen Spalten ist die größere Variabilität und Dynamik, vor allem wenn es auch um das Setzen von kurzen Texten geht, wie sie in Zeitungen vorkommen. Da man in Layouts meist versucht, sich wiederholende Größen und Positionen zu verwenden, werden Seiten nicht nur in Zeitungen in Spalten aufgeteilt. An diesen orientieren sich dann neben den Texten auch die Bilder. Das Layouten, aber auch das Lesen von eher kleinteiligen Inhalten ist in (nicht zu) schmalen Spalten einfacher und angenehmer.

Kurze Zeilen am Beispiel | Als Beispiel für das Setzen in schmalen Spalten dient mir hier die Tageszeitung »Kölner Stadt-Anzeiger«, die ich in typografischer Hinsicht für sehr gelungen halte. In Abbildung 3.5 sehen Sie die Aufteilung des Formates des unteren Bereiches in sechs je 45 mm breite Spalten aufgrund der farbigen Hinterlegung recht deutlich. Der Abstand zwischen den Spalten beträgt 3 mm, der Fließtext ist in Times 9/11 pt gesetzt. Zur Verdeutlichung der inhaltlichen Struktur habe ich die Texte in Abbildung 3.6 entsprechend ihrer Länge in drei Kategorien eingeteilt: Die beiden längsten (und einzigen mehrspaltigen) Beiträge auf dieser Titelseite habe ich mit Blau gekennzeichnet, mit Grün die mittellangen Texte, und die kurzen Nachrichten in der rechten Spalte sehen Sie mit Violett überlagert. Zur Kennzeichnung der Bilder habe ich Rahmen mit Diagonalen verwendet.

Übrigens können Sie beim genauen Hinschauen sehen, dass die farbigen Flächen eine Vereinfachung des tatsächlichen Layouts sind. Das ist beispielsweise beim oberen Beitrag über das Tief Elvira recht offensichtlich: Er beginnt weiter rechts als die beiden kleineren Meldungen darunter.

Kölner Stadt-Anzeiger
Der größte Zoohandel der Welt
Im Geschäft von Norbert Zajac in Duisburg leben mehr Tiere als im Kölner Zoo Reportage Seite 12
Stöger im Gespräch
Der FC-Trainer über die EM und Entspannung Sport Seite 15
TIEF ELVIRA Unwetter bringt Tod und Verwüstung
Reker will die Oper im Staatenhaus halten
Urteil erwartet
100 Millionen Euro Soforthilfe für Milchbauern
Passagier löst Großalarm aus
Justiz ermittelt gegen 175 Tatverdächtige
Geradeaus bis zur nächsten Ampel
Merkel nennt Gauland-Zitat „niederträchtig"
www.ksta.de

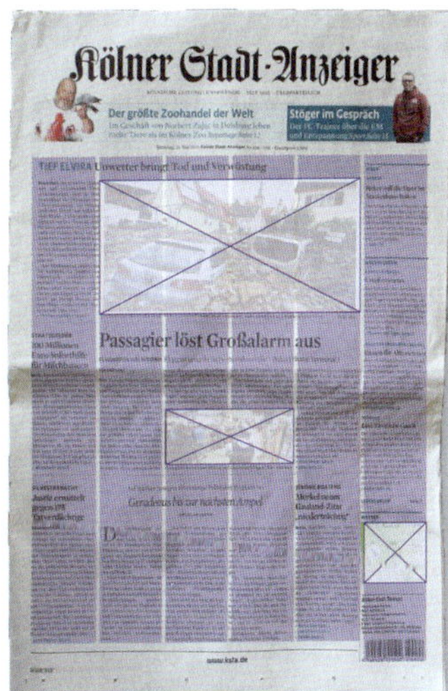
Kölner Stadt-Anzeiger
Der größte Zoohandel der Welt
Stöger im Gespräch
Passagier löst Großalarm aus

▲ **Abbildung 3.5**
Durch die Farbüberlagerung ist die Aufteilung in sechs Spalten jetzt unübersehbar.

◄ **Abbildung 3.6**
Die Beiträge auf dieser Titelseite lassen sich ihrer Länge nach grob in drei Gruppen aufteilen.

Regeln brechen

Sie brauchen meinen Empfehlungen zu Zeilenlängen oder gut lesbaren Schriften oder sonstigen Themen nicht zu folgen. Machen Sie sich jedoch mit den Gründen für die jeweiligen Empfehlungen vertraut, um diese »Regeln« bewusst brechen zu können.

Außerdem werden Sie auch Löcher in den Texten finden – die Spalten sind mit ihren Breiten von 45 mm für einen ausgeglichenen Satz einfach zu schmal. Deshalb muss hier mit Kompromissen gelebt werden: Bei dem gewählten Zeitungsformat, der Teilung in sechs Spalten, dem Blocksatz, der gewählten Schrift und der Schriftgröße ist ansonsten ein sehr variables Layout möglich.

Eine Verbreiterung der Spalten, die nur durch eine Verringerung auf fünf statt der jetzigen sechs Spalten überhaupt praktikabel sein könnte, würde die sonstigen Layoutmöglichkeiten deutlich einschränken.

Glücklicherweise werden sehr lange Zeilen mit bis zu 100 Zeichen und mehr nur extrem selten eingesetzt, und das aus gutem Grund: Sie sind immer (!) schlecht zu lesen, da die Länge der Zeichen Augen und Gehirn ermüdet. Da helfen weder die Änderung der Schriftgröße noch sonstige typografische Maßnahmen. Wie wir überhaupt sehen und wie wir Texte erfassen, wird in Abschnitt 3.8 noch Thema werden.

Zeilenabstand

Durchschuss

Im Gegensatz zum Zeilenabstand 2 ist mit Durchschuss 1 der Abstand zwischen Unter- und Oberlänge gemeint, bzw. beim Versalsatz von Schriftlinie bis Versalhöhe.

Neben der gewählten Schrift und ihrer Größe sowie der Zeilenlänge hat der Zeilenabstand (ZAB) einen entscheidenden Einfluss auf die Leserlichkeit eines Textes. Als Daumenregel können Sie sich merken: Je länger die Zeile, desto größer der Zeilenabstand – und andersherum.

In Textverarbeitungs- und DTP-Programmen sind Zeilenabstände voreingestellt. Diese automatischen Zeilenabstände sind in der Regel proportionale Größen und orientieren sich an der jeweiligen Schriftgröße. InDesign etwa errechnet für den Zeilenabstand den 1,2-fachen Wert der Schriftgröße. Bei der voreingestellten Schriftgröße von 12 pt erhalten Sie somit einen Zeilenabstand von 14,4 pt. Verwenden Sie eine Schriftgröße von 10 pt, ist der resultierende automatische Zeilenabstand 12 pt. Dass ein von der Software ermittelter Zeilenabstand nur ausnahmsweise zu brauchbaren Ergebnissen führen kann, dürfte allein aus der eben genannten Maßgabe hervorgehen: Der konkrete Zeilenabstand ist auch von der Zeilenlänge abhängig. Und es gibt noch weitere Parameter, die Einfluss auf einen passenden Zeilenabstand haben.

Schauen wir uns zunächst an, worauf sich der Zeilenabstand eigentlich bezieht. DTP-Programme bemessen den Zeilenabstand von der Grundlinie bis zur nächsten Grundlinie 3. Der optische

Syntax 9,5/12,5 pt: Neben der gewählten Schrift und Schriftgröße ist die Länge einer Textzeile ihre hervorstechendste Eigenschaft. Auffallend schmale Zeilen finden Sie beispielsweise in Tageszeitun-

Syntax 9,5/13 pt: Neben der gewählten Schrift und Schriftgröße ist die Länge einer Textzeile ihre hervorstechendste Eigenschaft. Auffallend schmale Zeilen finden Sie beispielsweise in Tageszeitungen. Besonders lange Zeilen sehen Sie ab und zu auch im Kleingedruckten von Anzeigen, etwa,

Syntax 9,5/13,5 pt: Neben der gewählten Schrift und Schriftgröße ist die Länge einer Textzeile ihre hervorstechendste Eigenschaft. Auffallend schmale Zeilen finden Sie beispielsweise in Tageszeitungen. Besonders lange Zeilen sehen Sie ab und zu auch im Kleingedruckten von Anzeigen, etwa, wenn es um Medikamente, besondere Bedingungen

Zeilenabstand oder Durchschuss bemisst sich hingegen von Unterlänge bis Oberlänge 4.

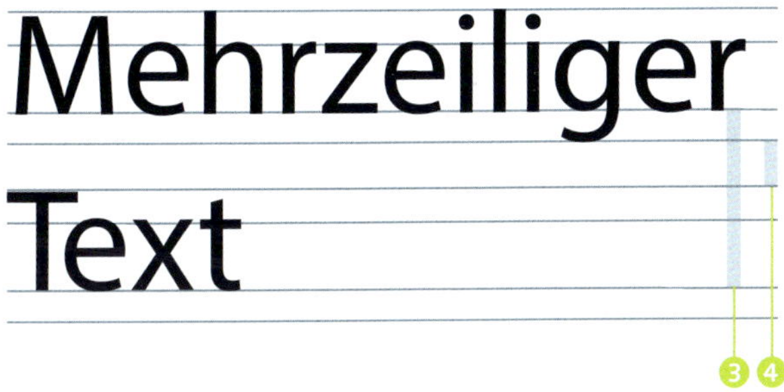

Wenn Sie sich nun vergegenwärtigen, dass Schriften bei gleicher Schriftgröße unterschiedlich groß wirken können (siehe Abschnitt 2.5), wird klar, dass die Größenwirkung einer Schrift ebenfalls Einfluss auf einen angemessenen Zeilenabstand haben sollte. Denn bei einer Schrift, die wegen ihrer zurückhaltenden x-Höhe kleiner wirkt, ist der automatische Zeilenabstand zu groß, bei einer Schrift mit großer x-Höhe ist er zu klein.

Die geeignete Maßeinheit für den Zeilenabstand | Obwohl der Zeilenabstand meist wie die Schriftgröße in Punkt angegeben wird, spricht einiges dafür, beim Zeilenabstand als Einheit Millimeter zu verwenden. Das ist besonders dann der Fall, wenn Sie nicht nur Text, sondern auch Bilder in einer Drucksache verwenden.

Der Hintergrund ist folgender: Damit Sie in Layoutdokumenten nicht immer nachmessen müssen, ob beispielsweise der Fließtext immer an der richtigen Stelle steht – bezogen etwa auf die obere

Einzelnes Wort ausrichten in InDesign

In den Absatzformaten finden Sie den Eintrag SATZ-FEINEINSTELLUNGEN. Hier können Sie bei EINZELNES WORT AUSRICHTEN etwa LINKSBÜNDIG AUSRICHTEN 5 auswählen. Dadurch wird ein Wort wie »hervorstechendste« aus dem Beispiel oben links auf dieser Seite nicht mehr auf die Spaltenbreite verbreitert, sondern eben an der linken Satzkante ausgerichtet, das wirkt nicht ganz so irritierend.

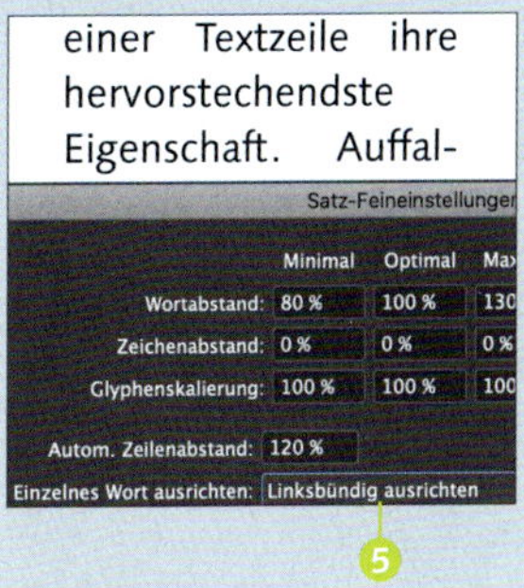

▲ **Abbildung 3.7**
SATZ-FEINEINSTELLUNGEN

InDesign: Einheit des Zeilenabstandes

Sie können den Zeilenabstand in InDesign zwar in Millimeter angeben, er wird aber immer in Punkt umgerechnet und angezeigt. Dieses Verhalten lässt sich leider nicht umstellen, denn die umgerechneten Millimeterwerte sind meist sehr »krumm«: Aus beispielsweise 4 mm werden dann 11,339 pt.

Formatkante – und ob immer der richtige Zeilenabstand verwendet wird, können und sollten Sie mit dem sogenannten Grundlinienraster arbeiten. Dieses Raster besteht aus nichtdruckenden Hilfslinien ①, an denen Sie neben dem Text auch Bilder ausrichten können. Und an dieser Stelle kommt einer der Vorteile der Millimeter-Einheit ins Spiel. Denn Bilder und andere Gestaltungselemente wie Flächen und Linien werden normalerweise nicht in Punkt, sondern in Millimetern angegeben. Wenn Sie also mit Ausnahme der Schriftgröße mit Millimetern arbeiten, ersparen Sie sich das Hin-und-her-Springen zwischen verschiedenen Einheiten.

In Abbildung 3.8 habe ich im linken Screenshot einen Zeilenabstand von 14 pt verwendet. Rechts beträgt der Zeilenabstand 5 mm, das entspricht 14,173 pt.

Nun habe ich in beiden Layoutversionen das Bild oben und unten am Grundlinienraster ausgerichtet, es ist jeweils zehn Zeilen hoch. Das führt in der linken Version zu einer Bildhöhe von 49,389 mm ②, bei der rechten Version ist das Bild 50 mm hoch ③.

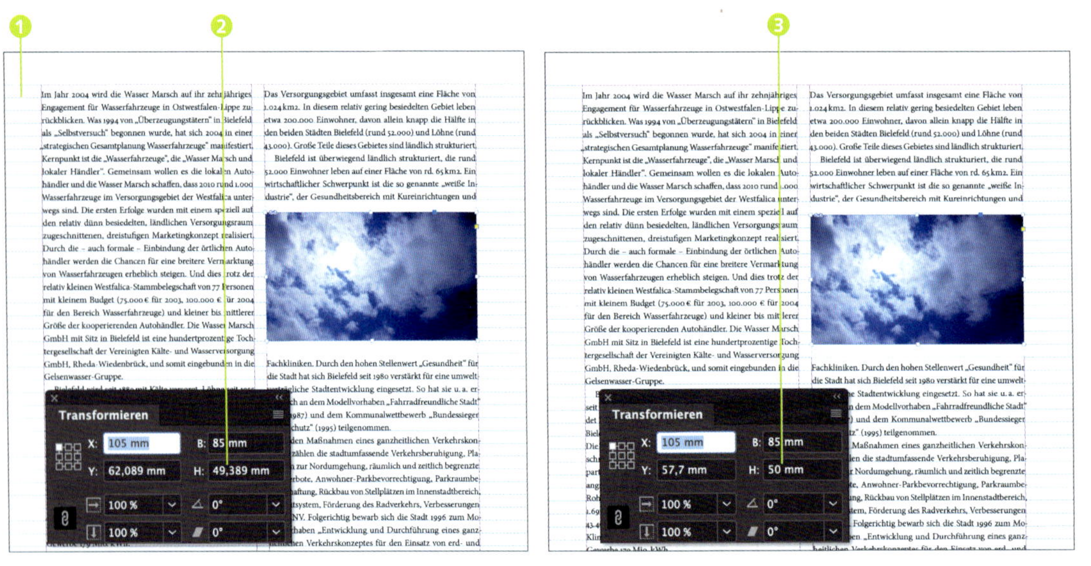

▲ **Abbildung 3.8**
Wenn Sie Bilder an einem Grundlinienraster, das auf Punktangaben beruht, ausrichten, erhalten Sie ungünstige Werte wie 49,389 mm.

Da man normalerweise viel eher mit verschiedenen Bildgrößen im Layout zu tun hat, das Grundlinienraster jedoch nur einmal für ein gesamtes Dokument einstellt, empfehle ich Ihnen, den Zeilenabstand (und das Grundlinienraster) auch in Millimeter anzulegen.

Zeilenabstand für Fließtext ermitteln | Beschäftigen wir uns zunächst mit Fließtexten, immerhin ist das die grundlegende Textsorte, die wir zu setzen haben. Nähern wir uns vom kompressen

Satz einem passenden Zeilenabstand an. Im kompressen Satz entspricht der Zeilenabstand der Schriftgröße, hier am Beispiel von Centaur und Helvetica. Ich rate Ihnen, alle Schriftproben auszudrucken, da sie auf Papier anders wirken als auf dem Bildschirm.

Bei der zierlichen Centaur, der oberen Schrift im folgenden Beispiel, mit einer auffallend geringen x-Höhe fehlt nicht mehr viel für einen angenehmen Zeilenabstand. Auch wenn sich die Zeichen nicht berühren, sehen Sie etwa in der ersten/zweiten Zeile, dass der i-Punkt schon näher am »p« als am »i« selbst steht. Auch die anderen mit den Kreisen markierten Stellen weisen auf zu geringen Zeilenabstand hin. Viel dramatischer ist die Situation jedoch bei der Helvetica im unteren Beispiel, die im selben Schriftgrad wie die Centaur deutlich größer gehalten ist.

Dies ist ein Typoblindtext. An ihm kann man sehen, ob alle Buchstaben da sind und wie sie aussehen. Manchmal benutzt man Worte wie Hamburgefonts, Rafgenduks oder Handgloves, um Schriften zu testen. Manchmal Sätze, die alle Buchstaben des Alphabets enthalten – man nennt diese Sätze »Pangramme«: The quick brown fox jumps over the lazy old dog.
Centaur 10/10 pt

Dies ist ein Typoblindtext. An ihm kann man sehen, ob alle Buchstaben da sind und wie sie aussehen. Manchmal benutzt man Worte wie Hamburgefonts, Rafgenduks oder Handgloves, um Schriften zu testen. Manchmal Sätze, die alle Buchstaben des Alphabets enthalten – man nennt diese Sätze »Pangramme«: The quick brown fox jumps over the lazy old dog.
Helvetica 10/10 pt

1 pt mehr Zeilenabstand verbessert die Leserlichkeit deutlich. Bei der gewählten Schriftgröße und Spaltenbreite finde ich die Centaur bei 10/11 pt im folgenden Beispiel in Ordnung.

Dies ist ein Typoblindtext. An ihm kann man sehen, ob alle Buchstaben da sind und wie sie aussehen. Manchmal benutzt man Worte wie Hamburgefonts, Rafgenduks oder Handgloves, um Schriften zu testen. Manchmal Sätze, die alle Buchstaben des Alphabets enthalten – man nennt diese Sätze »Pangramme«: The quick brown fox jumps over the lazy old dog.
Centaur 10/11 pt

Dies ist ein Typoblindtext. An ihm kann man sehen, ob alle Buchstaben da sind und wie sie aussehen. Manchmal benutzt man Worte wie Hamburgefonts, Rafgenduks oder Handgloves, um Schriften zu testen. Manchmal Sätze, die alle Buchstaben des Alphabets enthalten – man nennt diese Sätze »Pangramme«: The quick brown fox jumps over the lazy old dog.
Helvetica 10/11 pt

Fließtext

Neben dem Begriff Fließtext sind folgende Bezeichnungen ebenso gebräuchlich: Mengentext, Lauftext, Body, Copy. Über- und Zwischenüberschriften, Bildlegenden, Marginalien (wie dieser Text in der Randspalte) und Tabellen werden nicht zum »fließenden« Text gezählt.

Kompress

Von kompressem Satz spricht man, wenn Zeilenabstand und Schriftgröße gleich sind, d.h., es gibt keinen Durchschuss zwischen den Zeilen. Bei durchschossenem Satz ist der Zeilenabstand größer als die Schriftgröße.

Grundlinienraster korrekt anlegen

Das in Abbildung 3.8 gezeigte Vorgehen, bei dem Bilder in das Grundlinienraster eingeklinkt werden, birgt jedoch eine Ungenauigkeit: Obwohl oben und unten eine Leerzeile zwischen dem Bild und dem umgebenden Text steht, wirkt die Leerzeile unten deutlich höher als oben. Welche Möglichkeiten Ihnen zur Verfügung stehen, diese Asymmetrie zu beheben, sehen wir in Kapitel 5.

Murphy's Law

Alles, was schiefgehen kann, wird schiefgehen, heißt es in Murphy's Law (Murphys Gesetz). Tun Sie sich den Gefallen und rechnen Sie auch beim Gestalten mit allen Eventualitäten: Nur, weil die Typografie mit Blindtext gut aussieht (und hier etwa keine Unter- und Oberlängen aneinanderstoßen), muss das nicht so bleiben, wenn Sie schließlich mit realem Material arbeiten.

Die Helvetica ist selbst bei 10/12 pt immer noch problematisch (Sie erinnern sich: Dieses Verhältnis von Schriftgröße zu Zeilenabstand entspricht häufig dem automatischen Zeilenabstand). Bei der Centaur trennen sich die einzelnen Zeilen schon fast zu sehr voneinander.

Dies ist ein Typoblindtext. An ihm kann man sehen, ob alle Buchstaben da sind und wie sie aussehen. Manchmal benutzt man Worte wie Hamburgefonts, Rafgenduks oder Handgloves, um Schriften zu testen. Manchmal Sätze, die alle Buchstaben des Alphabets enthalten – man nennt diese Sätze »Pangramme«: The quick brown fox jumps over the lazy old dog.
Centaur 10/12 pt

Dies ist ein Typoblindtext. An ihm kann man sehen, ob alle Buchstaben da sind und wie sie aussehen. Manchmal benutzt man Worte wie Hamburgefonts, Rafgenduks oder Handgloves, um Schriften zu testen. Manchmal Sätze, die alle Buchstaben des Alphabets enthalten – man nennt diese Sätze »Pangramme«: The quick brown fox jumps over the lazy old dog.
Helvetica 10/12 pt

Regel

Hier können wir festhalten: Schriften mit kleiner x-Höhe benötigen einen geringeren ZAB als Schriften mit höherer x-Höhe.

Bei einem Zeilenabstand von 13 pt sehen Sie, dass der groß wirkende Zeilenabstand bei der Centaur allmählich dafür sorgt, dass der Text schon eine Tendenz entwickelt hat, in einzelne Zeilen zu zerfallen. Die Helvetica wiederum benötigt bei einer Schriftgröße von 10 pt auf alle Fälle den 13-pt-Zeilenabstand, damit ein angenehmes Schriftbild entsteht. Der Zeilenabstand entspricht somit der 1,3-fachen Schriftgröße.

Kleine Schritte

Probieren Sie auch kleinere Schritte wie 0,5 pt für das Ermitteln eines passenden Zeilenabstands aus.

Dies ist ein Typoblindtext. An ihm kann man sehen, ob alle Buchstaben da sind und wie sie aussehen. Manchmal benutzt man Worte wie Hamburgefonts, Rafgenduks oder Handgloves, um Schriften zu testen. Manchmal Sätze, die alle Buchstaben des Alphabets enthalten – man nennt diese Sätze »Pangramme«: The quick brown fox jumps over the lazy old dog.
Centaur 10/13 pt

Dies ist ein Typoblindtext. An ihm kann man sehen, ob alle Buchstaben da sind und wie sie aussehen. Manchmal benutzt man Worte wie Hamburgefonts, Rafgenduks oder Handgloves, um Schriften zu testen. Manchmal Sätze, die alle Buchstaben des Alphabets enthalten – man nennt diese Sätze »Pangramme«: The quick brown fox jumps over the lazy old dog.
Helvetica 10/13 pt

Blindtext

Unter Blindtext wird Text verstanden, der nur zur Demonstration von Typografie dient. Da man eigentlich nie den endgültigen (oftmals auch keinen vorläufigen) Text vom Kunden geliefert bekommt, wenn es an die Konzeption etwa einer Broschüre oder eines Magazins geht, brauchen Sie einen Platzhaltertext, anhand dessen Sie die Gestaltung entwickeln und zeigen können.

Das Synonym für Blindtext ist »Lorem Ipsum«, ein pseudolateinischer Text, der auf einem Text von Cicero aus dem 1. Jh. v. Chr. beruht. In InDesign können Sie per Menübefehl (SCHRIFT • MIT PLATZHALTERTEXT FÜLLEN) ganze Textrahmen mit diesem Text füllen. So praktisch diese Möglichkeit ist, fürs Deutsche ist ein lateinartiger Text ziemlich ungeeignet. Das liegt zum einen an den – mit Ausnahme der Satzanfänge – fehlenden Versalien, die aber für einen deutschen Text charakteristisch sind und entscheidenden Einfluss auf den passenden Zeilenabstand haben. Zum anderen finden sich im Lorem Ipsum Häufungen an Buchstaben (»q«, »x«) und Buchstabenpaaren (»qu«), die im Deutschen nur sehr selten vorkommen. Dadurch haben Sie beim Lorem Ipsum ein Textbild vor sich, das sich stark von einem deutschsprachigen Text unterscheidet.

Wenn Sie also mit Blindtext arbeiten, verwenden Sie immer Texte in der Sprache, in der Ihr Layout letztlich auch veröffentlicht werden wird. Im Netz finden Sie ganze Seiten, aus denen Sie sich beliebig lange Texte kopieren können. Ich verwende meistens die Varianten von *blindtextgenerator.de*. Wenn Sie neben Texten auch vorläufige Bilder für Ihr Design benötigen, schauen Sie einmal auf *placeholder.com* vorbei.

Zeilenabstand bei Versaltext | Wenn Sie Text in Versalien oder Kapitälchen setzen, haben Sie durch die fast vollständig fehlenden Unterlängen eine ganz andere Situation als bei gemischtem Satz vor sich. Sie können dann, natürlich in Abhängigkeit von der gewählten Schrift, auch kompressen Satz verwenden.

Die oberen beiden der folgenden Typobeispiele sind in der Centaur in 10 pt gesetzt, die Laufweite (den Zeichenabstand von einzelnen oder mehreren Wörtern) habe ich in InDesign auf 60 erhöht. Der Zeilenabstand beträgt oben 10 pt, im zweiten Centaur-Beispiel sogar nur 9 pt. Was bei der Centaur gut funktioniert, ist im dritten und vierten Typobeispiel bei der Helvetica zu wenig. Der kompresse Satz oben muss sein, weniger Zeilenabstand (wie im vierten Beispiel) ist zu wenig. Die Laufweite der Helvetica habe ich auf 75 hinaufgesetzt.

Merke

Der Zeilenabstand steht immer in Zusammenhang mit der gewählten Schrift, der Schriftgröße, der Zeilenlänge und natürlich mit dem Satzspiegel.

Checkliste zum Zeilenabstand

- Verwenden Sie nicht den automatischen Zeilenabstand des Satzprogramms, er ist nicht die beste Wahl.
- Eine Schrift mit niedriger Mittellänge benötigt weniger ZAB als eine Schrift mit großer Mittellänge.
- Kurze Zeilen benötigen einen kleineren ZAB.
- Lange Zeilen benötigen einen größeren ZAB.

DIES IST EIN TYPOBLINDTEXT. AN IHM KANN MAN SEHEN, OB ALLE BUCHSTABEN DA SIND UND WIE SIE AUSSEHEN.

DIES IST EIN TYPOBLINDTEXT. AN IHM KANN MAN SEHEN, OB ALLE BUCHSTABEN DA SIND UND WIE SIE AUSSEHEN.

DIES IST EIN TYPOBLINDTEXT. AN IHM KANN MAN SEHEN, OB ALLE BUCHSTABEN DA SIND UND WIE SIE AUSSEHEN.

DIES IST EIN TYPOBLINDTEXT. AN IHM KANN MAN SEHEN, OB ALLE BUCHSTABEN DA SIND UND WIE SIE AUSSEHEN.

Auch die verwendete Schriftgröße und der Schriftschnitt haben einen Einfluss auf den konkreten Zeilenabstand: Je größer und kräftiger eine Schrift ist, desto geringer kann der Zeilenabstand ausfallen. Die folgenden Texte sind in der Minion Regular, Bold und Black 15 pt gesetzt. Der Zeilenabstand beträgt (von oben nach unten) 17, 16 und 15 pt.

Dies ist ein Typoblindtext: An ihm kann man sehen, ob alle Buchstaben da sind

Dies ist ein Typoblindtext: An ihm kann man sehen, ob alle Buchstaben da sind

Dies ist ein Typoblindtext: An ihm kann man sehen, ob alle Buchstaben da sind

Typometer

Wenn Sie genau wissen wollen, in welcher Schriftgröße und welchem Zeilenabstand Texte in Büchern und Magazinen angelegt wurden, lohnt sich die Anschaffung eines Typometers. Das ist im Prinzip ein transparentes Lineal zum Bestimmen von typografischen Größen und ist erhältlich zu Preisen zwischen 5 und 25 €. Alternativ können Sie zum Nachmessen auch eine Magazinseite scannen und in Photoshop nachmessen. Mit einem Typometer kommen Sie aber sicherlich schneller ans Ziel.

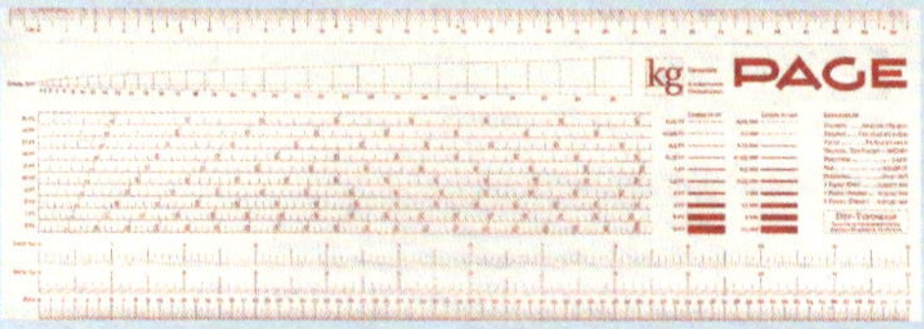

3.3 Der Absatz

Unter Absatz verstehen wir einen Sinnabschnitt eines längeren Textes, der meist aus mehreren Sätzen besteht. Titel und Überschriften werden normalerweise nicht zu Absätzen gezählt. Für die Lesenden ist das Erkennen der Sinnabschnitte wichtig, außerdem wirken Absätze auflockernd und Ermuntern zum Lesen: Ohne Absätze hätte man eine unstrukturierte Bleiwüste vor sich.

Leerzeile = leerer Absatz

Für InDesign ist es unerheblich, ob ein Absatz Text enthält oder nicht. Eine Leerzeile, die über das Drücken der Enter-Taster eingegeben wurde und keinen Text enthält, ist für InDesign auch ein Absatz. Solche Leerzeilen machen unter anderem Probleme, weil sie beispielsweise mit eigenen Zeilenabständen formatiert sein können: Löschen Sie daher alle Leerzeilen in InDesign-Dokumenten!

Absatzanfang im Fließtext

Damit der Anfang eines neuen Absatzes erkannt wird, muss dieser gekennzeichnet werden. Denn wie beim weiter vorn erwähnten Murphy's Law werden Sie bei längeren Texten in die Situation kommen, dass die Zeile des vorigen Absatzes die Satzbreite genau ausfüllt. Ohne eine Kennzeichnung ist die Textgliederung nicht mehr gegeben.

Leerzeilen | Was in der Bürokommunikation enorm verbreitet ist, wird im professionellen Satz praktisch nie angewandt: Leerzeilen als Absatzkennzeichnung.

In Lateinisch sieht zum Beispiel fast jede Schrift gut aus. Quod erat demonstrandum. Seit 1975 fehlen in den meisten Testtexten die Zahlen, weswegen nach TypoGb. 204 § ab dem Jahr 2034 Zahlen in 86 der Texte zur Pflicht werden. Nichteinhaltung wird mit bis zu 245 € oder 368 $ bestraft.

Genauso wichtig sind mittlerweile auch Âçcèñtö, die in neueren Schriften aber fast immer enthalten sind. Ein weiteres wichtiges, aber schwierig zu integrierendes Feld sind OpenType-Funktionen. Je nach Software und Voreinstellungen können eingebaute Kapitälchen, Kerning oder Ligaturen (äußerst pfiffig) nicht richtig dargestellt werden.

Dies ist ein Typoblindtext. An ihm kann man sehen, ob alle Buchstaben da sind und wie sie aussehen. Manchmal benutzt man Worte wie Hamburgefonts, Rafgenduks oder Handgloves, um Schriften zu testen.

Die Arbeit mit Leerzeilen

Sollten Sie in Ihrem Layout Leerzeilen nach Absätzen benötigen, so formatieren Sie diese niemals manuell. In InDesign beispielsweise setzen Sie in den Absatzformaten einen ABSTAND DANACH.

Leerzeilen sind die Holzhammermethode unter den typografischen Mitteln: Deutlicher können Sie Absätze nicht als solche kennzeichnen. Allerdings: Die übergeordnete Sinneinheit des Fließtextes ist so in seine kleineren Einheiten, die Absätze, geradezu zerhackt. Die Absätze werden durch die Leerzeilen derartig weit von einander getrennt, dass man die Absätze beim Lesen schon als eigenständige und eben nicht mehr als zusammenhängende Textabschnitte wahrnimmt. Bedenken Sie, dass wir hier von Fließtext sprechen.

Denn selbstverständlich gibt es Texte, bei denen eine so deutliche Trennung erwünscht ist. Dann handelt es sich aber eben auch nicht um Fließtext.

Einzüge | Zur Kennzeichnung von Absätzen hat sich der Gebrauch von Einzügen durchgesetzt. Ein Einzug ist ein Versatz des Zeilenbeginns, der einen leeren Raum entstehen lässt.

Wenn die Zeile eines Absatzendes nicht die Satzbreite ausfüllt 1, wissen wir, dass die nächste Zeile ein Absatzbeginn ist 2. Aber bei einer langen Schlusszeile 4 fehlt dieser Hinweis: Dass hier 3 ein neuer Sinnabschnitt beginnt, ist nicht zu erkennen. Unabhängig davon, ob die letzte Zeile eines Absatzes die Satzbreite ausfüllt, hat sich daher der Einzug als Absatzkennzeichnung 5 durchgesetzt.

In Lateinisch sieht zum Beispiel fast jede Schrift gut aus. Quod erat demonstrandum. Seit 1975 fehlen in den meisten Testtexten die Zahlen, weswegen nach TypoGb. 204 § ab dem Jahr 2034 Zahlen in 86 der Texte zur Pflicht werden. Nichteinhaltung wird mit bis zu 245 € oder 368 $ bestraft.
Genauso wichtig sind mittlerweile auch Âçcèñtë, die in neueren Schriften aber fast immer enthalten sind. Ein weiteres wichtiges, aber schwierig zu integrierendes Feld sind OpenType-Funktionen. Je nach Software und Voreinstellungen können eingebaute Kapitälchen, Kerning oder Ligaturen (äußerst pfiffig) nicht richtig dargestellt werden.
Dies ist ein Typoblindtext. An ihm kann man sehen, ob alle Buchstaben da sind und wie sie aussehen. Manchmal benutzt man Worte wie Hamburgefonts, Rafgenduks oder Handgloves, um Schriften zu testen. Manchmal Sätze, die alle Buchstaben des Alphabets enthalten – man nennt diese Sätze »Pangramme«. Sehr bekannt ist dieser: The quick brown fox jumps over the lazy old dog. Oft werden in Typoblindtexte

1 2 3 4

In Lateinisch sieht zum Beispiel fast jede Schrift gut aus. Quod erat demonstrandum. Seit 1975 fehlen in den meisten Testtexten die Zahlen, weswegen nach TypoGb. 204 § ab dem Jahr 2034 Zahlen in 86 der Texte zur Pflicht werden. Nichteinhaltung wird mit bis zu 245 € oder 368 $ bestraft.
Genauso wichtig sind mittlerweile auch Âçcèñtë, die in neueren Schriften aber fast immer enthalten sind. Ein weiteres wichtiges, aber schwierig zu integrierendes Feld sind OpenType-Funktionalitäten. Je nach Software und Voreinstellungen können eingebaute Kapitälchen, Kerning oder Ligaturen (sehr pfiffig) nicht richtig dargestellt werden.
  Dies ist ein Typoblindtext. An ihm kann man sehen, ob alle Buchstaben da sind und wie sie aussehen. Manchmal benutzt man Worte wie Hamburgefonts, Rafgenduks oder Handgloves, um Schriften zu testen. Manchmal Sätze, die alle Buchstaben des Alphabets enthalten – man nennt diese Sätze »Pangrams«. Sehr bekannt ist dieser: The quick brown fox jumps over the lazy old dog. Oft werden in Typoblindtexte

5

Genauso wichtig sind mittlerweile auch Âçcèñtë, die in neueren Schriften aber fast immer enthalten sind. Ein weiteres wichtiges, aber schwierig zu integrierendes Feld sind OpenType-Funktionalitäten. Je nach Software und Voreinstellungen können eingebaute Kapitälchen, Kerning oder Ligaturen (sehr pfiffig) nicht richtig dargestellt werden.
 In Lateinisch sieht zum Beispiel fast jede Schrift gut aus. Quod erat demonstrandum. Seit 1975 fehlen in den meisten Testtexten die Zahlen, weswegen nach TypoGb. 204 § ab dem Jahr 2034 Zahlen in 86 der Texte zur Pflicht werden. Bei Nichteinhaltung wird Bußgeld bis 245 € fällig.
 Dies ist ein Typoblindtext. An ihm kann man sehen, ob alle Buchstaben da sind und wie sie aussehen. Manchmal benutzt man Worte wie Hamburgefonts, Rafgenduks oder Handgloves, um Schriften zu testen. Manchmal Sätze, die alle Buchstaben des Alphabets enthalten – man nennt diese Sätze »Pangrams«. Sehr bekannt ist dieser: The quick brown fox jumps over the lazy old dog. Oft werden in Typoblindtexte

6

Genauso wichtig sind mittlerweile auch Âçcèñtë, die in neueren Schriften aber fast immer enthalten sind. Ein weiteres wichtiges, aber schwierig zu integrierendes Feld sind OpenType-Funktionalitäten. Je nach Software und Voreinstellungen können eingebaute Kapitälchen, Kerning oder Ligaturen (sehr pfiffig) nicht richtig dargestellt werden.
    In Lateinisch sieht zum Beispiel fast jede Schrift gut aus. Quod erat demonstrandum. Seit 1975 fehlen in den meisten Testtexten die Zahlen, weswegen nach TypoGb. 204 § ab dem Jahr 2034 Zahlen in Texten zur Pflicht werden. Bei Nichteinhaltung wird Bußgeld bis 245 € fällig.
    Dies ist ein Typoblindtext. An ihm kann man sehen, ob alle Buchstaben da sind und wie sie aussehen. Manchmal benutzt man Worte wie Hamburgefonts, Rafgenduks oder Handgloves, um Schriften zu testen. Manchmal Sätze, die alle Buchstaben des Alphabets enthalten – man nennt diese Sätze »Pangrams«. Sehr bekannt ist dieser: The quick brown fox jumps over the lazy old dog. Oft werden

7

Damit der Einzug nicht wie ein vergessenes Leerzeichen aussieht 6, sondern als ein bewusst eingefügtes Gestaltungsmittel wahrgenommen werden kann, können Sie für die Breite des Einzugs von einem Geviert ausgehen ⑥.

Wenn die Gestaltung deutlich in den Vordergrund treten soll, können Sie den Einzug auch bewusst groß anlegen. Bei ⑦ habe ich im rechten Beispiel die gekennzeichneten Absätze um zwei Gevierte eingezogen. Im oberen Fall macht das keine Probleme, wegen des einzelnen kurzen Wortes in der letzten Zeile des vorigen Absatzes irritiert das Ergebnis im unteren Fall allerdings.

Wem das Geviert als Maß für den Einzug zu gering erscheint, kann sich einer endgültigen Einzugsbreite auch vom Zeilenabstand nähern ⑧.

In Lateinisch sieht zum Beispiel fast jede Schrift gut aus. Quod erat demonstrandum. Seit 1975 fehlen in den meisten Testtexten die Zahlen, weswegen nach TypoGb. 204 § ab dem Jahr 2034 Zahlen in 86 der Texte zur Pflicht werden. Nichteinhaltung wird mit bis zu 245 € oder 368 $ bestraft.

Genauso wichtig sind mittlerweile auch Âçcèñtë, die in neueren Schriften aber fast immer enthalten sind. Ein weiteres wichtiges, aber schwierig zu integrierendes Feld sind OpenType-Funktionalitäten. Je nach Software und Voreinstellungen können eingebaute Kapitälchen, Kerning oder Ligaturen (sehr pfiffig) nicht richtig dargestellt werden.

Dies ist ein Typoblindtext. An ihm kann man sehen, ob alle Buchstaben da sind und wie sie aussehen. Manchmal benutzt man Worte wie Hamburgefonts, Rafgenduks oder Handgloves, um Schriften zu testen. Manchmal Sätze, die alle Buchstaben des Alphabets enthalten – man nennt diese Sätze »Pangrams«. Sehr bekannt ist dieser: The quick brown fox jumps over the lazy old dog. Oft werden in Typoblindtexte

⑧

Ich persönlich finde diesen größeren Einzug angenehmer als den geviertbreiten: Der entstehende leere Raum an der linken Satzkante hat eine definiertere Wirkung auf mich als das Geviert. Letztlich müssen Sie bei einer Gestaltung natürlich auch die optische Größe, den Zeilenabstand und die Zeilenlänge mit beurteilen. Denn kurze Zeilen vertragen eher kürzere Einzüge, lange Zeile dementsprechend breitere.

Dennoch: solange es um Medien mit viel Text und sich wiederholenden Textsorten geht – wie in Zeitungen, Zeitschriften, Büchern und textlastigen Webseiten –, versuchen Sie, typografische Lösungen sich wiederholen zu lassen. In Bezug auf Einzüge bedeutet das: Definieren Sie für eine Veröffentlichung einen (!) Einzug, z. B. mit 4 mm, und wenden Sie ihn überall an, wo er Ihrer Meinung nach hingehört. Dafür können Sie sich eine Art Regelwerk erstellen, nach dem Sie oder gegebenenfalls auch Kolleginnen und Kollegen arbeiten können. Das hat nicht nur den Vorteil, dass Sie nicht jedes Mal neu überlegen müssen, ob Sie beispielsweise überhaupt mit

Halbe Leerzeilen

Als Absatzkennzeichnung sind halbe Leerzeilen nicht anzuraten, da der Text damit aus dem Grundlinienraster fällt.

Wiederholung

Das Gestaltprinzip Wiederholung ist gerade in der Typografie derartig präsent, dass Sie es sich erst einmal bewusst machen müssen: Denn nur die allerwenigsten Gestaltungsparameter werden – so bewegt ein Layout auf den ersten Blick aussehen mag – variiert.

Schauen Sie sich daraufhin einmal diese Doppelseite an: Was ändert sich? Was bleibt gleich? Schrift, Schnitte, Zeichenabstände, Schriftgröße, Zeilenabstand, Spaltenbreite, Satzart, Farbigkeit, Einzüge und Format werden nicht von Seite zu Seite geändert.

Einzügen arbeiten, sondern auch, dass diese Wiederholung für die Lesenden auch eine Art Lerneffekt hat. Denn nach ein paar Malen, in denen sie Ihren Umgang mit Absatzanfängen gesehen haben, prägen sie sich unbewusst Ihre typografische Lösung ein und erwarten diese auch bei den folgenden Absatzanfängen.

Durch eine solche Konsistenz in der Gestaltung erreichen Sie eine ruhigere Anmutung, und gleichzeitig wirkt dies unterstützend auf die Leser und Leserinnen: Sie finden sich zurecht und werden nicht jedes Mal mit einer anderen gestalterischen Lösung, etwa beim Umgang mit Absätzen, überrascht und reagieren mit Irritation.

Absatzanfang nach Überschriften

Wenn wir einen Schritt zurück machen und die Frage beantworten, wozu wir einen Absatzanfang als solchen deutlich erkennbar machen wollen, könnte die Antwort lauten: weil wegen der möglicherweise letzten langen Zeile des vorigen Absatzes der neue Absatz nicht immer automatisch erkennbar ist. Daraus folgt, dass nach allen inhaltlichen Elementen – sei es eine Über- oder Zwischenüberschrift, eine eingefügte Grafik oder Tabelle –, die deutlich erkennbar *kein* Fließtext sind, kein Einzug nötig ist.

Überschrift mit Blindtext

Genauso wichtig sind mittlerweile auch Âçcèñtë, die in neueren Schriften aber fast immer enthalten sind. Ein weiteres wichtiges, aber schwierig zu integrierendes Feld sind OpenType-Funktionalitäten. Je nach Software und Voreinstellungen können eingebaute Kapitälchen, Kerning oder Ligaturen (sehr pfiffig) nicht richtig dargestellt werden.

In Lateinisch sieht zum Beispiel fast jede Schrift gut aus. Quod erat demonstrandum. Seit 1975 fehlen in den meisten Testtexten die Zahlen, weswegen nach TypoGb. 204 § ab dem Jahr 2034 Zahlen in 86 der Texte zur Pflicht werden. Bei Nichteinhaltung wird Bußgeld bis 245 € fällig.

Ich bin eine Zwischenüberschrift

Dies ist ein Typoblindtext. An ihm kann man sehen, ob alle Buchstaben da sind und wie sie aussehen. Manchmal benutzt man Worte wie Hamburgefonts, Rafgenduks oder Handgloves, um Schriften zu testen. Manchmal Sätze, die alle Buchstaben des Alphabets enthalten – man nennt diese Sätze »Pangrams«. Sehr bekannt ist dieser: The quick brown fox jumps over the lazy old dog. Oft werden in Typoblindtexte auch fremdsprachige Satzteile eingebaut (AVAIL® and Wefox™ are tes-

1 2

Genauso wichtig sind mittlerweile auch Âçcèñtë, die in neueren Schriften aber fast immer enthalten sind. Ein weiteres wichtiges, aber schwierig zu integrierendes Feld sind OpenType-Funktionalitäten. Je nach Software und Voreinstellungen können eingebaute Kapitälchen, Kerning oder Ligaturen (sehr pfiffig) nicht richtig dargestellt werden.

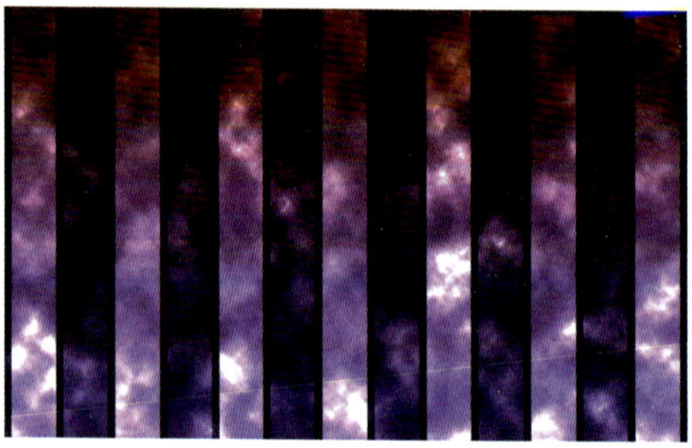

In Lateinisch sieht zum Beispiel fast jede Schrift gut aus. Quod erat demonstrandum. Seit 1975 fehlen in den meisten Testtexten die Zahlen, weswegen nach TypoGb. 204 § ab dem Jahr 2034 Zahlen in 86

1

Den wohl gängigsten Einsatz von Einzügen sehen Sie hier: Nach Über- und Zwischenüberschriften u.Ä. wird nicht eingezogen 1, ansonsten schon 2. Allerdings haben wir rechts eine Situation vor uns, bei der wegen der langen Schlusszeile über dem Bild nicht ersichtlich ist, ob unterhalb der Abbildung ein neuer Absatz anfängt oder ob das Bild eher auflockernden Charakter hat. Obwohl beim Lesen hier eine Unsicherheit entsteht, würde ich dieser Lösung den Vorzug geben. Ein Einzug nach einer Abbildung oder Tabelle irritiert meiner Ansicht nach mehr, als dass er für Klarheit sorgt, wie Sie im nebenstehenden Beispiel sehen können. Sinnvoll wäre hier, dem Bild etwas mehr Luft zu geben und so eine Texttrennung herbeizuführen.

Genauso wichtig sind mittlerweile auch Â
Schriften aber fast immer enthalten sind. Ei
schwierig zu integrierendes Feld sind OpenT
nach Software und Voreinstellungen können
Kerning oder Ligaturen (sehr pfiffig) nicht ri

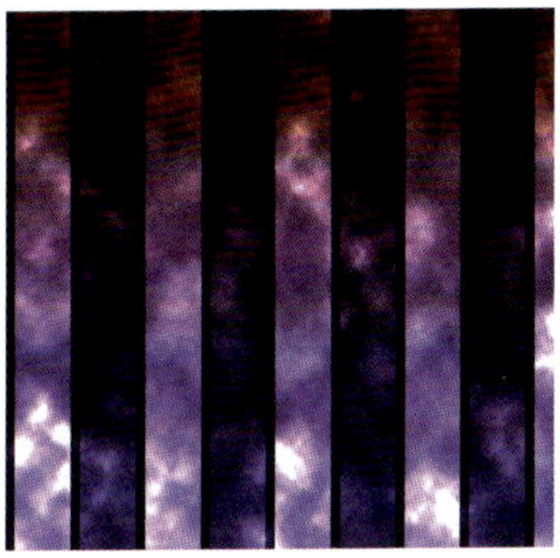

In Lateinisch sieht zum Beispiel fast jede S
demonstrandum. Seit 1975 fehlen in den me
len, weswegen nach TypoGb. 204 § ab dem

Seiten- und Spaltenanfänge

Eine weitere Situation, die bedenkenswert ist, sind Absatzanfänge oben auf der Seite oder am oberen Spaltenrand. Hier wiederholt sich prinzipiell die Situation wie mit dem Bild aus dem vorigen Abschnitt: Ein Einzug ist deutlich, aber in meinen Augen unschön.

Genauso wichtig sind mittlerweile auch Âçcèñtë, die in neueren Schriften aber fast immer enthalten sind. Ein weiteres wichtiges, aber schwierig zu integrierendes Feld sind OpenType-Funktionalitäten. Je nach Software und Voreinstellungen können eingebaute Kapitälchen, Kerning oder Ligaturen (sehr pfiffig) nicht richtig dargestellt werden.

In Lateinisch sieht zum Beispiel fast jede Schrift gut aus. Quod erat demonstrandum. Seit 1975 fehlen in den meisten Testtexten die Zahlen, weswegen nach TypoGb. 204 § ab dem Jahr 2034 Zahlen in 86 der Texte zur Pflicht werden. Bei Nichteinhaltung wird Bußgeld bis zu 245 € fällig. 3

Dies ist ein Typoblindtext. An ihm kann man sehen, ob alle Buchstaben da sind und wie sie aussehen. Manchmal benutzt man Worte wie Hamburgefonts, Rafgenduks oder Handgloves, um Schriften zu testen. Manchmal Sätze, die alle Buchstaben des Alphabets enthalten – man nennt diese Sätze »Pangrams«. Sehr bekannt ist dieser: The quick brown fox jumps over the lazy old dog. Oft werden in Typoblindtexte auch fremdsprachige Satzteile eingebaut (AVAIL® and Wefox™ are testing aussi la Kerning), um die Wirkung in völlig anderen Sprachen zu testen.

In Lateinisch sieht zum Beispiel fast jede Schrift gut aus. Quod erat demonstrandum. Seit

Genauso wichtig sind mittlerweile auch Âçcèñtë, die in neueren Schriften aber fast immer enthalten sind. Ein weiteres wichtiges, aber schwierig zu integrierendes Feld sind OpenType-Funktionalitäten. Je nach Software und Voreinstellungen können eingebaute Kapitälchen, Kerning oder Ligaturen (sehr pfiffig) nicht richtig dargestellt werden.

In Lateinisch sieht zum Beispiel fast jede Schrift gut aus. Quod erat demonstrandum. Seit 1975 fehlen in den meisten Testtexten die Zahlen, weswegen nach TypoGb. 204 § ab dem Jahr 2034 Zahlen in 86 der Texte zur Pflicht werden. Bei Nichteinhaltung wird Bußgeld bis zu 245 € fällig.

4 Dies ist ein Typoblindtext. An ihm kann man sehen, ob alle Buchstaben da sind und wie sie aussehen. Manchmal benutzt man Worte wie Hamburgefonts, Rafgenduks oder Handgloves, um Schriften zu testen. Manchmal Sätze, die alle Buchstaben des Alphabets enthalten – man nennt diese Sätze »Pangrams«. Sehr bekannt ist dieser: The quick brown fox jumps over the lazy old dog. Oft werden in Typoblindtexte auch fremdsprachige Satzteile eingebaut (AVAIL® and Wefox™ are testing aussi la Kerning), um die Wirkung in völlig anderen Sprachen zu testen.

In Lateinisch sieht zum Beispiel fast jede Schrift gut aus. Quod erat demonstrandum. Seit

Beim Lesen wird kaum jemandem auffallen, dass hier 3 ein Absatz endet. Wenn Sie sich entschieden haben, Einzüge zu verwenden: Was machen Sie in der nächsten Spalte – die ja sogar auf einer anderen Seite stehen könnte? Der Einzug ist wie immer deutlich, in diesem Fall jedoch genauso unschön wie unter einer Abbildung. Schöner, aber undeutlicher ist der sogenannte stumpfe Absatzbeginn ohne Einzug 4. Da es für beide Varianten Argumente gibt, sind Sie bei derartigen Situationen mit Ihrer eigenen Einschätzung gefragt.

Kurze Absätze/direkte Rede

Bei den bisherigen Beispielen habe ich bewusst Texte gezeigt, in denen die Absätze eine gewisse Länge aufweisen. Wenn Sie nun einen Text zu setzen haben, der im Gegenteil hierzu kurze Absätze hat, finden Sie sich noch einmal in einer ganz anderen Situation wieder. Denn wenn die Absätze häufiger nur einzeilig sind, bemerkt man den Einzug auch wieder nicht. Solch kurze, aufeinanderfolgende Sätze finden Sie beispielsweise in direkter Rede.

Auf der letzten Typo-Konferenz wurde folgender Smalltalk aufgeschnappt.
»Wie geht's?«
»Ja, danke. Und selbst?«
»Muss.«
»Ja, so ist das.«
»Schon interessante Talks angesehen?«
»Ja, ich fand die Diskussion über die Länge von Einzügen spannend.«
»Ich war auch da – hab Dich gar nicht gesehen. Waren auf alle Fälle neue Infos dabei.«
»Auf jeden!«

1

»Und? Wann ziehst Du ein?«
»Eigentlich immer.«
»Genau! Mach ich auch so.«
»Ist ja auch alternativlos.«
»Ganz meine Rede.«
»Ist nur die Frage, ob ein Geviert reicht.«
»Yep. Kommt halt drauf an.«
»Wenn's geht, nehme ich mehr. Mindestens aber den Zeilenabstand.«
»Eben: ein Geviert ist eher wenig.«
»Hauptsache, es ist eindeutig. Und konsistent eingesetzt.«

2

Umbruch

Text, der länger als die für ihn vorgesehene Satzbreite ist, muss umbrochen werden. Der Umbruch ist u. a. abhängig von Spaltenbreite, Satzart, Wort- und Zeichenabständen sowie den Worttrennungen.

Im linken Beispiel sehen Sie oben am Spaltenanfang einen nicht eingezogenen Absatz, die darauf folgenden Sätze in direkter Rede sind eingezogen. Wenn sich nun Sätze über mehr als eine Zeile erstrecken, fallen die jeweiligen Wörter an der linken Satzkante über Gebühr ins Auge 1. Im rechten Beispiel habe ich die eingezogene direkte Rede direkt oben am Spaltenanfang beginnen lassen. Wegen der folgenden einzeiligen Sätze ist nicht ersichtlich, ob überhaupt Einzüge vorliegen. Das wird erst bei den in die jeweils zweite Zeile umbrechenden Sätzen klar, da diese vorn an der Satzkante stehen 2. Dies lässt sich typografisch nicht anders lösen.

Sie sehen, dass der Einzug besonders gut bei längeren Absätzen funktioniert. Vielleicht drängt sich Ihnen der Gedanke auf: »Dann mache ich es eben so, wie die Situation es verlangt: mal mit, mal ohne Einzug – was besser aussieht«. Tun Sie das nicht. Wechseln Sie innerhalb eines Textes keinesfalls den Umgang mit Einzügen (und auch nicht den der anderen typografischen Parameter). Denken Sie an Ihre Leserinnen und Leser: Diese lernen beim Lesen Ihrer Publikation, wie Sie beispielsweise mit Absatzanfängen umgehen. Änderungen an Ihrem typografischen Konzept schaffen nur Verwirrung. Und das bedeutet für Sie, dass Sie sich vor Beginn der Konzeptionsphase zunächst einen möglichst kompletten Überblick über die zu erwartenden Textarten machen müssen. Erst dann lassen sich gestalterische Entscheidungen treffen, die auch Bestand haben, nachdem Sie den Blindtext, den Sie im Vorlayout verwendet haben, mit realen Texten ausgetauscht haben.

Haben Sie sich übrigens schon Gedanken darüber gemacht, nach welchem Prinzip in diesem Buch Einzüge eingesetzt werden? Sie sehen die möglichen Varianten auf dieser Doppelseite, und sie entsprechen den Empfehlungen, die ich auf den vorigen Seiten ausgesprochen habe: Einzüge in der Regel verwenden, außer der Absatz steht direkt nach einer Überschrift, einer Abbildung oder am oberen Spaltenrand.

Initiale

Als besondere Form des Absatzes schauen wir uns den Kapitelanfang an. Um diesen zu kennzeichnen, wird häufig eine Initiale eingesetzt. Der Begriff leitet sich vom lateinischen Wort »initialis« (am Anfang stehend) ab.

Initialen sind Buchstaben, die sich im Gegensatz zum Fließtext, den sie einläuten, über mindestens zwei, manchmal auch mehr Zeilen erstrecken. Initialen können gesondert gekennzeichnet (bold, kursiv, farbig ...) sein, der Fließtextschrift entsprechen oder auch in einer anderen Schrift, beispielsweise einer Schmuckschrift gesetzt sein.

Initiale anlegen
Stellen Sie eine Initiale immer über ein Absatzformat ein, dort unter INITIALEN UND VERSCHACHTELTE FORMATE.

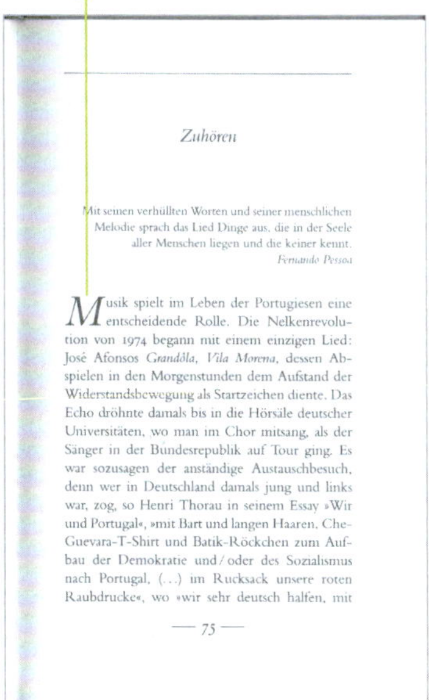

Zuhören

Mit seinen verhüllten Worten und seiner menschlichen Melodie sprach das Lied Dinge aus, die in der Seele aller Menschen liegen und die keiner kennt.
Fernando Pessoa

*M*usik spielt im Leben der Portugiesen eine entscheidende Rolle. Die Nelkenrevolution von 1974 begann mit einem einzigen Lied: José Afonsos *Grandôla, Vila Morena*, dessen Abspielen in den Morgenstunden dem Aufstand der Widerstandsbewegung als Startzeichen diente. Das Echo dröhnte damals bis in die Hörsäle deutscher Universitäten, wo man im Chor mitsang, als der Sänger in der Bundesrepublik auf Tour ging. Es war sozusagen der anständige Austauschbesuch, denn wer in Deutschland damals jung und links war, zog, so Henri Thorau in seinem Essay »Wir und Portugal«, »mit Bart und langen Haaren, Che-Guevara-T-Shirt und Batik-Röckchen zum Aufbau der Demokratie und/oder des Sozialismus nach Portugal. (...) im Rucksack unsere roten Raubdrucke«, wo »wir sehr deutsch halfen, mit

— 75 —

Unzerstörbar für alle Zeiten

Muhammad Ali ist tot, aber er bleibt eine der wichtigsten Integrationsfiguren des schwarzen Amerika und der größte Athlet der Sportgeschichte

◀ **Abbildung 3.9**
In »Gebrauchsanweisung für Portugal« (Verlag Piper), kennzeichnet die (kursive) Initiale 3 nicht nur einen Absatzanfang, sondern den Beginn eines Kapitels. Im ganzseitigen Nachruf in der Tageszeitung »Kölner Stadt-Anzeiger« (rechts) ist die Initiale 4 notwendig, damit Lesende überhaupt wissen, wo der Beitrag anfängt. Denkbar wäre nämlich auch der Textbeginn unterhalb des schwarzen Blocks 5.

» Es ist ein Psychospiel «

ER LIEBT mich, er liebt mich nicht. Ich ihn dafür von ganzem Herzen. Immer. Jederzeit. Seit dreizehn Jahren. Ein schönes Gefühl. Besonders wenn ich ihn in den Händen halte. Auch schön, sich drei Wochen im Jahr nicht zu sehen. Geh mir aus den Augen. Ich brauche eine Pause. Dann fängt schon bald das Kribbeln wieder an. Er kommt zu mir. Ich zu ihm. Wir fahren in den Strandurlaub. Ich grabe die Füße in den warmen Sand. Wirble die feinen Körner auf. Spüre sie zwischen den Zehen. Er hüpft auf dem Strandboden hin und her. Fliegt durch die Luft. Räkelt sich vor dem blauen Himmel. Herrlicher Sonnenschein. Das tut uns gut. Sind verdammt glücklich. Ich, Julius, und mein Beachvolleyball.

Julius Brink, gerade dreißig, und sein Beachvolleyball haben viel erlebt. Allein. Zusammen. Zu dritt. Gemeinsam mit Jonas Reckermann ist er vor drei Jahren in Stavanger, Norwegen, Weltmeister geworden. Letzten Monat in Den Haag zum zweiten Mal Meister in Europa. Insgesamt sein dritter EM-Sieg. Für Jonas war's das fünfte Mal. Routine? Nein. Ja, irgendwie schon. Der Sand, eine Tretmühle. Treibsand. Tägliches Training auf körnigem Untergrund, der härteste Kraftraum der Welt. Nur eine Frage der Zeit, bis sich der Körper verändert: stramme Beine, flacher Bauch. Dazu Flip-Flops, Sonnenbrille und Basecap, schon erkennt man den Beachvolleyballer aus der Ferne. »Ein heller Teint verrät Trainingsrückstand. Außer bei Jonas, der ist dauerblass.« Genetischer Bluff. Der Ball verändert sich dafür nie: Umfang, Gewicht sind standardisiert. 66 Zentimeter, 260 Gramm. Er braucht nicht viel Pflege, aber Aufmerksamkeit.

Julius will die Beziehung aufpeppen, mal etwas Neues probieren. Also ab Untertage, in den Salzstollen. In 500 Metern Tiefe fällt das Atmen schwer. Sauerstoffmangel ist die Folge. Dabei lebt der Beachvolleyball von hoher körperlicher und geistiger Intensität. »Die psychische Herausforderung verleiht dem Spiel sogar den größeren Kick.« Ein Psychospiel. Keiner kann sich verstecken, jede Schwäche ist sofort sichtbar. Nackte Tatsachen. Die Nerven bei den schnellen Richtungs- und Rhythmuswechseln zu bewahren ist das Schwierigste.

Barrieren müssen überwunden werden. Das Netz gibt mit einer Höhe von 2,43 Metern zu verstehen: Bis hierher und nicht weiter. »Gelegentlich ist es aber auch dein Freund und Helfer, wenn auf der anderen Seite der 110 Kilo schwere Brasilianer Alison Cerutti steht.« Die Worte »Line«, »Cut« und »Porra« gehören zum Spiel dazu. Die ersten beiden sind taktische Anweisungen, letzteres ein brasilianisches Schimpfwort. »Hermosa« ist genauso beliebt. Ist aber kein Kraftausdruck, sondern liegt in Kalifornien und ist neben Manhattan Beach einer der populärsten Beachvolleyball-Austragungsorte der Welt. Hier wird die Sportart gelebt. Braun gebrannt, in knappen Höschen und Kostümen. Die vom Olympischen Komitee auferlegte Kleidernorm für Spielerinnen, deren Höschen nicht breiter als sieben Zentimeter sein dürfen, wird am Hermosa Beach noch unterboten.

Musik. Party: hübsche Menschen. Wer hier aufschlägt, das Zuspiel und Baggern beherrscht, wird zum absoluten King gekürt. Im Mittelpunkt steht seit den zwanziger Jahren der Sport, um ihn herum erstand ein Lebensgefühl. Beachvolleyball als Lifestyle. Von dem nimmt jeder ein kleines Stück mit nach Hause, wenn er seine sandigen Klamotten in die Wohnung stellt. Duschen, eincremen, entspannen. Sich auf den nächsten Tag vorbereiten. Das ist die Liebesbeziehung von Julius und seinem Beachvolleyball.

▲ **Abbildung 3.10**
Auf dieser Magazindoppelseite ist die Initiale ein gleichwertiges Gestaltungselement neben dem Bild und dem grafisch angelegten Fließtext.

Initialen können in den Text eingerückt sein, aber auch außerhalb des Textblockes stehen, beispielsweise links oder oberhalb ausgerückt. Auch eine zusätzliche Umrahmung der Initiale ist denkbar. Im Magazindesign finden Sie viele Beispiele, in denen eine Initiale schmückenden oder sogar bildhaften Charakter wie in Abbildung 3.10 hat und so eine tragende Rolle im Layout übernimmt.

Schauen wir uns Sonderfälle an, die bei Initialen vorkommen.

Textanfang mit Satzzeichen

Im Spanischen etwa werden Fragen und Ausrufe am Satzanfang mit »¿« bzw. »¡« eingeleitet.

Satzzeichen als Initial | Meistens wird als Initiale genau ein Schriftzeichen angelegt. Bei Absätzen, deren erstes Zeichen allerdings ein Satzzeichen ist – im Deutschen kann das praktisch nur ein Anführungszeichen sein –, ist der erste Ansatz sicherlich, das Anführungszeichen samt dem ersten Buchstaben als Initiale anzulegen.

So naheliegend diese Lösung ist, so unbefriedigend ist sie aus ästhetischer Sicht. Denn das Anführungszeichen ist durch die Größe plötzlich sehr präsent, und oberhalb der Anführung entsteht ein unschlüssiger, ungestalteter Raum.

„Häufig werden Absatz- und Kapitelanfänge mit Initialen gekennzeichnet“ sagte der Typograf. Das sind Buchstaben, die sich über mehrere Zeilen erstrecken. Durch ihre Größe stechen die Initialen im Schriftbild hervor.

Damit die linke Satzkante nicht durch das Anführungszeichen unterbrochen wird, können Sie die Initiale komplett nach links schieben, sodass der linke Stamm des »H« wieder in einer Flucht mit den folgenden Zeilen steht. Allerdings sticht das Anführungszeichen immer noch zu sehr ins Auge.

„Häufig werden Absatz- und Kapitelanfänge mit Initialen gekennzeichnet“ sagte der Typograf. Das sind Buchstaben, die sich über mehrere Zeilen erstrecken. Durch ihre Größe stechen die Initialen im Schriftbild hervor.

Verkleinern Sie das Anführungszeichen so weit, dass es noch deutlich wahrnehmbar ist, ohne sich in den Vordergrund zu drängen. Im folgenden Beispiel habe ich die Schriftgröße des Anführungszeichens auf 75 Prozent der ursprünglichen Schriftgröße gesetzt. Möglich ist auch die Verwendung der Schriftgröße des Fließtextes.

„Häufig werden Absatz- und Kapitelanfänge mit Initialen gekennzeichnet“ sagte der Typograf. Das sind Buchstaben, die sich über mehrere Zeilen erstrecken. Durch ihre Größe stechen die Initialen im Schriftbild hervor.

Sie können auch einem ganz anderen Ansatz folgen und das Anführungszeichen weglassen. Das ist natürlich ein Eingriff in den Text selbst, den Sie im Vorfeld klären müssen. Diese Vorgehensweise ist gestalterisch natürlich äußerst vorteilhaft, allerdings erschließt sich den Lesenden erst beim Abführungszeichen, das möglicherweise erst nach mehreren Zeilen kommt, dass sie einen Text in direkter Rede lesen. Und das Fehlen des Anführungszeichens kann sie möglicherweise sogar dazu veranlassen, das Anführungszeichen im gerade gelesenen Text zu suchen. Das stört den Lesefluss massiv.

Häufig werden Absatz- und Kapitelanfänge mit Initialen gekennzeichnet. Das sind Buchstaben, die sich über mehrere Zeilen erstrecken. Durch ihre Größe stechen die Initialen im Schriftbild hervor“, begann der Typograf seinen Vortrag.

Neben der hier gezeigten Form des Anführungszeichens gibt es noch die Guillemets » und «. Sie ordnen sich generell besser in das

Signatur

Als Initialen werden auch die Anfangsbuchstaben von Namen bezeichnet. Diese werden etwa in der bildenden Kunst als Signatur auf Kunstwerken verwendet. Hier sehen Sie die Initialen von Albrecht Dürer, die sich auf seinen Bildern finden.

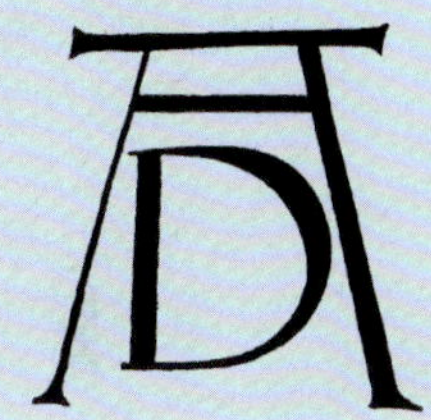

Text aus Textrahmen schieben in InDesign

Damit Sie Text in InDesign links über den Textrahmen versetzen können, müssen Sie ein Leerzeichen vor die Initiale einfügen (1). Dieses können Sie dann mit großzügigen negativen Werten (2) kernen.

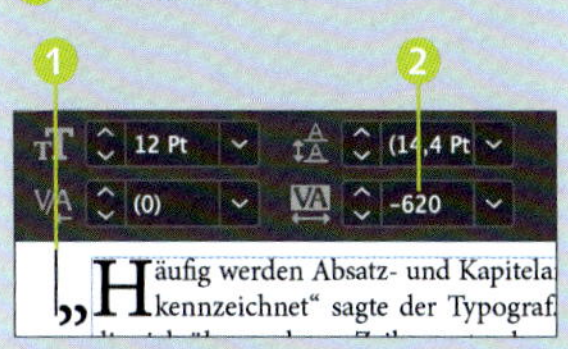

▲ **Abbildung 3.11**
Kerningeinstellungen

InDesign: Initiale umfließen lassen

Das Initial-A steht in einem eigenen Textrahmen und ist nicht mit dem Folgetext verkettet. Diesem Textrahmen habe ich mit der Textumfluss-Option UMFLIESSEN DER OBJEKTFORM 1 und dem Direktauswahl-Werkzeug die gewünschte Form gegeben 2, an der sich der Fließtext orientiert.

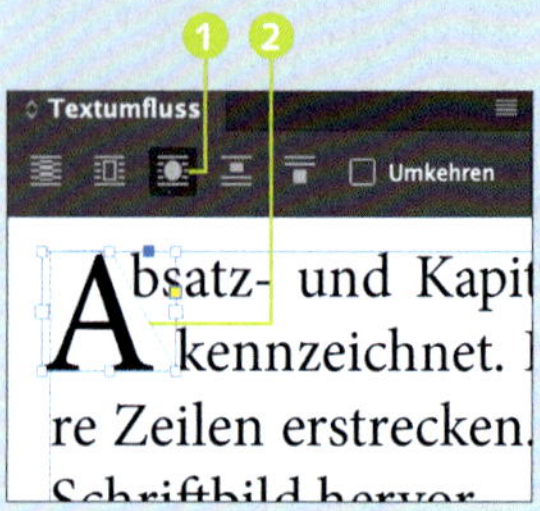

▲ **Abbildung 3.12**
Textumfluss

Gesamtschriftbild ein, da sie eher wie ein Kleinbuchstabe als ein Satzzeichen wirken und hierdurch nicht so große Löcher reißen.

Initiale mit schräger Buchstabenform | Wenn die rechte Seite des ersten Buchstabens im Absatz eine schräge Kante wie beim »A« hat, steht die zweite Zeile näher am »A« als der Wortrest, der dem »A« folgt.

Im Beispiel sehen Sie den zu großen Abstand von Initiale zu Text in der ersten Zeile. In der zweiten Zeile steht das »kennzeichnet« zu nah am »A«.

Absatz- und Kapitelanfänge werden häufig mit Initialen gekennzeichnet. Das sind Buchstaben, die sich über mehrere Zeilen erstrecken. Durch ihre Größe stechen die Initialen im Schriftbild hervor.

Im nächsten Beispiel steht der nach dem »A« folgende Wortteil näher am »A« als das »kennzeichnet« der zweiten Zeile. Die Abstände zur Initiale entsprechen damit dem jeweiligen Wortsinn. Außerdem habe ich das »A« im Vergleich zu vorher nach links gerückt, damit die optische Achse an der linken Satzkante gewahrt bleibt. Diese Formatierungen sind in InDesign allerdings nur mit einem gewissen Aufwand realisierbar (siehe Kasten).

Absatz- und Kapitelanfänge werden häufig mit Initialen gekennzeichnet. Das sind Buchstaben, die sich über mehrere Zeilen erstrecken. Durch ihre Größe stechen die Initialen im Schriftbild hervor.

Initiale mit Unterlänge | Initialen stehen immer auf einer der Grundlinien des Fließtextes 3, den sie einleiten.

3

Absatz- und Kapitelanfänge werden häufig mit Initialen gekennzeichnet. Das sind Buchstaben, die sich über mehrere Zeilen erstrecken. Durch ihre Größe stechen die Initialen im Schriftbild hervor.

Weist die Initiale eine Unterlänge auf, läuft diese Gefahr, einer Versalie oder Oberlänge des Fließtextes unterhalb zu nahe zu kommen oder sie gar zu berühren.

Jedenfalls werden Absatz- und Kapitelanfänge mit Initialen gekennzeichnet. Diese Buchstaben stehen immer auf der Grundlinie und erstrecken sich über mehrere Zeilen. Durch ihre Größe stechen die Initialen im Schriftbild hervor.

In einem solchen Fall muss die Versalie verkleinert und von der Grundlinie nach oben verschoben werden.

Jedenfalls werden Absatz- und Kapitelanfänge mit Initialen gekennzeichnet. Diese Buchstaben stehen immer auf der Grundlinie und erstrecken sich über mehrere Zeilen. Durch ihre Größe stechen die Initialen im Schriftbild hervor.

Spitzmarke

Mit der sogenannten Spitzmarke gibt es noch einen Sonderfall eines Absatzes: Eine Spitzmarke ist eine Überschrift, auf die der Fließtext direkt in derselben Zeile folgt.

Eine Spitzmarke Spitzmarken sind eine selten anzutreffende typografische Lösung. Häufig werden Absatz- und Kapitelanfänge mit sogenannten Initialen gekennzeichnet. Das sind Buchstaben, die sich über mehrere Zeilen erstrecken.

Damit sich die Spitzmarke nicht nur durch die andere Typografie (im Beispiel durch den Bold-Schnitt) vom Folgetext unterscheidet, bietet sich die Verwendung eines größeren Abstands wie eines Halbgevierts zwischen dem Inhalt der Spitzmarke und dem Folgetext an.

In den Büchern von Rheinwerk Design wie diesem sehen Sie die Spitzmarke durch zwei Halbgeviertleerzeichen und einen senkrechten Strich (»Pipe«) gekennzeichnet.

Zeilenumbruch

Beim Setzen von Mengentext werden Sie sich mit Bezug auf den Zeilenumbruch immer wieder mit problematische Situationen konfrontiert sehen, die eine gestalterischen Auseinandersetzung erfordern. Früher waren für beide Fälle unangemessene Fachbegriffe aus der Setzersprache gängig, die heute jedoch mehr und mehr ersetzt werden. Die Begriffe sind: Waise (früher »Schusterjunge«, engl.: orphan) und Witwe (früher »Hurenkind«, engl. widow).

InDesign: Unterlängen skalieren

Aktivieren Sie die Option SKALIERUNG FÜR UNTERLÄNGEN (4) im Dialog INITIALEN UND VERSCHACHTELTE FORMATE der Absatzformatoptionen, wenn die Unterlänge einer Initiale Probleme macht.

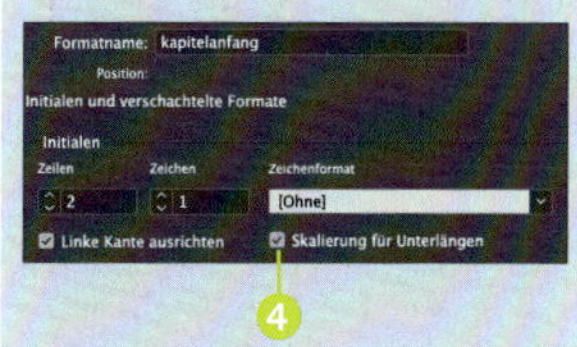

▲ **Abbildung 3.13**
Skalierung für Unterlängen

Mit einem Waisen oder Waisenkind wird eine einzelne Zeile eines neuen Absatzes am Spaltenende ① bezeichnet. Eine Witwe steht als einzelne letzte Absatzzeile am Spaltenbeginn ②. Die Problematik verschärft sich noch, wenn Absätze nicht nur über Spalten, sondern über Seiten hinweg getrennt werden.

In den Absatzformatoptionen können Sie im Bereich UMBRUCHOPTIONEN die nötigen Einstellungen hinterlegen, mit denen Sie Waisen und Witwen umgehen können. Durch diese Vorgaben werden Witwen und Waisen zuverlässig unterbunden. Das führt allerdings unweigerlich zu Textspalten, die unten Leerzeilen aufweisen. Diese müssen Sie händisch durch weitere Eingriffe in den Umbruch manuell korrigieren.

InDesign: Absatzformate

Die Absatzformate sind das Herz von InDesign: Sie ermöglichen die zentrale Anlage und Verwaltung von wiederkehrenden absatzweiten Einstellungen.

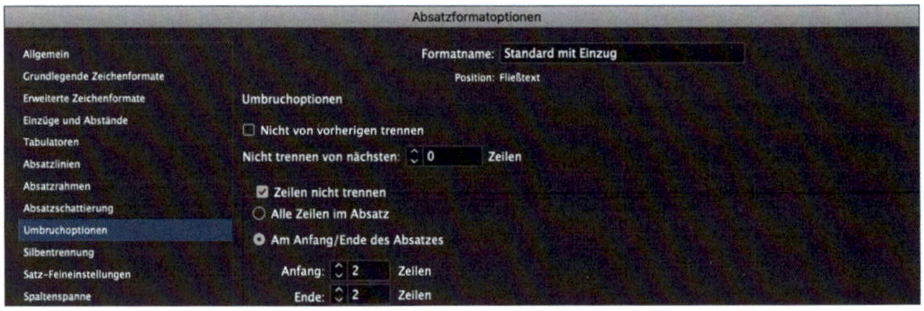

▶ **Abbildung 3.14**
Vermeiden Sie Witwen und Waisen durch die Einstellung ZEILEN NICHT TRENNEN.

Als besonders störend kommen beim Witwenbeispiel ② noch die Worttrennung und die sehr kurze Schlusssilbe »-kind« hinzu, die allein in der ersten Zeile der rechten Spalte steht.

Wenn Sie Mengentext setzen, werden Sie sich immer wieder mit problematischen Situationen konfrontiert sehen, die eine gestalterischen Auseinandersetzung erfordern. Leider sind für beide Fälle unangemessene Fachbegriffe gängig: Waise (engl.: orphan) bzw. Schusterjunge und Witwe (engl. widow) bzw. Hurenkind.

Mit einem Waisen wird eine einzelne Zeile eines neuen Absatzes am Spaltenende bezeichnet. Eine Witwe steht als letzte Absatzzeile einzeln am Spaltenbeginn. Sie können sich sicher vorstellen, dass sich die Problematik noch verschärft, wenn die entsprechenden Absätze nicht nur über Spalten, sondern über Seiten hinweg getrennt werden. Wenn Sie Mengentext setzen, werden Sie sich immer wieder mit problematischen Situationen konfrontiert sehen, die eine gestalterischen Auseinandersetzung erfordern. Leider sind für beide Fälle unangemessene Fachbegriffe gängig: Waise (engl.: orphan) bzw. Schusterjunge und Witwe (engl. widow) bzw. Hurenkind.

Mit einem Waisen wird eine einzelne Zeile eines neuen Absatzes am Spaltenende bezeichnet. Eine Witwe steht als letzte Absatzzeile einzeln am Spaltenbeginn. Sie können sich sicher vorstellen, dass sich die Problematik noch verschärft, wenn die entsprechenden Absätze nicht nur über Spalten, sondern über Seiten hinweg getrennt werden.

Wenn Sie Mengentext setzen, werden Sie sich immer wieder mit problematischen Situationen konfrontiert sehen, die eine gestalterischen Auseinandersetzung erfordern. Leider sind für beide Fälle unangemessene Fachbegriffe gängig: Waise (engl.: orphan) bzw. Schusterjunge und Witwe (engl. widow) bzw. Hurenkind.

Mit einem Waisen wird eine einzelne Zeile eines neuen Absatzes am Spaltenende bezeichnet. Eine Witwe steht als letzte Absatzzeile einzeln am Spaltenbeginn. Sie können sich sicher vorstellen, dass sich die Problematik noch verschärft, wenn die entsprechenden Absätze nicht nur über Spalten, sondern über Seiten hinweg getrennt werden. Wenn Sie Mengentext setzen, werden Sie sich immer wieder mit problematischen Situationen konfrontiert sehen, die eine gestalterischen Auseinandersetzung erfordern. Leider sind für beide Fälle unangemessene Fachbegriffe gängig: Waise (engl.: orphan) bzw. Schusterjunge und Witwe (engl. widow) bzw. Hurenkind.

Mit einem Waisen wird eine einzelne Zeile eines neuen Absatzes am Spaltenende bezeichnet. Eine Witwe steht als letzte Absatzzeile einzeln am Spaltenbeginn. Sie können sich sicher vorstellen, dass sich die Problematik noch verschärft, wenn die entsprechenden Absätze nicht nur über Spalten, sondern über Seiten hinweg getrennt werden.

Wenn Sie Mengentext setzen, werden Sie sich immer wieder mit problematischen Situationen konfrontiert sehen, die eine gestalterischen Auseinandersetzung erfordern. Leider sind für beide Fälle unangemessene Fachbegriffe gängig: Waise (engl.: orphan) bzw. Schusterjunge und Witwe (engl. widow) bzw. Hurenkind und erfordern gestalterische Maßnahmen.

Mit einem Waisen wird eine einzelne Zeile eines neuen Absatzes am Spaltenende bezeichnet. Eine Witwe hingegen steht als letzte Absatzzeile einzeln und verloren am Spaltenbeginn. Sie können sich sicher vorstellen, dass sich die Problematik noch verschärft, wenn die entsprechenden Absätze nicht nur über Spalten, sondern sogar über zwei Seiten hinweg getrennt werden sollen.

Wenn Sie Mengentext setzen, werden Sie sich immer wieder mit problematischen Situationen konfrontiert sehen, die eine gestalterischen Auseinandersetzung erfordern. Leider sind für beide Fälle unangemessene Fachbegriffe gängig: Waise (engl.: orphan) bzw. Schusterjunge und Witwe (engl. widow) bzw. Hurenkind.

Mit einem Waisen wird eine einzelne Zeile eines neuen Absatzes am Spaltenende bezeichnet. Eine Witwe steht als letzte Absatzzeile einzeln am Spaltenbeginn. Sie können sich sicher vorstellen, dass sich die Problematik noch verschärft, wenn die entsprechenden Absätze nicht nur über Spalten, sondern über Seiten hinweg getrennt werden. Wenn Sie Mengentext setzen, werden Sie sich immer wieder mit problematischen Situationen konfrontiert sehen, die eine gestalterischen Auseinandersetzung erfordern. Leider sind für beide Fälle unangemessene Fachbegriffe gängig: Waise (engl.: orphan) bzw. Schusterjunge und Witwe (engl. widow) bzw. Hurenkind und erfordern gestalterische Maßnahmen.

Mit einem Waisen wird eine einzelne Zeile eines neuen Absatzes am Spaltenende bezeichnet. Eine Witwe steht als letzte Absatzzeile einzeln am Spaltenbeginn. Sie können sich sicher vorstellen, dass sich die Problematik noch verschärft, wenn die entsprechenden Absätze nicht nur über Spalten, sondern über Seiten hinweg getrennt werden und erfordern gestalterische Maßnahmen.

Wenn Sie Mengentext setzen, werden Sie sich immer wieder mit problematischen Situationen konfrontiert sehen, die eine gestalterischen Auseinandersetzung erfordern. Leider sind für beide Fälle unangemessene Fachbegriffe gängig: Waise (engl.: orphan) bzw. Schusterjunge und Witwe bzw. Huren-
kind.

Mit einem Waisen wird eine einzelne Zeile eines neuen Absatzes am Spaltenende bezeichnet. Eine Witwe steht als letzte Absatzzeile einzeln am Spaltenbeginn. Sie können sich sicher vorstellen, dass sich die Problematik noch verschärft, wenn die entsprechenden Absätze nicht nur über Spalten, sondern über Seiten hinweg getrennt werden. Wenn Sie Mengentext setzen, werden Sie sich immer wieder mit problematischen Situationen konfrontiert sehen, die eine gestalterischen Auseinandersetzung erfordern. Leider sind für beide Fälle unangemessene Fachbegriffe gängig: Waise (engl.: orphan) bzw. Schusterjunge und Witwe (engl. widow) bzw. Hurenkind.

Mit einem Waisen wird eine einzelne Zeile eines neuen Absatzes am Spaltenende bezeichnet. Eine Witwe steht als letzte Absatzzeile einzeln am Spaltenbeginn. Sie können sich sicher vorstellen, dass sich die Problematik noch verschärft, wenn die entsprechenden Absätze nicht nur über Spalten, sondern über Seiten hinweg getrennt werden.

Wenn Sie Mengentext setzen, werden Sie sich immer wieder mit problematischen Situationen konfrontiert sehen, die eine gestalterischen Auseinandersetzung erfordern. Leider sind für beide Fälle unangemessene Fachbegriffe gängig: Waise (engl.: orphan) bzw. Schusterjunge und Witwe (engl. widow) bzw. Hurenkind und erfordern gestalterische Maßnahmen.

Mit einem Waisen wird eine einzelne Zeile eines neuen Absatzes am Spaltenende bezeichnet. Eine Witwe steht als letzte Absatzzeile einzeln am Spaltenbeginn. Sie können sich sicher vorstellen, dass sich die Problematik noch verschärft, wenn die entsprechenden Absätze nicht nur über Spalten,

Dieses unschöne Detail werden Sie los, indem Sie in InDesign die Option LETZTES WORT TRENNEN ③ innerhalb der Einstellungen für Silbentrennung deaktivieren. Diese Einstellungen finden Sie zwar auch im ABSATZ-Bedienfeld, es gehört aber vorzugsweise in die Absatzformatoptionen der entsprechenden Formate.

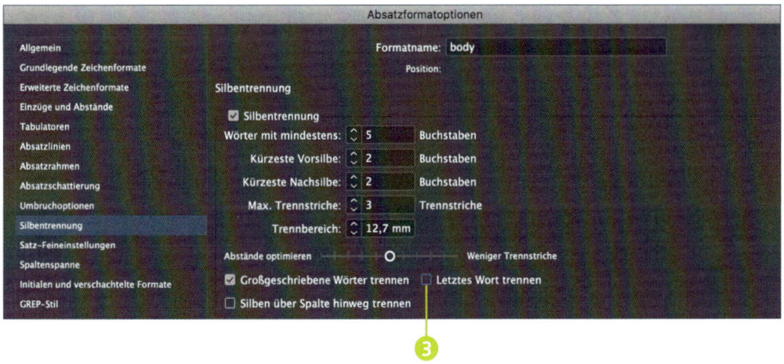

◀ **Abbildung 3.15**
Definieren Sie in den Absatzformatoptionen, wie und wo InDesign trennen soll.

Bestehende Witwen und Waisen auflösen | Im Gegensatz zur sehr problematischen Witwe stört ein Waisenkind deutlich weniger. Darüber hinaus ist ein Waisenkind meist auch einfacher zu beheben als ein Witwensatzfehler. Bedenken Sie bei beiden Situationen, dass sich bei einem langen Dokument alle (!) Folgeseiten ändern, wenn Sie bei einem Waisen oder einer Witwe die Anzahl Zeilen in einer Spalte ändern.

Nun gibt es im Printbereich generell zwei Umstände, die über das weitere Vorgehen entscheiden. Ist der Text noch zu ändern, was etwa in einem Magazin oder Newsletter der Fall ist, können Sie sich mit dem Autor über eine Textänderung austauschen. Steht der Text allerdings wie bei einem Roman unumstößlich fest, sind Sie auf sich gestellt. Gehen Sie im zweiten Fall wie folgt vor:

- Verschaffen Sie sich zunächst einen Überblick über den weiteren **Textverlauf**: Gibt es weitere Waisen und Witwen im Text? Diese würden gegebenenfalls durch eine Umbruchänderung, die den Zeilenstand ändert, aufgelöst werden. Leider gilt Ähnliches auch für Situationen, bei denen Sie sich durch einen neuen Zeilenfall neue Problemfälle einhandeln. Auf alle Fälle sollten Sie die Folgeseiten gut im Blick behalten, während Sie versuchen, die Witwen und möglichst auch die Waisen in den Griff zu bekommen.
- Schauen Sie als Nächstes auf möglichst lange **Absätze** vor der betreffenden Problemstelle. Kandidaten für eine Änderung der Zeilenzahl sind Absätze, die mit besonders langen oder beson-

ders kurzen Zeilen enden, die Sie entweder kürzen oder verlängern (in der Fachsprache auch »einbringen« oder »austreiben«).

- Versuchen Sie dann, den **Umbruch** mit anderen und eventuell mehr Trennungen in Folge zu ändern und das Satzproblem zu bereinigen.
- Hilft das nicht, verändern Sie den **Wortabstand** des Absatzes: Bei Absätzen mit langen Schlusszeilen vergrößern Sie den Wortabstand, damit Sie eine Zeile mehr bekommen. Bei kurzen Schlusszeilen verringern Sie dementsprechend die Wortabstände, sodass Sie eine Zeile einsparen.
- Optional können Sie auch die **Glyphenskalierung** aktivieren (siehe auch Abschnitt 3.7).
- Als letzte Maßnahme greifen Sie auf den **Zeichenabstand** zu – die Änderung der Laufweite ist möglicherweise eher sichtbar als eine minimale Glyphenskalierung, da sich der Grauwert eines Textes durch einen großzügigeren oder eben verringerten Zeichenabstand schneller ändert und dies eher auffällt.

Gehen Sie in jedem Fall sachte vor – die beschriebenen Eingriffe in den Satz sollten nicht sichtbar sein –, und probieren Sie mit verschiedenen Einstellungen, bis Sie ein akzeptables Ergebnis erreicht haben.

Falls Sie durch die vorliegende Textmenge und die Anzahl und Länge der Absätze so in den Bearbeitungsmöglichkeiten begrenzt sind, dass Sie besonders die Witwen nicht vollständig auflösen können, bleibt Ihnen noch die Möglichkeit, die Zahl der Zeilen in einer Spalte manuell zu ändern. Es kann sich beispielsweise anbieten, etwa beide Spalten unten jeweils um eine Zeile zu verkürzen: Die Witwe wäre dadurch aufgehoben. Die Änderung der Anzahl Zeilen kann ein sehr auffallender Eingriff in die Wirkung einer Seite oder Doppelseite sein. Möglicherweise fällt diese Manipulation weniger auf, wenn Sie die benachbarten Textspalten auf dieselbe Zeilenzahl mit verändern.

Tipps für Umbruchoptionen | Wie Sie die gravierendsten Umbruchprobleme mithilfe weniger Vorgaben innerhalb der Absatzformatoptionen in den Griff bekommen, schauen wir uns nun an. Damit Zwischenüberschriften nicht alleine am Spaltenfuß stehen (1), definieren Sie in den Umbruchoptionen des entsprechenden Absatzformates, dass die Zwischenüberschrift nicht von den nächsten Zeilen getrennt werden darf (NICHT VON VORHERIGEN TRENNEN).

Mit »nächsten Zeilen« sind hier die Zeilen des folgenden Absatzes gemeint. Wenn Sie hier eine »1« eintragen ❸, wird die Zwischenüberschrift mit dem folgenden Absatz zusammengehalten ❷.

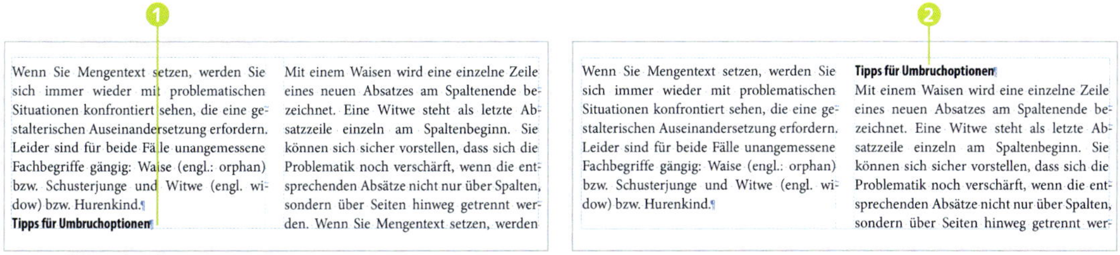

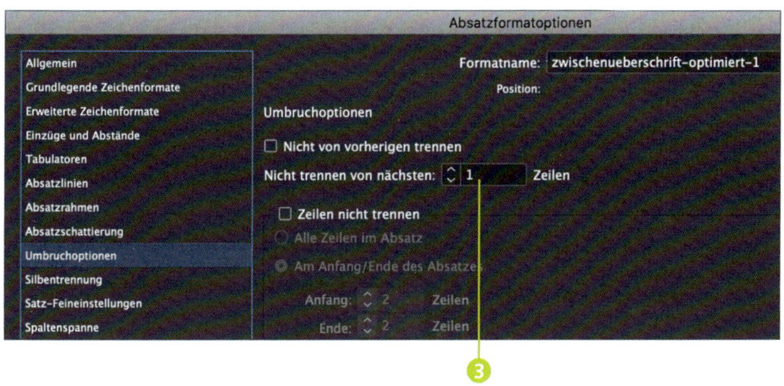

◂ **Abbildung 3.16**
Textarten wie Zwischenüberschriften können Sie mit dem Folgeabsatz zusammenhalten.

Bei längeren Zwischenüberschriften reicht diese Einstellung noch nicht, denn InDesign benötigt noch mehr Informationen, damit mehrzeilige Zwischenüberschriften nicht über Spalten (oder gar Seiten) getrennt werden ❹. Textarten wie Überschriften und Zwischenüberschriften halten Sie komplett zusammen, indem Sie in den Absatzformatoptionen unter UMBRUCHOPTIONEN zunächst die Option ZEILEN NICHT TRENNEN ❼ aktivieren. Anschließend aktivieren Sie noch die Option ALLE ZEILEN IM ABSATZ ❻. Im Beispiel führen diese Einstellungen dazu, dass die Zwischenüberschrift in die nächste Spalte springt ❺, weil die zwei zusammengehaltenen Zeilen keinen Platz in der ursprünglichen Spalte haben.

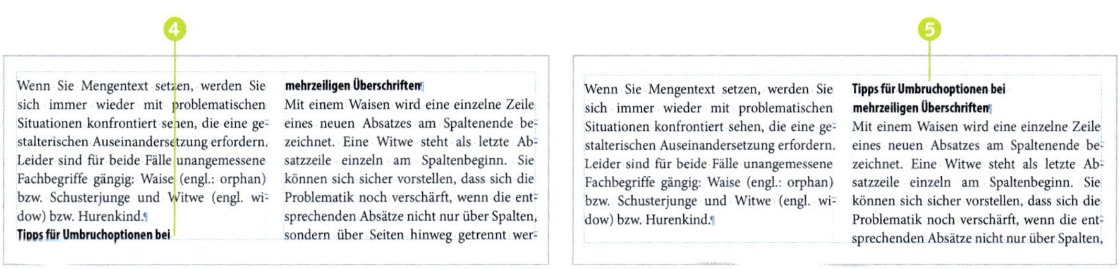

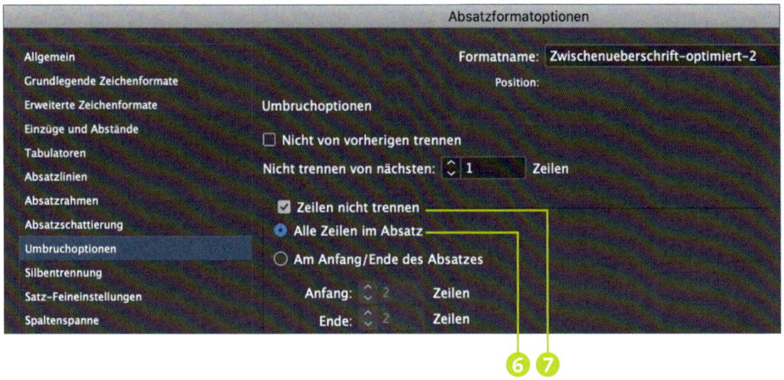

▸ Abbildung 3.17
Zwischenüberschriften, die über mehrere Spalten umbrochen werden, halten Sie mit zwei Klicks zusammen.

Da Textarten wie Überschriften und Zwischenüberschriften niemals getrennt werden sollten, können Sie die gezeigten Einstellungen grundsätzlich für die entsprechenden Absatzformate verwenden.

3.4 Auszeichnungen

Wir waren in Kapitel 2 schon einmal auf die Auszeichnung mithilfe von Kapitälchen eingegangen. Jetzt wollen wir uns dem Thema noch einmal ausführlich widmen.

Wenn in einem Text einzelne Worte hervorgehoben werden sollen, werden diese »ausgezeichnet«. Damit ist jede beliebige, von der ursprünglichen Formatierung abweichende Typografie gemeint: *kursiv*, KAPITÄLCHEN, **bold/fett**, **halbfett**, S p a t i o n i e r u n g, VERSALIEN, Schriftmix, Schriftfarbe, Schriftgröße, Unterstreichung u. Ä.

Wie Sie an den gezeigten Beispielen sehen, gibt es extreme Unterschiede in der optischen Wirkung. Die Entscheidung, welche der möglichen Auszeichnungen, die sich im Übrigen auch noch beliebig kombinieren lassen, Sie verwenden, ist wie praktisch immer von dem Kontext und eben der gewünschten Wirkung abhängig.

Auszeichnungsarten werden in »laute« und »leise« Auszeichnungen eingeteilt, je nachdem, wie stark sie im Textzusammenhang auffallen. Im Folgenden werde ich die verschiedenen Auszeichnungsarten, aufsteigend nach »optischer Lautstärke«, näher erläutern.

Kursiv | Diese Variante ist definitiv die zurückhaltendste Auszeichnung, die Sie verwenden können. Daher finden Sie diese in Romanen, Fach- und Sachtexten ebenso wie in Zeitungen und Magazinen. Die Kursive einer Schrift ist – insbesondere auf den Grauwert bezogen – meist so nah am Regular-Schnitt, dass diese

Auszeichnung den Lesenden erst dann auffällt, wenn das Auge an der entsprechenden ausgezeichneten Textstelle angekommen ist. Beim Überfliegen einer Seite fällt der Kursivschnitt so gut wie nicht auf. (Weitere Informationen zum Kursivschnitt finden Sie in Abschnitt 2.2.)

Mit einem Waisen wird eine einzelne Zeile eines neuen Absatzes am Spaltenende bezeichnet. Eine *Witwe* steht als letzte Absatzzeile einzeln am Spaltenbeginn.

Kapitälchen | Diese Auszeichnung fällt mehr ins Auge als die Kursive einer Schrift. Beide Auszeichnungen – kursiv und Kapitälchen – können auch in einem Text als Auszeichnungen für jeweils eine Textart fungieren: etwa die Kursive für allgemeine Betonungen und die Kapitälchen für besondere Eigen- oder Produktnamen. (Weitere Informationen zu den Kapitälchen finden Sie in Abschnitt 2.2.)

»Benutzen Sie echte Kapitälchen oder lassen Sie es bleiben.«

John D. Berry

Mit einem Waisen wird eine einzelne Zeile eines neuen Absatzes am Spaltenende bezeichnet. Eine WITWE steht als letzte Absatzzeile einzeln am Spaltenbeginn.

Halbfett | Verfügt eine Schrift über einen halbfetten Schnitt, bietet sich dieser zum Auszeichnen an. Er hebt sich ausreichend vom Regular-Schnitt ab, ohne zu sehr aufzufallen.

Mit einem Waisen wird eine einzelne Zeile eines neuen Absatzes am Spaltenende bezeichnet. Eine **Witwe** steht als letzte Absatzzeile einzeln am Spaltenbeginn.

Fett | Während eine Auszeichnung in Halbfett noch recht zurückhaltend wirkt, ist der Bold-Schnitt einer Schrift in der Regel schon sehr laut.

Mit einem Waisen wird eine einzelne Zeile eines neuen Absatzes am Spaltenende bezeichnet. Eine **Witwe** steht als letzte Absatzzeile einzeln am Spaltenbeginn.

Spationierung | Diese Variante fällt mehr ins Auge als die Kursive einer Schrift. Zu Beginn des Bleisatzes gab es von Schriften meist nur den Normal- und den Boldschnitt, eventuell auch Kapitälchen. Daher wurden Kapitälchen als erste Auszeichnung verwendet und spationierte Wörter als zweite Auszeichnungsart. Heutzutage ist diese Auszeichnung unüblich. Für das Beispiel habe ich das Wort »Witwe« mit 125 spationiert. (Weitere Informationen zum Thema »Spationieren/Laufweite ändern« finden Sie in Abschnitt 3.1.)

Mit einem Waisen wird eine einzelne Zeile eines neuen Absatzes am Spaltenende bezeichnet. Eine W i t w e steht als letzte Absatzzeile einzeln am Spaltenbeginn.

Klarheit und Lesbarkeit
Auszeichnungen sollten die Lesbarkeit des Textes nicht beeinträchtigen. Sie sollten so gewählt werden, dass sie die Aufmerksamkeit der Lesenden lenken, ohne den Lesefluss zu stören.

Versalien | Im Gegensatz zu Kapitälchen, bei denen die Zeichengröße variiert, besteht Versalsatz ausschließlich auf den normalen Versalien. Versalsatz fällt im Schriftbild sehr auf – und ist recht anspruchsvoll zu setzen, weil die Zeichenabstände gegebenenfalls angepasst werden müssen.

Mit einem Waisen wird eine einzelne Zeile eines neuen Absatzes am Spaltenende bezeichnet. Eine WITWE steht als letzte Absatzzeile einzeln am Spaltenbeginn.

Barrierefreiheit berücksichtigen
Denken Sie an Lesende mit Sehbehinderungen oder Leseproblemen. Fette und kursive Schriftschnitte sind allgemein gut lesbar. Bei Schriftfarben und Hinterlegungen müssen Sie auf geeignete Farben zurückgreifen. Verwenden Sie z. B. das Tool Color Contrast Checker, um die Farben auf Barrierefreiheit zu überprüfen: *https://webaim.org/resources/contrastchecker*. Bei Texten im Web sollten Sie immer auch die Web Content Accessibility Guidelines (WCAG) im Blick halten, die umfassende Empfehlungen für barrierefreie Inhalte bieten. Einen guten Überblick dazu erhalten Sie hier: *www.barrierefreies-webdesign.de/richtlinien/wcag-2.2*

Schriftmix | Hierbei wird der Grundschrift eine weitere Schrift zur Seite gestellt, um Auszeichnungen zu realisieren. Denken Sie hier vor allem an die bereits vorgestellten Möglichkeiten, die Schriftsippen bieten. Weil ein einfacher Wechsel zu einer anderen Schrift sehr unauffällig ist, wird die zweite Schrift gelegentlich zusätzlich auch in einem fetteren (oder kursiven) Schnitt eingesetzt.

Mit einem Waisen wird eine einzelne Zeile eines neuen Absatzes am Spaltenende bezeichnet. Eine Witwe steht als letzte Absatzzeile einzeln am Spaltenbeginn.

Mit einem Waisen wird eine einzelne Zeile eines neuen Absatzes am Spaltenende bezeichnet. Eine **Witwe** steht als letzte Absatzzeile einzeln am Spaltenbeginn.

Schriftfarbe | Mit der Änderung der Schriftfarbe erreichen Sie eine schon eher illustrative, verspielte Wirkung der Auszeichnung.

Mit einem Waisen wird eine einzelne Zeile eines neuen Absatzes am Spaltenende bezeichnet. Eine Witwe steht als letzte Absatzzeile einzeln am Spaltenbeginn.

Hinterlegung | Durch eine hinterlegte Farbfläche wirkt die Auszeichnung sehr laut, auffällig. Im Magazindesign oder in Anzeigen kann das natürlich durchaus erwünscht sein.

Leider lässt sich diese Gestaltung nicht wirklich zufriedenstellend in InDesign als Zeichenformat anlegen, weil Sie die Fläche mit den Unterstreichenoptionen zwar anlegen können, aber eben nicht breiter als die jeweilige Zeichendickte erstellen können: Der wie gemarkert wirkende Bereich ist in der Horizontalen zu klein.

Mit einem Waisen wird eine einzelne Zeile eines neuen Absatzes am Spaltenende bezeichnet. Eine Witwe steht als letzte Absatzzeile einzeln am Spaltenbeginn.

Lesegewohnheiten

Beachten Sie die Lesegewohnheiten Ihrer Zielgruppe. Vielbeschäftigte Fachleute bevorzugen möglicherweise klare, prägnante Auszeichnungen, die das schnelle Scannen des Textes ermöglichen, Romanleser und -leserinnen bevorzugen vermutlich leisere Hervorhebungen.

Unterstreichung | Wenn die Auszeichnung – wie etwa in einer Überschrift – wirklich marktschreierisch daherkommen soll, ist eine Unterstreichung das Mittel der Wahl. In Fließtexten hingegen wirken Unterstreichungen wie der berühmte Holzhammer.

InDesign bietet für Unterstreichungen einige Optionen an, das Aussparen von Zeichen mit Unterlängen ist leider nicht dabei. Wenn Sie also ein entsprechend vorbereitetes Zeichenformat auf ein Wort mit Unterlängen anwenden, sollten Sie die Zeichen mit Unterlängen wieder von der Unterstreichung ausnehmen (wie nebenstehend das »g« bei »Witwengeld«).

Witwengeld

Mit einem Waisen wird eine einzelne Zeile eines neuen Absatzes am Spaltenende bezeichnet. Eine Witwe steht als letzte Absatzzeile einzeln am Spaltenbeginn.

Schriftgröße | Sehr auffällige, laute Auszeichnungen können Sie auch über eine Erhöhung der Schriftgröße realisieren.

Mit einem Waisen wird eine einzelne Zeile eines neuen Absatzes am Spaltenende bezeichnet. Eine Witwe steht als letzte Absatzzeile einzeln am Spaltenbeginn.

Auszeichnungen bei Fachpublikationen

Nutzen Sie in Fachbüchern präzise und klar strukturierte Auszeichnungen wie Unterstreichungen für Definitionen, fett für wichtige Konzepte und kursiv für Fremdwörter oder Fachtermini.

Kombination | Sie können bei Bedarf auch verschiedene Auszeichnungsarten miteinander kombinieren. Das Ergebnis ist dann auf alle Fälle sehr laut – genau das, was beispielsweise im Anzeigensatz manchmal gefragt ist.

Egal, welche Auszeichnungsart Sie verwenden, Sie sollten in jedem Fall ein Zeichenformat für die Auszeichnung anlegen.

3.5 Satzarten

Mit Satzart wird in der Typografie die Ausrichtung ganzer Absätze oder ganzer Texte bezeichnet. Neben dem – im Printbereich – am häufigsten verwendeten Blocksatz lernen Sie in diesem Abschnitt die Besonderheiten von links- oder rechtsbündigem Flattersatz, zentriertem Satz und Formsatz kennen.

Blocksatz

Diese Satzart finden Sie überall dort, wo Sie textlastige Inhalte vor sich haben – also in Romanen, Fach- und Sachbüchern, Tages- und Wochenzeitungen und in vielen Magazinen. Im Blocksatz werden die Zeilen auf die gesamte Satzbreite »ausgetrieben«. Blocksatz wirkt ruhig und vereinfacht den Lesefluss.

Dies ist ein Typoblindtext. An ihm kann man sehen, ob alle Buchstaben da sind und wie sie aussehen. Manchmal benutzt man Worte wie Hamburgefonts, Rafgenduks oder Handgloves, um Schriften zu testen. Manchmal Sätze, die alle Buchstaben des Alphabets enthalten – man nennt diese Sätze »Pangramme«. Sehr bekannt ist dieser: The quick brown fox jumps over the lazy old dog. Oft werden in Typoblindtexte auch fremdsprachige Satzteile eingebaut (AVAIL® and Wefox™ are testing aussi la Kerning), um die Wirkung in anderen Sprachen zu testen.

Dies ist ein Typoblindtext. An ihm kann man sehen, ob alle Buchstaben da sind und wie sie aussehen. Manchmal benutzt man Worte wie Hamburgefonts, Rafgenduks oder Handgloves, um Schriften zu testen. Manchmal Sätze, die alle Buchstaben des Alphabets enthalten – man nennt diese Sätze »Pangramme«. Sehr bekannt ist dieser: The quick brown fox jumps over the lazy old dog. Oft werden in Typoblindtexte auch fremdsprachige Satzteile eingebaut (AVAIL® and Wefox™ are testing aussi la Kerning), um die Wirkung in anderen Sprachen zu testen.

Hier sehen Sie in der Gegenüberstellung von linksbündigem Flattersatz und Blocksatz, durch welche Maßnahme beim Blocksatz die Satzbreite erreicht wird: Die Software verbreitert einfach die Wortabstände jeder Zeile so weit, bis die nötige Breite erreicht ist. Während im Flattersatz alle Wortabstände gleich sind, entstehen so beim Blocksatz Löcher im Schriftbild.

Als erste Maßnahme für ein gleichmäßigeres Schriftbild im Blocksatz aktivieren wir die Silbentrennung.

Dies ist ein Typoblindtext. An ihm kann man sehen, ob alle Buchstaben da sind und wie sie aussehen. Manchmal benutzt man Worte wie Hamburgefonts, Rafgenduks oder Handgloves, um Schriften zu testen. Manchmal Sätze, die alle Buchstaben des Alphabets enthalten – man nennt diese Sätze »Pangramme«. Sehr bekannt ist dieser: The quick brown fox jumps over the lazy old dog. Oft werden in Typoblindtexte auch fremdsprachige Satzteile eingebaut (AVAIL® and Wefox™ are testing aussi la Kerning), um die Wirkung in anderen Sprachen zu testen. (1)

Nun ist es mit der Aktivierung der Silbentrennung allein noch nicht getan. Zum einen ist die Qualität der Silbentrennung abhängig von der Software, mit der Sie arbeiten. Und zum anderen müssen Sie sich für hochwertigen Satz entscheiden, wie überhaupt getrennt werden soll. Dabei geht es vor allem um zwei Fragen:

- An welcher Stelle eines Wortes darf getrennt werden?
- Und wie viele Trennungen dürfen an der Satzkante hintereinanderstehen?

Als Beispiel für die Frage nach der Trennstelle schauen Sie sich die Trennung von »Typoblindtexte« ❶ an. Obwohl diese Trennstelle grammatikalisch richtig ist, ist sie aufgrund der kurzen Silbe »Ty« ästhetisch unbefriedigend. Schwerer wiegt jedoch noch die verringerte Lesbarkeit, denn man hat beim Lesen dieser beiden Buchstaben keine eindeutige Fortführung des Wortes vor sich: Es könnte statt mit »Typo« auch mit »Typen« o. Ä. weitergehen. Solche scheinbar kleinen Irritationen machen jedoch einen deutlichen Unterschied für die Lesbarkeit eines Textes aus.

Im linken, folgenden Beispiel habe ich InDesign angewiesen, »Typoblindtexte« nach »Typo« zu trennen ❷. Allerdings wird dann We-fox ungünstig getrennt ❸. Außerdem habe ich statt der drei Trennungen nun fünf Trennungen in diesem Absatz. InDesign schlägt von sich aus aber auch noch eine Lösung vor, die noch besser ist (siehe Beispiel rechts). Die einzig unschöne Trennung ist hier die sehr kurze Schlusssilbe »te« ❹. Dieser Variante würde ich dennoch den Vorzug geben.

❷

Dies ist ein Typoblindtext. An ihm kann man sehen, ob alle Buchsta-
ben da sind und wie sie aussehen. Manchmal benutzt man Worte wie
Hamburgefonts, Rafgenduks oder Handgloves, um Schriften zu tes-
ten. Manchmal Sätze, die alle Buchstaben des Alphabets enthalten –
man nennt diese Sätze »Pangramme«. Sehr bekannt ist dieser: The
quick brown fox jumps over the lazy old dog. Oft werden in Typo-
blindtexte auch fremdsprachige Satzteile eingebaut (AVAIL® and We-
fox™ are testing aussi la Kerning), um die Wirkung in anderen Spra-
chen zu testen.

Dies ist ein Typoblindtext. An ihm kann man sehen, ob alle Buch-
staben da sind und wie sie aussehen. Manchmal benutzt man Wor-
te wie Hamburgefonts, Rafgenduks oder Handgloves, um Schriften
zu testen. Manchmal Sätze, die alle Buchstaben des Alphabets ent-
halten – man nennt diese Sätze »Pangramme«. Sehr bekannt ist die-
ser: The quick brown fox jumps over the lazy old dog. Oft werden
in Typoblindtexte auch fremdsprachige Satzteile eingebaut (AVAIL®
and Wefox™ are testing aussi la Kerning), um die Wirkung in anderen
Sprachen zu testen.

❸ ❹

Auf die eben gestellte Frage, wie viele Trennungen direkt aufeinanderfolgen dürfen, lautet die Empfehlung meistens: drei. Das ist sicher ein Wert, der lohnt, nicht überschritten zu werden. Allerdings ist dieser Maximalwert direkt von der Spaltenbreite abhängig. Denn wenn Ihnen wie in einer Tageszeitung nur schmale Spalten zur Verfügung stehen, werden Sie sicher zu einem ausgeglicheneren

Richtig und doch falsch

Es gibt eine Reihe von Wörtern, bei denen die grammatikalisch zwar richtige Trennung die Lesenden auf die völlig falsche Fährte führt:
bein-halten
Drucker-zeugnis
Konsument-scheidung
Musik-erleben
Müller-zeugung
Urin-stinkt

> **Absatzeinstellungen**
> Die Optionen, die Sie in den Absatzformaten einstellen können, finden sich auch im Menü des ABSATZ-Fensters. Da Sie hier aber nur sogenannte lokale Formatierungen erstellen, rate ich Ihnen von diesem Vorgehen definitiv ab.

Schriftbild gelangen, wenn Sie auch mehr als drei aufeinanderfolgende Trennungen zulassen.

Im nächsten Beispiel können Sie sehen, wie die Löcher im Text durch Verringerung der Spaltenbreite zunehmen (siehe ❶–❻). Im Beispiel ❷ finden Sie Trennungen, bei denen Sie beobachten können, wie unterschiedlich stark sie den Lesefluss unterbrechen. Boxkämp-fer ist besser lesbar als Typo-blindtexte, das Fremdwort Pan-gramm irritiert am meisten.

❶ Dies ist Typoblindtext. An ihm kann abgelesen werden, ob tatsächlich alle benötigten Buchstabenformen vorhanden sind und wie diese aussehen. Manchmal werden Testworte wie Hamburgefonts, Rafgenduks oder Handgloves benutzt, um Schriften zu testen. Manchmal Sätze, die alle Buchstaben des Alphabets enthalten – man nennt diese Sätze »Pangramme«. Sehr bekannt ist dieser: Zwei Boxkämpfer jagen Eva quer durch Sylt. Oft werden in Typoblindtexte auch fremdsprachige Satzteile eingebaut, um die Wirkung in anderen Sprachen zu testen.

❷ Dies ist Typoblindtext. An ihm kann abgelesen werden, ob tatsächlich alle benötigten Buchstabenformen vorhanden sind und wie diese aussehen. Manchmal werden Testworte wie Hamburgefonts, Rafgenduks oder Handgloves benutzt, um Schriften zu testen. Manchmal Sätze, die alle Buchstaben des Alphabets enthalten – man nennt diese Sätze »Pangramme«. Sehr bekannt ist dieser: Zwei Boxkämpfer jagen Eva quer durch Sylt. Oft werden in Typoblindtexte auch fremdsprachige Satzteile eingebaut, um die Wirkung in anderen Sprachen zu testen.

❸ Dies ist Typoblindtext. An ihm kann abgelesen werden, ob tatsächlich alle benötigten Buchstabenformen vorhanden sind und wie diese aussehen. Manchmal werden Testworte wie Hamburgefonts, Rafgenduks oder Handgloves benutzt, um Schriften zu testen. Manchmal Sätze, die alle Buchstaben des Alphabets enthalten – man nennt diese Sätze »Pangramme«. Sehr bekannt ist dieser: Zwei Boxkämpfer jagen Eva quer durch Sylt. Oft werden in Typoblindtexte auch fremdsprachige Satzteile eingebaut, um die Wirkung in anderen Sprachen zu testen.

Beim schmalsten Text ❺ sehen Sie die größten Löcher im Textbild, die Anzahl der Trennungen entspricht etwa der von ❹. Der Textsatz bei ❻ wirkt ausgeglichener, trotz der häufigen Worttrennungen: Hier habe ich die Wort- und Zeichenabstände variabler eingestellt als bei ❺.

4 Dies ist Typoblindtext. An ihm kann abgelesen werden, ob tatsächlich alle benötigten Buchstabenformen vorhanden sind und wie diese aussehen. Manchmal werden Testworte wie Hamburgefonts, Rafgenduks oder Handgloves benutzt, um Schriften zu testen. Manchmal Sätze, die alle Buchstaben des Alphabets enthalten – man nennt diese Sätze »Pangramme«. Sehr bekannt ist dieser: Zwei Boxkämpfer jagen Eva quer durch Sylt. Oft werden in Typoblindtexte auch fremdsprachige Satzteile eingebaut, um die Wirkung in anderen Sprachen zu testen.

5 Dies ist Typoblindtext. An ihm kann abgelesen werden, ob tatsächlich alle benötigten Buchstabenformen vorhanden sind und wie diese aussehen. Manchmal werden Testworte wie Hamburgefonts, Rafgenduks oder Handgloves benutzt, um Schriften zu testen. Manchmal Sätze, die alle Buchstaben des Alphabets enthalten – man nennt diese Sätze »Pangramme«. Sehr bekannt ist dieser: Zwei Boxkämpfer jagen Eva quer durch Sylt. Oft werden in Typoblindtexte auch fremdsprachige Satzteile eingebaut, um die Wirkung in anderen Sprachen zu testen.

6 Dies ist Typoblindtext. An ihm kann abgelesen werden, ob tatsächlich alle benötigten Buchstabenformen vorhanden sind und wie diese aussehen. Manchmal werden Testworte wie Hamburgefonts, Rafgenduks oder Handgloves benutzt, um Schriften zu testen. Manchmal Sätze, die alle Buchstaben des Alphabets enthalten – man nennt diese Sätze »Pangramme«. Sehr bekannt ist dieser: Zwei Boxkämpfer jagen Eva quer durch Sylt. Oft werden in Typoblindtexte auch fremdsprachige Satzteile eingebaut, um die Wirkung in anderen Sprachen zu testen.

Entscheiden Sie

Meist werden Sie mit Ihrem Sprachgefühl die bessere Trennung finden: Obwohl beide Trennungen richtig sind, ist die zweite eindeutig angenehmer, weil sie dem Sinn nach trennt: Worttei-le/Wort-teile. In solchen Fällen geben Sie in InDesign den sogenannten bedingten Trennstrich an die entsprechende Stelle ein (SCHRIFT • SONDERZEICHEN EINFÜGEN • TRENN- UND GEDANKENSTRICHE).

In InDesign regulieren Sie den Textsatz über verschiedene Einstellungen in den Bereichen SILBENTRENNUNGEN und SATZ-FEINEINSTELLUNGEN der Absatzformatoptionen. Dazu mehr in Abschnitt 3.6 sowie in Abschnitt 3.7.

Linksbündiger Satz

Weil beim sogenannten Rausatz im Gegensatz zum Blocksatz nicht die Zeilen aufgefüllt werden müssen, ist Text im Rausatz aus technischer Sicht einfacher zu setzen. Die meisten Modifikationsmöglichkeiten, die uns in InDesign beim Blocksatz zur Verfügung stehen, bleiben beim Flattersatz wirkungslos.

Während Blocksatz für Mengentext geeignet ist, bietet sich Rausatz für kürzere Texte an, die möglicherweise auch in schmaleren Textspalten stehen. Im Magazindesign wird die Satzart häufig auch als ein Unterscheidungsmerkmal verwendet: Während der Fließtext eines Beitrags im Blocksatz steht, werden Überschriften wie im folgenden Beispiel unter 3 immer im Rausatz (ohne Trennungen) gesetzt. Dasselbe gilt auch für Bildlegenden 1. Im folgenden Beispiel werden zudem das Autorenporträt und weiterführende Informationen zum Beitrag 2 im Rausatz gesetzt und heben sich auch dadurch vom eigentlichen Beitragstext ab. Interviewfragen 4 werden ebenfalls gerne im Rausatz gesetzt.

Rausatz versus Flattersatz

Der Rausatz ist eine Variante des linksbündigen Satzes, bei dem vermehrt Trennungen angewendet werden, um die Satzspiegelbreite optimal auszunutzen. Beim Flattersatz wird strenger auf Trennungen geachtet: Insgesamt wird versucht, auf Trennungen zu verzichten, und Wörter werden nur getrennt, wenn sie mehr als fünf Zeichen lang sind. Da im Deutschen häufig lange Wörter vorkommen, wird der eigentliche Flattersatz nur ausnahmsweise eingesetzt, die Zeilen flattern stärker, so wie in diesem Kasten zu sehen.

▲ **Abbildung 3.18**
Das Magazin »Page« setzt Überschriften, Bildunterschriften, Autorenporträts und weiterführende Infos linksbündig.

Manueller Ausgleich | Alles, was im Bereich Gestaltung ungewollt auffällt, ist ungünstig. Vermeiden Sie deshalb beim Umbrechen von Text Formen, die unweigerlich die Aufmerksamkeit auf sich ziehen und irritieren. Gleichen Sie dann den linksbündige Satz manuell aus.

Dies ist Typoblindtext. An ihm kann können Sie ablesen, ob auch alle
benötigten Buchstabenformen vorhanden sind und wie diese aussehen.
Manchmal werden Testworte wie Hamburgefonts, Rafgenduks oder Hand-
gloves benutzt, um Schriften zu testen. Manchmal Sätze, die alle Buchstaben
des Alphabets enthalten – man nennt diese Sätze »Pangramme«. Sehr bekannt
ist dieser: Zwei Boxkämpfer jagen Eva quer durch Sylt. Oft werden in Typo-
blindtexte auch fremdsprachige Satzteile eingebaut, um die Wirkung in
anderen Sprachen zu testen.

Durch händisches Eingreifen bildet die rechte Satzkante hier keine irritierende Form mehr. Wenn sich längere und kürzere Zeilen abwechseln, bilden sich keine ablenkenden Formen wie Ein- oder Ausbuchtungen.

Dies ist Typoblindtext. An ihm kann können Sie ablesen, ob auch alle benötigten Buchstabenformen vorhanden sind und wie diese aussehen. Manchmal werden Testworte wie Hamburgefonts, Rafgenduks oder Handgloves benutzt, um Schriften zu testen. Manchmal Sätze, die alle Buchstaben des Alphabets enthalten – man nennt diese Sätze »Pangramme«. Sehr bekannt ist dieser: Zwei Boxkämpfer jagen Eva quer durch Sylt. Oft werden in Typoblindtexte auch fremdsprachige Satzteile eingebaut, um die Wirkung in anderen Sprachen zu testen.

Für Überschriften gilt, dass hier möglichst keine Trennungen vorkommen und die Zeilen etwa gleich lang sein sollten.

**Typoprojekt: Überschriften umbre-
chen**

Genauso wichtig sind mittlerweile auch Âçcèñtë, die in neueren Schriften aber fast immer enthalten sind. Ein weiteres wichtiges aber schwierig zu integrierendes Feld sind OpenType-Funktionalitäten. Je nach Software und Voreinstellungen können eingebaute Kapitälchen, Kerning oder Ligaturen (sehr pfiffig) nicht richtig dargestellt werden.

**Auch in Zukunft gilt: lange Überschriften in ähnlich lange Zei-
len umbrechen**

Dies ist ein Typoblindtext. An ihm kann man sehen, ob alle Buchstaben da sind und wie sie aussehen. Manchmal benutzt man Worte wie Hamburgefonts, Rafgenduks oder Handgloves, um Schriften zu testen.

**Typoprojekt: Überschriften
umbrechen**

Genauso wichtig sind mittlerweile auch Âçcèñtë, die in neueren Schriften aber fast immer enthalten sind. Ein weiteres wichtiges aber schwierig zu integrierendes Feld sind OpenType-Funktionalitäten. Je nach Software und Voreinstellungen können eingebaute Kapitälchen, Kerning oder Ligaturen (sehr pfiffig) nicht richtig dargestellt werden.

**Auch in Zukunft gilt: lange Überschriften
in ähnlich lange Zeilen umbrechen**

Dies ist ein Typoblindtext. An ihm kann man sehen, ob alle Buchstaben da sind und wie sie aussehen. Manchmal benutzt man Worte wie Hamburgefonts, Rafgenduks oder Handgloves, um Schriften zu testen.

Im linken Beispiel sehen Sie in den Überschriften im Blocksatz: viel zu große Wortzwischenräume und Trennungen, die in Überschriften – anders als in Fließtexten – ins Auge springen. Besonders hässlich ist die allein stehende Silbe in der ersten Überschrift.

Um die Zeilenlänge bei der größeren Überschrift mehr aneinander anzupassen, ist auch eine Trennung denkbar. Ich bevorzuge jedoch die Überschrift ohne Trennung.

**Typoprojekt: Über-
schriften umbrechen**

Genauso wichtig sind mittlerweile auch Âçcèñtë, die in neueren Schriften aber fast immer enthalten sind. Ein weiteres wichtiges aber schwierig zu integrierendes Feld sind OpenType-Funktionalitäten. Je nach Software und Voreinstellungen können eingebaute Kapitälchen, Kerning oder Ligaturen (sehr pfiffig) nicht richtig dargestellt werden.

Rechtsbündiger Satz

Prinzipiell gilt alles, was Sie zum linksbündigen Satz erfahren haben, auch für den rechtsbündigen Satz. Allerdings wird der rechtsbündige Satz wesentlich seltener eingesetzt. Anwendungsbeispiele sind

In rechtsbündig gesetzten Texten wirken Trennungen deutlich störender als bei Blocksatz oder linksbündigen Texten: Überprüfen Sie daher rechtsbündige Passagen noch genauer auf ungünstige Silbentrennungen und auf die letzte Zeile.

In rechtsbündig gesetzten Texten wirken Trennungen deutlich störender als bei Blocksatz oder linksbündigen Texten: Überprüfen Sie daher rechtsbündige Passagen noch genauer auf ungünstige Silbentrennungen und auf die letzte Zeile.

Texte geringen Umfangs, etwa Überschriften auf Titelseiten und Bildlegenden. Längerer Text empfiehlt sich nicht für rechtsbündigen Satz, da der unregelmäßige Zeilenbeginn unser Auge irritiert (im nebenstehenden Beispiel oben). Nehmen Sie auch im rechtsbündigen Satz einen manuellen Ausgleich vor (Beispiel unten), da hier Trennungen am besten generell vermieden werden sollten.

Auf Magazintiteln werden Headlines und Anleser häufig im rechten Bereich auch nach rechts ausgerichtet 1. Das bietet zwei Vorteile: Zum einen ragen Texte dadurch weniger ins Titelbild, zum anderen nehmen dann nicht nur die linken Textblöcke, sondern auch die auf der rechten Seite die Kanten des Formates wieder auf, was die Bildung eines geschlossenen Gesamteindrucks unterstützen kann. Aus diesem Grund können auch Bildlegenden, die auf Bildern platziert werden, nach rechts ausgerichtet werden. Bei 4 handelt es sich um eine rechte Seite einer Doppelseite, die Bildlegende nimmt somit wie bei 1 die Formatkante rechts auf. Wenn Bildunterschriften neben und nicht auf Bilder gestellt werden, bietet sich der rechtsbündige Satz an, wenn der Text links vom Bild steht 2. Text und Bild beziehen sich hierdurch stärker aufeinander, als wenn der Text linksbündig gesetzt wäre. Auf derselben Magazinseite sehen Sie beim Bild oben 3, dass hier der Text ebenfalls zum Bild hin ausgerichtet ist – dieses Mal linksbündig.

Sie sehen das Gestaltprinzip der Nähe, das ich weiter vorn anhand einer Visitenkarte besprochen habe, hier auf die Kombination von Text und Bild angewendet: Was inhaltlich zusammengehört, wird auch als zusammengehörig gestaltet.

▼ Abbildung 3.19
Rechtsbündiger Satz am Beispiel

Zentrierter Satz

Die Anwendung dieser Satzform ist auf wenige Spezialfälle beschränkt, bei allen handelt es sich wie beim rechtsbündigen Satz um kürzere Texte, niemals Fließtext. Auf Titeln von Büchern, Zeitschriften, Zeitungen und Etiketten finden Sie häufig zentrierten Satz.

Kurze Texte in zentriertem Satz wirken häufig klassisch, stabil/monumental, würdevoll und in sich selbst ruhend. Was auf einem Buchtitel (5) wunderbar funktioniert, kann auf einer Visitenkarte zu gewollt oder langweilig wirken. Die moderne Schrift, in der das Titelthema des Magazins »Computer Arts« gesetzt ist (8), wirkt der klassischen Anmutung des zentrierten Satzes entgegen. Dasselbe gilt für die Beispiele im Magazin des Outdoor-Ausrüsters Globetrotter, zu sehen unter (6) und (7). Daher funktioniert der zentrierte Satz hier sehr gut.

5

6 7

8

▲ **Abbildung 3.20**
Zentrierter Satz wirkt schnell klassisch-monumental, die gewählte Schrift kann dem deutlich entgegenwirken.

Nach Möglichkeit sollten Sie beim zentrierten Satz wie bei den anderen Satzarten versuchen, den Text so zu umbrechen, dass die Zeilen weder auffallende Formen bilden noch in der letzten Zeile ein einzelnes Wort oder gar nur eine abgetrennte Silbe stehen bleibt. Im folgenden Beispiel ist das oben nicht gelungen, unten wurde es gut gelöst.

Auch in Zukunft gilt: lange Überschriften in ähnlich lange Zeilen umbrechen

Dies ist ein Typoblindtext. An ihm kann man sehen, ob alle Buchstaben da sind und wie sie aussehen. Manchmal benutzt man Worte wie Hamburgefonts, Rafgenduks oder Handgloves, um Schriften zu testen.

Auch in Zukunft gilt: lange Überschriften in ähnlich lange Zeilen umbrechen

Dies ist ein Typoblindtext. An ihm kann man sehen,
ob alle Buchstaben da sind und wie sie aussehen.
Manchmal benutzt man Worte wie Hamburgefonts,
Rafgenduks oder Handgloves, um Schriften zu testen.

Formsatz

In Gestaltungsumfeldern wie Magazinen ist es häufig im Gegensatz zu den bisher besprochenen Satzarten erwünscht, dass Texte eine auffallende äußere Form annehmen. Dabei können wir die gewünschten Formen in zwei Gruppen einteilen:

1. Der Text soll als eigenständiges grafisches Element wahrgenommen werden.
2. Der Text orientiert sich an einer Abbildung und wiederholt dadurch die Kontur des abgebildeten Motivs.

In
manchen Gestaltungs-
umfeldern wie Magazinen ist
es häufig im Gegensatz zu den bis-
her besprochenen Satzarten erwünscht,
dass Texte eine auffallende äußere Form an-
nehmen. Dabei können wir die gewünschten
Formen in zwei Gruppen einteilen: entweder,
der Text soll als eigenständiges grafisches
Element wahrgenommen werden oder der
Text orientiert sich an einer Abbil-
dung und wiederholt dadurch die
Kontur des abgebildeten
Motivs.

I n
manchen Gestaltungs-
umfeldern wie Magazinen ist es
häufig im Gegensatz zu den bisher bespro-
chenen Satzarten erwünscht, dass Texte eine
auffallende äußere Form annehmen.
Dabei können wir die gewünschten
Formen in zwei Gruppen eintei-
len: entweder, der Text soll als eigen-
ständiges grafisches Element wahrge-
nommen werden oder der Text orientiert sich
an einer Abbildung und wiederholt da-
durch die Kontur des abgebil-
deten Motivs.

Freier Zeilenfall

Ein Sonderfall der Satzarten ist der freie Zeilenfall: Angewendet bei sehr kurzen Zitaten oder Titeln, muss hier jede Zeile mit Augenmaß ausgeglichen werden. Meistens folgt der Zeilenfall zudem auch dem Inhalt.

Im rechten Beispiel steht man beim Lesen vor der Frage, wie der Text ab der Aufteilung in sozusagen zwei Spalten überhaupt gelesen werden soll: über den Weißraum hinweg und in der Zeile bleibend oder in derselben Spalte direkt in die nächste Spalte? Dieser Frage würde bei der Entscheidung zugunsten des Formsatzes eindeutig keine Priorität eingeräumt, denn dieses Problem lässt sich nicht ändern, solange die gezeigte Form beibehalten werden soll, und muss deshalb billigend in Kauf genommen werden Beim Formsatz muss immer bedacht werden, dass die Lesbarkeit eines Textes leiden kann.

◀ **Abbildung 3.21**
Texte, die sich der Satzkante einer nebenstehenden Abbildungen anpassen, lockern Seiten auf und sind typisch für Magazine.

3.6 Silbentrennung

Wenn Sie in InDesign ein neues Absatzformat erstellen, ist hier die Silbentrennung aktiv, und die voreingestellten Werte stellen eine recht gute Grundlage für weitere Optimierungen dar.

Keine Trennungen

Bei den allermeisten Textarten ist eine Silbentrennung gewünscht. Ausnahmen hiervon sind Titel, Über- und Zwischenüberschriften.

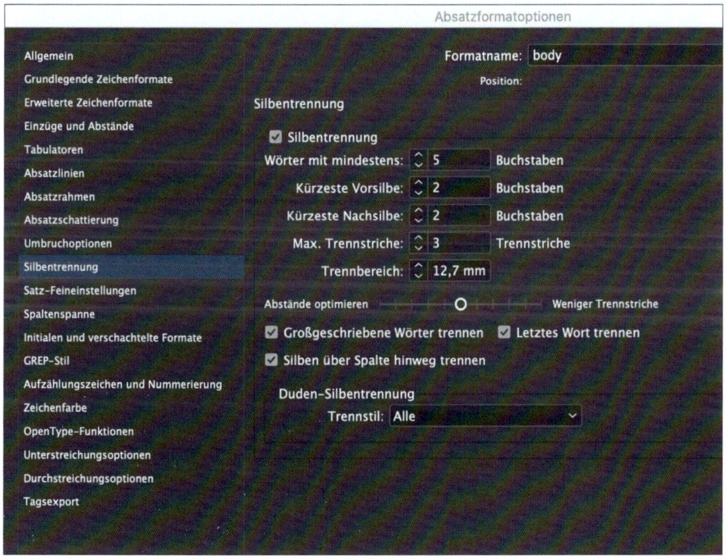

◀ **Abbildung 3.22**
Der Bereich SILBENTRENNUNG in den Absatzformatoptionen lässt weitreichende Einstellungen zu.

Mittels des Wertes bei WÖRTER MIT MINDESTENS definieren Sie, wie lang ein Wort sein muss, damit es von InDesign überhaupt getrennt wird. Die Vorgabe »5« sorgt dafür, dass »einer« getrennt wird, »eine« nicht.

Trennungen im Fließtext

Da Trennungen sowohl von der Textart als auch von der Spaltenbreite abhängen, gebe ich Ihnen hier Empfehlungen mit auf den Weg, die für ausreichend breite Spalten (mit ca. 65–80 Anschlägen pro Zeile) für Fließtext gute Ergebnisse liefern.

Wenn Sie den Wert »2« bei KÜRZESTE VORSILBE übernehmen, erlauben Sie eine Trennung wie »ei-nerseits«. Bei diesem Beispiel ist die Trennung sehr unschön, aber bei vielen Vorsilben wie bei »gewünscht« ist das Trennergebnis unproblematisch. Da Trennungen bei anspruchsvolleren Projekten ohnehin noch überprüft werden müssen, würde ich es bei der voreingestellten »2« belassen. Außerdem kommen noch weitere Optionen zum Einsatz, mit denen Sie »ei-nerseits« unterbinden können und InDesign dazu bringen können, nur »einer-seits« zu trennen. Dazu später mehr.

Für den Wert bei KÜRZESTE NACHSILBE gilt prinzipiell dasselbe wie bei KÜRZESTE VORSILBE.

Mit MAX. TRENNSTRICHE ist die maximale Zahl an Trennstrichen gemeint, die an der rechten Satzkante direkt hintereinanderstehen dürfen. Da viele aufeinanderfolgende Trennstriche die Lesbarkeit herabsetzen, wird häufig der voreingestellte Wert »3« empfohlen. Bei einer ausreichend breiten Textspalte wird dieser Wert ohnehin nur ausnahmsweise von InDesign herangezogen.

In dem Fließtext, den Sie gerade lesen, liegt der Mittelwert der Anschläge bei etwa 70. Bei einer solchen Spaltenbreite sind Trennungen sowieso selten und zwei aufeinanderfolgende Trennungen die absolute Ausnahme. Aber: je weniger Zeichen in einer Spalte Platz haben, desto mehr kommen Trennungen insgesamt vor und damit auch aufeinanderfolgende Trennungen. Das bedeutet, dass Sie bei sehr schmalen Spalten auch auf höhere Werte als »3« bei MAX. TRENNSTRICHE zurückgreifen müssen, um möglichst wenige Löcher im Satz zu haben.

In den Absatzformateinstellungen für Silbentrennungen finden Sie die Option TRENNBEREICH. Bei Flattersatz können Sie hierüber regeln, wo ein Wort, gemessen von der rechten Satzkante, enden darf (für Absätze im Blocksatz greift InDesign auf diese Option nicht zurück).

Im Beispiel sehen Sie oben die Standardeinstellung von 12,7 mm bei TRENNBEREICH ❷. Diese Einstellung führt dazu, dass am rechten Rand Löcher entstehen, die maximal 12,7 mm groß sein können ❸. Die daraus resultierenden Trennungen sind dann dementsprechend vorteilhaft. Wenn Sie nun den Wert bei TRENNBEREICH verringern ❶, wird die Zone, in der InDesign trennen darf, schmaler ❹. Dadurch flattert die Kante weniger, allerdings mit unschöneren Trennungen. Ich würde hier auf die erste Variante zurückgreifen, weil ich schönere Trennungen (Buch-staben statt Buchsta-ben) als wichtiger ansehe als das geringere Flattern.

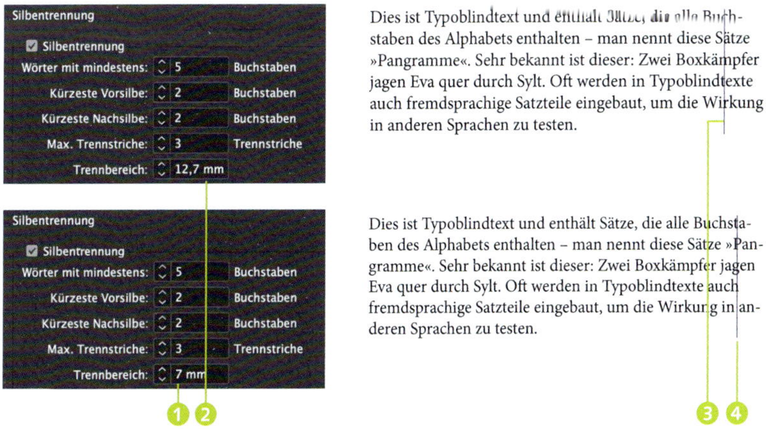

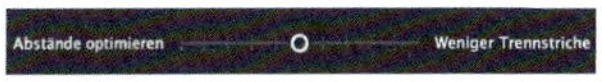

▲ **Abbildung 3.23**
Per Schieberegler können Sie definieren, ob für Sie die Wortabstände oder die geringere Anzahl aufeinanderfolgender Trennstriche Priorität hat.

Mit einem Schieberegler, der in der Voreinstellung mittig steht, können Sie angeben, ob Ihnen die Abstände oder die Anzahl der Trennungen wichtiger sind. Ich halte diese mittige Position für praktikabel, zumal Sie mit weiteren Einstellungen (wie der Wahl der Duden-Trennung) und Vorgehensweisen (wie der Erstellung eigener Wörterbücher samt Trennvorgaben) diese Einstellung ohnehin überschreiben.

Da es im Deutschen (im Gegensatz etwa zum Englischen) eine Vielzahl von großgeschriebenen Wörtern gibt, lasse ich auch die voreingestellte Option GROSSGESCHRIEBENE WÖRTER TRENNEN aktiviert. Das löcherige Schriftbild bei deaktivierter Option ist im Deutschen keine Alternative.

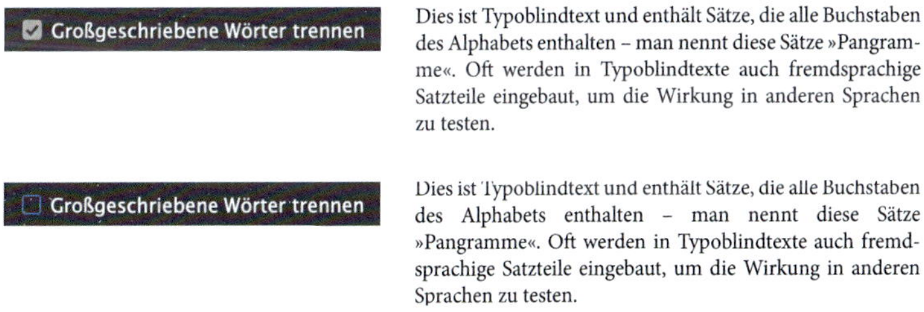

Die Option LETZTES WORT TRENNEN bezieht sich auf das letzte Wort eines Absatzes, kann zu recht störenden Ergebnissen führen und sollte vermieden werden. Achten Sie in folgenden Beispielen auf die Wirkung des getrennten bzw. nicht getrennten Wortes in der letzten Zeile und auf die Auswirkung auf die Wortzwischenräume. Die Wortzwischenräume sind im oberen Beispiel zwar angenehmer, aber die alleinstehende Silbe in der letzten Zeile wiegt meiner Meinung nach schwerer.

Dies ist Typoblindtext. An ihm kann abgelesen werden, ob tatsächlich alle benötigten Buchstabenformen vorhanden sind und wie diese aussehen. Auch Testworte wie Hamburge-fonts oder Handgloves werden benutzt, um Schriften zu tes-ten.

Dies ist Typoblindtext. An ihm kann abgelesen werden, ob tatsächlich alle benötigten Buchstabenformen vorhanden sind und wie diese aussehen. Auch Testworte wie Hamburge-fonts oder Handgloves werden benutzt, um Schriften zu testen.

Mit der Option SILBEN ÜBER SPALTEN HINWEG TRENNEN steuern Sie, ob eben Worte am Spaltenfuß getrennt werden dürfen. Insbesondere bei Trennungen, die am Ende einer Seite stehen, wirken die Silbentrennungen hinderlich, weil auf der neuen Seite gegebenenfalls als Erstes eine Silbe steht. Auch diese Trennung sollten Sie möglichst vermeiden.

Manchmal Sätze, die alle Buchsta-ben des Alphabets enthalten – man nennt diese Sätze »Pangramme«. Sehr bekannt ist dieser: Zwei Box-kämpfer jagen Eva quer durch Sylt. Oft werden in Typoblindtexte auch fremdsprachige Satzteile einge-baut, um sie zu testen.

Manchmal Sätze, die alle Buch-staben des Alphabets enthalten – man nennt diese Sätze »Pangram-me«. Sehr bekannt ist dieser: Zwei Boxkämpfer jagen Eva quer durch Sylt. Oft werden in Typoblindtexte auch fremdsprachige Satzteile ein-gebaut, um sie zu testen.

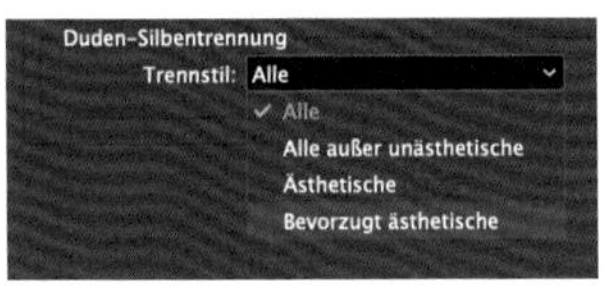

▲ **Abbildung 3.24**
In InDesign stehen Ihnen bei der Duden-Silbentrennung vier Optionen zur Verfügung.

Duden-Silbentrennung | Im Pulldown-Menü DUDEN-SILBENTRENNUNG können Sie zwischen den vier Trennstilen ALLE, ALLE AUSSER UNÄSTHETISCHE, ÄSTHETISCHE und BEVORZUGT ÄSTHETISCHE wählen. Diese Optionen führen zu unterschiedlich strengen Trennverhalten. Mit ästhetisch ist hier »nicht sinnentstellend« gemeint.

- Die Option ALLE trennt ein Wort bei Bedarf an allen möglichen, grammatikalisch korrekten Stellen. Da das Ergebnis daher auch zu sinnentstellenden Trennungen wie bein-halten oder auch Konsument-scheidung führen kann, ist diese Vorgabe nicht empfehlenswert.
- Mit der voreingestellten Option ALLE AUSSER UNÄSTHETISCHE werden sinnentstellende Trennungen vermieden. Eine Trennung wie bein-halten wird dann unterbunden, die Trennung wie bei Buchsta-be ist dabei möglich, weil die Trennung keinen Einfluss auf die Sinnhaftigkeit hat.
- Die nächststrengere Option ist BEVORZUGT ÄSTHETISCH. Hierbei versucht InDesign nach Möglichkeit, sinnerhaltende Trennungen zu verwenden.
- Die strengste Vorgabe ist der Trennstil ÄSTHETISCHE: Sinnentstellende Trennungen kommen dann nicht mehr vor. Bei ent-

sprechend langen Zeilen liefert dies natürlich die angenehmsten Trennungen.

Zusammenfassend lässt sich sagen, dass Sie in jedem Fall abwägen müssen, welchem Trennparameter (wie Länge der Vor- bzw. Nachsilbe, Wortlänge, Anzahl der Trennungen in Folge, Zeilenlänge etc.) Sie wie viel Gewicht geben. Bedenken Sie hierbei auch, dass Sie die Vorgaben nach Textsorte innerhalb der Absatzformate vergeben. Während Sie beispielsweise in Titeln, Über- und Zwischenüberschriften möglichst ganz auf Trennungen verzichten sollten, führen Trennungen im Fließtext zu einem ausgeglicheneren Schriftbild.

> *»Die richtige Ausübung des typografischen Berufes ist ein endloser Lernprozess und eine Herausforderung des individuellen Talents, der Fantasie und des praktischen Denkens.«*
>
> *Oliver Simon*

Wörterbücher | Damit eine Software wie InDesign überhaupt eine Silbentrennung vornehmen kann, greift das betreffende Programm auf Wörterbücher zurück. Diese werden bei der Programminstallation mit auf Ihrem Rechner installiert. InDesign bietet für die deutschsprachigen Versionen die Duden-Wörterbücher an. Bitte überprüfen Sie über die Voreinstellungen, ob bei WÖRTERBUCH • SILBENTRENNUNG auch das Duden-Wörterbuch eingestellt ist. So umfangreich diese Wörterbücher sind, spätestens bei Eigennamen, Fachbegriffen oder eingedeutschten Wörtern kommen diese vorinstallierten Wortlisten an ihre Grenzen.

In InDesign können Sie sich mit der Funktion DYNAMISCHE RECHTSCHREIBPRÜFUNG, die Sie unter BEARBEITEN • RECHTSCHREIBPRÜFUNG finden, einen schnellen Überblick über die Stellen in Ihrem Dokument verschaffen, die InDesign als problematisch ansieht. Hierfür müssen Sie sich im Bildschirmmodus NORMAL befinden. Die entsprechende Einstellung finden Sie im Menü ANSICHT.

Trennung manuell vornehmen

Im folgenden Beispiel sehen Sie eine unschöne Trennung ① und eine falsche Trennung in einem Wort, das InDesign nicht in einem Wörterbuch gefunden hat und daher während der dynamischen Rechtschreibprüfung als falsch kennzeichnet ②.

① ②

Eine sehr einfach zu lernende Zeitma-
nagementtechnik ist die Pomodorot-
echnik.

Bei Wörtern, die immer wieder – auch in anderen Dokumenten – vorkommen, fügen Sie das Wort besser in ein Wörterbuch ein und hinterlegen dabei die gewünschten Trennstellen. Es gibt zwei mögliche Situationen, in denen Sie Trennungen in ein Wörterbuch einpflegen möchten:

- Das Wort ist schon in einem Wörterbuch hinterlegt, Sie möchten aber die Trennstellen optimieren.
- Sie nehmen das Wort als ganz neuen Eintrag in ein Wörterbuch auf und definieren im selben Arbeitsschritt die gewünschte Trennstelle – oder auch mehrere Trennstellen. Wenn das Wort an mehreren Stellen getrennt werden kann, können Sie die Trennungen sogar in drei Stufen priorisieren.

Eigene Tastaturbefehle

Da ich Funktionen wie die dynamische Rechtschreibprüfung und das Benutzerwörterbuch intensiv verwende, habe ich diese Befehle mit eigenen Tastaturbefehlen belegt. Eigene Tastaturbefehle können Sie im BEARBEITEN-Menü definieren.

Im vorherigen Beispiel habe ich händisch einen bedingten Trennstrich in Zeit-management eingefügt. Wenn Zeitmanagement im selben oder in einem anderen Text wieder an dieser Stelle getrennt werden soll, müsste ich das händische Einfügen des bedingten Trennstrichs wiederholen. Damit ich erst gar nicht in diese Situation gerate, hinterlege ich im Wörterbuch die gewünschte Trennung.

Dafür rufe ich den Befehl BENUTZERWÖRTERBUCH auf, der sich im Untermenü RECHTSCHREIBPRÜFUNG des Kontextmenüs bzw. im BEARBEITEN-Menü findet.

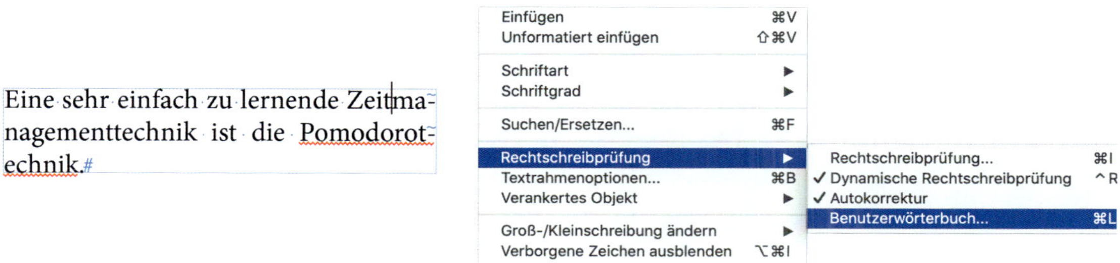

▲ **Abbildung 3.25**
Da ich die Trennung »Zeitmanagement« niemals in Texten haben möchte, hinterlege ich das Wort samt Trennungen im Benutzerwörterbuch.

Daraufhin öffnet sich der entsprechende Dialog. Wenn Sie das Benutzerwörterbuch aufrufen, während der Cursor in einem Wort steht, wird das betreffende Wort direkt in das Eingabefeld eingetragen ❶ (siehe Abbildung 3.26).

In dem Benutzerwörterbuch-Dialog wird Ihnen auch angezeigt, auf welche Sprache InDesign das betreffende Wort überprüft ❸ und welches Wörterbuch verwendet wird, dem Sie Wörter hinzufügen ❷.

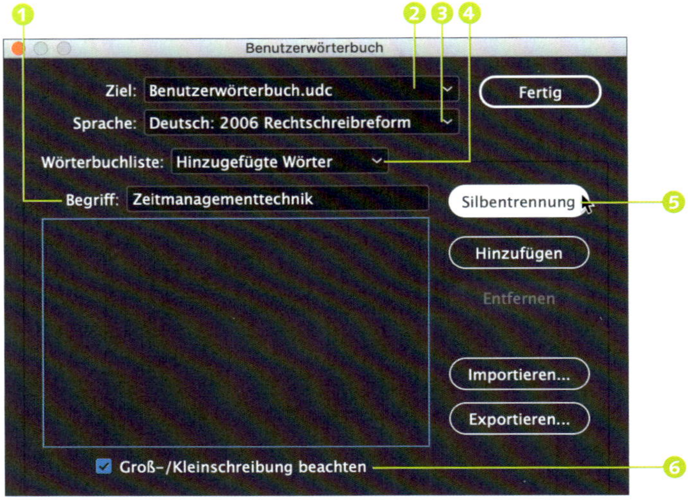

▶ **Abbildung 3.26**
Machen Sie intensiven Gebrauch von der Funktion HINZUFÜGEN im Benutzerwörterbuch-Dialog.

Sprache in Zeichenformaten

Sie können Spracheinstellungen auch in Zeichenformaten hinterlegen. Das macht beispielsweise Sinn, wenn in einem deutschen Text zahlreiche englische Begriffe vorkommen. Diese würden als Fehler bei der Rechtschreibprüfung angezeigt werden. Wenn Sie die englischen Wörter jedoch mit einem Zeichenformat formatieren, in dem Sie Englisch als Sprache definiert haben, umgehen Sie dies.

Die entsprechenden Einstellungen sollten Sie ganz grundsätzlich in den Programmvoreinstellungen im Bereich WÖRTERBUCH vornehmen. Diese Einstellungen werden für neue Dokumente verwendet und auch in neu angelegte Absatzformate übernommen. In den Absatzformatoptionen können Sie die Spracheinstellungen natürlich auch anders definieren.

Da Sie in InDesign keine Änderungen an den ursprünglichen Wörterbüchern vornehmen (können), wird Ihnen unter WÖRTERBUCHLISTE ein passendes Wörterbuch angezeigt ❹. Meist werden Sie mit der Option HINZUGEFÜGTE WÖRTER arbeiten. Daneben gibt es in InDesign noch die Möglichkeiten, Wörter zu ignorieren und zu löschen. Für jede dieser drei Optionen legt InDesign individuelle Dateien mit den jeweiligen Wortlisten an.

Bevor Sie ein Wort Ihrem Benutzerwörterbuch hinzufügen, aktivieren Sie unten die Option GROSS-/KLEINSCHREIBUNG BEACHTEN ❻. Dies müssen Sie nach einem Neustart von InDesign wiederholen, da sich das Programm diese Einstellung leider nicht merkt. Klicken Sie anschließend auf SILBENTRENNUNG ❺. Das Wort, das im Eingabefeld BEGRIFF steht, wird nun mit Trennungen dargestellt. Da InDesign hier logischerweise raten muss, ist hier fast immer eine händische Korrektur notwendig:

Ich lösche die zweite von InDesign vorgeschlagene Trennung, das ist ja gerade die, an der InDesign bisher getrennt hat.

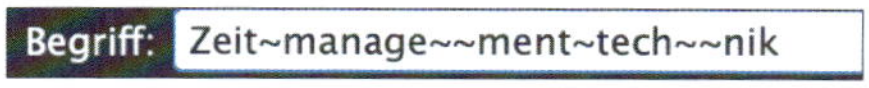

Im Beispiel sehen Sie an den möglichen Trennstellen ein bis zwei Tilden (~). Mit der Anzahl Tilden, von denen Sie bis zu drei einfügen können, steuern Sie die Priorität, mit der InDesign trennen soll. Hierbei nimmt die Priorität mit der Anzahl Tilden ab. Das heißt, dass InDesign versucht, möglichst die Trennstelle mit einer Tilde zu verwenden. Ist das nicht möglich, greift InDesign auf die Trennungen mit zwei und schließlich mit drei Tilden zurück. Durch die Hinterlegung der Trennpräferenzen im Beispiel wird InDesign somit angewiesen, das Wort möglichst entweder nach »Zeit« bzw. nach »Zeitmanagement« zu trennen. Bieten sich diese Trennungen aufgrund der Position im Text und in Abhängigkeit der anderen Trennvorgaben nicht an, greift InDesign auf die Trennungen nach »Zeitmanage« bzw. »Zeitmanagementtech« zurück.

Nach einem Klick auf den HINZUFÜGEN-Button im Benutzerwörterbuch-Dialog wird das Wort ins Wörterbuch aufgenommen, und die korrigierte Trennung 8 ist direkt im Text zu sehen:

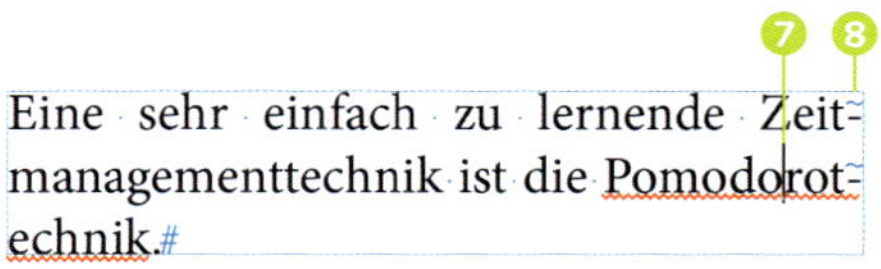

Wenn Sie ein Wort, das bei der Rechtschreibprüfung als Fehler markiert wird, einem Wörterbuch samt Trennpräferenzen hinzufügen möchten, gehen Sie ganz ähnlich vor wie bei der Optimierung von Trennungen eines schon im Wörterbuch vorhandenen Wortes. Positionieren Sie zunächst den Cursor in das betreffende Wort 7, und rufen Sie dann über das Kontext- oder im BEARBEITEN-Menü RECHTSCHREIBPRÜFUNG • WÖRTERBUCH auf.

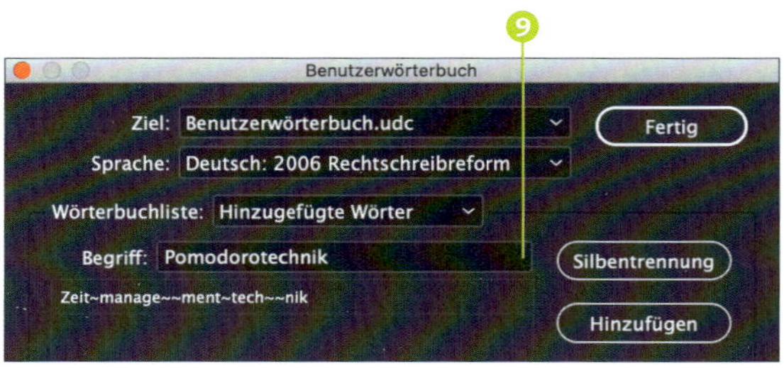

◄ **Abbildung 3.27**
Das Wort, in dem der Cursor steht, wird beim Aufruf der Benutzerwörterbuch-Funktion direkt bei BEGRIFF eingetragen.

Nach Klick auf den Button SILBENTRENNUNG werden uns die von InDesign erratenen Trennstellen angezeigt 1 (Abbildung 3.28).

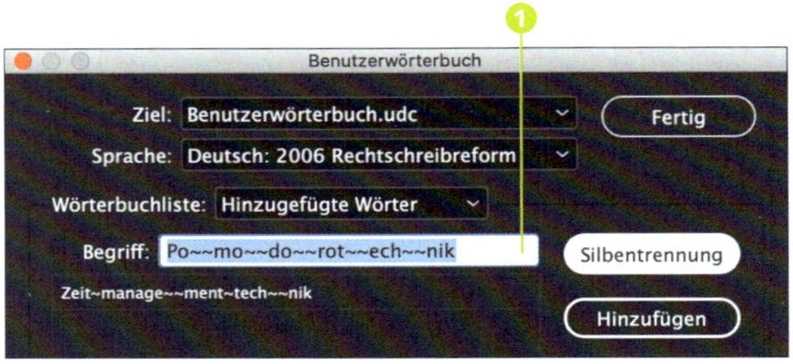

▶ **Abbildung 3.28**
Hier sehen wir die Trennstellen, die InDesign erraten hat.

Nach Korrektur ❷ der recht kreativen Trennungen seitens InDesign und einem Klick auf den HINZUFÜGEN-Button ist auch hier die gewünschte Trennung direkt im Text zu sehen ❸.

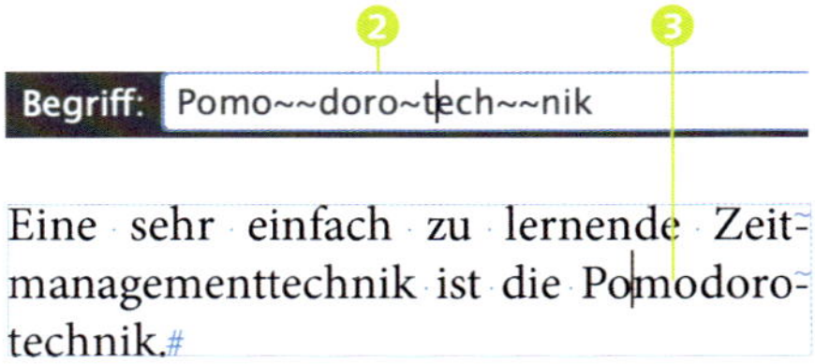

3.7 Satz-Feineinstellungen

Bei Absätzen, die Sie im Blocksatz setzen, muss Ihr Satzprogramm entscheiden, nach welcher Methode der Text einer Zeile auf die zu Verfügung stehende Satzbreite verteilt wird. In InDesign stehen hierfür folgende drei Parameter zur Verfügung: der Wortabstand, der Zeichenabstand und die Glyphenskalierung. Die entsprechenden Vorgaben finden Sie im Bereich SATZ-FEINSTELLUNGEN der Absatzformatoptionen.

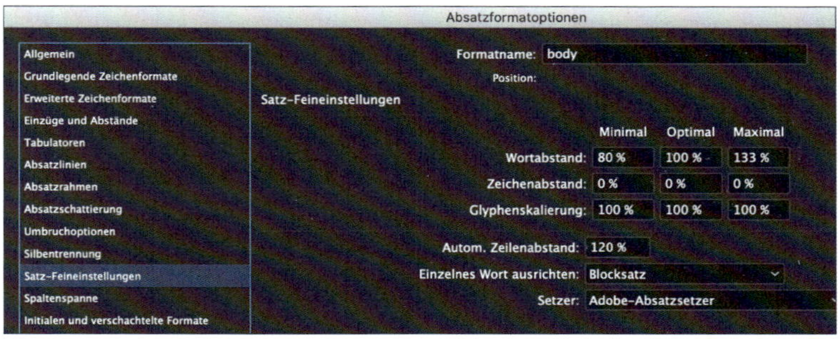

▶ **Abbildung 3.29**
Mit diversen Einstellungen können Sie insbesondere den Blocksatz steuern.

Innerhalb der Satz-Feineinstellungen finden Sie bei den genannten Satzparametern WORTABSTAND, ZEICHENABSTAND und GLYPHENSKALIERUNG je drei Eingabefelder, mit denen Sie die jeweiligen minimalen, optimalen und maximalen Werte eingeben können. Während die Minimal- und Maximalwerte nur bei den Blocksatzvarianten zum Tragen kommen, greift InDesign beim Flattersatz und der flatternden letzten Zeile im Blocksatz auf die Optimalwerte zu.

Die voreingestellten Werte bei OPTIMAL liefern bei Lesegrößen im Flattersatz praktisch immer gute Ergebnisse, da InDesign durch diese Einstellungen auf die im Font hinterlegten Abstände zurückgreift.

Durch die Zuweisung von Blocksatz muss das Satzprogramm nun die vorhandenen Zeichen einer Zeile auf die Satzbreite bringen, und hierfür werden zuallererst die Wortabstände variiert. Diese können sowohl verringert als auch vergrößert werden. Bei sehr schmalen Spalten muss InDesign diese Werte allerdings auch unter- bzw. überschreiten, um eine Zeile zu füllen. Den voreingestellten Werten gemäß ist der Wortabstand der einzige Parameter, den InDesign beim Blocksatz variiert (bei ZEICHENABSTAND und GLYPHENSKALIERUNG stehen jeweils dreimal 0 bzw. 100%).

❶ Dies ist Typoblindtext. An ihm kann abgelesen werden, ob tatsächlich alle benötigten Buchstabenformen vorhanden sind und wie diese aussehen. Manchmal werden Testworte wie Hamburgefonts, Rafgenduks oder Handgloves benutzt, um Schriften zu testen. Manchmal Sätze, die alle Buchstaben des Alphabets enthalten – man nennt diese Sätze »Pangramme«. Sehr bekannt ist dieser: Zwei Boxkämpfer jagen Eva quer durch Sylt. Oft werden in Typoblindtexte auch fremdsprachige Satzteile eingebaut, um die Wirkung in anderen Sprachen zu testen.

❷ Dies ist Typoblindtext. An ihm kann abgelesen werden, ob tatsächlich alle benötigten Buchstabenformen vorhanden sind und wie diese aussehen. Manchmal werden Testworte wie Hamburgefonts, Rafgenduks oder Handgloves benutzt, um Schriften zu testen. Manchmal Sätze, die alle Buchstaben des Alphabets enthalten – man nennt diese Sätze »Pangramme«. Sehr bekannt ist dieser: Zwei Boxkämpfer jagen Eva quer durch Sylt. Oft werden in Typoblindtexte auch fremdsprachige Satzteile eingebaut, um die Wirkung in anderen Sprachen zu testen.

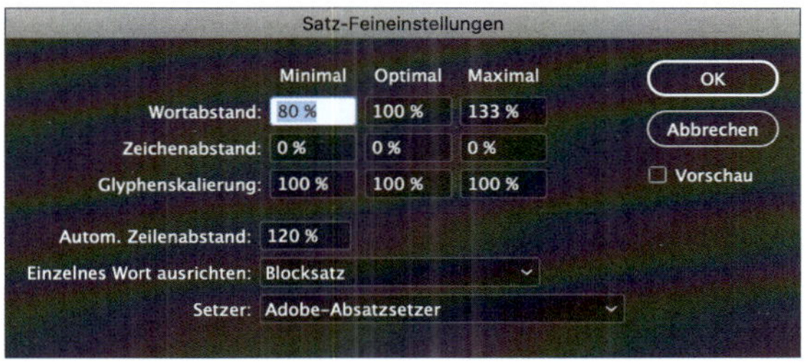

❸

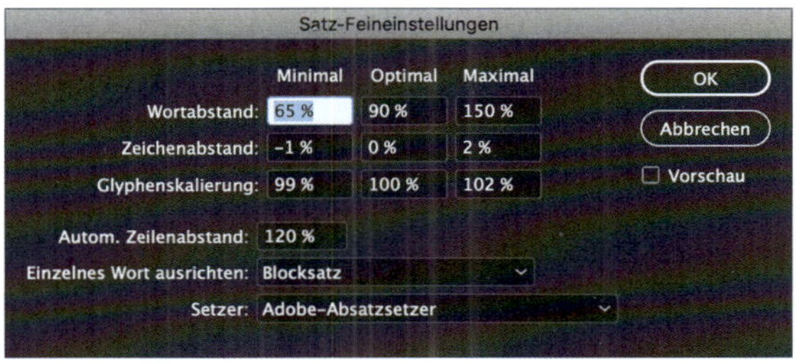

❹

Im Beispiel sehen Sie zwei alternative Lösungen für denselben Text in einer sehr schmalen Spalte im Blocksatz. Beide Lösungen sind unbefriedigend und sollen hier als Demonstration für die Unmöglichkeit dienen, bei schmalen Spalten und Blocksatz ein angenehmes Satzbild zu erreichen.

Der linke Text ❶ ist mit den Standardeinstellungen der Abstände formatiert ❸. Bei ❷ habe ich deutlich eingegriffen, die verwende-

Blocksatz im Webdesign

Im Internet finden Sie so gut wie nie Blocksatz – derzeit können Browser Text nur per Variation der Wortzwischenräume auf Satzbreite bringen. Das ist als alleinige Voraussetzung zu wenig für ein befriedigendes Satzbild.

ten Eingaben sehen Sie im Screenshot 4. Diese zweite Lösung hat zwar im Vergleich zu den Standardwerten einen viel gleichmäßigeren Grauwert, dafür stören die uneinheitlichen Zeichenabstände und die teilweise extrem geringen Wortabstände.

Wie beim Wortabstand gilt auch für den Zeichenabstand: Bei 0% greift InDesign auf die Originallaufweite der Schrift zurück. Negative Werte bei Minimal bedeuten, dass InDesign nun auch die Zeichenabstände verringern darf, um Zeilen zu setzen. Nach oben greift dementsprechend der bei Maximal eingetragene Wert. Eine Änderung der Zeichenabstände wird sehr schnell sichtbar, deshalb sollten Sie versuchen (falls es überhaupt aufgrund einer sehr geringen Satzbreite notwendig ist), mit +/–1% oder maximal +/–2% auszukommen.

Mit der Glyphenskalierung können Sie InDesign anhalten, die Zeichenform in den Horizontalen zu verringern oder zu verbreitern. Bei Werten bis +/– 2% kann dieser Eingriff zu einem deutlich ausgeglicheneren Schriftbild führen, wobei die Skalierung selbst keinesfalls sichtbar werden sollte.

Dokumentendnoten- und
Fußnoteneinstellungen
sind spezielle Funktionen#

Dokumentendnoten- und
Fußnoteneinstellungen
sind spezielle Funktionen#

Als weitere Option finden Sie in den Satz-Feineinstellungen das Pulldown-Menü Einzelnes Wort ausrichten. Hiermit können Sie InDesign anweisen, einzelne Wörter nicht im Blocksatz, sondern beispielsweise linksbündig zu setzen, wie im nebenstehenden Beispiel zu sehen. Diese Lösung kommt recht selten zum Einsatz, obwohl sie meiner Meinung nach eine praktikable Lösung darstellt. Wollen Sie sich auf die Ausrichtung des letzten Wortes eines im Blocksatz gesetzten Textes beziehen, hinterlegen Sie dem Format generell besser unter Einzüge und Abstände unter Ausrichtung die Einstellungen Blocksatz, letzte linksbündig.

Somit haben Sie eine Fülle an Parametern zur Hand, mit denen Sie steuern können, wie Ihr Satzbild aussieht, und je kleiner die Satzbreite ist, desto mehr werden Sie ausprobieren müssen. Bei Texten, die Sie mit der weiter vorn empfohlenen Wortanzahl von 8–10 setzen können, brauchen Sie die Abstände bei Weitem nicht so deutlich zu modifizieren. Bei allen anderen Fällen müssen Sie zwischen den Parametern Anzahl und Qualität der Trennungen, Wort- und Zeichenabstand und der Möglichkeit, die Zeichenformen zu skalieren, genau abwägen und entscheiden, was Ihnen am wichtigsten ist. Denn im Schriftsatz können Sie häufig nicht alle Parameter auf das Optimum stellen.

3.8 Lesen

Nähern wir uns der Gestaltung von Texten nach der Behandlung der bisherigen grundsätzlichen typografischen Themen von einer ganz anderen Seite an. Wie nehmen wir Texte wahr? Wie funktioniert das Lesen? Welche Konsequenzen hat das für die Typografie? Warum sind manche Schriften besser leserlich als andere? Warum gelten für die Typografie von Romanen andere Regeln als für Autobahnschilder?

> **Korrekturlesen**
> Falls Sie selbst einmal in der Situation sind, Ihre eigenen Texte Korrektur zu lesen, werden Sie feststellen, dass das fast aussichtslos oder zumindest überraschend fehlerbehaftet ist. Das liegt zum einen daran, dass Sie, weil Sie den Text selbst verfasst haben, ja wissen, was dort stehen soll. Da Sie normalerweise eben nicht jeden Buchstaben mit dem Auge abfahren, fallen Ihnen so beispielsweise Buchstabendreher kaum auf.

Der Lesevorgang

Beobachten Sie sich selbst beim Lesen. Bevor Sie weiterlesen, blättern Sie zurück oder lesen Sie den Text oben auf dieser Seite. Was stellen Sie fest? Gibt es etwas, das Sie dabei überrascht? Versuchen Sie, das, was Sie festgestellt haben, möglichst genau zu beschreiben. Machen Sie anschließend folgende zwei Übungen: Zunächst lassen Sie Ihre Augen auf einem beliebigen Punkt dieses Textes stehen. Konzentrieren Sie sich auf das, was Sie sehen: Wie groß ist der scharfe Bereich und wie verändert sich Ihre Wahrnehmung von diesem scharfen Bereich zu dem äußeren Bereich Ihres gesamten Blickfeldes? Bleiben Sie mit Ihren Augen dabei bei Ihrem gewählten Fixpunkt, und verschieben Sie nur die Aufmerksamkeit auf die Bereiche, die weiter entfernt von diesem Punkt liegen.

Sie werden bei dieser ersten Übung feststellen, dass der Bereich, in dem Sie wirklich scharf sehen, nur wenige Quadratmillimeter misst. Von dort bis zum Rand Ihres Sichtbereichs nimmt die Schärfe kontinuierlich ab. Und in der Nähe des Randes Ihres Sichtfeldes sehen Sie keine Farben mehr, und ganz am Rand nehmen Sie nur noch Bewegung wahr, keine Farben oder Formen.

Dass der scharfe Bereich derart klein ist, bedeutet fürs Lesen, dass Sie immer nur wenige Schriftzeichen gleichzeitig scharf sehen können, wenn Sie Text in einer knappen Armlänge entfernt halten.

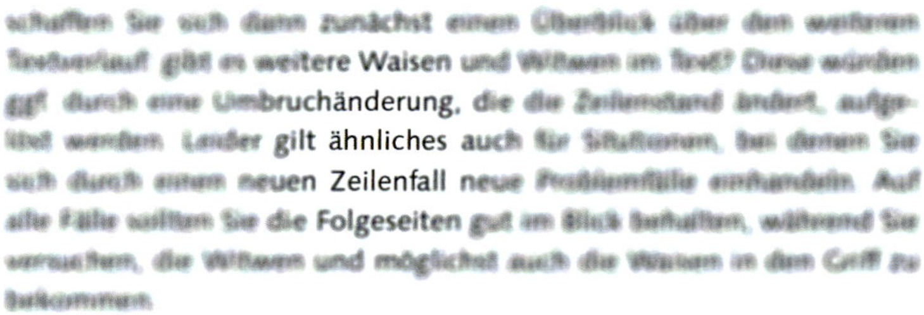

Veränderte Lesegewohnheiten

Der Einfluss der digitalen Medien auf unser Leseverhalten hat sich in den vergangenen Jahren manifestiert: Generell werden kurze Texte bevorzugt, lange Texte werden eher nur noch nach Schlagwörtern gescannt. Das gilt besonders auch für Online-Texte, bei denen man auf eine gute Strukturierung durch Zwischenüberschriften und Hervorhebungen achten sollte.

Auch wenn der Bereich des Scharfsehens sehr klein ist, nehmen wir doch auch den weiteren Bereich um diese kleine Fläche deutlich wahr. Das können Sie leicht überprüfen, indem Sie die Augen auf einem beliebigen Text dieser Doppelseite ruhen lassen. Die umliegenden Wörter nehmen Sie zumindest schemenhaft wahr. Auch der gesamte Aufbau der Seiten erschließt sich Ihnen, auch wenn er eher im seitlichen, unscharfen Sichtfeld liegt.

Beobachten Sie sich als zweite Übung jetzt beim Lesen. Dabei werden Sie feststellen, dass Sie gar nicht jeden Buchstaben mit den Augen abtasten: Ihr Auge macht mehr oder weniger weite Sprünge.

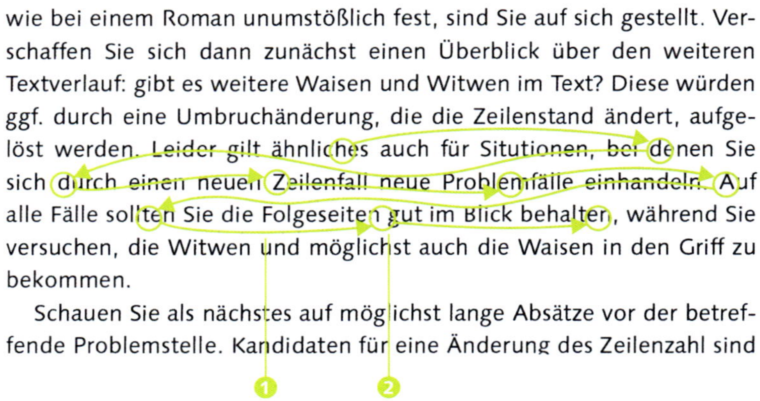

wie bei einem Roman unumstößlich fest, sind Sie auf sich gestellt. Verschaffen Sie sich dann zunächst einen Überblick über den weiteren Textverlauf: gibt es weitere Waisen und Witwen im Text? Diese würden ggf. durch eine Umbruchänderung, die die Zeilenstand ändert, aufgelöst werden. Leider gilt ähnliches auch für Situtionen, bei denen Sie sich durch einen neuen Zeilenfall neue Problemfälle einhandeln. Auf alle Fälle sollten Sie die Folgeseiten gut im Blick behalten, während Sie versuchen, die Witwen und möglichst auch die Waisen in den Griff zu bekommen.

Schauen Sie als nächstes auf möglichst lange Absätze vor der betreffende Problemstelle. Kandidaten für eine Änderung des Zeilenzahl sind

1 2

Die Augenbewegung 1 während des Lesens wird als Sakkade bezeichnet. Der Punkt, an dem das Auge einen – im wahrsten Sinne des Wortes – Augenblick verweilt 2, heißt Fixation. Und obwohl wir nicht jedes Schriftzeichen scharf lesen, erfassen wir doch den gesamten Text, den wir lesen. Offensichtlich reichen diese groben visuellen Informationen dennoch für das vollständige Erfassen eines Textes aus.

Bcuhstabnedreher

Buchstabendreher sind beim Korrekturlesen besonders dann schwer zu finden, wenn es sich bei dem betreffenden Zeichenpaar um dieselbe Zeichenart handelt: also etwa zwei Buchstaben, die wie »u«/»c« oder »e«/»n« in der Überschrift oben keine Ober- und Unterlänge aufweisen.

Afugrnud enier Sduite an enier Elingshcen Unvirestiät ist es eagl, in wlehcer Rienhnelfoge die Bcuhtsbaen in eniem Wrot sethen, das enizg wcihitge dbaei ist, dsas der estre und lzete Bcuhtsbae am rcihgiten Paltz snid. Der Rset knan ttolaer Bölsdinn sien, und Sei knnöen es torztedm onhe Porbelme lseen. Das ghet dseahlb, wiel wir nchit Bcuhtsbae für Bcuhtsbae enizlen lseen, snodren Wröetr als Gnaezs.

Der vorige Absatz und ähnliche kursieren seit Jahren im Internet. Ich finde es tatsächlich interessant, dass man den vorigen Absatz entziffern kann. Und gerade bei manch kurzen Wörtern fallen die vertauschten Buchstaben kaum auf. Je länger ein Wort ist, umso schwieriger fällt das Entziffern. Ein wichtigeres Merkmal als der Anfangs- und Schlussbuchstabe eines Wortes ist sicherlich die äußere Form eines Wortes.

Wortkontur

Wenn Sie sich die grobe äußere Form eines Wortes vergegenwärtigen, haben Sie die sogenannte Wortkontur vor sich.

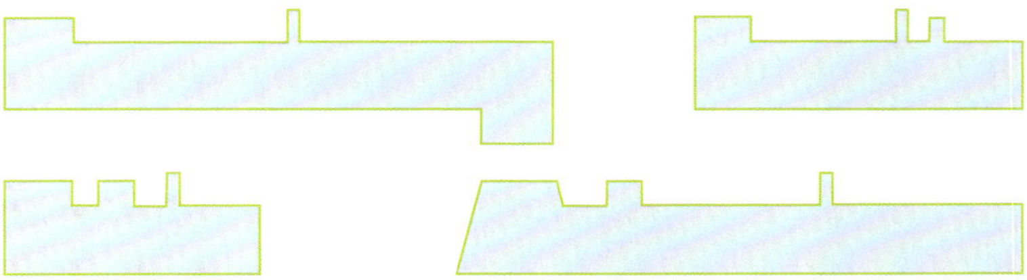

Sicher haben Sie im Beispiel nicht Hamburg, Berlin, Köln und München gelesen. Dennoch transportieren diese Umrisse wichtige Informationen: Achten Sie auf die ganz spezifischen Rhythmen von Versalien, x-Höhe, Ober- und Unterlängen. Hier sehen Sie auch, wie selten Unterlängen (nicht nur) im Deutschen sind.

Wenn ich dieselben Städtenamen als Versalien schreibe und dann die Wortkonturen nachzeichne, fehlen die Informationen über Ober- und Unterlängen, wodurch sich die Worte fast nur noch durch die Längen unterscheiden.

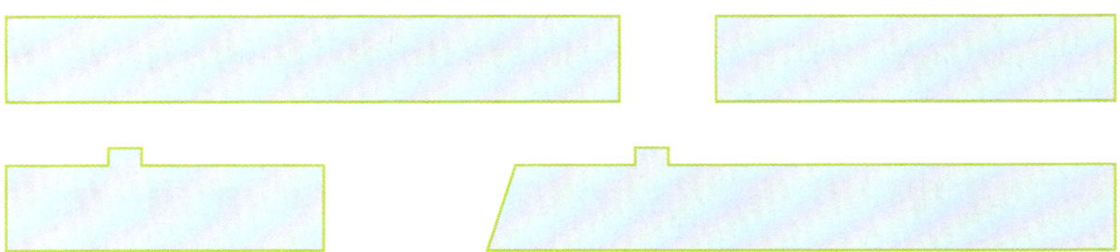

Diese Ähnlichkeit der Wortkonturen, die durch Versalsatz entsteht, verschlechtert die Leserlichkeit von Texten massiv: ein deutliches Argument gegen seinen Einsatz im Fließtext.

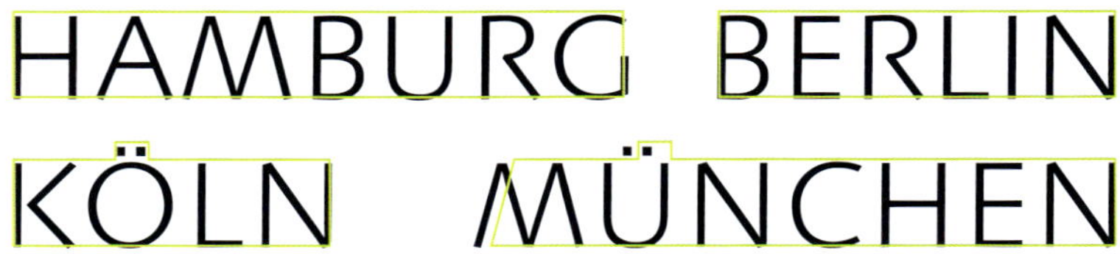

Außer beim »Q« und in manchen Schriften auch beim »J« kommen bei Versalien ja keine Unterlängen vor, was zu dem zwar repräsentativen, aber eben auch eher schlecht leserlichen Textbild führt.

Unterscheidbarkeit

Nun liefern auch verschiedene Schriften unterschiedlich viele Details. Wie Sie den folgenden Beispielen entnehmen können, gibt es hier gravierende Unterschiede bezüglich der Leserlichkeit. Betrachten wir nun einige Wörter nur anhand der oberen und unteren Hälfte.

Sie sehen jeweils von oben nach unten die Garamond, Meta, Myriad, Futura und Avant Garde (von oben nach unten). Keines der Wörter lässt sich wirklich lesen, aber Sie können bereits an den unteren Hälften der Wörter deutlich sehen, wie der Informationsgehalt über die jeweiligen Buchstaben je nach Schriftart ganz beträchtlich variiert. Der untere Teil der Wörter bietet aufgrund der wenigen Unterlängen geringe Unterscheidungsmerkmale.

Sehen wir uns nur die oberen Hälften der Schriften an, sind die Wörter sehr viel besser lesbar. Die Wörter in der Garamond oben können Sie sicher lesen: Zum einen sind die grundlegenden Zeichenformen sehr unterschiedlich, und zum anderen unterstützt der enorme Detailreichtum beim Lesen. Besonders deutlich können Sie das bei den ersten beiden Buchstaben von Illusion sehen und beim »a« und »g«. Das sieht bei der Avant Garde – im Beispiel ganz unten – ganz anders aus: Hier gleichen sich einzelne Buchstabenteile derart, dass wir etwa ein »a« nicht von einem »g« unterscheiden können, wenn uns nur der obere Teil der Buchstaben zur Verfügung steht.

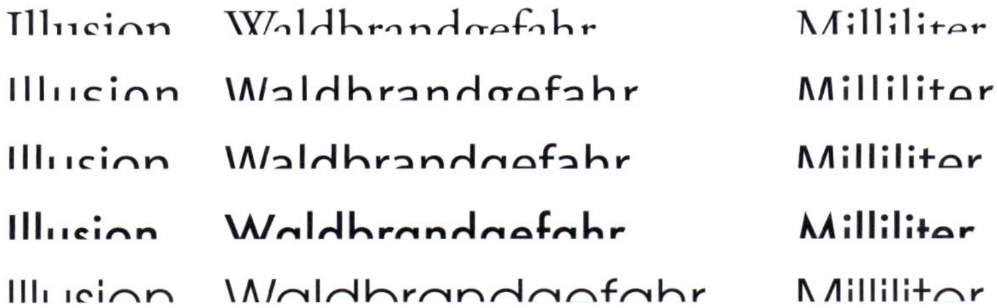

Die Avant Garde fällt nicht nur durch ihre enorme x-Höhe und die gezirkelten Buchstabenformen auf, sondern auch durch die Oberlängen, die exakt der Versalhöhe entsprechen. Durch dieses Gestaltungsprinzip sehen die ersten drei Buchstaben von »Illusion« schon wie eine römische Drei aus. Auch beim Wort »Milliliter« verliert sich das Auge im Streifengewirr, das durch die lang gezogenen i-Punkte, die eben auch oben an der Versal-/x-Höhe enden, entsteht. Als Schrift für Mengentexte fällt sie damit aus – für kurze Texte und vor allem Logos ist die Avant Garde aufgrund ihres sehr eigenständigen Looks nach wie vor eine häufig und gern gesehene Schrift.

Avant Garde
Die sehr prägnante Avant Garde, die Sie in den beiden vorigen Abbildungen gesehen haben, ist auch im Corporate Design und Branding zu finden.

adidas
nutella

Illusion Waldbrandgefahr Milliliter
Illusion Waldbrandgefahr Milliliter
Illusion Waldbrandgefahr Milliliter
Illusion Waldbrandgefahr Milliliter
Illusion Waldbrandgefahr Milliliter

Im direkten Vergleich der einzelnen Buchstaben sehen Sie die große Bandbreite, in der Einzelzeichen vorkommen. Besonderes Augenmerk verdienen hier das »a« und »g«, da diese in zwei sehr unterschiedlichen Grundformen vorkommen können.

agp agp agp agp agp

Von links nach rechts sehen Sie wieder die Garamond, Meta, Myriad, Futura und Avant Garde – was der Verringerung von Details und der Angleichung der Zeichenformen entspricht. Des Weiteren sehen Sie hier auch eine Entwicklung von Schriften, welche die Herkunft aus Handschriften zeigen (Garamond, Meta, Myriad), bis zu Schriften, die viel eher wie mit Lineal und Zirkel konstruiert wirken (Futura und Avant Garde). Diese verschiedenen Gestaltungsansätze werden uns besonders in Kapitel 4 wiederbegegnen.

Zeilenbildung

Illusion
Illusion

Als mitentscheidendes Merkmal für eine hervorragende Leserlichkeit einer Schrift im Mengensatz gilt die sogenannte Zeilenbildung: Details wie Serifen unterstützen die Betonung der Horizontalen, wodurch das Auge mehr gelenkt wird. Diesen auch als Bandwirkung bezeichneten Effekt können Sie besonders gut bei der Garamond am Wort »Illusion« beobachten. Besonders die Serifen unten an der Schriftlinie betonen die Horizontale, in abgemildertem Maße ist das aber auch bei allen anderen Serifen der Fall. Die Meta hat als einzige der hier gezeigten Beispielgroteskschriften noch kleine nach rechts weisende Endstriche (bei »a«, »d« und »l«) – auch diese Details führen das Auge eher in die Horizontale. Bei den verbleibenden Groteskschriften hingegen ist keine deutliche Bandwirkung spürbar.

Allerdings: ob man wegen der Zeilenbildung, die bei Serifenschriften zweifellos zu beobachten ist, sagen kann, dass Serifenschriften grundsätzlich eine bessere Leserlichkeit aufweisen, halte ich selbst für fraglich. Denn Lesen ist wie viele andere eine Fähigkeit, die durch Erfahrung besser wird.

▲ **Abbildung 3.30**
Das sehen Sie niemals auf Beschilderungen: eine Serifenschrift (wie hier die Garamond Pro).

In einem anderen Bereich finden Sie übrigens niemals Schriften mit Serifen: bei Beschilderungen, die im Straßenverkehr oder etwa in Orientierungssystemen in Flughäfen eingesetzt werden. Hier kommt es auf reine Erkenn- und Unterscheidbarkeit der Zeichen und nicht auf Zeilenbildung an und: bei reflektierenden oder hinterleuchteten Schildern würden Serifen ohnehin überstrahlt werden.

Adobe Garamond Pro

Claude Garamond, 1532, Robert Slimbach, 1989

Neben der hier gezeigten Adobe Garamond, die Robert Slimbach gezeichnet hat, gibt es weitere Garamonds etwa von Stempel und ITC. Alle Versionen beziehen sich in unterschiedlichem Maße auf die Schrift, die Claude Garamond Mitte des 16. Jh. schuf. Nach wie vor gilt die Garamond als Maßstab für Leseschriften. Die Kursive der Adobe Garamond beruht auf einer Schrift vom Garamondnachfolger Robert Granjon.

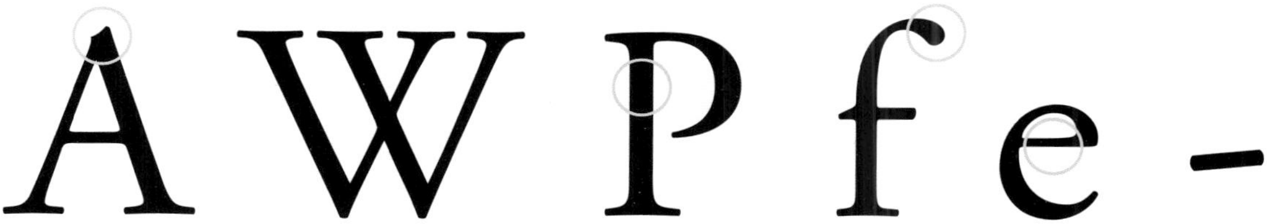

Schriftdetails | Auffallende Kehlung im Dach des »A«. Alle Serifen sind leicht nach innen gewölbt. Das »W« entsteht durch Ineinanderschieben von zwei »V«. Offenes »P«. Weit nach rechts ausholender Schwung beim »f«. Querstrich beim »e« verbreitert sich nach rechts, optisch entsteht so eine Schräge, die so auch bei der Minion zu finden ist. Geneigter Divis. Bewegte, klein gehaltene Ziffern (s. u.).

Blindtext in Adobe Garamond Pro 9,5/13,75 pt | Zwölf Boxkämpfer jagen Viktor quer über den großen Sylter Deich. Franz jagt im komplett verwahrlosten Taxi quer durch Bayern. Die heiße Zypernsonne quälte Max und Victoria ja böse auf dem Weg bis zur Küste. Sylvia wagt quick den Jux bei Pforzheim. Jörg bäckt quasi zwei Haxenfüße vom Wildpony.

Adobe Garamond Pro 32 pt

Anwendungsformate *Philosophie*
Wissensschatz *Dialektforschung*

Adobe Garamond Pro 25 pt

abcdefghijklmnopqrstuvwxyzßäöü
ABCDEFGHIJKLMNOPQRST
UVWXYZÄÖÜ1234567890?!&„“-–

Sabon

Jan Tschichold, 1954
Der deutsche Typograf Jan Tschichold, der im Laufe seines bewegten Lebens mehrfach seinen Namen änderte, legte mit der Sabon eine Leseschrift vor, die sich ähnlich wie Slimbachs Minion an den Garamond-Entwürfen orientiert, aber einen eigenständigeren Charakter hat. Tschichold (1902–1974) hatte 1925 mit seinen Beiträgen im Sonderheft »elementare typographie« der Zeitschrift »typografische mitteilungen« Gestaltungsthesen formuliert, die einerseits heftig diskutiert wurden und von denen er sich andererseits später selbst auch wieder abwandte.

A G P Q f *f*

Schriftdetails | Selbstbewusste und nüchternere, dadurch moderner wirkende Interpretation der Originalvorlagen. Diesen Gestaltungsansatz können Sie etwa an den oben gezeigten Versalien und den Ziffern (s. u.) ablesen. Die Serifen sind weniger eingewölbt als bei der Version von Slimbach/Adobe. Grauwerte der Regular- und Bold-Schnitte recht ähnlich.

Blindtext in Sabon 9,5/13,75 pt | Zwölf Boxkämpfer jagen Viktor quer über den großen Sylter Deich. Franz jagt im komplett verwahrlosten Taxi quer durch Bayern. Die heiße Zypernsonne quälte Max und Victoria ja böse auf dem Weg bis zur Küste. Sylvia wagt quick den Jux bei Pforzheim. Jörg bäckt quasi zwei Haxenfüße vom Wildpony.

Sabon 32 pt

Artikelsumpf *Glaubensfreude*
Philatelistenverband *Organik*

Sabon 25 pt

abcdefghijklmnopqrstuvwxyzßäöü
ABCDEFGHIJKLMNOPQRST
UVWXYZÄÖÜ1234567890?!&„“–—

Futura

Paul Renner, 1927

Die ersten Entwürfe zur Futura waren deutlich vom Bauhaus inspiriert: Renner versuchte, eine Schrift auf möglichst geometrischen Elementen aufzubauen. Im Laufe der Arbeit machte Renner dann Zugeständnisse an die optische Ausgeglichenheit und schuf so einen der zeitlosen Meilensteine der Schriftgeschichte. Obwohl Sie die Futura in Corporate Designs, auf Verpackungen und in Magazinen sehen, wirkt sie immer noch frisch. Dadurch, dass die Futura auf der Gedenktafel zur ersten bemannten Mondlandung verwendet wurde, ist ihr ein angemessenes, alle Zeiten überdauerndes Denkmal gesetzt worden.

G S a c g i

Schriftdetails | So geometrisch der Gestaltungsansatz der Futura ist, so detailreich ist die Umsetzung. So trifft der Bogen des »G« nicht wieder auf den unteren Teil. Das »S« ist nicht einfach durch das Aneinanderschieben zweier Kreissegmente realisiert, beim »a« sehen Sie deutliche Modulation der Strichstärke, um eine ästhetisch schlüssige Form zu erreichen. »c« ist rechts vertikal gekappt.

Blindtext in Futura 9,5/13,75 pt | Zwölf Boxkämpfer jagen Viktor quer über den großen Sylter Deich. Franz jagt im komplett verwahrlosten Taxi quer durch Bayern. Die heiße Zypernsonne quälte Max und Victoria ja böse auf dem Weg bis zur Küste. Sylvia wagt quick den Jux bei Pforzheim. Jörg bäckt quasi zwei Haxenfüße vom Wildpony.

Futura 32 pt

GLOBUS ***Sportstätte*** Trauring
ARCHITEKTUR *Lüftungsdämpfer*

Futura 25 pt

abcdefghijklmnopqrstuvwxyzßäöü
ABCDEFGHIJKLMNOPQRST
UVWXYZÄÖÜ1234567890?!&„"-–

Avant Garde

Herb Lubalin, 1968

Die Avant Garde wurde für die gleichnamige Zeitschrift entworfen und gehört zu den prägnantesten Schriften überhaupt. Als Logo- und Headlineschrift entfaltet sie eine ungewöhnliche illustrative Qualität – aus demselben Grund ist sie für lange Texte unbrauchbar: Hier drängt sie sich zu sehr in den Vordergrund. Zu sehen ist sie etwa im Logo der »Gamescom«, der Messe für interaktive Spiele und Unterhaltung.

GSQRdg

Schriftdetails | Noch geometrischer angelegt als die Futura. Strichenden laufen – anders als bei der Futura – meist in die Horizontale. Äußerst illustratives »Q«. Offenes »R«. Neben der insgesamt sehr eigenen Anmutung fällt die extrem große Mittelhöhe auf (zu sehen etwa beim »d« und »g«).

Blindtext in Avant Garde 9,5/13,75 pt | Zwölf Boxkämpfer jagen Viktor quer über den großen Sylter Deich. Franz jagt im komplett verwahrlosten Taxi quer durch Bayern. Die heiße Zypernsonne quälte Max und Victoria ja böse auf dem Weg bis zur Küste. Sylvia wagt quick den Jux bei Pforzheim. Jörg bäckt quasi zwei Haxenfüße.

Avant Garde 32 pt

Gender **Jahresprogramm**
1A *Qualität* ***Hygieneartikel***

Avant Garde 25 pt

abcdefghijklmnopqrstuvwxyzßäöü
ABCDEFGHIJKLMNOPQRST
UVWXYZÄÖÜ1234567890?!&„"--

Rotis

Otl Aicher, 1988

Vermutlich ist die Rotis die meistdiskutierte Schrift überhaupt: von den einen geliebt, von den anderen leidenschaftlich abgelehnt. Otl Aicher, wegweisender Gestalter (Lufthansa, Olympische Spiele 1972, ERCO), legte mit der Rotis eine bemerkenswert eigenständige, aber ebenso unruhige Schrift vor. Besonders die serifenlose Variante ergibt ein eher schlecht leserliches Textbild: Das Auge bleibt unweigerlich an auffallenden Schwüngen hängen. Während sich die serifenlose Rotis für Wortmarken anbietet, können die Rotisfamilien mit Serifen auch mal im Fließtext angewendet werden.

Schriftdetails | Während bei den meisten Zeichen wie beim »G« die Vertikale betont wird, liegt die Betonung bei den »S«-Formen in der Horizontalen. Diese formale Unschlüssigkeit ist auch beim »c« zu sehen. Die niedrigste Stelle des »c« und »e« liegt weit rechts der Zeichenmitte, wodurch sie einen Linksdrall aufweisen. Auffallend niedrig angesetzter Bauch beim »a«.

Blindtext in Rotis Sans Serif 75 9,5/13,75 pt | Zwölf Boxkämpfer jagen Viktor quer über den großen Sylter Deich. Franz jagt im komplett verwahrlosten Taxi quer durch Bayern. Die heiße Zypernsonne quälte Max und Victoria ja böse auf dem Weg bis zur Küste. Sylvia wagt quick den Jux bei Pforzheim. Jörg bäckt quasi zwei Haxenfüße vom Wildpony.

Rotis Sans Serif 32 pt

Gurtplastikstoff *Schleudertrauma*
Ästhetik **Chirurgie Fettabsaugen**

Rotis Sans Serif 25 pt

abcdefghijklmnopqrstuvwxyzßäöü
ABCDEFGHIJKLMNOPQRST
UVWXYZÄÖÜ1234567890?!&„"--

Otl Aicher

Zu den bedeutendsten Kommunikationsdesignern zählt Otl Aicher (1922–91). Er war Gründungsmitglied der Hochschule für Gestaltung (HfG) in Ulm, die häufig als Erbe des Bauhauses angesehen wird. An der HfG war er als Dozent für Visuelle Kommunikation tätig. Seine eigenwillige Schrift Rotis habe ich Ihnen bereits vorgestellt. Zu den praktisch zeitlosen Erscheinungsbildern, die Aicher konzipiert hat, gehören ERCO, Braun, Lufthansa, ZDF und die Olympischen Spiele München '72.

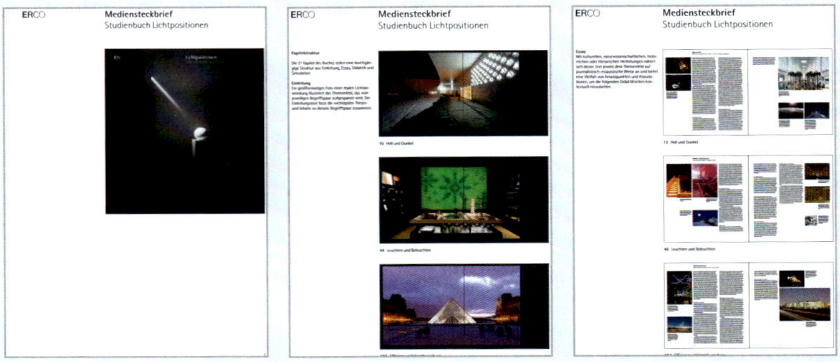

© ERCO

▸ **Abbildung 3.31**
Otl Aichers Layouts zeichnen sich durch den konsequenten Einsatz von Rastern aus. Sie sehen hier eine Broschüre von ERCO.

Im Zuge der Entwicklung des Auftritts der Olympischen Spiele München '72 hat Aicher Piktogramme entwickelt, die seither weltweit eingesetzt werden. Jedes dieser mehr als 400 Zeichen beruht auf einem Raster, das aus Vertikalen, Horizontalen und 45°-Diagonalen besteht.

▾ **Abbildung 3.32**
Aichers Piktogramme werden weltweit zur visuellen Kommunikation eingesetzt.

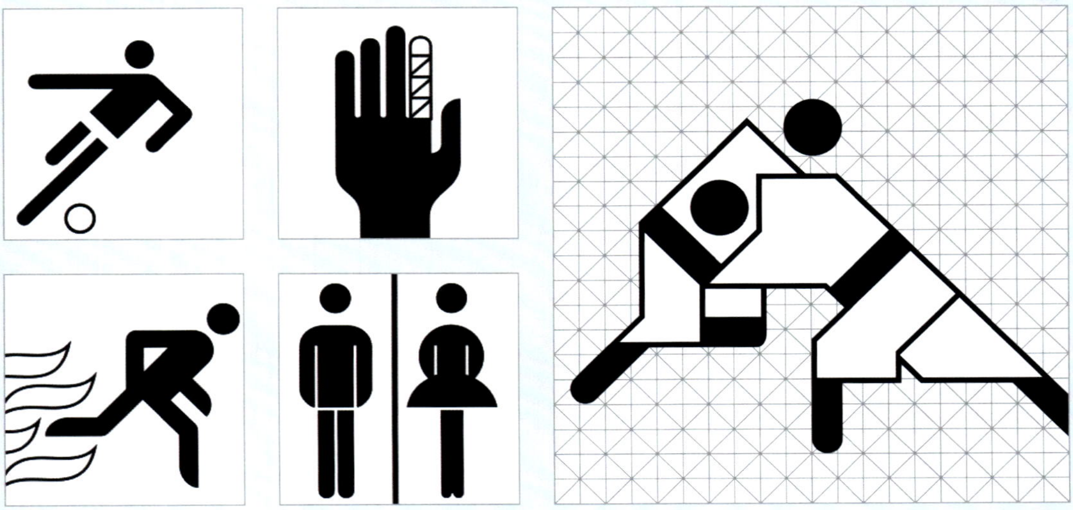

Kapitel 4
Schriftgeschichte und Schriftklassifikation

Schärfen Sie durch weiteres Hintergrundwissen Ihren Blick: Welche Entwicklung hat unser Alphabet und haben unsere Schriften über Jahrtausende bisher genommen? Und wie lassen sich Schriften gruppieren und benennen?

4.1 Vom Abbild zum Lautbild

Lassen Sie mich einen kurzen Überblick geben, über welche Zeiträume wir sprechen, wenn wir uns Gedanken über die Schriftgeschichte machen: Denn abhängig vom gewählten Bezugsrahmen umfasst die Schriftgeschichte eine extrem kurze Zeitspanne.

Bezugsgröße	Vergangene Zeit in Jahren
Urknall	14.000.000.000
Entstehung Erde	4.600.000.000
Homo sapiens	250.000

▲ **Tabelle 4.1**
Selbst in Bezug auf die Dauer, die der Homo sapiens auf der Erde wandelt, ist die Schriftgeschichte ein sehr junges Phänomen.

Selbst auf den kürzesten Zeitraum bezogen: Die 5.000 Jahre, in denen Schrift nachweisbar ist, sind im Vergleich zu den 250.000 Jahren, seit der Homo sapiens im aufrechten Gang über die Steppen der Erde gewandert ist,fast vernachlässigbar. Trotzdem sind selbst fünf Jahr-

Andere Schriftsysteme
Auch wenn das Alphabet das am weitesten verbreitete Schriftsystem ist – es wird mit seinen diversen Varianten von etwa 80 % der Weltbevölkerung verwendet –, gibt es noch weitere, vom Alphabet unabhängig entstandene Schriftsysteme. Neben dem Chinesischen und anderen asiatischen Schriften sind hier auch vergangene Schriftsysteme wie etwa das der Maya in Mittelamerika zu nennen (siehe die beiden Exkurse in diesem Kapitel).

tausende ein Zeitraum, den wir uns kaum vorstellen können und der in unserem modernen Alltag keine bewusste Rolle spielt.

Die gesprochene Sprache hat sich vermutlich über mehrere hunderttausend Jahre entwickelt: Die Vorgänger des modernen Menschen lebten schon vor etwa 4 Mio. Jahren. Aber erst die Hochkulturen Ägyptens und Mesopotamiens (etwa heutiger Irak) brachten die Menschen dazu, die flüchtigen Wörter der gesprochenen Sprache auch festzuhalten: mit Schrift.

Altägyptische Hieroglyphen

Kaum eine alte Kultur ist so in unserem europäischen kollektiven Bewusstsein verankert wie die ägyptische. Wir spüren Erhabenheit beim Anblick der monumental-geometrischen Bauwerke, bewundern die Vollendung der Kunstwerke und staunen über die rätselhafte Fremdheit der Hieroglyphen. Betrachten wir diese aber genauer, sehen wir aber schon die Schreibung in Zeilen und sich wiederholende Zeichen.

▲ **Abbildung 4.1**
Weder die monumentalen Bauwerke noch die Kunst oder die Hieroglyphen haben durch ihr Alter von Jahrtausenden an Mystik und Faszination verloren.

Umgangssprachlich als Bildsprache bezeichnet, wird diese Bezeichnung dem altägyptischen Schriftsystem der Hieroglyphen nicht vollständig gerecht. Denn die Hieroglyphen waren keine reinen Piktogramme (damit sind Bildzeichen im Unterschied zu Logogrammen, den Wortzeichen, gemeint, siehe Tabelle 4.2). Die altägyptischen Zeichen, die »Heiligen Schriftzeichen« (von griech. hieros = heilig, glyphos = Kerbe), standen nämlich nicht unbedingt für das, was auf ihnen zu sehen war. Das machte ihre Entzifferung über Jahrhunderte so schwierig, weil die Forscher aufgrund der starken bildhaften Wirkung davon ausgingen, sie hätten ein rein piktografisches System vor sich, das sich einfach mit Inhalten füllen ließ. Tatsächlich sehen wir jedoch bei Hieroglyphen verschiedene Zeichensysteme vereint: Bilder- und Symbolzeichen werden mit Laut- und Buchstabenzeichen auf komplexe Weise vermischt.

Erschwerend für die Entzifferung eines Hieroglyphentextes kam hinzu, dass dasselbe Zeichen für verschiedene Inhalte verwendet werden konnte. So konnte etwa das Hasen-Zeichen nicht nur für einen Hasen stehen, sondern auch für das gleichlautende Wort für

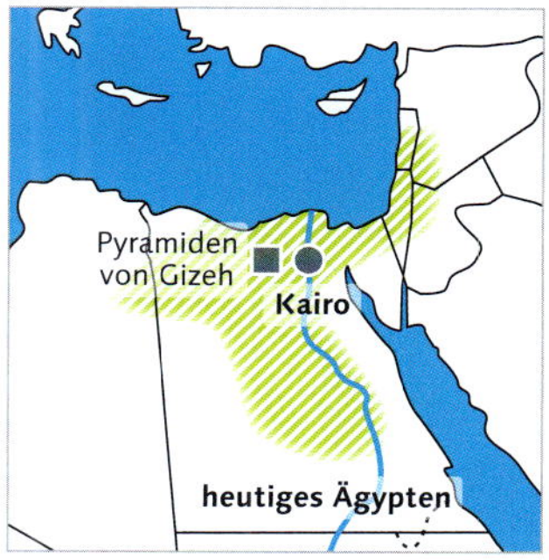

▲ **Abbildung 4.2**
Die ungefähre Ausdehnung des altägyptischen Reichs Ende des 2. Jt. v. Chr.

▼ **Tabelle 4.2**
Ein Zeichen kann sehr verschiedenartige Informationen transportieren und muss mitunter gelernt werden.

	Piktografisches Zeichen	**Ideografisches Zeichen**	**Logografisches Zeichen**	**Lautzeichen**
Definition	Bildzeichen, das das Gezeigte selbst meint: Die Bedeutung lässt sich aus dem Zeichen herleiten.	Begriffszeichen, das eine allgemeinere Idee und nicht das Gezeigte selbst transportiert	Ein Wortzeichen (im engeren Sinn: Morphemzeichen) steht für ein komplettes Wort	Das Zeichen wird für einen Laut verwendet und ist somit inhaltsunabhängig.
Sprachabhängigkeit	universell verständliche Bildsprache	Ideo- und Logogramme können sprachunabhängig sein: Dasselbe Zeichen kann in verschiedenen Sprachen dasselbe bedeuten, aber verschieden ausgesprochen werden.		Die Laute etwa des lateinischen Alphabets sind sprachabhängig: Das z beispielsweise wird im Deutschen anders als im Spanischen ausgesprochen.
Zeichenbeispiel			/	Z
Bedeutung	Stierkopf steht für Stier oder Vieh	»Krone« als Zeichen für König/Königin, Macht	das Wort »die« in stenografischer Notation	dt.: [z] span.: [θ]

»öffnen«. Dasselbe Zeichen konnte also sowohl als piktografisches als auch logografisches Zeichen Verwendung finden.

Dieses Vorgehen erscheint zunächst überraschend, ist aber in der Schriftentwicklung ein wichtiger Schritt, weil das Zeichen von seiner Bedeutung getrennt wird. Im letzten Entwicklungsschritt stehen im Alphabet Schriftzeichen »nur« noch für einzelne Laute und ermöglichen dadurch die schriftliche Wiedergabe beliebig gesprochener Worte mit entsprechend komplexen Lautfolgen. Diese Entwicklung sehen wir uns später noch einmal genauer an.

Die Hieroglyphen, die in ihrer Hochzeit (ca. 2000 v. Chr.) etwa 750 Zeichen umfassten, sind übrigens im Gegensatz zum Lateinischen ein Schriftsystem, bei dem Vokale praktisch nicht mit notiert werden. Dieses Prinzip ist auch heute noch bei semitischen Sprachen wie Arabisch, Hebräisch und Aramäisch zu finden.

Anlass zum Schreiben | Besondere Bedeutung in Bezug auf Schriftgeschichte kommt dem Anlass des Schreibens zu: Woher kam überhaupt der Wunsch nach der Notation, dem Festhalten von Gesprochenem? Die bildhaften Hieroglyphen haben nicht nur für uns einen enorm dekorativen Charakter, sie hatten wohl auch ursprünglich – neben dem Vermitteln von Informationen – eine schmückende, repräsentative Aufgabe. Neben Texten finden sich überlieferte Bilder und Fresken, die von der Anmutung wie vergrößerte Hieroglyphentexte wirken und sich tatsächlich größtenteils durch ihre Größe von Text unterscheiden.

Viele der überlieferten Hieroglyphentexte finden sich an Denkmälern und natürlich in den Pyramiden, den Grabmälern der Pharaonen. Überhaupt war das Schreiben und Lesen nicht nur aufgrund der Komplexität des altgriechischen Schriftsystems nur einer sehr kleinen Bevölkerungsgruppe vorbehalten: den Tempel- und Staatsbediensteten. Bis Lesen und Schreiben eine Kulturtechnik wurde, über die große Bevölkerungsgruppen verfügen, sollten noch Jahrtausende vergehen. So dauerte es in Europa noch bis ins 19. Jh., bis die Mehrheit der Erwachsenen Texte er- und verfassen konnten. Hieroglyphen waren aufgrund ihres Detailreichtums eher weniger alltagstauglich, fast könnte man bei Hieroglyphen schon eher von Malen als von Schreiben sprechen.

Neben den bekannten Bildzeichen hatte sich in Ägypten die demotische Schrift entwickelt, das ist eine einfachere Schriftvariante, die daher auch schneller geschrieben werden konnte (beim Stein von Rosetta in der Mitte zu sehen).

Bilderrätsel

Sie kennen vermutlich Worträtsel aus Zeitschriften, die mit verschiedenen Bedeutungsebenen ähnlich den Hieroglyphen funktionieren: Dabei müssen Sie selbst dahinterkommen, ob bei einem Zeichen der abgebildete Begriff oder »nur« sein Laut gemeint ist. Fügen Sie die Laute der untenstehenden Zeichnungen zusammen, und Sie erhalten das Wort »Urlaub«, das weder mit dem Wort »Uhr« noch mit dem Wort »Laub« etwas zu tun hat: Hier haben wir zwei Lautzeichen vor uns, bei denen das Abgebildete »nur« noch Lieferant für einen Laut und nicht mehr für eine Bedeutung ist.

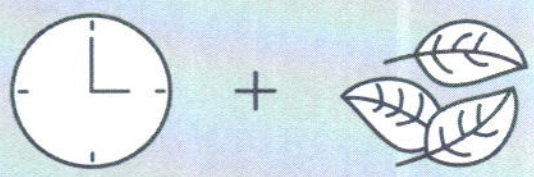

Alphabetisierungsrate

Laut der Weltbank liegt die weltweite Alphabetisierungsrate der über 15-Jährigen bei 86 %. Dabei gibt es erhebliche Unterschiede: So liegt die Alphabetisierungsrate in Europa und Zentralasien bei 99 %, in den afrikanischen Staaten, die südlich der Sahara liegen, bei 64 %.

◄ **Abbildung 4.3**
Ein einmaliger Fund – der sogenannte Stein von Rosetta – aus dem 2. Jh. v. Chr. wurde 1799 in der Nähe der namensgebenden Stadt im westlichen Nildelta gemacht: Derselbe Text wurde auf dieser Tafel in Hieroglyphen, in demotischer und griechischer Schrift notiert und erleichterte dadurch die Entzifferung der Hieroglyphen erheblich.

Sumerische Keilschrift

So faszinierend die Hieroglyphen und die altägyptische Kultur sind, die ältesten überlieferten Schriftstücke stammen von den Sumerern. Dieses sagenumwobene Volk, über dessen Herkunft wenig bekannt ist, entwickelte in Mesopotamien, dem Zweistromland zwischen den Flüssen Euphrat und Tigris (etwa heutiger Irak), eine der ersten Hochkulturen, möglicherweise die erste Hochkultur der Menschheit überhaupt. Im Gegensatz zu benachbarten Kulturen der Zeit verstanden es die Sumerer, Land zu bewässern, Städte zu bauen und – als besonderes Merkmal für eine Hochkultur – Schrift zu benutzen. Der Stadtstaat Uruk (das heutige Warka) lag in der Nähe des Euphrat und war schon Ende des 4. Jt. v. Chr. ein politisches Zentrum und mit bis zu 50.000 Einwohnern die größte Stadt der damaligen Zeit. Schon wegen dieser großen Bewohnerzahl wurde eine Verwaltung nötig – dieser Umstand begünstigte die Entwicklung einer Schrift.

Uruk-Zeit
Aufgrund der enormen Bedeutung der Stadt Uruk, von der viele Ausgrabungsfunde vorliegen, wird der Zeitraum von etwa 3500 bis 2800 v. Chr. in Mesopotamien als Uruk-Zeit bezeichnet.

Aus diesem Grund hatte die Keilschrift, die die Sumerer entwickelten, im Gegensatz zu den ägyptischen Hieroglyphen einen

Von Pflanzenfasern, Tierhäuten und Zellulose

Die Geschichte der Schrift ist eng an die jeweils verwendeten Beschreib- und späteren Bedruckmaterialien geknüpft.

Neben den vorwiegend repräsentativen Steininschriften an Mayatempeln, Pyramiden und römischen Bauten hat es von Anbeginn jeder Schriftkultur auch einen Bedarf an praktischen Medien gegeben, die geeignet waren, im Alltag eingesetzt zu werden.

Papyrus

Während die Sumerer ihre Verwaltungstexte in feuchten Ton drückten, schrieben die Ägypter auf Papyrus – dem Vorgänger unseres Papiers, was sich nicht nur im Namen widerspiegelt. Die Herstellung von Papyrus war möglicherweise schon im 3. Jt. v. Chr. bekannt: Das Mark eines Schilfgrases wurde kreuzförmig aufeinandergelegt und zusammengepresst. Die so entstandenen Papyrusblätter wurden dann zu Bahnen zusammengeklebt und anschließend zusammengerollt. Derartige Papyrusrollen konnten bis zu 10 m lang sein. Solche Rollenlängen hatten zur Folge, dass das Material ständig auf- und abgerollt werden musste, was eine starke Beanspruchung des Papyrus mit sich brachte.

Die Maya benutzten ein dem Papyrus ähnliches Beschreibmaterial. Statt Schilfgras verwendeten die Maya als Grundstoff Bast, und die Einzelbögen wurden anders als bei der Papyrusrolle zickzackartig zu sogenannten Leporellos aneinandergeklebt.

▸ Abbildung 4.4
Die für Papyrus typische kreuzförmige Struktur ist an diesem Fragment von Euklids »Elementen«, dem neben der Bibel über 2.000 Jahre am weitesten verbreiteten Schriftwerk, gut zu erkennen.

Pergament

Als weiterer Beschreibstoff kam ab der neuen Zeitrechnung Pergament hinzu. Zur Herstellung wurden Tierhäute, die vorwiegend von Schafen und Kälbern stammten, in Kalkwasser eingelegt. Hierdurch löste sich der Großteil der Haare von der Haut. Anschließend wurde die Tierhaut weiter gesäubert, geglättet und getrocknet. Ein großer Vorteil gegenüber Papyrus ist die höhere Glätte und die bessere Haltbarkeit dieses Materials.

Pergament unterscheidet sich noch in einer weiteren wichtigen Materialeigenschaft von Papyrus: Es lässt sich weniger gut rollen. Was lag also näher, als die Pergamentbögen zu schichten? Damit war der Vorläufer des Buches geboren: Denn um keine Loseblattsammlungen zu erhalten, wurden die Bögen an einer Seite zusammengebunden. Diese Technik hatten schon die Römer vor der Verbreitung des Pergaments mit handlichen Tafeln angewendet: Auf diesen Schreibtafeln war eine Wachsschicht aufgebracht, auf die für alltägliche Zwecke immer wieder geschrieben werden konnte. Um nun mehr als eine Tafel zur Verfügung zu haben, wurden diese Tafeln zu mehreren zusammengebunden.

Obwohl die praktischen Vorteile des Pergaments gegenüber dem gerollten Papyrus offensichtlich waren, bestanden beide Beschreibmaterialien bis ins 4. Jh. nebeneinander – abhängig vom Verwendungszweck. Für literarische Texte wie die Werke von Vergil und Homer wurde Papyrus verwendet, besonders Christen verwendeten die Pergament-Codices für religiöse Inhalte, vor allem für Bibelhandschriften. Ab dem 4. Jh. verdrängte dann das teurere, aber haltbarere Pergament das Papyrus aus der abendländischen Kultur.

▲ **Abbildung 4.5**
Pergamentmacher in einer Darstellung um 1425

Codex
Wurden viele der Pergamentbögen aufeinandergeschichtet und seitlich verbunden, hatte man einen Codex – lateinisch für Holzklotz – vor sich. Denn die Vorder- und Rückseite eines solchen Buches wurde aus dünnem Holz gefertigt.

Papier

Als Ursprungsland von Papier wird China angesehen, der Herstellungsprozess wird Anfang des 2. Jh. zum ersten Mal beschrieben. Als Grundlage zur Papierherstellung dienten Seidenabfälle, Hanf und Stoffreste, die zerkleinert, gekocht und eingeweicht wurden. Dieser Papierbrei wurde schließlich mit Sieben abgeschöpft – an dieser grundsätzlichen Vorgehensweise der Papierherstellung hat sich über die vergangenen 2.000 Jahre nichts geändert.

Erst im 11. Jh. gelangte das Wissen über die Papierherstellung über den Orient nach Europa. Hier wurden dann allerdings bedeutende technische Fortschritte gemacht, wodurch die Produktion von Papier in immer größerem Maßstab möglich wurde.

WordPress-Codex
Unter *codex.wordpress.org* findet sich die sehr ausführliche Dokumentation des CMS-Systems WordPress und ist damit eine Referenz an die lange Geschichte der Schrift.

Zeugnisse
Weltweit zeugen schätzungsweise über eine Million mit sumerischer Keilschrift beschriebene Tontafeln von einer der ältesten und wichtigsten Kulturen.

weniger repräsentativen als vielmehr funktionalen Charakter. Denn mit dieser Schrift wurden in erster Linie Verträge, Listen über Besitztümer oder Verkaufsgüter verfasst und keine religiösen oder künstlerischen Texte. Solche buchhalterischen Inhalte wurden mit abgeschrägten Schilfgriffeln in feuchte Tontafeln eher gedrückt als geschrieben, die Tafeln ließ man anschließend an der Sonne trocknen. Im Gegensatz zu Tierhäuten (dem Vorläufer von Pergament) und den Papyrusfasern der Ägypter war Ton in Mesopotamien als Textträger nicht nur vielerorts einfach verfügbar, sondern auch haltbarer.

Die Haltbarkeit der Tontafeln im sumerischen Alltag wird auch als ein Grund für die schnelle Verbreitung der Keilschrift angesehen. Dabei war die Schrift selbst kompliziert zu lernen, sowohl bezüglich des Schreibens als auch des Lesens. Zukünftige Schreiber/Beamte wurden vom Kindesalter an über Jahre im Lesen und Schreiben der Keilschrift ausgebildet. Das Zeichensystem umfasste bis zu 1.200 Zeichen, wobei einfache Verwaltungstexte auch mit wenigen dutzend Zeichen geschrieben werden konnten.

▲ **Abbildung 4.6**
Berechnung von Abgaben, etwa 500 Jahre v. Chr.

Sogar die Pharaonen verwendeten zur Abwicklung von Geschäften über die eigenen Landes- bzw. Sprachgrenzen hinweg die sumerische Schreibung statt ihrer eigenen »Heiligen Schrift«. Die Keilschrift hält neben den Konsonanten auch Vokale schriftlich fest und war deshalb in der Lage, verschiedene Sprachen mit unterschiedlichen Lautsystemen abzubilden.

Nachdem die Sumerer gegen Ende des 3. Jt. v. Chr. von den Akkadern (den Vorläufern der Babylonier und Assyrer) besiegt waren, ging auch die sumerische Kultur samt der Schrift in der babylonisch-assyrischen Kultur auf: Die Keilschrift wurde einfach übernommen und den neuen Gegebenheiten angepasst. Durch Handelswege verbreitete sich die Keilschrift von nun an praktisch über den gesamten Nahen Osten, sodass mindestens zwölf Sprachen in den gut zwei Jahrtausenden vor unserer Zeitrechnung dieselbe Schrift – die Keilschrift – verwendeten.

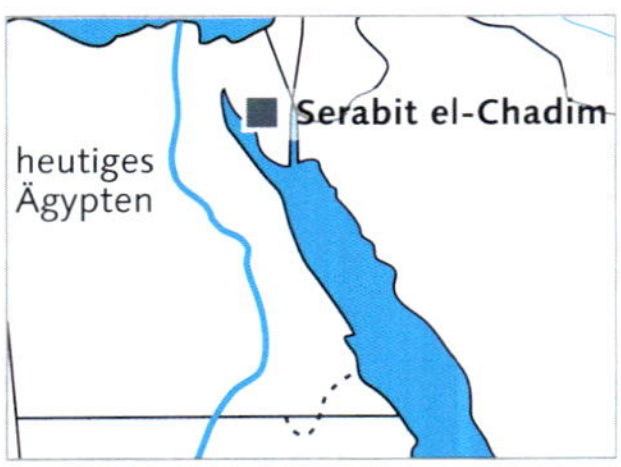

▲ **Abbildung 4.7**
Die ältesten Zeugnisse einer Alphabetschrift wurden auf der Sinaihalbinsel gefunden und sind knapp 4.000 Jahre alt.

Die Sinaischrift

Eine vergleichsweise junge schriftgeschichtliche Entdeckung warf im 20. Jh. ein neues Licht auf die Ursprünge des späteren lateinischen Alphabets: Der britische Archäologe Flinders Petrie stieß 1905 mit seinen Mitarbeitern bei Ausgrabungen von altägyptischen Tempeln und nahe gelegenen Minen auf Inschriften, die eine Schrift zeigen, die sich aus etwa 30 verschiedenen Zeichen zusammensetzt. Diese auch als **protosinaitische Schrift** bezeichnete Schrift weist einerseits Ähnlichkeiten zu den ägyptischen Hieroglyphen auf, andererseits weisen einzelne Zeichen auf die spätere phönizische Schrift hin, den direkten Vorläufer unseres Alphabets. Damit hätte die Petrie-Expedition einen fehlenden Puzzlestein zwischen den ägyptischen, sumerischen und schließlich phönizischen Schriftsystemen entdeckt. Anders als bei den anderen beiden großen Schriftsystemen geht die Wissenschaft davon aus, dass diese Schrift nicht vonseiten eines Staates verwendet wurde, sondern von nomadischen Arbeitern, die zwar unter ägyptischer Führung Türkissteine in den Minen auf der Sinaihalbinsel abbauten, aber eben nicht dem pharaonischen Reich angehörten.

Buchstabennamen

Auch im 21. Jh. benennen wir die Buchstaben nicht unbedingt nach ihrem Laut: So ist etwa die Bezeichnung Ypsilon deutlich komplexer als der Laut, der mit »Y« notiert wird.

Sprachentwicklung

Wie und warum die nomadischen Minenarbeiter eine zwar von den Hieroglyphen beeinflusste, aber doch eigenständige und einfachere Schrift entwickelten, wird vielleicht nie mit Sicherheit zu sagen sein. Mit hoher Wahrscheinlichkeit wollten die Nomaden – so wie es praktisch bei allen Schriftkulturen der Fall war – zunächst kultisch-religiöse Inhalte notieren. So wird auch die Hieroglypheninschrift der Serabit-el-Chadim-Figur etwa mit »Geliebte Herrin aus Türkis« übersetzt, die Sinaischriftvariante mit »Herrin«.

▼ **Abbildung 4.8**
Die Serabit-el-Chadim-Sphinx stammt vermutlich aus dem 18. Jh. v. Chr. Auf ihr findet sich ähnlicher Text sowohl in einer Hieroglyphen- als auch in der Sinaischrift. Diese Statue aus rotem Sandstein ist ein ähnlicher Glücksfall für die Archäologen wie der Stein aus Rosetta, da er die Entschlüsselung der Sinaischrift ermöglichte.

Die Sinaischrift, deren wenige Nachweise eben auf der Sinaihalbinsel, aber auch im weit entfernten südlichen Ägypten gefunden wurden, unterscheidet sich neben der deutlich geringeren Zeichenzahl noch in einem weiteren wesentlichen Punkt sowohl von

Ursprung der Buchstaben

Bei einzelnen Buchstaben wie etwa dem »A« ist der jeweilige Ursprung sogar immer noch gut zu erkennen – vorausgesetzt, man weiß, wonach man suchen muss. Wie Sie in der Abbildung unten sehen können, hat sich der lateinische Buchstabe »A« stringent aus dem Hieroglyphenzeichen (für »aleph«, Stier) entwickelt: Es ist ein reduzierter umgedrehter Stierkopf. Für diese Entwicklung brauchte es allerdings auch zwei Jahrtausende Kulturgeschichte. Wir werden uns später noch das gesamte lateinische Alphabet und dessen Entwicklung anschauen.

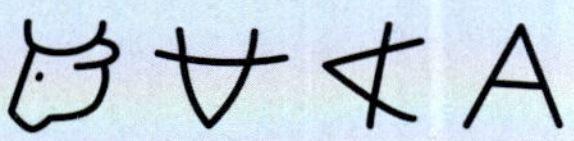

der monumentalen und der alltäglicheren demotischen Hieroglyphenschrift als auch von der Keilschrift der Sumerer: Die einzelnen Schriftzeichen, die durchaus bildhaften Charakter haben konnten, standen nicht mehr für das Abgebildete oder für ganze Wortstämme, wie es bei den Hieroglyphen der Fall sein konnte, sondern repräsentierten »nur« noch einen einzigen Laut.

Die Zeichen-Laut-Zuordnung wurde auf denkbar einfache Art und Weise vollzogen: Für jeden der knapp 20–30 Laute, für die Zeichen verwendet wurden, wurde ein möglichst eindeutiges Abbild aus dem häuslich-bäuerlichen Alltag verwendet, wobei das Zeichen allein den Anfangslaut bezeichnete. Auf die Notation von Vokallauten wurde hierbei komplett verzichtet. Als Bildzeichen finden sich so etwa Stier, Kamel, Haus, Tür und Wasser. Um sich diese Methode besser vorstellen zu können, vergleicht Martin Kuckenburg in seinem Buch »Eine Welt aus Zeichen« dieses Vorgehen mit dem Versuch, aus Bildzeichen – etwa mit bekannten Obstsorten – ein Lautsystem zu erstellen. Dabei stünde das Zeichen Apfel für den Laut »a«, Birne für »b«, bis man bei Zitrone für »z« angekommen ist.

Die Schrift, welche die nomadischen Türkis- und Bronzeminenarbeiter entwickelt hatten, breitete sich über Jahrhunderte über die gesamte Sinaihalbinsel aus, bis sie schließlich die Großstädte einer blühenden Hochkultur im östlichen Mittelmeerraum erreichte: der phönizischen Kultur.

Das phönizische Alphabet

Das östliche Mittelmeer (etwa der Bereich der syrischen, libanesischen und nordisraelitischen Küstenbereiche) wurde von den Phöniziern bewohnt. Die Phönizier waren ein äußerst umtriebiges Handels- und Seefahrervolk, das neben den östlichen die gesamten südlichen Mittelmeerküsten, die südlichen Küsten Portugals und Spaniens, Zypern, Sizilien, die südliche Küste der Türkei und Kreta nicht nur bereiste und Handel trieb, sondern auch Kolonien gründete. Eines der begehrtesten Handelsgüter war Zedernholz, das aus dem Gebiet des heutigen Libanon stammte und beim Schiffs- und Palastbau im gesamten Mittelmeerraum verwendet wurde.

▲ **Abbildung 4.9**
Eine phönizische Inschrift

Die Phönizier sprachen eine Sprache, aus der sich das Althebräische entwickelte. Zur Textnotation verwendeten sie eine Schrift, die als eine Weiterentwicklung der Sinaischrift angesehen werden kann. Die phönizische Schrift war wie die Sinaischrift eine reine Konsonantenschrift, bei der alle 22 Konsonanten durch einfache Zeichen wiedergegeben wurden, und der direkte Vorläufer des lateinischen Alphabets, bei dem zum Teil dieselben Zeichen für andere Laute und auch für Vokale verwendet wurden.

Ein Grund für die Entwicklung einer solchen Schrift könnte in der Bevölkerungsstruktur Phöniziens gelegen haben: Anders als in die Gesellschaften in Altägypten und Mesopotamien machten zugereiste hochrangige Bewohner einen wichtigen Teil der Bevölkerung aus. Da beispielsweise diese zugereisten Kaufleute nicht nur andere nicht-phönizische Namen hatten, sondern auch überhaupt andere Sprachen sprachen, erstarkte das Bedürfnis nach einer Schrift, die auch andere Wörter als die phönizischen wiedergeben konnte.

Das durch seine Einfachheit und gleichzeitige enorme Flexibilität deutlich überlegene phönizische Schriftsystem verbreitete sich allmählich über andere Kulturen, sodass die Hieroglyphen- und Keilschriften immer mehr an Bedeutung verloren, bis diese um die Zeitenwende praktisch vollständig abgelöst waren.

Die Bezeichnung Alphabet

Die Bezeichnung für unser Buchstabensystem verweist auf seine Ursprünge, die Jahrtausende zurückliegen. Die ersten beiden Buchstaben sind seit den Phöniziern A und B, deren Buchstabennamen auf ihre ursprünglichen Zeichen Aleph/Stier und Beth/Haus zurückgehen. Im Griechischen änderten sich die Buchstabennamen dann zu Alpha und Beta. Auch die weitere Buchstabenreihenfolge unseres Alphabets besteht seit etwa 3.500 Jahren.

◄ **Abbildung 4.10**
Phönizien erstreckte sich über den östlichen Küstenbereich des Mittelmeeres.

Das griechische Alphabet

Die Konsonantschrift der Phönizier wurde von den Griechen übernommen und umgeformt – immerhin pflegten beide Völker intensive Handelsbeziehungen. Im Gegensatz zur semitischen Sprache der Phönizier sprachen die Griechen jedoch eine Sprache, bei der die Vokale eine zentrale Rolle spielten. Deshalb wurde der phönizische Zeichenvorrat praktisch unverändert übernommen, wobei die Zeichen, die für Laute standen, die im Griechischen nicht vorkamen, nun mit Vokalen belegt wurden: So stehen im griechischen Alphabet zum ersten Mal in der Menschheitsgeschichte Konsonanten und Vokale gleichberechtigt nebeneinander. Dadurch entstand

Schreibrichtung

Für Rechtshänder, die unabhängig von untersuchter Kultur und Zeitalter zwischen 85 und 90% der Gesamtbevölkerung ausmachen, ist das Nach-rechts-Schreiben den anderen beiden Schreibmethoden überlegen, da hierbei das eben Geschriebene nicht von der eigenen Hand direkt wieder verdeckt – und bei der Verwendung von langsam trocknenden Schreibflüssigkeiten gegebenenfalls verwischt – wird.

ein Zeichensystem, das noch einmal flexibler als das ohnehin schon variable phönizische Alphabet war: Nun war es möglich, praktisch jeden beliebigen Laut mit demselben überschaubaren Zeichenvorrat abzubilden.

Die Griechen veränderten über Jahrhunderte außerdem noch ein zentrales Schreibprinzip. Während die semitischen Sprachen wie das Phönizische von rechts nach links geschrieben wurden und noch immer werden, gab es in der griechischen Schreibkultur zunächst keine einheitliche Schreibrichtung: Es wurde von rechts nach links, von links nach rechts und »furchenwendig« geschrieben. Damit ist das Ändern der Schreibrichtung am jeweiligen Textrand gemeint: Wie beim Bestellen eines Feldes wird einfach am Rand die Richtung geändert. Bei diesem Vorgehen wechselte nicht nur die Richtung, in der geschrieben und gelesen wurde, in jeder Zeile, auch die Buchstaben wurden in die jeweils neue Richtung gedreht. Ab dem 6. Jh. v. Chr. vereinheitlichte sich die Schreibrichtung dann von links nach rechts.

Ganz ähnlich zu der Verbreitung der phönizischen Schrift breitete sich auch die griechische Schrift durch Handel und Bildung in Kolonien im westlichen Mittelmeerraum, nach Spanien und Frankreich und besonders nach Italien aus, wo das Alphabet zu seiner noch heute gültigen Form weiterentwickelt wurde.

Die Griechen vereinfachten aber auch die phönizischen Zeichen auf Grundlage der geometrischen Formen Rechteck, Quadrat, Dreieck und Kreis, wie wir in Abbildung 4.11 erkennen.

Vom 'alef zum »A«

Der Anfangslaut des phönizischen »'alef« oder »'aleph« war kein »a«, sondern ein Knacklaut, den die Griechen selber nicht verwendeten und möglicherweise auch nicht wahrgenommen haben. Außerdem benötigte Griechisch im Gegensatz zu semitischen Sprachen Zeichen, um Vokale zu notieren. Dasselbe Prinzip finden Sie auch beim »e«, das sich aus dem »he« der Phönizier entwickelte.

Das lateinische Alphabet

In der heutigen Toskana lebten ab dem 8. Jh. v. Chr. die Etrusker, ein kulturell weit entwickeltes Volk, über dessen Herkunft wie bei den Sumerern keine Gewissheit besteht. Die Etrusker übernahmen und verwendeten das griechische Alphabet ohne größere Anpassungen. Dieses Kulturgut wurde wiederum von den benachbarten Völkern von den Etruskern übernommen und den jeweiligen Gegebenheiten angepasst. Ein Ort, der im Süden des etruskischen Gebietes lag und zu jener Zeit noch keine besondere Rolle spielte, sollte jedoch für die kommenden 1.000 Jahre das politische und kulturelle Zentrum für große Teile des heutigen Europas, des Nahen Ostens und der nördlichen Regionen des afrikanischen Kontinents werden: Rom.

Zu den bedeutendsten Leistungen der Römer bezüglich des Alphabets gehören sowohl die Ausgestaltung der einzelnen grafischen Grundformen als auch ihre formale Perfektion, mit der sie beispielsweise in der Trajansäule im 2. Jh. v. Chr. in Stein gemeißelt wurden.

Wie Sie in Abbildung 4.11 sehen können, sind in etwa der Hälfte unserer lateinischen Majuskeln immer noch die altägyptischen bildhaften Vorgänger zu sehen, und bei manchen entspricht sogar der Lautwert noch dem ihres ursprünglichen Zeichens. »J« und »U« hatten keine direkten Vorgänger im phönizischen Alphabet und kamen viel später hinzu.

▼ Abbildung 4.11
Die Entwicklung von den ägyptischen bildhaften Hieroglyphen bis zum lateinischen Majuskel-Alphabet dauerte rund zwei Jahrtausende. Denken Sie bei der Betrachtung der Entwicklung der Zeichen auch an die Drehung der Schreib- und Zeichenrichtung zurzeit der Griechen.

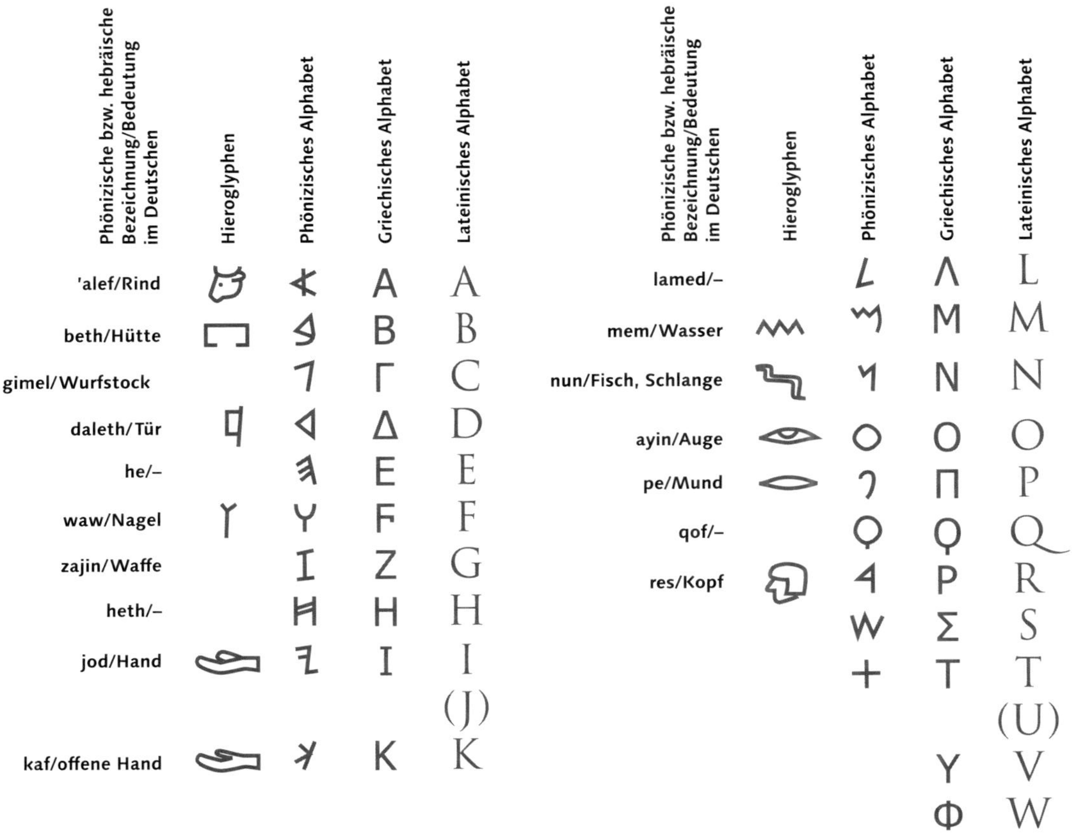

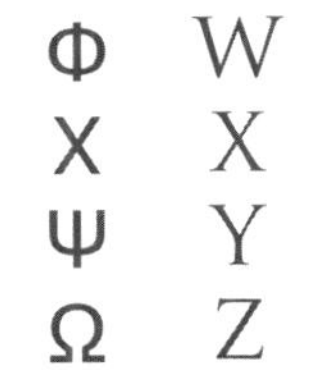

Das »U« | Über Jahrhunderte wurde der Laut »U« mit dem Buchstaben »V« notiert: Schon die Griechen notierten seit dem 8. Jh. v. Chr. den Laut »U« mit »Y«, das von den Etruskern unten verkürzt und so zum »V« wurde. Woher kam dann aber der Bedarf nach einem Zeichen für »U«, wenn es dafür doch schon einen Buchstaben gab? Die überraschende Antwort lautet: vom Laut »V«

her. Die Römer kannten diesen Laut gar nicht, aber in den jüngeren Sprachen wie Englisch, Französisch und Italienisch gab es schließlich einen Bedarf, diesen Laut auch gesondert notieren zu können. Und somit verschob sich der Laut »U« vom »V« weg und machte dadurch Platz für das »V«, wie wir es heute benutzen.

Diese Entwicklung hat praktisch das gesamte Mittelalter, also von 500 bis 1500 n. Chr., gedauert. Daher gehört das »U« auch nicht zum klassischen lateinischen, sondern zum modernen lateinischen Alphabet.

Doppelfunktion
Die erwähnte Doppelfunktion finden wir auch im Deutschen bei einer ganzen Reihe von Buchstaben. So steht beispielsweise das Zeichen »S« für recht verschiedene Laute, abhängig vom Kontext. In »See« klingt das »S« anders als in »Schnee« oder in »Kuss«. Und genauso, wie ein Buchstabe für verschiedene Laute steht, kann auch derselbe Laut mit verschiedenen Buchstaben notiert werden. Das ist beispielsweise bei den Anfangslauten von »Waage« und »vage« der Fall (wobei das »vage« ein Wort ist, das dem Französischen entlehnt ist und von ihm die Aussprache übernommen hat). In meinem eigenen Namen Karsten Geisler finden sich gleich zwei dieser Stolpersteine, da Carsten Geißler exakt gleich ausgesprochen, aber eben anders geschrieben wird. Und als dritte Variante – bei gleichlautender Aussprache – kommt auch Geissler noch infrage.

Das »J« | Genau wie beim »U« gab es keine Notwendigkeit für ein »J«, denn das »I« kam fast ausschließlich in Kombination mit einem der Folgelaute »A« oder »U« vor – und dann klingt ein »I« ohnehin eher wie ein »J«: IVLIA (Julia) oder IANVS (Janus). Somit hatte das »I« im Lateinischen eine Doppelfunktion (siehe Kasten): Es stand für die beiden Laute »J« und (seltener) für »I«. Und da der Folgebuchstabe über den Klang des Buchstabens entschied, gab es keine Verwechslungsgefahr. Im frühen Spanisch und Französisch kamen jedoch weitere Laute hinzu, die mit nur einem Buchstaben nicht mehr zu bewältigen waren – der Bedarf für ein weiteres, dem »I« verwandtes Zeichen wuchs. Auch die Entwicklung dieses Zeichens dauerte lange, wobei das Minuskel-»J« »schon« Ende des 15. Jh. im Spanischen verwendet wurde. Die Majuskelform hingegen brauchte noch länger: In Serifenschriften ist sie ab dem 19. Jh. zu sehen, in gebrochenen Schriften taucht sie sogar erst Anfang des 20. Jh. auf.

Was zählt zu den lateinischen Zeichen? | Die Frage, was eigentlich zu lateinischen Zeichen zu zählen ist, ist somit gar nicht so eindeutig zu beantworten. Gehören das »U« und das »J« dazu, obwohl sie sich erst Jahrhunderte nach den übrigen Buchstaben entwickelt haben? Wie sieht es mit den diakritischen Zeichen wie »ä« aus? Wie steht es mit Zeichen wie »æ« oder »Ð«, die für uns zwar fremd erscheinen, bei denen wir aber den Ursprung in den bei uns gängigen Buchstaben sehen können?

Mögliche Antworten auf diese Fragen finden wir in den Unicode-Tabellen, in denen festgelegt ist, welche Zeichen beispielsweise zum Zeichensatz »Basis-Lateinisch« gezählt werden. Das ist der erste und damit grundlegende Codeblock – er umfasst 7 Bit, was 128 Zeichen entspricht. Da in diesem ersten Codeblock auch

Steuerzeichen Platz finden, ist hier nur Platz für knapp 100 Zeichen zur Darstellung von Texten. Das sind die jeweils 26 Groß- und Kleinbuchstaben (ohne diakritische Zeichen), Ziffern und eine Reihe von Satzzeichen. Laut den Angaben auf *unicode-table.com* können hiermit Texte auf Englisch, Deutsch, Französisch, Italienisch und Polnisch dargestellt werden – und das trotz der fehlenden diakritischen Zeichen.

Die folgenden drei Codeblöcke sind für die Erweiterung dieses ersten Zeichensatzes vorgesehen: »Lateinisch 1-Ergänzung«, »Lateinisch Erweitert-A« und »Lateinisch Erweitert-B«. Diese machen in der Summe immerhin schon gut 700 Zeichen aus. Mit diesen Zeichensätzen können Sprachen wie Keltisch, Kroatisch, Maltesisch, Slowenisch und Türkisch dargestellt werden.

Wörter aus anderen Sprachen

Insbesondere Wörter, die aus anderen Sprachen ins Deutsche gefunden haben, bergen häufig Schwierigkeiten bei der Schreibweise. So klingen das »eaux« in »Bordeaux« und das »o« in »rot« exakt gleich – bei völlig verschiedenen Schreibweisen.

Zusammenfassung | Die folgende Grafik fasst die Entwicklung des Schriftsystems noch einmal zusammen.

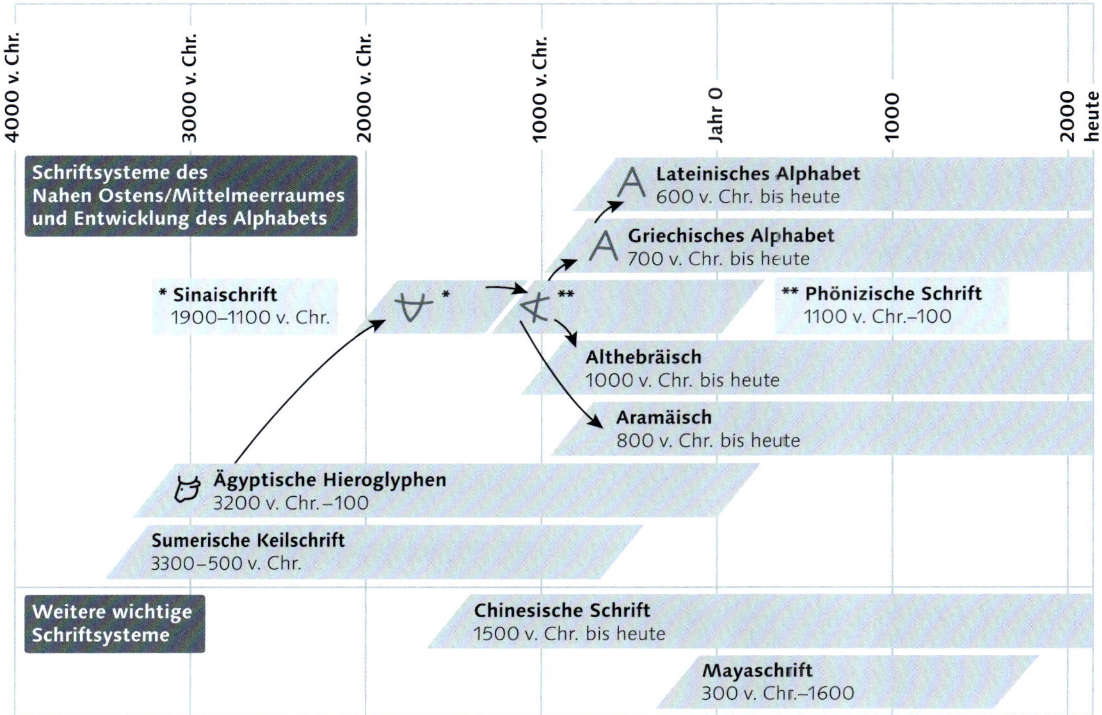

▲ **Abbildung 4.12**
Schaubild über die wichtigsten Schriftsysteme und die Entwicklung des Alphabets

Die Mayaschrift

▲ **Abbildung 4.13**
Beispiele für die Glyphen der Maya, hier aus dem Tempel von Palenque, Mexiko.

Werfen wir zumindest noch einen kurzen Blick über den eurozentrierten Tellerrand: Denn neben dem am weitesten verbreiteten Schriftsystem, dem lateinischen Alphabet, gibt es noch zwei weitere Schriftsysteme, mit denen eine Beschäftigung lohnt. Die »Entdeckung« Amerikas durch Christoph Columbus Ende des 15. Jh. und die folgende Eroberung des indianischen Volkes in Mittel- und Südamerika ging nicht nur mit dem Raub des Goldes einher: Das handgeschriebene Schriftgut der Maya, deren Kultur als einzige in Mittelamerika ein weit fortgeschrittenes Schriftsystem entwickelt hatte, wurde durch die Christianisierung fast vollständig vernichtet. Allerdings: in Mexiko wurde Maya kurz vor dem Aussterben als Schulfach wieder eingeführt.

Die mittelamerikanischen Ureinwohner hatten neben gepflasterten Wegen und Straßen bereits riesige Pyramiden und Städte gebaut. Neben den Maya auf der Yucatan-Halbinsel hatten auch die Inkas im heutigen Peru und die Azteken im heutigen Mexiko Städte gebaut, die jeweils bis zu 250.000 Einwohnern Platz boten.

Das Herrschaftsgebiet der Maya teilte sich in etwa 50 Stadtstaaten auf. In diesen kleineren voneinander weitgehend unabhängigen Gebieten wurden verschiedene Sprachen gesprochen, und um derartige Sprachunterschiede in einer allgemein verständlichen Schrift weitgehend zu nivellieren, entwickelte sich wie bei allen anderen Urschriften ein vorwiegend piktografisches Zeichensystem.

Der Umfang an Zeichen der Mayaschrift beläuft sich auf knapp 1.000, von denen bis heute erst die Hälfte entziffert werden konnte. Nach zwei erfolglosen Jahrhunderten gelang dem russischen Forscher Yuri Knorozov der Durchbruch, als er erkannte, dass es sich bei der Mayaschrift um eine Mischung von Silben- und Bildzeichen handelt.

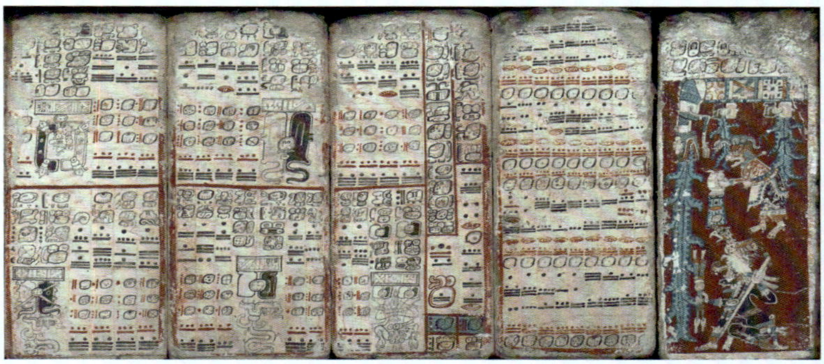

▶ **Abbildung 4.14**
Ausschnitt aus einer der wenigen Originalhandschriften der Maya

Chinesische Schrift

Die chinesische Schrift hat sich als viertes großes Schriftsystem entwickelt – und ist die einzige, die noch in großem Umfang verwendet wird. Zudem ist die chinesische Schrift viel früher als die anderen Schriften entstanden: Die ältesten Belege stammen aus der Mitte des 2. Jt. v. Chr.

Die chinesische Schrift zählte schon zu Beginn unserer Zeitrechnung um die 10.000 Zeichen, und heute umfasst der chinesische Zeichensatz über 80.000 Zeichen. Obwohl mehrere tausend Zeichen für den chinesischen Alltag ausreichen, sind das immer noch erheblich mehr Zeichen im Vergleich zu Sprachen, die das lateinische Alphabet zum Schreiben verwenden: Unser heutiges Alphabet umfasst 52 Zeichen, und der Grundwortschatz im Deutschen wird mit etwa 1.000–2.000 Wörtern angegeben, im Englischen sind noch weniger Wörter nötig.

Die enorme Zeichenanzahl der chinesischen Schrift erklärt sich aus der gesprochenen chinesischen Sprache: Das Chinesische ist eine Sprache mit auffallend vielen einsilbigen Wörtern. Deren Inhalt erschließt sich beim Zuhören nicht nur aus dem Bedeutungszusammenhang, sondern aus der Betonung, denn dasselbe Wort kann für eine Vielzahl von Bedeutungen stehen, die der Sprechende durch die Modulation der Tonhöhe verdeutlicht. Und auch im geschriebenen Chinesisch kann dasselbe Zeichen verschiedene Bedeutungen haben. So steht das Zeichen für »Mensch« in Kombination mit dem Zeichen für »Arbeit« für »künstlich«. Daneben können Zeichen aber auch zu neuen Zeichen mit entsprechend anderen Inhalten zusammengesetzt werden: So wird etwa aus den beiden Zeichen für »Mensch« und »Baum« das Zeichen für »ausruhen«.

▲ **Abbildung 4.15**
Auf Computer- und Displaytastaturen können chinesische Zeichen entsprechend ihrem Laut mit lateinischen Buchstaben geschrieben werden – mögliche Zeichenalternativen können dann aus einem Menü ausgewählt werden.

▼ **Tabelle 4.3**
Im Chinesischen können einzelne Zeichen bedeutungstragend sein – wobei die konkrete Zeichenbedeutung von der Kombination mit anderen Zeichen abhängen kann. Dieses Konzept gibt in Schriften, die sich aus dem lateinischen Alphabet ableiten, nicht, da kein Buchstabe sinnhaft ist.

	人 +	工 =	人工
Laut	rén	gong	rén gong
Bedeutung	Mensch, Leute	Arbeit	künstlich
	人 +	木 =	休
Laut	rén	mù	xiu
Bedeutung	Mensch, Leute	Holz, Baum, hölzern	ausruhen, aufhöhren

4.2 Die Evolution der Zeichenformen

»Das erste Erfordernis eines schönen Buches ist eine künstlerisch geschnittene Schrift.«

Eugen Diederichs

So ausgereift die monumental wirkenden Majuskeln des römischen Zeichensatzes schon zur Zeitenwende waren, sie eignen sich nicht für ein schnelles Schreiben per Hand. Um zu verstehen, woher der Bedarf für schneller zu schreibende Schriften kam, müssen wir uns vor Augen führen, welche Aufgabe Schrift zu erfüllen hatte. Übrigens wird uns der Zusammenhang zwischen konkreter Ausformung und der individuellen Aufgabe einer Schrift immer wieder beschäftigen, denn an dieser engen Beziehung hat sich über die zurückliegenden Jahrtausende überhaupt nichts geändert.

Von der Capitalis Monumentalis zur karolingischen Minuskel

Schauen wir uns die wichtigsten Stationen an, welche die Schriftzeichen von den repräsentativen Großbuchstaben der römischen Inschriften bis zu zügig geschriebenen Schriftzeichen in Europa nahmen.

Die Entstehung von Serifen

Es gibt in Bezug auf die Entwicklung von Serifen zwei Theorien. Ein Ansatz geht davon aus, dass die Serifen durch das Meißeln von Schriften in Stein entstanden, weil das Meißeln von geraden Strichenden technisch schwierig sei. Einer anderen Theorie zufolge wurden die Texte zunächst mit Pinsel auf Stein aufgetragen, um anschließend per Hammer und Meißel aus dem Stein geschlagen zu werden. Auch der Pinsel gibt praktisch die Serifen vor, weil leicht ausholende Strichenden einfacher und überzeugender geschrieben werden können als rechteckige Strichenden. In beiden Fällen sind die Serifen auf die eingesetzten Werkzeuge zurückzuführen und waren keine gestalterische Entscheidung.

Capitalis Monumentalis | Die römische Schrift, die wir von unzähligen Inschriften der Römer kennen, ist die sogenannte Capitalis Monumentalis. Mit diesem Begriff ist weniger eine konkrete Schrift als vielmehr eine Schriftgruppe gemeint, die ähnliche Zeichendetails aufweist. Denn Schriften sind bis zu den vervielfältigenden Buchstaben von Gutenberg im 16. Jh. praktisch ausschließlich von Hand geschrieben worden und unterlagen dadurch auch beim selben Schreiber kleineren Schwankungen.

CAPITALIS
MONUMENTALIS

Von ihrem Namen Capitalis Monumentalis lassen sich schon zwei herausragende Eigenschaften ableiten: Capitalis steht im Lateinischen für »Haupt«, »Kopf«, »hervorragend«, und Monumentalis steht natürlich für »monumental« – nicht nur im Sinne von groß, sondern auch für die vorwiegende Verwendung auf Monumenten wie der Trajanssäule, die wir bereits in Abschnitt 2.2 gesehen haben. Die Capitalis Monumentalis gehört, da sie eben in Stein gehauen wurde, zu den sogenannten **Lapidarschriften** (von lateinisch: »lapis« für »Stein«). Die den Zeichenformen zugrunde liegenden geometrischen Grundformen sind an ihr recht gut nachzuvollziehen, was auch im Beispiel der Trajan Pro deutlich wird.

Abgesehen von den ausgewogenen Einzelzeichenformen haben sowohl die Serifen als auch die Modulation der Strichstärke einen starken Einfluss auf die Anmutung der Capitalis Monumentalis: Vermutlich wurden die Texte zunächst mit einem Pinsel aufgetragen und anschließend aus dem Stein gemeißelt.

Capitalis Quadrata | Als Schrift, die für weniger alltägliche Texte eingesetzt werden sollte, wurde vom 2. bis 6. Jh. verwendet. Die Capitalis Quadrata ist durch die auffallend starken Strichstärkenunterschiede eine sehr prägnante Schrift. Besonders auffallend sind außerdem das »A« ohne Querbalken und das sehr hohe »L«. Der Zeilenabstand entspricht der Zeichenhöhe, was dem Schriftbild trotz der hohen Dichte eine überraschend luftige Anmutung verleiht.

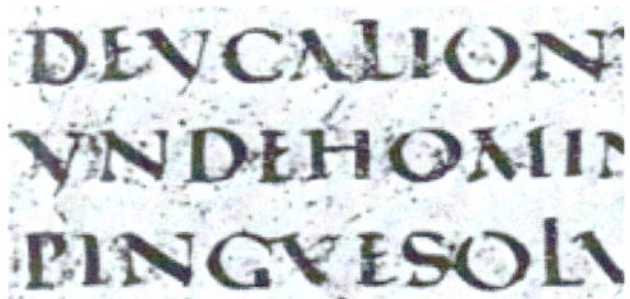

▲ **Abbildung 4.16**
Schriftbeispiel für die Capitalis quadrata: Vergil, Georgica, Italien 4. Jh. (Abbildung aus Steffens: Lateinische Paläographie, Berlin 1910)

CAPITALIS
QUADRATA

Leider gibt es nur sehr wenige Schriftzeugnisse dieser Schrift, da sie häufig auf Pergament geschrieben wurde, sodass weder über die Herkunft noch über die Nachfahren der Capitalis Quadrata Genaueres bekannt ist.

Capitalis Rustica | Als schneller zu schreibende Schrift trat die Capitalis Rustica auf den Plan. Im Unterschied zur schwierig zu schreibenden Capitalis Quadrata braucht die Federhaltung bei der Capitalis Rustica kaum variiert zu werden.

Durch ihre auffallend schmalen Zeichen war die Capitalis Rustica eine platzsparende Alternative. Obwohl sie viel eingesetzt wurde, christliche Texte wurden wohl nicht mit ihr geschrieben. Als im 4. Jh. das Christentum im römischen Reich als staatliche Religion festgelegt wurde, nahm auch die Bedeutung der Capitalis Rustica ab.

CAPITALIS RUSTICA

Unziale | Als wichtige Handschrift entwickelte sich die Unziale, die als letzte der Majuskelschriften anzusehen ist. In ihr sehen wir deutlich rundere Zeichenformen und Vorläufer der Kleinbuchstaben.

unziale

Durch den immer stärkeren Einfluss der Kirche entwickelte sich die Unziale zur wichtigsten Schrift, da sie die offizielle Schrift der katholischen Kirche war. Die Unziale, deren Name sich vom lateinischen Wort »uncia« (Unze/Zoll) ableitet und wurde vom 4. bis zum 9. Jh. verwendet, vor allem in Bibelübersetzungen. Im folgenden Beispiel sehen Sie, wie weit bei der Unziale die noch folgende Entwicklung der Kleinbuchstabenformen schon vorgezeichnet war.

a d e g k m p q

In der Unziale finden Sie zum ersten Mal die Form des sogenannten doppelstöckigen »a«, Ober- und Unterlängen und eine abgerundete Form des »M«, das prinzipiell schon ein modernes handgeschriebenes »m« darstellt.

Halbunziale | Nach dem Zusammenbruch des Römischen Reichs begann im 5. Jh. in Europa das »dunkle« Mittelalter. Während Lesen und Schreiben in der römischen Kultur weit verbreitet war, verlor dieses Kulturgut während der nächsten Jahrhunderte für die Bevölkerung der sich nun neu bildenden germanischen Staaten an Bedeutung. Die einzigen Orte, an denen Schrift weiterhin eine zentrale Rolle spielte, waren die christlichen Klöster. Hier wurden Bibeln übersetzt, vervielfältigt und ganze Bibliotheken eingerichtet.

Lateinische Kursive

Neben den formellen Schriften, die für Inschriften und langlebige Schriftstücke verwendet wurden, wurden im Römischen Reich auch schnell zu schreibende Schriften verwendet. Mit den als römische bzw. lateinische Kursive bezeichneten Schriften wurden geschäftliche oder private Texte verfasst. Hierfür dienten Federn auf Papyrus oder Griffel und Wachstafeln als Schreibmaterialien. Diese Kursiven zeichnen eine Schräglage der Zeichen und Ligaturen aus, um die schreibende Hand nur selten vom Beschreibstoff abzuheben.

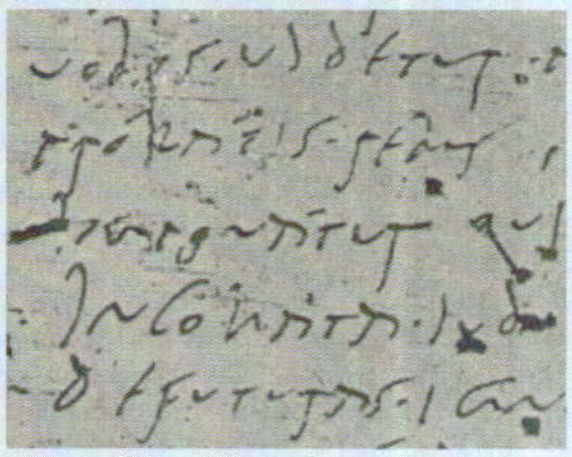

Die sogenannte Halbunziale, die besonders auf den Britischen Inseln verbreitet war und in der ab dem 6. Jh. die meisten kirchlichen Schriften in Britannien und Irland geschrieben wurden, hat sich ungeachtet ihres Namens nicht aus der Unziale, sondern aus römischen kursiven Handschriften entwickelt, die weniger formalen Charakter als die repräsentativen Majuskelschriften hatten. Das »a« mit der auffallenden »oc«-Form begegnet uns Jahrhunderte später wieder: bei Schriften mit geometrischen Gestaltungsansätzen.

halbunziale

Karolingische Minuskel | Im 8. Jh. herrschte Kaiser Karl der Große über einen beträchtlichen Teil Europas – als Analphabet. Dennoch veranlasste er die Vereinheitlichung des Schriftgebrauchs: Verschiedene Schriften und die geringe Bildung erschwerten nicht nur den Austausch von Informationen allgemein, sondern auch die Verwaltung seines Reiches. Die karolingische Minuskel wurde aus der Halbunziale, der Unziale und der römischen Kursiven entwickelt und zur offiziellen Schrift erklärt.

karolingische minuskel

Unicase

Moderne außereuropäische Sprachen wie Arabisch oder Tamil verwenden sogenannte Unicase-Alphabete. Bei diesen wird wie bei der Unziale nicht zwischen Groß- und Kleinbuchstaben unterschieden.

Sie finden bei Schriftanbietern aber auch Unicase-Fonts mit dem lateinischen Zeichensatz wie die Cholla Unicase oder Platelet.

blindtext in cholla unicase 9,5/13,75 pt | zwölf boxkämpfer jagen viktor quer über den grossen sylter deich. franz jagt im komplett verwahrlosten taxi quer durch bayern. die heisse zypernsonne quälte max und victoria ja böse auf dem weg bis zur küste. sylvia wagt quick den jux bei pforzheim. jörg bäckt quasi zwei haxenfüsse vom wildpony.

Solche auffallenden Schriften nehmen den ganz eigenen Duktus der Unziale mit einer Mischung aus Groß- und Kleinbuchstaben auf. Die Platelet ist nicht nur eine Unicase- sondern auch eine Monospace-Schrift, weshalb ich sie im Beispiel statt im Blocksatz linksbündig gesetzt habe. Dadurch stehen alle Zeichen wie in Spalten übereinander.

blindtext in platelet 9,5/13,75pt | zwölf boxkämpfer jagen viktor quer über den großen sylter deich. franz jagt im komplett verwahrlosten taxi quer durch bayern. die heiße zypernsonne quälte max und victoria ja böse auf dem weg bis zur küste. sylvia wagt quick den jux bei pforzheim. jörg bäckt quasi zwei haxenfüße vom wildpony.

Die karolingische Minuskel, die vergleichsweise einfach zu schreiben und auch aufgrund der sehr deutlichen Oberlängen sehr gut leserlich ist, war bis zum Ende des 13. Jh. die am meisten verwendete Schrift in Europa. Und mit ihr war die Entwicklung der Buchstabenformen im Prinzip beendet: In Kombination mit Großbuchstaben aus der Quadrata Rustica oder Unziale haben wir nun den Formenkanon vor uns, den wir – praktisch unverändert – auch 800 Jahre später noch verwenden.

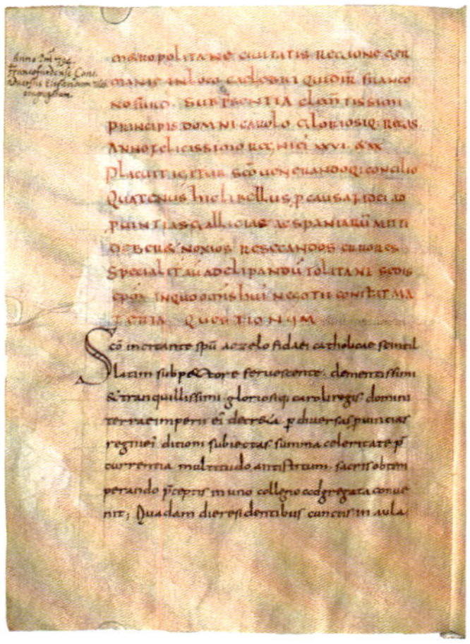

▶ Abbildung 4.17
Linke Seite eines mit Hand geschriebenen Buches mit drei Schriften: in Rot die Unziale, darunter in Schwarz die karolingische Minuskel und oben links in der Marginalspalte eine Kursive. Achten Sie bei diesem Blatt auch auf die vorgezeichneten Grundlinien und auf die Proportionen des Satzspiegels.

Gebrochene Schriften

Ab der Jahrtausendwende setzte eine Weiterentwicklung der auch als Carolina bezeichneten Schrift ein. Hierbei wurden die Vertikalen immer stärker betont, Rundungen wurden durch eckige Formen abgelöst. Diese Übergangsschriften waren die Vorläufer einer Schriftgruppe, die gleich aus mehreren Gründen eine Sonderstellung innerhalb der Schriftgeschichte einnimmt. Zum einen entfernen sich einzelne Zeichen sehr weit von ihren über Jahrhunderte entwickelten Vorgängerformen, und zum anderen war die Verbreitung dieser Schriften ungewöhnlich eng begrenzt. Außerdem wurden diese Art Schriften zum ersten Mal in der Menschheitsgeschichte für den Druck von höheren Auflagen verwendet: Die Rede ist von den gebrochenen Schriften.

Mit dem Beginn des 2. Jt. wurden in Europa Kirchen im romanischen Stil gebaut. Hier dominieren wenig durchbrochene, massig wirkende Wände, Rundbögen und -fenster. Dieser Stil wurde Mitte des 12. Jh. allmählich von der Gotik abgelöst, die sich durch einen

Finstere Schriftbilder

Längere Texte in gebrochenen Schriften haben immer eine typisch dunkle Wirkung. Im Englischen lautet die passende Bezeichnung für diese Schriften dann auch »Blackletter«.

Blindtext in Fette Fraktur 8,5/12 pt | Zwölf Boxkämpfer jagen Viktor quer über den großen Sylter Deich.

Blindtext in Wilhelm Klingspor Gotisch 8,5/12 pt | Zwölf Boxkämpfer jagen Viktor quer über den großen Sylter Deich.

insgesamt lichteren Baustil auszeichnet. In gotischen Bauwerken finden Sie filigrane, deutlich nach oben strebende Vertikalen und häufig durchbrochene Wände, die im Gegensatz zur Romanik zu lichtdurchfluteten Innenräumen führen. Ein weiteres Merkmal für den gotischen Baustil sind die Mauer- und Deckenbögen sowie die Fenster, die oben nicht mit runden, sondern mit gebrochenen Formen angelegt sind.

◂ **Abbildung 4.18**
Wichtige Merkmale wie die Bogenform von Mauern und Fenstern werden in der Gegenüberstellung des romanischen und gotischen Baustils offensichtlich (links der romanische Dom zu Speyer, rechts die gotische Kathedrale von Beauvais).

Diese Formensprache findet sich dann auch überdeutlich in den sogenannten Fraktur- oder gebrochenen Schriften, die zeitgleich zum gotischen Baustil aufkamen. An die Stelle der organisch fließenden Zeichenformen der karolingischen Minuskel, die auch die wichtigsten Zeichenformen endgültig festgelegt hatte, traten wie in der Architektur »gebrochene« Übergänge, eckige und kantige Formen. Und statt der relativ gleichbleibenden Strichstärke der karolingischen Minuskel wurde nun ab dem 12. Jh. wie in der Architektur der aufkommenden Gotik die Vertikale durch eine extreme Höhe betont. Diese auch als gotisch bezeichneten Schriften führen im Gegensatz zu ihrem architektonischen Pendant zu einer geradezu finsteren, fast bedrohlichen Anmutung, passend zum Begriff des »finsteren Mittelalters«.

»Nichts ist einfacher, als Schrift zu ignorieren – und nichts ist schwerer, als sie wieder zu vergessen, wenn man sie einmal erkannt hat.«

Dagmar Welle

In gebrochenen Schriften finden Sie einzelne Zeichen, die sehr stark von denen der karolingischen Minuskel abweichen. Diese eigenständigen Zeichenformen führen zu einer schlechten Lesbarkeit – vor allem dann, wenn sie wie die folgenden Beispiele aus dem Zusammenhang genommen sind –, und sind außerdem Grund dafür, dass diese Schriftgruppe nicht zu den Antiquaschriften gezählt wird. Oder hätten Sie das »A«, »I«, »S« und »V« in der Schrift Fette Fraktur erkannt?

Des Weiteren setzen die massive Betonung der Vertikalen, die nur wenig ausgeprägten Ober- und Unterlängen und die auffallend gleichmäßigen Innenräume der Buchstaben, die auch den Zeichenabständen entsprechen, die Leserlichkeit noch weiter herab. Texte, die mit derartigen Schriften verfasst wurden, glänzen dafür durch eine gleichmäßige Textur.

Bei der sehr gleichmäßigen Wilhelm Klingspor Gotisch im folgenden Beispiel oben entsprechen die Zeichenzwischenräume ziemlich exakt den Buchstabeninnenräumen. Bei der Myriad Pro im selben Beispiel unten variieren die Abstände deutlich, hier sind die offenen Binnenräume des »u« und »m« größer als die Zeichenabstände.

Noch deutlicher wird die Regelmäßigkeit der Frakturschrift, wenn die oberen und unteren Zeichenbereiche rechts abgedeckt werden. Durch die gleichen Räume ist nun überhaupt nicht mehr ersichtlich, welche Linien gegebenenfalls zum selben Zeichen gehören. Die Myriad Pro liefert selbst bei abgedeckten Zeichenbereichen noch eine Vielzahl von Informationen: Buchstaben wie das »a« und »o« sind selbst dann noch zu entziffern.

Im folgenden Beispiel sehen Sie eine Handschrift in einer sogenannten Textura, die die Vorlage für die in der DIN-Klassifikation als gotische Schriften bezeichnete Untergruppe der gebrochenen Schriften darstellt. Dieses Schriftbild war Vorbild für die Typografie der Gutenbergbibel.

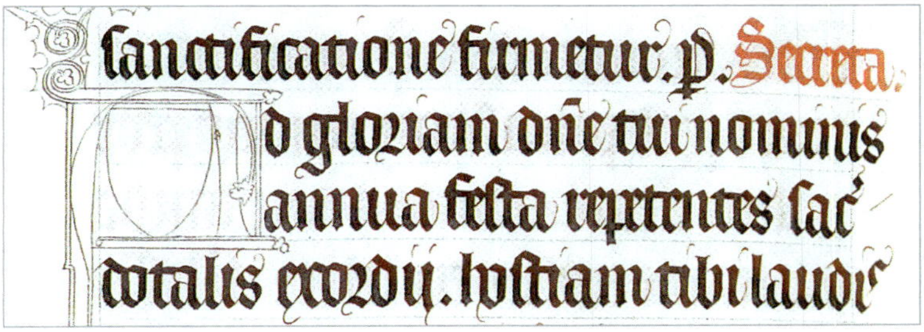

◂ Abbildung 4.19
Die bemerkenswerte Regelmäßigkeit mancher gebrochener Schriften wird wie bei diesem wunderschönen Beispiel aus dem 14. Jh. durch eine sehr schlechte Lesbarkeit erkauft.

Besonderheiten beim Satz von gebrochenen Schriften | Ursprünglich gab es ausschließlich bei gebrochenen Schriften neben dem gängigen »s« noch das »lange S«. Das lange S gab es ausschließlich als Minuskel. Hier sehen Sie die drei Formen des »s« der Wilhelm Klingspor Gotisch Pro: ein langes S, ein kleines rundes S und ein großes S.

ſ s S

Das runde S, das für uns die gängige Zeichenform darstellt, wird auch als »Schluss-s« bezeichnet und gibt somit einen Hinweis auf seine Verwendung – für praktisch alle anderen Fälle kommt bei gebrochenen Schriften das lange S zum Einsatz. Mit Schluss sind hierbei Wortenden und Silbenenden gemeint.

Wirtshaus Deutſcher Riesling Wachsſtift

Interessant ist der Einsatz des langen s in Wörtern, deren Bedeutung so eindeutig wird, wie bei Wach-stube und Wachs-tube.

Wachſtube Wachstube

Im Beispiel sehen Sie links Wach-stube und rechts Wachs-tube. Allerdings bemerken Sie an diesem Beispiel auch, wie ungewohnt das lange S und dessen Gebrauch für unsere Augen ist: Die verschiedenen Bedeutungen erschließen sich nicht mehr. Daher ist es aus meiner Sicht konsequent, dass das lange S mit der Zeit auch in Produktbeschreibungen wie »Kölsch« auf Bieretiketten allmählich abgelöst wird. In folgendem Beispiel sehen Sie ganz links die ursprüngliche und daneben die modernisierte Schreibung. Beim Doppel-s wird nach der alten Schreibweise auch das lange S gesetzt (rechte Beispiele).

Kölſch Kölsch Schloſſ Waſſer

Gebrochene Schriften im 21. Jahrhundert | So fremd und alt uns die gebrochenen Schriften vorkommen, sie wurden – vor allem in Deutschland – noch bis weit ins 20. Jh. für den Mengensatz verwendet. In anderen europäischen Ländern erfreuten sich die Frakturschriften übrigens nie derselben Beliebtheit wie im deutschsprachigen Raum und wurden schon mit der beginnenden Renaissance von Antiquaschriften verdrängt.

Gebrochene Schriften im Dritten Reich

Traurige Berühmtheit erlangten die gebrochenen Schriften durch die Naziherrschaft. In den ersten Jahren der Hitlerdiktatur wurde der Einsatz gebrochener Schriften gefördert, bis 1941 durch den sogenannten Normalschrifterlass dieselben Schriften plötzlich als »Judenlettern« bezeichnet und durch Antiquaschriften ersetzt werden sollten.

Frankfurter Allgemeine

Spätburgunder

Heimathirsch

Snowboard

Skaten

Tattoo

Surfen

Heavy Metal

Trotz dieses wirren Umgangs der Nazis mit Schrift haben Frakturschriften gerade in Deutschland leider immer noch einen schalen Beigeschmack. Allerdings werden gebrochene Schriften auch im 21. Jh. noch eingesetzt, und zwar entweder, um wie bei Zeitungstiteln, Wein- und Bieretiketten, Gasthaus- oder Bäckereibeschriftungen oder auch Apotheken eine lange Tradition und eine daraus erwachsene Verlässlichkeit und Qualität zu kommunizieren. Oder um sich selbstbewusst dieser prägnanten, schweren und doch schnell martialisch wirkenden Schriften zu bedienen und sich bewusst über die historische Belastung von Schriften hinwegzusetzen, beispielsweise im Umfeld von Jugendkultur.

Gutenberg

Das handschriftliche Kopieren der Bibel und das Verfassen religiöser wie auch zunehmend weltlicher Texte war bis zu Gutenbergs Erfindung der beweglichen Lettern nicht nur eine mühevolle Tätigkeit, sie war – wie das Lesen auch – nur einer begrenzten Bevölkerungsgruppe vorbehalten. Neben den Mönchen, die bis zum Ende des Mittelalters eine jahrhundertelange Tradition der Buchherstellung besaßen, waren die Gelehrten an den Universitäten, die seit dem Beginn des 2. Jt. in ganz Europa gegründet wurden, die Einzigen, die des Lesens und Schreibens mächtig waren. Insgesamt nahm aber der Bedarf an Texten – vor allem zu theologischen und juristischen Studienzwecken – zu, sodass ab dem 14. Jh. neben den klösterlichen Skriptorien auch weltliche Kopier- und Schreibanstalten entstanden. Da hierdurch die Verfügbarkeit an Texten zunahm, verringerten sich auch die Herstellungskosten. Infolgedessen stieg auch der Anteil der Lesekundigen in der Bevölkerung langsam an.

Bewegliche Lettern
Der Druck mit Einzelzeichen (aus Holz, später aus Keramik bzw. Bronze) war in Asien weit vor Gutenberg bekannt. Aufgrund des hohen Aufwands an Handarbeit haben sich diese Techniken jedoch nicht durchsetzen können.

Diese Dynamik verselbstständigte sich so weit, dass die Schreibstuben langsam den Bedarf an Texten nicht mehr decken konnten. In diesem Umfeld erdachte Johannes Gutenberg, der eigentlich Johannes Gensfleisch hieß, seine geniale Erfindung. Diese bestand genau genommen nicht aus beweglichen Lettern, sondern aus der Reproduzierbarkeit dieser Lettern. Denn schon vor Gutenberg konnten Seiten aus hölzernen Einzellettern zusammengefügt und gedruckt werden. Aber Gutenberg hatte die Idee und das nötige Wissen, um standardisierte Lettern in hoher Auflage per Bleiguss herzustellen. Dieses Verfahren versetzte ihn in die Lage, lange Texte mit beliebigen Zeichenkombinationen drucken zu können. Neben den reproduzierbaren Lettern gehören auch die Druckerpresse und die Druckfarbe zu Gutenbergs Erfindungen.

▼ Abbildung 4.20
Eine rechte Seite aus dem berühmtesten Buch der Welt: Gutenbergs 42-zeilige Bibel aus dem Jahr 1455, gedruckt aus 290 Zeichenformen

Als formale Vorbilder für die epochale 42-zeilige Bibel dienten Gutenberg-Handschriften, die die sogenannte Textura-Schrift verwendeten. Um der

Luther

Die – aus dem Lateinischen, Hebräischen und Griechischen übersetzte – deutsche Übersetzung des Neuen Testaments erschien 1522 in einer Auflage von 3.000 Stück. Überhaupt profitierte Luther – und die von ihm initiierte Reformation – enorm von der durch Gutenbergs Erfindung möglich gewordenen Verbreitung von Ideen.

vollendeten Ästhetik dieser Handschriften mit mechanischen Mitteln so nahe wie möglich zu kommen, fertigte Gutenberg statt der eigentlich ja nur etwa 60 Zeichen, die unser Alphabet samt Satzzeichen umfasst, knapp 300 Einzelzeichen an. Dieser enorme Zeichenreichtum ergibt sich aus den zahlreichen Ligaturen und vor allem aus Zeichen, die er in verschiedenen Breiten anlegte, um ein gleichmäßiges Satzbild im Blocksatz zu erreichen. Die roten Hervorhebungen sowie alle Verzierungen wurden – nach dem Druck – wie bisher von Hand eingefügt. Gutenberg und seine Handvoll Angestellten druckten die knapp 1.300 Seiten umfassende zweiteilige Bibel in einer Auflage von ca. 180 Exemplaren und benötigten dafür vermutlich viereinhalb Jahre.

Die genauen Lebensdaten Gutenbergs, der zu den einflussreichsten Erfindern der Geschichte zählt, sind unbekannt. Gutenberg soll etwa um das Jahr 1400 zur Welt gekommen sein, er starb vergessen und mittellos 1468.

4.3 Herausforderung Schriftklassifikation

Schrift vs. Font

Mit Schrift ist landläufig die visuelle Repräsentation eines Textes gemeint. Im Gegensatz dazu ist Font die Bezeichnung einer Datei, die eine Schrift oder einen Zeichensatz auf einem Computer verfügbar macht. Ein Font muss aber gar keine Schriftzeichen enthalten. Das ist bei Symbol-, Piktogramm- oder Ornament-Fonts wie der Webdings der Fall:  (»ABC« in der Webdings).

Bevor wir uns weiter mit der Geschichte der Schrift befassen, möchte ich an dieser Stelle einige allgemeine Bemerkungen zum Thema Schriftklassifikation einstreuen. Auf der Website *myfonts.com* wird zum Zeitpunkt, an dem ich diesen Text schreibe, damit geworben, dass hier mehr als 270.000 Fonts zum Kauf – genauer gesagt: zur Lizenzierung – zur Verfügung stehen. Und es kommen praktisch wöchentlich – ungeachtet der unterschiedlichen Qualität – weitere Fonts hinzu. Aber selbst bei »kleineren« Anbietern wie *monotypefonts.de*, *fonts.adobe.com* oder *fonts.google.com* haben wir jeweils die Wahl aus hunderten oder tausenden Fonts. Um nun eine Ordnung in diese Angebote zu bekommen, werden Schrift- bzw. Fontklassen zur Orientierung verwendet.

Wenn Sie die verschiedenen Ansätze zur Schriftklassifikation der Fontanbieter vergleichen, sehen Sie neben gravierenden Unterschieden der angewendeten Klassifikationsmodelle auch Überschneidungen. Schon bei einem kurzen Vorbeisurfen auf einigen dieser Seiten sehen Sie, dass sich fast überall Klassen mit und ohne Serifen finden und eine Klasse mit Handschriften. Gerne werden fünf Klassen verwendet, Adobe und Berthold ordnen ihre Angebote in jeweils neun Klassen ein.

Neben der verschiedenen Anzahl an Schriftklassen finden sich auch verschiedene Bezeichnungen für die einzelnen Klassen. Weder bei Fontanbietern noch in der Fachliteratur und sonstigen Quellen finden wir einen allgemein gültigen Klassifikationsansatz. Das hat auch zur Folge, dass es ebenso wenig allgemein gängige Bezeichnungen für Schriftklassen gibt. Ich werde im Folgenden versuchen, Schriften – insbesondere Leseschriften – so in Gruppen zusammenzufassen, dass die Zuordnung leichtfällt und somit praktikabel ist. Außerdem ist es mir ein Anliegen, die Anzahl an Klassen oder Gruppen möglichst klein zu halten.

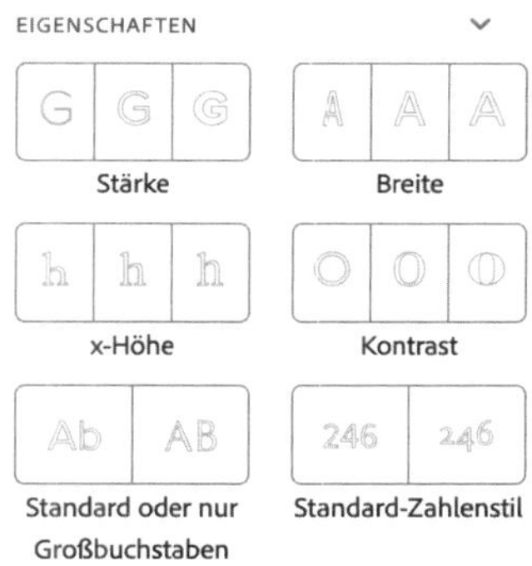

▲ **Abbildung 4.21**
Bei Fontanbietern wie *fonts.adobe.com* und *monotypefonts.de* können Sie zusätzlich zu Schriftgruppen per Knopfdruck Filter aktivieren, welche die Fontsuche weiter eingrenzen.

Warum Schriftklassifikation?

Abgesehen von dem Bedarf von Fontanbietern an einer Klassifikation ihres jeweiligen Angebots erleichtern Schriftklassen nicht nur die Kommunikation unter Designerinnen und Designern und im Austausch mit Kunden und Kundinnen, sondern auch die Anwendung von Schriften und insbesondere das Mischen von Schriften. Insgesamt bietet uns die Schriftklassifikation eine Möglichkeit, den Blick auf Details von Schrift zu schärfen, ein Gefühl für die geschichtliche Einordnung zu bekommen und schließlich ein Gespür für die Wirkung einer Schrift zu entwickeln. Schriftklassifikation soll meiner Ansicht nach kein Selbstzweck sein, sondern einen praktischen Nutzen haben.

Die Schrift Rotis Semi Serif zeigt schon im Namen, dass sie sich sogar der Zuordnung Serifenschrift bzw. serifenlose Schrift entzieht. Die Officina Sans weist, wie die Optima, bei einzelnen Zeichen Serifen auf. Ich bezeichne beide dennoch als Sans-Serif.

Rotis Semi Serif
Officina Sans: 1
Optima: S

Neben den bisher erwähnten Klassifikationsmodellen der Fontanbieter gibt es noch eine ganze Reihe von weiteren. Hier möchte ich besonders auf die Ansätze von Wolfgang Beinert, Indra Kupferschmid, Joep Pohlen, Markus Wäger und Hans-Peter Willberg hinweisen.

Im nebenstehenden Beispiel können Sie die drei wichtigsten Formmerkmale sehen, die wir praktisch in allen Klassifikationsansätzen wiederfinden und die wir uns im weiteren Verlauf dieses Kapitels noch genauer anschauen werden. Dazu gehören das Vorhandensein der Serifen, der Strichstärkenkontrast und die Achsenneigung und damit der Gestaltungsansatz: dynamisch, statisch, oder konstruiert bzw. geometrisch.

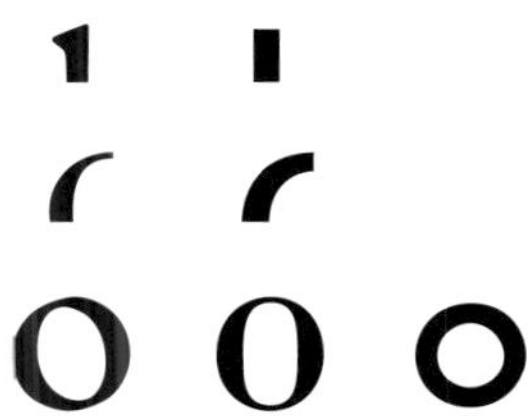

Die Vox-Klassifikation

Die Grundlage für später folgende Klassifikationen hat der Franzose Maximilien Vox 1954 geschaffen. In seiner Gliederung spiegeln sich die kunstgeschichtlichen Epochen wider. Vox verwendet die drei Kategorien Klassisch, Modern und Kalligrafisch (im Sinne von handgeschrieben), die er jeweils in drei weitere Klassen unterteilt.

Didot eok
Bodoni eok

Deren französische Bezeichnungen sind teilweise aufschlussreicher als die deutschen Bezeichnungen, die in der im folgenden beschriebenen DIN-Klassifikation Verwendung finden. So deutet etwa Humanes auf den humanistischen Gestaltungsansatz der betreffenden Schriften hin. Besonders interessant ist die Bezeichnung Didones: Dies ist ein Kunstwort, das sich aus der Zusammenfügung der beiden großen Schriften Didot und Bodoni erklärt. Die Bezeichnung Incises (von »inciser«, dt.: einschneiden) macht deutlich, dass sich die Schriften dieser Gruppe auf Vorbilder beziehen, die in Stein oder Metall geschnitten sind. Typisch für Schriften dieser Gruppe sind dreieckige Serifen, wie Sie sie in der folgenden Tabelle bei der Albertus beim k sehen.

▼ Tabelle 4.4
Maximilien Vox hat mit seinem Konzept 1954 die Grundlage für weit verbreitete Schriftklassifikationen geschaffen.

Kategorie	**Untergruppe**		
Classiques	Humanes eok Jenson	Geraldes eok Garamond	Réales eok Baskerville
Modernes	Didones eok Walbaum	Mécanes eok Glypha	Linéales eok Univers
Calligraphiques	Incises eok Albertus	Manuaires eok EdwardianScript	Scriptes eok Bradley Hand

Vox unterscheidet bei den geschriebenen Schriften weiter zwischen den Manuaires und den Scriptes. Während sich die Schriften der Manuaires häufig durch eine formale, unpersönlichere Anmutung und verbundene Buchstaben auszeichnen, sehen wir in der Gruppe der Scriptes individuelle persönliche Handschriften, bei denen die Buchstaben wie bei Druckschriften einzeln stehen.

Klassifikation nach DIN 16518

In Deutschland ist das Klassifikationssystem nach DIN 16518 immer noch weit verbreitet. Dieses wurde 1964 vorgestellt und übernimmt weitgehend das Konzept von Maximilien Vox. An manchen Stellen wurde es lediglich erweitert, und an wenigen wurde ein anderer Weg eingeschlagen.

Da die Schriftklassifikation DIN 16518 immer noch gelehrt wird und in Deutschland oft noch als Referenzpunkt dient, wäre ein Handbuch der Typografie ohne eine Zusammenfassung nicht vollständig. Die Klassifikation hat aber Schwächen und ist eigentlich für den heutigen Schriftgebrauch nicht mehr sinnvoll einsetzbar.

Die DIN ordnet die wesentlichen Stilepochen der Schriften chronologisch. Aufgrund des Entstehungsdatums von Vox' Schriftklassifikation und der DIN 16518 werden hier allerdings praktisch nur Schriften aus der Bleisatzzeit berücksichtigt. Schriften, die wie die Serifenlosen erst später zu ihrer immensen Bedeutung gelangten, werden in einer großen Klasse zusammengefasst – im Gegensatz zu den in Deutschland bis in die 1940er Jahre gängigen gebrochenen Schriften, die in der DIN-Klassifikation mit fünf Untergruppen repräsentiert werden. Kritisiert wird auch die Verwendung der Sammelklasse VII und die schwierige Unterscheidbarkeit der Klassen VIII und IX. Aufgrund des Veröffentlichungsdatums der DIN-Klassifikation werden außerdem Schriftentwicklungen wie Pixelschriften, technische oder experimentelle Schriften überhaupt nicht berücksichtigt.

Heute herrscht allgemein die Meinung, dass sich wichtige Elemente von Schrift nicht in der DIN widerspiegeln, beispielsweise die Unterschiede der Serifenlosen. Seit 1999 wird daher an einer Überarbeitung der DIN gearbeitet, die aber noch nicht abgeschlossen ist. Diverse Typografen und Typografinnen haben in der Zwischenzeit eigene Klassifikationen nach Formprinzip vorgestellt. Hierzu finden Sie eine interessante Zusammenfassung zum Download unter *www.rheinwerk-verlag.de/4083*.

Gruppe vs. Klasse

Der Begriff Klasse suggeriert, dass hiermit eindeutig definierte und voneinander abgrenzbare Einheiten gemeint sind. Tatsächlich aber überlappen sich Schriftklassen. Nach meiner Wahrnehmung ist der Begriff Gruppe offener, weshalb ich diesen Begriff gegenüber Klasse bevorzuge. Neben der Definition von formalen Kriterien gibt es Schriften, die sich gar nicht eindeutig zuordnen lassen, weil sie Merkmale verschiedener Gruppen zeigen.

Gruppe vs. Klasse

Der Begriff Klasse suggeriert, dass hiermit eindeutig definierte und voneinander abgrenzbare Einheiten gemeint sind. Tatsächlich aber überlappen sich Schriftklassen. Nach meiner Wahrnehmung ist der Begriff Gruppe offener, weshalb ich diesen Begriff gegenüber Klasse bevorzuge. Neben der Definition von formalen Kriterien gibt es Schriften, die sich gar nicht eindeutig zuordnen lassen, weil sie Merkmale verschiedener Gruppen zeigen.

Wir wollen uns die DIN 16518 nur kurz ansehen, da ich im Folgenden eine in meinen Augen sinnvollere Klassifikation verwenden möchte. Wir beginnen mit einem kurzen Überblick und fahren dann mit dem Blick auf die Schriftentwicklung im Laufe der Jahrhunderte fort. Dabei werden uns die Schriftklassen der DIN 16518 immer wieder begegnen.

Klasse I: Venezianische Renaissance-Antiqua | Serifenschriften zumeist aus dem Ende des 15. Jh., aus der humanistischen Minuskel und der Capitalis Quadrata in Italien entwickelt.

- **Merkmale:** kräftige Strichstärke, kaum Strichstärkenunterschiede, abgerundete Serifen, schräger Querstrich beim »e«, insgesamt deutlich schrägliegende Buchstabenachse, Oberlängen ragen über die Großbuchstaben hinaus
- **Charakter:** gut lesbar, klar, harmonisch, altertümlich
- **Schriftbeispiele:** Jenson Pro, Weidemann ITC Pro, Centaur, Berkeley Old Style

Die Schrift Weidemann

Die der Klasse I zugehörige Schrift Weidemann wurde von Kurt Weidemann ursprünglich unter dem Namen Biblica veröffentlicht und wurde für eine konfessionsübergreifende Bibelausgabe verwendet. Dass diese Schrift für kleine Schriftgrade entworfen wurde und wenig Platz benötigt, erkennen Sie an der großen Mittelhöhe und den sehr schlanken Proportionen.

eok — Adobe Jenson Pro

eok — Centaur MT

eok — Weidemann ITC Pro

Klasse II: Französische Renaissance-Antiqua | Serifenschriften, entstanden Mitte des 16. Jh., auf Basis der humanistischen Minuskel und der Capitalis quadrata in Frankreich entwickelt, hier gilt Claude Garamond als Ausgangspunkt.

- **Merkmale:** Strichstärkenunterschiede deutlicher als bei Klasse I, Achsen senkrechter, Serifenübergänge kantiger, der Querstrich im »e« ist waagerecht, die Oberlängen der Kleinbuchstaben überragen weiterhin die Versalien

- **Charakter:** ruhiger als die venezianische Renaissance-Antiqua, gleichmäßig, gut lesbar, streng, elegant
- **Beispiele:** Garamond, Sabon, Palatino, Bembo, Goudy Old Style, Minion, FF Quadrat, FF Meta Serif, FF Nexus Serif

eok	eok	eok
Adobe Garamond Pro	Sabon LT Pro	Minion Pro

Klasse III: Barock-Antiqua | Serifenschriften, entstanden besonders im 17. und 18. Jh. vornehmlich in Holland und England.

- **Merkmale:** Strichstärkenunterschiede sind ausgeprägter, Achsen sind fast senkrecht oder teilweise nach links geneigt, Mittellängen erheblich größer als die Oberlängen, Querstriche waagerecht, Serifen leicht abgerundet
- **Charakter:** trotz ihres Namens nicht überladen, sondern eher zurückhaltend und streng, sachlich, gut lesbar
- **Beispiele:** Baskerville, Times, Janson, Corporate A

Irreführende Bezeichnung

In der DIN-Klassifikation wird die Gruppe III als Barock-Antiqua bezeichnet. Dieser Begriff ist irreführend, da diese Schriften gerade keine barocke Formensprache aufweisen. Im englischen Sprachraum wird für dieselbe Klasse passenderweise Transitional verwendet. Auch im Deutschen wird mittlerweile eher von Übergangsantiqua oder vorklassizistischer Antiqua (ein Begriff, der auch in der DIN schon verwendet wird) gesprochen.

eok	eok	eok
Baskerville	Caslon	Corporate

Klasse IV: Klassizistische Antiqua | Serifenschriften entstanden hauptsächlich um 1800, geprägt von Bodoni und Didot.

- **Merkmale:** gerade angesetzte, eckig wirkende Serifen, senkrechte Achse, starker Strichstärkenunterschied, Oberlängen der Kleinbuchstaben und Versalhöhen sind gleich. Die Walbaum hat eine überraschend große Mittelhöhe
- **Charakter:** klar, streng, klassizistisch, elegant, edel
- **Beispiele:** Bodoni, Didot, Walbaum, New Century Schoolbook, Centennial

eok	eok	eok
Didot	Bodoni	Walbaum

Zuordnung und zeitliche Entstehung

Übrigens bedeutet die Zugehörigkeit einer Schrift zu einer bestimmten Schriftklasse nicht, dass diese Schrift auch aus der entsprechenden Epoche stammt. So sind etwa die diversen Garamond-Varianten, die auf dem Fontmarkt erhältlich sind, allesamt mehr oder weniger moderne Interpretationen der Schrift, die Claude Garamond ca. 1530 geschnitten hat. Wichtiger als das Entstehungsdatum einer Schrift ist der Gestaltungsansatz, aus dem heraus eine Schrift entwickelt wurde. Die Weidemann, die Sie aufgrund ihres schräg stehenden Querbalkens im e als Vertreterin der venezianischen Renaissance-Antiqua sehen, wurde beispielsweise 1983 veröffentlicht.

Klasse V: Serifenbetonte Linear-Antiqua | Serifenschriften, entstanden besonders zu Beginn des 19. Jh. zunächst in England, werden aufgrund des herrschenden Ägypten-Trends auch »Egyptiennes« genannt, auch »Slab Serif«.

- Merkmale: stark betonte Serifen, sehr kräftige Strichstärken, betont die Vertikale
- Drei Untergruppen:
  - **Egyptienne:** eckige Übergänge zu den Serifen. Beispiele: Memphis, Rockwell, Beton
  - **Clarendon:** gerundete Übergänge zu den Serifen, tropfenförmige Serifen bei »r«, »a« und »g«. Beispiele: Clarendon, Impressum
  - **Italienne:** Serifen dicker als der Grundstrich, die Achsen der Rundungen sind senkrecht und die Anstriche waagerecht. Beispiele: Playbill, Italienne, Pro Arte, Figaro
- **Charakter:** streng, statisch, prägnant, die Lesbarkeit ist geringer, ausgeprägte Geometrie

Memphis Clarendon Playbill

Klasse VI: Serifenlose Linear-Antiqua | Serifenlose Schriften, erste Schriften Anfang des 19. Jh. in England, werden auch als Grotesk bezeichnet, da die Schriften im 19. Jh. als ungewöhnlich erschienen. Diese wichtige Gruppe dominiert heute die visuelle Kommunikation.

- **Merkmale:** keine Serifen, gleichmäßige Strichstärke, senkrechte oder schräge Achsen, Oberlängen der Kleinbuchstaben und Versalhöhen sind oft gleich
- **Charakter:** aufgrund der enormen Bandbreite dieser Gruppe lässt diese keine allgemeingültige Charakterisierung zu
- **Beispiele:** Akzidenz-Grotesk, Helvetica, Gill Sans, Futura, Univers, Avant Garde, Gothic, Kabel, Frutiger, Rotis Sans

Helvetica Gill Sans Frutiger Neue

Klasse VII: Antiqua-Varianten | Eine »Resteklasse« aus Schriften, die an die Antiqua angelehnt sind, aber nicht in die bisherigen Klassen passen. Dazu gehören Schriften mit und ohne Serifen und auch dekorative Schriften.

- **Merkmale:** können nicht in die übrigen Klassen eingeordnet werden, oft eigenwillige Strichführung
- **Charakter:** aufgrund der enormen Bandbreite dieser Gruppe lässt diese keine allgemeingültige Charakterisierung zu
- **Beispiele:** Arnold Böcklin, Eckmann, Optima, Rotis SemiSerif, Souvenir, Broadway

eok eok eok

Optima Rotis SemiSerif Broadway

Klasse VIII: Schreibschriften | Auf der Vorlage von Handschriften entstandene Schriften.

- **Merkmale:** gleichmäßiger Stil, Wechselstrich, auffällige Anfangsbuchstaben, Verbindung zwischen Minuskeln, meist deutliche Neigung nach rechts, aufwendig, langsam geschrieben, unpersönlich/formell
- **Charakter:** dekorativ, künstlerisch, häufig edel, eher als Auszeichnungsschrift
- **Beispiele:** Snell Roundhand, Zapfino, Künstlerschreibschrift, Berthold-Script, Brush Script

eok eok eok

Snell Roundhand *Künstler-schreibschrift* *Brush Script*

Klasse IX: Handschriftliche Antiqua | Schriften mit unregelmäßigen, handschriftlichen Merkmalen, oft illustrativ, Zeichen berühren sich nicht (Blockschrift).

- **Merkmale:** handschriftlicher, persönlicher Charakter, Wechselstrich, geschwungene Anfangsbuchstaben, der Klasse VIII oft ähnlich

- **Charakter:** dekorativ, künstlerisch, häufig edel, eher als Auszeichnungsschrift
- **Beispiele:** Tekton, Erikrighthand, Justlefthand

eok	eok	eok
Tekton	Dom Casual	Delphin

og
Textur Gotisch

og
Weiß Rundgotisch

og
Alte Schwabacher

og
Lutherische Fraktur

og
Offenbacher Schrift

Klasse X: Gebrochene Schriften | Die gebrochenen Schriften sind seit dem 12. Jh. durch die Weiterführung der gotischen Minuskel entstanden, der Name beruht auf den gebrochenen Rundungen. Bis ins 20. Jh. besonders in Deutschland häufig verwendet, wird sie auch als »Deutsche Schrift« oder »Fraktur« bezeichnet. Die Schrift besitzt fünf Untergruppen. Mehr zu den gebrochenen Schriften lesen Sie auch in Abschnitt 4.2.

- **Gotisch:** basierend auf der Textura, schlanke Minuskeln, würfelförmige Strichenden, runde Kleinbuchstaben gebrochen, die Schriften wirken eher streng. Beispiele: Fette Gotisch, Wilhelm Klingspor Gotisch, Textur Gotisch
- **Rundgotisch:** runde Form der gotischen Minuskel, vor allem im 14. Jh. in Italien entstanden, auch als Rotunda bezeichnet, da basierend auf der Rotunda, runde, detailarme Formen, breiter laufend als gotische Schriften, Kleinbuchstaben sind kaum gebrochen. Beispiele: Wallau Weiß Rundgotisch, Duc de Berry, Clairvaux
- **Schwabacher:** Diese Untergruppe ist vor dem 16. Jh. in Süddeutschland entstanden. Basierend auf der Rotunda, runde Formen, breiter laufend als gotische Schriften, auffallendes »g« mit Querstrich und »o«, Buchstaben wirken breit. Beispiele: Alte Schwabacher
- **Fraktur:** ab dem 16. Jh. die meistverwendeten Druckschriften. Schwungvolle Majuskeln, gespreizte Oberlängen der Minuskeln, eleganter und schlanker als die anderen Untergruppen. Beispiele: Fette Fraktur, Neue Fraktur, Walbaum-Fraktur, Lutherische Fraktur
- **Fraktur-Varianten:** Sammelklasse für alle gebrochenen Schriften, die sich nicht in die vier anderen Untergruppen einsortieren lassen. Beispiel: Offenbacher Schrift

Klasse XI: Fremdsprachliche Schriften | Schriften, die nicht auf dem lateinischen Schriftsystem basieren.

- **Beispiele:** kyrillische, japanische, chinesische, arabische und hebräische Schriften

4.4 Renaissance, Barock und Klassizismus

Mit der neuen Verfügbarkeit von Texten – und damit von Wissen –, die Gutenberg durch seine epochale Erfindung des Buchdrucks mit beweglichen Lettern ermöglichte, setzte eine bis dato beispiellose Demokratisierung des Wissens ein, das auch zu einem neuen Selbstverständnis des Menschen führte. Größere Bevölkerungsgruppen konnten sich nun immer mehr – unabhängig von herrschenden Dogmen – neuer Ideen annehmen und diese selbst hinterfragen. Dieses erstarkende Selbstbewusstsein einer sich neu bildenden Öffentlichkeit markiert den Übergang aus dem Mittelalter zur Neuzeit.

Renaissance

In der auf das Mittelalter folgenden kunsthistorischen Epoche, die später als Renaissance bezeichnet wurde, lebten auch die Ideen der römischen und griechischen Antike wieder auf. Hierdurch rückte der Mensch – statt einer göttlichen Instanz – deutlich in den Fokus. Zentrum für diesen kulturellen, politischen und wissenschaftlichen Umbruch war Italien. Hierbei waren Rom, Venedig und Florenz wichtige Orte dieser Entwicklung.

Der Begriff Renaissance

Mit der Bezeichnung Renaissance (frz.: Wiedergeburt) wurde diese zentrale europäische Kulturepoche des weitreichenden Umbruchs erst im 19. Jh. belegt. Als wichtigste Zeit der Renaissance werden das 16. und 17. Jh. angesehen.

◂ **Abbildung 4.22**
Die »Rotunda«, ein typischer Renaissancebau mit klarer, flächig-rhythmischer Architektur

Die Schriftentwicklung: Zeitstrahl

Um auch einen visuellen Überblick über die Entwicklung der wichtigsten Schriften und die Daten der Schriftentwicklung zu bekommen, sehen Sie diese hier anhand eines Zeitstrahls.

1450 1500 1550 1600 1650 1700

Gotik **Renaissance** **Barock**

Schriftentwicklung

Hamburgefons
TEXTUR GOTISCH

Hamburgefons
GARAMOND

Hamburgefons
BASKERVILLE

Typografen

Johannes Gutenberg (ca. 1400–68)
Nicolas Jenson (1420–80)
Aldus Manutius (1449–1515)
Claude Garamond (1480–1561)
William Caslon (1692–1766)
John Baskerville (1707–75)
François Didot d. J. (1730–1804)

Ereignisse

1450 Gutenberg druckt die Bibel
1453 Eroberung Konstantinopels / Ende Byzantinisches Reich
1492 Columbus landet in Nordamerika
1505–1626 Bau Petersdom
1517 durch Luther initiierte Reformation
1618–48 Dreißigjähriger Krieg

Persönlichkeiten

Leonardo da Vinci (1452–1519)
Michelangelo (1475–1564)
Raffael (1483–1520)
Galileo Galilei (1564–1642)
Caravaggio (1571–1610)
Rembrandt (1606–69)
Jan Vermeer (1632–75)
Isaac Newton (1643–1727)
J.S. Bach (1685–1750)

1750 — 1800 — 1850 — 1900 — 1950 — 2000 — heute

Klassizismus **Moderne**

Hamburgefons
BODONI

Hamburgefons
CLARENDON

HAMBURGEFONS
NOT CASLON

Hamburgefons
AKZIDENZ GROTESK

Hamburgefons
FUTURA

Justus Walbaum (1768–1837)
Giambattista Bodoni (1740–1813)
Morris Fuller Benton (1872–1948)
Paul Renner (1878–1956)
Eric Gill (1882–1940)
Stanley Morison (1889–1967)
Jan Tschichold (1902–74)
Herrmann Zapf (1918–2015)
Günther Gerhard Lange (1921–2008)
Otl Aicher (1922–91)
Adrian Frutiger (1928–2015)
Erik Spiekermann (1947)
Neville Brody (1957)
Zuzana Licko (1961)

1789–99 Französische Revolution
1914–18 Erster Weltkrieg
1939–45 Zweiter Weltkrieg
1969 Erste bemannte Mondlandung
1985 DTP

Johann Wolfgang von Goethe (1749–1832)
Wolfgang Amadeus Mozart (1756–91)
Richard Wagner (1813–83)
Johannes Brahms (1833–1897)
Albert Einstein (1879–1955)
Pablo Picasso (1881–1973)
Marie Curie (1897–1934)
Miles Davis (1926–91)

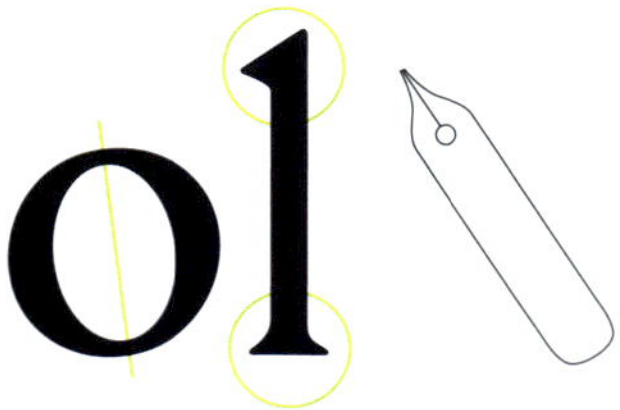

▲ **Abbildung 4.23**
Das Schreibwerkzeug und dessen Handhabung führt zu charakteristischen Schriftdetails der Renaissance-Antiquas: Aus einer schräg gehaltenen Breitfeder folgen kräftige Strichstärken, ausgeprägte, dreieckige Serifen und eine deutlich schräg gestellte Schattenachse.

Galileos Entdeckung, die bezeichnend für die bahnbrechende Renaissance ist, nämlich dass die Erde eben nicht Mittelpunkt des Kosmos ist, verbreitete sich nicht zuletzt durch die drucktechnischen Reproduktionen: Galileo veröffentlichte 1630 seine Entdeckung und verwendete hierfür Italienisch statt der damals gängigen Wissenschaftssprache Latein, damit sich seine revolutionären Erkenntnisse auch über die gebildeten Kreise der Wissenschaftler hinaus verbreiten konnten.

Mit einer erneuten Beschäftigung mit den philosophischen, naturwissenschaftlichen und literarischen Texten der Antike ging auch die Beschäftigung mit den künstlerischen Idealen dieser schon etwa 1.000 Jahre zurückliegenden Kultur einher. Deren Schönheitsideale aus Kunst, Plastik und Architektur wurden ein weiteres Mal angewendet und fortentwickelt.

Da die antiken Texte meist in der karolingischen Minuskel kopiert waren, wurde diese Schrift fälschlicherweise als Originalschrift angesehen, und so fungierte sie als Vorlage für die sogenannte **humanistische Minuskel**. Mit den Zeichenformen dieser Handschrift war der Endpunkt der Buchstabenentwicklung erreicht: In Kombination mit den Majuskeln der Capitalis Monumentalis war der Zeichenvorrat des Alphabets praktisch komplett.

Zunächst als Handschrift verwendet, entsprach diese Kombination aus zwei Schriften dem humanistischen Gedanken der Renaissance: geradlinig und schnörkellos. Und das Schriftbild ist heller als bei den finsteren gebrochenen Schriften. Für den Buchdruck nahm der Niederländer Nicolas Jenson dieses neue Schriftbild als Vorbild für seine gleichnamige Schrift, die auch 600 Jahre später immer noch zu den Referenzschriften zählt.

Trotz der zentralen Rolle, die gedruckte Texte seit Gutenberg und anschließend in der Renaissance spielten, waren von Hand geschriebene Texte weiterhin nicht aus dem europäischen Alltag wegzudenken. Außer persönlichen Notizen, Briefen und literarischen Manuskripten wurden Schriftstücke mit dokumentarischem Charakter, etwa in der Verwaltung, bis ins 20. Jh. hinein per Hand geschrieben.

Die Renaissance stellt mit ihren bedeutenden Errungenschaften auch im Bereich der Typografie die einzige Epoche dar, die sich für eine Einordnung von Schriften eignet. In der DIN-Klassifikation werden Renaissance-Antiquas noch weiter in venezianisch und französisch aufgeteilt und bilden die Klassen I und II.

Adobe Jenson Pro

Nicolas Jenson, ca. 1470, Robert Slimbach, 1996

Die Jenson ist eine der Referenzen für Antiquaschriften. Ende des 15. Jh. auf Grundlage der damaligen Handschriften für den Buchdruck geschnitten, fügen sich bei der Jenson bewegte Einzelformen zu einem homogenen, charaktervollen Schriftbild. Kursive Schriftvarianten waren zu Jensons Zeiten noch unüblich, und so hat sich Robert Slimbach eine Kursive des Typografen Ludovico degli Arrighi aus dem 16. Jh. zum Vorbild für die Jenson-Kursive genommen. Daher unterscheiden sich die Regular- und Italic-Schnitte deutlich. Die Jenson liefert eine insgesamt altertümliche Anmutung.

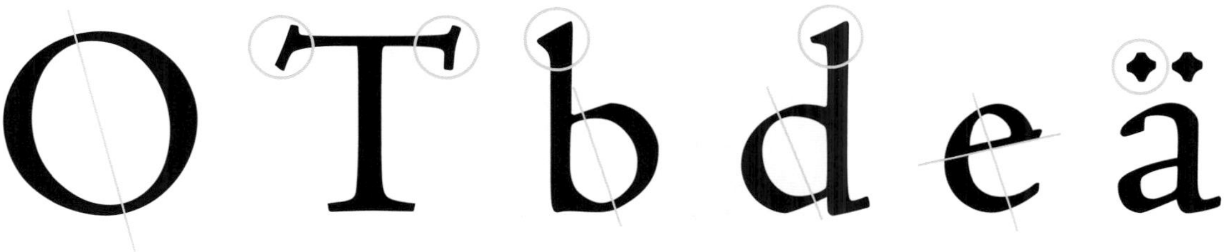

Schriftdetails | Deutliche Schräglage bei den runden Zeichen. Die Serifen mit ihren sehr individuellen Ausformungen sind ein Hinweis auf die handschriftlichen Vorbilder der Jenson (»T«, »b«, »d«). Achten Sie beim Minuskel-e auf die aufsteigende Haarlinie, ein Merkmal der sogenannten venezianischen Renaissance-Antiquas, beim Jenson-e ragt der Querstrich über den Bogen hinaus. Kreuzförmige Punkte.

Blindtext in Adobe Jenson Pro 9,5/13,75 pt | Zwölf Boxkämpfer jagen Viktor quer über den großen Sylter Deich. Franz jagt im komplett verwahrlosten Taxi quer durch Bayern. Die heiße Zypernsonne quälte Max und Victoria ja böse auf dem Weg bis zur Küste. Sylvia wagt quick den Jux bei Pforzheim. Jörg bäckt quasi zwei Haxenfüße vom Wildpony.

Adobe Jenson Pro 32 pt

Ortsangabendetail *Trittbrettfarbe*

Molybdänerz ***Schreibflüssigkeit***

Adobe Jenson Pro 25 pt

abcdefghijklmnopqrstuvwxyzßäöü

ABCDEFGHIJKLMNOPQRST

UVWXYZÄÖÜ1234567890?!&„“-–

Barock

Mit der Barockzeit verbinden wir überbordende Ornamentik in der Architektur und üppige Figuren in der Malerei.

▶ **Abbildung 4.24**
Die Jesuitenkirche in Wien, in der die auffallenden Verzierungen zu sehen sind, die charakteristisch für die kunsthistorische Epoche des Barock sind

Typische Schriften wie die Caslon und die Baskerville, die in der Barockzeit etwa zwischen Ende des 17. und Mitte des 18. Jh. gezeichnet wurden, zeigen allerdings gerade keine auffallenden Verzierungen, sondern eine zurückhaltendere und strengere Formensprache als ihre Vorgänger aus der Renaissance. Der Terminus »Barock« bezeichnet im Begriff »Barock-Antiqua« somit den Zeitraum der Entstehung einer Schrift und nicht ihre Klassifikationsmerkmale.

Solche Serifenschriften, deren Formenkanon nicht mehr den besonderen Eigenheiten der Renaissanceschriften und noch nicht denen der folgenden Epoche der Klassik entspricht, werden auch als **Übergangsantiquas** oder **vorklassizistische Antiquas** bezeichnet. Im englischsprachigen Raum ist die Bezeichnung »Transitionals« gebräuchlich. Die Übergangsantiquas werden gerne im Buch- und Magazinsatz eingesetzt, da sie aufgrund ihrer Klarheit besonders gut lesbar sind. Auch die Times aus dem Jahre 1932, die Rotis, die Mrs Eaves oder die Joanna gehört der Formensprache nach zu den Barockschriften.

Diese Schriftklasse ist außerhalb der DIN nicht mehr gebräuchlich, ich fasse sie daher später u. a. mit den Renaissance-Antiquas zur Gruppe A.1 der kontrastreichen dynamischen Serifs zusammen.

Adobe Caslon Pro

William Caslon, 1725, Carol Twombly, 1990

Nachdem die Drucker auf den Britischen Inseln ausschließlich Schriften des europäischen Festlandes, besonders Hollands, verwendet hatten, legte William Caslon, der ursprünglich Graveur war, mit seiner gleichnamigen Schrift die erste eigenständige englische Antiqua vor. Diese »Schrift der Könige« erfuhr durch die britischen Kolonien eine praktisch weltweite Verbreitung, und in Nordamerika wurden die Unabhängigkeitserklärung sowie die US-amerikanische Verfassung in der Caslon gedruckt.

ACKQbd

Schriftdetails | Das eingekehlte, überstehende Dach ist ein auffälliges Detail des »A«. Das »C« ist mit nur einer, schräg angesetzten Serife ausgestattet. Leicht eingekehlte Serifen. In Twomblys Interpretation weit ausholender Schweif des »Q«. Dreieckige Serife beim »b«, flachere Variante beim »d«. Die Italic zeigt eigenständige Zeichenformen. Mediävalziffern mit kreisförmiger Null.

Blindtext in Adobe Caslon Pro 9,5/13,75 pt | Zwölf Boxkämpfer jagen Viktor quer über den großen Sylter Deich. Franz jagt im komplett verwahrlosten Taxi quer durch Bayern. Die heiße Zypernsonne quälte Max und Victoria ja böse auf dem Weg bis zur Küste. Sylvia wagt quick den Jux bei Pforzheim. Jörg bäckt quasi zwei Haxenfüße vom Wildpony.

Adobe Caslon Pro 32 pt

Anwohner *Charmeur* **Querbeet**
Schuldner **Romanautor** ***Ausgabe***

Adobe Caslon Pro 25 pt

abcdefghijklmnopqrstuvwxyzßäöü
ABCDEFGHIJKLMNOPQRST
UVWXYZÄÖÜ1234567890?!&„“––

Baskerville URW

John Baskerville, 1786

An der Baskerville lassen sich die Merkmale der Schriften zwischen den Renaissance- und den späteren klassizistischen Antiquas ablesen: noch in den Handschriften verwurzelt, aber schon auf dem Weg zu Schriften, die eher gezeichnet als geschrieben wirken. Als Merkmal der auch als Übergangsantiquas bezeichneten Schriften sehen Sie an der Baskerville auch die flacheren, weniger dreieckigen Serifen sowie die praktisch aufrecht stehenden Schattenachsen. Auch der Strichkontrast ist größer als bei den typischen Renaissanceschriften, sodasseinzelne Zeichen schon klassizistische Merkmale haben.

Schriftdetails | Die Baskerville wartet mit prägnanten Details auf, etwa die zweite Serife beim »C«, ein weit ausladender Bogen beim »J«, ein majestätisches, vollendetes »Q«. Das Minuskel-»b« hat keine Fußserife, der Fuß ist eingewinkelt. Offene, illustrativ wirkende Schlaufe beim »g«. Bei der Baskerville in Bold von URW nur Oblique- statt Italic-Schnitt.

Blindtext in Baskerville 9,5/13,75 pt | Zwölf Boxkämpfer jagen Viktor quer über den großen Sylter Deich. Franz jagt im komplett verwahrlosten Taxi quer durch Bayern. Die heiße Zypernsonne quälte Max und Victoria ja böse auf dem Weg bis zur Küste. Sylvia wagt quick den Jux bei Pforzheim. Jörg bäckt quasi zwei Haxenfüße vom Wildpony.

Baskerville 32 pt

Charakterkopf *Januarwetterlage*

Quantitätssprung ***Softball***

Baskerville 25 pt

abcdefghijklmnopqrstuvwxyzßäöü

ABCDEFGHIJKLMNOPQRST

UVWXYZÄÖÜ1234567890?!&„“-–

Klassizismus

An die Epoche des verspielten Barock schloss sich der Klassizismus an, der praktisch eine erneute Rückbesinnung auf die Ideale der Antike darstellte. Bemerkenswert an dem klassizistischen Gestaltungsansatz war die Verschmelzung verschiedener Kunstgattungen, die nun alle ähnlichen Prinzipien folgen: in der Architektur, der bildenden Kunst, der Gestaltung von Möbeln und Kleidung. Allerdings sind hier regionale bzw. nationale Ausprägungen deutlich: So unterscheiden sich etwa italienische Bauten und Kunstwerke deutlich von den deutschen, französischen oder englischen Zeugnissen dieser Epoche, die von der zweiten Hälfte des 18. Jh. bis zum beginnenden 19. Jh. reicht.

Schriften der DIN-Klasse IV der klassizistischen Antiqua wie die Didot, die Bodoni oder die Walbaum sind leicht an dem extremen Strichkontrast, den auffallend feinen Serifen und der aufrechten Schattenachse zu erkennen. In der Kombination dieser Formmerkmale führt dies zu einer ebenso strengen wie edlen Anmutung dieser Schriften. Daher sehen wir diese Schriften häufig in Wortmarken, die eine hohe Wertigkeit ausstrahlen sollen. Aufgrund ihres illustrativen Charakters sind sie ebenso im Magazinlayout – insbesondere im Fashionbereich – beliebt.

Im nebenstehenden Beispiel der beiden »g« sehen Sie links die »Walbaum 06pt«, rechts die »Walbaum 96pt«. Beide habe ich in 100 pt gesetzt: Die Strichbreiten werden hier nicht proportional skaliert, da sie in kleinen Graden zu fein würden. Monotype bietet, so wie es im Bleisatz schon üblich war, einen Font wie die Walbaum für bestimmte Größen optimiert an. Im Schriftporträt der Walbaum kommen daher verschiedene Walbaum-Varianten zum Einsatz.

▲ **Abbildung 4.25**
Im Gegensatz zur Breitfeder lassen sich mit einer Spitzfeder deutlich variablere Strichstärken erreichen. Außerdem typisch für klassizistische Schriften: die aufrechte Schattenachse und die häufig übergangslos angesetzten Serifen.

◄ **Abbildung 4.26**
Die Potsdamer Nikolaikirche, ein beeindruckendes Beispiel des Klassizismus, besticht durch ihre klaren Linien, harmonischen Proportionen und die majestätische Kuppel, die das architektonische Ideal dieser Epoche widerspiegelt.

VOGUE

▲ **Abbildung 4.27**
Die Zeitschrift »Vogue« hebt ihre Wertigkeit im Logo durch die Verwendung der Bodoni hervor.

Walbaum

Julius Walbaum, Anfang 19. Jh.

Die Walbaum ist sozusagen die deutsche Antwort auf die beiden übergroßen klassizistischen Schwestern Bodoni aus Italien und Didot aus Frankreich und steht ungerechterweise immer noch in deren Schatten. Als eine Ursache hierfür wird die Besetzung Preußens unter Napoleon Anfang des 19. Jh. angeführt. Sie führte hier zum verstärkten Gebrauch gebrochener Schriften: als Auflehnung gegen die französischen Besatzer, deren Kultur samt deren Schriften.

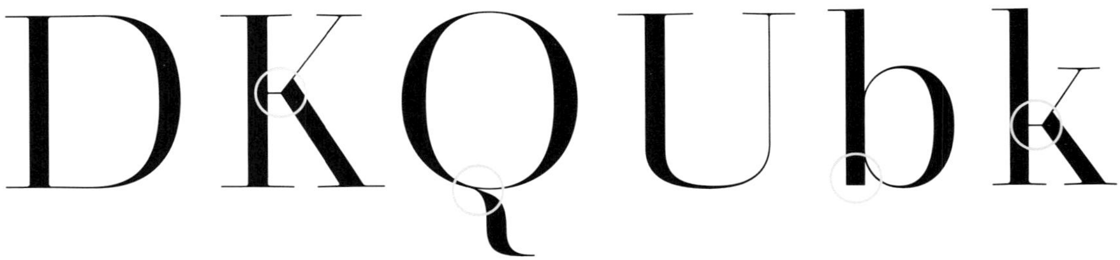

Schriftdetails | Weit ausladendes, fast rechteckiges »D«, horizontaler Steg beim Groß- und Kleinbuchstaben des »K«. Links der Mitte angesetzter Schweif beim »Q«. Wie beim »D«: auffallend rechteckige »U«-Form. Fehlende Fußserife beim »b«. Insgesamt sehr große Mittelhöhe.

Blindtext in Walbaum 9,5/13,75 pt | Zwölf Boxkämpfer jagen Viktor quer über den Sylter Deich. Franz jagt im komplett verwahrlosten Taxi quer durch Bayern. Die heiße Zypernsonne quälte Max und Victoria ja böse auf dem Weg bis zur Küste. Sylvia wagt quick den Jux bei Pforzheim.

Walbaum 60pt in 32 pt

Designkodex *Kurzarmhemd*

Quintfall ***Unebenheit***

Walbaum 18pt in 25 pt

abcdefghijklmnopqrstuvwxyzßäöü
ABCDEFGHIJKLMNOPQRST
UVWXYZÄÖÜ1234567890?!&„“-–

Didot

Firmin Didot, um 1800

Die Familie Didot betrieb in Paris über zwei Jahrhunderte einige der angesehensten Druckereien und Schriftgießereien Frankreichs. Mit der gleichnamigen Schrift schuf Firmin Didot einen der zeitlosen Schriftklassiker. Typisch für die klassizistischen Schriften / kontrastreichen statischen Serifs ist die enorme Eleganz und hohe Wertigkeit, die diese ausstrahlen. Die Didot verfügt bei aller Strenge, mit der insbesondere die horizontalen Serifen angefügt sind, über eine große Lebendigkeit in Details einzelner Zeichen.

C G o b f t

Schriftdetails | Zeichen, die wie das »C« und »G« auf einer kreisförmigen Grundform beruhen, sind recht offen und breit gehalten. Übergangslos angesetzte horizontale Serifen. Eingekehlte Vertikale und nach links verschobene horizontale Serife beim »G«. Weit ausholender Bogen beim »f«. Flaches, eingekehltes oberes Strichende beim »t«.

Blindtext in Didot LT Pro 9,5/13,75 pt | Zwölf Boxkämpfer jagen Viktor quer über den großen Sylter Deich. Franz jagt im komplett verwahrlosten Taxi quer durch Bayern. Die heiße Zypernsonne quälte Max und Victoria ja böse auf dem Weg bis zur Küste. Sylvia wagt quick den Jux bei Pforzheim. Jörg bäckt quasi zwei Haxenfüße.

Didot 32 pt

Charmeur **Gourmetküche**

Mannequinwahl ***Ressentiment***

Didot 25 pt

abcdefghijklmnopqrstuvwxyzßäöü
ABCDEFGHIJKLMNOPQRST
UVWXYZÄÖÜ1234567890?!&„“-—

Bodoni

Giambattista Bodoni, 1798

Neben der Didot ist die Bodoni als zweite epochale klassizistische Schrift anzusehen. Neben seinen Tätigkeiten für das spanische Königshaus und den Herzog von Parma betrieb Giambattista Bodoni eine eigene Druckerei, in der er u.a. Klassiker der griechischen Antike druckte. Hierbei schnitt er die verwendeten Schriften alle selbst. Nach seinem Tode 1813 druckte seine Frau das »Manuale Typografico«, eine Übersicht über die knapp 400 Schriften, die Giambattista entworfen und verwendet hat. Dieses Buch ist als zweibändiges Werk erhältlich.

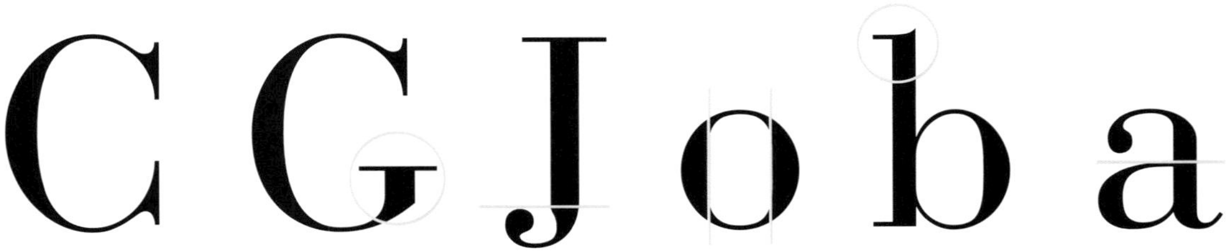

Schriftdetails | Insgesamt ist die Bodoni schlanker und nochmals feiner gehalten als die Didot. Sehr kurzer Hals beim »G«. Schweif beim »J« ragt über die Schriftlinie hinaus. Parallelen in Innenräumen beim »o«. Die Bodoni von Bauer zeigt deutliche Schwünge bei den oberen Serifen der Minuskeln. Horizontal angesetzter Bauch beim »a«.

Blindtext in Bodoni 9,5/13,75 pt | Zwölf Boxkämpfer jagen Viktor quer über den großen Sylter Deich. Franz jagt im komplett verwahrlosten Taxi quer durch Bayern. Die heiße Zypernsonne quälte Max und Victoria ja böse auf dem Weg bis zur Küste. Sylvia wagt quick den Jux bei Pforzheim. Jörg bäckt quasi zwei Haxenfüße.

Bodoni 32 pt

Crema **Girokontoauszug**

Journailleblatt ***Modemagazin***

Bodoni 25 pt

abcdefghijklmnopqrstuvwxyzßäöü

ABCDEFGHIJKLMNOPQRST

UVWXYZÄÖÜ1234567890?!&„“-–

4.5 Die Moderne und die serifenbetonten Linear-Antiquas

Mit der dem Klassizismus folgenden Epoche der Moderne beende ich die Besprechung von Schriften nach kunstgeschichtlichen Strömungen. Dieses Vorgehen ist darin begründet, dass seit Beginn der Moderne, die ungefähr mit der Industrialisierung Mitte des 19. Jh. begann, einfach zu unterschiedliche Gestaltungsansätze zu finden sind. Schauen wir uns die großen Schriftentwicklungsschritte innerhalb der Moderne aber der Reihe nach an.

Die Schriftklasse der serifenbetonten Linear-Antiqua tritt Anfang des 19. Jh. in England zum ersten Mal in Erscheinung. Die Industrialisierung führte zu einem gänzlich neuen Bedarf an Werbemaßnahmen, und hierzu gehörte eine Schriftform, die selbstbewusst, laut und marktschreierisch auftrat. Da die bis dato verwendeten Schriften diese Funktion nicht übernehmen konnten, brach sich ein neuer Gestaltungsansatz Bahn, der zum Zeitgeist passte und auch in anderen Bezeichnungen dieser Schriftklasse – wie »Egyptienne« – ablesbar ist: Gerade in England gab es im 19. Jh. ein großes Interesse der Öffentlichkeit an ägyptischer antiker Kultur, auch bedingt durch die Entdeckungen Napoleons in Ägypten. Daher finden sich unter den Egyptiennes manche Schriftnamen wie Karnak, Memphis und Osiris mit einem Bezug zur ägyptischen Kultur.

Unterteilung der Moderne

Es gibt verschiedene Ansätze, die Moderne weiter zu gliedern. So wird beispielsweise innerhalb der Soziologie der Begriff Postmoderne verwendet. Hiermit ist die Zeit nach Mitte des 20. Jh. gemeint, und als Merkmal wird das Einsetzen der Globalisierung angesehen.

Drei Gestaltungsansätze

Sie haben bereits gesehen, dass die DIN 16518 die Serifenbetonten Linear-Antiquas in drei Untergruppen einteilt: die Egyptiennes, die Clarendons und die Italiennes. Die serifenbetonten Antiquas lassen aber besser verstehen, wenn man sich Ihnen vom Gestaltungsansatz her nähert. Hierbei unterscheiden wir einen statischen, einen dynamischen und einen geometrischen Gestaltungsansatz.

Slab Serif

Neben der recht gängigen Bezeichnung Egyptienne für serifenbetonte Linear-Antiquas wird im englischsprachigen Raum vor allem »Slab« (dt.: Platte) oder »Slab Serif« für diese Schriftgruppe verwendet.

Statischer Gestaltungsansatz | Die ersten serifenbetonten Linear-Antiquas wurden in England aus den klassizistischen Vorgängerinnen entwickelt und wirken daher mitunter wie extrem fette Schnitte ihrer Vorläuferinnen. In manchen Kategorisierungen werden Schriften dieses Gestaltungsansatzes nach ihrer prominentesten Vertreterin, der Clarendon, benannt. Die Schriften dieser Untergruppe sehen Sie mit der Clarendon, der Egizio und der Volta im linken Bereich der statischen Antiquas in Tabelle 4.5. Sie fallen

Schriftgruppeneinordnung

Aufgrund der deutlichen Schriftstärkenunterschiede werde ich die Clarendons später, wenn wir das Augenmerk für Schriftgruppen auf den Strichkontrast legen, der Gruppe A.2 der kontrastreichen statischen Serifs zuordnen.

Linear-Antiquas?
Im Widerspruch zur ihrer Bezeichnung, die auf eine lineare und eben nicht variable Strichstärke hindeutet, finden sich bei vielen der als serifenbetonte Linear-Antiquas eingeordneten Schriften deutliche Modulationen der Strichstärke. Das ist bei den als Clarendons bezeichneten Schriften ebenso der Fall wie bei Eric Gills Joanna.

durch runde Übergänge der Serifen und die nach oben gebogenen bzw. tropfenförmigen Strichenden auf. Alle anderen Schriften der serifenbetonten Linear-Antiquas zeigen meist rechtwinklig oder zumindest eckig angesetzte, häufig sehr blockartige Serifen.

Als zweite Untergruppe der statischen Antiquas stehen im rechten Bereich solche Schriften, die dem eher statischen Gestaltungsansatz der klassizistischen Antiquas folgen, sich aber viel weiter als die Clarendons von diesen Vorgängerinnen entfernen zum Beispiel der Glypha, der Serifa und der Calvert. Dass diese Schriften zu einer Untergruppe zuzuordnen sind, ist recht gut am versalen »R« mit dem weit rechts angesetzten Bein und der daraus resultierenden Tendenz in die Vertikale zu sehen. Als weiteres Charakteristikum dieser statischen serifenbetonten Schriften sehen Sie das offene und detailärmere »g«, das ebenfalls die Vertikale betont.

Dynamischer Gestaltungsansatz | Neben der Fortführung der klassizistischen Schriften finden sich bei den serifenbetonten Linear-Antiquas auch Schriften, deren dynamischerer Duktus mehr an Renaissance-Antiquas erinnert. Diese sehen Sie in der ersten Spalte von Tabelle 4.5. Dazu zählen die Joanna Nova, die Caecilia oder die Corporate E. Hier zeigen die versalen »R« weit ausholende, teils schwungvolle, diagonale Beinformen. Insgesamt sind die Zeichen lebendiger und spannungsreicher gehalten und erinnern daher viel eher an handgeschriebene Schriften, als dies bei den statischen Schriften der Fall ist. Die Serifen sind, wie bei den diversen s-Formen in der Übersicht zu sehen, häufig nicht eingekehlt.

Einordnung der Joanna
Eric Gill hat mit der Joanna 1931 eine Schrift vorgelegt, die sich sowohl durch balkenförmige Serifen als auch durch deutliche Strichkontraste auszeichnet. Da ich später das Hauptaugenmerk für eine Schriftgruppierung auf die Strichkontraste (und nicht auf die Serifenform) lege, sehen Sie die Joanna dann in der Gruppe A.1 der kontrastreichen dynamischen Serifs.

Geometrischer Gestaltungsansatz | Schriften, die bei ihren Zeichenformen möglichst weitgehend auf die Grundformen Rechteck, Kreis und Dreieck zurückgreifen, werden als geometrisch oder konstruiert bezeichnet. Derartige Schriften entfalten aufgrund dieses Gestaltungsansatzes praktisch ausnahmslos eine extrem statische Wirkung, ohne Teil der statischen Schriften zu sein. Genau wie der statische und dynamische Gestaltungsansatz wird uns diese dritte Variante auch bei den serifenlosen Schriften noch einmal begegnen. Schriften dieser Gruppe finden Sie in der Übersicht in Tabelle 4.5 in der rechten Spalte. Insbesondere die Zeichen, die auf der Kreisform beruhen, sind charakteristisch für den geometrischen Ansatz. Der Platzbedarf dieser Schriften ist daher meist sehr groß. An der Memphis und der Lubalin Graph sehen Sie typische

Merkmale der serifenbetonten Linear-Antiquas mit geometrischem Gestaltungsansatz: Das »a« ist hier geschlossen, das »g« offen.

Gestaltungsansatz	Dynamisch	Statisch		Geometrisch
Schriftvorbild	Renaissance Antiqua	klassizistische Antiqua		
	Rags Garamond	Rags Didot		–
Schriften	Rags Joanna Nova	Rags Clarendon	Rags Glypha	Rags Memphis
	Rags Caecilia	Rags Egizio	Rags Serifa	Rags Lubalin Graph
	Rags Corporate E	Rags Volta	Rags Calvert	Rags Rockwell

▲ **Tabelle 4.5**
Übersicht über die Untergruppen der serifenbetonten Linear-Antiquas, die sich für Headlines und teilweise auch für Fließtexte eignen. Diese Untergruppen werde ich später als Gruppen B.1–3 der linearen Serifs mit den Zusätzen dynamisch, statisch und geometrisch bezeichnen.

Geometrisch vs. statisch
Auch wenn geometrische Schriften praktisch immer statisch wirken, macht die Unterscheidung Sinn. Denn die Einordnung in die verschiedenen Schriftklassen erfolgt nicht allein aufgrund der Wirkung, sondern auch aufgrund des zugrunde liegenden Gestaltungsansatzes.

Schriften der bisher vorgestellten Untergruppen der serifenbetonten Linear-Antiquas sind als Headline- und teilweise auch als Leseschriften einsetzbar. Mit Monospace-Schriften und den Italiennes gibt es zwei weitere Sonderformen der serifenbetonten Linear-Antiquas, die nicht als Leseschriften infrage kommen.

Clarendon

Robert Besley, ca. 1840

Robert Besley entwarf Mitte der 1840er diesen Meilenstein der Typografie. Deutlich von klassizistischen Antiquas beeinflusst, war die Clarendon von Beginn an ein enormer Erfolg und wurde für Plakate und Überschriften eingesetzt. Obwohl Besley, der später Bürgermeister von London wurde, seine Clarendon – als erste Schrift überhaupt – patentieren ließ, wurde sie häufig kopiert und unter anderen Namen veröffentlicht. Die Clarendon wird sowohl im Editorial als auch Corporate Design eingesetzt.

QRSagr

Schriftdetails | Extrem dunkles Schriftbild, sehr hoher Platzbedarf. Auffallender Schweif beim »Q«. Deutlich gerundet angesetzte blockartige Serifen. Vertikales, statisches Bein beim »R«. Aufwärts gerichtete Füße beim »R« und »a«. Tropfenförmige Serifen bei einigen Minuskeln. Kein Italic-Schnitt.

Blindtext in Clarendon BT 9,5/13,75 pt | Zwölf Boxkämpfer jagen Viktor quer über den großen Sylter Deich. Franz jagt im komplett verwahrlosten Taxi quer durch Bayern. Die heiße Zypernsonne quälte Max und Victoria ja böse auf dem Weg bis zur Küste. Sylvia wagt quick den Jux bei Pforzheim.

Clarendon 32 pt

Quebec **Railroadstation**
Schwerindustrie **Churchill**

Clarendon 24 pt

abcdefghijklmnopqrstuvwxyzßäöü
ABCDEFGHIJKLMNOPQRST
UVWXYZÄÖÜ1234567890?!&„“-–

Glypha

Adrian Frutiger, 1977

Die insgesamt recht schlanke Glypha hat Adrian Frutiger aus einem seiner zahlreichen Klassiker entwickelt: der serifenlosen Univers. Bei aller Nüchternheit der Glypha hat Frutiger Zeichen, die Rundungen enthalten, überraschend lebendig gezeichnet und mit spürbaren Strichstärkenmodulationen versehen. Die schlanken Zeichenformen in Verbindung mit einer großzügigen x-Höhe lassen die Glypha vergleichsweise groß erscheinen und unterstützen die Leserlichkeit.

CERagt

Schriftdetails | Am großen »C« ist der Wechsel der Strichstärke beispielhaft zu sehen. Statisches »R«: Das Bein ist oben sehr weit rechts angesetzt, wodurch es sich deutlich der Vertikalen annähert. Bauch des »a« stößt rechtwinklig an den Stamm. Auffallend weit nach oben gebogener Fuß beim »t«.

Blindtext in Glypha 9,5/13,75 pt | Zwölf Boxkämpfer jagen Viktor quer über den großen Sylter Deich. Franz jagt im komplett verwahrlosten Taxi quer durch Bayern. Die heiße Zypernsonne quälte Max und Victoria ja böse auf dem Weg bis zur Küste. Sylvia wagt quick den Jux bei Pforzheim.

Glypha 32 pt

Christmesse *Eilsendung*

Randlosbrillenglas ***Quad***

Glypha 25 pt

abcdefghijklmnopqrstuvwxyzßäöü
ABCDEFGHIJKLMNOPQRST
UVWXYZÄÖÜ1234567890?!&„“-–

Joanna

Eric Gill, ca. 1940

Mit der Joanna hat Eric Gill die erste serifenbetonte Schrift gezeichnet, die durch das deutliche Spiel der Strichstärken zu den dynamischen Schriften gezählt werden kann (und sich daher der Klassifikation als »serifenbetonte Linear-Antiqua« widersetzt). Über Jahrzehnte war dies das Alleinstellungsmerkmal dieser Schrift. Daneben sind einige ausgesprochen eigenwillige Zeichenformen wie beim »d«, die im Schriftbild aber keinesfalls störend wirken, charakteristisch für die Joanna. Auffallend ist überdies der fast aufrechte und schlanke Italic-Schnitt.

C G P a d g

Schriftdetails | Recht weit ausholender offener Bogen beim »C«. Nach unten geneigter Bogen beim »P«. Lebhaftes »a«, das keinerlei Hinweis auf den eigentlich serifenbetonten Gestaltungsansatz zeigt. Flacher unterer Bogen beim »d«. Passend zum offenen »a«: elegant-lebendiges, doppelstöckiges »g« mit einer vollkommen anderen Italic-Form.

Blindtext in Joanna 9,5/13,75 pt | Zwölf Boxkämpfer jagen Viktor quer über den großen Sylter Deich. Franz jagt im komplett verwahrlosten Taxi quer durch Bayern. Die heiße Zypernsonne quälte Max und Victoria ja böse auf dem Weg bis zur Küste. Sylvia wagt quick den Jux bei Pforzheim. Jörg bäckt quasi zwei Haxenfüße.

Joanna 32 pt

Charisma **Generationen**

Steinskulptur *Privatvermögen*

Joanna 25 pt

abcdefghijklmnopqrstuvwxyzßäöü

ABCDEFGHIJKLMNOPQRST

UVWXYZÄÖÜ1234567890?!&„“-–

Memphis

Rudolph Wolf, 1929

Etwa ein Jahrhundert nachdem die ersten serifenbetonten Schriften verwendet wurden, zeichnete Rudolph Wolf die Memphis. Der geometrische Gestaltungsansatz ist insbesondere bei den Zeichen, die auf Kreisformen beruhen, sichtbar. Mit der enorm erfolgreichen Memphis, deren Name sich aus der gleichlautenden antiken ägyptischen Stadt herleitet, begründete Wolf ein neues weltweites Interesse innerhalb der Designszene an den serifenbetonten Linear-Antiqua-Schriften.

ACRagt

Schriftdetails | Sehr ungewöhnliche und daher auffallende Dachserife beim »A«. Auch wenn Zeichen wie das »C« gezirkelt wirken, sind sie doch schlanker. Aufgrund des aufrechten Beins beim »R« sehr strenge, statische Form. Geschlossenes »a«, offenes »g«. Serifenloses »t« mit geschwungenem Fuß.

Blindtext in Memphis 9,5/13,75 pt | Zwölf Boxkämpfer jagen Viktor quer über den großen Sylter Deich. Franz jagt im komplett verwahrlosten Taxi quer durch Bayern. Die heiße Zypernsonne quälte Max und Victoria ja böse auf dem Weg bis zur Küste. Sylvia wagt quick den Jux bei Pforzheim. Jörg bäckt quasi zwei Haxenfüße.

Memphis 32 pt

Akronym *Chiropraktikerin*
Ruhrstausee ***Sehtestbogen***

Memphis 25 pt

abcdefghijklmnopqrstuvwxyzßäöü
ABCDEFGHIJKLMNOPQRST
UVWXYZÄÖÜ1234567890?!&„"-–

Italiennes

Die illustrativen Italiennes bilden eine Sondergruppe innerhalb der serifenbetonten Schriften, da sie sich ebenfalls nicht für Lesetexte eignen: Aufgrund ihrer auffallend plakativ-dekorativen Wirkung sind diese Schriften ausschließlich für Headlines einsetzbar.

Linear-Antiquas

Aufgrund der deutlichen Strichstärkenunterschiede passen die Italiennes wie auch die Clarendons genau genommen nicht in die Klasse serifenbetonter Linear-Antiquas der DIN-Klassifikation.

Die Serifen der Italiennes wirken wie vertikal verzerrt, einige Schriften wie die Italienne zeigen etwa beim »R« deutlich eingezogene Serifen, die Sie vielleicht direkt an Westernfilme denken lassen.

Ein Sonderfall: Monospace-Schriften

Neben den mit Abstand am häufigsten verwendeten Schriften, bei denen jedes Zeichen eine individuelle Breite hat, gibt es noch besondere Schriften, bei denen jedes Zeichen dieselbe Dickte hat. Schriften mit unterschiedlich breiten Zeichen werden Proportionalschriften genannt, solche, bei denen alle Zeichen dieselbe Dickte haben, sind Monospace-Schriften.Im Beispiel sehen Sie die Minion und die Letter Gothic.

Vielleicht fühlen Sie sich beim Anschauen beispielsweise der Monospace-Schrift Letter Gothic an eine Schreibmaschinenschrift erinnert? Das wäre kein Zufall, denn Schreibmaschinen konnten ausschließlich mit Monospace-Schriften arbeiten. Und obwohl das Schreibmaschinenzeitalter schon vor Jahrzehnten zu Ende gegangen ist, spielen Monospace-Schriften in manchen Bereichen immer noch eine wesentliche Rolle. Auf Ihrem Personalausweis, auf Kassenbons, Fahrkarten und auf dem Barcode eines beliebigen Produkts finden Sie Monospace-Schriften im Einsatz. Auch in Commandlinetools, mit denen Systemadministratoren Rechner verwalten, und Codeeditoren, in denen Quellcode für Programme und Webanwendungen geschrieben wird, sind Monospace-Schriften gängig.

Achten Sie auch auf die Dickte der Interpunktion und des Leerzeichens: Genau wie alle anderen Zeichen der jeweiligen Schrift verfügen diese bei einer Proportionalschrift wie der Minion oben über unterschiedliche Dickten oder bei einer Monospace-Schrift wie der Letter Gothic unten über die einheitliche Dickte. Bei Monospace-Schriften stehen alle Zeichen tabellenartig untereinander. Im Unterschied zu Proportionalschriften sind auch verschieden fette Schnitte mit derselben Dickte angelegt.

Alle Zeichen stehen
wie in einer Tabelle
untereinander.

Überall dort, wo etwa Texte maschinell eingelesen werden müssen, werden also Monospace-Schriften eingesetzt. Die hierfür nötige Technik »Optical Character Recognition« (engl. Optische Zeichenerkennung) war Namensgeber für die erste dieser dicktengleichen Schriften: die OCR A. Diese eindeutig technoide Schrift stammt von 1968, Adrian Frutiger stellte die ästhetisch anspruchsvollere OCR-B 1973 vor. Im folgenden Beispiel sehen Sie die beiden OCR-Varianten im Vergleich.

OCR-A, 8/10 pt
Zwölf Boxkämpfer
jagen Viktor quer
über den großen
Sylter Deich.

OCR-B, 8/10 pt
Zwölf Boxkämpfer
jagen Viktor quer
über den großen
Sylter Deich.

Sollten Sie einmal Text in einer Monospace-Schrift setzen, bleiben Sie am besten bei der für Schreibmaschinen typischen linksbündigen Satzart. Das entspricht der Anmutung von Monospace-Schriften – mit allen anderen Satzarten würden Sie direkt Stilbruch begehen. Die American Typewriter könnten Sie auch im Blocksatz setzen, denn trotz des Namens ist sie keine Monospace-Schrift.

Zwölf Boxkämpfer jagen Viktor quer über den großen Sylter Deich.

Pixelschriften

Neben Monospace- und OCR-Schriften gibt es mit Schriften, die auf einer Pixelmatrix aufbauen, eine weitere, allerdings sehr kleine Schriftgruppe, die aus einer technischen Notwendigkeit entstand. Schriften wie die LoRes 9 ließen sich auf den ersten, nur sehr grob auflösenden Monitoren und Druckern Mitte der 1980er Jahre ohne Qualitätseinbußen darstellen.

»Typografie ist die Kunst des feinen Maßes: ein Zuwenig und Zuschwach entfernt sie ebenso von der Meisterschaft wie ein Zuviel und Zustark.«

Kurt Weidemann

Eher eine Sonderform

In der Schriftgruppen-Übersicht ordne ich die Monospace-Schriften dann den Sonderformen zu.

Bei Monospace-Schriften ist der Gestaltungsansatz also die Dicktengleichheit und nicht die Art der Serifen. Daher finden Sie in dieser Gruppe auch Schriften, die wie die Fira Code oder die JetBrains Mono nur an einzelnen Zeichen wie dem »i« oder der »1« Serifen zeigen. Diese Serifen entsprechen zumeist der Strichstärke, weshalb ich die Monospace-Schriften hier direkt nach den serifenbetonten Linear-Antiquas erläutere.

Mil1	Mil1	Mil1
Courier	Fira Code	JetBrains Mono

Damit Zeichen, die etwa wie das »i«, das »l« und die »1« eigentlich sehr schmal sind, keine allzu großen Löcher in das Textbild reißen, werden diese Zeichen mit deutlichen Serifen ausgestattet. Wie bereits erwähnt, werden Monospace-Schriften heute besonders in zwei Bereichen eingesetzt: Softwarecode und Informationen, die wie die Angaben auf Personalausweisen oder die Zahlen von Barcodes auf Verpackungen maschinenlesbar sein müssen.

Hier sehen Sie zweimal denselben Codeblock: oben in der Proportionalschrift Fira Sans und unten in der Monospace-Variante Fira Code.

```
array(
        'taxonomy' => 'leistung',
        'field'    => 'slug',
        'terms'    => 'grafikdesign',
);
```

```
array(
        'taxonomy' ⇒ 'leistung',
        'field'    ⇒ 'slug',
        'terms'    ⇒ 'grafikdesign',
);
```

=>	⇒
<=	⩽
>=	⩾
!=	≠
||	||
&&	&&
www	www

In der Gegenüberstellung sehen Sie den Vorteil von dicktengleichen Schriften beim Coden: Da auch die Leerzeichen dieselbe Dickte haben wie alle anderen Zeichen, können beispielsweise die Pfeile im nebenstehenden Beispiel durch Leerzeichen exakt untereinander ausgerichtet werden. Durch dieses Ausrichten wird die Leserlichkeit von Code enorm verbessert. Mit Proportionalschriften ist die Ausrichtung von Text mittels Leerzeichen schlichtweg unmöglich.

Fira Code

Open-Source-Community
Den Ursprung der Fira Code stellt die Meta von Erik Spiekermann aus dem Jahr 1991 dar. Für den Browserhersteller Mozilla entwickelte Spiekermann die Fira Sans, der die Fira Mono und schließlich die Fira Code folgte.

Die Fira Code ist ein Open-Source-Projekt und wird von Programmierenden aufgrund der hervorragenden Leserlichkeit und der Vielzahl an Ligaturen sehr geschätzt.

GJMmdr

Schriftdetails | Auffallend elastische Einzelformen, die Meta ist an vielen Zeichen deutlich erkennbar. Typisch für dicktengleiche Schriften: die sehr engen großen und kleinen »M«-Formen. Deutlich nach rechts abgeschrägtes oberes Strichende beim »d«.

Blindtext in Fira Code 9,5/13,75pt | Zwölf Boxkämpfer jagen Viktor quer über den großen Sylter Deich. Franz jagt im komplett verwahrlosten Taxi quer durch Bayern. Die heiße Zypernsonne quälte Max und Victoria ja böse auf dem Weg bis zur Küste.

Fira Code 32pt

Githubversion **Juroren**
Materialdesign VSCode

Fira Code 23pt

abcdefghijklmnopqrstuvwxyzßäöü
ABCDEFGHIJKLMNOPQRST
UVWXYZÄÖÜ1234567890?!&„“––

JetBrains Mono

Philipp Nurullin, 2020

Der tschechische Softwarehersteller JetBrains, der eine große Palette an spezialisierten Codingtools herausgibt, bietet seit 2020 den Monospacefont JetBrains Mono zur kostenfreien Verwendung an. Wie andere Codingfonts spielt auch die JetBrains Mono ihre Stärken besonders in kleinen Schriftgraden aus. Einen Blick ist die Website unter www.jetbrains.com/lp/mono wert.

CJKagr

Schriftdetails | Durch die Betonung der Vertikalen eine insgesamt sehr nüchterne und technische Anmutung. Wuchtiges »J«. »K« mit Querbalken. Auffallende Verschlankungen der Strichstärke beim Aufeinandertreffen von Bögen auf Geraden.

Blindtext in JetBrains Mono 9,5/13,75pt | Zwölf Boxkämpfer jagen Viktor quer über den großen Sylter Deich. Franz jagt im komplett verwahrlosten Taxi quer durch Bayern. Die heiße Zypernsonne quälte Max und Victoria ja böse auf dem Weg.

JetBrains Mono 32pt

Codewranglertool **Java**
Klartext ***Quarantäne***

JetBrains Mono 23pt

abcdefghijklmnopqrstuvwxyzßäöü
ABCDEFGHIJKLMNOPQRST
UVWXYZÄÖÜ1234567890?!&„“--

Schriften wie die Fira Code oder die JetBrains Mono sind für das Schreiben von Code optimiert: Neben der Dicktengleichheit gehören hier die für Programmcode typischen Ligaturen zum Zeichenrepertoire. Code gewinnt hierdurch deutlich an Leserlichkeit.

Fira

Die Fira basiert auf der Meta und wurde von Erik Spiekermann gemeinsam mit dem Team von bBox-Type für Mozilla, den Hersteller des Firefox-Browsers, entwickelt. Mittlerweile ist die Schrift ein Open-Source-Projekt.

4.6 Serifenlose Antiquas bzw. Sans-Serifs

Sans-Serif-Schriften spielen eine zentrale Rolle im modernen Design, sowohl im digitalen als auch im gedruckten Bereich. Ihre klare Form sorgt für hervorragende Lesbarkeit und ein zeitgemäßes Erscheinungsbild. Sie entwickelten sich Ende des 19. und Anfang des 20. Jahrhunderts als Reaktion auf die zunehmende Industrialisierung und den Bedarf an klaren, lesbaren Schriften für Werbung und Beschilderung. Wegweisend waren Schriften wie die Akzidenz-Grotesk (1898) und die Futura (1927) von Paul Renner.

Das Hauptmerkmal dieser Schriftklasse ist natürlich das Fehlen von Serifen. Die Strichstärke der Buchstaben ist weitgehend einheitlich, ohne starke Kontraste zwischen dünnen und dicken Linien. Eine Besonderheit der Serifenlosen Linear-Antiquas ist ihre Vielseitigkeit. Sie eignen sich für eine Vielzahl von Anwendungen, von Überschriften bis zu kürzeren Fließtexten. Ihre sachliche, moderne und zeitlose Ausstrahlung macht sie zu einer beliebten Wahl für Corporate Design und Branding.

▼ **Tabelle 4.6**
Die serifenlosen Schriften lassen sich in sechs Untergruppen weiter unterteilen.

Gestaltungsansatz	**Dynamisch**	**Statisch**	**Geometrisch**
Schriftvorbild	Renaissance Antiqua	Klassizistische Antiqua	–
Kontrastreiche Schriften	Rags Optima	Rags Britannic	Rags Parisian
Lineare Schriften	Rags Gill	Rags Helvetica	Rags Futura

In der DIN 16518 werden serifenlose Linear-Antiquas als Gruppe VI geführt. Da die Schriftentwicklung nach der Herausgabe der DIN-Klassifikation deutlich umfangreichere Formen hervorgebracht hat, wollen wir auch diese Schriftgruppe in sechs Untergruppen unterteilen. Da ich in Abschnitt 4.10 sehr ausführlich auf diese Gruppe eingehe, gebe ich hier nur einen kurzen Überblick (siehe Tabelle 4.6).

Zwei Untergruppen eignen sich nicht als Leseschriften und zwar die kontrastreichen statischen und die kontrastreichen geometrischen Sans-Serifs. Überhaupt gibt es nur wenige Schriften, die in diese beiden Gruppierungen passen. Vertreterinnen dieser Gruppen haben häufig eine dekorative Anmutung. Mehr zu den anderen Gruppen, wie gesagt, in Abschnitt 4.10.

Amerikanische Grotesk

USA

Mit »amerikanische Grotesk« ist genau genommen die US-amerikanische Grotesk gemeint.

Schauen wir uns noch eine Sondergruppe der serifenlosen Antiquas/Sans-Serifs an: die amerikanische Grotesk.

Im Vergleich zu anderen wichtigen serifenlosen Antiquas wie Helvetica, Univers oder Frutiger, die allesamt europäischen Ursprungs sind, zeigen die amerikanischen Groteskschriften einige deutliche Unterschiede. Insgesamt liefern die amerikanischen Grotesk-Schriften durch ihre schwungvollen Linienführung, die schrägen Strichenden und das humanistische doppelstöckige »g« ein sehr dynamisches Schriftbild. Das »G« mit dem vertikalen Abstrich ist hingegen von den statischen Vorgängerinnen, den Didones inspiriert.

Gag1	Gag1	Gag1
News Gothic	Franklin Gothic	Trade Gothic

»Gothic«

Der Zusatz »Gothic« (auch als »barbarisch« übersetzbar) in den Schriftnamen hat nichts mit der kunstgeschichtlichen Epoche der Gotik zu tun. Hans-Peter Willberg äußert die Vermutung, dass sich dieser Zusatz aus der negativen öffentlichen Wahrnehmung zur Entstehungszeit erklärt.

Als eine weitere Besonderheit dieser Schriftuntergruppe sind die Ziffern anzusehen. In ihnen sehen wir beispielsweise die »1« mit der auffallenden Fußserife der News Gothic im folgenden Beispiel. Des Weiteren stoßen die kleinen Bögen, die bei der »6« und der »9« die geschlossenen Punzen bilden, stumpf und nicht so organisch wie etwa bei der Frutiger darunter wieder auf die großen Bögen. Bei der »8« sind die beiden Schlaufen asymmetrisch angelegt, was sich gut an den Punzen ablesen lässt. Durch diese wichtigen Details wirken die Ziffern der amerikanischen Groteskschriften, genau wie deren Buchstaben spannungsreicher, dynamischer, sportlicher als die ihrer europäischen Vorgängerinnen.

1234567890
1234567890

4.7 Schreibschriften

Die Druckschriften, die wir bisher gesehen haben, unterscheiden sich von den sogenannten Schreibschriften in vielen Punkten. Sie zeichnen sich durch einen deutlichen handschriftlichen Duktus aus. Diese Schriftgruppe lässt sich prinzipiell auch nach Schreibwerkzeugen und/oder formalen Kriterien weiter aufteilen. Da diese Schriften nicht für Mengentext geeignet sind und in Anwendungsgebieten wie Anzeigen, Grußkarten, Titeln und Packaging zu finden sind, nehme ich hier eine eher grobe Unterteilung vor. Wie bei allen anderen Schriftgruppen gilt bei Schreibschriften ganz besonders, dass hier die Übergänge von einer zur anderen Gruppe fließend sind.

DIN 16518

Die DIN bietet für Schreibschriften die Klasse VIII, für handschriftliche Antiquas die Klasse IX. In meinen Augen ist es sinnvoller, die beiden Klassen zusammenzubringen.

Kalligrafische Schriften

Schriften mit einem eher formelleren Duktus, bei denen sich die einzelnen Buchstaben meist berühren und bei denen wir auch aufwendige Verzierungen sehen, füge ich der Gruppe der kalligrafischen Schriften hinzu. Das verwendete Schreibgerät dieser Schriften ist häufig – wie bei den klassizistischen/statischen, kontrastreichen Serifs – die Spitzfeder. Sie lässt eine deutliche Differenzierung der Strichstärke zu. Die kalligrafischen Schriften sind darüber hinaus häufig sehr stark nach rechts geneigt und werden im Englischen häufig als »Script« bezeichnet. Zu den kalligrafischen Schriften zählen aufwendige, langsam geschriebene Schriften.

Optima Nova

Hermann Zapf, 1958

Die Optima ist einer der herausragenden Klassiker der Schriftgestaltung. Ihr Gestaltungsansatz, zu dem sich Hermann Zapf von italienischen Grabinschriften inspirieren ließ, zeigt auffallende eingekehlte Strichenden und bei den geraden Linien eine spürbare Verschlankung zur Strichmitte hin.

Diese sehr prägnante Schrift wird auffallend häufig im Apothekenumfeld eingesetzt. Hermann Zapf hat neben der Optima weitere Schriftklassiker wie die ausgesprochen beliebte Leseschrift Palatino, die Zapf Chancery und die Zapf Dingbats entworfen.

Schriftdetails | Die Rundungen wie bei »C«, »S« und »a« enden häufig in angedeuteten Serifen. Für eine Serifenlose extrem auffallende, weil seltene Strichstärkenunterschiede. Die nach innen gebogenen Vertikalen und Horizontalen sind etwa beim »T« sehr gut erkennbar. Die meisten Strichenden sind wie beim »h« eingekehlt angelegt.

Blindtext in Optima Nova 9,5/13,75 pt | Zwölf Boxkämpfer jagen Viktor quer über den großen Sylter Deich. Franz jagt im komplett verwahrlosten Taxi quer durch Bayern. Die heiße Zypernsonne quälte Max und Victoria ja böse auf dem Weg bis zur Küste. Sylvia wagt quick den Jux bei Pforzheim. Jörg bäckt quasi zwei Haxenfüße.

Optima Nova 32 pt

Christmette *Schlafstörung*
Tinkturmessbecher *Operator*

Optima Nova 25 pt

abcdefghijklmnopqrstuvwxyzßäöü
ABCDEFGHIJKLMNOPQRST
UVWXYZÄÖÜ1234567890?!&„“--

Gill Sans Nova

Eric Gill, 1928

Inspiriert von der Beschriftung der London Underground entwickelte Eric Gill die gleichnamige Schrift, die eine Vielzahl von prägnanten Zeichenformen enthält. Wie bei anderen großartigen Schriften stören diese ungewöhnlichen Details im Textbild keineswegs. Die Gill ist sehr vielseitig einsetzbar und war lange in den Logos von BBC und 3sat zu sehen. Die Gill Sans Nova, die 2014 von Monotype herausgegeben wurde, zeigt einige deutlich veränderte Formen wie die 1 und insgesamt die Mediävalziffern. Die 1 findet sich in anderen Versionen der Gill als ein schlichter vertikaler Strich.

C M R a d g

Schriftdetails | Ausladendes, hufeisenförmiges, sehr breites »C«. Die nach unten weisende Spitze beim »M« endet weit oben. Weit ausgestelltes Bein beim »R«. Aufgrund auffallender Strichstärkenmodulation ungemein elastisches »a« mit überraschend nach oben weisendem Fuß. Bauch des »d« läuft wie bei der Joanna horizontal in den Stamm. Prägnantes »g«.

Blindtext in Gill Sans Nova 9,5/13,75 pt | Zwölf Boxkämpfer jagen Viktor quer über den großen Sylter Deich. Franz jagt im komplett verwahrlosten Taxi quer durch Bayern. Die heiße Zypernsonne quälte Max und Victoria ja böse auf dem Weg bis zur Küste. Sylvia wagt quick den Jux bei Pforzheim. Jörg bäckt quasi zwei Haxenfüße.

Gill Sans Nova 32 pt

Charakter *Globalisierungseffekt*

Radhalter **Untergrundbahn**

Gill Sans Nova 25 pt

abcdefghijklmnopqrstuvwxyzßäöü

ABCDEFGHIJKLMNOPQRST

UVWXYZÄÖÜ1234567890?!&„“-–

News Gothic

Morris Fuller Benton, Anfang 20. Jh.
Der US-amerikanische Typograf Morris Fuller Benton war wie sein Vater über lange Zeit Direktor der wichtigen American Type Foundry, eines Zusammenschlusses aus einer Vielzahl von nordamerikanischen Schriftanbietern. Die News Gothic wurde wie andere amerikanische Groteskschriften für den Zeitungsdruck konzipiert: platzsparend, robust, auch für Überschriften. Benton hat mit seinen Schriften wie der News Gothic, Franklin Gothic und Bank Gothic auf die visuelle Kommunikation in den USA maßgeblichen Einfluss ausgeübt.

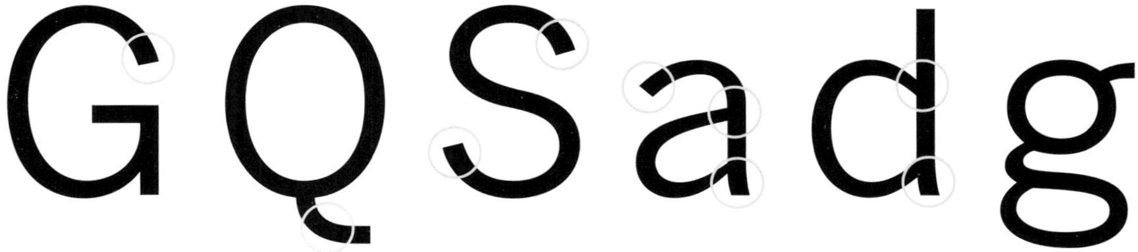

Schriftdetails | Schräge Strichenden. Gebogener Schweif beim »Q«. Durch deutliche Strichstärkenunterschiede dynamisches »a« mit ungewöhnlich hoch und schräg angesetztem Bauch. Gebogener Fuß bei »a« und »d«. Hufeisenförmiger Bauch beim »d«. Recht breiter Kopf und diagonale Schlaufe beim »g«.

Blindtext in News Gothic 9,5/13,75 pt | Zwölf Boxkämpfer jagen Viktor quer über den großen Sylter Deich. Franz jagt im komplett verwahrlosten Taxi quer durch Bayern. Die heiße Zypernsonne quälte Max und Victoria ja böse auf dem Weg bis zur Küste. Sylvia wagt quick den Jux bei Pforzheim.

News Gothic 32 pt

Great **Qualitätsmanagerin**
Superduper ***Barbershoptür***

News Gothic 25 pt

abcdefghijklmnopqrstuvwxyzßäöü
ABCDEFGHIJKLMNOPQRST
UVWXYZÄÖÜ1234567890?!&„“-–

Trade Gothic

Jackson Burke, 1948

Die Trade Gothic hat eine sehr ungewöhnliche Entwicklungsgeschichte: Die normallaufenden Schnitte wurden aus den schmallaufenden Schnitten, die für Zeitungsüberschriften gezeichnet wurden, entwickelt. Burke war Leiter der Entwicklungsabteilung bei Mergenthaler-Linotype in den USA, als er die Trade Gothic, die zunächst einfach nur »Gothic« hieß, zeichnete. Im Gegensatz zur News Gothic etwa liegt die Betonung der Trade Gothic auf den Vertikalen und benötigt auch im Regular-Schnitt trotz der kräftigeren Strichstärke weniger Raum.

C Q S a d g

Schriftdetails | Im Vergleich etwa zur News Gothic insgesamt deutlich schmalere Zeichen. Sehr dynamische Strichenden beim »C«. Prägnant geschwungener Schweif beim »Q«. Schwung des Fußes beim »a« nur angedeutet. Hufeisenförmiger Bauch beim »d«, eingeschnittener Stamm. In sich ruhendes, dennoch lebhaftes »g«.

Blindtext in Trade Gothic 9,5/13,75 pt | Zwölf Boxkämpfer jagen Viktor quer über den großen Sylter Deich. Franz jagt im komplett verwahrlosten Taxi quer durch Bayern. Die heiße Zypernsonne quälte Max und Victoria ja böse auf dem Weg bis zur Küste. Sylvia wagt quick den Jux bei Pforzheim. Jörg bäckt quasi zwei Haxenfüße.

Trade Gothic 32 pt

Capitalism **Quantitätsprüfungsstelle**

Southeast **Headlinesatzoptimiert O.k.**

Trade Gothic 25 pt

abcdefghijklmnopqrstuvwxyzßäöü
ABCDEFGHIJKLMNOPQRST
UVWXYZÄÖÜ1234567890?!&„“-–

> **Display, Hybrid**
> Bei Fontanbietern wie *fonts.adobe.com* oder *monotypefonts.de* und anderen Klassifikationsmodellen finden wir Bezeichnungen wie etwa Display. Dieser Begriff weist auf den Verwendungszweck hin: Überschriften und insgesamt Texte, die groß dargestellt werden – im Unterschied zu Leseschriften. Auch Hybrid ist ein Begriff, der in Klassifikationen verwendet wird. Darunter werden Schriften zusammengefasst, die verschiedene Gestaltungsansätze vereinen, die sich eigentlich ausschließen.

Handschriften

Mit Handschriften sind Schriften gemeint, die eine deutliche persönliche Anmutung haben. Sie können mit verschiedensten Schreibgeräten wie Marker, Pinsel oder Kugelschreiber geschrieben sein und könnten hierdurch weiter in Untergruppen aufgeteilt werden. Die Schreibgeschwindigkeit ist wesentlich höher als bei den formelleren kalligrafischen Schriften.

Experimentelle Schriften

Nicht jede Schrift hat den Anspruch, gut leserlich – oder überhaupt leserlich – zu sein. Bei diesen spannenden Gestaltungsansätzen geht es vielmehr um künstlerische Auseinandersetzungen und um das Ausloten, was eine Schrift eigentlich zu einer Schrift macht.

> **Welche Schrift ist das?**
> Bei den Schriften der drei letzten Reihen handelt es sich um die Adolescence, Ceroxa, die Fresh Ewka Dry, Goodies, Hot Plate, Prototipa Multipla, Antisans, Lett Error Data Mine und die Neural.

4.8 Nicht-lateinische Schriften

Als nicht-lateinische Schriften werden beispielsweise chinesische, japanische und arabische Schriften bezeichnet: Sie haben sich unabhängig von den lateinischen Zeichen entwickelt und sind in der Mehrzahl anders als die lateinische Schrift keine Alphabetschriften, sondern beispielsweise Silbenschriften (Japanisch) oder logografische Schriften (Chinesisch). Eine Ausnahme bildet hier die Alphabetschrift Koreanisch.

»Fremde Schriften«
In der DIN 16518 werden Schriften, die vom lateinischen Zeichensatz abweichen, als »fremde Schriften« bezeichnet. Diese eurozentristische Sichtweise ist mittlerweile überholt.

Adobe Ming | Noto Serif CJK JP | Noto Sans

(Noto Nastaliq Urdu) | (Noto Kufi Arabic) | Noto Sans Cherokee Regular

Hier sehen Sie chinesische, japanische, devanagarische, urdische, arabische Zeichen und Schriftzeichen der Cherokee. Bei Schriften, die keine lateinischen Zeichen beinhalten, habe ich den jeweiligen Fontnamen in Klammern geschrieben.

Noto | Dass das US-amerikanische Unternehmen Google, das häufig mit Internetsuche gleichgesetzt wird, weit mehr als eben

»die« Suchmaschine schlechthin ist, lässt sich auch an dem bemerkenswerten Schriftprojekt Noto ablesen. Google legt mit der Noto eine riesige Fontfamilie vor, die dem selbst gesetzten Anspruch gerecht werden will, alle (!) Sprachen darstellen zu können. In enger Zusammenarbeit mit dem Fontanbieter Monotype wurde eine Schriftfamilie entwickelt, die 800 Sprachen darstellen kann und mehrere 100.000 Zeichen umfasst. Damit ist die Noto die mit Abstand größte Fontfamilie.

Der Name Noto leitet sich aus »*No* more *To*fu« ab. Fehlt ein Zeichen im verwendeten Zeichensatz, wird dieses mit einem schwarz umrandeten Rechteck dargestellt, das an ein Stück Tofu erinnert. Hier ein Beispiel aus der Helvetica Neue, die beim Versuch, arabischen Text darzustellen, »Tofu-Stücke« anzeigt.

Eine Schrift mit arabischem Zeichensatz wie die Noto Sans Arabic stellt denselben Text korrekt dar:

أن يعاملوا بعضهم بعضا بروح الإخاء

4.9 Symbol-Fonts

Neben den bisher besprochenen Schriftgruppen gibt es noch Fonts, die gar keine Schriftzeichen enthalten, sondern Piktogramme, Symbole, Ornamente oder Emojis. In Klassifikationen von Fontanbietern werden diese Art Fonts am ehesten unter »Symbole« zusammengefasst.

(Wingdings) (Kobenhavn Pictos) (Beloved Ornaments)

Während in manchen Fonts wie der Wingdings eine ganze Bandbreite an Zeichenarten enthalten sind, beinhalten Fonts wie Kobenhavn Pictos und Beloved Ornaments entsprechend ihren Namen nur Piktogramme oder Ornamente.

Aldus Manutius (1449–1515)

Einer der bedeutendsten Typografen, Buchdrucker und Verleger war der Venezianer Aldus Manutius. Er veröffentlichte zahlreiche zentrale Schriften der Antike, u. a. von Aristoteles, Sophokles, Homer und Platon. Durch diese qualitativ hochwertigen und dennoch erschwinglichen Publikationen schuf Manutius eine der Grundlagen für die Entwicklung des Humanismus, der Geistesströmung, die in der Renaissance die zentrale Rolle spielte.

In manchen Zeichensätzen findet sich das nach Manutius genannte Aldusblatt, das zwar schon in griechischen Handschriften zu finden ist, durch den intensiven Gebrauch bei Manutius jedoch enorme Verbreitung fand. Das Aldusblatt wurde meist zur Absatzkennzeichnung eingesetzt.

Indra Kupferschmid

Die Professorin der Typografie stellte wiederum auf Basis der Arbeiten von Hans Peter Wilberg eine Schriftklassifikation auf. Sie vertritt die Meinung, dass der Strichstärkenkontrast das entscheidende Unterscheidungsmerkma. darstellt. Daraus leiten sich drei fundamentale Gestaltungsprinzipien ab – das dynamische, das statische und das geometrische Formprinzip.

Neben diesen spezialisierten Fonts, bei denen Sie in entsprechenden Übersichten nachschauen müssen, um überhaupt eine Vorstellung von den hinterlegten Symbolen, Piktogrammen und Ornamenten zu bekommen, finden Sie in vielen Fonts auch schon eine Reihe von nichtsprachlichen Zeichen wie etwa Pfeilen.

Welche Zeichen in einem Font hinterlegt sind, können Sie sich mit betriebssystemeigenen Programmen (wie etwa Zeichentabelle unter Windows bzw. Schriftsammlung am Mac) anzeigen lassen. In den DTP-Programmen von Adobe finden Sie die entsprechende Funktion GLYPHEN bzw. GLYPHEN-Bedienfeld in den jeweiligen Schriftmenüs. Übrigens ist der Einsatz von Symbolen und Ornamenten keine neue Entwicklung innerhalb der Typografie, sondern hat eine lange Tradition.

▲ **Abbildung 4.28**
Insbesondere bei reinen Symbol-Fonts wie der Webdings benötigen Sie eine Übersicht über die Zeichen wie das GLYPHEN-Bedienfeld in den DTP-Programmen von Adobe.

Emojis | Eine Sonderstellung innerhalb der Symbol-Fonts kommt den Emojis zu, die in der digitalen Kommunikation eine zentrale Bedeutung haben. Im Unterschied zu den bisher vorgestellten Fonts werden Emojis praktisch immer farbig dargestellt. Die farbige Darstellung wird bei derartigen Fonts durch den Einsatz des SVG-Formats realisiert.

◂ **Abbildung 4.29**
Mit Fonts, die im SVG-Format angelegt sind, können auch mehrfarbige Zeichen dargestellt werden.

4.10 Versuch einer Schriftklassifikation nach dem Formprinzip

Hier sehen Sie meinen Versuch, mit möglichst wenigen Schriftgruppen möglichst viele oder gar alle Schriften einzuordnen. Hierbei folge ich dem Ansatz von Indra Kupferschmid und lege das Hauptaugenmerk auf das Formprinzip einer Schrift:

1. Serifen – ohne Serifen
2. kontrastreich – linear
3. dynamisch – statisch – geometrisch

▼ Tabelle 4.7
Mein Versuch einen Schriftgruppeneinordnung nach Indra Kupferschmid mit Hauptaugenmerk auf dem Formprinzip einer Schrift: Serifen – ohne Serifen, kontrastreich – linear, dynamisch – statisch – geometrisch.

	Lateinische Schriften		
	Antiqua		
	Druckschriften		
	dynamisch (1)	**statisch (2)**	**geometrisch (3)**
Serif			
kontrastreich (A)	Rags Garamond	Rags Bodoni	Rags Candida
linear (B)	Rags Caecilia	Rags Glypha	Rags Memphis
Sans Serif			
kontrastreich (C)	Rags Optima	Rags Britannic	Rags Quiche
linear (D)	Rags Gill	Rags Helvetica	Rags Futura

Die wichtigste und umfangreichste Antiqua-Untergruppe der Druckschriften fächert sich weiter in zwölf Gruppen auf. Die kontrastreichen geometrischen Serifs (A.3) und die drei Gruppen der kontrastreichen Sans-Serifs (C.1–3) sind nicht nur sehr kleine Gruppen, die Mitglieder dieser Gruppen haben auch nicht die Bedeutung der anderen Schriftgruppen und sind nur in Ausnahmefällen (wie der Candida und der Optima) für Lesetexte geeignet. Schriften, bei denen der visuelle Gesamteindruck wichtiger als die Leserlichkeit ist, habe ich als experimentelle Schriften gemeinsam mit Monospace-Schriften in die Obergruppe Sonderformen eingeordnet.

Schreibschriften

Kalligrafisch

Rags

Edwardian Script

Handschrift

Rags

Bradley Hand

Sonderformen

Monospace

Rags

Fira Code

Experimentell

Rags

Konflikt

Gebrochene Schriften

Rags

Wilhelm Klingspor Gotisch

Nicht-lateinische Schriften

俠セक

(Verschiedene Schriften)

Symbol-Fonts

☼♋♑

(Wingdings)

Im Folgenden möchte ich Ihnen Beispielschriften zu den verschiedenen Gruppen innerhalb der Druckschriften vorstellen. Hierbei verwende ich die Buchstaben A, B, C und D für die Gruppierungen kontrastreiche Serif, lineare Serif, kontrastreiche Sans-Serif und lineare Sans-Serif. Die Nummerierung bezieht sich auf den dynamisch (1), statisch (2) und geometrisch (3). A.1 ist demnach die Gruppe der kontrastreichen dynamischen Serif.

Welches Prinzip überwiegt?

Bei den folgenden Beispielen sehen Sie die Optima Nova als Teil der Gruppe C.1, die Franklin Gothic in der Gruppe D.1 und die DIN Next in der Gruppe D.2. Diese Schriften haben – wie manch andere Schriften – verschiedene Gestaltungsansätze in sich vereint. Für mich ist in der Zuordnung entscheidend, wie die Schriftwirkung insgesamt ist. Daher ordne ich die Optima – trotz ihrer Serifen bei Einzelformen – den Sans-Serif zu. Die Franklin Gothic hat einige Merkmale von statischen Schriften: hierzu zählen das »R« und die große Zeichenbreite. Die schrägen Strichenden und das doppelstöckige »g« sprechen für die Zuordnung in die Gruppe der dynamischen Schriften.

A.1: Kontrastreiche dynamische Serif

In diese Gruppe fallen alle Schriften, die nach Vox unter »Classiques« zusammengefasst werden und die in der DIN-Klassifikation in venezianische bzw. französische Renaissance-Antiquas und die Barock-Antiquas unterteilt werden. Stilmerkmale sind die zwar variablen Strichstärken, die auf mit Breitfeder geschriebene Schriftbilder zurückzuführen sind, die aber organisch und nicht so prägnant ausfallen wie bei der benachbarten Gruppe der kontrastreichen statischen Serif. Dieser Gestaltungsansatz wird auch als humanistisch bezeichnet. Wesentliche Merkmale dieser Gruppe sind auch das ausgeprägt schräge Bein des »R«, das nah am Stamm angesetzt ist, das »humanistische a« und das doppelstöckige »g«.

Rags Jenson	Rags Centaur	Rags Weidemann
Rags Garamond	Rags Sabon	Rags Minion
Rags Caslon	Rags Baskerville	Rags Times
Rags Meridien	Rags Bembo	Rags Cheltenham
Rags Stone Serif	Rags Corporate A Pro	Rags Rotis Serif

Rags	Rags	Rags
Clearface	MetaSerifPro	Mrs Eaves
Rags	Rags	Rags
Joanna	Scala Pro	Droid Serif
Rags	Rags	Rags
Goudy Oldstyle	Janson MT Pro	Alegreya

A.2: Kontrastreiche statische Serif

Hier finden sich die klassizistischen Antiquas/Didones ebenso wie die Clarendons, die Gruppe enthält somit Schriften mit sehr unterschiedlichen Gestaltungsansätzen. Charakteristisch für diese Gruppe sind die auffallenden Strichstärkenunterschiede, das weit rechts angesetzte, fast vertikale Bein des »R« und die aufrecht stehende Schattenachse. Diese sehen Sie etwa in der oberen Punze des »g«. Die Vertikale wird bei diesen Schriften insgesamt betont, die Zeichen wirken hierdurch eher schlank.

Rags	Rags	Rags
Didot	Bodoni	Walbaum
Rags	Rags	Rags
Clarendon	Egizio	Volta
Rags	Rags	Rags
Centennial	Century	Utopia

A.3: Kontrastreiche geometrische Serif

Für diese Gruppe finden sich fast keine Schriften, die Candida ist eines der wenigen Beispiele. Typisch für konstruierte Schriften ist das »a«: Hier sehen wir einen kreis- oder schlaufenförmigen Bauch (statt der Tropfenform bei den dynamischen und statischen Schriften).

Rags

Candida

Serifenbetonte Linear-Antiqua

In der DIN-Klassifikation werden die Schriften der serifenbetonte Linearantiqua nicht weiter nach den Gestaltungsansätzen dynamisch, statisch und geometrisch differenziert.

Museo Slab

Bei der Museo Slab finden sich Merkmale des dynamischen wie des geometrischen Gestaltungsansatzes: Während das »R« und die schrägen Strichenden zu bewegten Formen führen, sehen wir bei den »O«-Formen die für die konstruierten Schriften typischen fast gezirkelten Kreise. Insgesamt wirkt die Museo Slab dennoch dynamisch. Für die Zuordnung einer Schrift in eine der 12 Gruppen empfehle ich, die Entscheidung von der Gesamtwirkung und nicht von Details abhängig.

B.1: Lineare dynamische Serif

Neben den optisch gleich breit wirkenden Strichstärken ist wie bei allen dynamischen Schriften das schräge Bein des »R« typisch. Neben dem humanistischen, doppelstöckigen »g« finden wir hier auch die offene »g«-Form. Im Unterschied zur Gruppe B.2 der linearen statischen Serifs sind die Strichenden bei bogenförmigen Elementen schräg. In der Gruppe der linear, dynamischen Serifs finden sich spannende Schriften, die wie moderne Renaissance Antiquas wirken.

Rags	Rags	Rags
Caecilia	Corporate E	Bitter
Rags	Rags	Rags
Vista Slab	Aleo	Museo Slab

B.2: Lineare statische Serif

Hier ist das Bein der »R« eher vertikal gestaltet und recht weit oben rechts angesetzt. Die Strichenden führen wie bei der Glypha und der Calvert meist in die Horizontale. Bei der Roboto Slab sehen wir neben dem typischen statischen »R« ein schräges Strichende beim »g«. Um nicht eine weitere Schriftgruppe wie Hybrid zu bemühen, plädiere ich dafür, solche Mischformen einer der zwölf Gruppen A.1–C.4 zuzuordnen. Hierbei entscheidet die Gesamtanmutung letztlich über die Gruppenzuordnung. Meiner Empfindung nach wirkt die Roboto Slab – trotz der abweichenden, dynamischen Details – insgesamt statisch.

Rags	Rags	Rags
Glypha	DIN Next Slab	Calvert
Rags		
Roboto Slab		

B.3: Lineare geometrische Serif

Bei den Schriften dieser Gruppe finden wir auffallende Kreisformen, etwa beim »a« und insbesondere beim »g«. Hierdurch werden diese Einzelformen sehr raumgreifend, was sich auch auf die anderen Zeichen auswirkt und zu einem extremen Platzbedarf dieser Schriften führt. Während die linearen statischen Serifs durch die betonten Vertikalen zu eher schlanken Zeichenformen führen, finden wir in dieser Gruppe Zeichen, welche die Horizontale betonen. Der geometrische Gestaltungsansatz ist bei der Memphis oder der Lubalin Graph sehr gut erkennbar.

Rags	Rags	Rags
Memphis	Lubalin Graph	Rockwell
Rags	Rags	Rags
Stymie	Beton	Serifa

Die Unterschiede der beiden Gestaltungsansätze linear statisch und linear geometrisch lassen sich sehr gut an der Glypha und der Serifa nachempfinden – beide Schriften hat Adrian Frutiger entworfen. Die Glypha sehen Sie unter B.2 und die Serifa hier. Aufgrund der gestalterischen Nähe wird die Glypha mancherorts als eine »Serifa Condensed« bezeichnet. Tatsächlich sehen wir in der Glypha allerdings neben den schlankeren Zeichenformen auch ein ausgeprägteres Spiel der Strichstärken, das diese Schrift bei aller Zurückhaltung lebhafter anmuten lässt als beispielsweise die auffallend breite und ruhige Serifa.

C.1: Kontrastreiche dynamische Sans-Serif

Diese Gruppe ist wieder auffallend klein – und die bemerkenswerte Optima, die Sie hier als Vertreterin sehen, ist aufgrund ihrer mehr als nur angedeuteten Serifen keine eindeutig Serifenlose. Weitere Informationen zur sehr eigenständigen Optima von Hermann Zapf finden Sie im Schriftporträt.

Rags
Optima Nova

Rags

Britannic

C.2: Kontrastreiche statische Sans-Serif

Ebenso wie bei der vorigen Schriftgruppe finden sich hier kaum Schriften.

C.3: Kontrastreiche geometrische Sans-Serif

In dieser Gruppe finden sich ausschließlich dekorative Schriften: Aufgrund ihres Gestaltungsprinzips und der daraus resultierenden Anmutung sind sie für Lesetexte ungeeignet.

Rags	Rags	Rags
Parisian	Broadway	Quiche Sans

Zusammenfassend lässt sich somit über die drei Schriftgruppen C.1–C.3 sagen, dass sich hier nur wenige Schriftbeispiele finden und diese bis auf wenige Ausnahmen wie die Optima eher für Headlines oder Brandings geeignet sind.

D.1: Lineare dynamische Sans-Serif

Mit dieser Schriftgruppe haben wir wieder eine sehr große Gruppe vor uns. Dementsprechend weit gefächert sind auch die verschiedenen Gestaltungsansätze. Wie bei der Gruppe A.1 der kontrastreichen dynamischen Serifs befinden sich in dieser Gruppe mitunter gut leserliche, detailreiche Schriften.

Rags	Rags	Rags
Frutiger	Syntax	Stone Sans
Rags	Rags	Rags
Myriad	Museo Sans	Noto Sans
Rags	Rags	Rags
Gill Sans	Meta Pro	Vista Sans

Rags
Scala Sans Pro

Rags
Joanna Sans

Rags
Delicious

Rags
Droid Sans

Rags
Officina ITC Pro

Rags
Quay Sans

Rags
Alegreya Sans

Rags
Franklin Gothic

D.2: Lineare statische Sans-Serif

In dieser Gruppen finden sich die wichtigen europäischen Serifenlosen wie Helvetica und Univers. Während die Zuordnung der Helvetica und der Univers eindeutig ist, ist die DIN Next untypisch für diese Gruppe.

Rags
Helvetica Neue

Rags
Univers

Rags
Rotis Sans Serif

Rags
Roboto

Rags
DIN Next

D.3: Lineare geometrische Sans-Serif

Die letzte der zwölf Gruppen der Druckschriften ist eine auffallend bunte Sammlung von Schriften. Neben der bemerkenswerten Futura finden sich hier auch eine ganze Reihe von recht dekorativen Schriften wie die Neue Kabel und Premier Com.

Den geometrischen Gestaltungsansatz sehen Sie in den deutlich kreisförmigen Zeichenformen. Ebenso zählen auch Schriften zu dieser Gruppe, deren Grundform wie bei der BankGothic und Eurostile Next Pro rechteckig ist und dadurch sehr kantig anmutet. Während sich Schriften dieser Gruppe wie Futura, Mrs Eaves und die Avenir für Lesetexte eignen, sind die meisten anderen Schriften hier ausschließlich Displayschriften.

Mit der BankGothic aus der das nebenstehende »S« stammt haben wir eine der sehr seltenen Schriften vor uns, die als Kapitälchenschrift konzipiert ist. Echte Minuskeln fehlen hier. Diese Art Schriften sind daher ausschließlich für Displayzwecke geeignet, für Lesetexte sind sie unbrauchbar. Bei der BankGothic sehen wir ein außergewöhnliches Detail: Bei vielen ihrer bogenförmigen Formen sind die innen liegenden Linien eckig gehalten.

Auf der folgenden Seite habe ich ein Flussdiagramm erstellt, mit dem Sie eine beliebige Schrift einer passenden Gruppe zuordnen können. Bei vielen Schriften fällt diese Einordnung leicht. Das ist immer dann der Fall, wenn der Gestaltungsansatz oder das Formprinzip eindeutig erkennbar ist. Bei Schriften allerdings, die verschiedene Formprinzipien in sich tragen, müssen Sie entscheiden, worauf Sie den Fokus legen. Dabei empfehle ich, zunächst zu schauen, welches Formprinzip überwiegt (Beispiel Optima Nova oder die Untergruppe der amerikanischen Grotesk). Da diese Entscheidung subjektiv ist, können verschiedene Personen dieselbe Schrift auch unterschiedlich einordnen.

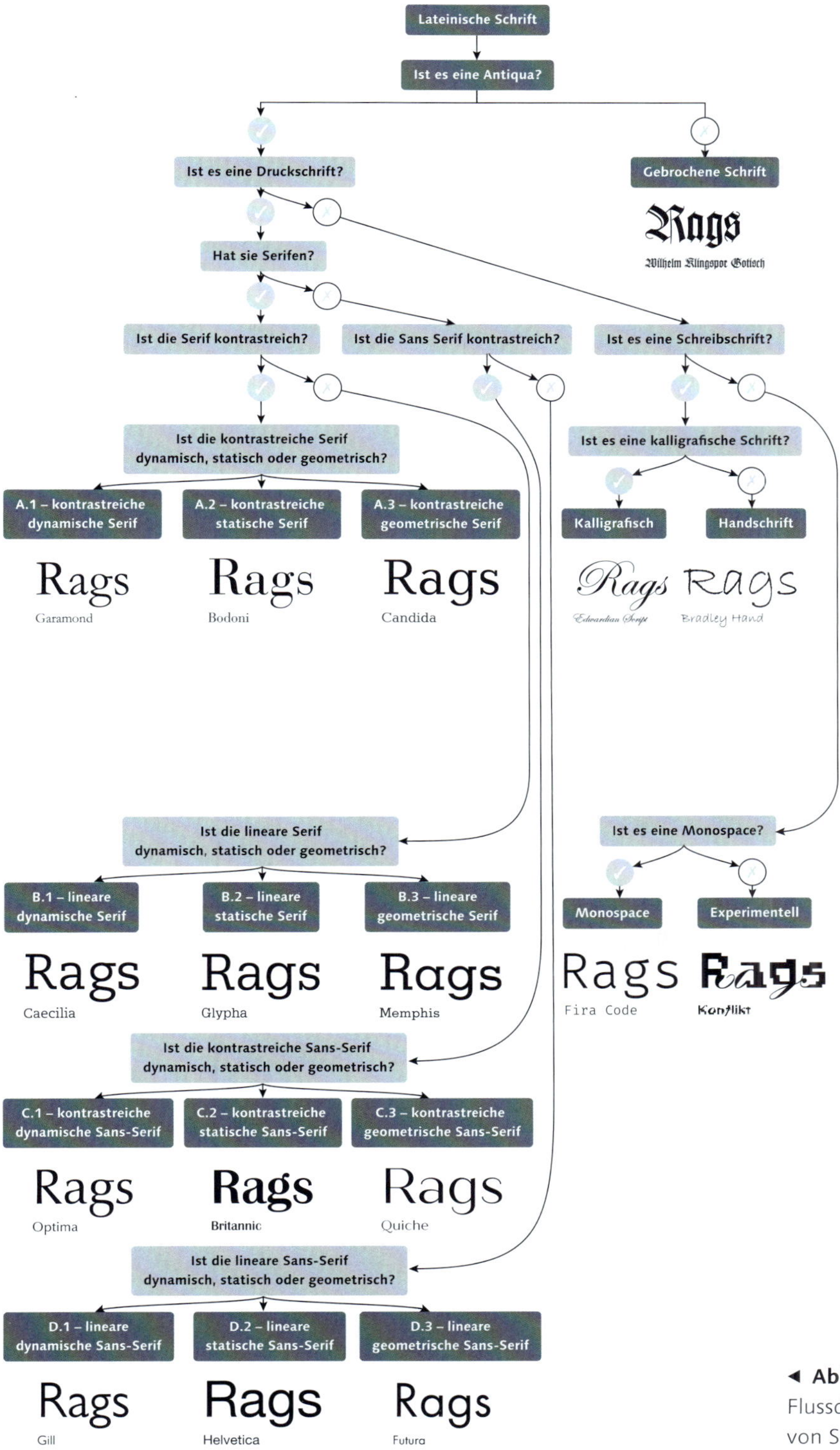

◀ **Abbildung 4.30**
Flussdiagramm zur Einteilung von Schriften

Neue Kabel

Rudolf Koch, 1927

Die Neue Kabel ist ein schönes Beispiel, wie eigenständig eine Schrift mit geometrischem Gestaltungsansatz aussehen kann. Während eine Reihe von Zeichen auch der Futura oder der Avenir entstammen könnten, zeigt die Neue Kabel insbesondere bei den Minuskeln eine bemerkenswerte Eigenständigkeit. Neben den unten genannten Zeichen ist hier auch das »b« zu nennen, das über keinen Fuß verfügt. Wie nur wenige Schriften ist die Neue Kabel zeitlich eindeutig verortet. Der deutsche Typograf Marc Schütz überarbeitete die Originalversion im Auftrag von Monotype.

E K S a e g

Schriftdetails | Bewegliche, angeschrägte Strichenden sowohl bei Groß- als auch bei Kleinbuchstaben. Für eine geometrische Schrift äußerst dynamische »s«-Formen, die sich weit von der gezirkelten Kreisgrundform entfernen. Durch den sehr kurzen Bogen prägnantes »a«. Vollkommen eigenständiges, lebendiges »e«. Kreisförmige Schlaufe beim »g«.

Blindtext in Neue Kabel 9,5/13,75 pt | Zwölf Boxkämpfer jagen Viktor quer über den großen Sylter Deich. Franz jagt im komplett verwahrlosten Taxi quer durch Bayern. Die heiße Zypernsonne quälte Max und Victoria ja böse auf dem Weg bis zur Küste. Sylvia wagt quick den Jux bei Pforzheim. Jörg bäckt quasi zwei Haxenfüße vom Wildpony.

Neue Kabel 32 pt

Erwartungshorizont **Kinosaal**
Seilbahnkartenhaus ***Margarine***

Neue Kabel 25 pt

abcdefghijklmnopqrstuvwxyzßäöü
ABCDEFGHIJKLMNOPQRST
UVWXYZÄÖÜ1234567890?!&„"--

Eurostile

Aldo Novarese, 1962

Mit der Eurostile gelang Aldo Novarese (1920–1995) eine extrem prägnante Schrift. Der Entwurf basiert auf der Versalschrift Microgramma von Alessandro Butti von 1952. Neben der Überarbeitung der Versalien zeichnete Novarese die bislang fehlenden Minuskeln und schuf so eine Schrift, die stark an die 60er und 70er Jahre des vorigen Jahrhunderts erinnert. Wie bei vielen anderen Schriftklassikern hat Linotype eine Optimierung und Vervollständigung unter der Federführung von Akira Kobayashi vorgenommen, sodass die Eurostile mittlerweile in vielen Schnitten vorliegt.

K O S a e g

Schriftdetails | Horizontaler Balken in den »K«-Formen. Die Grundform fast aller Zeichen der Eurostile basiert auf einem Rechteck, dessen Ecken abgerundet sind. Dieser Gestaltungsansatz ist bei Schriften extrem selten und führt bei der Eurostile zu einer ebenso eigenständigen wie überraschend gut leserlichen Schrift.

Blindtext in Eurostile 9,5/13,75 pt | Zwölf Boxkämpfer jagen Viktor quer über den großen Sylter Deich. Franz jagt im komplett verwahrlosten Taxi quer durch Bayern. Die heiße Zypernsonne quälte Max und Victoria ja böse auf dem Weg bis zur Küste. Sylvia wagt quick den Jux bei Pforzheim. Jörg bäckt quasi zwei Haxenfüße.

Eurostile 32 pt

Kumulation **Orbitalkreuzer**
Stoßtrupp ***Romanverfilmung***

Eurostile 25 pt

abcdefghijklmnopqrstuvwxyzßäöü
ABCDEFGHIJKLMNOPQRST
UVWXYZÄÖÜ1234567890?!&„“-–

Avenir

Adrian Frutiger, 1994

Die Avenir reiht sich ein in die lange Liste der bewährten Schriften, die Adrian Frutiger entworfen hat. Während viele Mitglieder der Klasse D.3 der linearen geometrischen Schriften eine kühle, technische Anmutung haben, ist es Frutiger wie bei vielen seiner Entwürfe auch bei der Avenir gelungen, eine Schrift vorzulegen, die eine freundliche, lebendige und warme Ausstrahlung hat. Dass die Avenir als »humanistischere« Alternative zur Futura konzipiert war, spiegelt sich auch im Namen wider: Avenir (frz.) bedeutet Zukunft im Deutschen.

CGQasy

Schriftdetails | Im Unterschied zur viel weiter verbreiteten Futura wirkt die Avenir lebhafter. Beim »Q« mit dem horizontal hinauswachsenden Schweif und dem für eine lineare geometrische Schrift untypischen »a« zeigt sich auch die Nähe zur Univers. Sehr dynamische »S«-Formen, gebogener Abstrich beim »y«.

Blindtext in Avenir 9,5/13,75 pt | Zwölf Boxkämpfer jagen Viktor quer über den Sylter Deich. Franz jagt im komplett verwahrlosten Taxi quer durch Bayern. Die Zypernsonne quälte Max und Victoria ja böse auf dem Weg bis zur Küste. Sylvia wagt quick den Jux bei Pforzheim. Jörg bäckt quasi zwei Haxenfüße.

Avenir 32 pt

Charmeur **Garantieleistung**
Quintolentakt ***Ravensbrück***

Avenir 25 pt

abcdefghijklmnopqrstuvwxyzßäöü
ABCDEFGHIJKLMNOPQRST
UVWXYZÄÖÜ1234567890?!&„"--

Kapitel 5
Layout und Gesamtkomposition

Welche Anforderungen es an die Positionierung von Inhalten und Gestaltungselementen auf einem Format gibt, schauen wir uns in diesem Kapitel an.

5.1 Form follows Content

Ob Sie eine Visitenkarte, einen Flyer, eine Broschüre, ein Magazin oder eine Webseite konzipieren und gestalten, die wichtigste Frage, die Sie sich stellen, lautet: Was soll kommuniziert werden? Erst wenn Sie diese Frage in Abstimmung mit dem Kunden beantwortet haben, lohnt es sich, mit der Gestaltung zu beginnen.

Häufig werden Sie feststellen, dass der Kunde gar nicht so genau weiß, was er eigentlich möchte. Die Inhalte einer Imagebroschüre mögen zwar schon feststehen, aber wie sich die angestrebte Zielgruppe zusammensetzt, welche Sehgewohnheiten bedient werden sollen, muss häufig noch genauer definiert werden. Hierbei spielt auch der Geschmack des Auftraggebers eine Rolle, immerhin möchte er sich einerseits in der Gestaltung wiederfinden, andererseits soll er von anderen erkenn- und wiedererkennbar sein. Das ist zumindest bei identitätsstiftenden Medien wie Visitenkarte, Imagebroschüre, Geschäftsbericht oder Website der Fall.

Zwei der wichtigsten Gestaltungskonzepte, die Sie beim Layouten in Blick behalten sollten, sind

1. die Hierarchie der gegebenen Inhalte und
2. der Lesefluss.

Form follows Function

Dieser Gestaltungsansatz (dt.: Form folgt Funktion) ist ein Zitat des Architekten Louis Sullivan (1856–1924). Er wird meist auf Architektur, Produkt- oder Möbeldesign bezogen. Das Zitat wird oft missverstanden, denn Sullivan meinte damit nicht, dass sich die äußere Form (etwa eines Gebäudes) auf die reine Funktion reduzieren müsse: Dann müsste nämlich jedes Wohnhaus gleich aussehen. Nach Sullivans Verständnis konnten Ornamente genauso zu einer Gestaltung gehören, wenn sie denn eine Funktion hatten.

> **Layoutstandards**
> Eine knapp 1-minütige Animation der Titelseiten der New York Times von über 100 Jahren zeigt in Kürze, wie sich das Verhältnis von Text zu Bild geändert hat – und dass Bilder immer wieder an ähnlichen Stellen platziert werden: *https://flowingdata.com/2017/02/21/evolution-of-the-new-york-times-front-page*.

Wenn sich die Lesenden die Inhaltshierarchie erst mühsam erschließen müssen oder der Lesefluss durch das Layout immer wieder unterbrochen wird, sind das massive Einschränkungen der Erfassbarkeit der Inhalte.

Natürlich können Sie bewusst die Lesegewohnheiten brechen und Inhalte schwer zugänglich machen. Nur sollte sich diese Entscheidung aus dem Inhalt und der Zielgruppe ableiten. Und genau das meine ich mit der Überschrift »Form follows Content«: Am Anfang jeglicher Gestaltung steht die genaue Beschäftigung mit dem Inhalt. Hieraus lässt sich die Gestaltung dann im zweiten Schritt entwickeln.

Im Unterschied zu einem Roman, bei dem der lineare Text die hauptsächliche Inhaltsebene darstellt –, eventuell kommen als strukturierende Inhalte noch Kapitelüberschriften vor – sieht es bei Zeitungen, Magazinen und Webseiten deutlich komplexer aus. Hier kommen nicht nur viele verschiedene Textarten vor (etwa Überschriften, Unterüberschriften, Rubriken, Vorlauftexte, Zwischenüberschriften, Bildlegenden, Artikel, Kommentare, Kolumnen, Leserbriefe, Nachrichten, Autorenzeile), sondern Texte derselben Textart – wie etwa Zeitungsartikel – werden auch untereinander gewichtet und somit ebenfalls hierarchisiert. So hat ein langer Leitartikel eine höhere Hierarchiestufe als eine kurze Meldung der Lokalredaktion.

▼ Abbildung 5.1
Das Wichtigste muss in Layouts vor allem eines sein: auffallend. Dieses Prinzip sehen Sie an der Gestaltung der verschiedenen Überschriften, auch wenn die optische Anmutung jeweils eine andere ist.

In Abbildung 5.1 sehen von links nach rechts eine Ankündigung vom Deutschen Schauspielhaus Hamburg, eine Magazin- und eine Tageszeitungsseite. Die Maßnahmen, mit denen sowohl die inhaltliche Hierarchie als auch der Lesefluss gestalterisch umgesetzt und unterstützt werden, ähneln sich, unabhängig von der individuellen Anmutung.

5.2 Die Fläche

Abgesehen von typografischen Arbeiten, die im architektonischen räumlichen Umfeld eingesetzt werden, findet gedruckte wie digitale Typografie immer auf einer Fläche statt.

Seitenausrichtung

Bei der Konzeption einer mehrseitigen Drucksache müssen Sie entscheiden, ob das Endformat einer Einzelseite quadratisch, quer- oder hochformatig sein soll. Während die Wahlmöglichkeiten bei kleinen Formaten wie Visitenkarten tatsächlich groß sind, werden Sie sonst praktisch immer ein Hochformat wählen.

Digitale Medienformate
Anders als bei Printprodukten haben Sie bei digitalen Medien kaum Einfluss auf Ausgabeformate.

Ein quadratisches Seitenformat finden Sie selten, bei textlastigen Publikationen praktisch nie. Dieses auffallend geometrische Format wirkt sachlich, kühl, nüchtern. Die Proportionen einer Doppelseite sind ebenso auffallend, es entsteht ein deutliches Querformat.

Bei einer querformatigen Einzelseite ist die sich ergebende Doppelseite logischerweise noch extremer. Für Mengentext ungeeignet, ist dieser Ansatz für Broschüren und Magazine durchaus denkbar. Querformate bieten sich besonders für bildlastige Inhalte an. Und dass Querformate im Englischen *landscape* im Unterschied zum Hochformat *portrait* heißen, ist auch kein Zufall.

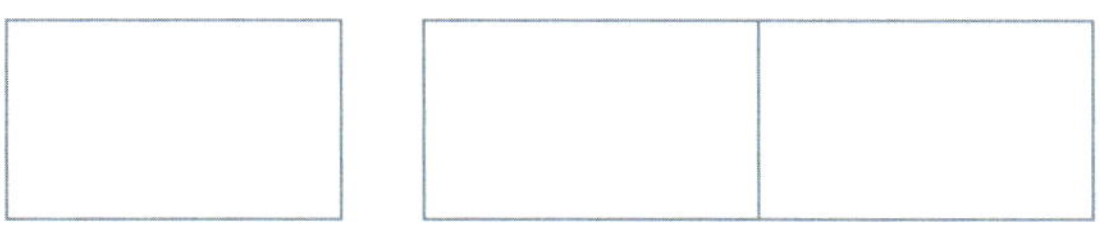

Das seit Jahrtausenden bewährte Hochformat ist besonders durch die wortwörtliche Handlichkeit – es braucht aufgeschlagen weniger Platz in der Breite – von Vorteil.

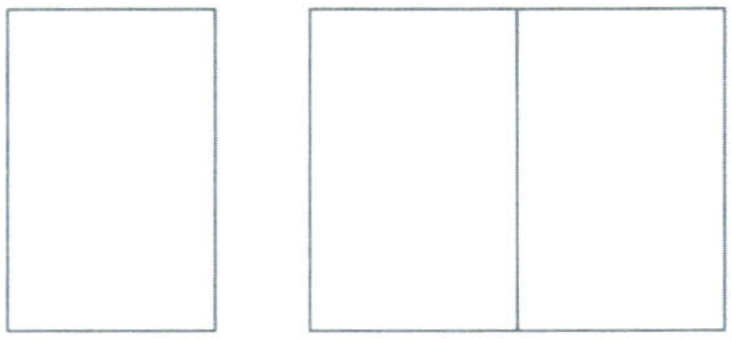

Proportionen des Seitenformats

Wachstafeln

Im Römischen Reich wurden schon hochformatige Wachstafeln für das Verfassen von Alltagstexten verwendet.

Die Anforderung an ein Seitenformat ist neben der Präsentation der vorliegenden Inhalte auch die Handhabbarkeit. Hinzu kommen die Anforderungen, welche die Proportionen des Formats erfüllen sollen: Einerseits soll die Einzelseite, die besonders auf der Titelseite sicht- und erlebbar wird, zumeist angenehm wirken und nicht wirklich auffallen. Andererseits soll auch die doppelte Größe einer Einzelseite bei einer aufgeschlagenen Doppelseite gut aussehen und funktionieren.

Ein völlig geometrischer Ansatz wie ein halbiertes Quadrat für eine Einzelseite führt zu einem extrem schlanken, oftmals als unangenehm wahrgenommenen Hochformat.

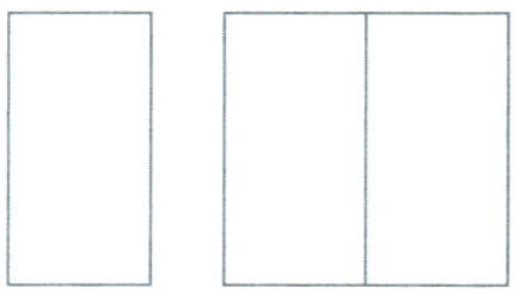

Ein faszinierender Ansatz ist der weithin bekannte Goldene Schnitt. Er basiert einerseits auf einem vergleichsweise einfachen geometrischen Aufbau, andererseits findet sich das Prinzip des Goldenen Schnitts vielfach in der Natur. Schauen wir uns zunächst die resultierenden Seitenproportionen an. Seiten, deren Proportionen dem Goldenen Schnitt entsprechen, wirken sowohl als Einzelseite als auch bei der resultierenden Doppelseite angenehm.

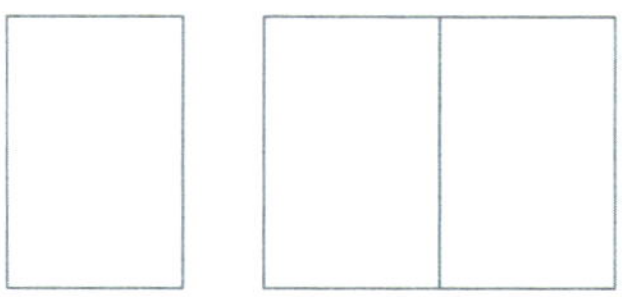

Zu ganz anderen Proportionen führt ein weiteres Konstruktionsprinzip, das bei uns in Deutschland das mit Abstand verbreitetste Format ist: das DIN-Format. Die Proportionen der DIN-Reihe sind deutlich breiter und wirken daher flächiger als die Proportionen des Goldenen Schnitts.

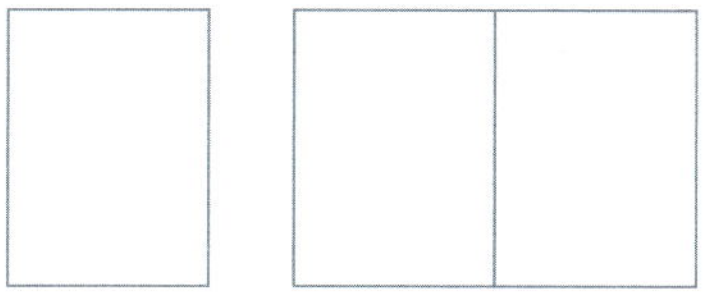

Goldener Schnitt | Die Suche nach harmonischen Proportionen beschäftigt gestaltende Menschen seit Jahrtausenden. Was liegt bei der Suche näher, als sich in der Natur umzuschauen. Und interessanterweise findet sich in der Natur tatsächlich ein wiederkehrendes Teilungsmuster, das unter dem Begriff Goldener Schnitt bekannt ist. Der erste schriftliche Hinweis stammt aus dem 3. Jh. v. Chr.: In seinem Buch »Die Elemente« beschreibt der griechische Mathematiker Euklid das Teilungsverhältnis des Goldenen Schnitts. Da der Goldene Schnitt uns auch beim späteren Thema Satzspiegel (siehe Abschnitt 5.3) beschäftigen wird, gehe ich hier schon einmal genauer auf ihn ein.

Geometrische Natur

Der Goldene Schnitt findet sich beispielsweise in Tannenzapfen, Sonnenblumen und in der Anordnung von Blättern.

Wird das Längenverhältnis durch einen Bruch ausgedrückt, kommt hier zwangsläufig eine irrationale Zahl ins Spiel:

$$\frac{1 + \sqrt{5}}{2} = 1{,}618033\ldots$$

So komplex dieser Ausdruck aussieht – es ist die Zahl Φ (Phi) –, die Proportionen des Goldenen Schnitts lassen sich zeichnerisch recht einfach erstellen.

Vorher machen Sie sich noch mit einer besonderen Zahlenreihe vertraut, die als Fibonaccireihe bezeichnet wird. Auch hier gilt: Das Prinzip, auf dem diese unendliche Zahlenreihe beruht, ist eigentlich ganz einfach – das Ergebnis ist allerdings verblüffend. Um eine Fibonaccireihe zu konstruieren, beginnen wir mit 0 und 1. Die nun folgenden Zahlen ergeben sich aus der Summe der jeweils vorigen Zahlen. Die dritte Zahl ist somit das Ergebnis von 0 + 1, also wieder 1. Die vierte Zahl der Fibonaccireihe ist 2 (das Ergebnis von 1 + 1).

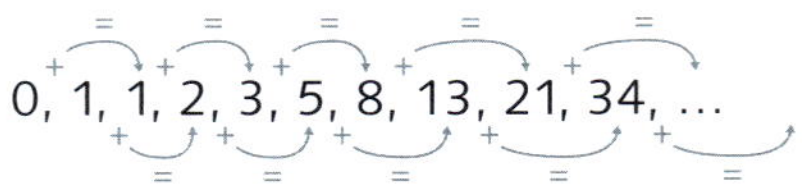

1:0 = ungültig
1:1 = 1,000000
2:1 = 2,000000
3:2 = 1,500000
5:3 = 1,666667
8:5 = 1,600000
13:8 = 1,625000
21:13 = 1,615384
34:21 = 1,619047

Falls Sie sich fragen, was die Fibonaccireihe nun mit dem Goldenen Schnitt zu tun hat: Wenn Sie nebeneinanderstehende Zahlenpaare als Brüche schreiben, nähern sich diese immer mehr der Zahl Phi (1,618033...) an. Hierbei fungiert die größere Zahl als Zähler, die kleinere als Nenner. Diese Annäherung vollzieht sich alternierend, also abwechselnd von oben und unten, wie in der nebenstehenden Liste zu sehen.

Irrationale Zahlen

Rationale Zahlen lassen sich als Brüche darstellen, bei denen sowohl im Zähler als auch im Nenner ganze Zahlen stehen: $\frac{1}{1}$, $\frac{1}{2}$, $\frac{1}{3}$ etc. Im Gegensatz dazu ist das bei irrationalen Zahlen nicht der Fall. Irrationale Zahlen haben eine unendliche, sich nicht periodisch wiederholende Zahlenreihe nach dem Komma.

Zu den irrationalen Zahlen gehören:

- π (3,141592...) Mit der Konstante Pi lässt sich der Kreisumfang und die Kreisfläche berechnen, wenn der Radius bekannt ist.
- $\sqrt{2}$ (1,414213...) Die Wurzel aus 2 lässt sich zeichnerisch einfach erstellen. Dies sehen Sie gleich noch bei den DIN-Formaten.

▲ Abbildung 5.2
Die Summe zweier aufeinanderfolgender Zahlen entspricht immer der nächsten folgenden Zahl: a + b = c. Das Verhältnis von 1 : Φ bleibt dabei immer gewahrt.

Genug der Theorie – lassen Sie uns den Goldenen Schnitt zeichnerisch anwenden und auf Seitenformate übertragen. Ein praktikabler Ansatz ist das Zeichnen von Quadraten, die auf der Fibonaccireihe beruhen.

Die Proportionen des Goldenen Schnitts sind bei einer Konstruktion wie in Abbildung 5.3 in den entstehenden Rechtecken zu sehen: Die jeweilige Schmalseite steht zur entsprechenden Längsseite etwa im Verhältnis 1 : Φ. Wie Sie gerade erfahren haben, nähert sich dieses Verhältnis dem tatsächlichen Wert umso mehr an, je weiter Sie beim Zeichnen in der Fibonaccireihe fortschreiten.

Um nun einen deutlichen Bezug zur Natur herzustellen, zeichnen Sie einmal Viertelkreise mit der jeweiligen Kantenlänge als Radius in die Quadrate aus Abbildung 5.3 ein. Die entstehende Spirale erinnert uns an Schneckenhäuser oder die Anordnung von Kernen in Sonnenblumen.

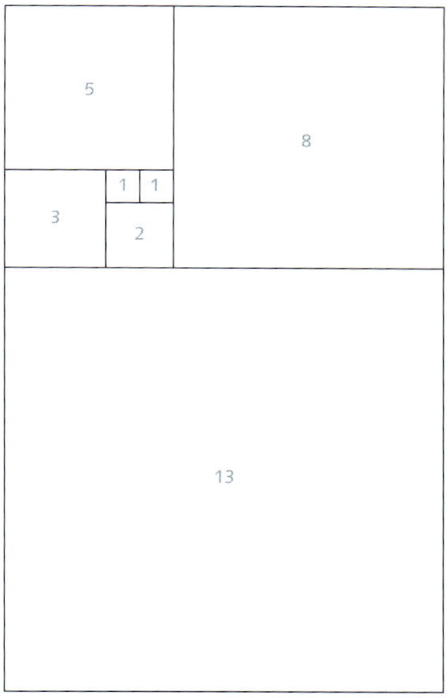

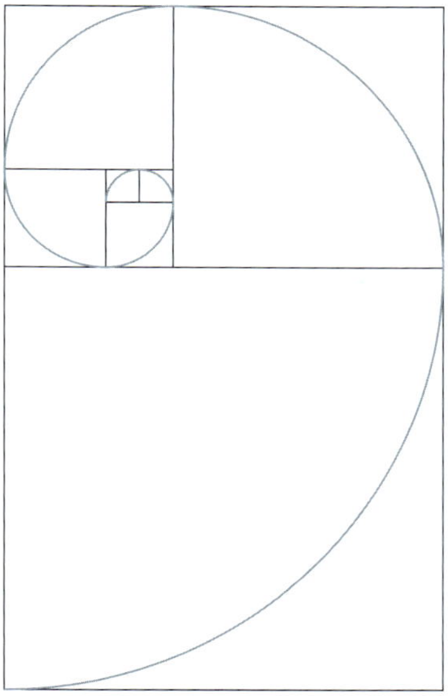

◂◂ **Abbildung 5.3**
Für dieses Beispiel habe ich die ersten acht (die »0« mitgerechnet) Zahlen der Fibonaccireihe als Kantenlänge der Quadrate verwendet (hier verkleinert dargestellt).

◂ **Abbildung 5.4**
Wenn Sie in die Quadrate Viertelkreise mit der jeweiligen Kantenlänge als Radius zeichnen, erhalten Sie eine Annäherung an die »Goldene Spirale«.

Wie Sie später noch sehen werden, lassen sich die Proportionen des Goldenen Schnitts an verschiedenen Stellen im Layout einsetzen.

DIN-Formate | Während die Proportionen des Goldenen Schnitts zu eher schlanken Flächen führen, sind die gängigen DIN-Formate breiter. Ihr Seitenverhältnis sieht für ein nicht unbedingt mathematisch geschultes Auge auch erst einmal rätselhaft aus:

$$\frac{1}{\sqrt{2}} = 1{,}618033\ldots$$

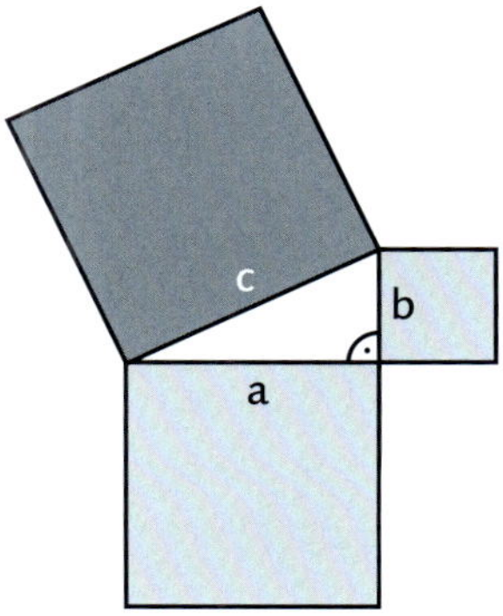

▴ **Abbildung 5.5**
Der Satz des Pythagoras

Die Herleitung dieses Ausdrucks ist jedoch ganz simpel. Was Sie dafür lediglich als Hintergrundwissen benötigen, ist der Satz des Pythagoras.

Zur Erinnerung: Er besagt, dass in einem rechtwinkligen Dreieck die Summe der Quadrate der beiden kurzen Seiten (a und b in Abbildung 5.5) gleich dem Quadrat der langen Seite (c) ist.

Stellen Sie sich nun ein Quadrat mit der Kantenlänge »1« wie im unteren Teil des Rechtecks in Abbildung 5.6 vor. Durch das Einzeichnen einer Linie (in der Abbildung mit »c« gekennzeichnet), die zwei gegenüberliegende Ecken des Quadrats verbindet, erhalten Sie die Länge $\sqrt{2}$.

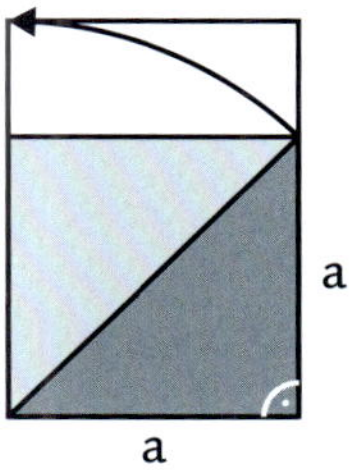

▴ **Abbildung 5.6**
Nehmen Sie als Länge für a = 1 an, erhalten sie $\sqrt{2}$ für c.

Falls sich Ihnen dieser Zusammenhang nicht direkt erschließt: Das folgt aus dem Satz des Pythagoras: $a^2 + a^2 = c^2$. Diesen Ausdruck können wir vereinfachen zu $2a^2 = c^2$. Da wir ja von $a = 1$ ausgehen, lautet der Ausdruck in diesem speziellen Fall $2 = c^2$ bzw. $c^2 = 2$. Um c zu errechnen, ziehen wird von beiden Seiten vom Gleichzeichen die Wurzel – et voilà: $c = \sqrt{2}$.

DIN-Reihen

Neben sogenannten A-Reihe der DIN-Formate gibt es noch die B-, C- und D-Reihen für speziellere Anwendungen. Zeitungen werden beispielsweise eher in B4 gedruckt, und Reisepässe haben das Format B7.

Nehmen Sie diesen Wert nun als Längsseite für ein Rechteck wie in Abbildung 5.7 und Sie haben die Proportionen der DIN-Formate vor sich. Ähnlich wie beim Goldenen Schnitt folgt aus diesem Verhältnis eine einzigartige Eigenschaft, die Sie alle kennen: Ein in der Breite zur Hälfte gefaltetes DIN-Format hat wieder dieselben Proportionen wie das ursprüngliche Format: $1:\sqrt{2}$. Übrigens ist $\sqrt{2}$ genau wie Φ, die beim Goldenen Schnitt die zentrale Rolle spielt, eine irrationale Zahl.

▶ Abbildung 5.7
Beim DIN-Format erhalten Sie durch Halbierung bzw. Verdoppelung immer das nächstkleinere/nächstgrößere Format.

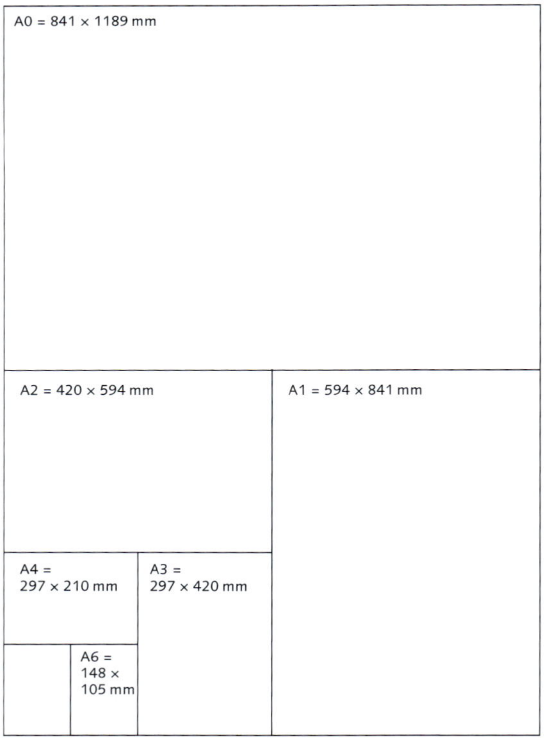

Die auffallend krummen Werte, die Sie bei den Längenangaben der DIN-Formate sehen, haben ihren Ursprung in der Vereinbarung, für DIN A0 die Fläche eines Quadratmeters anzunehmen.

Die DIN-Formate sind mit Ausnahme des nord- und mittelamerikanischen Raumes, in dem das sogenannte Letter-Format die grundlegende Größe ist, für viele Drucksachen weltweiter Standard.

Abweichende Formate

Die gängige Größe für Visitenkarten beträgt 85 × 54 mm und lehnt sich an die Größe einer Kreditkarte an. Diese Formate entsprechen damit nicht den DIN-Reihen.

Letter-Format

Das Letter-Format misst 8,5 × 11 Zoll. Das entspricht etwa 216 × 279 mm und ist damit deutlich breiter als die DIN-Formate. Beim Letter-Format liegt erst bei der jeweils zweiten Halbierung bzw. Verdoppelung des Formates wieder die ursprüngliche Proportion vor.

Formatwahl

Welches Format bietet sich nun für eine konkrete Aufgabenstellung an? Die möglichen Antworten sind genauso vielfältig wie die Fragestellung an sich. Denn letztlich werden Sie für jede Aufgabe eine individuelle Lösung finden wollen. Zu Beginn der Konzeption eines Kommunikationsmediums können Sie versuchen, Fragen wie die folgenden zu beantworten.

- Wie umfangreich ist der Inhalt?
- In welchem Mengenverhältnis stehen Texte und Abbildungen, Illustrationen, Grafiken?
- In welchem Kontext wird die Publikation gelesen?
- Gibt es Vorgaben und Einschränkungen etwa bezüglich der Medienformate oder Schriften?
- Welche Formate haben sich für ähnliche Aufgaben bewährt oder sind Standard?
- Gibt es Gründe, derartige Standards einzuhalten bzw. gerade nicht einzuhalten?
- Gibt es produktionstechnische Vorgaben, die Sie beachten müssen?
- Welche Mehrkosten entstehen durch die gewählte Variante im Vergleich zur gängigen Lösung?

Versuchen Sie, bei der Beantwortung der obigen Fragen alle Fragestellungen gleichzeitig im Blick zu behalten – und außerdem den Kunden und den vorgesehenen Etat mit einzubeziehen.

Der Umfang von typografisch zu gestaltenden Inhalten reicht im Printbereich von einer einseitigen Visitenkarte über eine etwa hundertseitige Broschüre bis zu einem mehrere hundert Seiten umfassenden Buch. Da jede Gestaltungsaufgabe nach einer individuellen Lösung ruft, ist es praktisch unmöglich, hier allgemeingültige Empfehlungen zu geben. Im Folgenden werde ich Ihnen weitere Denkanstöße mit auf den Weg geben, um schlüssige Antworten auf die Frage nach einem passenden Format zu finden. Zunächst wenden wir uns dem wichtigen Konzept des Satzspiegels zu.

Gutenberg-Bibel und die Satzkonstruktion

So frappierend die Übereinstimmung beispielsweise bei Gutenbergs Bibel mit der Villard'schen Satzspiegelkonstruktion ist, Sie sehen auch hier Abweichungen. In Abbildung 5.8 ist der Satzspiegel einige Zeilen höher, als es die Konstruktion nahegelegt hätte.

▲ **Abbildung 5.8**
Bei Gutenbergs Bibel sehen wir sowohl eindeutige Bezüge zu Villards Konstruktionsansatz als auch Abweichungen davon.

5.3 Satzspiegel

Um nun auf einem der Aufgabe angemessenen Format Inhalte zu platzieren, bietet sich für die meisten Anforderungen die Anlage eines Satzspiegels an. Zunächst einmal ist der Satzspiegel die Flä-

InDesign und Satzspiegel

In InDesign können Sie den grundlegenden Satzspiegel direkt bei der Anlage eines neuen Dokuments festlegen. Falls Sie verschiedene Satzspiegel – beispielsweise um verschiedene Spaltenzahlen einsetzen zu können – in einem Dokument verwenden möchten, legen Sie sich diese in verschiedenen Musterseiten an.

che, die praktisch alle Texte und gegebenenfalls alle oder zumindest die meisten der Abbildungen aufnimmt, wobei der Kolumnentitel und die Seitenzahlen je nach Auffassung nicht dem Satzspiegel zugerechnet werden.

Die Fläche des Satzspiegels wird von den vier Abständen zu den Formaträndern definiert. Darüber hinaus ist auch die Aufteilung in möglicherweise mehrere Spalten Aufgabe des Satzspiegels.

Da der Gebrauch eines Satzspiegels für eine konsistente Gestaltung der Typografie sorgt, die gerade bei umfangreichen Drucksachen in der Regel gewünscht ist, werden Satzspiegel bei Medien mit geringem Seitenumfang wie Plakaten, Postkarten oder Flyern nicht so zwingend eingesetzt.

Ansätze zur Satzspiegelkonstruktion

Schauen wir uns zunächst verschiedene Ansätze an, mit denen Sie Satzspiegel konstruieren können, die sich seit Jahrhunderten im Bereich Buchsatz/Mengentext bewährt haben.

Grundlegende Überlegungen | Die einfachste Form eines Satzspiegels finden Sie nämlich in Büchern, die wie bei Romanen reine Texte beinhalten. Hier ist im Gegensatz etwa zu Magazinen, in denen Typografie auch ins Auge fallen soll, praktisch immer gewünscht, dass sich die Gestaltung im Hintergrund hält und gerade nicht auffällt und beim Lesen ablenkt. Um dies zu erreichen, sollten Sie bei der Konstruktion des Satzspiegels formale und praktische Überlegungen mit einbeziehen.

Wenn Sie Printversionen von Romanen im Regal stehen haben, werden Sie kein Querformat vorfinden: Romane sind praktisch immer hochformatig. Warum? Das hat vor allem mit zwei Größen zu tun, die die zentrale Rolle bei Mengentexten haben: Das ist zum einen die Satzbreite und zum anderen das Handling des gedruckten Werkes. Hierbei kommt der Satzbreite sogar eine noch höhere Gewichtung als der wortwörtlichen Handhabung zu. Des Weiteren sind ästhetische Überlegungen zu berücksichtigen.

Weiterlesen

Weitere Infos zum Thema Zeilenlänge finden Sie auch Abschnitt 3.2.

- **Satzbreite:** Als Grundlage für eine optimale Satzbreite wird häufig eine Anschlagszahl (samt Leerzeichen) von etwa 65 Zeichen pro Zeile empfohlen. Die daraus resultierende Satzbreite führt zu einem Text, bei dem sich das lesende Auge einerseits nicht zu häufig vom Zeilenende bis zum Beginn der nächsten Zeilen bewegen muss. Andererseits behält der Lesende durch diese

Zeilenbreite die Übersicht über die gerade gelesene Zeile und verspringt bei der großen und schnellen Bewegung vom Zeilenende zum -anfang nicht in der Zeile.

- **Handhabung:** Texte, die visuell wahrgenommen werden (und nicht etwa als Hörbuch konsumiert werden), werden mit wenigen Ausnahmen zum Lesen immer in die Hand oder in die Hände genommen. Als Ausnahmen sind hier großformatige Bildbände oder Nachschlagewerke zu nennen. Wie eine Publikation in die Hand genommen und gehalten wird, hat gerade in der Buchtypografie eine gewichtige Bedeutung. Denn egal, ob Sie ein aufgeschlagenes Buch unten oder seitlich anfassen, die Finger sollten den Text nicht automatisch verdecken. Somit sind genügend breite Ränder unten und außen einzuplanen. Bedenken Sie, dass auch die Handhabung zu den Aspekten einer Veröffentlichung gehört, die eher unbewusst wirken – daher aber gerade nicht unwichtig für die Gesamtwirkung sind.
- **Ästhetik:** Zusammenhalten, was zusammengehört – dieses Gestaltungsprinzip ist Ihnen schon an mehreren Stellen in diesem Buch begegnet. Dasselbe Prinzip lässt sich auch umformulieren: trennen, was nicht zusammengehört. Beide Konzepte sehen Sie bei der Konstruktion eines Satzspiegels angewendet. Die beiden Textflächen auf einer linken und rechten Seite sollen als zusammengehörig wahrgenommen werden, die sogenannte Pagina (die Seitenzahl) ist nicht Teil des Fließtextes und sollte daher deutlich vom Inhalt abgerückt sein.

Taschenbuch
Der Begriff Taschenbuch gibt Auskunft über die Handhabung, die gar nicht direkt mit dem Lesen zu tun hat: Ein Buch dieser Gruppe soll praktisch mitzunehmen sein, eben in eine Tasche passen. Daher verbieten sich hier große und dadurch unhandliche Formate (die beispielsweise bei Bildbänden wiederum Sinn machen).

Aus den genannten Überlegungen ergibt sich folgender Gestaltungsansatz für Mengentext:

- Hochformat
- eher kleines Format
- einspaltiger Satz
- angenehme Ränder, die ausreichend Platz für die Finger bieten

Schauen wir uns an, was die bisherigen Überlegungen für die Praxis bedeuten.

Als Grundlage für das weitere Vorgehen verwende ich die DIN-Proportionen. Die Standardeinstellungen in Textprogrammen wie Word, aber auch in Layoutprogrammen wie InDesign sehen vollkommen gleichförmige, symmetrische Ränder vor.

Da es mir zunächst um die großen Zusammenhänge geht, zeichne ich die Textflächen als durchgehende graue Flächen. Prinzipiell werden sie beim ersten Blick auf eine tatsächliche Doppelseite auch genauso wahrgenommen: als Flächen mit einem individuellen Grauwert.

Weiterlesen

Dass die Schriftwahl, die Schriftgröße und besonders auch der Zeilenabstand einen entscheidenden Einfluss auf die tatsächliche Flächenwirkung haben, habe ich schon im Kapitel 3, »Wort, Zeile, Absatz«, erläutert.

Durch die gleichen Abstände ergeben sich allerdings gleich zwei Probleme.

- Problem Nummer 1: Die entstehenden Flächen wirken optisch zu schwer und rutschen nach unten. (Das Phänomen, dass die optische Mitte höher als die geometrische Mitte liegt, ist Ihnen ja bekannt.)
- Problem Nummer 2: Die Addition der beiden Ränder am Bund trennt die beiden Flächen optisch deutlich voneinander: Die beiden Textflächen wirken wie einzelne Texte und nicht wie ein fortlaufender zusammenhängender Text.

Um beiden Problemen entgegenzuwirken, vergrößern wir den Abstand nach außen bzw. verringern den Abstand nach innen zum Bund. Ebenso vergrößern wir den unteren Rand. Somit erhalten wir asymmetrische Ränder, die angenehmer, organischer wirken als die voreingestellten, gleich breiten und leblosen Ränder.

Das Ergebnis wirkt schon deutlich angenehmer als die Version mit den gleichförmigen vier Abständen. Für diese Beispiele habe ich jeweils dieselben Werte für die Abstände unten und außen verwendet, um dem Gestaltungsansatz der Wiederholung zu entsprechen. Dadurch wirken die Ergebnisse jedoch eher technisch, unterkühlt und disharmonisch.

Benennung der Abstände

Bei Doppelseiten werden die vier Abstände vom Satzspiegel zum Formatrand unterschiedlich benannt. (Bei Einzelseiten gibt es statt des Bundstegs praktisch zwei meist gleich große Außenstege).

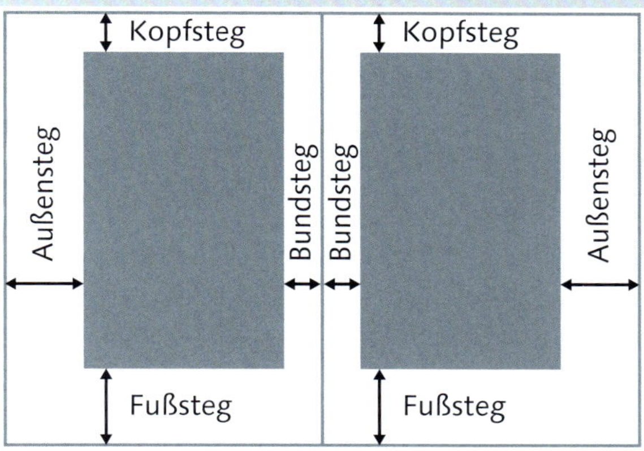

Nun könnten wir noch weiter versuchen, durch Trial & Error ein organischeren Satzspiegel zu erstellen. Es gibt aber verschiedene Ansätze, die es uns erlauben, sicher ans Ziel zu kommen. Hier sind zum einen die Satzspiegelkonstruktion nach Villard und die so genannte Neunerteilung zu nennen, die interessanterweise zu einem sehr ähnlichen Ergebnis kommen.

Satzspiegelkonstruktion nach Villard | In der Buchtypografie ist die Konstruktion des Satzspiegels nach dem französischen Architekten Villard de Honnecourt (ca. 13. Jh.) weit verbreitet. Dieser Ansatz besticht sowohl durch seine Einfachheit der Konstruktion als auch durch das wohlproportionierte Ergebnis.

Nach der Formatwahl zeichnen Sie vier Diagonalen als Hilfslinien. Zwei dieser Diagonalen verbinden die jeweils gegenüberliegenden Ecken der Doppelseite – sozusagen die Doppelseitendiagonalen ①. Die anderen beiden Hilfslinien werden von den

Benennung in InDesign

So schlüssig die Benennung der vier Ränder ist, in InDesign suchen Sie diese Bezeichnungen vergeblich. In den entsprechenden Dialogen nennt Adobe die vier Stege schlicht RÄNDER, zur Unterscheidung sind dann noch die Zusätze OBEN, UNTEN, INNEN und AUSSEN angeführt. In Abbildung 5.9 sehen Sie den Dialog RÄNDER UND SPALTEN, den Sie über das LAYOUT-Menü aufrufen können.

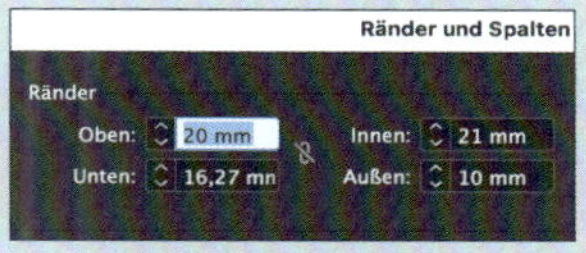

▲ **Abbildung 5.9**
Adobe bezeichnet die verschiedenen Stege ganz schnöde als »Ränder«.

Verhältnis bedruckter zu unbedruckter Fläche

Bevor wir uns mit dem nächsten Schritt, dem Erstellen des Grundlinienrasters innerhalb des Satzspiegels beschäftigen, erlauben Sie mir noch einen Hinweis auf ein nicht unbedeutendes Problem beim Villard'schen Satzspiegel bzw. bei der Neunerteilung: Der Satzspiegel ist im Verhältnis zur Seite auffallend klein. Das Verhältnis von bedruckter zu unbedruckter Fläche ist kleiner als die Hälfte – anders ausgedrückt: Mehr als die Hälfte einer Seite bleibt bei Einhaltung der beiden genannten Satzspiegelkonstruktionen unbedruckt. Diesem Umstand ist es zuzuschreiben, dass Sie diese Art des Satzspiegels in seiner reinen Form nur selten in Büchern finden.

äußeren unteren Ecken bis zur oberen Bundmitte gezeichnet. Diese Diagonalen bezeichne ich als Seitendiagonale 2.

Im nächsten Schritt ziehen Sie beispielsweise auf der rechten Seite eine Vertikale vom Kreuzungspunkt einer langen und einer kurzen Diagonale bis nach oben zum Formatrand 5. Diesen Punkt verbinden Sie dann mit dem entsprechenden Kreuzungspunkt auf der gegenüberliegenden Seite 3.

Der Punkt, an dem sich diese zuletzt gezeichnete Diagonale mit der Seitendiagonale schneidet 4, bildet nun den Ausgangspunkt für den Satzspiegel.

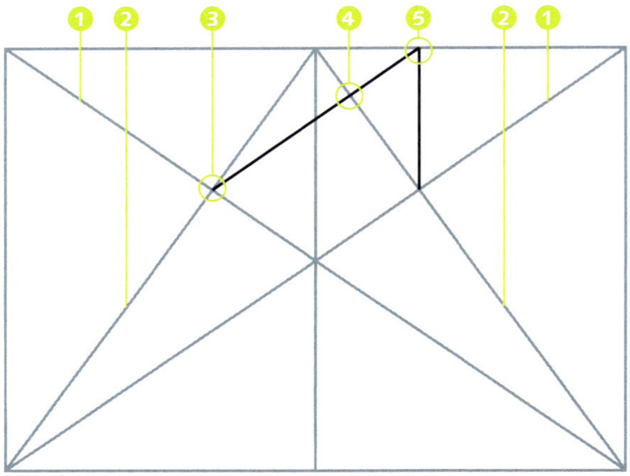

Wenn Sie nun von dem eben erstellten Kreuzungspunkt 4 eine Horizontale nach rechts ziehen, bis diese auf die Doppelseitendiagonale trifft 6, haben Sie die Breite des Satzspiegels vor sich.

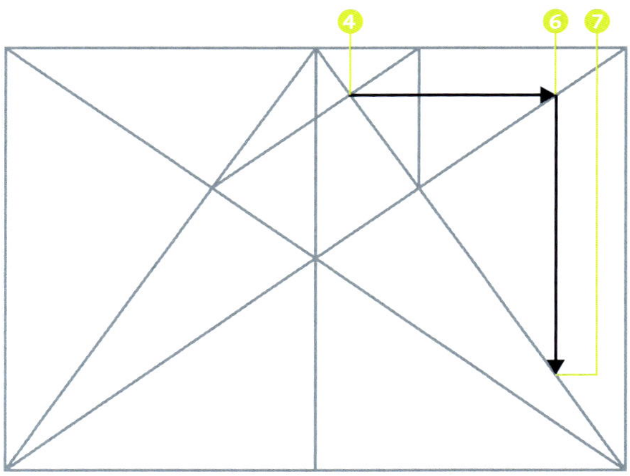

Von diesem Punkt aus brauchen Sie nun als letzten Schritt nur noch eine Vertikale zu ziehen, bis diese auf die Seitendiagonale trifft 7. Diese Linie definiert die Höhe des Satzspiegels. Spiegeln Sie den erstellten Satzspiegel nun noch auf die gegenüberliegende Seite – fertig!

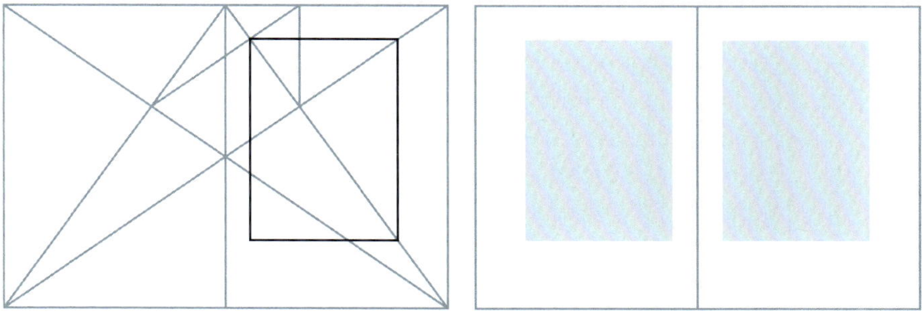

Villards Konstruktion führt mit den beschriebenen wenigen Schritten zu einem Satzspiegel, bei dem die vier Stege alle unterschiedlich breit sind. Die Größen lassen sich folgendermaßen beschreiben: Bundsteg < Kopfsteg < Außensteg < Fußsteg.

Solange Sie mit einem Hochformat arbeiten, erhalten Sie durch das Villard'sche Konstruktionsprinzip einen Satzspiegel, dessen beide Textflächen der Doppelseite als zusammengehörig wahrgenommen werden, und diese stehen außerdem optisch weit genug oben, um nicht nach unten hinauszurutschen.

Neunerteilung | Aus Villards Ansatz folgt ein weiteres Konzept, das unter dem Begriff Neunerteilung verbreitet ist. Zur Erläuterung der Neunerteilung nehme ich den Satzspiegel aus der letzten Abbildung als Grundlage.

Bedruckte Fläche

Das Verhältnis von bedruckter zu unbedruckter Fläche lässt sich bei der Neunerteilung leicht berechnen. Der Satzspiegel besteht aus 6 × 6 = 36 Kästchen, die Gesamtfläche aus 9 × 9 = 81 Kästchen. Setzen Sie den Satzspiegel ins Verhältnis zur Gesamtfläche, ergibt sich 36:81 = 0,44, was weniger als die Hälfte der Gesamtfläche bedeutet.

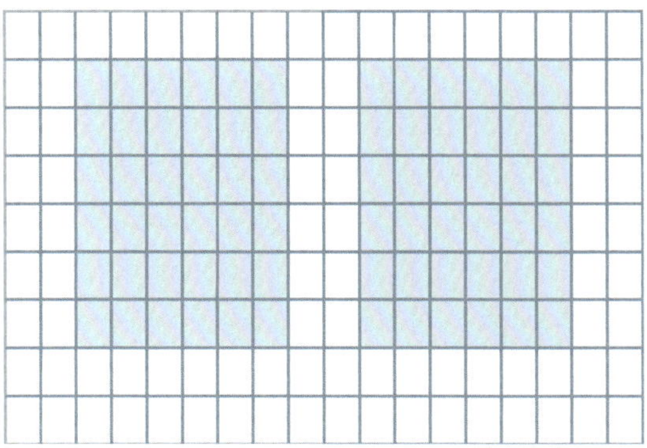

Spaltenaufteilung

Die Unterteilung eines Formats in weitere kleinere Felder wird uns später bei Rastersystemen noch beschäftigen. Nur so viel schon einmal an dieser Stelle: Beachten Sie die Möglichkeiten, den erstellten Satzspiegel weiter beispielsweise in Spalten zu unterteilen. Die sechs Kästchen in der Breite lassen sich in zwei Spalten à drei Kästchen, in drei Spalten à zwei Kästchen und in sechs Spalten aufteilen bzw. zusammenfassen.

Wie Sie in der Abbildung gut sehen können, entsprechen die Proportionen des Satzspiegels immer denen des Seitenformats – unabhängig davon, ob es sich um ein an den Goldenen Schnitt angelehntes Format, eines der DIN-Reihe oder ein sonstiges Format handelt. Bei der Neunerteilung ergibt sich der Satzspiegel, indem Bund- und Kopfsteg je ein Kästchen breit bzw. hoch sind. Bei den Außen- und Fußstegen sind es jeweils zwei Kästchen, die die jeweilige Größe definieren. Der resultierende Satzspiegel ist somit genau sechs mal sechs Kästchen groß.

Sie sehen, dass Sie durch die Neunerteilung immer wieder auf dieselben Größen zurückgreifen können – und damit dem Gestaltungsprinzip der Wiederholung Genüge leisten. Dies birgt einen enormen Vorteil: Das Layout wirkt in sich sehr schlüssig, weil die Breiten und Positionen von Textspalten oder Bildern und deren Proportionen nicht zufällig gewählt werden, sondern einem sich wiederholenden Schema entsprechen. Dieser Ansatz hat letztlich auch fürs Layouten den Vorteil, dass man nicht bei jedem zu gestaltenden Element die Position und Größe neu definieren muss, sondern auf ein Set von definierten Bezugspunkten zurückgreifen kann.

Satzspiegel und Grundlinienraster

In diesem Abschnitt wird es darum gehen, den Satzspiegel in InDesign praktisch anzulegen, ein Grundlinienraster einzupassen und schließlich den Satzspiegel wiederum nach dem Grundlinienraster und weiteren Anforderungen anzupassen. Lassen Sie uns zunächst eine Drucksache wie ein Buch konzipieren und in den Grundzügen in InDesign anlegen. Dieses Buch soll einen typischen Roman aufnehmen können.

Kein Platz für Selbstzweck

Wie eingangs erwähnt: Entwickeln Sie Gestaltung immer vom Inhalt aus. Daher beginne ich hier mit dem Fließtext und arbeite mich von dort zum Format und dem Satzspiegel vor. Satzspiegelkonstruktionen und Raster sind kein Selbstzweck, sondern sollten immer der möglichst optimalen Darstellung des Inhalts dienen.

Satzspiegel anlegen in InDesign

Der überwiegende Inhalt unserer Drucksache besteht somit aus Fließtext, eventuell unterbrochen durch Kapitelnummern oder -überschriften. Hinzu kommen auf den Innenseiten noch die Seitenzahlen.

Schritt 1: Das Format bestimmen

Zunächst definieren wir den Fließtext und passen dann das Seitenformat und später den Satzspiegel daran an. Sie können schnell überprüfen, dass die weithin empfohlenen fünf bis acht Wörter oder etwa 60 Anschläge pro Zeile bei einer gut leserlichen Schrift wie der Adobe Garamond Pro in großzügigen 11 pt zu einer Zeilenlänge von etwa 85 mm führt.

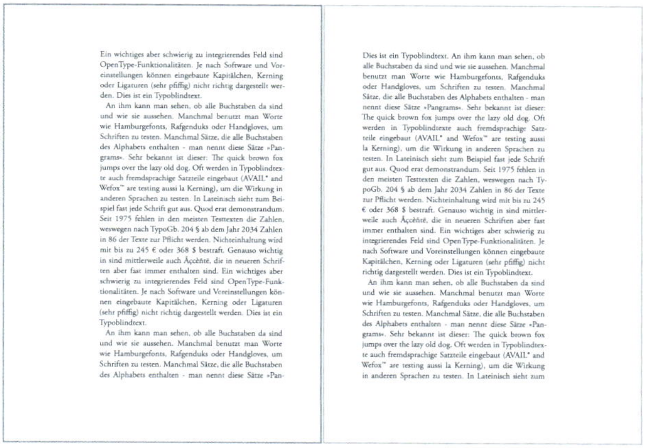

◀ **Abbildung 5.10**
Für reinen Fließtext, wie er bei Romanen vorkommt, ist ein DIN-A5-Format viel zu breit.

Hier sehen Sie die Problematik, die sich bei reinem Fließtext auf einem DIN-A5-Format ergibt: Das Format ist für den vernünftig eingerichteten Fließtext deutlich zu breit.

Wenn wir nun beispielsweise statt der 148 mm des DIN-A5-Formats eine im Wortsinne handlichere Breite wie 120 mm als Grundlage nehmen, ist das Verhältnis von bedruckter zu unbedruckter Fläche in jedem Fall günstiger als beim DIN-Format.

Wenn wir zur Definition der Höhe unseres neuen Formates nun den Goldenen Schnitt bemühen, erhalten wir 120 mm × 1,6 = 192 mm.

Näherung

Der Wert 1,6 ist die gerundete Zahl Φ, die ich bereits in Abschnitt 5.2 zum Goldenen Schnitt erläutert habe.

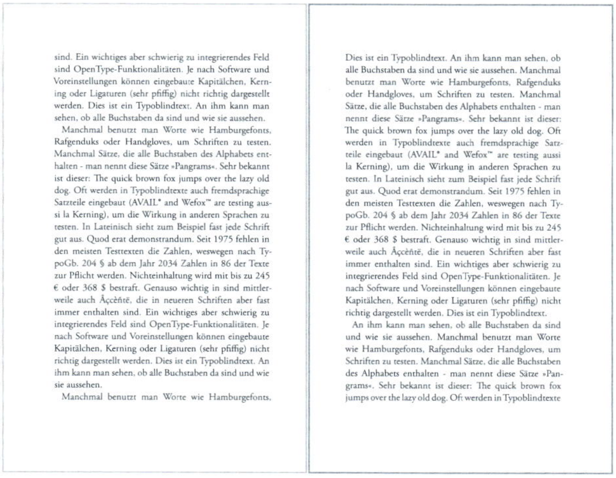

◀ **Abbildung 5.11**
Das schmalere, auf dem Goldenen Schnitt beruhende Format wirkt viel schlüssiger.

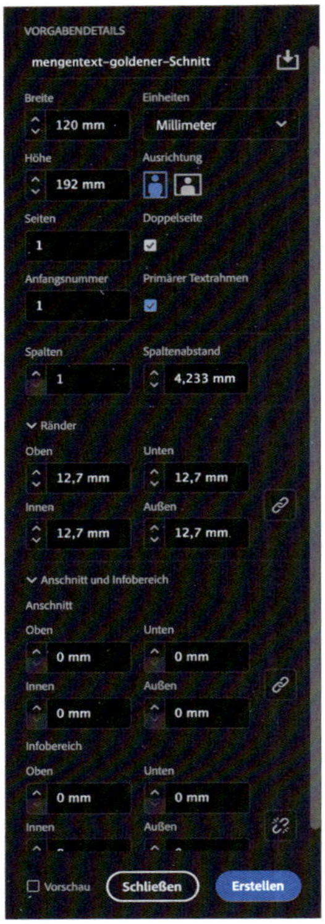

▲ **Abbildung 5.12**
Die Seitengröße folgt aus den Überlegungen der vorigen Seite.

Orientierung in InDesign

Unabhängig davon, ob Sie das SEITEN-Fenster geöffnet haben oder ob Sie im EIGENSCHAFTEN-Fenster den Bereich SEITEN sehen, am linken unteren Fensterrand wird Ihnen immer die aktuelle Seite angezeigt.

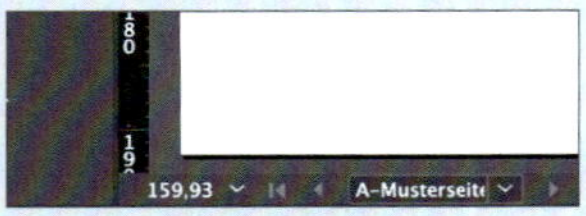

▲ **Abbildung 5.14**
Aktuelle Seite in InDesign

Schritt 2: Den Satzspiegel anlegen

Schauen wir uns nun an, wie Sie den Satzspiegel auf dem eben bestimmten Format anlegen.

Erstellen Sie zunächst ein neues doppelseitiges Dokument und aktivieren Sie gegebenenfalls PRIMÄRER TEXTRAHMEN. Als Breite geben Sie die 120 mm ein, bei Höhe 192 mm. Da wir die Ränder gleich erst mithilfe des Villard'schen Ansatzes ermitteln, können Sie diese und alle weiteren Eingaben bei den Voreinstellungen belassen.

Schritt 3: Satzspiegelkonstruktion nach Villard in InDesign

Neben den sogenannten Dokumentseiten kennen Layoutprogramme wie InDesign auch Musterseiten. Während Sie auf den Dokumentseiten die eigentlichen Inhalte wie Texte und Bilder einfügen und layouten, definieren Sie auf Musterseiten grundsätzliche, sich wiederholende Elemente. Neben dem Satzspiegel sind das beispielsweise Seitenzahlen oder ein Kolumnentitel.

Rufen Sie nach der Anlage des neuen Dokumentes nun die Musterseiten auf. Am einfachsten erledigen Sie dies über das EIGENSCHAFTEN-Fenster. Da dieses Fenster immer die Eigenschaften zum aktuell markierten Objekt anzeigt, darf nichts markiert sein, damit Ihnen hier der Bereich SEITE eingeblendet wird. Heben Sie bei Bedarf eine Auswahl über BEARBEITEN • AUSWAHL oder über [Strg]/[cmd] + [⇧] + [A] auf.

◄ **Abbildung 5.13**
Sie können einfach im Fenster EIGENSCHAFTEN zu den Musterseiten wechseln. Achten Sie dabei darauf, dass nichts markiert ist.

Wählen Sie anschließend im Pulldown-Menü die A-MUSTERSEITE (1). Für die Hilfslinien, die wir als Nächstes zur Konstruktion des Satzspiegels zeichnen werden, legen wir eine separate Ebene an. Öffnen Sie hierfür das EBENEN-Fenster, das Sie wie gewohnt im Fenster-Menü finden.

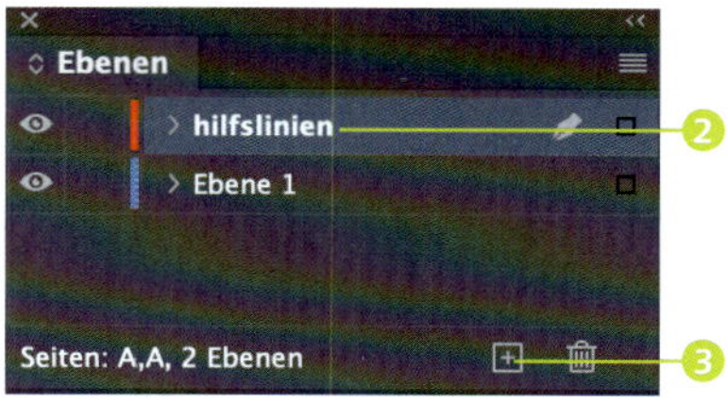

◀ **Abbildung 5.15**
Wir zeichnen die nötigen Linien zur Satzspiegelkonstruktion auf einer separaten Ebene.

Mit einem Klick auf den Plus-Button ❸ erstellen Sie eine neue Ebene. Benennen Sie sie in »hilfslinien« ❷ um, indem Sie die Ebenenoptionen mit einem Doppelklick auf den Ebenennamen öffnen.

Aktivieren Sie nun das Linienzeichner-Werkzeug in der Werkzeugleiste. Im Formatierungsbereich sehen Sie, mit welcher Konturfarbe das Tool zeichnen wird ❹. Klicken Sie bei Bedarf auf den Button für Standardfläche und -kontur ❺.

Der Linienzeichner wird dann schwarze Linien mit einer Konturstärke von 1 pt zeichnen, was für unsere Zwecke vollkommen in Ordnung ist.

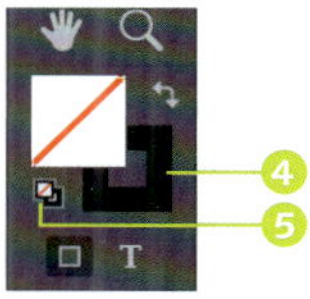

▲ **Abbildung 5.16**
Mit der Voreinstellung zeichnet der Linienzeichner simple schwarze Linien.

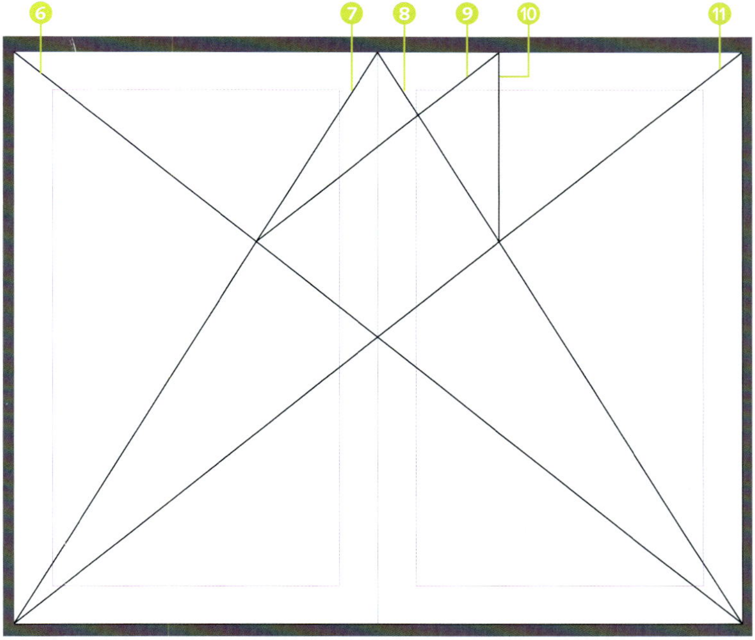

◀ **Abbildung 5.17**
Die Linien, die zur Orientierung dienen, sind mit dem Linienzeichner schnell erstellt.

Seitennavigation in InDesign

Am schnellsten wechseln Sie zu einer beliebigen Seite über das Tastenkürzel Strg/cmd + J. Dadurch öffnen Sie den Dialog GEHE ZU SEITE, in dem Sie außer Seitenzahlen auch die Bezeichnungen oder auch nur die Präfixe von Musterseiten angeben können.

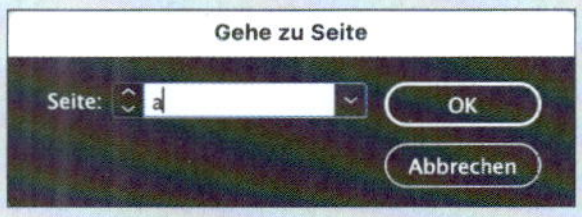

▲ **Abbildung 5.18**
GEHE ZU SEITE in InDesign

Zeichnen Sie nun die acht Linien wie in der Abbildung zu sehen: Ziehen Sie zunächst die beiden langen Diagonalen über die gesamte Doppelseite ❻ und ⓫, sodass sich die jeweils gegenüberliegenden Ecken verbinden. Zeichnen Sie dann die beiden Diagonalen auf den

Die [⇧]-Taste
Immer wenn Sie in InDesign oder einem anderen DTP-Programm eine Bewegung in der genauen Senkrechten, Waagerechten oder in 45° machen möchten, können Sie das durch Drücken der [⇧]-Taste erreichen. Das funktioniert beim Bewegen von Objekten genauso wie beim Zeichnen.

Ebenen-Trick
Wenn eine Ebene nur Zusatzinfos enthält, aktivieren Sie die Option NICHT DRUCKEN. Diese wird Ihnen nach einem Doppelklick auf den Ebenennamen im EBENEN-Fenster direkt eingeblendet. Wenn Sie nun in den Vorschaumodus wechseln, wird diese Ebene automatisch komplett ausgeblendet.

Einzelseiten – diese verbinden die äußeren unteren Ecken mit dem oberen Mittelpunkt der Doppelseite 7 und 8. Mit gedrückter [⇧]-Taste ziehen Sie als Nächstes die Vertikale vom Schnittpunkt der beiden Diagonalen auf der rechten Seite bis zum oberen Seitenrand 10. Im Unterschied zum Zeichenstift-Werkzeug kann der Linienzeichner immer nur durchgehend gerade Linien erstellen. Daher müssen Sie zum Zeichnen der letzten Linie mit dem Linienzeichner noch einmal neu ansetzen und ziehen vom Punkt, an dem die eben gezeichnete Vertikale auf die Seitenkante trifft, zum Schnittpunkt der beiden Diagonalen auf der linken Seite 9.

Nach diesen Vorarbeiten wenden wir uns nun dem Textrahmen zu. Blenden Sie sich im EBENEN-Fenster die vorhin ausgeblendete Ebene HILFSLINIEN wieder ein.

Schritt 4: Definition der Typografie

Bevor wir uns nun einen Eindruck von unserem Satzspiegel mit Blindtext verschaffen, legen wir zunächst die grundlegende Typografie für den Fließtext fest. Wählen Sie hierfür das Textwerkzeug [T], und klicken Sie damit in den Textrahmen der linken Seite. Dadurch wird der blinkende Cursor in diesem Textrahmen platziert, und im EIGENSCHAFTEN-Fenster sehen Sie im Bereich ZEICHEN, wie neuer Text in diesem Textrahmen formatiert würde.

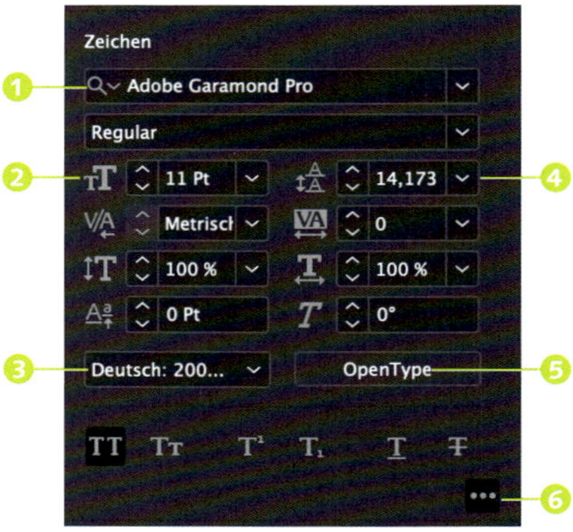

◂ **Abbildung 5.19**
Bevor wir mit Text arbeiten, legen wir »im Blindflug« die grundlegenden typografischen Parameter im Bereich ZEICHEN des EIGENSCHAFTEN-Fensters fest.

Ändern Sie hier die Schrift auf »Adobe Garamond Pro« 1, die Ihnen im Rahmen eines Adobe-Creative-Cloud-Abos zur Verfügung steht. Als Schriftgröße verwenden Sie 11 pt 2, bei Zeilenabstand geben Sie 5 mm ein 4. Für das weitere Vorgehen sind Millimeter für die Angabe von Zeilenabständen von großem Vorteil. Leider rechnet

InDesign diese Angabe direkt in den entsprechenden Punkt-Wert um: Daher sehen Sie hier schon den in pt umgerechneten Wert von 14,173. Lassen Sie sich von diesem krummen Wert des Zeilenabstandes nicht irritieren.

Blenden Sie sich mit einem Klick auf die drei Punkte am unteren Rand des Bereichs ZEICHEN ❻ des EIGENSCHAFTEN-Fensters die weiteren Optionen ein (bei Windows über die Menüoptionen oben rechts). Überprüfen Sie hier, ob das passende Wörterbuch zur Rechtschreibprüfung verwendet wird ❸. Da ich mit deutschem Text arbeiten werde, belasse ich es bei »Deutsch: 2006 Rechtschreibreform«. InDesign zieht das hier gewählte Wörterbuch nicht nur zur Rechtschreibprüfung, sondern auch zur Silbentrennung heran – lassen Sie diesen Schritt also nicht aus.

Um das OpenType-Feature PROPORTIONALE MEDIÄVALZIFFERN der Adobe Garamond Pro zu aktivieren, klicken Sie nun noch auf den entsprechenden Button der eingeblendeten ZEICHEN-Optionen ❺.

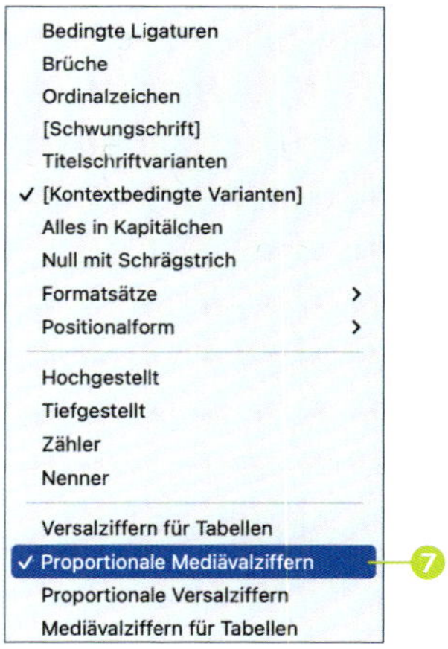

◄ **Abbildung 5.20**
Über den Button OPENTYPE gelangen Sie zu den entsprechenden Optionen, in denen Sie die proportionalen Mediävalziffern aktivieren können.

Wählen Sie hier die gewünschte Ziffernvariante ❶ an. Nach diesen zeichenspezifischen Einstellungen nehmen wir nun noch wichtige Modifikationen vor, die die Absätze als ganze betreffen.

Um den für Mengentext typischen Einzug am Absatzbeginn zu definieren, lassen Sie sich mit einem Klick auf den Drei-Punkte-Button (❸ in der folgenden Abbildung) unten im Bereich ABSATZ die weiteren Optionen einblenden (bei Windows über die Menüoptionen oben rechts). Hier geben Sie im Eingabefeld EINZUG LINKS IN ERSTER ZEILE ❶ einen passenden Wert ein. Ich wähle hier für die verwendete Schrift, Schriftgröße und Zeilenabstand 4 mm. Aktivieren Sie hier gegebenenfalls auch die Silbentrennung ❷.

Schriftwahl im Fließtext

Für Printtexte, die linear gelesen werden, gilt nach wie vor die Empfehlung für die klassischen Satzschriften wie die Garamond, Sabon oder Minion (kontrastreiche, dynamische Serifenschriften). Es kommen hier aber ebenso weitere Klassiker wie Bodoni, Didot und Walbaum infrage. Sie gehören der Gruppe der kontrastreichen, statischen Serifenschriften an. Während sich die erstgenannten Schriften durch zwar vorhandenen, aber doch moderaten Strichstärkekontrast auszeichnen, ist dieser bei den genannten Vertreterinnen der zweiten Gruppe ausgeprägter. Die feinen Details der »klassizistischen Antiquas« stellen nicht nur höhere Anforderungen an Papierqualität und Druck, sie liefern aufgrund ihrer geringeren Verbreitung auch eine eigenständigere Anmutung.

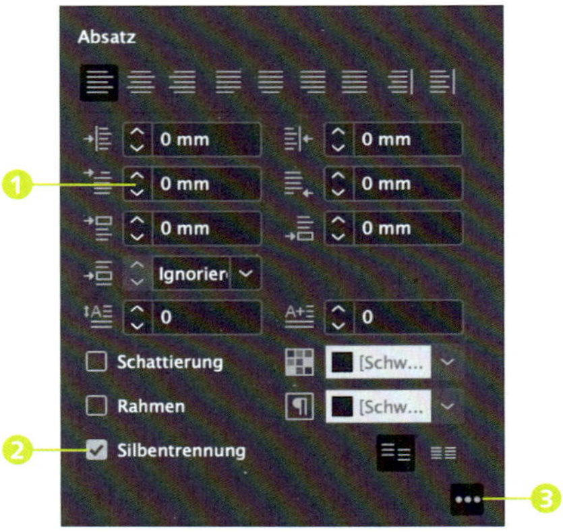

▶ **Abbildung 5.21**
Stellen Sie im Bereich ABSATZ noch einen Einzug ein, und aktivieren Sie die Silbentrennung. Generell ist es aber sinnvoll, mit Absatzformaten zu arbeiten. Die Einstellungen sind dann gleich.

Schritt 5: Text platzieren

Nachdem wir bewährte Voreinstellungen für Mengentext vorgenommen haben, können wir nun Text in die Textrahmen platzieren. Falls Ihnen schon der fertige Text vorliegt, können Sie diesen natürlich verwenden, ansonsten arbeiten Sie mit Blindtext.

Auch wenn uns in InDesign über SCHRIFT • MIT PLATZHALTERTEXT FÜLLEN ein vielversprechender Befehl zur Verfügung steht, ist der darüber eingefügte quasilateinische »lorem ipsum«-Text für deutsche Inhalte aufgrund seiner fast durchgängigen Kleinschreibung und der fürs Deutsche ungewöhnlichen Zeichenkombinationen (wie »qu«) eigentlich unbrauchbar. Daher arbeite ich mit Texten von *blindtextgenerator.de*. Ich habe einen Blindtext eingefügt und nach unseren Voreinstellungen formatiert.

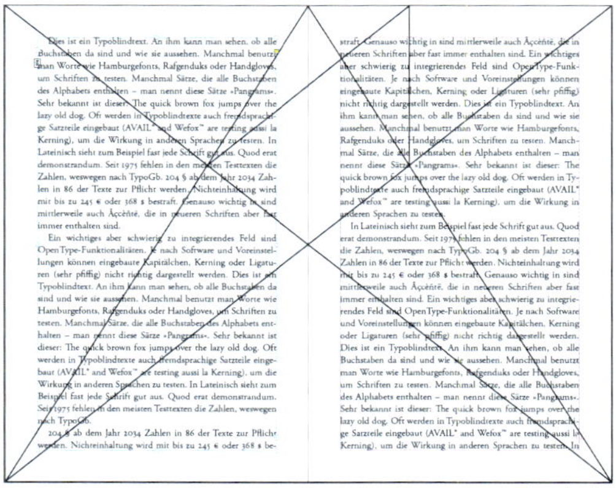

▲ **Abbildung 5.23**
Der eingefügte Blindtext ist komplett mit unseren Voreinstellungen durchformatiert.

Platzhaltertext-Optionen

Sie können sich bei der Anwahl des Befehls SCHRIFT • MIT PLATZHALTERTEXT FÜLLEN durch Drücken der Strg/cmd-Taste ein Auswahlmenü für andere Sprachen einblenden lassen. Allerdings suchen Sie hier Deutsch vergeblich.

▲ **Abbildung 5.22**
Aktuelle Seite in InDesign

Druckbogen

Im InDesign-Jargon werden mit Druckbogen Seiten bezeichnet, die im SEITEN-Fenster nebeneinanderliegen. Dementsprechend bilden sowohl Einzel- als auch Doppelseiten »Druckbögen«.

Jetzt geht es darum, die Textrahmen an die vorhin gezeichneten Hilfslinien anzupassen.

Ändern Sie die Größe des rechten Textrahmens mit dem Auswahlwerkzeug so, dass die obere linke Ecke auf dem Kreuzungspunkt der Seitendiagonale und der zusätzlichen Linie 4 steht. Die rechte obere Ecke sollte auf der Doppelseitendiagonale stehen 5, die untere rechte Ecke liegt auf der Seitendiagonale 6.

▼ Abbildung 5.24
Mit wenigen Klicks ist der rechte Textrahmen an die gezeichneten Linien angepasst (links). Rechts sehen Sie die Datei mit ausgeblendeter Hilfslinien-Ebene.

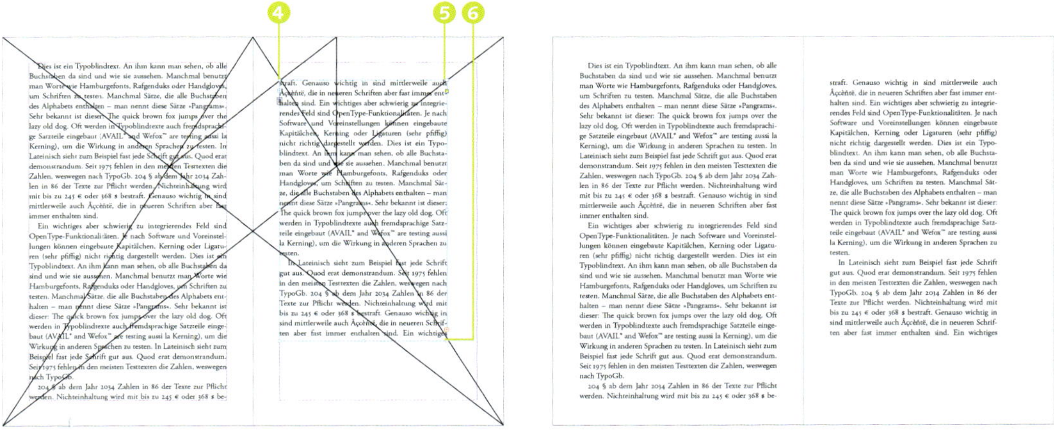

Schritt 6: Satzspiegeloptimierung

Spätestens, wenn Sie die Ebene mit den Hilfslinien wieder ausblenden, sehen Sie, wie extrem klein der so erstellte Satzspiegel ist. Da die ausgenutzte Seitenfläche bei einem Villard'schen Gestaltungskonzept auffallend klein ist, werden wir Anpassungen vornehmen. Denn auch die Leserinnen und Leser eines Buches erwarten keine so auffallend leeren Seiten.

Versuchen wir also, den Satzspiegel weiter zu optimieren. Hierfür variieren wir die Werte des aktivierten rechten Textrahmens in den vier Eingabefeldern mithilfe der Pfeiltasten. Ändern Sie zuvor unbedingt noch die Darstellung der Lineale. Blenden Sie sich dafür gegebenenfalls die Lineale über den entsprechenden Befehl im ANSICHT-Menü ein.

Mit einem Rechtsklick auf das eingeblendete Lineal öffnen Sie das Kontextmenü und wählen hier LINEAL AM BUND (siehe Abbildung 5.25). Dadurch ändert sich nicht nur die Darstellung des Lineals, sondern eben auch die Bemessungsgrundlage für beliebige X-Werte. Beachten Sie, dass durch diese Option nun auch die linke Seite vom Bund ausgehend nach links gemessen wird.

Linealeinheiten

Im oberen Bereich des Linealkontextmenüs können Sie bei Bedarf die verwendeten Einheiten einstellen. Diese Einstellung können Sie für das horizontale bzw. vertikale Lineal individuell vornehmen. Die gewählten Einheiten werden von InDesign auch in den Transformieren-Angaben eines markierten Objektes und in den Voreinstellungen im Bereich RASTER verwendet.

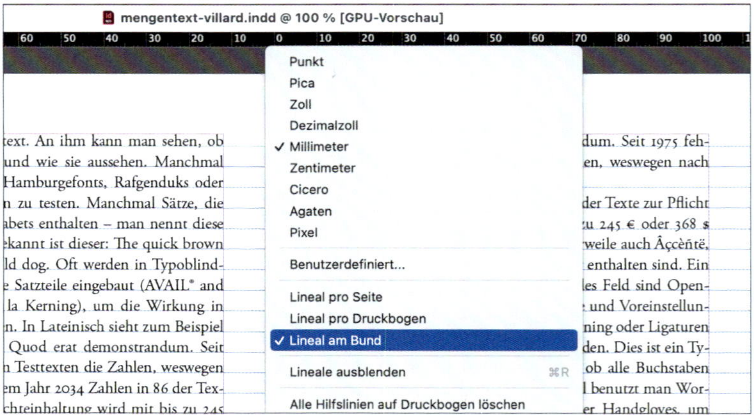

▶ **Abbildung 5.25**
Ändern Sie mit einem Klick den Ursprung des horizontalen Lineals.

Durch die geänderte Linealdarstellung bezeichnet »13 mm« bei X nun den Abstand vom Bund **1** (und nicht mehr mit 133 mm den Abstand zur linken Kante des Druckbogens). Wenn Sie nun die Werte per Pfeiltasten ändern, hat das auch den Vorteil, dass Sie glatte Werte verwenden können. Die beiden Hilfslinien, die sich über die Seite und über die Doppelseite erstrecken, dienen bei der Änderung der Textrahmengröße weiter als visuelle Orientierung. Um den Satzspiegel zu vergrößern, ohne gleichzeitig den Bundsteg noch schmaler werden zu lassen, runde ich den Wert bei X auf 13 mm. Die weiteren Werte sehen Sie in Abbildung 5.26.

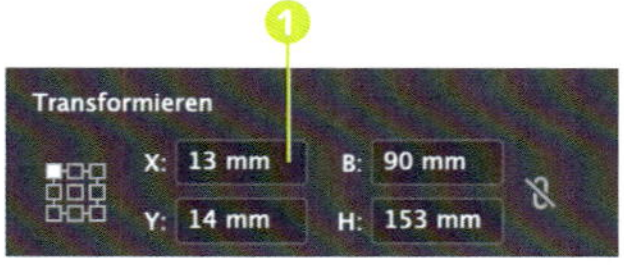

▲ **Abbildung 5.26**
Diese Eingaben führen zu einem deutlich größeren Satzspiegel.

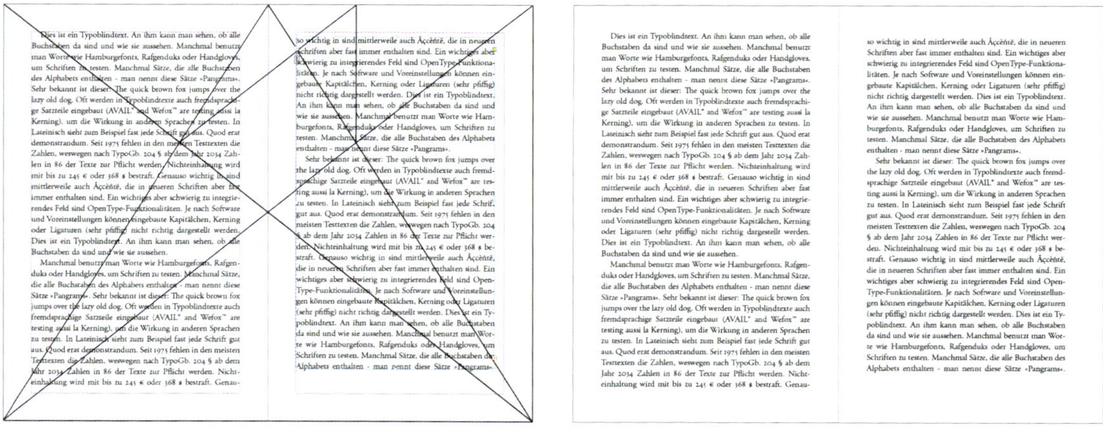

▲ **Abbildung 5.27**
Auch der vergrößerte Satzspiegel ist in wichtigen Punkten immer noch an die Hilfslinien angelehnt.

Schritt 7: Grundlinienraster anlegen

Bevor wir die Maße des Textrahmens auf die gegenüberliegende Seite übertragen, konfigurieren wir zunächst noch das Grundlinienraster. Dieses wird nämlich sehr wahrscheinlich noch einen Einfluss auf den letztlich angelegten Satzspiegel haben.

Um den Beginn des Grundlinienrasters zu definieren, ziehen wir uns eine Hilfslinie aus dem horizontalen Lineal, bis sich diese Hilfslinie möglichst mit der ersten Zeile unseres Blindtextes im rechten Textrahmen deckt, und lesen den Millimeterwert ab. Auch hier empfehle ich Ihnen, die Hilfslinie so zu positionieren, dass Sie einen ganzen Millimeterwert erhalten. Die Hilfslinie brauchen wir nicht weiter – Sie können sie also direkt wieder löschen.

◀ **Abbildung 5.28**
In meinem Fall liegt die Grundlinie der ersten Zeile etwa bei 17 mm.

Da der Zeilenabstand unseres Textes 5 mm beträgt, lassen wir das Grundlinienraster mit einem Versatz von 2 mm von der oberen Seitenkante beginnen. Diese Angaben tragen wir im Bereich RASTER der InDesign-Voreinstellungen ein. Diese finden Sie am Mac im INDESIGN-Menü, unter Windows finden Sie diese im BEARBEITEN-Menü.

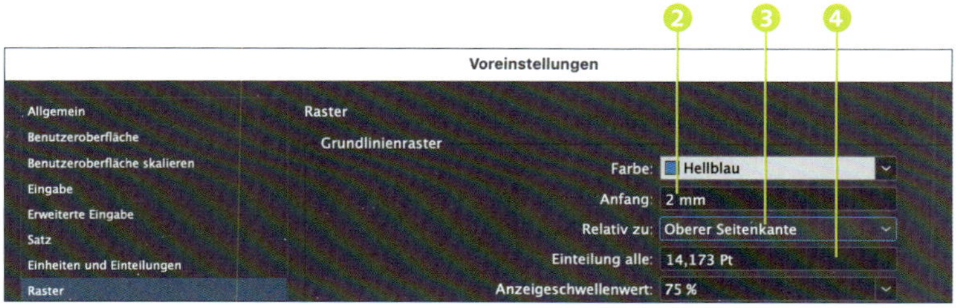

◀ **Abbildung 5.29**
Das Grundlinienraster für Ihr aktives Dokument definieren Sie in den Voreinstellungen im Bereich RASTER.

Bei ANFANG ❷ tragen wir die eben ermittelten 2 mm ein. Die Voreinstellung bei RELATIV ZU ❸ übernehmen wir: OBERER SEITENKANTE. Dadurch zeichnet InDesign die Grundlinien über die gesamte Dokumentseite und nicht wie bei der anderen Option OBERER SEITENRAND. Diese Option würde dazu führen, dass das Grundlinienraster nur innerhalb des Satzspiegels, der durch die Werte bei RÄNDER UND SPALTEN im LAYOUT-Menü definiert wird, dargestellt wird. Da ich aber auch Elemente wie Seitenzahlen am Grundlinienraster ausrichten möchte, macht die erste Option hier mehr Sinn. Bei EINTEILUNG ALLE 4 tragen wir den bisherigen Zeilenabstand des Fließtextes ein: 5 mm. Auch hier rechnet InDesign die Millimeter direkt wieder in Punkt um.

Damit sich der gesamte Text nun auch am Grundlinienraster ausrichtet, markieren Sie den kompletten Text mit dem Textwerkzeug. Dafür wählen Sie das Text-Tool, setzen den Cursor an eine beliebige Stelle in einen der beiden Textrahmen und wählen BEARBEITEN • ALLES AUSWÄHLEN.

Im Bereich ABSATZ des EIGENSCHAFTEN-Fensters lassen Sie sich weitere Optionen mit einem Klick auf die drei Punkte einblenden. Dort aktivieren Sie die Option AM GRUNDLINIENRASTER AUSRICHTEN 1.

Grundlinienraster

Neben den beiden Optionen RELATIV ZU: OBERER SEITENKANTE bzw. OBERER SEITENRAND, die immer für ein komplettes Dokument gelten, können Sie individuelle Grundlinienraster auch für einzelne Textrahmen definieren. Diese Option finden Sie für einen markierten Textrahmen unter OBJEKT • TEXTRAHMENOPTIONEN im Reiter GRUNDLINIENRASTEROPTIONEN.

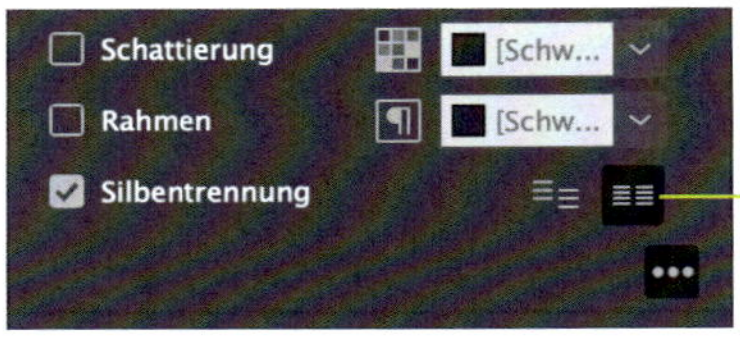

► **Abbildung 5.30**
Eine der wichtigsten Optionen finden Sie im EIGENSCHAFTEN-Fenster im Bereich ABSATZ: AM GRUNDLINIENRASTER AUSRICHTEN.

Da das Grundlinienraster so voreingestellt ist, dass Objekte daran ausgerichtet werden, wenn sie in die Nähe einer Grundlinie bewegt werden, können wir mit zwei Klicks den rechten Textrahmen in der Höhe korrigieren: Verschieben Sie die obere und die untere Textrahmenkante auf die entsprechenden Grundlinien.

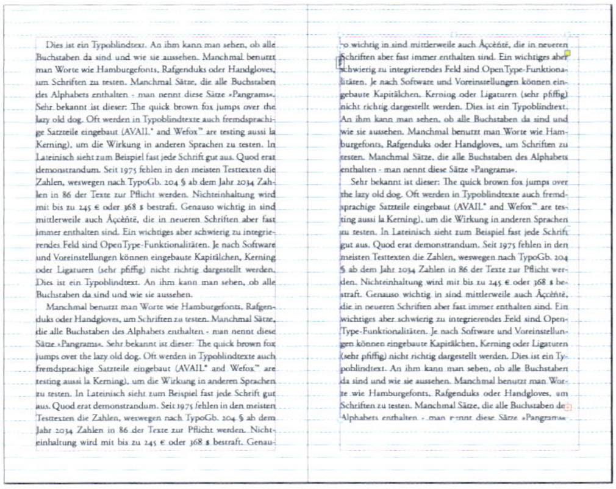

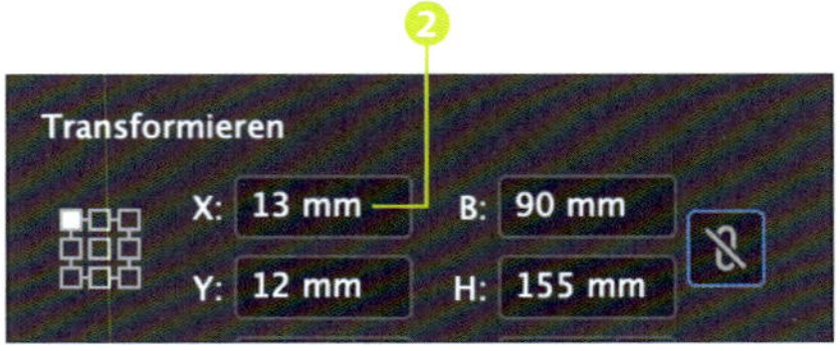

◄▲ **Abbildung 5.31**
Der Textrahmen wird in der Höhe angepasst.

Schritt 8: Satzspiegel nach dem Grundlinienraster anpassen
Der rechte Textrahmen hat nun die Werte, die Sie im Screenshot unter ❷ sehen. Nach diesen recht umfangreichen Vorarbeiten können wir diese Werte als Grundlage für den Satzspiegel nehmen. Am besten notieren Sie sich diese vier Werte.

Den X-Wert verwenden wir für den Bundsteg, den Y-Wert als Kopfsteg. Die beiden Werte für den Außen- und Fußsteg lassen wir InDesign errechnen. Öffnen Sie sich für die Eingabe der vier Ränder im LAYOUT-Menü das Fenster RÄNDER UND SPALTEN. Aktivieren Sie hier die Option LAYOUT ANPASSEN ❸.

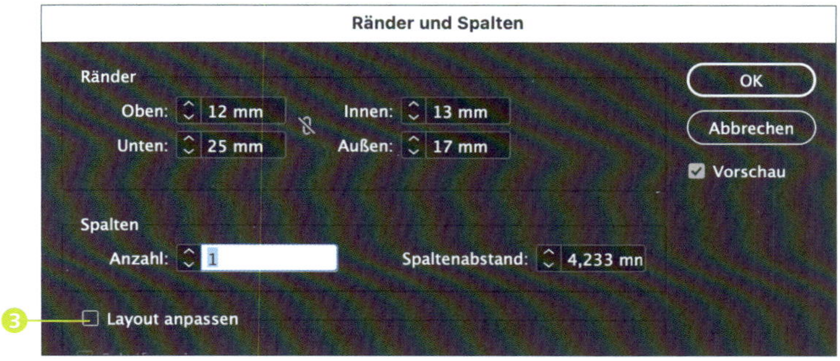

◄ **Abbildung 5.32**
Die Werte bei INNEN und UNTEN lassen wir von InDesign errechnen.

Den Wert bei UNTEN können Sie InDesign errechnen lassen. Er ergibt sich aus der Gesamthöhe der Seite abzüglich des oberen Randes samt der Textrahmenhöhe. Geben Sie also, wenn Sie mir bis hierhin mit meinen Werten gefolgt sind, einfach Folgendes in das Eingabefeld ein: 192–155–12. Wenn Sie in ein anderes Eingabefeld klicken oder einfach mithilfe der [⇆]/[⇥]-Taste navigieren, errechnet InDesign den Wert 25 mm.

Genauso können Sie beim Außensteg vorgehen: Hier ergibt sich der konkrete Wert aus Seitenbreite minus Bundsteg minus Textrahmenbreite: 120–13–90. InDesign gibt dann die korrekten 17 mm aus.

Durch die aktivierte Layoutanpassung ändert InDesign nach Bestätigung des Dialogs den bisher von uns unangetasteten Textrahmen auf der linken Seite auf die neue Satzspiegelgröße. Den rechten Textrahmen schieben Sie mit dem Auswahlwerkzeug auf die korrekte Größe.

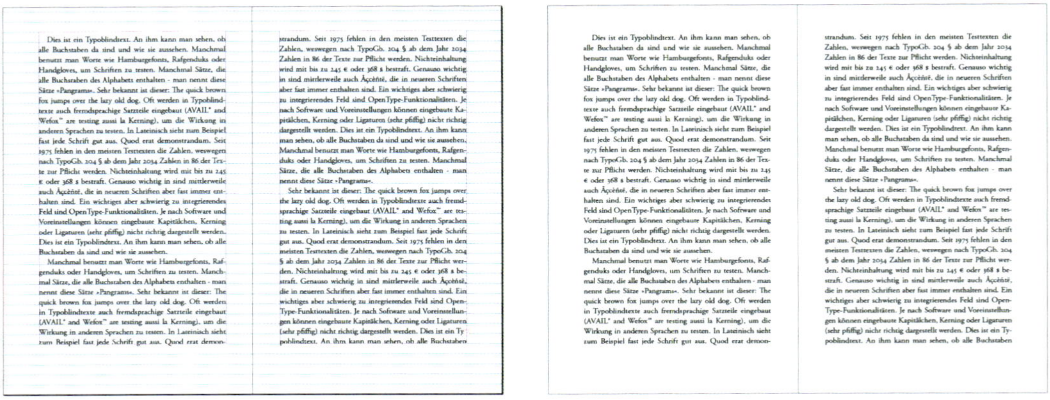

▲ Abbildung 5.33
Unsere Seitenaufteilung ist fertig. Das Seitenformat ist am Goldenen Schnitt angelehnt, der Satzspiegel orientiert sich an der Konstruktion von Villard.

5.4 Seitenzahlen

Um das Auf- oder Wiederfinden von Textstellen beim Lesen einer Publikation zu erleichtern, werden Seitenzahlen auf den Innenseiten abgedruckt. In der Fachsprache wird mit Pagina eine Seitenzahl bezeichnet, mit Paginierung hingegen ist die Art und Weise gemeint, in der die Paginas gestaltet wurden. Die Pagina ist dabei nicht Teil des Satzspiegels.

Bei Romanen werden Paginas praktisch ausnahmslos unterhalb des Satzspiegels positioniert. Dieses ist die unauffälligste Position für Seitenzahlen, weil sie hier dem Fließtext am deutlichsten untergeordnet sind.

Soll die Pagina unterhalb des Satzspiegels stehen, bieten sich drei Varianten an. Entweder Sie positionieren die Pagina zentriert 1 oder außen in einer Flucht mit dem Satzspiegelrand 2. Die Positionierung weiter innen zum Bund hin ist unüblich, weil die Pagina für den Leser erst sichtbar wird, wenn die Doppelseite praktisch vollständig aufgeschlagen wurde. Eine weitere sehr schöne Möglichkeit besteht in der Einrückung der Pagina um denselben Wert, der auch bei den Absatzeinzügen verwendet wird 3. Diese Variante wirkt aktiver als die anderen beiden üblicheren Varianten.

Seitenzahlen fallen deutlich mehr ins Auge, wenn sie neben dem Satzspiegel stehen. Damit sie nicht zu schwer wirken, sollten sie – bezogen auf die Satzspiegelhöhe – in der oberen Hälfte

Zählung von Seitenzahlen

Prinzipiell wird mit einer rechten Seite die Zählung begonnen. Daher sind rechte Seiten immer ungerade, links sind die Seitenzahlen immer gerade. Die Zählung wird immer fortgeführt, auch wenn Seiten keine Seitenzahl aufweisen. Bei aufwendigen Büchern, bei denen einige Seiten vor dem eigentlichen Inhalt eingefügt sind, kann die Zählung statt mit der Titelseite auch auf einer späteren Seite begonnen werden.

stehen. Um die konkrete Position zu ermitteln, bieten sich neben der eigenen Intuition auch geometrische Verhältnisse an. Für das Beispiel ④ habe ich die Seitenzahlen im oberen Viertel positioniert. Im Screenshot ⑤ sehen Sie ein weiteres Mal den Goldenen Schnitt angewendet.

①

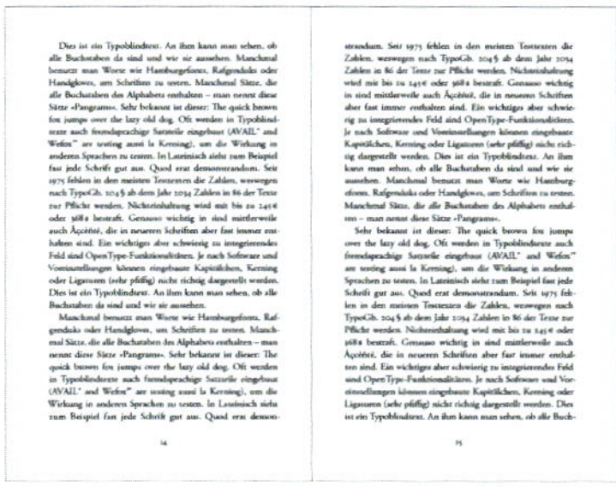

②

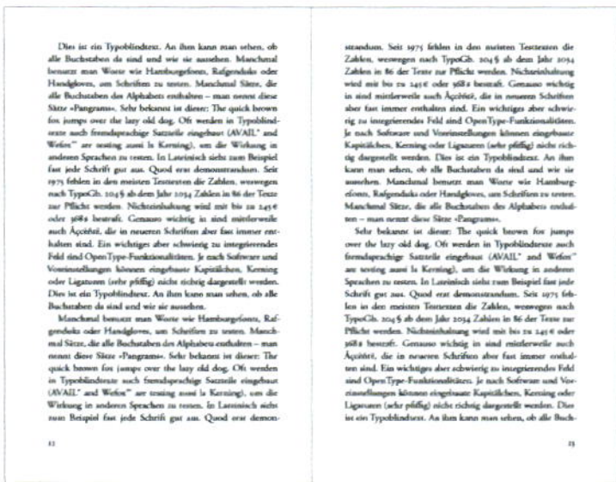

③

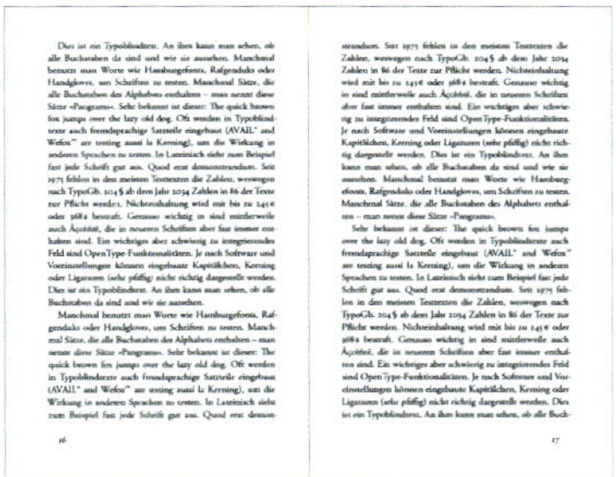

④

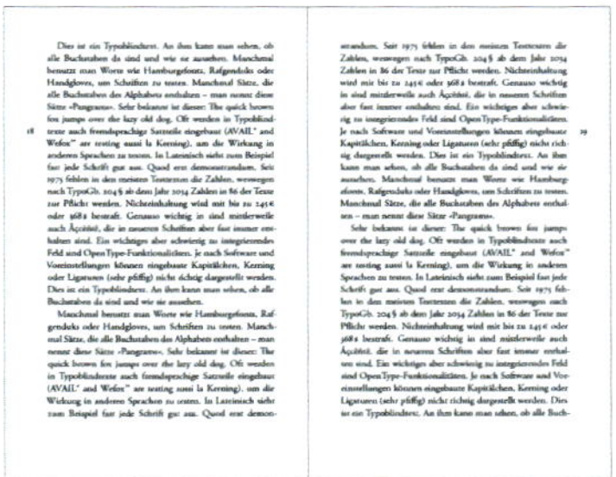

⑤

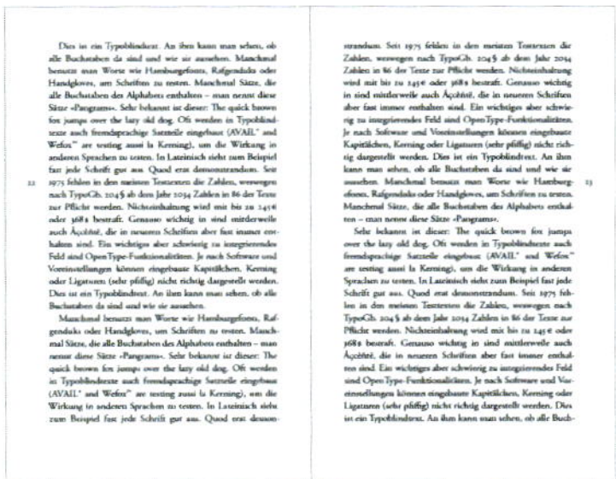

⑥

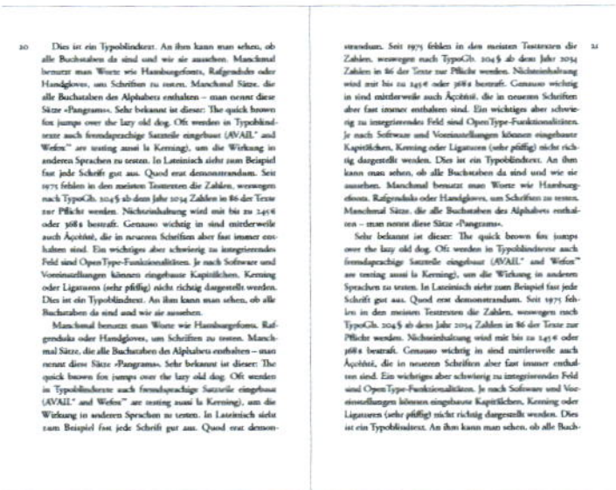

Mit Abstand am auffallendsten wirken die Paginas direkt am oberen Satzspiegelrand ⑥. Für Romane ist dies sicher keine gangbare Lösung, für Fachbücher kann dieser Ansatz aber durchaus praktikabel sein. Im Magazinlayout können Paginas auch im Seitenkopf, dem Kolumnentitel stehen. Beispiele hierzu finden Sie in Abbildung 5.34.

Grundsätzlich bietet sich bei der Positionierung von Paginas die Ausrichtung am Grundlinienraster an wie in der folgenden Abbildung links zu sehen. Daher erkläre ich Ihnen in Abschnitt 5.3, dass es in InDesign meist Sinn macht, das Grundlinienraster über die gesamte Seite und nicht nur innerhalb des Satzspiegelbereichs laufen zu lassen.

Als Abstand der Pagina zum unteren Rand des Satzspiegels ist eine Leerzeile ausreichend: Sie genügt, damit die Seitenzahl einerseits nicht mehr als dem Fließtext zugehörig wahrgenommen wird und andererseits nicht optisch nach unten aus der Seite herausrutscht.

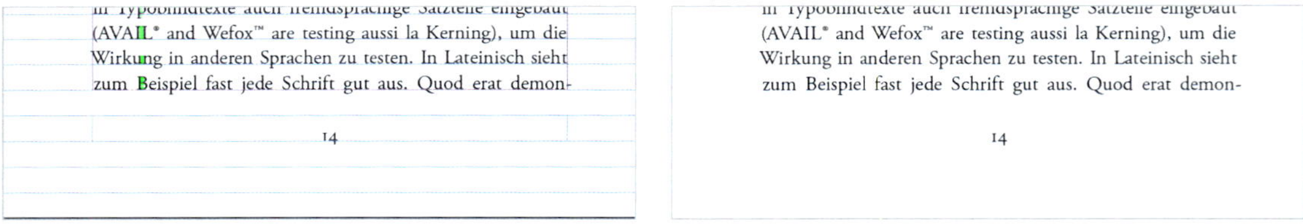

Bei der Schriftgröße der Paginas können Sie einfach den Schriftgrad des Fließtextes übernehmen. Das bietet sich vor allem bei den für Seitenzahlen ohnehin empfehlenswerten proportionalen Mediävalziffern an.

5.5 Weitere Elemente einer Seite

Neben den bisher besprochenen grundsätzlichen Elementen einer Seite, die praktisch bei jeder etwas umfangreicheren Publikation zu finden sind, gibt es noch weitere Bereiche einer Seite, die in Fachbüchern, Magazinen und Nachschlagewerken eine wichtige Rolle spielen können.

In der Abbildung sehen Sie den schematischen Aufbau, wie er typischerweise in Fachbüchern zu finden ist. Auch dieses Buch ist nach diesem Muster angelegt. Dieser Aufbau ist übrigens auch auf vielen Webseiten zu finden. Neben dem Hauptbereich ❷, der den Fließtext und gegebenenfalls auch Bilder aufnimmt, sehen Sie oberhalb den sogenannten Kolumnentitel ❶. Texte, die dem Haupttext unter- oder beigeordnet sind, finden in der Marginalspalte ❸ Platz. Unterhalb des Hauptinhaltes können in der Fußzeile ❹ außer der Seitenzahl noch weitere Informationen Platz finden.

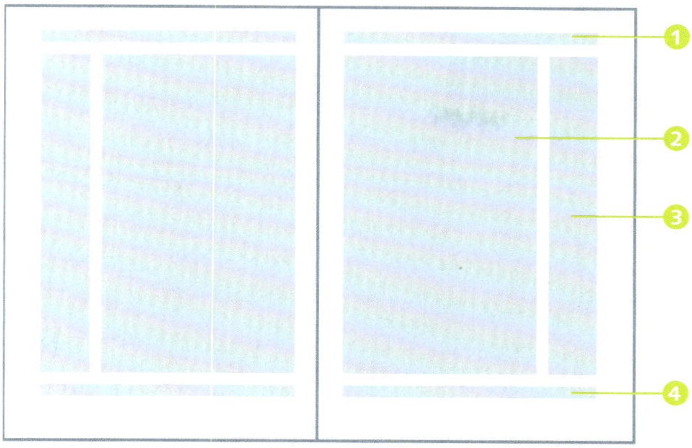

Kolumne

Der Ursprung dieses Wortes liegt im Lateinischen: columna (Säule). Mit Kolumne wird in der Typografie ganz allgemein eine Spalte bezeichnet. Üblicherweise ist diese für Text vorgesehen. Kolumnen spielen vor allem im Zeitungs- und Magazinlayout eine zentrale Rolle. Im Zeitungswesen wird mit Kolumnen aber auch eine Textsorte bezeichnet. Diese unterscheidet sich vor allem durch die persönliche Meinung, die in einer Kolumne zum Ausdruck kommt. In der Regel ist eine Kolumne auch eher kurz: Sie füllt eben maximal eine Kolumne.

Kolumnentitel

Informationen im Kolumnentitel ermöglichen beim Lesen die einfache Orientierung in einem Buch, einer Zeitung oder einem Nachschlagewerk. Im Webdesign wird an dieser Stelle üblicherweise die Navigation positioniert – und entspricht damit genau der Aufgabe des Kolumnentitels.

Eine typische Information im Kolumnentitel ist etwa die Nennung der Rubrik, bei Tageszeitungen findet sich hier auch beispielsweise das Erscheinungsdatum. Wie Sie in den beiden linken Beispielen in Abbildung 5.34 sehen können, können Sie auch die Pagina ohne weiteres in den Kolumnentitel aufnehmen.

Tote und lebende Kolumnentitel

In der Fachsprache finden sich übrigens immer wieder die eher verwirrenden Bezeichnungen des toten und lebenden Kolumnentitels. Mit totem Kolumnentitel ist hierbei – unabhängig von der Position – die allein stehende Pagina gemeint. Unter dem lebenden Kolumnentitel werden meist die oben erwähnten textlichen Informationen verstanden. Unterschiedliche Meinungen gibt es darüber, ob die Pagina Teil dieser Kopf- oder Fußzeile sein muss.

▼ **Abbildung 5.34**
Kolumnentitel können gerade im Magazinlayout ein wichtiges Gestaltungselement sein (v. l. n. r): Globetrottermagazin, page, Der Spiegel, Tirol, Vogue.

»Die kleinste technische Manipulation in der Typografie wird zur formalen Aussage. Es gibt keinen Typografen, der nicht gestaltet.«

Emil Ruder

Für die Orientierung in Fachbüchern, Nachschlagewerken, Geschäftsberichten und textlastigen Magazinen bietet sich eine Unterscheidung der abgebildeten Informationen in der Kopfzeile an. Auf der linken Seite können dabei übergeordnete Informationen wie der Titel eines Buches oder das Kapitel genannt werden. Auf der rechten Seite bieten sich dann untergeordnete Informationen an, die sich – wie etwa Unterkapitel – häufiger ändern. Dieses Konzept sehen Sie in diesem Buch angewendet.

Marginalie

Marginalien sind zusätzliche Texte oder Symbole, die neben dem Fließtext in der Randspalte positioniert werden. Daher wird die Randspalte auch Marginalspalte genannt. Marginalien enthalten Zusatzinformationen, die bei Bedarf gelesen werden können, wie in diesem Buch beispielsweise Definitionen und weiterführende Hinweise. Inhaltlich ist eine Marginalie nebensächlich oder vertiefend, aber zum Verständnis des Haupttextes, dem sie beigeordnet ist, eben nicht notwendig.

In einer Marginalspalte können mehrere Marginalien Platz finden. Da eine Marginalie möglichst direkt neben der Textstelle des Haupttextes stehen sollte, auf die sie sich bezieht, entscheidet allein der inhaltliche Bezug über den Stand der Marginalie.

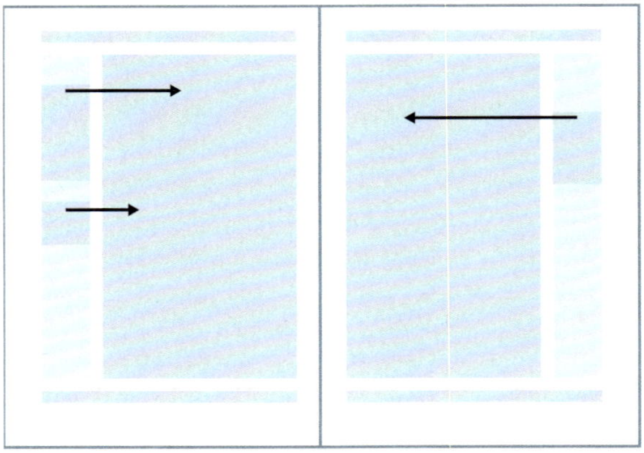

Typografisch kann sich die Marginalie aufgrund der Tatsache, dass es sich hierbei um eine eigene, vom Haupttext verschiedene Textebene handelt, recht deutlich vom Haupttext abheben. Daher können Sie hier auch einen kleineren Schriftgrad, verbunden mit einem entsprechend kleineren Zeilenabstand, verwenden. Auch eine zusätzliche Schrift kann hier zum Einsatz kommen. Des Weiteren bietet sich zur Unterscheidung vom für Mengentext üblichen Blocksatz auch der Einsatz von Flattersatz an.

Wenn Sie einen im Vergleich zum Fließtext kleineren Schriftgrad verwenden, ist es sinnvoll, mindestens die erste Zeile einer Marginalie am Grundlinienraster auszurichten. Gestalterisch noch überzeugender wirken beigeordnete Texte – das gilt beispielsweise auch für Bildlegenden –, wenn Sie deren Zeilenabstand so einrichten, dass alle paar Zeilen des untergeordneten Textes wieder auf einer Grundlinie des Fließtextes zu stehen kommen.

In der folgenden Abbildung habe ich den Fließtext mit einer Schriftgröße von 11 pt angelegt, das Grundlinienraster hat einen Abstand von 5 mm. Die Marginalie habe ich mit 9,5 pt bei einem Zeilenabstand von 4 mm eingerichtet. Wenn die erste Zeile der Marginalie wie im Beispiel am Grundlinienraster ausgerichtet ist (1), fällt jede weitere fünfte Zeile der Marginalie wieder mit dem Grundlinienraster des Fließtextes zusammen (2) (3).

Asymmetrische Spalten

Um asymmetrische Spalten auf einer Seite oder Musterseite anzulegen, lösen Sie die Spaltenhilfslinien. Die entsprechende Option finden Sie unter ANSICHT • RASTER UND HILFSLINIEN. Die Positionierung der Spaltenhilfslinien erledigen Sie anschließend händisch.

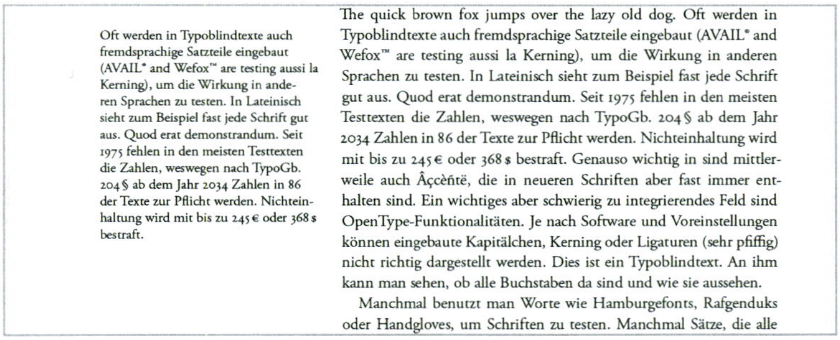

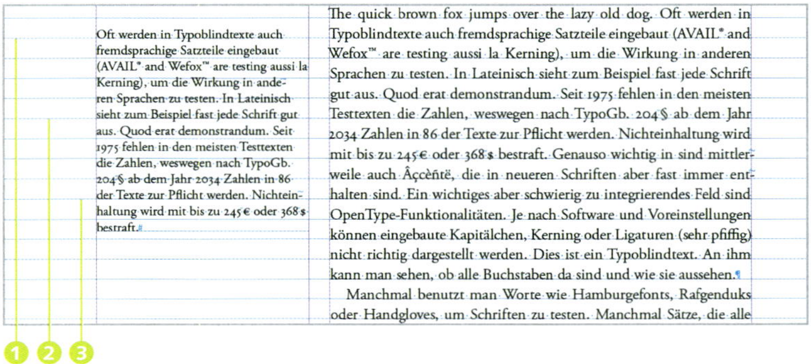

Berechnung Grundlinienraster

In der nebenstehenden Abbildung ergeben vier Zeilen des Fließtextes à 5 mm eine Höhe von 20 mm. Dasselbe gilt für fünf Zeilen der Marginalie: Hier ergeben fünf Zeilen à 4 mm ebenso 20 mm. Sie können auch mit kleineren Werten experimentieren. So bieten sich etwa 1,5 mm oder 1,75 mm als Abstand eines Grundlinienrasters an. Bei solch kleinen Abständen werden dann allerdings immer mehrere Grundlinien übersprungen, sowohl beim Fließtext als auch in der Marginalie. Also beispielsweise den Fließtext in 4,5 mm (3 × 1,5 mm) und Marginalie in 3 mm (2 × 1,5 mm).

Um nur die erste Zeile eines Textes am Grundlinienraster auszurichten, wählen Sie in den Absatzformatoptionen des entsprechenden Absatzformats im Bereich EINZÜGE UND ABSTÄNDE (4) unter AN RASTER AUSRICHTEN die Option NUR ERSTE ZEILE (5).

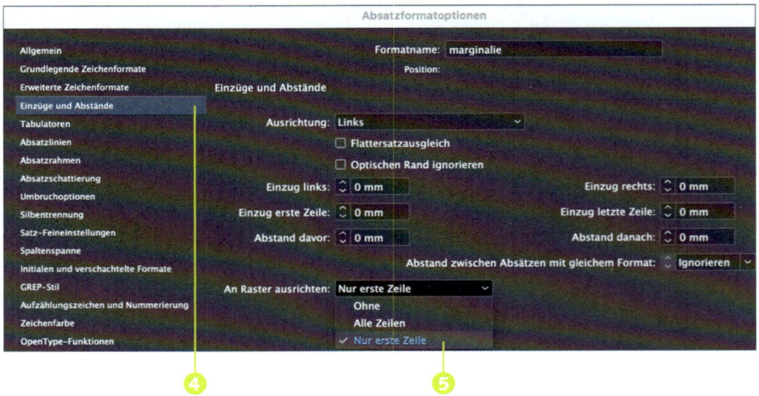

▸ **Abbildung 5.35**
Den Satzspiegel auf Basis der Neunerteilung erstellen wir auf der A-Musterseite.

Breite einer Marginalie | Wie breit Sie eine Marginalspalte anlegen, sollten Sie von der Häufigkeit und den Textmengen von Marginalien abhängig machen. Wenn Sie sich hierüber einen Überblick verschafft haben, klären Sie, ob sich eine zweite Schrift zusätzlich zur Fließtextschrift anbietet. Denken Sie hierbei auch an einen schmallaufenden Schnitt der Fließtextschrift, oder ziehen Sie für die Marginalien eine schmallaufende weitere Schrift in Betracht. Gestalten Sie dann Fließtext und den Text in der Marginalie gleichzeitig, wobei sich beide aufeinander beziehen, sich dabei aber auch genügend voneinander abheben sollten. Aufgrund der schmaleren Satzbreite bietet sich hier wie weiter vorn beschrieben Flattersatz an, und achten Sie darauf, dass die Zeilen nicht von vornherein zu kurz geraten. In der folgenden Abbildung sehen Sie in der Marginalie die Frutiger Next Bold Condensed. Sie verträgt eine schmalere Satzbreite und einen geringeren Schriftgrad als die Adobe Garamond Pro in der Marginalie aus dem letzten Beispiel.

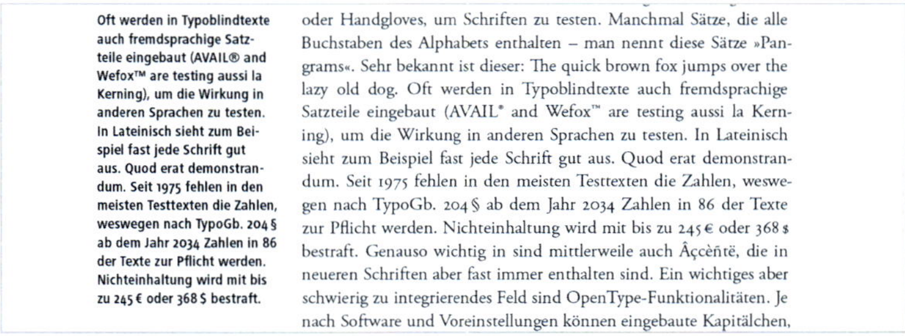
Oft werden in Typoblindtexte auch fremdsprachige Satzteile eingebaut (AVAIL® and Wefox™ are testing aussi la Kerning), um die Wirkung in anderen Sprachen zu testen. In Lateinisch sieht zum Beispiel fast jede Schrift gut aus. Quod erat demonstrandum. Seit 1975 fehlen in den meisten Testtexten die Zahlen, weswegen nach TypoGb. 204 § ab dem Jahr 2034 Zahlen in 86 der Texte zur Pflicht werden. Nichteinhaltung wird mit bis zu 245 € oder 368 $ bestraft.

oder Handgloves, um Schriften zu testen. Manchmal Sätze, die alle Buchstaben des Alphabets enthalten – man nennt diese Sätze »Pangrams«. Sehr bekannt ist dieser: The quick brown fox jumps over the lazy old dog. Oft werden in Typoblindtexte auch fremdsprachige Satzteile eingebaut (AVAIL® and Wefox™ are testing aussi la Kerning), um die Wirkung in anderen Sprachen zu testen. In Lateinisch sieht zum Beispiel fast jede Schrift gut aus. Quod erat demonstrandum. Seit 1975 fehlen in den meisten Testtexten die Zahlen, weswegen nach TypoGb. 204 § ab dem Jahr 2034 Zahlen in 86 der Texte zur Pflicht werden. Nichteinhaltung wird mit bis zu 245 € oder 368 $ bestraft. Genauso wichtig in sind mittlerweile auch Âçcèñtë, die in neueren Schriften aber fast immer enthalten sind. Ein wichtiges aber schwierig zu integrierendes Feld sind OpenType-Funktionalitäten. Je nach Software und Voreinstellungen können eingebaute Kapitälchen,

Fußzeile

Während in Büchern weitere Informationen neben der Pagina eine Ausnahme sind, ist beispielsweise die Nennung des Titels und der

Ausgabennummer in Magazinlayouts absolut gängig. In Abbildung 5.36 sehen Sie verschiedene Lösungen. Hierbei bietet es sich an, den Inhalt der gesamten Fußzeile – wie die Pagina – am Grundlinienraster auszurichten. Bei der Ausrichtung der Inhalte in der Horizontalen sind die Außen- und Innenkante des Satzspiegels im Wortsinn naheliegend. Diesen Gestaltungsansatz sehen Sie beispielsweise in der Fußzeile des Spiegels (Abbildung 5.36 links).

▲ **Abbildung 5.36**
Hier sehen Sie die Fußzeilen jeweils linker Seiten von Der Spiegel, Mein Tirol und Vogue.

5.6 Überschriften und verwandte Textarten

Überschriften fassen den Inhalt eines Kapitels in Büchern, eines Beitrags in Magazinen oder eines Artikels in einer Zeitung zusammen oder machen neugierig. In beiden Fällen sollen sie einen Leseanreiz bieten. Dasselbe gilt aber auch für andere Textsorten wie Zwischenüberschriften oder Zitate. Diese Textarten sind zwar den Hauptüberschriften, den Headlines, untergeordnet – sie erfüllen aber gerade bei längeren Texten zwei wichtige Aufgaben. Einerseits strukturieren Zwischenüberschriften einen Text noch einmal in kleinere Abschnitte: Sie lockern »Bleiwüsten« auf. Andererseits bieten diese Textsorten weitere Einstiege in den Text, indem sie neugierig machen.

Wenn nun möglichst alle Elemente einer Seite einen Bezug zum Grundlinienraster haben sollen, stellen Sie sich vielleicht die Frage, welcher Inhalt denn als Grundlage für die Konzeption des Grundlinienrasters herangezogen werden soll? Die Bildlegenden, die Marginalie, Überschriften, Pagina oder ganz einfach das kleinste Element einer Seite, das sich am Grundlinienraster orientieren soll? Gehen Sie von dem Inhalt aus, der überwiegend zum Einsatz kommt. Und das ist praktisch immer der Fließtext. Gehen Sie von der Typografie des Fließtextes aus, und arbeiten Sie sich von dort zu den kleineren, untergeordneten und den größeren, übergeordneten Elementen vor.

Vorlauftexte
In Zeitungen und Magazinen finden Sie gerade bei wichtigen, langen Beiträgen einen Textblock – meist direkt nach der Überschrift –, der die wichtigsten Inhalte des folgenden Fließtextes zusammenfasst. Diese Textart wird als Vorlauftext oder Lead (engl.) bezeichnet.

Zu den dem Fließtext untergeordneten Inhalten gehören die Marginalie, Bildlegenden, Pagina, Kopf- und Fußzeile, Fußnoten, aber auch für Bücher typische Inhalte wie der Index. Zu den übergeordneten Inhalten gehören alle Arten von Überschriften, Vorlauftexte und Zitate.

Zwischenüberschriften

Zwischenüberschriften brauchen sich nur wenig vom Fließtext abzuheben, aber der Unterschied sollte erkennbar sein. Die naheliegendste Lösung ist die Verwendung derselben Typografie des Fließtextes, als einziges Unterscheidungsmerkmal verwenden Sie den Boldschnitt – und eine Leerzeile vor der Zwischenüberschrift. Hierbei wende ich also das eben angesprochene Konzept an, bei dem der Fließtext Grundlage für die anderen typografischen und sonstigen Elemente einer Seite ist.

Für das folgende Beispiel habe ich eine Broschüren- oder Magazinseite angelegt. Zum Einsatz kommt hier die »Utopia«. Die Zwischenüberschriften haben hier die Größe und den Zeilenabstand des Fließtextes. Statt des Blocksatzes, den ich für den Fließtext einsetze, greife ich bei den Zwischenüberschriften auf den linksbündigen Flattersatz zurück.

sieht zum Beispiel fast jede Schrift gut aus. Quod erat demonstrandum.

Einsatz von Typoblindtexten
Seit 1975 fehlen in den meisten Testtexten die Zahlen, weswegen nach TypoGb. 204 § ab dem Jahr 2034 Zahlen in 86 der Texte zur Pflicht werden. Nichteinhaltung wird mit bis zu 245 € oder 368 $ bestraft. Genauso wichtig in sind mittlerweile auch Âçcèñtë, die in neueren Schriften aber fast immer enthalten sind. Ein wichtiges aber schwierig zu integrierendes Feld sind OpenType-Funktionalitäten. Je nach Software und Voreinstellungen können eingebaute Kapitälchen, Kerning oder Ligaturen (sehr pfiffig) nicht richtig dargestellt werden. Dies ist ein Typoblindtext. An ihm kann man sehen, ob alle Buchstaben da sind und wie sie aussehen. Manchmal benutzt man Worte wie Hamburgefonts, Rafgenduks oder Handgloves, um Schriften zu testen. Manchmal Sätze, die alle Buchstaben des Alphabets enthalten – man nennt diese Sätze »Pangrams«.

Typografie am Ausdruck überprüfen
Sehr bekannt ist dieser: The quick brown fox jumps over the lazy old

Handgloves, um Schriften zu testen. Manchmal Sätze, die alle Buchstaben des Alphabets enthalten – man nennt diese Sätze »Pangrams«. Sehr bekannt ist dieser: The quick brown fox jumps over the lazy old dog.

Sinn und Unsinn von »Lorem Ipsum«
Oft werden in Typoblindtexte auch fremdsprachige Satzteile eingebaut (AVAIL® and Wefox™ are testing aussi la Kerning), um die Wirkung in anderen Sprachen zu testen. In Lateinisch sieht zum Beispiel fast jede Schrift gut aus. Quod erat demonstrandum. Seit 1975 fehlen in den meisten Test-

Achten Sie bei allen Überschriften grundsätzlich darauf, dass Sie möglichst ohne Worttrennungen auskommen: Deaktivieren Sie am besten die Silbentrennung in den entsprechenden Absatzformaten. Kurze Texte wie die Zwischenüberschriften wirken ausgewogener, wenn die Zeilenlängen etwa gleich groß sind. Hierfür aktivieren Sie die Option FLATTERSATZAUSGLEICH in den Absatzformaten für Überschriften.

Steht die Zwischenüberschrift wie beim gerade vorgestellten Ansatz direkt am folgenden Fließtext, wirkt der jeweilige Text wie eine Überschrift vor dem anschließenden Text. Eine weitere einfache Lösung ist die Verwendung einer zusätzlichen Leerzeile nach der Zwischenüberschrift. Durch diese Abrückung erscheint die Zwischenüberschrift nun eher wie ein eingestreuter Text, ähnlich einem Zitat – der inhaltliche Zusammenhang ist geringer 1 2.

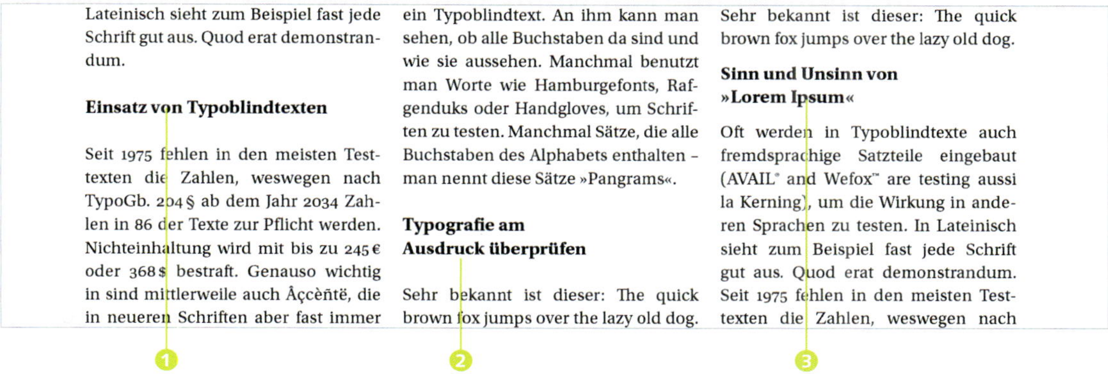
Lateinisch sieht zum Beispiel fast jede Schrift gut aus. Quod erat demonstrandum.

Einsatz von Typoblindtexten

Seit 1975 fehlen in den meisten Testtexten die Zahlen, weswegen nach TypoGb. 204 § ab dem Jahr 2034 Zahlen in 86 der Texte zur Pflicht werden. Nichteinhaltung wird mit bis zu 245 € oder 368 $ bestraft. Genauso wichtig in sind mittlerweile auch Àçcèñtë, die in neueren Schriften aber fast immer ein Typoblindtext. An ihm kann man sehen, ob alle Buchstaben da sind und wie sie aussehen. Manchmal benutzt man Worte wie Hamburgefonts, Rafgenduks oder Handgloves, um Schriften zu testen. Manchmal Sätze, die alle Buchstaben des Alphabets enthalten – man nennt diese Sätze »Pangrams«.

Typografie am Ausdruck überprüfen

Sehr bekannt ist dieser: The quick brown fox jumps over the lazy old dog. Sehr bekannt ist dieser: The quick brown fox jumps over the lazy old dog.

Sinn und Unsinn von »Lorem Ipsum«

Oft werden in Typoblindtexte auch fremdsprachige Satzteile eingebaut (AVAIL® and Wefox™ are testing aussi la Kerning), um die Wirkung in anderen Sprachen zu testen. In Lateinisch sieht zum Beispiel fast jede Schrift gut aus. Quod erat demonstrandum. Seit 1975 fehlen in den meisten Testtexten die Zahlen, weswegen nach

Im direkten Vergleich mit dem ersten Beispiel sehen Sie hier freistehende Zwischenüberschriften. In beiden Fällen habe ich nur zur Demonstration so viele Zwischenüberschriften in den Fließtext eingefügt. In einem realen Projekt würden Texte und die Seite insgesamt durch eine derartige Häufung von Zwischenüberschriften zu kleinteilig werden.

Statt ganzer Leerzeilen bieten sich auch halbe Leerzeilen für die Abrückung vom umgebenden Fließtext an 3. Versetzen Sie hierfür die Zwischenüberschrift durch Grundlinienversatz.

◄ **Abbildung 5.37**
Durch den Grundlinienversatz des halben Zeilenabstandes erhalten Sie halbe Leerzeilen.

Das Eingabefeld zur Definition des Grundlinienversatzes finden Sie in den Optionen der Zeicheneinstellungen 4. Bei den Absatzformatoptionen ist es im Bereich ERWEITERTE ZEICHENFORMATE zu finden. In meinem Beispiel verwende ich für den Fließtext 4,5 mm (die InDesign in 12,756 pt umgerechnet hat 5), daher führt der Grundlinienversatz um die Hälfte (2,25 mm bzw. 6,378 pt) zu den gewünschten halben Leerzeilen.

Wenn Ihnen die schlichte Gestaltung aus unseren Beispielen zu zurückhaltend ist, können Sie prinzipiell alle zur Verfügung stehenden typografischen Gestaltungsmittel einsetzen. Behalten Sie dabei aber immer die Gesamtwirkung einer typischen Seite Ihrer Veröffentlichung im Blick. Weder Zwischenüberschriften noch Zitate dürfen in ihrer optischen Wirkung in die Nähe der eigentlichen Headlines rücken: Die inhaltliche Hierarchie der verschiedenen Textsorten sollte in jedem Fall klar erkennbar sein.

Infokästen

Grundlinienversatz können Sie beispielsweise auch bei Infokästen anwenden, wenn diese an der unteren Kante des umgebenden Fließtextes abschließen sollen. Ein Infokasten ist ein grafisch hervorgehobenes Element in einem Textdokument oder einer Webseite, das wichtige oder ergänzende Informationen kompakt und übersichtlich darstellt. Infokästen werden häufig verwendet, um Schlüsselbegriffe, Definitionen, statistische Daten, Zitate, Hinweise oder andere relevante Informationen hervorzuheben, die den Haupttext unterstützen oder ergänzen. In diesem Buch stehen die meisten Infokästen in der Marginalspalte.

Tipps für die gelungene Gestaltung von Infokästen

- Lassen Sie genügend Freiraum zwischen den Elementen im Infokasten und zum Rahmen hin. Das erleichtert die Erfassung der Inhalte.
- Ein dezenter Hintergrund in einer hellen Farbe oder einem Pastellton kann den Infokasten hervorheben, ohne aufdringlich zu wirken.

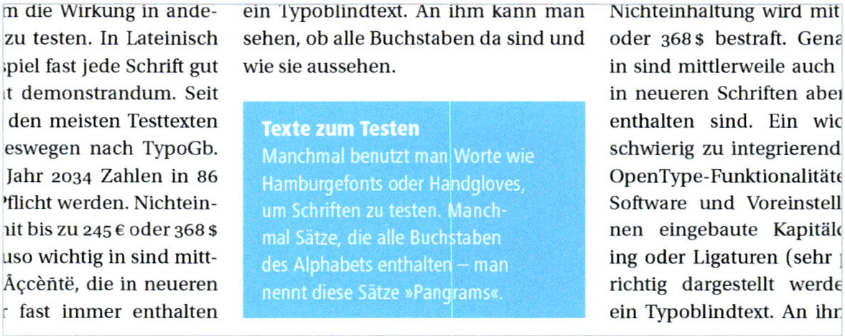
n die Wirkung in ande- zu testen. In Lateinisch spiel fast jede Schrift gut t demonstrandum. Seit den meisten Testtexten eswegen nach TypoGb. Jahr 2034 Zahlen in 86 Pflicht werden. Nichtein- nit bis zu 245 € oder 368 $ uso wichtig in sind mitt- Åçcèñtë, die in neueren r fast immer enthalten

ein Typoblindtext. An ihm kann man sehen, ob alle Buchstaben da sind und wie sie aussehen.

Texte zum Testen
Manchmal benutzt man Worte wie Hamburgefonts oder Handgloves, um Schriften zu testen. Manchmal Sätze, die alle Buchstaben des Alphabets enthalten – man nennt diese Sätze »Pangrams«.

Nichteinhaltung wird mit oder 368 $ bestraft. Gena in sind mittlerweile auch in neueren Schriften abe enthalten sind. Ein wic schwierig zu integrierend OpenType-Funktionalität Software und Voreinstell nen eingebaute Kapitäl ing oder Ligaturen (sehr richtig dargestellt werde ein Typoblindtext. An ihr

Für dieses Beispiel habe ich den gesamten Text im Infokasten mit einem größeren Grundlinienversatz nach oben gerückt. Hier war es mir wichtiger, dass die Abstände des Textes zum Kasten oben und unten optisch gleich wirken.

Wenn Infoboxen sowohl oben als auch unten von Text umgeben sind, brauchen Sie den Text nicht vom Grundlinienraster abzurücken.

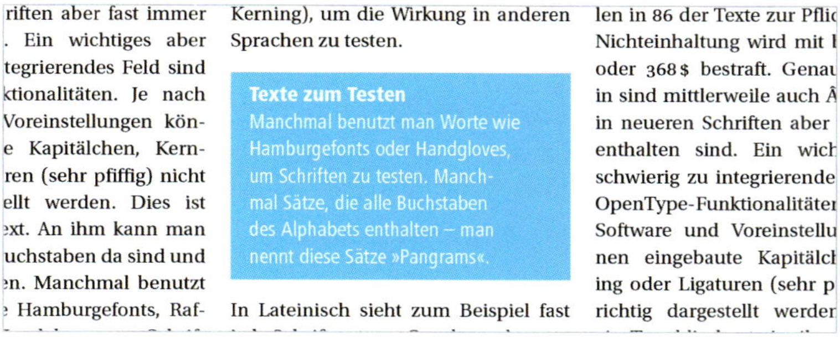

Übrigens habe ich die farbigen Flächen aus den beiden vorigen Abbildungen über InDesigns Funktion ABSATZRAHMEN UND -SCHATTIERUNG realisiert und nicht über separate Textrahmen. Diese spannende Funktion können Sie über die Absatzformate, aber auch über das ABSATZ-Bedienfeldmenü aufrufen ①.

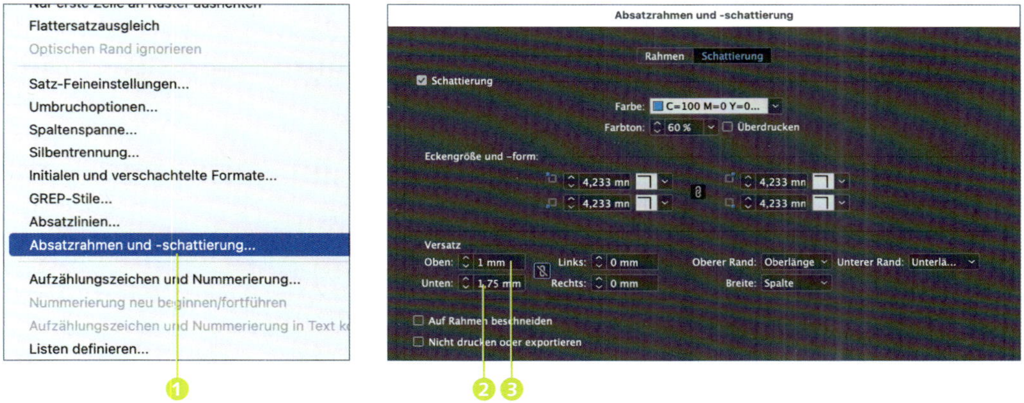

▲ **Abbildung 5.38**
Soweit möglich, sollten Sie Formatierungen mit Absatzeinstellungen und nicht über zusätzliche Textrahmen realisieren.

Hier sehen Sie die Formatierungsangaben, mit denen ich bereits den Fließtext der Infobox realisiert habe. Der Wert, mit dem der Versatz der Absatzschattierung nach unten geregelt wird, habe ich nach Augenmaß vorgenommen ②. Hierbei kam es mir darauf an, dass die Unterkante bündig mit der x-Höhe des regulären Fließtextes links und rechts der Box abschließt. Der Wert bei OBEN ③ war in meinem konkreten Fall nur nötig, damit keine Lücke zur Absatzschattierung der Kastenüberschrift entstand.

Zitate

Während Zwischenüberschriften immer einen direkten inhaltlichen Bezug haben, können Zitate einfach nach Optik in den Fließtext eingestreut werden, sie müssen nicht zwangsläufig an einer ganz bestimmten Textstelle eingefügt werden.

Texte, die einen deutlich größeren Zeilenabstand als das eigentliche Grundlinienraster haben, können kaum daran ausgerichtet werden. Hier ist häufig die Gesamtwirkung wichtiger.

In den folgenden Beispielen habe ich die Typografie der Zitate so eingerichtet, dass die optische Wirkung der Abstände nach oben und unten zum Fließtext möglichst ähnlich ist. Als vollkommen gleich lassen sich diese Abstände nämlich nicht einstellen. Als Schrift habe ich die Glypha LT Pro 35 Thin in 16/17 pt verwendet.

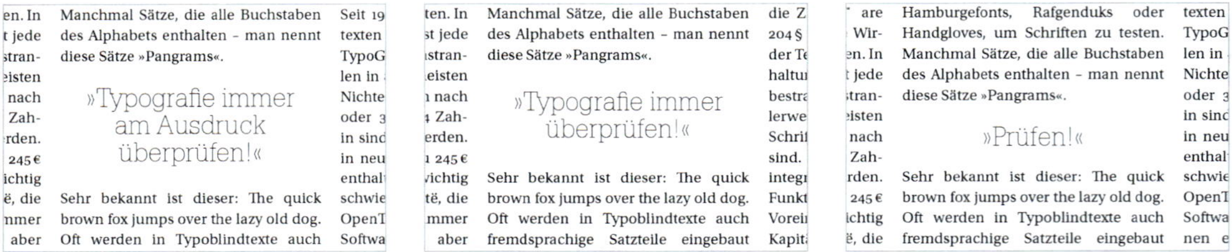

Dass die drei unterschiedlich langen Zitate in Bezug auf das Grundlinienraster jeweils anders stehen, wird durch das eingeblendete Raster deutlich.

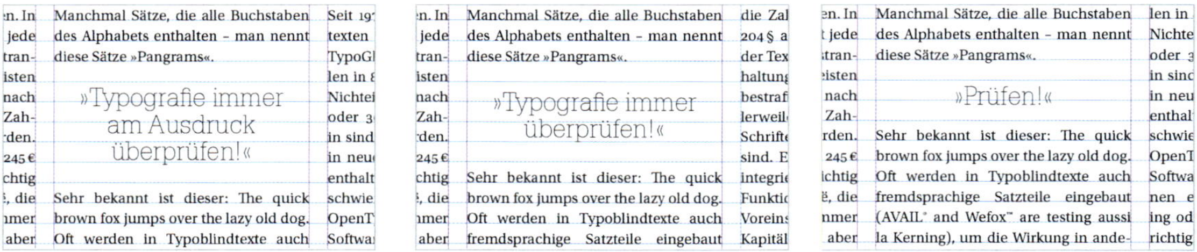

Im Screenshot in Abbildung 5.39 sehen Sie die Angaben für dreizeilige Zitate ❸. In diesem Fall richte ich die Zitattexte nicht am Grundlinienraster aus ❷, da ich die Position durch die Absatzabstände festlege: Mit 4 mm bei ABSTAND DAVOR ❶ und 2 mm bei ABSTAND DANACH ❹ passt sich ein Zitat mit drei Zeilen in den Fließtext ein.

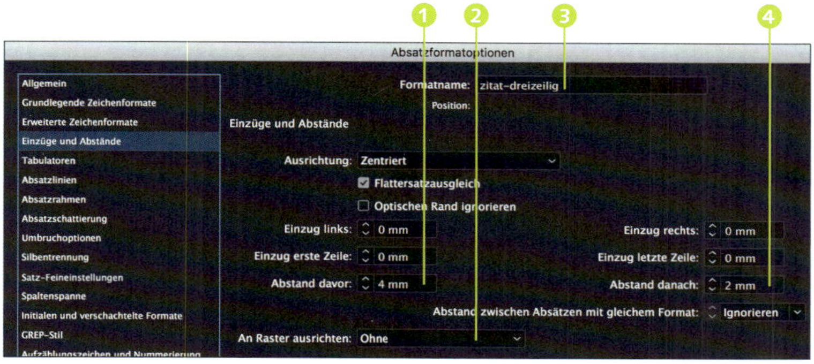

◄ Abbildung 5.39
Größere Texte wie Zitate lassen sich kaum am Grundlinienraster ausrichten.

Formatierung mit Objektformaten | In den obigen Beispielen stehen die Zitate direkt im Fließtext. Um noch flexibler layouten zu können, platzieren Sie die Zitattexte in separate Textrahmen. Dadurch können Sie die Zitate frei auf der Seite platzieren. Mittels InDesigns Objektformaten können Sie Textrahmen so einrichten, dass Text direkt korrekt formatiert wird, wenn Sie ihn in einen Textrahmen einfügen. Beim Einsatz von Objektformaten zur Formatierung von Zitaten benötigen Sie nur ein Absatzformat, dafür pro Anzahl der Zeilen ein Objektformat.

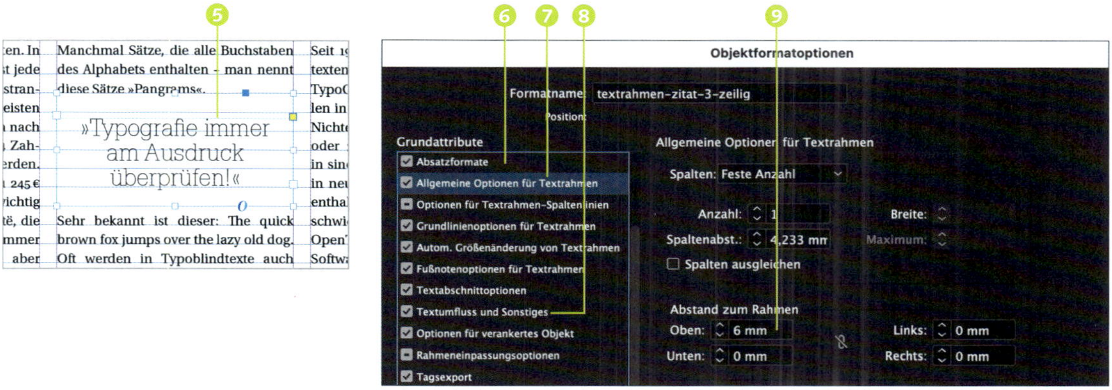

▲ Abbildung 5.40
Mittels Objektformaten können Sie komplexe Formatierungen beispielsweise auf Textrahmenebene realisieren und mit einem Klick zuweisen.

Im Objektformat legen Sie fest, dass der Fließtext verdrängt wird oder, um in der InDesign-Terminologie zu bleiben: umflossen wird. Die entsprechende Option TEXTUMFLUSS UND SONSTIGES 8 finden Sie im Bereich GRUNDATTRIBUTE der Objektformatoptionen, die Sie über FENSTER • FORMATE • OBJEKTFORMATE aufrufen können. Wenn Sie Texte wie Zitate mit separaten, vom Fließtext unabhängigen Textrahmen realisieren, benötigen Sie nur noch ein Absatzformat, dafür jedoch je Zeilenanzahl ein Objektformat. Das gewünschte

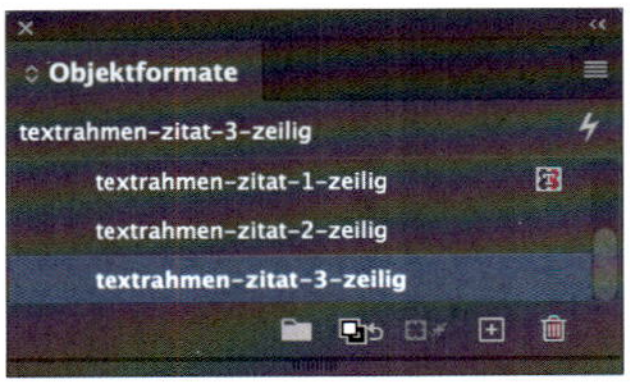

▲ **Abbildung 5.41**
Legen Sie je Zeilenanzahl ein Objektformat an, und verwenden Sie dabei dasselbe Absatzformat.

Absatzformat hinterlegen Sie in den Objektformatoptionen im gleichnamigen Bereich (6). Wenn Sie später Text aus der Zwischenablage in einen Textrahmen einfügen, auf den Sie ein so vorbereitetes Objektformat angewendet haben, achten Sie darauf, dass Sie dabei den Befehl BEARBEITEN • UNFORMATIERT EINFÜGEN verwenden. Dadurch wird der Text direkt mit dem in den Objektformatoptionen angegebenen Absatzformat formatiert. Die Abstände zum vorigen Fließtext (5) legen Sie hierbei nämlich als eine Eigenschaft des Textrahmens (und nicht als Eigenschaft des Absatzformates) im Objektformat an. Die Einstellung, die ich für das Beispiel in Abbildung 5.40 vorgenommen habe, sehen Sie unter (9). Optisch sind die Ergebnisse aus Abbildung 5.40 mit dem Beispiel davor identisch, sie unterscheiden sich nur durch die Umsetzung in InDesign.

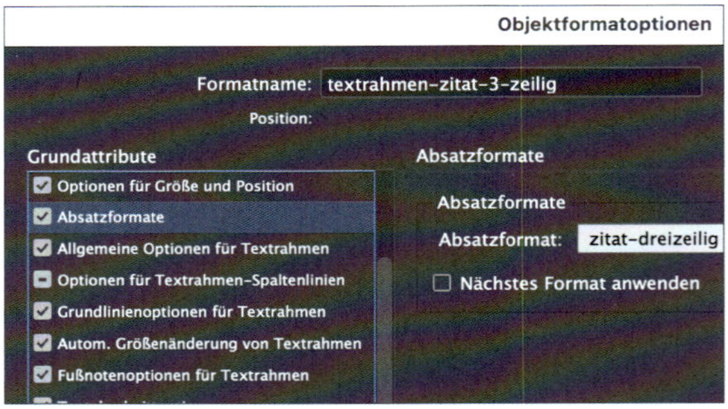

► **Abbildung 5.42**
Wenn Sie in Objektformaten Absatzformate verwenden, können Texte direkt beim Einfügen richtig formatiert werden.

Überschriften

Die Inhalte von Überschriften fassen in aller Kürze den Inhalt des folgenden Kapitels zusammen, geben zumindest deutliche Hinweise auf die folgenden Inhalte oder machen einfach neugierig. Dadurch kommt ihnen eine zentrale Rolle in Magazinen, besonders aber in Zeitungen zu: Sie sollen einen Leseeinstieg schaffen. In Magazinen können Überschriften auch deutlich illustrativen Charakter haben, diesen Ansatz finden Sie in Lifestyle-, Fashion-, Reise-, Koch- und Jugendzeitschriften. In »seriöseren« Umfeldern wie Politik, Nachrichten, Zeitgeschehen und Wissen im Allgemeinen werden Überschriften wie in Zeitungen ganz dem Inhalt untergeordnet. Hierbei wird ein Set an Überschriftenformatierungen angelegt, auf das immer wieder zurückgegriffen wird. Eine davon abweichende, individuellere Headlinegestaltung wird dabei höchstens für besondere Aufmacher verwendet.

Aufgabe von Überschriften
Überschriften sollen in erster Linie einen Leseeinstieg schaffen und Aufmerksamkeit erregen, sie strukturieren aber auch Texte.

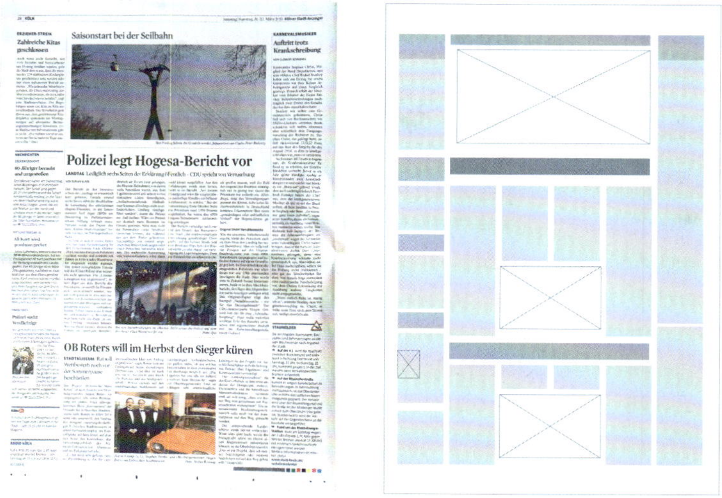

◂ **Abbildung 5.43**
Überschriften in Tageszeitungen kommunizieren ihre Wertigkeit in erster Linie über Schriftgröße und über die Spaltenzahl, über die sie laufen. Rechts sehen Sie dieselbe Seite: Die Textblöcke habe ich entsprechend ihrer Hierarchiestufe eingefärbt.

Gerade bei Zeitungen, bei denen mehrere Artikel auf einer Seite Platz finden und um die Aufmerksamkeit der Leserschaft konkurrieren, kommt Überschriften neben dem Leseeinstieg noch eine weitere wichtige Aufgabe zu: Sie gewichten die Artikel einer Seite. Dabei gibt es pro Seite meist einen Hauptartikel, die weiteren Artikel derselben Seite sind dann diesem Hauptartikel untergeordnet.

Schriftgröße | Das mit Abstand wichtigste typografische Mittel, um die Bedeutung eines Artikels auf einer Seite kenntlich zu machen, ist die Schriftgröße. Im Zusammenspiel mit der Textlänge können die Hauptüberschriften über mehrere Spalten laufen. Bei untergeordneten Beiträgen muss hingegen auch eine Spalte für die Überschrift ausreichen.

▾ **Abbildung 5.44**
So unterschiedlich die Layouts des Kölner Stadt-Anzeigers und des Musikmagazins wirken, die Gestaltungsprinzipien sind in Teilen dieselben. Die jeweiligen Hierarchiestufe der Texte sind auch bei der Jazzthing eindeutig erkennbar.

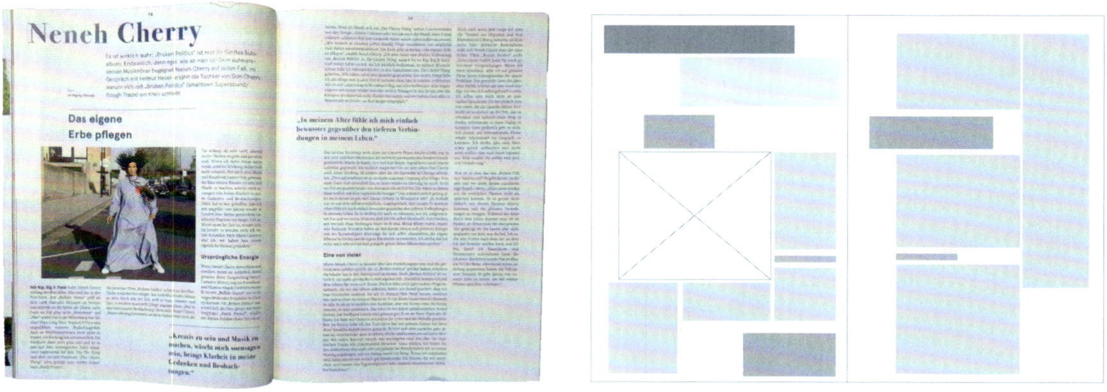

Das Auge schulen
Der Grauwert eines Textes bzw. das Zusammenspiel verschiedener Grauwerte ist ein wichtiger Parameter beim Layouten. Schauen Sie sich Layouts einmal unter dem Gesichtspunkt der Grauwerte an, und schulen Sie hierdurch Ihr Auge für die Einzel- wie auch die Gesamtwirkung von verschiedenen Texten auf einer Seite/Doppelseite.

Diese Prinzipien sehen Sie auf der Beispielseite der Tageszeitung »Kölner Stadt-Anzeiger« in Abbildung 5.43. Obwohl das Layout des Musikmagazins »Jazzthing«, das Sie in Abbildung 5.44 sehen, einem völlig anderen, unruhigeren Gestaltungsansatz als die Tageszeitung folgt, wird hier ebenfalls durch die Schriftgrößen deutlich gemacht, welche Wertigkeit der entsprechende Text hat.

Grauwerte | Achten Sie bei den beiden Beispielen auf der vorigen Doppelseite auf die verschiedenen Grauwerte, die sich durch die unterschiedlichen Schriftgrößen der diversen Textsorten wie Überschriften, Zwischenüberschriften, Vorlauftexte und Zitate bilden. Der Fließtext hat meist den hellsten Grauwert einer Seite. Dieser bleibt durch die Beibehaltung der gewählten Typografie eben auch gleich, während die anderen Textarten durch den jeweiligen Schriftschnitt und den größeren Schriftgrad in der Regel dunkler wirken.

Hervorhebung
Überschriften müssen auffallen; das erreichen Sie beispielsweise durch eine geschickte Schriftmischung, durch Anheben der Schriftgröße oder durch Fettungen. Auch Versalsatz kann eine Möglichkeit sein.

Schriftmischung | Bei den gezeigten Beispielen finden Sie zusätzlich zur Schriftgröße noch ein weiteres typografisches Mittel, das häufig zur Unterscheidung verschiedener Textebenen angewendet wird: den Schriftmix.

ne Hotline mit Informationen gibt es nicht. „Die richten wir aber ein, wenn der Streik mehrere Tage dauern sollte." (hsr)

NACHRICHTEN

ZEUGEN GESUCHT

80-Jähriger beraubt und umgestoßen

Drei Männer haben am Donnerstag einen 80-Jährigen in Stammheim beraubt. Der Senior ging gegen 20.15 Uhr telefonierend die Scharfensteinstraße entlang, als die Täter vor dem Friedhofseingang aus ei-

Polizei leg

LANDTAG Lediglich sechs Sei

VON FABIAN KLASK

Der Bericht an den Innenausschuss des Landtags ist erstaunlich kurz gehalten. Gerade einmal sechs Seiten zählt die abschließen-

deutsc
die Ho
viele b
Eigelst
türkisc
„freihe

▶ **Abbildung 5.45**
Die Vielzahl an Textarten in Tageszeitungen verlangt nach ebenso vielen deutlich unterscheidbaren Gestaltungen.

Auf engem Raum benötigen besonders in Zeitungen viele verschiedene Textarten verschiedene gestalterische Lösungen. Achten Sie beim Beispiel des Kölner Stadt-Anzeigers neben den verschiedenen Schriften der Fließtexte auch auf die vom Fließtext abweichende Headlineschrift. Mehr zu Schriftmischung in Kapitel 6.

5.7 Gestaltungsraster

Um neben Text noch andere Inhaltsarten wie Fotos, Tabellen, Illustrationen und weitere untergeordnete Textblöcke wie Bildlegenden im Layout unterzubringen, reicht ein einspaltiger Satzspiegel selbst mit einer zusätzlichen Marginalspalte häufig nicht aus. Daher werden in Drucksachen wie Zeitungen und Magazinen, die sich gerade durch die Mischung von Inhaltsarten und durch verschiedene Textebenen und -längen auszeichnen, praktisch immer mehrspaltige Layouts angewendet. Der Satzspiegel wird hierfür meist in gleich breite Spalten aufgeteilt, dann sprechen wir von Spaltenrastern.

In Zeitungen orientiert sich der Fließtext an diesen Spalten, für Überschriften und Bilder können je nach Bedarf mehrere Spalten zusammengefasst werden. Um nun eine Gestaltung zu erreichen, bei der Sie einerseits flexibel mit den verschiedenen Textarten und Bildern umgehen können und andererseits gleichzeitig einen gewissen inneren Zusammenhalt erreichen, können Sie bei der Positionierung immer wieder das Grundlinienraster zur Orientierung verwenden. Wie Sie untergeordnete Inhalte daran ausrichten, können Sie am Beispiel der Marginalien in Abschnitt 5.5 nachvollziehen. Dieses Vorgehen können Sie auch bei anderen Textarten wie etwa Bildlegenden anwenden.

Während die einzelne Seite im Zeitungssatz möglichst vollständig für Inhalte ausgenutzt wird, bieten sich im Magazinlayout und in Veröffentlichungen wie Imagebroschüren oder Geschäftsberichten weitere Möglichkeiten, Seiten durch Raster weiter zu strukturieren. Dies können Sie erreichen, indem Sie den Satzspiegel nicht nur in der Horizontalen in Spalten, sondern auch in der Vertikalen

Schweizer Typografie

Eng verbunden mit Gestaltungsrastern ist die sogenannte Schweizer Typografie. Darunter wird ein Gestaltungsansatz verstanden, der in den 1950er/1960er Jahren von Schweizer Typografen wie Adrian Frutiger, Josef Müller-Brockmann und Jost Hochuli entwickelt wurde. Merkmale dieser bedeutenden Strömung sind der auffällige Einsatz von Rastern, Groteskschriften und einem insgesamt zurückhaltenden Einsatz von Gestaltungsmitteln.

Raster im Webdesign
Raster finden sich auch im Web an unzähligen Stellen: dann allerdings eher in bestimmten Unterbereichen der Seite wie Beitragsteaser oder Galerien. Bei dem weit verbreiteten Framework wie Bootstrap etwa finden Sie in der Dokumentation einen separaten Bereich zum Thema Grid (engl. Raster): *getbootstrap.com/docs/4.3/layout/grid*

in Zeilen unterteilen. Ein Raster, das durch eine solche Aufteilung entsteht, bietet eine Reihe von Vorzügen gegenüber einer Gestaltung, die sich an Spalten orientiert. Ein besonderer Vorteil dieser sogenannten Rastertypografie bietet sich einerseits beim Layouten. Denn das Raster, auf das sich die Gestaltung bezieht, sorgt automatisch für eine Ordnung, da Texte, Bilder und sonstige Gestaltungselemente nicht beliebig auf der Seite positioniert werden. Dementsprechend kann nach der Konstruktion eines sogenannten Gestaltungsrasters recht zügig layoutet werden. Dieser Vorteil beim Gestalten macht sich andererseits auch beim Lesen bemerkbar: Auch wenn das Raster nicht unbedingt sichtbar ist, so ist es doch spürbar. Die Konsistenz einer Gestaltung führt zu einer in sich geschlossenen, überzeugenden Gestaltung.

Nachteile der Rastertypografie | Zwei Bemerkungen an dieser Stelle: So groß die Vorteile von Rastertypografie sind, es ist kein Allzweckmittel, das auf alle Gestaltungsfragen die angemessene Antwort ist. Daher finden Sie beispielsweise in Tageszeitungen, bei denen es auf eine möglichst große Ausnutzung der Seitenfläche ankommt, nie typografische Raster. Auch bei Kunstkatalogen, bei denen Sie Bilder keinesfalls an vorgegebene Proportionen, wie sie ein Raster liefert, anpassen dürfen, wäre zumindest die vollständige Einhaltung des Rasters kein gangbarer Weg.

Des Weiteren wird der Rastertypografie immer mal wieder der Vorwurf gemacht, dass sie den Gestalter zu sehr einschränkt, das Ergebnis vorhersagbar sei und möglicherweise eine technisch-unterkühlte Anmutung habe. Dieser Vorwurf ist meiner Ansicht nach ungerechtfertigt. Ein Raster ist ein Werkzeug, und bei entsprechender Planung und Anwendung kann dieses Werkzeug zu inhaltlich und ästhetisch schlüssigen Lösungen führen.

Bei Gestaltungsrastern gibt es verschiedene Ansätze, die sich jeweils in wichtigen Aspekten unterscheiden. Ich werde Ihnen zunächst die Variante erläutern, die für den Einstieg in das Thema gut geeignet ist und für manches Projekt eine gute Wahl ist.

Enges Raster

Bei dieser Art Raster verwenden Sie den Zeilenabstand als Wert sowohl für die Abstände zwischen den Rasterzeilen als auch für die zwischen den Rasterspalten. Dieses Raster bietet sich für kompakte Layouts an, in denen viele Bilder untergebracht werden sollen. Ein enges Gestaltungsraster eignet sich besonders für layoutintensive Publikationen wie Magazine, Kataloge oder Broschüren. Es schafft einen strukturierten, aber dynamischen Look und bietet viel Flexibilität für die Platzierung von Bildern und Texten.

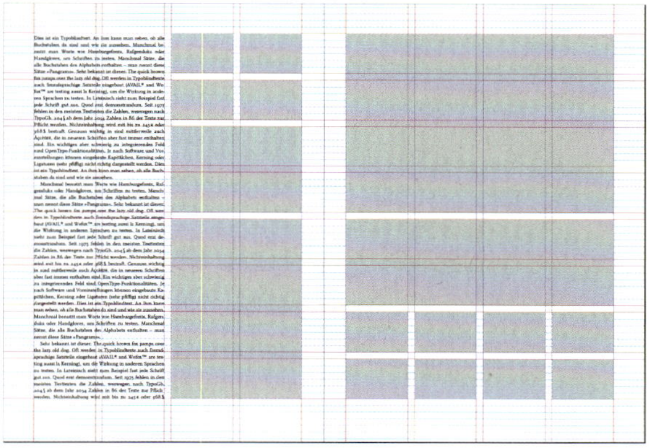

Das Schöne an dieser Art Raster liegt in denselben Abständen zwischen den Rasterzellen. Bilder, die Sie in einem solchen Gestaltungsraster anordnen, wirken bei gleicher Größe dann eben auch weitgehend gleichberechtigt.

Weißraum

Großzügiger Weißraum ist in einem engen Raster besonders wichtig. Lassen SIe bewusst einige Rasterfelder frei, um das Layout luftig zu halten und Akzente zu setzen.

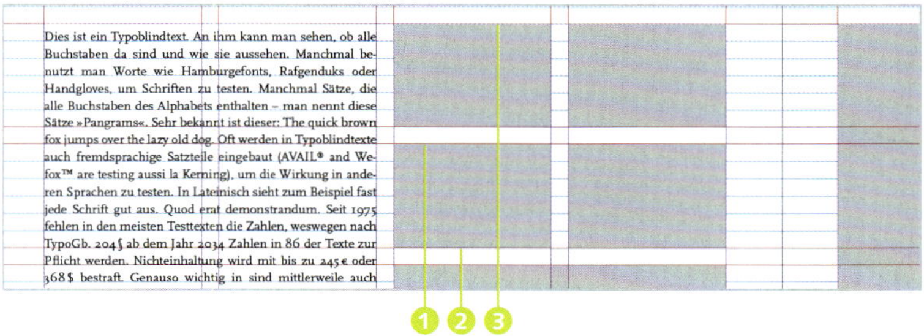

Bei diesem Ansatz stehen sowohl die Ober- als auch die Unterkante ❶ ❷ einer Rasterzelle auf einer Grundlinie. Daher reicht für die Konstruktion dieser Art Raster die Konfiguration des Grundlinienrasters als Grundlage aus. Allerdings ergibt sich an der oberen Kante der Rasterfelder, die an der Satzspiegelkante stehen, eine Ungenauigkeit: Hier ragt die Rasterzelle zwangsläufig über die Schrift hinaus ❸.

Für die folgende Abbildung habe ich die Hilfslinien ausgeblendet, dadurch wird der Versatz von Rasterzelle zu Text noch deutlicher sichtbar ❶.

»Typografische Gestaltung interpretiert immer. Jeder Text, ob Zeitungsnotiz, lyrisches Gedicht oder Gebrauchsanweisung, wird durch die Typografie, in der er zu lesen ist, beeinflusst.«

Hans Peter Willberg

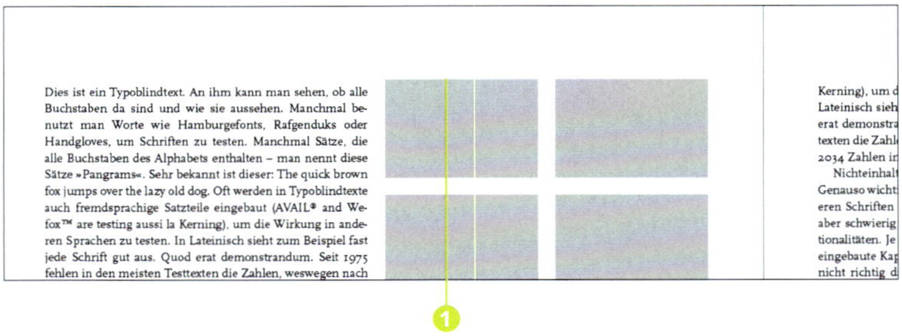

Natürlich können Sie beim Layouten bei besonders auffälligen Situationen die obere Kante der Rasterzelle nach unten verschieben. Das dürfte in vielen Layouts zu einem angenehmeren Ergebnis führen, auch wenn Sie durch die Verletzung der eigentlichen Rasterzellengröße kein vollständig »sauberes« Raster mehr vor sich haben.

Aufbau eines engen Rasters | Grundsätzlich erleichtern Sie sich die Konzeption und die weitere Arbeit mit Gestaltungsrastern, wenn Sie denselben Wert an möglichst vielen Stellen verwenden. So können Sie sowohl die Breite als auch die Höhe einer Rasterzelle durch die Vervielfachung des Zeilenabstandes ermitteln. Da der Zeilenabstand bei der Konzeption von Gestaltungsrastern eine derart zentrale Rolle spielt, sollten Sie zu Beginn Schrift, Schriftgröße und eben den Zeilenabstand variieren und anhand von Ausdrucken überprüfen.

Um eventuell später auch mit dem Dokumentraster von InDesign arbeiten zu können, lasse ich das Grundlinienraster nicht direkt an der oberen Seitenkante beginnen, sondern versetze den Anfang um die Hälfte des Abstands zwischen zwei Grundlinien nach unten. Dieses Vorgehen ist dem Umstand geschuldet, dass Sie in InDesign den Beginn des Grundlinienrasters frei definieren können, das Dokumentraster beginnt aber immer an der Seitenkante. Durch den Versatz des Grundlinienrasters können Sie das Dokumentraster so einrichten, dass es die Grundlinien beispielsweise genau halbiert.

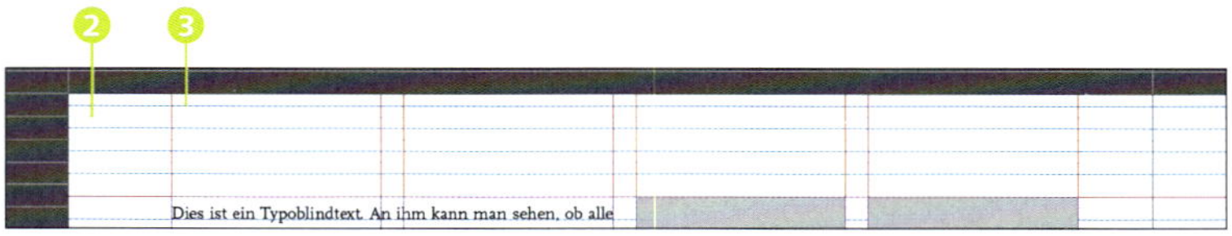

In der Abbildung sehen Sie das eingeblendete Dokumentraster im Standardgrau 2. Wenn Sie die vertikale Unterteilung des Doku-

Rasterformate aus gleichbreiten Zellen

Die Unterteilung der Spalten in gleich breite Zeilen führt zu einem Gestaltungsraster mit gleich großen Rasterzellen. Auf der rechten Seite sehen Sie eine Auswahl möglicher Rahmenformate.

mentrasters praktisch genauso einstellen wie das Grundlinienraster, wird das verschobene Grundlinienraster ❸ durch das Dokumentraster noch weiter unterteilt.

In Abbildung 5.46 sehen Sie die Voreinstellungen, die man sinnvoll vornehmen kann, um versetze Raster zu erstellen. Im Bereich GRUNDLINIENRASTER habe ich den Anfang auf 2,25 mm ❹ (die Hälfte des Grundlinienrasterabstandes bei EINTEILUNG ALLE ❺) gestellt. Das Dokumentraster habe ich vertikal so definiert, dass 45 mm ❻ durch zehn ❼ Linien geteilt werden: Der Abstand zwischen zwei vertikalen Linien beträgt somit genau den Wert, den ich als Grundlinienraster definiert habe.

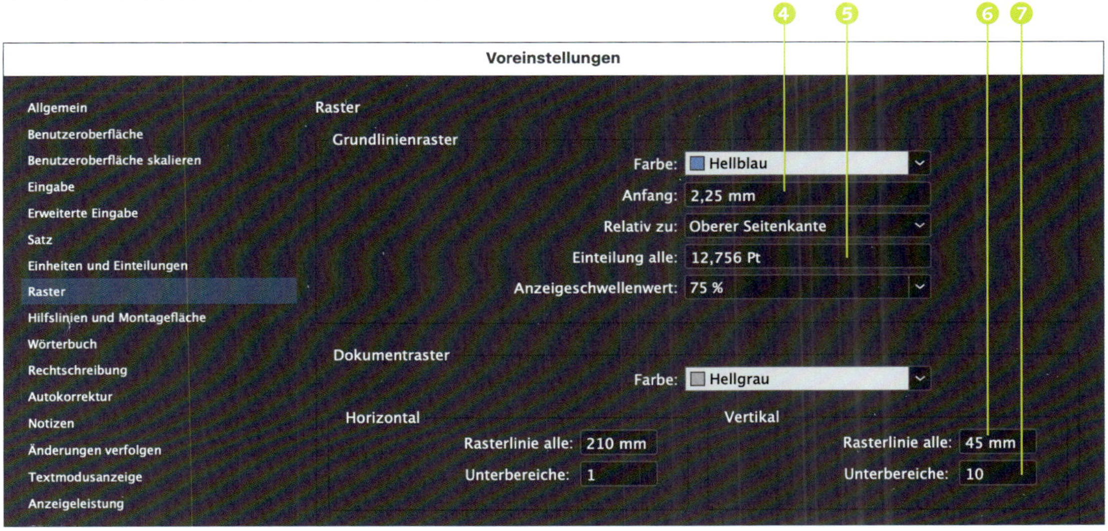

▲ **Abbildung 5.46**
Die Einstellung zum Grundlinien- und Dokumentraster finden Sie in den Voreinstellungen unter RASTER.

Beispiele für ein enges Raster | Für das nebenstehende Raster und die folgenden Abbildungen habe ich mich grob an die Satzspiegelkonstruktion vom vorigen Abschnitt gehalten. Als Seitengröße habe ich DIN A4 gewählt, als Schrift habe ich mich für die Scala Pro Regular in 9,5 pt auf 4,5 mm entschieden. Diesen Wert des Zeilenabstands des Fließtextes habe ich für das weitere Vorgehen als Grundlage verwendet. Als Maßgabe für das Raster bin ich von vier Spalten und acht Zeilen ausgegangen. Bei einer Seitenbreite von 210 mm bleibt nach Abzug von etwa 30 mm für die Bund- und Außenstege 180 mm als Satzspiegelbreite. Nach einigem Ausprobieren habe ich mich für 175,5 mm als Satzspiegelbreite entschieden.

Dieser Wert ergibt sich aus dem Zeilenabstand von 4,5 mm. Als Breite für eine Rasterzelle hat sich der neunfache Wert angeboten.

Software rechnen lassen
Zum Ermitteln der verschiedenen Größen wie Höhe und Breite einer Rasterzelle sowie der sich daraus ergebenden Satzspiegelgröße bieten sich Tabellenkalkulationen wie Excel oder Numbers an.

Breite Rasterzelle
4,5 mm × 9 = 40,5 mm

Da ich im Satzspiegel vier Rasterzellen mit einem Abstand von ebenfalls 4,5 mm nebeneinanderstehen haben möchte, ergibt sich aus den vier Rasterzellen und den drei Zwischenräumen der Wert 175,5 mm:

Satzspiegelbreite
(4 × 40,5 mm) + (3 × 4,5 mm) = 175,5 mm

Die Höhe des Satzspiegels hat sich nach demselben Vorgehen ergeben. Meine Überlegung hierbei war, möglichst acht Zeilen zu erhalten, die Satzspiegelhöhe sollte in meinem Fall maximal 260 mm sein. Mit diesen Vorgaben hat sich eine Rasterzellenhöhe von 27 mm als praktikabel erwiesen.

Satzspiegelhöhe
(8 × 27 mm) + (7 × 4,5 mm) = 247,5 mm

Den Satzspiegel habe ich letztlich mit folgenden Einstellungen angelegt.

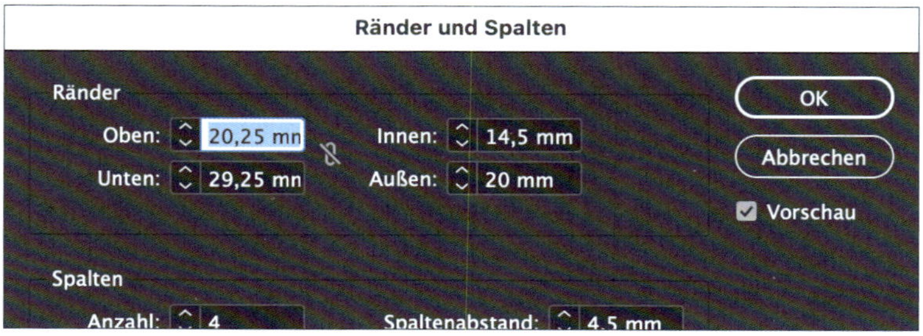

▶ **Abbildung 5.47**
Die Viertelmillimeterwerte beim oberen bzw. unteren Rand entstehen durch den Versatz des Grundlinienrasters von der oberen Seitenkante.

Der obere Rand von 20,25 mm hat sich aus vier Zeilen à 4,5 mm plus dem Versatz von 2,25 mm ergeben. Den unteren Rand habe ich InDesign errechnen lassen. Dafür habe ich im Eingabefeld bei UNTEN einfach die Gesamthöhe von 297 mm minus des oberen Randes von 20,25 mm minus der Satzspiegelhöhe von 247,5 mm eingegeben – InDesign erledigt die Berechnung nach Eingabe der ⇆/⇥- oder ↵-Taste. Hier sehen wir nun einige Beispiele: Trotz der Vorgaben, die dem Layouter durch ein Gestaltungsraster vorgegeben sind, sind die Variationsmöglichkeiten enorm. Die verschiedenen Ergebnisse machen einen durchdachten, wohlgeordneten Eindruck.

Details | Wie Sie unter ① sehen können, besteht ein Problem beim engen Raster darin, dass die obere Kante eines Bildes nicht mit dem nebenstehenden Text abschließt. Eine ähnliche Problematik zeigt sich auch beim Umgang mit Text unterhalb von Abbildungen ②. Diese Situationen sehen Sie an vielen Stellen der

Beispiellayouts. Dort stehen nämlich die Bildlegenden optisch zu weit von den Bildern entfernt. Eigentlich würde man erwarten, dass zwischen Bild und dem Text darunter derselbe Abstand wie zwischen den Bildern zu sehen wäre.

Wenn Sie beispielsweise Bildlegenden unterhalb der Bilder platzieren und eine Leerzeile zwischen Abbildung und Text frei lassen ❶, entsteht ein optischer Raum ❷, der deutlich größer ist als der Abstand zwischen Bildern. Zur Behebung dieses unschönen Details können Sie Bildlegenden ohne Leerzeile zum Bild setzen ❸, obwohl dies letztlich auch eine »Verletzung« des Gestaltungsrasters darstellt, weil auch in dieser Variante der optische Raum nicht dem eigentlichen Rasterzwischenraum entspricht ❹.

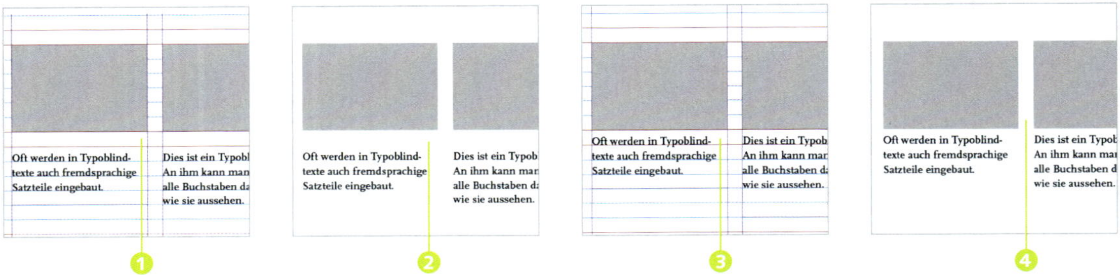

Ganz ähnlich verhält es sich bei dieser Art Raster, wenn Sie ein Bild so in den Fließtext einfügen, dass es sowohl oben als auch unten von Text umgeben ist.

Der Bildplatzhalter ist sauber am Raster ausgerichtet ❺, optisch ist der Raum aber unter dem Bild zum Text zu groß ❻.

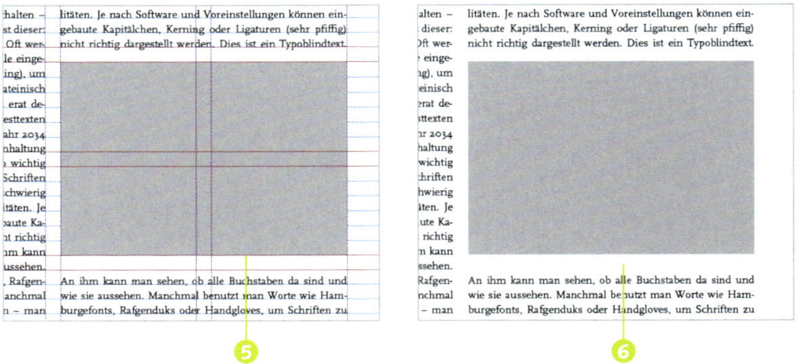

Diese Details wie auch der Versatz von Text zum danebenstehenden Bild lassen sich durch größere Abstände zwischen den Rasterfeldern lösen.

Weites Raster

In den Grundzügen entspricht diese Art Raster dem engen Raster. Die größeren Abstände zwischen den Rasterfeldern ergeben sich durch die Alinierung der oberen Kanten der Felder mit dem nebenstehenden Text: Sie werden also nicht am Grundlinienraster ausgerichtet.

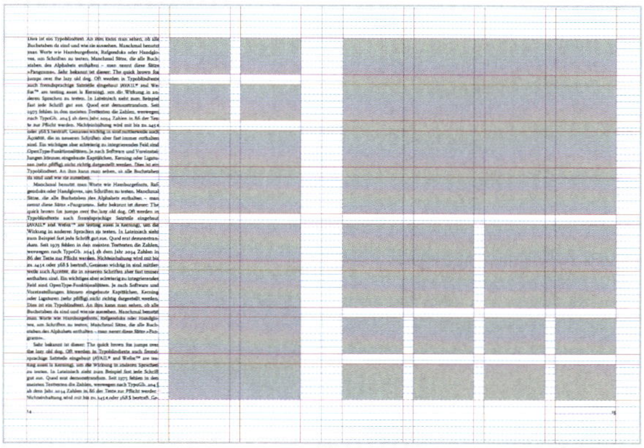

Die Versalhöhe der Scala Pro in 9,5 pt/4,5 mm endet genau auf der Hälfte des Abstands zwischen zwei Grundlinien 7 und wird nun zur Bestimmung der Höhe eines Rasterfeldes herangezogen 8. In meinem Beispiel entspricht daher die Höhe eines Rasterfeldes dem 5,5-Fachen des Zeilenabstandes: 5,5 × 4,5 mm = 24,75 mm. Der Abstand nach unten zum nächsten Rasterfeld 9 ergibt sich somit aus dem 1,5-Fachen des Zeilenabstandes: 6,75 mm. Ich habe denselben Wert im Beispiel auch für den Spaltenabstand verwendet, was zu auffallend großzügigen Abständen führt.

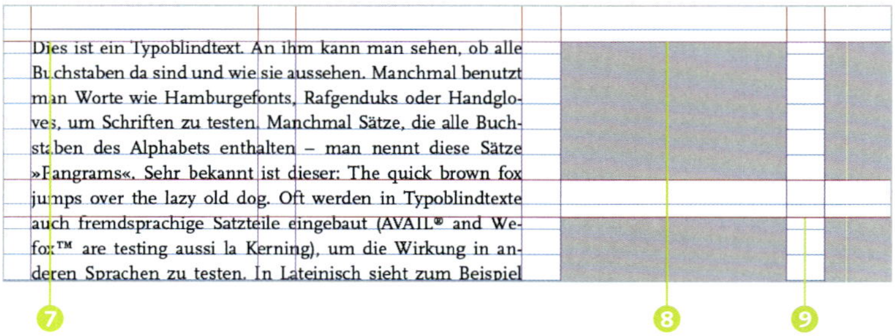

Definition Alinierung
Das Ausrichten von Layoutelementen innerhalb eines Satzspiegels bzw. Gestaltungsrasters

Beim weiten Raster ist die optische Wirkung der Abstände schlüssiger als beim engen Raster.

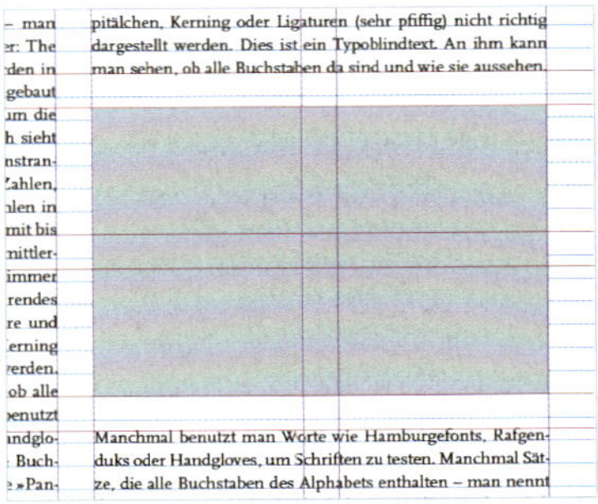

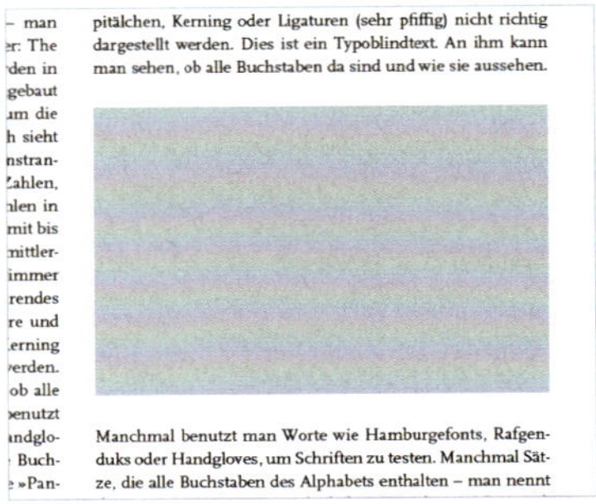

Layout mit kleinen Spalten

Tipps für Raster mit kleinen Spalten

- Nutzen Sie die zusätzliche Spalte, um großzügigen Weißraum ins Layout zu bringen. Lassen Sie sie an manchen Stellen bewusst leer, um das Auge des Betrachters zu lenken.
- Setzen Sie die Inhalte der zusätzlichen Spalte deutlich vom Fließtext ab, z. B. durch andere Schriftarten, -größen, -farben oder Hinterlegungen. So bleibt die Hierarchie klar.

Bei den beiden Beispielen zum engen bzw. weiten Raster habe ich Ihnen Raster mit vier Spalten und acht Zeilen gezeigt. Grundsätzlich erhalten Sie bei geradzahligen Spalten und Zeilen ausgewogene Größenverhältnisse, die eben auch die Halbierung eines Formates zulassen. Wenn Sie eine ungerade Anzahl weniger, aber breitere Spalten verwenden, führt dieser Ansatz zu eher dynamischeren Layouts. Eine ungerade Anzahl Spalten bietet sich auch an, wenn Sie zusätzlich zum Fließtext eine zusätzliche Spalte zur variablen Gestaltung einsetzen möchten. Diese können Sie dann beispielsweise als Marginalie oder für Bildlegenden einsetzen.

Das Layout der Page in der folgenden Abbildung sieht auf den ersten Blick nach einem fünfspaltigen Raster aus, bei dem der Fließtext jeweils in zwei Spalten zusammengefasst wird. Die zusätzliche Spalte wird sowohl mittig für Zitate als auch links neben dem Fließtext für Bildlegenden genutzt.

Die beiden Bildreihen im rechten Beispiel der Abbildung passen jedoch nicht in dieses fünfspaltige Raster.

Teile ich den Satzspiegel der Page jedoch in 44 Spalten auf, zeigt sich, dass sowohl die Text- als auch die Bildspalten hier hineinpassen. Dabei sind die Fließtextspalten je 17 Spalten breit, die Spalte für Marginalien, Zitate bzw. Bildlegende setzt aus acht Spalten zusammen. Die Bildspalten sind in der Beispielseite sind jeweils 11 Spalten breit. Ein weiteres schönes Detail zeigt sich bei dieser Analyse: Auch die Absatzeinzüge orientieren sich an den Spaltenbreiten.

So fein und variabel dieses 44-spaltige Raster ist, es reicht für das sehr variable Layout der Page nicht aus. In der folgenden Abbildung sehen Sie ein zweispaltiges Layout. Wenn Sie ein sehr feines Raster mit einer geradzahligen Anzahl von Spalten erstellen, können Sie darauf aufbauend keine geradzahligen Spalten anlegen – wenn Sie eine und nicht zwei Spalten als Zwischenraum anlegen möchten. Bei der Page würden ja bei den erwähnten 44 Spalten weniger eine Spalte für den Zwischenraum 43 Spalten übrigbleiben.

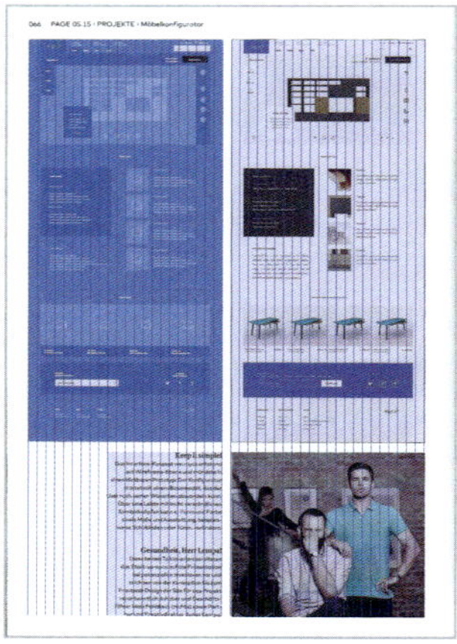

Daher sehen Sie auf einer Seite mit einem zweispaltigen Layout in der Page statt der 44 nun 45 Spalten, bei denen je 22 zu großen Räumen zusammengefasst werden.

Raster im Webdesign

Sogenannte Frameworks wie etwa Bootstrap arbeiten gerne mit 12-spaltigen Rastern. Der Grund hierfür liegt in der Tatsache, dass 12 durch ungewöhnlich viele Zahlen teilbar ist – und die sich im Layout fast beliebig kombinieren lassen. So lässt sich beispielsweise die Hälfte eines Containers mit einem Element füllen und die andere Hälfte weiter mit drei gleich breiten Elementen befüllen:
1 : 2 + 3 × 1 : 6 = 1.

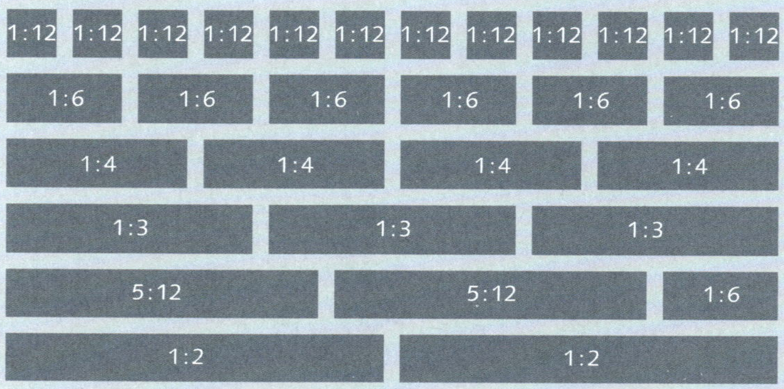

Die Bildlegende der hier gezeigten Beispielseite beruht auf 13 der feinen Spalten.

Um derart variable Raster zu konstruieren und einzusetzen, müssen Sie gegebenenfalls an verschiedenen Stellen Kompromisse eingehen. Wenn Sie die Satzspiegelbreite beibehalten möchten, variiert zwangsläufig die Breite der kleinen Spalten entsprechend der Unterteilung. Alternativ ändern Sie die Satzspiegelbreite und erhalten gleich breite Spalten.

Quadratische Rasterfelder

Häufig sind rechteckige Rasterfelder quadratischen Grundformen vorzuziehen. Quadrate wirken als Bildformate rational, kühl, berechnet. Ein weiterer Nachteil quadratischer Rasterfelder liegt darin, dass die Kombination von zwei oder mehr Feldern zu sehr schmalen Formen führt.

Variables Raster am Beispiel

Für die Layoutvarianten auf der folgenden Seite habe ich ein Raster entwickelt, das sich auf 12 Spalten aufbaut. Als Grundlage habe ich das Grundlinienraster von Abbildung 5.46 verwendet. Als Spaltenbreite verwende ich 10 mm, als Abstand zwischen den Spalten 5 mm; er ist damit ein wenig breiter als der Zeilenabstand von 4,5 mm. Der Satzspiegel ist bei 12 Spalten somit 175 mm breit. Bei einer Formatbreite von 210 bleiben mir 35 mm insgesamt für den Bund- und Außensteg. Ich teile die 35 mm in 15 mm für den Bundsteg und 20 mm für den Außensteg auf.

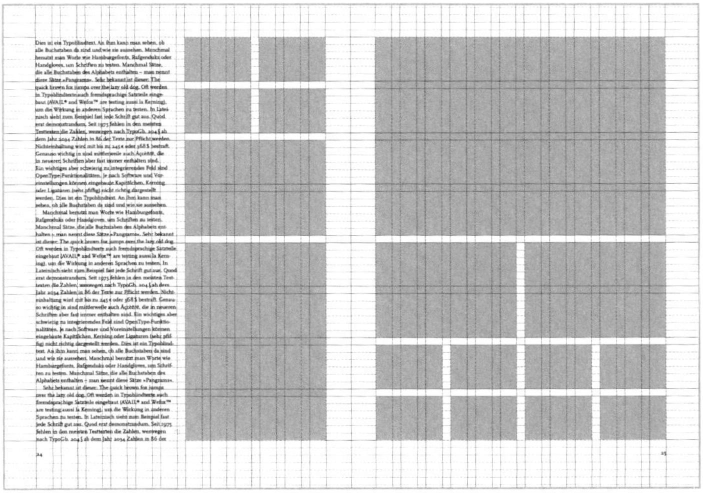

Diese Art Raster ist durch die größere Anzahl an Spalten deutlich flexibler als die Beispielraster, die ich Ihnen in den vorigen Abschnitten erläutert habe. Schauen wir uns diesen Rasteraufbau also am Beispiel an.

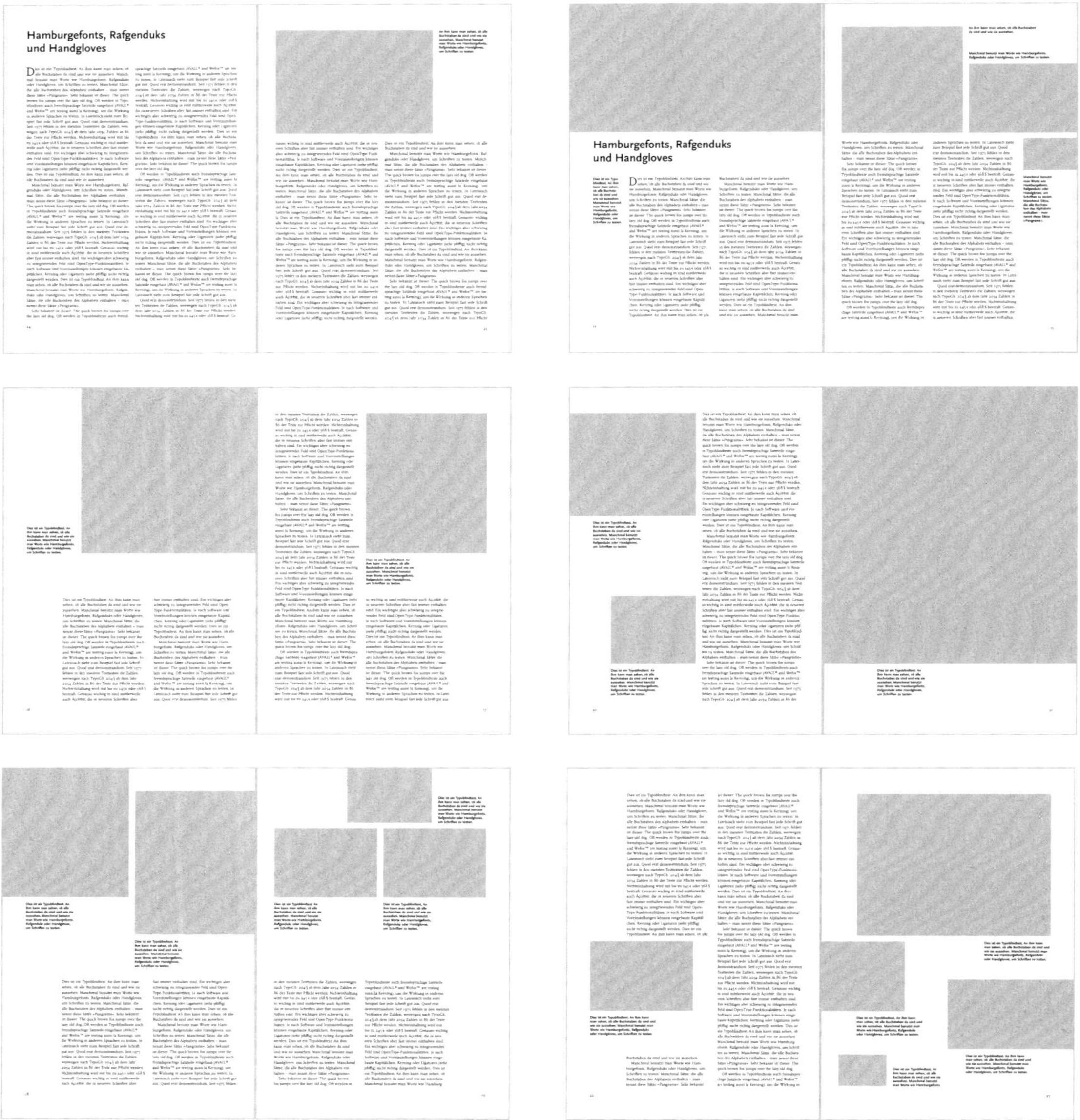

In diesen Beispielen sehen Sie: Bei einem 12-spaltigen Raster bieten sich sowohl ruhigere als auch freiere Layoutlösungen an, die sich variabel gestalten lassen. Sie können sehr einfach mit der Größe der Abbildungen, den Bildunterschriften und den Spaltenbreiten spielen.

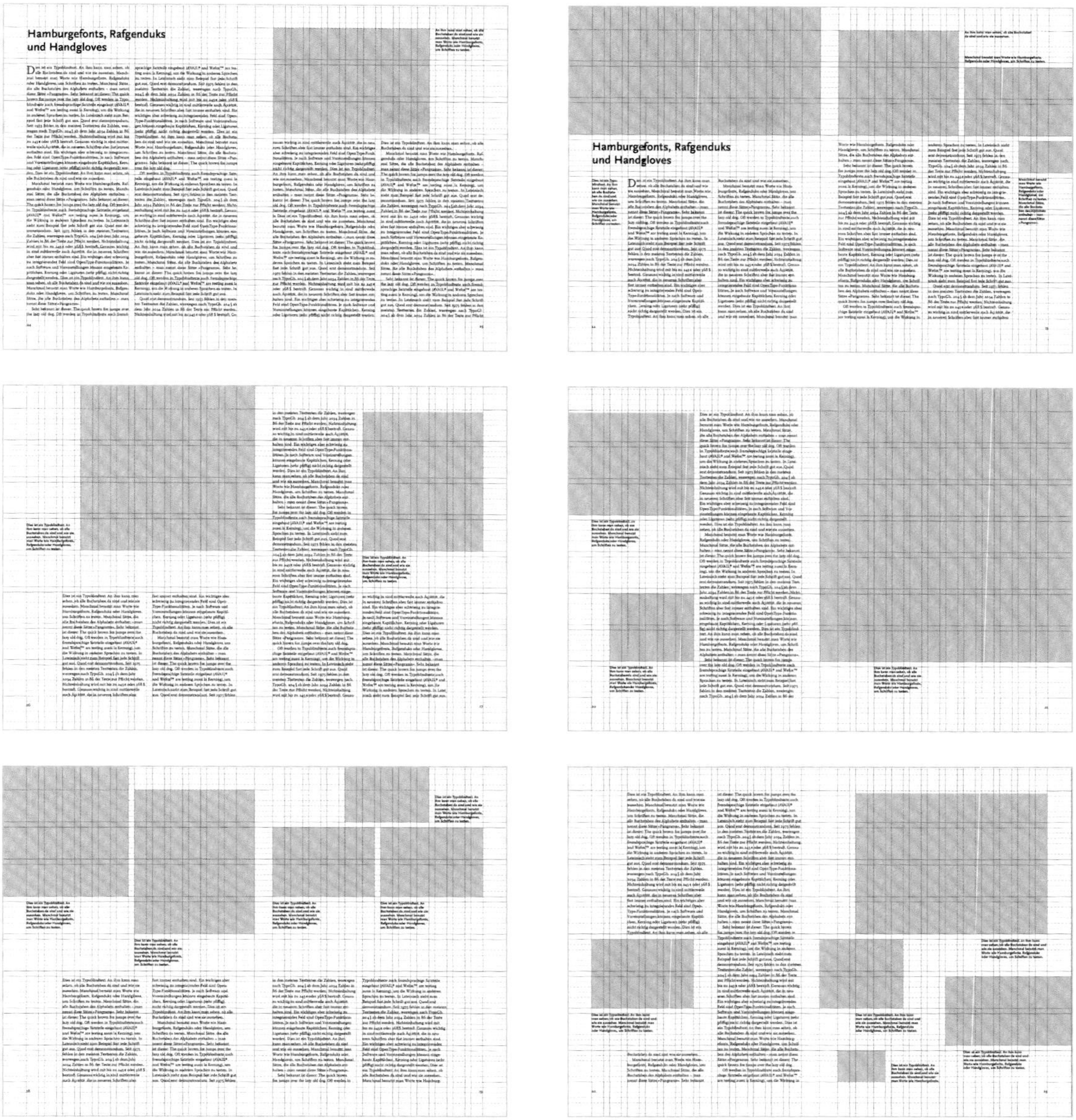

Je feiner ein Raster angelegt ist, desto weniger offensichtlich ist es im Layout wahrnehmbar. Daher zeige ich Ihnen in diesen Abbildungen die eingeblendeten Hilfslinien, die ich für die nebenstehenden Beispielseiten verwendet habe.

Bildlegenden oben ausrichten | Im Unterschied zu den weiter vorn erläuterten Lösungen habe ich auf den Beispielseiten zum 12-spaltigen Raster die Texte der Bildlegenden, wenn sie unterhalb eines Bildes stehen, oben an der Grundlinie ausgerichtet.

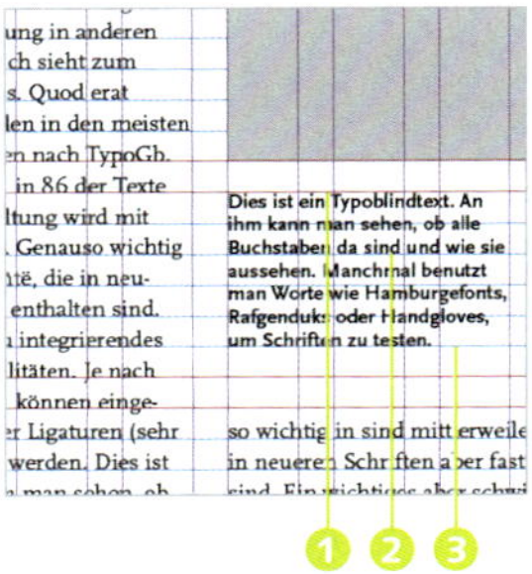

Die Texte der Bildlegenden habe ich nicht am Grundlinienraster ausgerichtet, dadurch beginnen sie automatisch oben an der Textrahmenkante 1. Um nun dennoch einen Zusammenhang zum Fließtext herzustellen, trifft ab der dritten Zeile 2 jede weitere vierte Zeile wieder auf eine Grundlinie 3.

Bild neben Fließtext | Bei den Beispielseiten auf der vorigen Doppelseite habe ich mir bei der Ausrichtung der Bilder an der oberen Satzspiegelkante eine Freiheit erlaubt und die Bilder unterschiedlich hoch angesetzt.

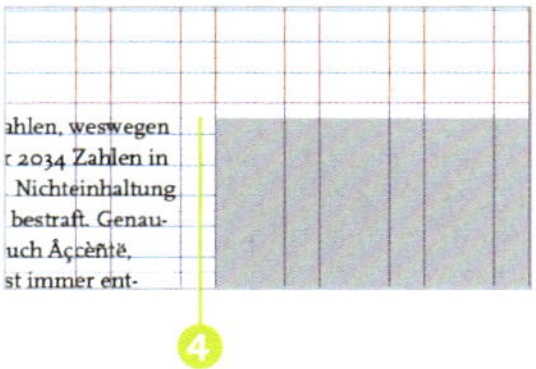

Wenn ein Bild oben mit dem Fließtext abschließt, empfinde ich es als störender, wenn hier ein Versatz zu sehen ist, nur um das Raster zu 100 Prozent einzuhalten. Daher habe ich in diesen Fällen die obere Bildkante am zuvor erstellten Dokumentraster ausgerichtet 4. Wie Sie dieses in InDesign einstellen, können Sie in Abschnitt 5.7 nachschlagen.

5.8 Text- und Bildgestaltung

In den meisten Publikationen wird der überwiegende Teil der Informationen nach wie vor über Texte vermittelt. Das ist in Tages- und Wochenzeitungen ebenso der Fall wie in den meisten Magazinen. In Fashionmagazinen, Kunst- und Produktkatalogen und allgemein in werblichen Medien finden Sie eine deutliche Betonung der Bilder und weniger Text.

Für eine sinnvolle Strukturierung des Text-Bild-Verhältnisses in einem Layout sollten Sie sich zunächst einen groben Überblick über den vorliegenden Text und das Bildmaterial verschaffen. Bilder lassen sich entsprechend ihrer Aufgabe im Layout in drei große Gruppen einteilen:

- illustrierende,
- eigenständige und
- atmosphärische Abbildungen.

Kunst und Raster

Da Sie Kunstbilder nicht beschneiden dürfen, können Sie bei Kunstkatalogen kein Raster erstellen, das für die verschiedensten Bildproportionen entsprechende Rasterfelder vorsieht. Dann empfiehlt es sich, dass Sie Bilder entweder an Spalten ausrichten (und die Höhe unabhängig vom Raster definieren) oder die Höhe am Raster ausrichten (und die Breite vom Raster unabhängig einrichten).

Mit illustrierend meine ich hier Bilder, die sich auf konkrete Stellen im Text beziehen und dementsprechend auch in der Nähe dieses Textabschnittes stehen müssen. Text und Bild gehören somit derselben Inhaltsebene an. Ein Bild, das auf einer anderen (Doppel-) Seite als der zugehörige Text steht, wirkt beim Lesen irritierend.

Zu eigenständigen Bilder, zähle ich solche, die wie die illustrierenden Bilder einen hohen Informationswert haben, aber keiner bestimmten Textstelle zugeordnet werden müssen, da sie allgemeineren Informationswert haben. Derartige Bilder gehören daher einer anderen Inhaltsebene an und können so auch unabhängiger vom Text layoutet werden, beispielsweise, indem Sie ein deutlich vom Fließtext verschiedenes Raster verwenden. Auch großformatige Bilder und so genannte Aufmacherbilder, die auch ganze Doppelseiten einnehmen können und längere Beiträge einläuten, gehören in diese Kategorie.

Atmosphärische Abbildungen haben nicht unbedingt einen konkreten inhaltlichen Bezug zum Text, sondern dienen der Bildung einer bestimmten Stimmung des Layouts. Hierzu zählen beispielsweise Stockfotos, die daher eben auch eher austauschbar sind als illustrierende oder eigenständige Bilder.

Wie eng die Beziehung von Bild- zu Textebene ist, können Sie beim Layouten besonders durch zwei Gestaltungsparameter beeinflussen und so für die Leserinnen und Leser sicht- und spürbar machen:

1. durch den Abstand von Bild zum Text und
2. durch den Umgang mit Rastern.

Die beiden Gestaltprinzipien, die hier greifen, sind somit das Prinzip der Nähe und die Alinierung, d.h. das Ausrichten aller Elemente innerhalb eines Satzspiegels bzw. Gestaltungsrasters.

Wenn Sie Bilder und Text in einem eindeutigen Raster mit geringen Abständen platzieren, wird der starke inhaltliche Bezug deutlich.

Der Weißraum

Achten Sie unbedingt auch auf den Raum um und zwischen den Bildern. Er lenkt die Wahrnehmung und hebt Bilder entweder hervor oder fügt sie dezent ins Layout ein.

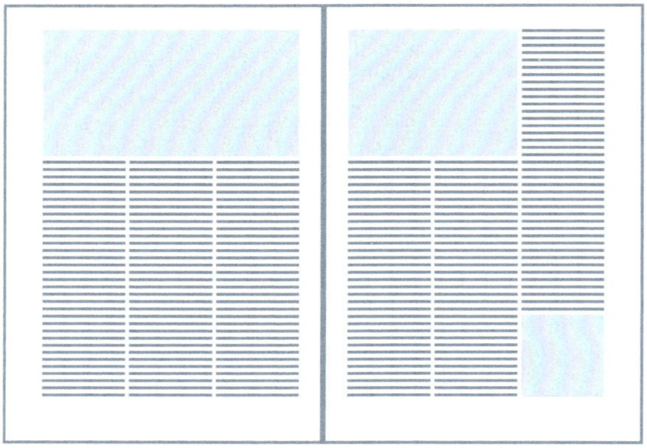

Diesen Layoutansatz sehen Sie beispielsweise in Zeitungen und Nachrichtenmagazinen; hier ist er nicht nur aufgrund seiner optimalen Flächenausnutzung Standard.

Die deutliche räumliche Trennung in den Beispielen führt auch zu einer Lockerung des inhaltlichen Zusammenhangs.

Bildgrößen

Beim Erfassen von Layouts geht man unbewusst nach der Größe von Seitenelementen vor: Je größer eine Überschrift oder eben ein Bild, als desto wichtiger wird es eingestuft. Das sollten Sie beim Layouten berücksichtigen, sonst verwirrt Ihr Layout die Lesenden mehr, als dass es sie bei der Informationsaufnahme unterstützt.

Beachten Sie auch, dass große Bilder selbst dann den Blick der Leserschaft auf sich ziehen, wenn das Bild wie in der folgenden Abbildung links nicht am Anfang der gewohnten Leserichtung von links oben nach rechts unten positioniert ist. Rechts zeige ich die gewöhnlichere Variante: Sie entspricht unserer Lesegewohnheit.

Die Ordnung nach Größe bedeutet auch, dass Sie gleichwertige Bilder auch gleich behandeln: Sie sollten dieselbe Größe haben und an ähnlicher Stelle auf einer Seite positioniert werden, beispielsweise nebeneinander oder untereinander gruppiert.

Bildunterschriften

Bildunterschriften sollten in kleineren Schriftgraden als der Fließtext gesetzt werden bzw. durch Farbe oder andere Schriftschnitte hervorgehoben werden. Positionieren Sie die Bildunterschriften nah zum zugehörigen Bild. Bei Bildunterschriften ist sowohl links- als auch rechtsbündiger Satz denkbar, in Ausnahmefällen sogar ein zentrierter Satz.

Hier sehen Sie wieder die Berücksichtigung des Gestaltprinzips Nähe (grundsätzliche Informationen hierzu finden Sie in Abschnitt 1.4). Aus demselben Grund können Sie Bilder auch bewusst im Layout trennen (in der vorherigen Abbildung rechts zu sehen), um eben eine Gegensätzlichkeit zu verdeutlichen. Das bietet sich beispielsweise bei Interviewpartnern an, die konträre Meinungen vertreten.

Bildachsen

Wie auch Texte »lesen« wir Bilder von links nach rechts. Daher empfinden wir Bewegungen oder Blickrichtungen in Bildern nach rechts als nach vorne gewandt oder im übertragenen Sinn als positiv. Die Bewegung nach links widerspricht in unserem Kulturkreis unserer gewohnten Leserichtung: Wir empfinden daher Motive, die derart ausgerichtet sind, als gegenläufig, sperrig, aggressiv oder negativ.

Im nächsten Beispiel sehen Sie zwei Bildachsen. Da ist zum einen die deutliche Horizontale, die eine ruhige Bildwirkung hat. Zum anderen sehen Sie hier die ebenfalls horizontale Bewegungsrichtung, in der der Radfahrer unterwegs ist.

Außerdem spielt hier auch noch eine weitere wichtige Achse, wenn auch untergeordnet, eine Rolle: die Blickrichtung. Menschen sind mit Abstand am meisten an den Augen eines Gegenübers interessiert, dabei ist es relativ unerheblich, ob uns die andere Person »in real life« gegenübersitzt oder ob sie in einem Medium wie einem Magazin zu sehen ist.

Viele Bilder haben trotz ihrer Zweidimensionalität eine räumliche Wirkung. So kann das Bild mit dem Radfahrer durch eine entsprechende Wahl des Ausschnitts dazu führen, dass der Sportler vor eine Wand fährt oder aus dem Bild – und dem Beitrag – heraus.

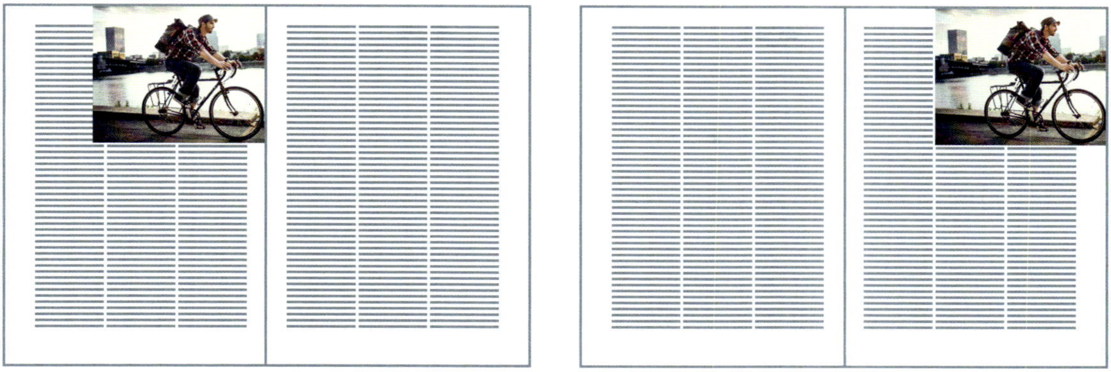

Landschafts- und Architekturfotos haben meist deutliche Bildachsen. Achten Sie besonders bei Bildern mit Diagonalen auf deren Bildwirkung. Diagonalen wirken dabei immer dynamischer als vertikale oder horizontale Linien.

Für die beiden folgenden Layoutbeispiele habe ich dasselbe Bild einmal gespiegelt. Die Bildwirkung ändert sich dadurch vollkommen. Während der Weg in der linken Variante von links unten zum Horizont rechts oben führt und so auch Ihren Blick lenkt, ist die Bildaussage ein aktives In-die-Ferne-Schweifen und macht Sie neugierig auf den weiteren Weg. Im Gegensatz dazu führt der Weg in der rechten Variante vom Horizont zur Bildunterkante, was Sie vielmehr als ein Ankommen wahrnehmen: Der Weg liegt sozusagen schon hinter Ihnen.

Ob Personen verschiedene Standpunkte haben, aber weiter im Gespräch sind, können Sie durch die Wahl des Ausschnitts und durch die Positionierung veranschaulichen (Abbildung links). Das Ende der Gesprächsbereitschaft können Sie ebenso durch das Layout visualisieren (Abbildung rechts).

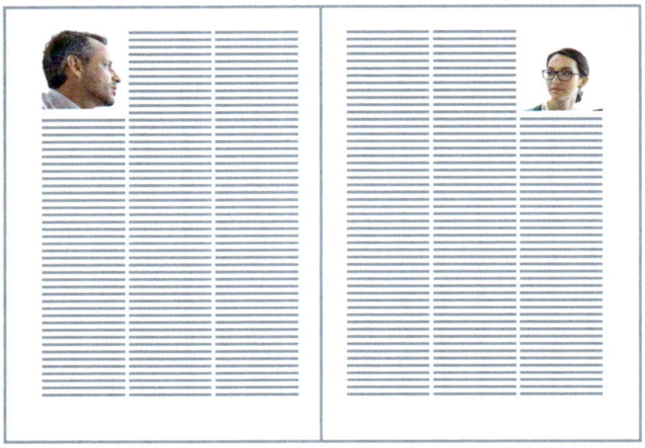

© shapecharge, istock.com

▲ **Abbildung 5.48**
Das komplette Bild hat eine deutlich andere Aussage.

Achten Sie bei der Änderung von Bildausschnitten auf die Änderung der Bildaussage. Die Lesenden haben in der Regel nur die Bildinformationen zur Verfügung, die Sie ihnen im Layout auch zeigen. So wirken schon die Ausschnitte der beiden Personen vollkommen anders als das komplette Bild in Abbildung 5.48, aus dem diese Ausschnitte stammen, weil die Gesprächssituation als solche beim Betrachten der Ausschnitte überhaupt nicht zu sehen ist.

Bildkombinationen

Achten Sie bei der Kombination mehrerer Bilder auf die Gesamtwirkung der Bilder.

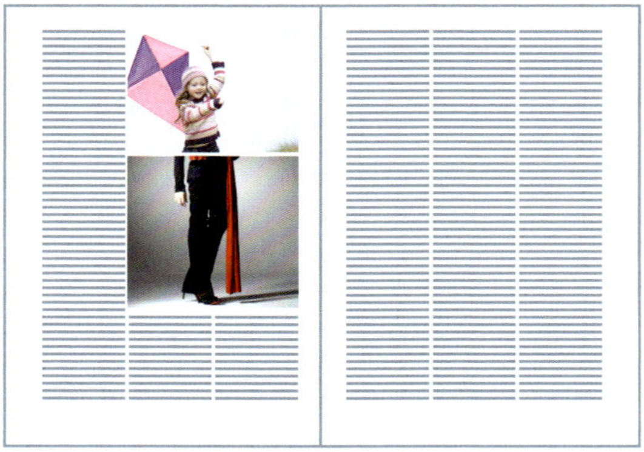

© Monkey_Business, fotolia

Gerade bei angeschnittenen Personenbildern können sehr ungünstige Bildwirkungen entstehen, denn man nimmt starke Linien als zusammenhängend wahr – auch über Bildgrenzen hinweg. Auch bei Landschaftsbildern können sich durch fortlaufende Bildachsen irritierende Gesamtwirkungen bilden.

Durch verschiedene Blickwinkel oder unterschiedliche Entfernungen zum Bildobjekt können Sie die Dynamik eines Layouts beeinflussen.

© yulkapopkova, istock.com

Textfluss

Achten Sie beim Layouten von Bildern, die Sie mitten in den Text (statt an den Textrand wie bei den vorigen Beispielen) setzen, auch auf den Textfluss. Während Sie Bilder in Layoutprogrammen einfach so einstellen können, dass sie den umgebenden Text verdrängen, kann es für die Lesenden schwierig werden, nachzuvollziehen, in welcher Reihenfolge Texte gelesen werden sollen. Auch wenn es sich dabei nur um eine winzige Irritation handeln mag, versuchen Sie diese zu vermeiden. Einzelne Bilder, die Sie in eine reine Textspalte platzieren, stellen die Lesenden vor keine große Herausforderung. Sie wissen, dass der Text unterhalb des Bildes fortgeführt wird.

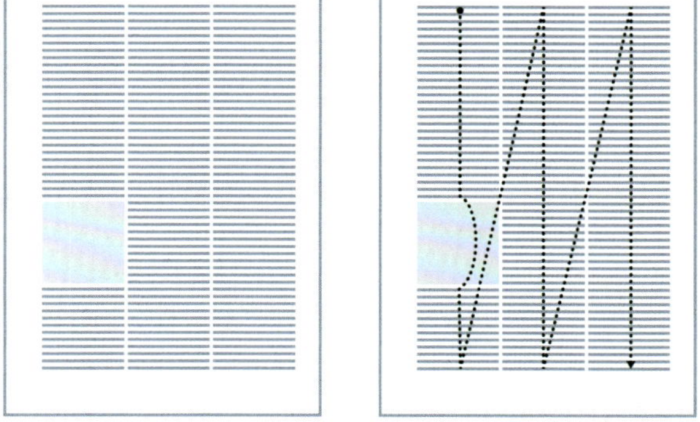

Bei Bildern, die den Fließtext wie im folgenden Beispiel optisch in zwei große Bereiche aufteilen, ist der Textfluss nicht eindeutig auszumachen. Denn es gibt zwei gleichwertige Alternativen, wo der Text in der linken Spalte oberhalb des Bildes fortgeführt wird. Denkbar ist hier, dass der Text zunächst in der mittleren Spalte weitergeht (Abbildung Mitte). Genauso könnte der Text aber auch unterhalb des Bildes in derselben Spalte weiterlaufen. Um derartige Unsicherheiten beim Lesen gar nicht erst aufkommen zu lassen, platzieren Sie große Bilder oder Bildleisten wie im Beispiel also am besten nicht inmitten, sondern am Rand des Textes.

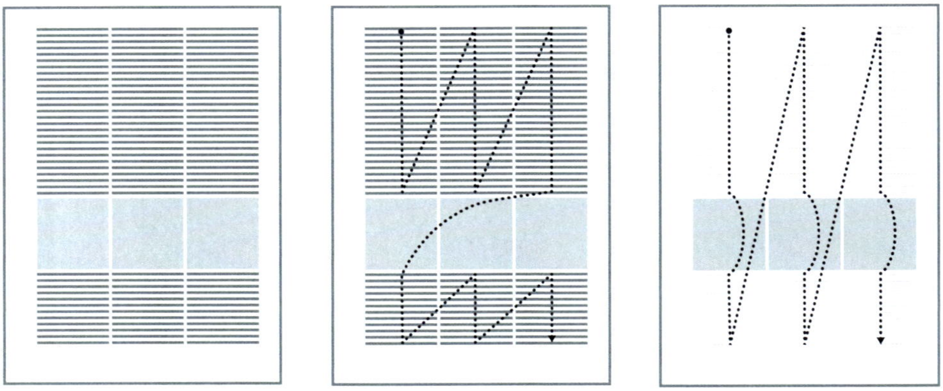

InDesign: Druckbogen in Fenster einpassen

Einer der Tastenbefehle, die ich am häufigsten anwende, ist Strg/cmd+Alt+0. Damit rufe ich den Befehl DRUCKBOGEN IN FENSTER EINPASSEN auf, den Sie auch im ANSICHT-Menü finden. Dadurch blendet InDesign etwa eine komplette Doppelseite ein, unabhängig davon, mit welcher Vergrößerungsstufe ich gerade gearbeitet habe.

Trennlinien | Wenn Sie mehrere Beiträge wie Nachrichten, Produktbesprechungen oder Termine auf einer Seite unterzubringen haben, bietet sich der Einsatz von Trennlinien an. Diese meist vertikalen Linien sind in Zeitungen ein gängiges Mittel, um platzsparend Inhalte voneinander zu trennen. In Magazinen können Sie diese Linien auch freier gestalten und dadurch Beiträgen einen individuellen Charakter geben.

Gesamtwirkung | Überprüfen Sie während der Arbeit an einem Layout immer wieder, ob die Gesamtwirkung stimmt.

- Stehen die verschiedenen Textsorten im richtigen Verhältnis zueinander?
- Sind die inhaltlichen Zusammenhänge für die Leser und Leserinnen auf einen Blick zu erfassen?

Zoomen Sie hierfür immer mal wieder sehr weit aus Ihrem Dokument heraus. Dann sehen Sie besser, ob Ihr Layout funktioniert, als wenn Sie sich Ihre Arbeit in großen Ansichtsstufen anschauen.

Scribbeln

Auch wenn ich sehr gerne am Rechner arbeite, sind zwei meiner liebsten Werkzeuge immer noch Papier und Bleistift. Zum Beginn des Designstudiums wurden wir aufgefordert, uns ein Skizzenbuch und einen Bleistift nicht nur anzuschaffen, sondern immer mit uns zu tragen. Dieser Aufforderung bin ich seitdem nachgekommen und möchte Ihnen diesen Rat an dieser Stelle auch einfach weitergeben.

Vielleicht geht es Digital Natives anders als mir, und ganz sicher hat sich durch Smartphones auch meine Art der Ideengenerierung und besonders des Festhaltens von Ideen geändert. So lassen sich inspirierende Gestaltungen natürlich mal eben abfotografieren und ablegen. Aber um mich einer Gestaltungsaufgabe anzunähern, gibt es für mich kein besseres Werkzeug als ein Skizzenbuch und einen Bleistift. In keiner Software ist es mir möglich, so schnell und flüssig Ideen zu skizzieren, wie ich das mit den althergebrachten analogen Werkzeugen kann. Während ich in einer Software ständig Werkzeuge wechseln muss und immer Entscheidungen treffen muss, um konkrete Angaben über Formate, Schriften, Schriftgrößen etc. zu machen, erlaubt mir das Skizzenbuch, viel grundsätzlicher und im positiven Sinn »gröber« zu arbeiten. Am Anfang eines Projektes geht es mir gerade noch nicht um die genannten Details, es geht vielmehr um die Annäherung an ein Projekt. Erst wenn ich über das grobe Skizzieren, das sogenannte Scribbeln, einen Zugang zu dem konkreten Projekt bekommen habe und erste Ideen generiert habe, mache ich am Rechner weiter. Manches Mal, etwa bei der Entwicklung von Logos, scanne ich auch Entwürfe ein, um sie beispielsweise in Illustrator weiterzubearbeiten.

Die Schere im Kopf ausschalten

Wenn es um Ideenfindung geht, gibt es verschiedene Herangehensweisen. Bei manchen intuitiveren Ansätzen wie dem Brainstorming kommt es zunächst darauf an, in kurzer Zeit möglichst viele Ideen zu generieren. Dabei ist die Qualität noch kein Kriterium, daher sollten hierbei alle Beteiligten keinerlei Beschränkungen und Einwände äußern: Alles ist erlaubt! Bei anderen Ansätzen wie dem sogenannten Morphologischen Kasten nähert man sich einer Aufgabenstellung eher rational.

▼ **Abbildung 5.49**
Scribbels sollten schnell erstellt werden und nur die wichtigsten Informationen enthalten.

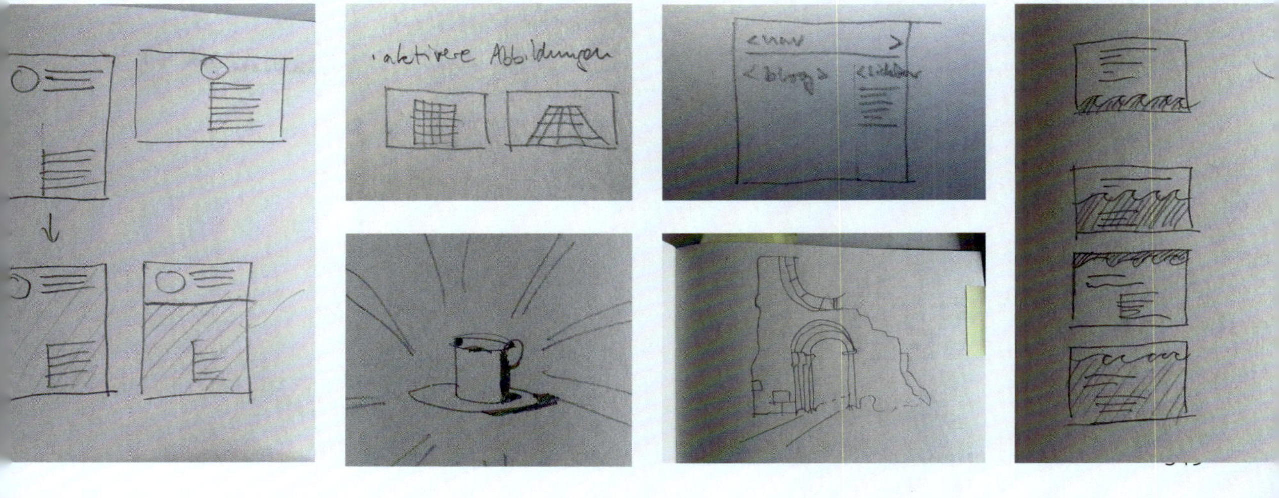

Beispiele für die Bild-Text-Zuordnung

Auf den folgenden Seiten zeige ich Ihnen einige Beispiele aus meiner Berufspraxis.

Layoutbeispiel Kundenmagazin | Zunächst ein klassisches, dreispaltiges Layout. Dem Layout liegt ein 12er Raster zugrunde.

OBJEKTE

Glas als Highlight im Innenausbau der WDR mediagroup Köln

Hingucker in Blau

Leitidee der gläsernen Wandbereiche vor den Aufzügen: Wasser in seinen unterschiedlichen Aggregatzuständen: von gefrorenem Eis über fließendes Wasser bis hin zum gasförmigen Zustand in der oberen Etage

32 glasklar 01/17

Auch die Glastüren haben die Hausfarbe Blau.

Mit blau lackierten SGG PLANILAQUE-Scheiben verkleidete Empfangstheke

Als architektonisches Kind der späten 1980er-Jahre zeigte sich das Stammhaus der WDR mediagroup in Köln vor der Sanierung von außen kleinteilig gegliedert, mit Sprossenfenstern und einem kupfernen Dachaufbau. Bauphysikalisch und funktional gab es einige Defizite. Nach der Modernisierung und Kernsanierung durch die Architekten der SSP AG aus Bochum ist das Gebäude heute energetisch und technisch auf Vordermann. Außerdem optimierten die Planer die Funktion der Nutzflächen und der Betriebsabläufe und stellten wieder ein repräsentatives Erscheinungsbild her. Für eine klare Präsenz in der Kölner Innenstadt sorgt heute die puristisch-strenge Rasterfassade aus feinstrukturierten, großformatigen Betonfertigteilen. Die klare Formensprache der Außenhülle findet ihre Fortsetzung im Inneren.

Dort setzt das Material Glas nach dem Umbau vielfältige Akzente: an Decken, an Wänden, auf dem Fußboden, in Trennwänden und als Thekenverkleidung. Hochwertige Materialien bestimmen die gesamte Atmosphäre der Innenräume. Zur Betonung einzelner Bereiche und als Leitsystem kommt gezielt Glas zum Einsatz. Dabei taucht oftmals Blau als Farbakzent auf – ganz im Sinne des Corporate Designs. So werden Besucher und Mitarbeiter bereits beim Betreten des Foyers von der WDR Hausfarbe begrüßt: Die Empfangstheke ist mit blau lackierten SGG PLANILAQUE-Scheiben verkleidet. Durch die weiße Grundierung wirkt der Blauton besonders intensiv und gleichmäßig.

Für die Wandbereiche vor den Aufzügen entwickelten die Architekten einen Farbverlauf in Streifenoptik, der im Erdgeschoss in satten Blautönen beginnt und sich zu den oberen Geschossen hin immer stärker aufhellt. Als gestalterische Leitidee diente Wasser in seinen unterschiedlichen Aggregatzuständen: von gefrorenem Eis über fließendes Wasser bis hin zum gasförmigen Zustand in der oberen Etage. Um dieses Bild optimal zu transportieren, wurde das eisenoxidarme Weißglas SGG DIAMANT rückseitig digital bedruckt. Durch die farbneutralen Gläser kommt das abstrahierte Dekor besonders brillant zur Geltung. Produktion und Einbau führte GLASSOLUTIONS Köln aus. Dank der Erfahrung von Standortleiter Frank Tacke und seinem Team konnte das von den Architekten vorgegebene Fugenbild der 50 Scheiben – alle in Sonderformaten – exakt eingehalten werden. Dabei war absolute Präzision und sorgfältige Verarbeitung gefragt. Denn nicht nur die Wandverkleidung wurde in Glas ausgeführt; auch die Decken und Fußböden in den Bereichen vor den Aufzügen sind mit Glas verkleidet. „Damit die Fugen von Decke, Wand und Boden passgenau aneinanderstoßen, haben wir vorab eine möglichst exakte Detailplanung gemacht“, so Frank Tacke.

Ebenso wichtig war die Auswahl der eingebauten Produkte, denn je nach Einsatzort unterscheiden sich die Anforderungen deutlich. So gelten für den Bodenbereich besondere Sicherheitsanforderungen, weshalb hier lackiertes SGG DECOLIT Sicherheitsglas mit rutschhemmendem Siebdruck eingebaut wurde.

Abgerundet wird der vielfältige Einsatz von Glas im Stammhaus der WDR mediagroup durch die SGG STADIP SILENCE-Verbundgläser in den Trennwänden der Schulungsräume. Nicht ganz unerwartet: Auch die einlaminierte Schallschutzfolie wurde blau eingefärbt.

Informationen zu den Produkten unter:
www.tinyurl.com/ky7hblz

glasklar 01/17 33

Quelle Fotos: https://www.baunetzwissen.de/glas/objekte/buero-verwaltung/stammhaus-des-wdr-in-koeln-5101323

▲▶ Abbildung 5.50
Hier sehen Sie einige Doppelseiten des Kundenmagazins »glasklar«, erstellt für die Agentur »barke + partner«. Format: DIN A4, Hauptschriften: Rockwell, Minion, Myriad; Kunde: Saint-Gobain Glass.

Bestechendes Ensemble

Layoutbeispiel Jubiläumsbroschüre | Der größte Teil dieser 54-seitigen Broschüre, umgesetzt für den auf der Nordseeinsel ansässigen Verein »Ökologisch Wirtschaften« anlässlich des 20-jährigen Bestehens, besteht aus Interviews. Hinzu kommen Hintergrundinformationen zum Verein sowie statistische Angaben zur landwirtschaftlichen Entwicklung.

BODEN – PFLANZE – TIER – MENSCH: WIE GEHT NEUE PARTNERSCHAFT MIT DER NATUR?

3. TIER

„Ihr habt auf Pellworm ein vitales Interesse an einer sehr konsequenten Umsetzung der neuen Düngeverordnung."

Gespräch zwischen **Reinhild Benning** und **Sven Frener**.

Reinhild Benning ist Landwirtin und arbeitet als Referentin für Landwirtschaft und Tierhaltung bei Germanwatch, einer Umwelt- und Entwicklungsorganisation in Berlin.

Sven Frener ist Geschäftsführer der Insel-Reederei und des Landhandels auf Pellworm sowie Schweinemäster und Ackerbauer.

Germanwatch setzt sich für eine Tier-gerechte und klimafreundliche Landwirtschaft ein. Was läuft schief bei der Tierhaltung in Deutschland?

Reinhild Benning: Es werden viel zu viele Tiere gehalten. Und deshalb gibt es zu viel Fleisch und Milch auf dem Markt. Weil das Angebot viel zu groß ist, – im Schnitt rund 20 % über dem Verbrauch-, zahlen Schlachthöfe und Molkereien oft Preise, die unterhalb der Erzeugerkosten der Bauern liegen. Darunter leiden auch die Tiere. Denn es bleibt kein Geld auf den Höfen, um mehr Platz je Tier, Weide oder weniger Hochleistung zu ermöglichen. Vielerorts gibt es mehr Gülle als Flächen für die Düngung. Boden und Pflanzen können die überschüssigen Nährstoffe nicht mehr aufnehmen und dann landet die Gülle als Nitrat oder Phosphat im Grundwasser. In Deutschland überschreiten die Nitratwerte bei jeder dritten bis vierten Grundwassermessstelle den Grenzwert für Trinkwasser. Deshalb hat die EU die Bundesregierung verklagt, weil hierzulande der EU-Wasserschutz nicht umgesetzt wird. Und Überdüngung ist eine der Hauptursachen für den Verlust der Artenvielfalt. Deutschland verfehlt zudem die Klimaziele für die Landwirtschaft, solange die Treibhausgase aus intensiver Tierhaltung – also die Tierzahlen – nicht gesenkt werden.

34 Über Leben unter dem Meeresspiegel

Gilt das auch für Pellworm?

Sven Frener: Ich denke nicht, dass es bei uns so extrem ist. Ich glaube, wir sind im Verhältnis zwischen Tierzahl und bewirtschaftetem Land auf der Insel ziemlich gut im Gleichgewicht. Aber wir haben es nach oben hin schon ziemlich ausgereizt. Wenn jetzt das neue Düngegesetz konsequent angewendet wird, könnte es eng werden.

Reinhild Benning: Wie sieht es denn mit dem Pellwormer Grundwasser aus?

Sven Frener: Wir haben kein Grundwasser, sondern Brackwasser. Unser Trinkwasser kommt mit der Wasserleitung aus Flensburg. Oberflächenwasser wird über Gräben und den Sielzug quasi natürlich in die Nordsee ausgeschieden.

Reinhild Benning: Wenn das so ist, dann habt ihr auf Pellworm ein vitales Interesse an einer sehr konsequenten Umsetzung der neuen Düngeverordnung. Belastetes Wasser auf Pellworm mag bei Euch nicht direkt zu Buche schlagen, sondern sich in der Nordsee auswirken. Aber euer importiertes Wasser wird teurer, wenn am Festland fortgesetzt überdüngt werden darf. Die Wasserwerke und das Bundesumweltamt schätzen, dass die Wasserpreise in solchen Regionen um bis zu 60 % steigen. Eine vierköpfige Familie müsste bald bis zu 130 Euro im Jahr mehr für Trinkwasser ausgeben, wenn das Düngerecht so schlapp bleibt wie bisher.

Sven Frener: Das ist richtig. Das letzte Jahr war aber klimatisch auch besonders schwierig. Grundsätzlich müssten unsere Güllelagerkapazitäten ausreichen. Ein Lohnunternehmen hat auch in einen neuen Güllewagen investiert, der bodennah ausbringt und damit bessere Nutzung möglich macht. Trotzdem stehen wohl einige Anpassungen noch aus.

Reinhild Benning: Stichwort artgerechte Tierhaltung: Wäre mehr Tierschutz, wie es aktuell diskutiert wird, zum Beispiel bei Schweinen vielleicht sogar gut umzusetzen auf Pellworm? Ein Label dazu ist beim Bundesrat und bei Lidl in Arbeit.

Sven Frener: Ich habe im Moment 700 Mastschweine im geschlossenen System. Das kann ich heute alleine machen. Es wären schon einige Investitionen nötig, um so ein Label zu bekommen. Ich müsste 20 – 30 % mehr Platz, weniger Tiere und Auslauf haben. Da müssten die Preise deutlich besser sein, damit sich das rechnet. Ich hab vor vielen Jahren mal 12 Schweine draußen gehalten und den Kaufleuten und Kunden auf der Insel angeboten. Aber das lief nicht.

Reinhild Benning: Das geht durchaus auch in größeren Einheiten, zum Beispiel in Dänemark. Ein enger Stall bringt hingegen mehr Krankheitsrisiken und der Antibiotikaverbrauch ist in der Regel höher. Einige dänische Betriebe arbeiten ohne Antibiotika. Sie wenden mehr für Personal und Tierbetreuung auf. Rund 20 Cent je Kilo mehr können sie für das Schlachtschwein aus antibiotikafreier Erzeugung erzielen. Wäre das was für Pellworm?

Sven Frener: Ich bin da offen für was Neues. Wir brauchen bei uns übrigens kaum Antibiotika, vor allem weil wir Ferkel von der Insel bekommen und die Krankheitsrisiken auch durch die Genetik gering sind. Wir verfüttern eigenes Getreide und das macht schon den Qualitätsunterschied.

Reinhild Benning: VerbraucherInnen sind bereit mehr zu zahlen, wenn die Lebensbedingen der Tiere zuverlässig gekennzeichnet sind. Beweisen tun sie es jeden Tag beim Eier-Kauf: Seit 2004 gilt die EU-weite Kennzeichnung der Tierhaltung mit dem Eier-Stempel. Verbraucher in Deutschland kaufen zu 99 Prozent etwas höherpreisige Eier aus alternativen Haltungen, das Käfig-Ei ist out. Wichtig ist, dass sich die Bauern diese Chance nicht von den Handelsketten aus der Hand nehmen lassen. Lidl und andere nutzen die Gesetzeslücke, die von der zauderlichen Bundesregierung offengelassen wird, für Label ohne feste Standards. Nur wenn sich Tierschützer mit Bauern und Verbrauchern einig werden, entsteht Vertrauen und kann es faire Preise für beide Seiten geben.

Sven, Du hattest mal vor, einen größeren Stall in Hafennähe zu bauen. Dagegen gab es ziemlich heftigen Widerstand und Du hast zurückgezogen. Heute baust Du am Hafen Wohnungen. Ist die Landwirtschaft auf Pellworm in der Defensive?

Sven Frener: Nein. Ich denke, da sind durch die Insellage auch Chancen, die müssten aber irgendwie gebündelt werden, wenn man es will. Wir müssen bestimmt mehr Rücksicht nehmen, vor allem auf den Fremdenverkehr, der hoffentlich weiter wächst. Ich hab Wohnungen gebaut, weil bezahlbare Wohnungen auf Pellworm knapp sind. Wir wollen auf keinen Fall Verhältnisse wie auf Sylt, wo täglich 3000 Leute vom Festland pendeln, weil sie auf Sylt die Mieten nicht bezahlen können.

Reinhild Benning: Ich kann mir vorstellen, dass Wohnraum eher gebraucht wird als noch mehr Fleisch und Milch. Bleiben wir bei der Lebensmittelerzeugung, dann kämen auch die Bauern auf Pellworm vermutlich in die Defensive, wenn sie nur auf Menge und Wachstum setzten. Der Bauernverband ist bisher auch nicht hilfreich dabei, neue Allianzen mit der Gesellschaft zu schmieden. Pellwormer Bauern haben, glaube ich eine echte Chance, wenn sie gemeinsam ihre besondere Lage für sich nutzen und den Wünschen, die in der Gesellschaft da sind, entgegenkommen. Dazu gehört ein respektvolles Verhältnis zu Tieren genauso wie ein Bewusstsein, dass wir unsere Umwelt auch für kommende Generationen erhalten müssen.

Reinhild Benning

Sven Frener

Über Leben unter dem Meeresspiegel 35

Quelle: https://www.inselpanorama-pellworm.de/

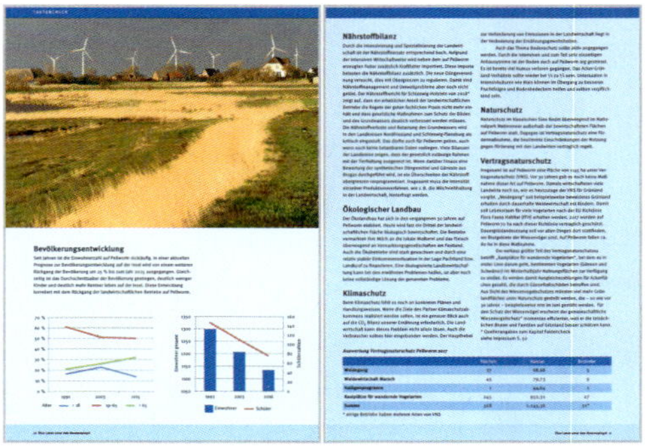

◄▲ Abbildung 5.51
Format: DIN A4; Schriften: Meta Pro, Meta Serif Pro

Layoutbeispiel Kursprogramm | Das jährlich erscheinende Programmheft des BioGourmetClub, eines Kölner Restaurants mit angeschlossener Kochschule und Akademie, wurde im DIN-A5-Format konzipiert. Wichtiger Bestandteil des Programms sind die hochwertigen Foodfotos.

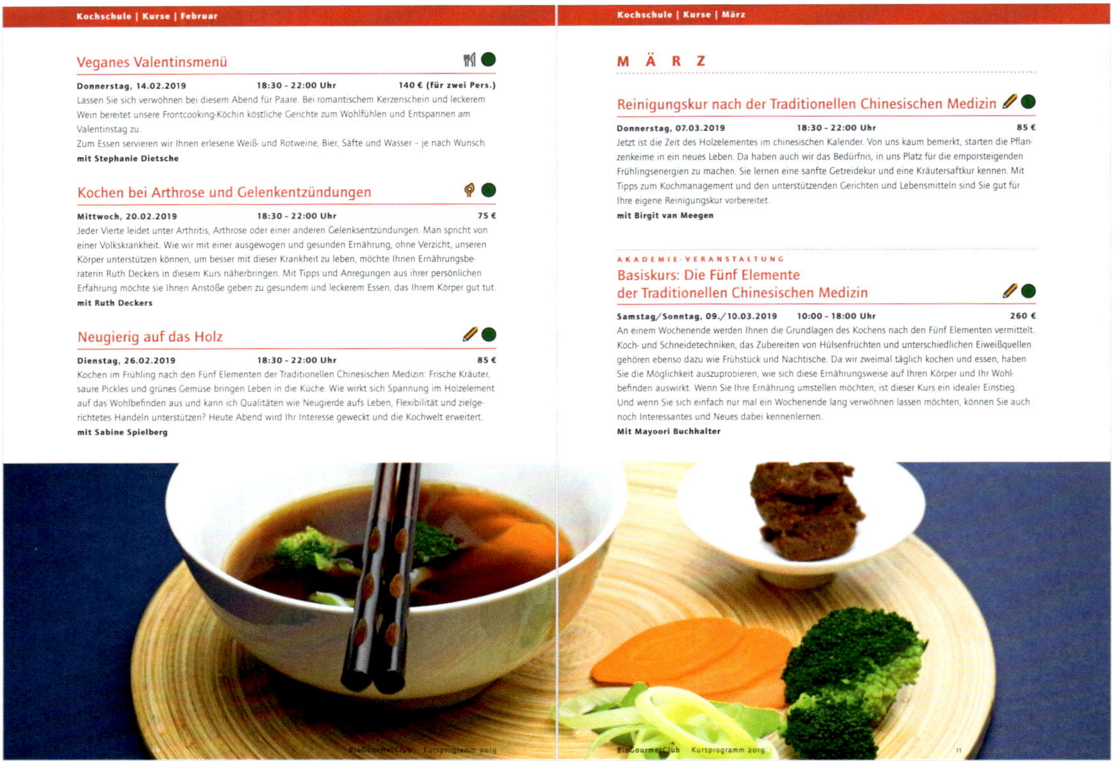

▲▶ Abbildung 5.52
Wichtiger Bestandteil des BioGourmetClub-Programms sind die Foodfotos. Schrift: Quay Sans

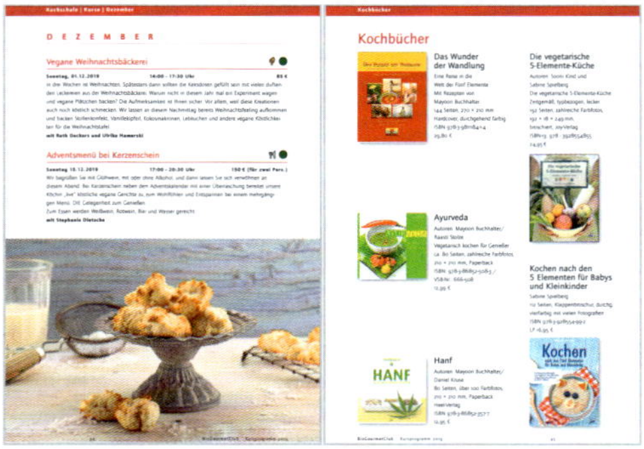

Layoutbeispiel Geschäftsausstattung | Zur Geschäftsausstattung der Kölner PR-Agentur barke + partner gehören noch weitere Medien wie Kurzmitteilungen und Stempel. Briefbogen und Visitenkarte sind zweifarbig aufgebaut: Neben Schwarz kommt hier Pantone 1505 zum Einsatz.

◀ **Abbildung 5.53**
Schrift: Scala Sans, Logoschrift: DIN 1451 EngSchrift

Für die Journalistin und Autorin Heike Probst habe ich mich in Abstimmung mit der Kundin für die Gill als Hauptschrift entschieden. Auf Briefbogen und Visitenkarte kommen spielerisch eingesetzte farbige Satzzeichen zum Einsatz.

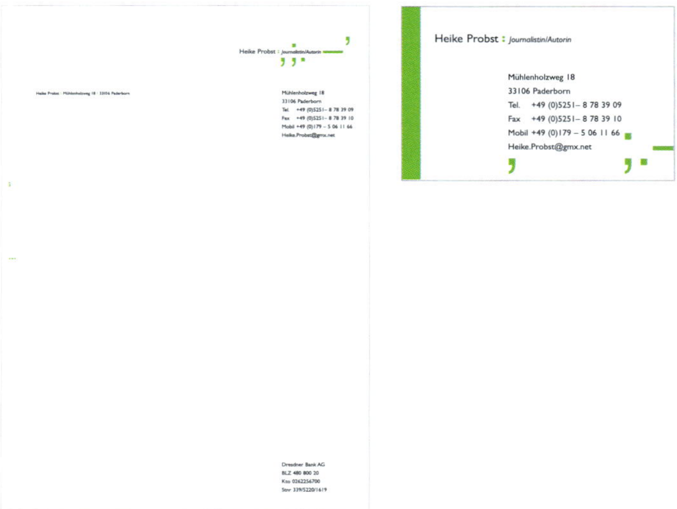

◀ **Abbildung 5.54**
Schrift: Gill

5.9 Negativsatz

Wenn Sie weißen Text auf Schwarz setzen, spricht man von Negativsatz. Und genau genommen ist mit Weiß die Farbe des Papiers gemeint – es sei denn, Sie lassen Weiß wirklich als zusätzliche Farbe, als Sonderfarbe, beim Druck laufen.

Bei den meisten Schriften sollten Sie die Laufweite um wenige Einheiten erhöhen, bei Weiß auf Schwarz wirkt Fließtext in der normalen Laufweite häufig zu eng. Das Beispiel ist gesetzt in der Garamond Pro, 11/13,85 pt, LW 0.

Dies ist ein Typoblindtext. An ihm kann man sehen, ob alle Buchstaben da sind und wie sie aussehen. Manchmal benutzt man Worte wie Hamburgefonts oder Rafgenduks, um Schriften zu testen. Manchmal Sätze, die alle Buchstaben des Alphabets enthalten – man nennt diese Sätze »Pangrams«. Sehr bekannt ist dieser: The quick brown fox jumps over the lazy old dog.

Damit die verschiedenen Laufweiten besser als im Blocksatz zu sehen sind, habe ich die Beispiele in diesem Abschnitt linksbündig gesetzt. Im folgenden Beispiel habe ich die Laufweite im Unterschied zum vorigen auf +5 gesetzt.

Dies ist ein Typoblindtext. An ihm kann man sehen, ob alle Buchstaben da sind und wie sie aussehen. Manchmal benutzt man Worte wie Hamburgefonts oder Rafgenduks, um Schriften zu testen. Manchmal Sätze, die alle Buchstaben des Alphabets enthalten – man nennt diese Sätze »Pangrams«. Sehr bekannt ist dieser: The quick brown fox jumps over the lazy old dog.

LW +10 schießt über das Ziel hinaus: Die Wörter beginnen, in ihre Buchstaben zu zerfallen.

Dies ist ein Typoblindtext. An ihm kann man sehen, ob alle Buchstaben da sind und wie sie aussehen. Manchmal benutzt man Worte wie Hamburgefonts oder Rafgenduks, um Schriften zu testen. Manchmal Sätze, die alle Buchstaben des Alphabets enthalten – man nennt diese Sätze »Pangrams«. Sehr bekannt ist dieser: The quick brown fox jumps over the lazy old dog.

Die Laufweite +5 finde ich von den drei Beispielen auf dieser Seite am überzeugendsten. Das tatsächliche Druckbild von Negativsatz können Sie kaum am Monitor beurteilen – das geht letztlich nur anhand eines Probedrucks des tatsächlich verwendeten Druckverfahrens.

5.10 Strukturierende Layoutelemente

Um Informationen in einem Layout zu strukturieren und so zu präsentieren, dass sie lesbar, gut zugreifbar und verständlich sind, bieten sich besonders in umfassenden Dokumenten wie Magazinen oder Büchern verschiedene Layoutelemente an, die wir uns kurz in der Praxis ansehen wollen: Tabellen, Inhaltsverzeichnisse, Register, Fußnoten und Formulare.

Tabellen

Im Unterschied zu Listen, in denen Informationen einfach hintereinanderstehen, können Sie in Tabellen mehrdimensionale Informationsmengen unterbringen, die nach einem gleichbleibenden Schema organisiert sind. Dieses Schema ist an den verschiedenen Zeilen und Spalten einer Tabelle erkennbar und Grund dafür, dass Tabellen im Gegensatz zu Listen gesondert vom Fließtext behandelt werden.

▼ Abbildung 5.55
Tabellen gewinnen durch möglichst zurückhaltende Gestaltung. Die Daten für die Beispieltabelle stammen aus dem Jahrbuch des Statistischen Bundesamtes.

❶ **Grad der Verstädterung**
Bevölkerungsentwicklung nach Besiedlungsdichte (Angaben in Anzahl und Prozent)

❷	2013		2014		2015		2016[1]	
Dicht besiedelt	28 610 552	35,4	28 869 321	35,6	29 306 883	35,7	29 532 673	35,8
❸ **Mittlere Besiedlungsdichte**	33 535 474	41,5	33 746 537	41,6	34 103 836	41,5	34 234 733	41,5
Gering besiedelt	18 621 437	23,1	18 581 679	22,9	18 764 965	22,8	18 754 247	22,7
❹ **Insgesamt**	**80 767 463**	**100,0**	**81 197 537**	**100,0**	**82 175 684**	**100,0**	**82 521 653**	**100,0**

❺ [1] Zu den Ergebnissen 2016 siehe Hinweise unter »Methodik« (Bevölkerungsfortschreibung) am Ende dieses Kapitels.

Während Bilder in der Regel mit Bildunterschriften versehen werden, werden Tabellen normalerweise mit einer Überschrift ❶ versehen. Im Beispiel habe ich noch eine kurze Erläuterung über

Ziffern in Tabellen

Für den Tabellensatz bieten sich wie bei mathematischen Formeln eher Versalziffern an, da Mediävalziffern im Tabellenumfeld unruhig wirken. Weitere Informationen zum Thema Ziffernsatz finden Sie in Abschnitt 7.5.

die Informationen an dieser Stelle eingefügt. In der Kopfzeile ❷ werden die verschiedenen Spalten überschrieben, die eigentlichen Tabellendaten finden sich in den Tabellenkörperzellen ❸ – so lautet die Bezeichnung in InDesign. Wenn sich die Art der Information pro Zeile wie im Beispiel ändert, werden die Zeilen in der ersten Spalte links bezeichnet. Im Beispiel habe ich die Texte in der ersten Spalte genauso wie die anderen Tabelleninhalte rechtsbündig gesetzt. In der Tabellenfußzeile ❹ werden häufig die Werte der jeweiligen Spalten aufsummiert. Im Beispiel habe ich dies auch im Boldschnitt gesetzt. Nötige Erklärungen, die über die Informationen in den verschiedenen Tabellenbereichen hinausgehen, werden wie Fußnoten im Text unterhalb der Tabellenfußzeile eingefügt ❺. In umfangreichen Werken werden Tabellen genauso wie Abbildungen durchnummeriert, um im Fließtext ebenso referenziert werden zu können.

Entsprechend der Informationsmenge und dem zur Verfügung stehenden Platz kann der Einsatz einer schmallaufenden Schrift sinnvoll sein. Für die Beispieltabelle habe ich die Myriad Condensed bzw. Myriad Bold verwendet.

Da Tabellen sehr viele Informationen auf kompaktem Platz beinhalten, kann es ratsam sein, wenn Sie mit möglichst geringen gestalterischen Mitteln arbeiten, sonst laufen Sie Gefahr, dass die Tabelle unübersichtlich wird. Häufig werden Sie wie in der Beispieltabelle weitgehend auf Linien verzichten können. Denn die Tabelleninhalte bilden meist schon allein durch die tabellarische Anordnung von sich aus sowohl Zeilen als auch Spalten. Zusätzlich eingefügte Linien kosten zudem Platz und bieten beim Lesen nur bedingt zusätzlichen Nutzen.

Fehlende Funktionen in InDesign

Obwohl die Formatierungsmöglichkeiten in InDesign schon recht umfangreich sind, manche Funktion, die für jede Tabellensoftware selbstverständlich ist, ist in InDesign nicht zu finden. In InDesign können Sie beispielsweise nicht ohne weiteres Berechnungen anstellen. Auch lassen sich Spaltenbreiten nicht so hinterlegen, dass Sie sie wiederverwenden können. Im Web finden Sie für diese Anforderungen allerdings Skripte, mit denen sich InDesign nachrüsten lässt.

Wenn mehrere Tabellen in einer Publikation zu setzen sind, sollten Sie Tabellen- und Zellenformate einsetzen. Diese beiden tabellenspezifischen Formatierungsoptionen finden Sie unter FENSTER •

FORMATE. Bei Tabellen werden grundlegende Formatierungen im Tabellenformat hinterlegt. Hier können Sie den fünf verschiedenen in InDesign vorgesehenen Zellenarten eigens erstellte Zellenformate zuweisen ①. Und in den Zellenformaten können Sie jeweils individuell eingerichtete Absatzformate anwenden. Das ist insofern sinnvoll, als Sie so eine vom Fließtext verschiedene Textformatierung anlegen und auf beliebig viele Tabellen anwenden können.

▼ **Abbildung 5.56**
In InDesign können Sie die verschiedenen Bereiche einer Tabelle mit eigens dafür eingerichteten Zellenformaten belegen.

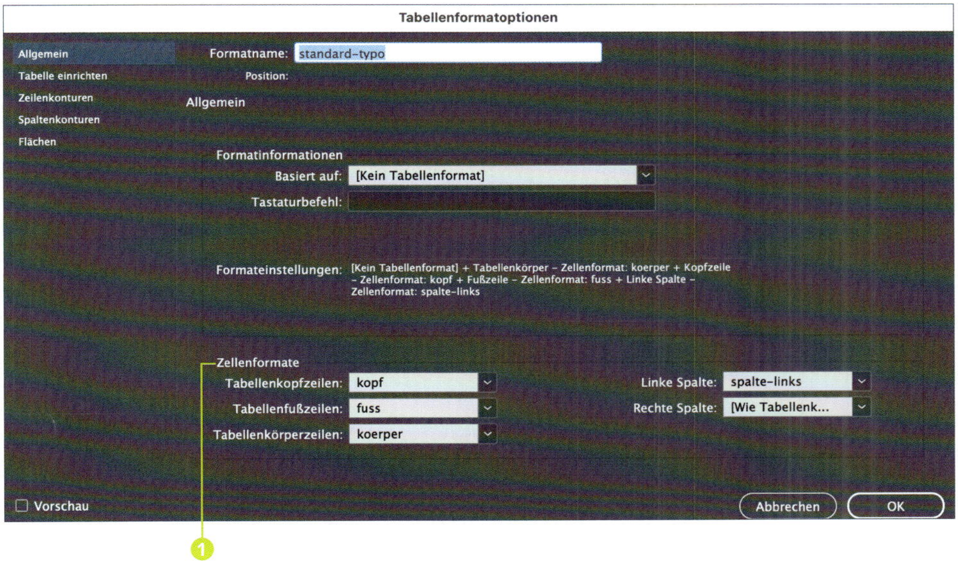

Inhaltsverzeichnis

Ein Inhaltsverzeichnis listet die Abschnitte eines umfangreichen Dokuments auf und verweist meistens auf die jeweiligen Seiten. Es ermöglicht einen schnellen Überblick über die Struktur und den Inhalt und erleichtert das Auffinden spezifischer Informationen. Die typografische Gestaltung eines Inhaltsverzeichnisses sollte klar und strukturiert sein, mit deutlichen Hierarchieebenen, die durch Schriftgröße, -stil oder Einrückungen gekennzeichnet sind. Inhaltsverzeichnisse lassen sich grob in drei Kategorien einteilen: Buch, wissenschaftlicher Text und Magazin.

Buch | In Fach-, Sach- und Kinderbüchern und verwandten Publikationen wie Geschäftsberichten erwarten wir zur schnellen Orientierung im vorderen Bereich, kurz nach der Titelei, ein Inhaltsverzeichnis.

Titelei
In der Buchtypografie wird mit Titelei der vordere Teil einer Veröffentlichung bezeichnet, der keinen Inhalt im engeren Sinn enthält. Der Buchtitel auf der Umschlagseite und die U2 – die erste Innenseite des Umschlags – werden nicht zur Titelei gerechnet.

Seitenzahlen

Damit sich eine schlüssige äußere Form bei einem Inhaltsverzeichnis ergibt, richten Sie die Seitenzahlen rechtsbündig aus, damit sich hier eine rechte Achse bildet. Sie korrespondiert dann mit dem linksbündigen Satz der Kapitelüberschriften.

Die Mindestanforderung an ein Inhaltsverzeichnis in einem Buch besteht in der Nennung des jeweiligen Kapitels samt der entsprechende Seitenzahl.

Im nächsten Beispiel sehen Sie ein einfaches Inhaltsverzeichnis, das allerdings Optimierungspotenzial aufweist. Als Font habe ich die Utopia verwendet. Bei dieser Variante springen besonders zwei Schwachpunkte ins Auge: die große räumliche Trennung von Kapitel zur Seitenzahl und das umbrechende Kapitel »Die Geschichte der Typografie und ihre politische Bedeutung«: Beim Lesen der Überschriften nimmt man »Die Geschichte der Typografie« so wahr, als sei diese Zeile eine Unterzeile zu »Hamburgefonts« und nicht eine eigenständige Überschrift.

Typoblindtext 9
Hamburgefonts 15
Die Geschichte der Typografie
und ihre politische Bedeutung 21
Handgloves 35
Typearchitects 57

Um einen optischen Bezug zwischen Überschrift und Seitenzahl herzustellen, bieten sich verschiedene Lösungen an:

- das Auspunktieren des Raums zwischen Kapitelüberschriften und Seitenzahlen
- das Setzen von Füllzeichen mit dem Tabulator
- das Verwenden eines Geviertabstandes
- das Setzen der Seitenzahlen vor den Überschriften
- das Setzen der Seitenzahlen im Flattersatz

Das Auspunktieren, zu sehen im folgenden Beispiel, funktioniert zwar, allerdings stehen die Seitenzahlen nach wie vor weit von den Kapiteln entfernt. Und entsprechend dem Gestaltungsprinzip »Nähe« (siehe Abschnitt 1.4) sollte zusammenstehen, was inhaltlich zusammengehört. Sehr problematisch ist hier immer noch die zweizeilige Kapitelüberschrift: Durch das Fehlen der Punkte hinter dem Text wird die erste Zeile »Die Geschichte der Typografie« schon fast als Überschrift eines Buchteils wahrgenommen.

Typoblindtext 9
Hamburgefonts. 15
Die Geschichte der Typografie
und ihre politische Bedeutung 21
Handgloves 35
Typearchitects. 57

Für das Beispiel habe ich in InDesign als Füllzeichen der Tabulatoren hinter dem Punkt ein Leerzeichen eingefügt ①, die Punkte stehen sonst sehr eng aneinander.

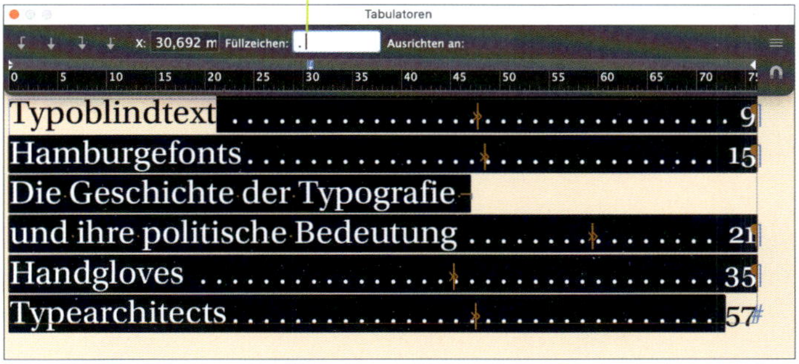

Um die Seitenzahlen mit den Kapiteln zu verbinden, ohne dass sie als Teil der Texte gelesen werden, bietet sich der Geviertleerraum an. Diese Lösung hat gegenüber dem vorigen Ansatz mit den Punkten auch den Vorteil, dass hier der zweizeilig umbrechende Text nicht mehr so sehr als zu »Hamburgefonts« zugehörig wahrgenommen wird.

Typoblindtext 9
Hamburgefonts 15
Die Geschichte der Typografie
und ihre politische Bedeutung 21
Handgloves 35
Typearchitects 57

Ein ganz anderer Ansatz, der gerne auch im Magazinlayout verwendet wird, ist ebenso in der Buchtypografie denkbar: der Satz der Seitenzahlen vor den Kapitelüberschriften. Dies ist eine praktikable Lösung mit einer aufgeräumten Anmutung.

Tipps zur Gestaltung von Inhaltsverzeichnissen

Gestalten Sie die Hierarchie der Einträge visuell eindeutig, z. B. durch Einrückungen, unterschiedliche Schriftgrößen oder -schnitte. Man sollte auf einen Blick Haupt- und Unterkapitel erkennen. Achten Sie außerdem auf großzügige Abstände zwischen den Einträgen und zum Seitenrand. Das Inhaltsverzeichnis sollte übersichtlich und luftig wirken. Sie können auch grafische Elemente wie Linien, Balken oder Farbflächen nutzen, um das Inhaltsverzeichnis zu strukturieren und von anderen Inhalten abzugrenzen.

Hierbei sollten Sie die Seitenzahlen rechtsbündig setzen, damit der Abstand zwischen Seitenzahl und Überschrift überall derselbe ist. Die unruhige Satzkante links müssen Sie dann in Kauf nehmen.

Nun spiegeln Inhaltsverzeichnisse häufig nicht nur eine Texthierarchie wie in den vorigen Beispielen wider, sondern geben auch weitere Textebenen wie Unterkapitel wieder. Bei der schlichtesten Lösung stehen die Seitenzahlen wieder hinter den Kapitelüberschriften, die Unterkapitel sind eingerückt.

Abhängig vom Umfang der Unterkapitel und des Platzes, der für das Inhaltsverzeichnis zur Verfügung steht, können die Unterkapitel auch im Flattersatz gesetzt werden und mit unauffälligen Sonderzeichen voneinander abgesetzt werden.

Wenn die Unterkapitel sehr umfangreich ausfallen und Ihnen nur begrenzter Raum zur Verfügung steht, können Sie die Unterkapitel auch hintereinanderschreiben. Für das nächste Beispiel habe ich dabei den geschützten Leerraum vor den Seitenzahlen verwendet, damit die Seitenzahlen immer an der Kapitelüberschrift und nicht alleine am Zeilenanfang stehen. Als Trennzeichen habe ich den »Middledot« der Utopia verwendet und ihn mit einem Grundlinienversatz von 1,5 pt nach oben verschoben, damit er oben bündig mit der x-Höhe steht.

Typoblindtexte 9
Lorem Ipsum 10 · Trappatoni 11 ·
Aktuelle Nachrichten 12 · Hamburgefonts 15
Die Geschichte der Typografie
und ihre politische Bedeutung 21
Ursprung der Schrift 23 · Schriftsysteme 27 ·
Schrift als Machtinstrument 30
Handgloves 35
Typearchitects 57

Wissenschaftlicher Text | Texte im wissenschaftlichen Bereich zeichnen sich durch eine hohe Komplexität der Texthierarchien aus. Die inhaltliche Verschachtelung kann dabei an den führenden Ziffern vor den Kapitelüberschriften abgelesen werden.

1. Die Geschichte der Typografie
und ihre politische Bedeutung 21
1.1. Ursprung der Schrift 23
1.2. Schriftsysteme 27
1.2.1. Europa 31
1.2.1.1. Mesopotamien 33
1.2.1.2. Ägypten 40
1.2.2. Asien 78
1.2.3. Azteken 89
1.3. Schrift als Machtinstrument 98
2. Schriftklassen 101
2.1. Gebrochene Schriften 111
2.2. Renaissance Antiqua 120
2.2.1. Venezianische Renaissance Antiqua 125
2.2.2. Französische Renaissance Antiqua 138

Wenn die Typografie keine weitere Unterscheidung gemäß der jeweiligen Texthierarchie macht, bieten die Absatznummern die einzigen Hinweise auf die Textbezüge.

Für die folgende Variante habe ich die Hauptkapitel in Bold gesetzt und eine halbe Leerzeile verwendet, um einen vertikalen Abstand zum vorigen Eintrag im Inhaltsverzeichnis einzufügen. Überschriften der dritten Textebene habe ich eingezogen, und die der vierten habe ich kursiv gesetzt. Der Einsatz verschiedener Schriftschnitte, Einzüge und Abstände zwischen Absätzen erleichtert die Orientierung enorm.

1.	**Die Geschichte der Typografie und ihre politische Bedeutung** 21
1.1.	Ursprung der Schrift 23
1.2.	Schriftsysteme 27
1.2.1.	Europa 31
1.2.1.1.	*Mesopotamien* 33
1.2.1.2.	*Ägypten* 40
1.2.2.	Asien 78
1.2.3.	Azteken 89
1.3.	Schrift als Machtinstrument 98
2.	**Schriftklassen** 101
2.1.	Gebrochene Schriften 111
2.2.	Renaissance Antiqua 120
2.2.1.	Venezianische Renaissance Antiqua 125
2.2.2.	Französische Renaissance Antiqua 138

Magazin | Im Unterschied zu Büchern und wissenschaftlichen Publikationen stehen Ihnen im Magazindesign in der Regel weitaus mehr Gestaltungsmöglichkeiten zur Verfügung. Das betrifft insbesondere den zur Verfügung stehenden Platz und den Einsatz von Farbe als zusätzliches Orientierungsmerkmal.

Darüber hinaus ist die Aufgabe eines Inhaltsverzeichnisses in Magazinen häufig etwas anders gelagert. In Magazinen werden die wichtigsten Themen und gegebenenfalls der Themenschwerpunkt auf der Titelseite vorgestellt. Dabei können schon auf der Titelseite die entsprechenden Seitenzahlen genannt werden, man kann beim Lesen somit direkt zu einem der Hauptthemen im Innenteil sprin-

▼ Abbildung 5.57
Bei allen Unterschieden finden sich doch eine Menge übereinstimmende Gestaltungsansätze.

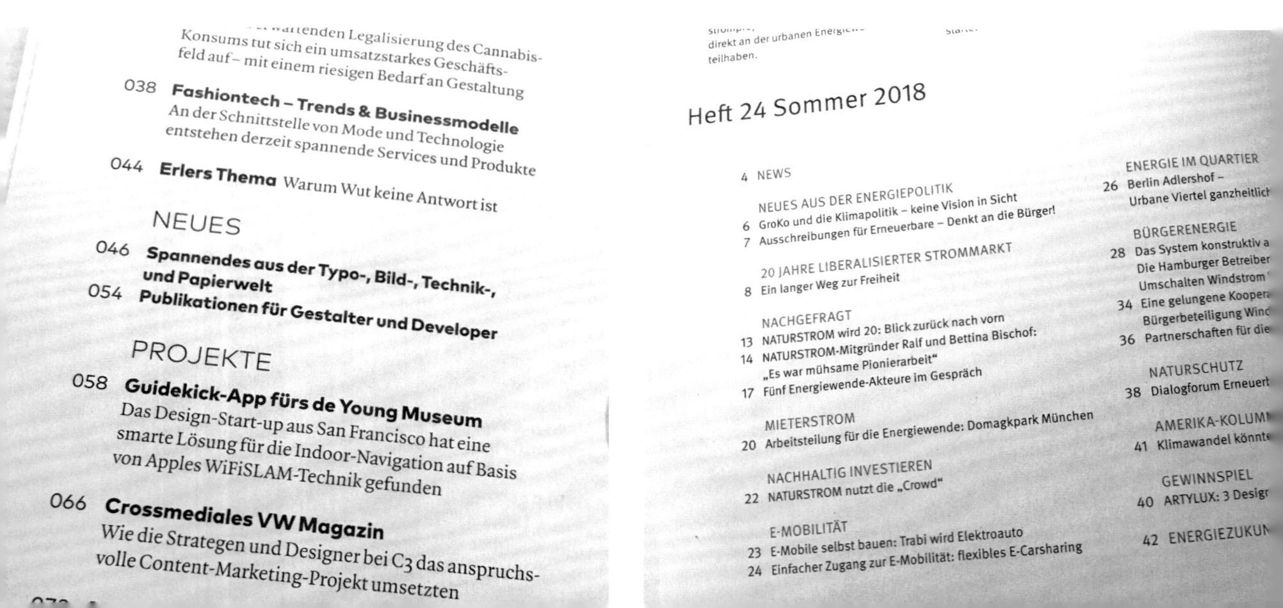
Konsums tut sich ein umsatzstarkes Geschäftsfeld auf – mit einem riesigen Bedarf an Gestaltung

038 **Fashiontech – Trends & Businessmodelle**
An der Schnittstelle von Mode und Technologie entstehen derzeit spannende Services und Produkte

044 **Erlers Thema** Warum Wut keine Antwort ist

NEUES

046 **Spannendes aus der Typo-, Bild-, Technik-, und Papierwelt**

054 **Publikationen für Gestalter und Developer**

PROJEKTE

058 **Guidekick-App fürs de Young Museum**
Das Design-Start-up aus San Francisco hat eine smarte Lösung für die Indoor-Navigation auf Basis von Apples WiFiSLAM-Technik gefunden

066 **Crossmediales VW Magazin**
Wie die Strategen und Designer bei C3 das anspruchsvolle Content-Marketing-Projekt umsetzten

direkt an der urbanen Energie…
teilhaben.

Heft 24 Sommer 2018

4 NEWS

NEUES AUS DER ENERGIEPOLITIK
6 GroKo und die Klimapolitik – keine Vision in Sicht
7 Ausschreibungen für Erneuerbare – Denkt an die Bürger!

20 JAHRE LIBERALISIERTER STROMMARKT
8 Ein langer Weg zur Freiheit

NACHGEFRAGT
13 NATURSTROM wird 20: Blick zurück nach vorn
14 NATURSTROM-Mitgründer Ralf und Bettina Bischof: „Es war mühsame Pionierarbeit"
17 Fünf Energiewende-Akteure im Gespräch

MIETERSTROM
20 Arbeitsteilung für die Energiewende: Domagkpark München

NACHHALTIG INVESTIEREN
22 NATURSTROM nutzt die „Crowd"

E-MOBILITÄT
23 E-Mobile selbst bauen: Trabi wird Elektroauto
24 Einfacher Zugang zur E-Mobilität: flexibles E-Carsharing

ENERGIE IM QUARTIER
26 Berlin Adlershof – Urbane Viertel ganzheitlich

BÜRGERENERGIE
28 Das System konstruktiv a
Die Hamburger Betreiber
Umschalten Windstrom
34 Eine gelungene Kooper
Bürgerbeteiligung Wind
36 Partnerschaften für die

NATURSCHUTZ
38 Dialogforum Erneuert

AMERIKA-KOLUMN
41 Klimawandel könnte

GEWINNSPIEL
40 ARTYLUX: 3 Desig

42 ENERGIEZUKUN

gen – ohne das Inhaltsverzeichnis überhaupt konsultiert zu haben. Überhaupt laden Magazine eher als Bücher zum Blättern ein: Man liest, was einem beim Überfliegen interessant erscheint, das Inhaltsverzeichnis wird gerade bei bildlastigen Inhalten wie Fashion oder Lifestyle eher ausnahmsweise aufgesucht. Bei Nachrichtenmagazinen wie dem Spiegel ist das Inhaltsverzeichnis hingegen sicherlich von hoher Bedeutung.

In Zeitschriften (wie auch in Zeitungen) wird den Rubriken eine wichtige Bedeutung zugemessen: Sie fungieren praktisch wie übergeordnete Kapitel und werden gestalterisch häufig deutlich anders gehandhabt als Überschriften.

Wie Sie an den Beispielen sehen können, bringt der Satz der Seitenzahlen vor den Überschriften auch im Magazinlayout einige Vorteile mit sich – und ist daher die Standardvariante.

So ist die Zuordnung von Seitenzahl und Text sehr platzsparend, es brauchen keine zusätzlichen grafischen Elemente wie Punkte eingefügt zu werden, wodurch das Inhaltsverzeichnis offener bleibt. Und auch bei mehrspaltigen Inhaltsverzeichnissen wie rechts bleibt die Zuordnung von Seitenangabe und Überschrift eindeutig.

Wenn Sie sich die Beispiele anschauen, fällt auf, dass es trotz aller Unterschiedlichkeit eine ganze Reihe an Übereinstimmungen gibt. Sie sehen von links nach rechts die Inhaltsverzeichnisse vom Designmagazin Page, dem Kundenmagazin energiezukunft, dem Fashionmagazin Vogue und dem Reisemagazin GEO Saison.

Zeitung

In Zeitungen finden wir keine Inhaltsverzeichnisse, hier werden, ähnlich zu Magazinen, häufig die wichtigsten Beiträge in einer Kopf- oder Seitenleiste mit Rubrik, der Überschrift und einem kurzen Anreißer und der Seitenzahl vorgestellt.

Klein anfangen

Wenn Sie sich fragen, in welcher Reihenfolge Sie verschiedene Texthierarchien gestalten sollen: Fangen Sie bei der Textsorte an, die am häufigsten vorkommt. Bei langen Texten ist das der Fließtext selbst, bei Inhaltsverzeichnissen sind es meist die Kapitelüberschriften.

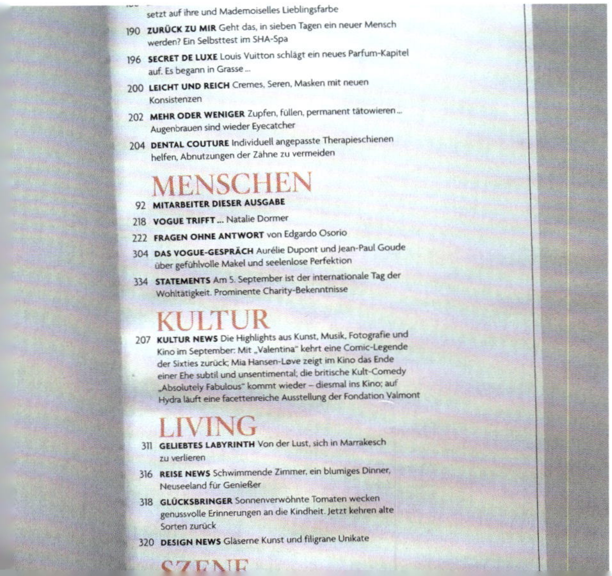
setzt auf ihre und Mademoiselles Lieblingsfarbe
190 **ZURÜCK ZU MIR** Geht das, in sieben Tagen ein neuer Mensch werden? Ein Selbsttest im SHA-Spa
196 **SECRET DE LUXE** Louis Vuitton schlägt ein neues Parfum-Kapitel auf. Es begann in Grasse ...
200 **LEICHT UND REICH** Cremes, Seren, Masken mit neuen Konsistenzen
202 **MEHR ODER WENIGER** Zupfen, füllen, permanent tätowieren ... Augenbrauen sind wieder Eyecatcher
204 **DENTAL COUTURE** Individuell angepasste Therapieschienen helfen, Abnutzungen der Zähne zu vermeiden

MENSCHEN
92 **MITARBEITER DIESER AUSGABE**
218 **VOGUE TRIFFT** ... Natalie Dormer
222 **FRAGEN OHNE ANTWORT** von Edgardo Osorio
304 **DAS VOGUE-GESPRÄCH** Aurélie Dupont und Jean-Paul Goude über gefühlvolle Makel und seelenlose Perfektion
334 **STATEMENTS** Am 5. September ist der internationale Tag der Wohltätigkeit. Prominente Charity-Bekenntnisse

KULTUR
207 **KULTUR NEWS** Die Highlights aus Kunst, Musik, Fotografie und Kino im September: Mit „Valentina“ kehrt eine Comic-Legende der Sixties zurück; Mia Hansen-Løve zeigt im Kino das Ende einer Ehe subtil und unsentimental; die britische Kult-Comedy „Absolutely Fabulous“ kommt wieder – diesmal ins Kino; auf Hydra läuft eine facettenreiche Ausstellung der Fondation Valmont

LIVING
311 **GELIEBTES LABYRINTH** Von der Lust, sich in Marrakesch zu verlieren
316 **REISE NEWS** Schwimmende Zimmer, ein blumiges Dinner, Neuseeland für Genießer
318 **GLÜCKSBRINGER** Sonnenverwöhnte Tomaten wecken genussvolle Erinnerungen an die Kindheit. Jetzt kehren alte Sorten zurück
320 **DESIGN NEWS** Gläserne Kunst und filigrane Unikate

Menschen mit Fantasie und Visionen lockt es nach Sachsen. *Seite 42*
verführerischen Äpfeln, aber statt Schlangen jede Menge wohlwollender Schafe. *Seite 112*
KÖLN. Keine Berge?! Wen juckt's! Dafür haben die Kölner ein gotisches Gebirge, neue Kunst und feine Küche. *Seite 122*

DIE SCHÖNSTEN KURZ-REISEN IN DEUTSCHLAND AUS GEO SAISON

6 MÜNCHEN Wer hier einen Sommerabend als lau empfindet, ist selber schuld: Warm wird's! Und kalt kommt das Bier
18 NORDSEE Strand ohne Ende, und selbst bei Regen einer der schönsten Plätze unter den Wolken
32 SCHWARZWALD Nein, garantiert keine Schnulze. Eher ein Loblied auf eine Provinz, die sich vom Kitsch befreit
42 LEIPZIG Bach-Chor und Indie-Klänge, grandiose Alt- und Neubauten – wer sich nicht in diese Stadt verliebt, hat kein Herz
54 NECKAR Poetischer Nachfahrender: Unser Autor ist mit dem Rad unterwegs auf den Spuren von Mark Twain
78 BAYERN Zu Fuß zu wahrlich geadelten Orten. Dahin, wo schon Ludwig II. sein Herz an die Heimat verlor
86 OSTSEE Mit geschärftem Sinn für ihre natürlichen Stärken erobert Schleswig-Holsteins Küste ihre Liebhaber zurück
100 THÜRINGEN Wald, Wurst, Wartburg: Die Klischees sind zu schön, um sie zu ignorieren. Und für Überraschungen ist das Land sowieso gut
112 RHÖN Hier ist alles an seinem Platz: ein Mittelgebirgspuzzle aus Feldern, Wiesen und lieblichen Hügeln
122 KÖLN Mit Fantasie, neuer Energie und Charme macht die Rhein-Metropole wett, dass sie nicht die Schönste im Land ist
134 HOTELS Zu Gast in Häusern zum Wohlfühlen – von modern bis ganz nostalgisch
146 IMPRESSUM/BILDNACHWEIS

Städte to go
CITY-GUIDE
REGENSBURG Mittelalter live in der Oberpfalz 62
HAMBURG Am Hafen swingen und beim Kaffee Tanker zählen 64
DRESDEN Neue Tipps für Stunden am Elbufer 66
MÜNSTER Ein Stadtrundgang mit dem „Tatort“-Kommissar Axel Prahl 68
HEIDELBERG Bummel rund um unsere älteste Universität 72
BERLIN Unsere Lieblingsplätze in der Weltstadt um die Ecke 74
BREMEN Auch die Hansestadt an der Weser besitzt eine Hafencity 76

TITEL: DIE VESTE WACHSENBURG IN THÜRINGEN FOTOGRAFIERTE HANS-PETER SZYSZKA
DEUTSCHLAND < GEO SAISON EXTRA 5

Außer bei der GEO Saison werden die Rubriken abgebildet. Als Satzart wird durchgehend linksbündiger Flattersatz angewendet, Trennungen werden möglichst vermieden. Rubriken werden durchweg in Versalien gesetzt, bei der Page in einem anderen Schnitt als bei den sonst im Inhaltsverzeichnis angewendeten Schriften. Die Vogue behandelt die Rubriken vollkommen anders als die restliche Typografie: Hier kommt neben einer zweiten Schrift Rot als Schriftfarbe hinzu. (Der Farbdreiklang von Schwarz (Text) auf Weiß (Papier) plus Rot als Zusatzfarbe findet sich in der Schriftgeschichte übrigens seit dem Buchdruck immer auffallend häufig.) Rubriken und häufig auch die einzelnen Beiträge werden vertikal voneinander abgerückt. Sie sehen bei der Page und der GEO Saison einen weiteren typografischen Ansatz, der häufig in Fließtexten von Magazinen, Zeitungen, Broschüren und Webseiten angewendet wird: Die Überschrift wird in einer serifenlosen, der Fließtext – oder wie hier in den Inhaltsverzeichnissen: die Teasertexte – in Serifenschriften gesetzt. Wenig überraschend werden dieselben Fonts auch auf den Inhaltsseiten verwendet.

In manchen Umfeldern, die sich etwa wie die Surf- oder Skaterszene eher als Subkulturen verstehen, wird gerade als Abgrenzungsmethode mit Konventionen gebrochen. Ansonsten macht es eher Sinn, eine Publikation als Ganzes zu sehen, bei dem sich die verschiedenen Inhalte und deren Gestaltung aufeinander beziehen.

Konkret bedeutet das, dass man beim Lesen schon an der Titelseite die Gestaltung der Innenseite zumindest erahnen können sollte. Aus diesem Grund werden auf den meisten Veröffentlichungen dieselben Schriften für die Titelseite, das Inhaltsverzeichnis und den redaktionellen Inhalt verwendet: Die Leserinnen und Leser werden dann nicht durch eine völlig neue, eben unerwartete Typografie auf den Innenseiten überrascht.

InDesign und Inhaltsverzeichnisse | Um InDesign Inhaltsverzeichnisse generieren zu lassen, müssen Sie konsequent mit Absatzformaten arbeiten (wobei der konsequente Einsatz von Absatzformaten eigentlich immer die Norm sein sollte). Das grundsätzliche Vorgehen in InDesign: Platzieren Sie den Text-Cursor in einem gesonderten Textrahmen – dieser soll nur das Inhaltsverzeichnis aufnehmen – und über LAYOUT • INHALTSVERZEICHNIS ... weisen Sie das Programm an, ein Inhaltsverzeichnis zu generieren. Daraufhin öffnet sich der umfangreiche Dialog INHALTSVERZEICHNIS.

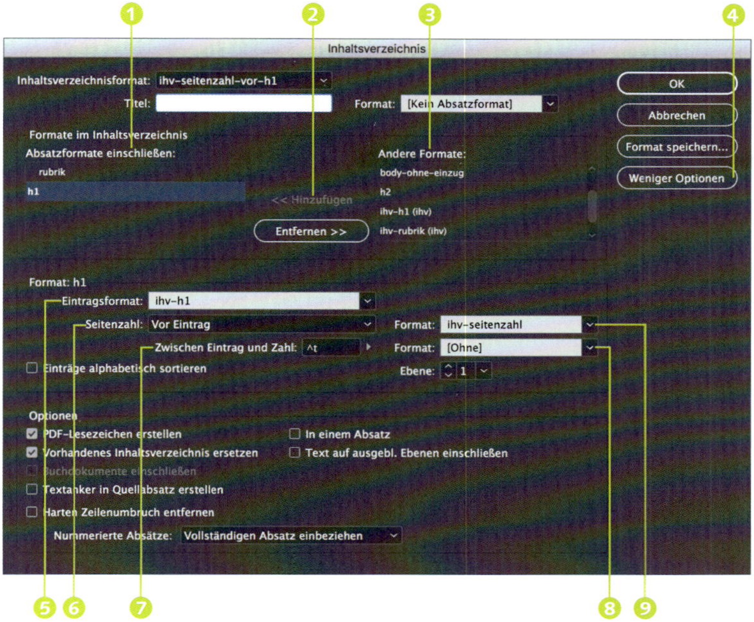

◀ **Abbildung 5.58**
Die Angaben im detailreichen Dialog INHALTSVERZEICHNIS sollten Sie speichern, weil Sie ein Inhaltsverzeichnis mehrfach generieren lassen werden.

Mit diesen Einstellungen lassen sich einfache Inhaltsverzeichnisse wie das folgende weitgehend per Knopfdruck erstellen.

Im Bereich ANDERE FORMATE ③ werden alle im InDesign-Dokument verwendeten Absatzformate aufgelistet. Suchen Sie die passenden aus, und fügen Sie diese mit einem Klick auf HINZUFÜGEN ② dem Bereich ABSATZFORMATE EINSCHLIESSEN ① hinzu. Für das Inhaltsverzeichnis in Abbildung 5.59 habe ich nur die beiden Absatzformate »rubrik« und »h1« verwendet. Für weitere Einstellungen blenden Sie sich diese mit einem Klick auf den Button WEITERE OPTIONEN ④ ein (da ich den Button schon betätigt hatte, ist er im Screenshot mit WENIGER OPTIONEN beschriftet). Da ich die Einträge im Inhaltsverzeichnis anders formatiert haben möchte als auf den Innenseiten, weise ich den Einträgen mithilfe des Pulldownmenüs EINTRAGSFORMAT ⑦ das gewünschte Absatzformat zu. Im Screenshot sehen Sie, dass ich im Bereich ABSATZFORMATE EINSCHLIESSEN ① »h1« gewählt habe. Diesem habe ich unter EINTRAGSFORMAT das Absatzformat »ihv-h1« zugewiesen. Damit die Seitenzahlen vor den Einträgen stehen, habe ich die entsprechende Option bei SEITENZAHL ⑥ gewählt. Und unter FORMAT ⑨ habe ich das Zeichenformat »ihv-seitenzahl« gewählt. In diesem habe ich als Schriftfarbe 50 % Schwarz definiert – die so formatierten Seitenzahlen sehen Sie Abbildung 5.59. Um den Abstand zwischen Sei-

FASHION¶
» 2 » Neue Kollektion von Sevendots¶
» 8 » Fashionweek Cologne¶
» 10 » Frischer Wind aus Südeuropa¶
ACCESSOIRES¶
» 14 » Die Sommerhits des Jahres¶
» 16 » Steile Schuhe#

▲ **Abbildung 5.59**
Mit ein paar Vorüberlegungen und einer GREP-Suche ist ein solches Inhaltsverzeichnis schnell generiert.

Preset

Damit Sie die getätigten Vorgaben nicht jedes Mal erneut zusammenklicken, speichern Sie sich das Preset unter Format speichern ⑦. Die so gespeicherten Formate können Sie anschließend beliebig über das Menü Inhaltsverzeichnisformat wieder aufrufen.

tenzahl und Eintrag steuern zu können, lasse ich In-Design beim Generieren eines Inhaltsverzeichnisses einen Tabulator einfügen ⑦. Bei Bedarf können Sie unter Format ⑧ ein weiteres Zeichenformat anwählen, beispielsweise um Füllzeichen separat zu formatieren.

Wenn Sie sich das generierte und leicht modifizierte Inhaltsverzeichnis in Abbildung 5.59 ansehen, sehen Sie Tabulatoren an den Zeilenanfängen vor den Seitenzahlen. Diese Tabulatoren habe ich – weil die Inhaltsverzeichnisfunktion von InDesign hierfür keine Funktion bietet – mittels einer GREP-Suche ersetzt.

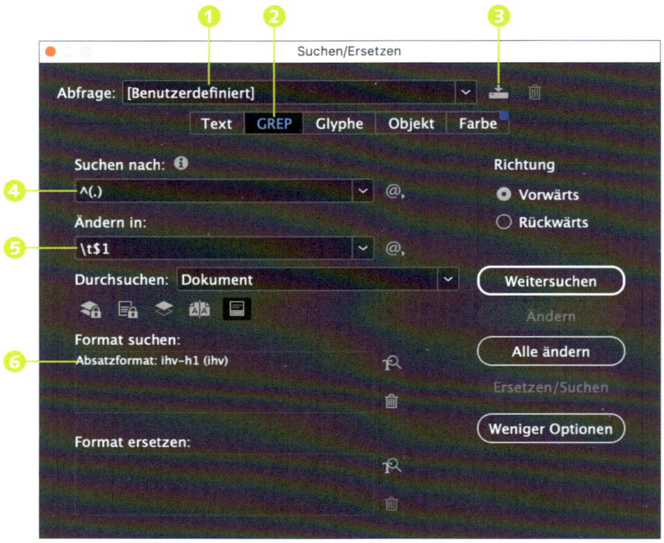

▶ **Abbildung 5.60**
Mit diesem GREP-Suchmuster werden Tabulatoren am Zeilenanfang eingefügt.

Änderungen gehen verloren

Bei jeder Aktualisierung des Inhaltsverzeichnisses gehen Änderungen, die Sie händisch vorgenommen haben, verloren. Das betrifft Formatierungen ebenso wie Textänderungen. Daher sollten Sie das Inhaltsverzeichnis erst sehr spät im Layoutprozess generieren.

Wenn Sie den Exkurs zu GREP am Ende von Kapitel 7 lesen, erschließt sich Ihnen, was GREP ② durch die Muster bei Suchen nach ④ und Ändern in ⑤ findet und ersetzt: `^(.)` findet jedes beliebige Zeichen am Zeilenbeginn, und weil wir bei Ändern in eine Referenz dieses Zeichens benötigen, ist dieses Zeichen in Klammern angegeben. `\t$1` fügt an den gefundenen Stellen ein Tabulatorzeichen ein, das `$1` setzt dasselbe Zeichen wieder ein (sonst würde es gelöscht werden). Mit der Angabe unter Format suchen beschränke ich die Suche auf die Absätze, die mit dem Absatzformat »ihv-h1« formatiert sind ⑥ – die Rubriken sind dadurch von der Suche ausgeschlossen. Da Sie bei jeder Textänderung im Innenteil einer Publikation das Inhaltsverzeichnis wieder neu generieren lassen, müssen Sie auch jedes Mal wieder die Tabulatoren neu einfügen. Daher gilt auch hier: Speichern Sie sich derartige GREP-Suchen ab ③, damit Sie bei Bedarf immer wieder darauf zurückgreifen können ①.

Rubrik

Es gibt noch einen weiteren Punkt zu beachten: Im Inhaltsverzeichnis werden alle Beiträge einer Rubrik unter der jeweiligen Rubrik zusammengefasst. Auf den Innenseiten werden Rubriken häufig auf allen Seiten genannt. Legen Sie einfach ein Duplikat des Absatzformates für die Rubrik (auf den Innenseiten) an. Dieses verwenden Sie auf allen Seiten *nach* dem Rubrikbeginn. In das Inhaltsverzeichnis nehmen Sie nur das Absatzformat auf, das Sie auf den Seiten einsetzen, auf denen eine neue Rubrik beginnt.

Quellenverzeichnisse

Quellenangaben bzw. bibliografische Angaben informieren beim Lesen über die im Text verwendeten Quellen. Daher sind sie im wissenschaftlichen Umfeld Pflicht. Der Umfang von bibliografischen Angaben kann hierbei sehr unterschiedlich ausfallen. Schauen wir uns zunächst die Mindestangaben und deren typografische Umsetzung an. Am sinnvollsten werden Name und Vorname des Autors bzw. der Autorin durch Komma getrennt und von einem Doppelpunkt gefolgt. Es schließen sich Buchtitel, Erscheinungsort und Erscheinungsjahr an, nach dem Buchtitel folgt ein Punkt. Beachten Sie aber, dass es für Quellenangaben auch andere Anforderungen geben kann (siehe Kasten). Wichtig ist, dass die Angaben nicht nur korrekt und vollständig sind, sondern auch klar und konsistent gestaltet werden, um Lesbarkeit und Zugänglichkeit zu gewährleisten.

Hierarchien einhalten

Innerhalb einer bibliografischen Angabe ist eine klare Hierarchie wichtig. Diese kann durch die Verwendung von Kommas, Punkten, Semikolons und anderen Trennzeichen erreicht werden, die jeweils spezifische Teile der Referenz voneinander abgrenzen.

Name, Vorname: vollständiger Buchtitel.
Erscheinungsort Erscheinungsjahr

Faulmann, Carl: Schriftzeichen und Alphabete. Wiesbaden 2012

Hochschulstandards

Hochschulen geben detaillierte Listen für Ihre Studierenden und Mitarbeitenden heraus, denen die gewünschten Informationen von bibliografischen Angaben zu entnehmen sind. Diese sind teilweise auch online öffentlich zugänglich.

Durch typografische Maßnahmen lassen sich die reinen Informationen gliedern. Dabei soll meist der Grauwert von bibliografischen Angaben gleich bleiben – der Einsatz von einem Boldschnitt einer Schrift fällt somit aus. Damit bleiben neben dem Regularschnitt der Grundschrift als Gestaltungsmaßnahmen Kapitälchen und der Kursivschnitt.

Im nächsten Beispiel sehen Sie die sehr unterschiedlichen Wirkungen verschiedener Schriften (v. o. n. u.): Mrs Eaves, Minion Pro und Adobe Garamond Pro. Um eine ähnliche Größenwirkung zu erzielen, habe ich die Schriftgrößen angepasst.

FAULMANN, CARL: *Schriftzeichen und Alphabete*. Wiesbaden 2012
FAULMANN, CARL: *Schriftzeichen und Alphabete*. Wiesbaden 2012
FAULMANN, CARL: *Schriftzeichen und Alphabete*. Wiesbaden 2012

Die Kursive der Minion Pro fügt sich im Gegensatz zu den anderen beiden gezeigten Schriften am unauffälligsten in die Kapitälchen und den Regularschnitt ein. Während diese Zurückhaltung in Fließtexten gewünscht sein kann, ist genau diese Eigenschaft bei bibliografischen Angaben eher ein Nachteil. Denn hier sollen sich die verschiedenen Textarten wie Autor, Titel etc. ja gerade deutlicher voneinander abheben.

Somit kann die Gewichtung der bibliografischen Angaben in einer Publikation bei der Konzeption der Typografie durchaus Auswirkung auf die Schriftwahl haben: Üblicherweise werden Sie für Fließtext und Bibliografie dieselbe Schrift verwenden.

Eine Besonderheit gibt es bei Quellen aus dem Internet zu beachten. Aufgrund langer URLs lässt sich der Umbruch über mehrere Zeilen häufig nicht vermeiden. Damit ein Browser nach Eingabe der URL auch die entsprechende Seite aufrufen kann, sollten Sie auf einen Trennstrich beim Umbruch verzichten. Das gilt für URLs in Fließtexten genauso.

Köster ist zum vierten Mal Weltmeister. http://www.spiegel.de/
sonst/sport/windsurfen-philip-koester-ist-zum-vierten-mal-welt
meister-a-1171270.html, 04.10.2017, letzter Aufruf 20.7.18.

Wie Sie sehen, habe ich in der zweiten Zeile »weltmeister« ohne Trennstrich umbrochen.

Quellenangaben und InDesign | Bibliografische Angaben zu setzen, kann je nach Umfang zeitintensiv werden. Grundlegende Formatierungen lassen sich in InDesign aber glücklicherweise automatisieren. Dabei kommen die verschachtelten Formate zum Einsatz.

Um diese Funktion einzusetzen, legen Sie zuerst ein Absatzformat für die grundlegende Typografie der bibliografischen Angaben an. Für die Formatierung des Autorennamens und des Titels erstellen Sie je ein Zeichenformat. Mittels der verschachtelten Formate können Sie InDesign nun anweisen, das Autoren-Zeichenformat bis zum Doppelpunkt, das Titel-Zeichenformat bis zum Komma anzuwenden.

In Abbildung 5.61 sehen Sie die Absatzformatoptionen des Absatzformates »bibliografische-angaben«, das ich angelegt habe. Unter INITIALEN UND VERSCHACHTELTE FORMATE ① können Sie angeben, bis zu welchen Zeichen InDesign ausgewählte Zeichenformate anwenden soll. Im Beispiel habe ich für das erste verschachtelte Format das Zeichenformat »bib-autor« ② ausgewählt. (Die Angaben, die Sie für die verschachtelten Formate vornehmen können, wählen Sie über Pulldown-Menüs an oder geben diese in Eingabefelder ein – was im Optionsfenster nicht zu sehen ist.) Im Pulldown-Menü ③ rechts daneben haben Sie die Wahl zwischen »bis« und »über«. Lassen Sie sich von diesen Begriffen nicht irritieren, und denken Sie stattdessen besser »ausschließlich« bzw. »einschließlich«. Ich habe bei beiden verschachtelten Formaten die Option »über« gewählt. Dies führt einfach dazu, dass die Satzzeichen, die ich bei ⑤ eingegeben habe, noch mit dem gewählten Zeichenformat formatiert werden (und nicht wie bei der Option »bis« ausgelassen werden).

Angabe ohne Autor

In diesem Beispiel sehen Sie auch den Fall, dass kein Autor genannt wird. Das kann verschiedene Gründe haben: etwa wie hier, weil der Autor nicht ersichtlich ist. Auch bei Texten, bei denen der Urheber eine Körperschaft ist, wird diese als Herausgeber und nicht als Autor angegeben – und Herausgeber werden im Gegensatz zu Autoren meist nach dem Titel genannt.

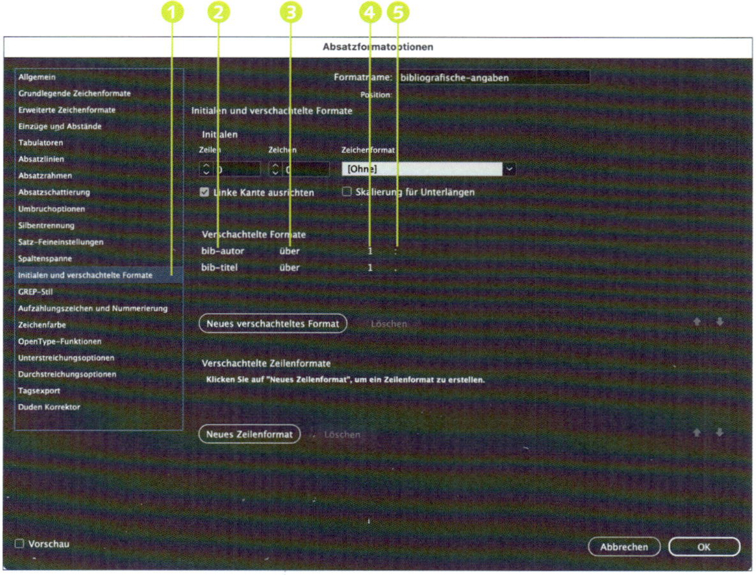

◀ **Abbildung 5.61**
Verschachtelte Formate können Ihnen beim Formatieren richtig viel Arbeit abnehmen.

Bei 4 steht jeweils eine »1«: InDesign weist durch diese Angaben einem Absatz bis zum ersten »:« das Zeichenformat »bib-autor« zu. Der folgende Text wird bis zum ersten ».« mit dem Zeichenformat »bib-titel« formatiert. Der dann noch folgende Text im Absatz wird mit den sonstigen im Absatzformat definierten Angaben formatiert.

Index

Index in InDesign

In InDesign finden Sie die Einstellungen zum Erstellen eines Index unter FENSTER • SCHRIFT UND TABELLEN • INDEX. Hier können Sie den Index generieren und formatieren.

Ein Index, Stichwortregister oder Register bietet in Sach- und Fachbüchern eine Übersicht über den Inhalt einer Publikation. Die Ordnung hierbei ist immer alphabetisch, im Gegensatz zum Inhaltsverzeichnis, das sich nach der tatsächlichen Reihenfolge richtet. In sehr umfangreichen Veröffentlichungen können auch mehrere Indexe verwendet werden. So finden sich beispielsweise in geschichtlichen Abhandlungen neben dem eigentlichen Stichwortregister oft auch Personenregister. Da Stichwörter häufig mehr als einmal im Text vorkommen, werden die jeweiligen Seiten alle in den Index aufgenommen.

Auch bei der Erstellung eines Indexes ist auf optimale Lesbarkeit und Übersichtlichkeit zu achten. In unserem Beispiel steht zwischen dem Eintrag und der Seitenzahl ein Halbgeviertleerraum.

Farbauftrag 88
Farbe 15, 27, 132, 142,
  154, 160
Farbmischung 21, 75,
  98, 101–113
Farbsysteme 6, 65
Flächenfarbe im
  Offsetdruck 16, 165
Füllung 68, 98

Damit umbrechende Zeilen – sowohl bei Seitenzahlen als auch bei mehrzeiligen Stichwörtern – nicht als neuer Eintrag gelesen werden, bietet sich einmal mehr der Einzug an. Um eine Gewichtung der Seitenzahlen vorzunehmen, damit man beim Lesen gleich erfassen kann, wo die zentralen Informationen zu einem Stichwort zu finden sind, können Sie die entsprechenden Zahlen mit einem halbfetten oder fetten Schnitt auszeichnen.

In Registern können Stichwörter auch mit Einträgen zweiter Ordnung zusammengefasst werden. Zur Unterscheidung von umbrechenden Einträgen bietet sich hierfür der Kursivschnitt der Grundschrift an. Diesen Ansatz finden Sie auch im Register dieses Buches.

Farbmischung 21, 75
Farbsysteme 65
  additiv 71
  CMYK 68
  RGB 75
  subtraktiv 67
Fläche **16**, 165

Fußnoten

Um in Texten beispielsweise Quellennachweise unterzubringen, werden vor allem im wissenschaftlichen Umfeld Fußnoten eingesetzt. Für die Kennzeichnung werden laufende Nummern direkt am Ende des Wortes im Fließtext gesetzt, auf den sich die Fußnote bezieht. Der Text der Fußnote wird möglichst unten auf dieselbe Seite wie der Verweis, zu dem er gehört, gesetzt oder alternativ in einer Fußnotensammlung am Textende.

Innovation, umweltschonender Umgang mit Energie und die Suche nach neuen Anwendungsfeldern für unser Produkt Wasser, das sind gleich drei gute Gründe, sich für Wasser im Verkehr[1] zu engagieren. Nach den ersten Henne-Ei-Diskussionen, wie man am besten anfängt, hat die Wasser Marsch mit dem eigenen Fuhrpark und einer kleinen Tankstelle auf dem Hof die Entwicklung gestartet. Spätestens nach dem Bau der ersten öffentlichen Tankstelle[2] und der aktiven Werbung für Wasser als Treibstoff ist der Siegeszug in unserer Region nicht mehr aufzuhalten. Die Überzeugung vom eigenen Produkt und die notwendige Beharrlichkeit[3] sind ausschlaggebend für den Erfolg. Mit der Gemeinschaftsinitiative »Wasserfahrzeuge« werden wir diesen Erfolg entscheidend verstärken.

Kernpunkt ist die »Wasserfahrzeug«, die »Wasser Marsch und lokaler Händler«. Gemeinsam wollen es die lokalen Autohändler und die Wasser Marsch schaffen, dass 2010 rund 1.000 Wasserfahrzeuge im Versorgungsgebiet[4] der Aquaplaning unterwegs sind.

1 Auch wenn der Straßenverkehr längst der Verschiffung von Waren den Rang abgelaufen hat, kommt den Wasserwegen nach wie vor eine zentrale Bedeutung zu.
2 Gebaut 1923 in Bielefeld.
3 Durststrecken gehören bei einem Projekt dieser Größenordnung wohl dazu. Die einhellige Rückmeldung der Teammitglieder: »Immer wieder gern!«.
4 Das Gebiet umfasst mittlerweile 17 Gemeinden Ostwestfalens.

Fußnoten sind genau wie Marginalien oder Bildlegenden eine weitere Inhaltsebene neben dem Fließtext. Wie Marginalien bieten sie Zusatzinformationen zu den Inhalten des Haupttextes und können entsprechend dem Leserbedürfnis gelesen oder eben ignoriert werden. Daher sollten sich Fließtext und Fußnoten deutlich voneinander unterscheiden. Neben einer anderen Schriftgröße, einem daraus abgeleiteten anderen Zeilenabstand macht ein vertikaler

Fußnote in InDesign
Eine Fußnote erstellen Sie über SCHRIFT • FUSSNOTE EINFÜGEN.

Abstand zwischen Haupttext und Fußnoten die Unterscheidung deutlich. Auf die auch in InDesign voreingestellte horizontale Linie können Sie meist verzichten. Als Abstand von Fließtext zu Fußnoten sollten Sie einen Raum wählen, der größer als der Durchschuss des Fließtextes wirkt.

Ebenso sollten die Fußnoten im Fließtext zwar deutlich, aber unaufdringlich erkennbar sein, damit sie den Textfluss nicht stören, wenn man die Zusatzinfos der Fußnoten ignorieren möchte. Am einfachsten legen Sie für die Fußnotenzahlen im Fließtext ein Zeichenformat in InDesign an, indem Sie unter GRUNDLEGENDE ZEICHENFORMATE • POSITION • OPENTYPE-HOCHSTELLUNG wählen.

Die Nummerierung der Fußnotentexte sollte beim Lesen schnell auffindbar sein, insofern bieten sich hier Versalziffern an. Sie wirken ruhiger und nüchterner und heben sich von den Mediävalziffern in den Fußnotentexten ab.

Während ich den Einzug im Fließtext mit »4 mm« definiert habe, wäre dies bei einziffrigen Fußnoten zu viel. Daher habe ich die Fußnoten selbst mit 3 mm eingezogen. Dadurch wird zwar eine zweite vertikale Achse eingeführt, was ich aber als angenehmer empfinde als einen zu großen Abstand zwischen Zahl und Text der Fußnoten.

In der folgenden Variante sehen Sie einen alternativen Satz der Fußnoten: Hier habe ich die Zahlen mit einem Halbgeviertleerraum vom Fußnotentext abgerückt und die Folgezeilen wieder an der Satzkante beginnen lassen. Das Textbild wirkt dadurch geschlossener, die Fußnotenzahlen treten mehr in den Hintergrund. Hier müssen Sie klären, was beim Lesen wichtiger ist.

Innovation, umweltschonender Umgang mit Energie und die Suche nach neuen Anwendungsfeldern für unser Produkt Wasser, das sind gleich drei gute Gründe, sich für Wasser im Verkehr[1] zu engagieren. Nach den ersten Henne-Ei-Diskussionen, wie man am besten anfängt, hat die Wasser Marsch mit dem eigenen Fuhrpark und einer kleinen Tankstelle auf dem Hof die Entwicklung gestartet. Spätestens nach dem Bau der ersten öffentlichen Tankstelle[2] und der aktiven Werbung für Wasser als Treibstoff ist der Siegeszug in unserer Region nicht mehr aufzuhalten. Die Überzeugung vom eigenen Produkt und die notwendige Beharrlichkeit[3] sind ausschlaggebend für den Erfolg. Mit der Gemeinschaftsinitiative »Wasserfahrzeuge« werden wir diesen Erfolg entscheidend verstärken.

Kernpunkt ist die »Wasserfahrzeug«, die »Wasser Marsch und lokaler Händler«. Gemeinsam wollen es die lokalen Autohändler und die Wasser Marsch schaffen, dass 2010 rund 1.000 Wasserfahrzeuge im Versorgungsgebiet[4] der Aquaplaning unterwegs sind.

1 Auch wenn der Straßenverkehr längst der Verschiffung von Waren den Rang abgelaufen hat, kommt den Wasserwegen nach wie vor eine zentrale Bedeutung zu.
2 Gebaut 1923 in Bielefeld.
3 Durststrecken gehören bei einem Projekt dieser Größenordnung wohl dazu. Die einhellige Rückmeldung der Teammitglieder: »Immer wieder gern!«.
4 Das Gebiet umfasst mittlerweile 17 Gemeinden Ostwestfalens.

Nummerierung

Bei der Nummerierung der Fußnoten können Sie zwischen zwei Varianten wählen: Entweder Sie lassen die Nummerierung über einen größeren inhaltlichen Bereich wie ein Kapitel laufen. Dabei können entsprechend der Häufigkeit natürlich sehr hohe Zahlen entstehen. Oder Sie listen die Fußnote pro Seite auf.

Fußnoten am Textende

Daneben gibt es auch noch die Alternative, die zusätzlichen Texte statt als Fußnoten als Endnoten am Textende zusammen zu fassen. Das kann bei umfangreichen Inhalten dieser zusätzlichen Textebene sinnvoll sein.

Zum Abschluss dieses Abschnitts möchte ich noch auf einige Punkte hinweisen, die InDesign und das Handling von Fußnoten betreffen. Die grundlegenden Einstellungen Fußnoten betreffend nehmen Sie unter SCHRIFT • OPTIONEN FÜR DOKUMENTFUSSNOTEN vor. Hier können Sie im Bereich LAYOUT bei mehrspaltigen Textrahmen auch die Option FUSSNOTEN SPALTENÜBERGREIFEND DARSTELLEN wählen. In meinen Beispielen dieses Abschnitts bietet sich diese Option nicht an, weil die entstehende Satzbreite der Fußnoten viel zu groß geworden wäre.

Innovation, umweltschonender Umgang mit Energie und die Suche nach neuen Anwendungsfeldern für unser Produkt Wasser, das sind gleich drei gute Gründe, sich für Wasser im Verkehr[1] zu engagieren. Nach den ersten Henne-Ei-Diskussionen, wie man am besten anfängt, hat die Wasser Marsch mit dem eigenen Fuhrpark und einer kleinen Tankstelle auf dem Hof die Entwicklung gestartet. Spätestens nach dem Bau der ersten öffentlichen Tankstelle[2] und der aktiven Werbung

1 Auch wenn der Straßenverkehr längst der Verschiffung von Waren den Rang abgelaufen hat, kommt den Wasserwegen nach wie vor eine zentrale Bedeutung zu.
2 Gebaut 1923 in Bielefeld. Damals wie heute eine Besonderheit: Tankstelle für Flüssig- und Gastreibstoffe mit angeschlossener Vier Sternegastronomie.

für Wasser als Treibstoff ist der Siegeszug in unserer Region nicht mehr aufzuhalten. Die Überzeugung vom eigenen Produkt und die notwendige Beharrlichkeit sind ausschlaggebend für den Erfolg. Mit der Gemeinschaftsinitiative »Wasserfahrzeuge« werden wir diesen Erfolg entscheidend verstärken.

Kernpunkt ist die »Wasserfahrzeug«, die »Wasser Marsch und lokaler Händler«. Gemeinsam wollen es die lokalen Autohändler[3] und die Wasser Marsch

3 Aus 17 Gemeinden

InDesign füllt Spalten von unten mit Fußnotentexten auf. Wenn in nebeneinanderstehenden Spalten deutlich unterschiedlich lange Fußnoten stehen, resultieren daher auch unterschiedlich hohe Spalten mit Mengentext. Wenn Sie dies vermeiden wollen, müssen Sie statt Textrahmen mit mehreren Spalten einzelne Textrahmen verwenden. Dann können Sie den entsprechenden Textrahmen individuelle Abweichungen zuweisen.

Fußnoten mit CSS

Hugo Giraudel stellt auf *https://codepen.io/SitePoint/pen/QbMgvY* eine reine CSS-Lösung vor.

Hier sehen Sie die Einstellungen, die nötig sind, um den rechten Textrahmen auf die Höhe des linken Textrahmens zu bringen.

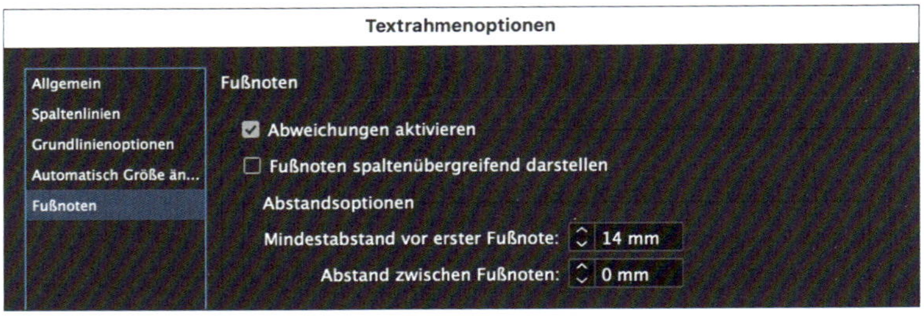

▶ **Abbildung 5.62**
Für einzelne Textrahmen können Sie Abweichungen von den dokumentweiten Fußnoteneinstellungen definieren.

Mehrspaltigkeit

Um Platz zu sparen, werden umfangreiche Register, Inhaltsverzeichnisse, bibliografische Angaben, aber auch Fußnoten mehrspaltig gesetzt. Achten Sie dann darauf, dass die Zuordnung von verschiedenen Zahlen wie Kapitelzahlen und Seitenzahlen beim Lesen eindeutig zu erfassen ist. Was Sie im Allgemeinen bei Spalten und deren Abständen zueinander bedenken sollten, finden Sie in Kapitel 3.

In der nächsten Variante habe ich den Spaltenabstand auf 2 mm gesetzt. Das führt bei Inhalten, die praktisch die gesamte Spalten füllen, dazu, dass der Halbgeviertleerraum zwischen Eintrag und Seitenzahl einen dem Spaltenabstand sehr ähnlichen Raum einnimmt. Und damit ist das Gestaltprinzip der Nähe (siehe Abschnitt 1.4) missachtet.

Absatzformat 100, 108 Abweichungen 89, 219 Ansichtsmodus 45
Absatzlinien 12, 97, 99 Anführungen 9, 15, 96 Anzeigeleistung 206
Absatzrahmen 88, 180 Ankerpunkte 13, 15, 89 Arbeitsfarbraum 311

Durch die Verbreiterung der Spaltenabstände auf nun 3 mm setzen sich die jeweiligen Registereinträge samt Seitenzahl deutlicher zu Einheiten zusammen.

Absatzformat 100, 108 Abweichungen 89, 219 Ansichtsmodus 45
Absatzlinien 12, 97, 99 Anführungen 9, 15, 96 Anzeigeleistung 206
Absatzrahmen 88, 180 Ankerpunkte 13, 15, 89 Arbeitsfarbraum 311

Formulare

Mittels Formularen werden Informationen vom Benutzer abgefragt, etwa zur Registrierung und Anmeldung, für Buchungen oder bei Steuern und Finanzen. Dabei sollten Formulare so einfach wie möglich zu erfassen sein, denn meist ist das Ausfüllen selbst schon eher eine Pflichtübung. Auch auf die Ästhetik sollte geachtet werden. Versuchen Sie daher, bei der Gestaltung den Fokus auf die Benutzerführung zu legen: Lassen sich hierfür Bereiche zusammenfassen und mit einer Überschrift versehen? Welche Eingaben sind optional? Gibt es Bereiche, die nicht vom Absender, sondern vom Adressaten ausgefüllt werden?

Prinzipiell gibt es zwei Arten von Formularfeldern:

1. die Entscheidung zwischen vordefinierten Optionen (Optionsfelder)
2. die Eingabe in ein Feld (Eingabefelder)

Schriftwahl

Bei der Gestaltung von Formularen ist besonders die Schriftwahl von großer Bedeutung. Wählen Sie Schriftarten, die gut lesbar sind und eventuell condensed laufen. Dekorative Schriften schließen sich natürlich aus. Die Schrift sollte auch in kleinen Größen gut lesbar sein. Durch eine geschickte Schriftwahl z. B. einer Schriftsippe lässt sich auch beim Formular die Hierarchisierung gut darstellen und die Navigation erleichtern. Bedenken Sie auch, dass die Schrift sowohl digital als auch gedruckt gut funktionieren muss.

Optionsfelder | Wenn der Absender eine Wahl zwischen Alternativen hat, wird dies durch Kästchen oder Kreise kommuniziert.

Für das Beispiel habe ich die Kreise in der Webdings 2 gesetzt. Da die Kreise optisch zu weit oberhalb der Grundlinie standen, habe ich sie durch einen negativen Grundlinienversatz nach unten verschoben.

Art der Veranstaltung
○ Digitale Werkstatt ○ Makerspace / Maker Kids
○ MINT ○ Sonstige

Durch die Gruppierung der vier Optionen in zwei Spalten und zwei Zeilen wirken sie aufgeräumter, und man erfasst die Menge der möglichen Optionen einfacher als in einer Version, in der die Alternativen, hier getrennt durch ein Geviertleerzeichen, hintereinanderstehen.

Art der Veranstaltung
○ Digitale Werkstatt ○ Makerspace / Maker Kids
○ MINT ○ Sonstige

Eingabefelder | Damit man weiß, welche Informationen in die jeweiligen Eingabefelder einzutragen sind, müssen diese beschriftet sein. Dafür stehen Ihnen prinzipiell drei Möglichkeiten zur Verfügung: vor, über und unter dem Eingabefeld.

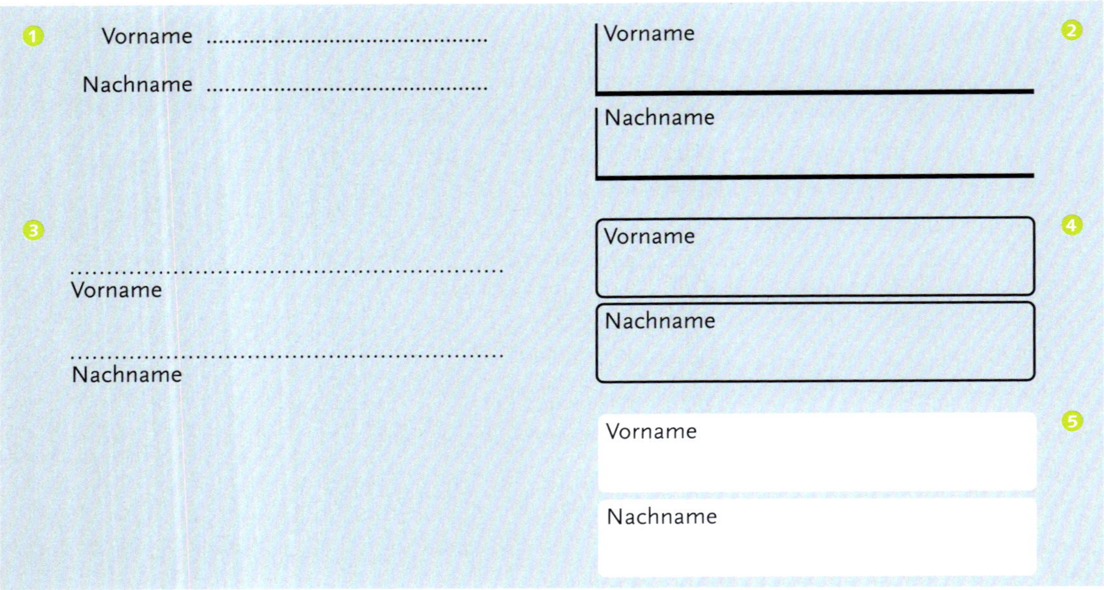

Wenn Sie die Beschriftung vor dem Eingabebereich realisieren, bietet sich hierfür der rechtsbündige Satz an. Dadurch gewährleisten Sie, dass die Bezeichnungen unabhängig von ihrer jeweiligen Textlänge immer direkt am entsprechenden Eingabefeld stehen ❶. Diese Lösung benötigt horizontal mehr Platz, spart dafür Platz in der Vertikalen. Bei Printformularen sollten Sie sich möglichst für einen der Ansätze entscheiden, im Webdesign können Sie je nach Fensterbreite die horizontale oder die vertikale Positionierung realisieren.

Wenn die Bezeichnungen oberhalb der Eingabefelder stehen, sollten Sie dafür sorgen, dass Sie zwischen beiden einen optischen Zusammenhang herstellen. Das habe ich in Beispiel ❷ mit der schmalen Kontur an der linken Seite realisiert. Häufig finden sich die komplett gerahmten Felder wie in ❹. Statt Rahmen sind ebenso Flächen möglich ❺. Die beiden letztgenannten Varianten benötigen mehr Raum in der Vertikalen als die zurückhaltendere Version mit dem Winkel. Stehen die Bezeichnungen unter den Felder ❸, sollten sie möglichst nah an die Feldlinie herangerückt werden.

Responsive Formulare

Denken Sie bei digital angebotenen Formularen natürlich jederzeit an die responsive Nutzung auf verschiedenen Geräten.

Kapitel 6
Die richtige Schrift

Die Wahl der richtigen Schriftart ist entscheidend für die Wirksamkeit eines Designs, sei es für eine Website, ein gedrucktes Dokument oder auch für eine Werbekampagne. Verschiedene Schriftarten vermitteln unterschiedliche Stimmungen, Töne und Assoziationen, weshalb eine Schriftart gewählt werden sollte, die die Botschaft und die Anforderungen des Projekts unterstützt.

6.1 Text- und Lesearten

Die Art und Weise, wie Texte präsentiert und gelesen werden, variiert stark je nach Kontext, Ziel und Medium. Unterschiedliche Text- und Lesearten erfordern jeweils angepasste Gestaltungen, um die Aufnahme und das Verständnis der Informationen zu optimieren. Um festzustellen, wie Sie die Botschaft eines Layoutprojekts unterstützen können, müssen Sie sich erst einmal vor Augen führen, dass es das eine Lesen gar nicht gibt. Folgende Arten von Text und Lesen lassen sich beobachten:

- lineares Lesen
- informierendes Lesen
- konsultierendes Lesen
- flüchtiges Lesen
- Lesen zur räumlichen Orientierung
- besondere Lesearten
- freie Typografie

Auch wenn wir es häufig mit Mischformen der genannten Lesearten zu tun haben, lässt sich doch meist ein Schwerpunkt der Leseart und der Textart ausmachen. Das Verständnis dieser Lesearten kann uns dabei helfen, Texte zielgerichteter zu gestalten.

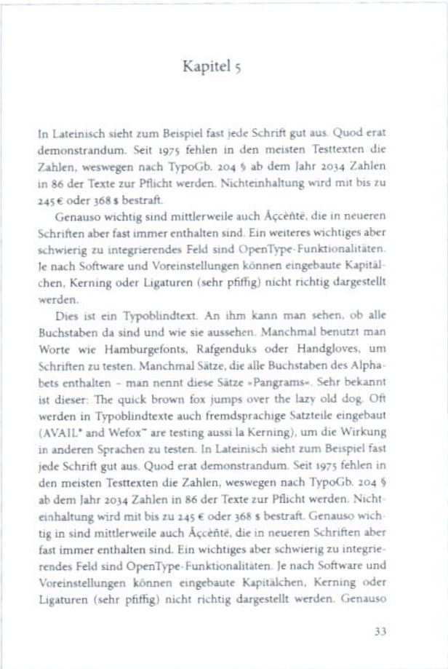

Kapitel 5

In Lateinisch sieht zum Beispiel fast jede Schrift gut aus. Quod erat demonstrandum. Seit 1975 fehlen in den meisten Testtexten die Zahlen, weswegen nach TypoGb. 204 § ab dem Jahr 2034 Zahlen in 86 der Texte zur Pflicht werden. Nichteinhaltung wird mit bis zu 245 € oder 368 $ bestraft.

Genauso wichtig sind mittlerweile auch Åççèñtë, die in neueren Schriften aber fast immer enthalten sind. Ein weiteres wichtiges aber schwierig zu integrierendes Feld sind OpenType-Funktionalitäten. Je nach Software und Voreinstellungen können eingebaute Kapitälchen, Kerning oder Ligaturen (sehr pfiffig) nicht richtig dargestellt werden.

Dies ist ein Typoblindtext. An ihm kann man sehen, ob alle Buchstaben da sind und wie sie aussehen. Manchmal benutzt man Worte wie Hamburgefonts, Rafgenduks oder Handgloves, um Schriften zu testen. Manchmal Sätze, die alle Buchstaben des Alphabets enthalten – man nennt diese Sätze »Pangrams«. Sehr bekannt ist dieser: The quick brown fox jumps over the lazy old dog. Oft werden in Typoblindtexte auch fremdsprachige Satzteile eingebaut (AVAIL® and Wefox™ are testing aussi la Kerning), um die Wirkung in anderen Sprachen zu testen. In Lateinisch sieht zum Beispiel fast jede Schrift gut aus. Quod erat demonstrandum. Seit 1975 fehlen in den meisten Testtexten die Zahlen, weswegen nach TypoGb. 204 § ab dem Jahr 2034 Zahlen in 86 der Texte zur Pflicht werden. Nichteinhaltung wird mit bis zu 245 € oder 368 $ bestraft. Genauso wichtig in sind mittlerweile auch Åççèñtë, die in neueren Schriften aber fast immer enthalten sind. Ein wichtiges aber schwierig zu integrierendes Feld sind OpenType-Funktionalitäten. Je nach Software und Voreinstellungen können eingebaute Kapitälchen, Kerning oder Ligaturen (sehr pfiffig) nicht richtig dargestellt werden. Genauso

33

▲ **Abbildung 6.1**
Typografie, die den Inhalt transportiert, ohne sich in den Vordergrund zu drängen, ist typisch für Texte, die linear gelesen werden (Darstellung ca. 40 %).

Lineares Lesen

Mit linearem Lesen ist das Erfassen von langen Texten, wie wir sie in Romanen vor uns haben, gemeint. Wir haben es hier mit einem sequentiellen Lesen von Anfang bis Ende zu tun. Diese Art Texte zeichnen sich neben dem großen Textumfang auch dadurch aus, dass sie höchstens von einer Kapitelnummerierung oder von Kapitelüberschriften unterbrochen sind und komplett von vorne nach hinten gelesen werden. Ein anderer Leseeinstieg in den Text außer dem Anfang ist unüblich. Zwischenüberschriften, Marginalien, Bilder oder Fußnoten sind bei Texten dieser Gruppe unüblich.

Zu den Anforderungen an die Typografie für lineares Lesen gehören folgende Punkte:

- sehr gute Unterscheidbarkeit der Einzelzeichen, was gleichbedeutend mit großem Detailreichtum ist und möglichst ermüdungsfreies Lesen ermöglicht. Daher bewähren sich Serifenschriften mehr als Groteskschriften.
- Schrift sollte sich optisch im Hintergrund halten und darf sich nicht aufdrängen oder vom Inhalt ablenken
- ruhiges, gleichmäßiges Schriftbild
- zum Normalschnitt passende Italic- und gegebenenfalls Boldschnitte
- vorzugsweise außerdem Kapitälchen
- Mediävalziffern
- möglichst weit ausgebauter Font, um auch nicht lateinische Zeichen darstellen zu können
- eine weitere Schrift kann zur »farbigeren« Typografie beispielsweise für Kapitelüberschriften und Paginierung eingesetzt werden, üblich ist jedoch die klassische Buchtypografie, bei der ausschließlich eine Schrift verwendet wird
- üblich ist der durchgängige Einsatz von Schwarz, in Einzelfällen können auch Grautöne etwa für Kapitelüberschriften zum Einsatz kommen

Informierendes Lesen

Beim informierenden Lesen geht es darum, gezielt Informationen zu gewinnen. Leserinnen und Leser nähern sich dem Text mit dem Ziel, spezifisches Wissen oder Daten zu extrahieren. Texte, die für das informierende Lesen vorgesehen sind, zeichnen sich durch verschiedene Texthierarchien, die beispielsweise durch Zwischenüberschriften realisiert werden, aus. Wie bei Zeitungs-, Magazin- und

Webseitentexten zu sehen, haben die Zwischenüberschriften eine doppelte Funktion: Einerseits lockern sie längere Texte auf und andererseits liefern sie Informationen über den jeweils folgenden Abschnitt. Hierdurch bieten Zwischenüberschriften eine zusätzliche Gelegenheit für die Leserschaft, in einen Text »einzusteigen«.

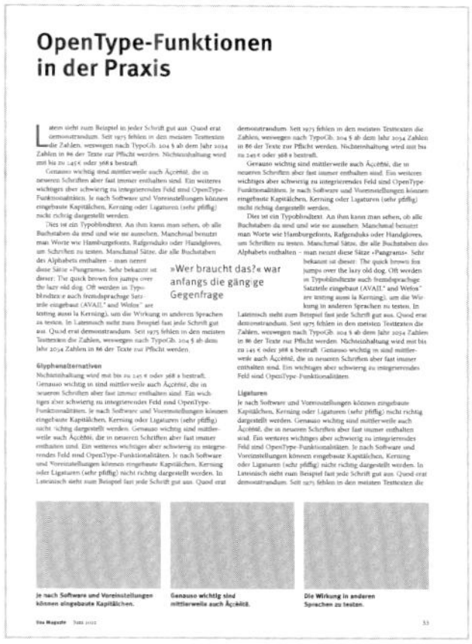
OpenType-Funktionen in der Praxis

»Wer braucht das?« war anfangs die gängige Gegenfrage

▲ **Abbildung 6.2**
Informierende Texte zielen darauf ab, Wissen oder Daten zu vermitteln. Sie finden sich in Lehrbüchern, Berichten, Anleitungen und wissenschaftlichen Artikeln. Klarheit und Struktur sind hier besonders wichtig. Überschriften, Listen und Tabellen helfen, die Informationen übersichtlich zu gestalten.

Während Texte für lineares Lesen aus maximal zwei Texthierarchieebenen (Fließtext und Kapitelüberschriften) bestehen, sind bei Texten für informierendes Lesen eine Vielzahl von Textebenen zu finden. Neben Fließtext und Überschriften werden hier Zwischenüberschriften, Vorlauftexte, Bildunterschriften und Rubriken eingesetzt. Alle diese Textebenen fordern ihrerseits individuelle typografische Lösungen.

Zu den Anforderungen an die Typografie für informierendes Lesen gehören:

- Im Unterschied zu der Typografie, die lineares Lesen unterstützt, kann die eingesetzte Schrift bzw. die eingesetzten Schriften einen eigenständigeren Charakter haben. Die Typografie kann dadurch weitaus mehr für die visuelle Wirkung beispielsweise eines Magazins verantwortlich sein, als dies bei Texten für lineares Lesen der Fall ist.
- Häufig werden neben einer Serifenschrift (wie beim informierenden Lesen üblich) für Fließtexte Sans-Serif-Schriften für Überschriften, Zwischenüberschriften und Bildlegenden verwendet.
- Während im Zeitungssatz (ausgenommen von Boulevard-Presse) farbige Überschriften recht unüblich sind, ist Farbe im Magazinlayout ein wichtiges Gestaltungsmittel.
- Insbesondere bei der Wahl einer Schrift für Headlines, Zwischenüberschriften und Bildlegenden kann der Platzbedarf ein wichtiges Auswahlkriterium sein
- Der Produktion kommt insbesondere bei Zeitungs- und Magazintypografie eine besondere Rolle zu: Hier muss dendrucktechnischen Bedingungen und den damit verbundenen Beschränkungen besondere Aufmerksamkeit gewidmet werden. Nicht jede Schrift ist für den Rollenoffset geeignet.

Konsultierendes Lesen

Beim konsultierenden Lesen werden spezifische Informationen nachgeschlagen (lat. consultatio = Beratung). Texte, die konsultierend gelesen werden, finden sich in Nachschlagewerken wie Wörterbüchern und Lexika, bei FAQ-Seiten oder in Handbüchern. Ob

> **Me|di|ä|val|zif|fer,** die; -, -n (*Druckw.* Ziffern, die wie Kleinbuchstaben teils mit → Ober- bzw. → Unterlängen ausgestattet sind.)

▲ **Abbildung 6.3**
Schriften, die wenig Platz benötigen und in kleinen Schriftgraden sehr gut leserlich sind, kommen für Texte, die konsultiert werden, infrage. Hier sehen Sie die Frutiger und die Minion Pro in Kombination.

das jeweilige Medium physisch oder digital vorliegt, ist hierbei zwar nicht unerheblich, aber als zweitrangig einzustufen. Häufig finden sich hier eine Reihe von Auszeichnungen, um etwa Verweise auf weiterführende Informationen, Zitate oder die Aussprache von Wörtern kenntlich zu machen. Die Textlänge variiert bei dieser Textart erheblich: Sie reicht von stichwortartigen Erklärungen bis zu mehrseitigen Texten. In gedruckten Medien werden bei Texten, die konsultiert werden, praktisch ausnahmslos mehrspaltige Satzspiegel eingesetzt.

Zu den Anforderungen an die Typografie für konsultierendes Lesen gehören:

- gute Leserlichkeit von Fließtexten bei kleinen Schriftgrößen
- geringer Platzbedarf von Fließtextschriften
- deutliche Wirkung von Schnitten, die für Auszeichnungen eingesetzt werden
- häufig werden Serifen- und Sans-Serif-Schriften nebeneinander eingesetzt: in Nachschlagewerken beispielsweise Sans-Serif in Bold für den Eintrag selbst und eine Serif für die Erläuterungen. Auszeichnungen innerhalb der Erläuterungen werden wie üblich kursiv gesetzt.

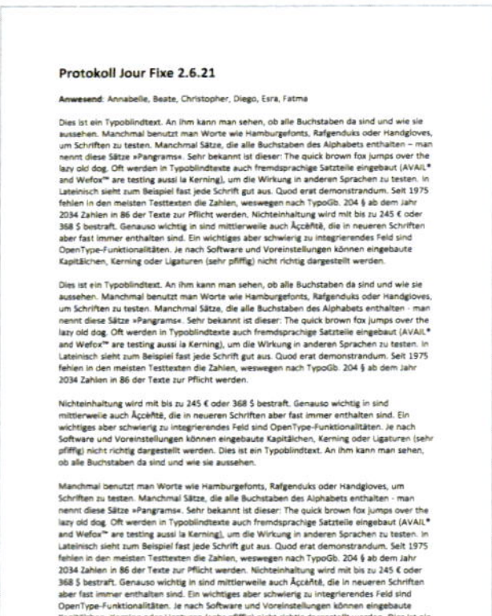

Protokoll Jour Fixe 2.6.21

Anwesend: Annabelle, Beate, Christopher, Diego, Esra, Fatma

Dies ist ein Typoblindtext. An ihm kann man sehen, ob alle Buchstaben da sind und wie sie aussehen. Manchmal benutzt man Worte wie Hamburgefonts, Rafgenduks oder Handgloves, um Schriften zu testen. Manchmal Sätze, die alle Buchstaben des Alphabets enthalten – man nennt diese Sätze »Pangrams«. Sehr bekannt ist dieser: The quick brown fox jumps over the lazy old dog. Oft werden in Typoblindtexte auch fremdsprachige Satzteile eingebaut (AVAIL® and Wefox™ are testing aussi la Kerning), um die Wirkung in anderen Sprachen zu testen. In Lateinisch sieht zum Beispiel fast jede Schrift gut aus. Quod erat demonstrandum. Seit 1975 fehlen in den meisten Testtexten die Zahlen, weswegen nach TypoGb. 204 § ab dem Jahr 2034 Zahlen in 86 der Texte zur Pflicht werden. Nichteinhaltung wird mit bis zu 245 € oder 368 $ bestraft. Genauso wichtig in sind mittlerweile auch Äççèñtë, die in neueren Schriften aber fast immer enthalten sind. Ein wichtiges aber schwierig zu integrierendes Feld sind OpenType-Funktionalitäten. Je nach Software und Voreinstellungen können eingebaute Kapitälchen, Kerning oder Ligaturen (sehr pfiffig) nicht richtig dargestellt werden.

Dies ist ein Typoblindtext. An ihm kann man sehen, ob alle Buchstaben da sind und wie sie aussehen. Manchmal benutzt man Worte wie Hamburgefonts, Rafgenduks oder Handgloves, um Schriften zu testen. Manchmal Sätze, die alle Buchstaben des Alphabets enthalten - man nennt diese Sätze »Pangrams«. Sehr bekannt ist dieser: The quick brown fox jumps over the lazy old dog. Oft werden in Typoblindtexte auch fremdsprachige Satzteile eingebaut (AVAIL® and Wefox™ are testing aussi la Kerning), um die Wirkung in anderen Sprachen zu testen. In Lateinisch sieht zum Beispiel fast jede Schrift gut aus. Quod erat demonstrandum. Seit 1975 fehlen in den meisten Testtexten die Zahlen, weswegen nach TypoGb. 204 § ab dem Jahr 2034 Zahlen in 86 der Texte zur Pflicht werden.

Nichteinhaltung wird mit bis zu 245 € oder 368 $ bestraft. Genauso wichtig in sind mittlerweile auch Äççèñtë, die in neueren Schriften aber fast immer enthalten sind. Ein wichtiges aber schwierig zu integrierendes Feld sind OpenType-Funktionalitäten. Je nach Software und Voreinstellungen können eingebaute Kapitälchen, Kerning oder Ligaturen (sehr pfiffig) nicht richtig dargestellt werden. Dies ist ein Typoblindtext. An ihm kann man sehen, ob alle Buchstaben da sind und wie sie aussehen.

Manchmal benutzt man Worte wie Hamburgefonts, Rafgenduks oder Handgloves, um Schriften zu testen. Manchmal Sätze, die alle Buchstaben des Alphabets enthalten - man nennt diese Sätze »Pangrams«. Sehr bekannt ist dieser: The quick brown fox jumps over the lazy old dog. Oft werden in Typoblindtexte auch fremdsprachige Satzteile eingebaut (AVAIL® and Wefox™ are testing aussi la Kerning), um die Wirkung in anderen Sprachen zu testen. In Lateinisch sieht zum Beispiel fast jede Schrift gut aus. Quod erat demonstrandum. Seit 1975 fehlen in den meisten Testtexten die Zahlen, weswegen nach TypoGb. 204 § ab dem Jahr 2034 Zahlen in 86 der Texte zur Pflicht werden. Nichteinhaltung wird mit bis zu 245 € oder 368 $ bestraft. Genauso wichtig in sind mittlerweile auch Äççèñtë, die in neueren Schriften aber fast immer enthalten sind. Ein wichtiges aber schwierig zu integrierendes Feld sind OpenType-Funktionalitäten. Je nach Software und Voreinstellungen können eingebaute Kapitälchen, Kerning oder Ligaturen (sehr pfiffig) nicht richtig dargestellt werden. Dies ist ein Typoblindtext. An ihm kann man sehen, ob alle Buchstaben da sind und wie sie aussehen.

▲ **Abbildung 6.4**
Beispiel einer Bürokommunikation: ein Protokoll

Bürokommunikation

Nach meiner Wahrnehmung werden in vielen Büros (ebenso an Schulen und Hochschulen) die Standardvorgaben oder minimal abgewandelte Vorgaben von Worddokumenten für die Formatierung von Texten verwendet. Bei den von Microsoft voreingestellten Werten für Fließtext wie Calibri in 12 pt passen bei einer Satzbreite von 16 cm etwa 90 Zeichen in eine Zeilen. Damit liegt die Zeilenlänge deutlich über den weithin empfohlenen 80 Zeichen. Insgesamt spielen typografische und ästhetische Erwägungen bei vielen, die Bürosoftware anwenden, keine tragende Rolle. Hier steht vielmehr die Einfachheit der Bedienung im Vordergrund – was zu einem recht konformen Aussehen von Office-Dokumenten führt. Auch wenn Typografie im Office-Umfeld nicht zu den wichtigsten Anliegen gehört, gibt es doch Anforderungen daran, besonders die firmenweite Verfügbarkeit von Schriften. Diese Anforderung dürfte sehr häufig ein wichtiges Kriterium für den Gebrauch der Standardfonts wie Calibri und Arial sein. Denn individuelle Hausschriften müssen ja für alle Firmenrechner sowohl lizenziert als auch installiert werden. Beides fällt bei Standardschriften, die einfach während der Installation von Office-Programmen mit auf Rechner geladen werden, weg.

Flüchtiges Lesen

Unter dieser Bezeichnung verstehe ich Texte, die ausschließlich an Displays verfasst und gelesen werden. Als Apps kommen hierbei die diversen Messenger wie WhatsApp, Signal, Telegram, Facebook-Messenger genauso wie Services wie Twitter oder Slack zum Einsatz. Die Textlänge ist gerade bei reinen Messengern wie WhatsApp hierbei häufig sehr kurz. Auch die Lebensdauer dieser Texte ist sehr kurz und entspricht beinah dem des gesprochenen Wortes. Auf Mobilgeräten werden häufig die Fonts des Betriebssystems verwendet. Zu den Anforderungen an die Typografie für flüchtiges Lesen gehören:

- robuste Fonts mit sehr guter Leserlichkeit in kleinen Schriften und bei ungünstigen Lichtverhältnissen, da Texte in den genannten Apps in unterschiedlichsten Situationen geschrieben und gelesen werden
- Um schnelle Erfassbarkeit zu gewährleisten, müssen die verwendeten Schriften klare Buchstabenformen aufweisen und sollten auf unnötige Verzierungen verzichten.

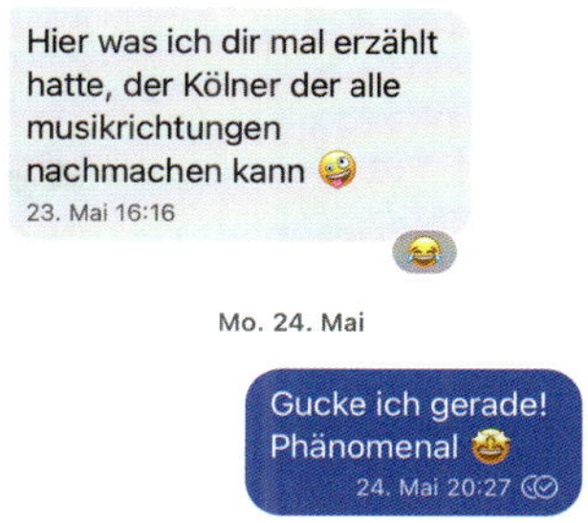

▲ **Abbildung 6.5**
Mobile Apps wie Signal verwenden häufig die Systemschriften wie hier die SF Pro. Rechtschreibung und Typografie kommen nur geringe Bedeutung zu.

Lesen zur räumlichen Orientierung

Um in unübersichtlichen räumlichen Situationen für Orientierung zu sorgen, werden insbesondere in öffentlichen Gebäuden mit hohen Besucherzahlen wie Krankenhäusern, Flughäfen, Museen, Bibliotheken und Parkhäusern Leitsysteme verwendet. Hierbei spielen neben der Schrift auch Farben und Piktogramme eine zentrale Rolle. Auch bei Autobahn- und sonstigen Straßenbeschilderungen sehen wir Schrift als wichtigsten Informationsträger.

Zu den Anforderungen an die Typografie eines sogenannten Signalationstextes gehören:

- Sehr gute Leserlichkeit der Schrift auf große Entfernungen, bei unterschiedlichen Beleuchtungs- und gegebenenfalls auch Witterungsbedingungen. Schrift auf Verkehrsschildern wird meist aus reflektierendem Material aufgebracht und muss auch bei reflektierendem Licht gut leserlich bleiben. Hier werden ausschließlich Sans-Serifs eingesetzt.
- Schrift in Wegeleitsystemen innerhalb von Gebäuden kommt ebenfalls eine zentrale Bedeutung innerhalb des Corporate Designs zu.

▲ **Abbildung 6.6**
Die Anforderungen an Verkehrsbeschilderungen sind sehr hoch: sehr gute Leserlichkeit bei schwierigen Witterungs- und Lichtverhältnissen.

Calibri

Luc(as) De Groot, 2004

Ursprünglich als Schrift für einen Fernsehsender konzipiert, reichte De Groot die Calibri auf Anfrage von Microsoft nach einer Sans-Serif ein. Nach Veröffentlichung wurde die Calibri als Standardfont in Office-Anwendungen wie Word und Excel verwendet und löste damit die Arial in weiten Teilen ab.

Während die abgerundeten Strichenden in größeren Schriftgraden sehr prominent wirken, treten sie in Lesegrößen in den Hintergrund und führen insgesamt zu einer weichen, freundlichen Anmutung. Für eine Sans-Serif sind die vielen Ligaturen bemerkenswert, die sich ruhig in das Schriftbild einfügen.

A M Q a e g

Schriftdetails | Alle Strichenden sind abgerundet. Breites »M« mit vertikalen äußeren Beinen. Zeichen, die auf dem Kreis beruhen, tendieren zu einer rechteckigen Form. Sehr weit rechts angefügter Schweif beim »Q«, der nicht in die Punze hineinragt. Im Allgemeinen recht schlanke Zeichen, breites »e« mit fast eckigem unterem Schwung.

Blindtext in Calibri 9,5/13,75 pt | Zwölf Boxkämpfer jagen Viktor quer über den großen Sylter Deich. Franz jagt im komplett verwahrlosten Taxi quer durch Bayern. Die heiße Zypernsonne quälte Max und Victoria ja böse auf dem Weg bis zur Küste. Sylvia wagt quick den Jux bei Pforzheim. Jörg bäckt quasi zwei Haxenfüße vom Wildpony.

Calibri 32 pt

Abflughalle **Mittelhochdeutsch**

Regenguss ***Quantitätsprüfung***

Calibri 25 pt

abcdefghijklmnopqrstuvwxyzßäöü
ABCDEFGHIJKLMNOPQRST
UVWXYZÄÖÜ1234567890?!&„“-–

Roboto

Christian Robertson, 2012

Die Roboto löste 2012 die Droid als Standardfont in Googles Betriebssystem Android ab. Die erste Version von Roboto wurde von Stephen Coles süffisant als »vierköpfiger Frankenfont« betitelt: Seiner Meinung nach enthielt die Roboto deutliche Anleihen von Helvetica, Univers, Myriad und DIN. 2014 veröffentlichte Google die nächste, komplett überarbeitete und deutlich schlüssigere Version der Roboto, die bei manchen Einzelformen massiv von der ersten Version abweicht. Die Roboto wird neben der Google Sans auch auf Google-Webseiten eingesetzt.

CGQdeg

Schriftdetails | Die runden Zeichen wie »C«, »G« und »Q« tendieren (wie etwa die DIN) zu rechteckigen Formen. Hufeisenformen bei Zeichen wie dem »d«, bei denen eine runde Form an einen vertikalen Balken trifft. Sowohl dynamische Formen wie bei »e« und »g« als auch statische wie bei »a«, »c«, »s«. Insgesamt eher schmale Zeichenformen.

Blindtext in Roboto 9,5/13,75 pt | Zwölf Boxkämpfer jagen Viktor quer über den großen Sylter Deich. Franz jagt im komplett verwahrlosten Taxi quer durch Bayern. Die heiße Zypernsonne quälte Max und Victoria ja böse auf dem Weg bis zur Küste. Sylvia wagt quick den Jux bei Pforzheim. Jörg bäckt quasi zwei Haxenfüße vom Wildpony.

Roboto 32 pt

Computeroberfläche **Gerade**
Quellennachweis ***Fontdetails***

Roboto 25 pt

abcdefghijklmnopqrstuvwxyzßäöü
ABCDEFGHIJKLMNOPQRST
UVWXYZÄÖÜ1234567890?!&„“-–

SF Pro

Apple, 2014
Der ursprüngliche Font namens San Francisco wurde von Apple 2014 eingeführt und wurde explizit für kleine Schriftgrade/kleine Displays wie die Apple Watch gestaltet. Die San Francisco und ihre Weiterentwicklungen werden von Apple in den mobilen Betriebssystemen für iPhone, iPad und Apple Watch wie für das Desktop-Betriebssystem, auf Hardware wie Tastaturbeschriftungen und dem gesamten Internetauftritt eingesetzt. Die SF liegt auch in einer abgerundeten (»rounded«) Variante vor.

GQdegß

Schriftdetails | Sehr runde Formen bei den kreisförmigen Majuskeln. Ausnahmslos horizontale Strichenden (wie auch beim Schweif des »Q«). Schlichte, statische »d«- und »e«-Formen. Der Bauch des »g« steht oberhalb der Schriftlinie. Für einen modernen Font ungewöhnliches »ß«. Keine Mediävalziffern.

Blindtext in SF Pro 9,5/13,75 pt | Zwölf Boxkämpfer jagen Viktor quer über den großen Sylter Deich. Franz jagt im komplett verwahrlosten Taxi quer durch Bayern. Die heiße Zypernsonne quälte Max und Victoria ja böse auf dem Weg bis zur Küste. Sylvia wagt quick den Jux bei Pforzheim. Jörg bäckt quasi zwei Haxenfüße.

SF Pro 32 pt

Carsharingstation **Gadget**
Quadrosound ***Ladekabel***

SF Pro 25 pt

abcdefghijklmnopqrstuvwxyzßäöü
ABCDEFGHIJKLMNOPQRST
uvwxyzäöü1234567890?!&„"-–

Besondere Lesearten und Sprachsysteme

Es gibt weitere Text- und Lesearten, die mit anderen als den bisher besprochenen Schriften realisiert werden. Dazu gehören:

- die Brailleschrift, die über das Ertasten von Erhebungen gelesen wird. Diese Erhebungen werden in das Papier oder sonstiges Trägermaterial geprägt.
- die Notenschrift, mit der Musik fast beliebiger Komplexität notiert und gelesen werden kann.
- mathematische und chemische Formeln. Diese zusätzlich zu den Ziffern und mathematischen Zeichen verwendeten Symbole müssen wie eine eigenständige Sprache gelernt werden.

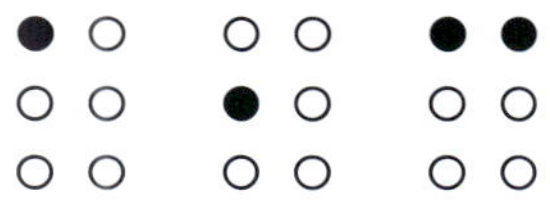

$$n! = 1 \cdot 2 \cdot 3 \cdots n = \prod_{k=1}^{n} k$$

Freie Typografie bzw. inszenierendes Lesen

Bei freier, experimenteller Typografie wird Schrift nicht primär dazu eingesetzt, Information in Textform zu transportieren, sondern mehr für die grafische Wirkung von Schrift. Beispiele hierzu finden sich spätestens seit den Dada-Arbeiten von Kurt Schwitters. Auch Neville Brody, David Carson und Zuzana Licko haben Schrift rein grafisch eingesetzt. Licko hat beispielsweise Zeichen als Grundlage für Stoffmuster verwendet, die für Pyjamas und Kissenbezüge Anwendung finden. Diese Form der Typografie überschreitet die traditionelle Funktion der Schrift als Informationsträger und setzt sie als künstlerisches Element ein. Typografie wird hier zum Mittel der visuellen Kommunikation, das Emotionen weckt, Stimmungen erzeugt und kreative Aussagen vermittelt.

▲ **Abbildung 6.7**
Aus Schriftzeichen lassen sich einfach dekorative Muster erstellen.

6.2 Schriftwahl

Die Wahl der richtigen Schriftart ist eine fundamentale Entscheidung im Designprozess, die maßgeblich zur Stimmung, Lesbarkeit und Gesamtwirkung eines Textes beiträgt. Eine sorgfältig ausgewählte Schrift kann eine Botschaft verstärken, die Markenidentität unterstützen und die Benutzererfahrung verbessern.

Bereits an mehreren Stellen im Buch haben wir das Thema Schriftwahl gestreift. Ich möchte daher das Vorgehen hier noch einmal zusammenfassen. Zunächst liste ich die wichtigsten Überlegungen in knapper Form auf, die Sie bei der Schriftwahl anstellen sollten. Die wichtigsten Fragen werden an anderer Stelle noch vertieft.

Zuzana Licko

Zuzana Licko (*1961) wurde in Bratislava in der damaligen Tschechoslowakei geboren und kam als Kind mit ihrer Familie in die USA. Sie studierte Architektur, Informatik und Fotografie, wechselte dann aber ins Fach Visuelle Studien.

Mrs Eaves
Die Serifenschrift Mrs Eaves wurde nach Sarah Eaves, der Frau von John Baskerville, benannt. Die Schrift kombiniert traditionelle Elemente der Baskerville-Schrift mit modernen Anpassungen. 2009 entwarf Licko dann die Schrift Mr Eaves als serifenlose Ergänzung zu Mrs Eaves.

Licko hat direkt zu Beginn der DTP-Revolution Mitte der 80er Jahre aus der Not eine Tugend gemacht und die Begrenztheit von Nadeldruckern zum Designansatz gemacht. Die damals entworfenen Fonts sind später zur Lo-Res-Sippe zusammengefasst worden und zeigen trotz ihres deutlich eingeschränkten Gestaltungsspielraums – die Schriften mit »Nine« im Namen (z. B. Base 9) basieren auf einem neun Einheiten hohen Raster – Lickos souveränen Umgang mit Schriftzeichen.

Bei den umfangreichen Fonts, die Licko entworfen hat, fällt eine besonders eigenständiger Gestaltungsansatz auf, der häufig zu prägnanten Schriften führt. Zu den von ihr gestalteten Fonts gehören Mrs Eaves (1996) und Filosofia (1996) und Mr Eaves (die Sans-Variante von Mrs Eaves).

▲ **Abbildung 6.9**
Ausgabe 1 der Zeitschrift Emigre

▲ **Abbildung 6.8**
Schriftbeispiele von Lickos Schriften

Mit ihrem Mann Rudy Vanderlans schrieb Licko Designgeschichte durch die Herausgabe des Magazins »Emigre« von 1984–94. Die Zeitschrift wurde zu einem einflussreichen Sprachrohr für experimentelles Grafikdesign und Typografie in den USA.

Fünf ihrer Fonts wurden vom MoMA New York für die Design und Architektur-Sammlung gekauft.

Erik Spiekermann

Einer der einflussreichsten Kommunikationsdesigner ist Erik Spiekermann (*1947), dessen enorm erfolgreiche Schrift Meta ich Ihnen bereits vorgestellt habe. Neben weiteren Schriften wie der Officina, Unit, Info und Real, die teilweise in Zusammenarbeit mit Kollegen entstanden, hat Spiekermann mit seiner Designfirma MetaDesign mit den Erscheinungsbildern etwa von Audi, VW, Bosch, dem WDR, dem Springer Verlag, der Deutschen Bahn sowie den Leitsystemen des Flughafens Düsseldorf und der Berliner Verkehrsbetriebe BVG erheblichen Einfluss auf die visuelle Sprache nicht nur in Deutschland genommen.

▼ **Abbildung 6.10**
Beim Corporate Design des WDR, das MetaDesign 1994 erarbeitete, ist der Einsatz eines Gestaltungsrasters gut nachvollziehbar.

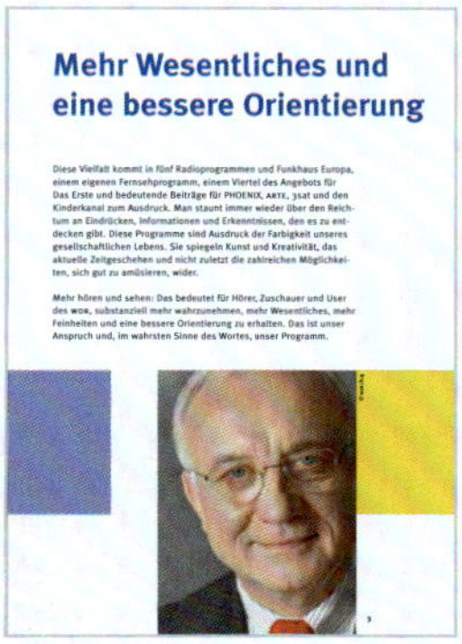

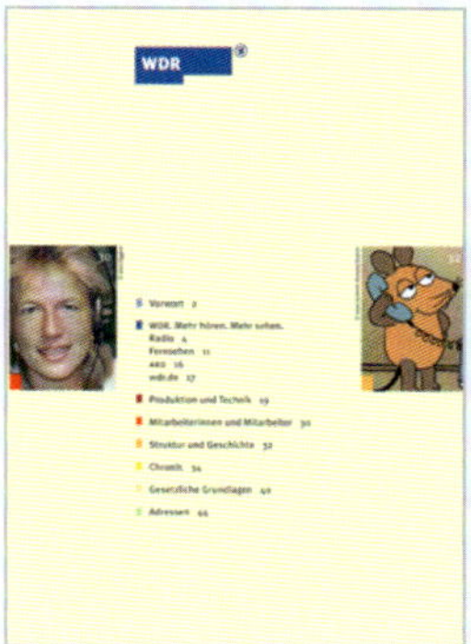

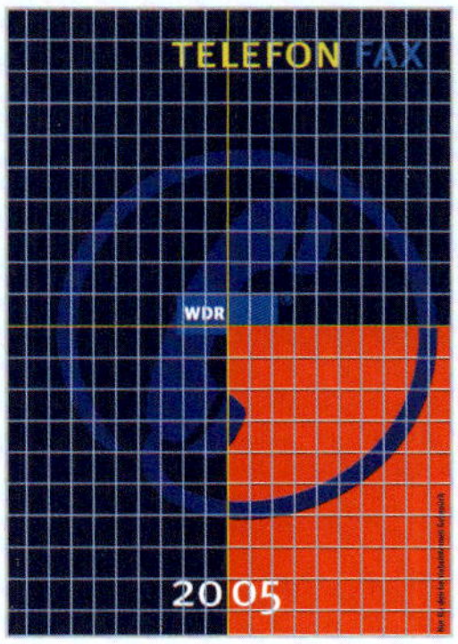

Fragenkatalog für die Schriftwahl

Wie Sie am folgenden Fragenkatalog sehen werden, benötigen Sie für eine überzeugende Schriftwahl eine Vielzahl an Informationen. Versuchen Sie, diese in Abstimmung mit dem Kunden zu erhalten oder festzulegen. Neben den schriftspezifischen Fragen gehört natürlich auch die Beantwortung der grundlegenderen Fragen nach Medium (Print, Website, EPUB) und Format sowie Textarten (Fließtext, Zwischenüberschriften, Überschriften, Fußnoten, Bildlegenden, Index, Tabellen) ganz an den Anfang eines Projekts.

1. **Gibt es Gestaltungsvorgaben?** Bevor Sie sich mit der Auswahl einer oder mehrerer Schriften für ein Projekt beschäftigen, klären Sie zuerst ab, ob Sie nicht an Vorgaben des Corporate Designs bezüglich Schriften gebunden sind. Ärgerlich, wenn Sie Zeit in die Schriftwahl investieren und erst anschließend die Info erhalten, dass vom Kunden strikte Vorgaben einzuhalten sind.
2. **Welche Sprachen muss der Font bedienen können?** Da nicht alle Schriften alle Zeichen aller Sprachen beinhalten, ist es ratsam, auch diese Frage ganz am Anfang Ihrer Recherche zu beantworten. Bei den großen Fontanbietern können Sie über Filter die entsprechenden Sprachen auswählen. Im Deutschen sind Umlaute und das scharfe S beispielsweise Schriftzeichen, die nicht von allen Fonts unterstützt werden.

Sprachen

Bei Anbietern wie Adobe oder Google verringert sich die Auswahl an Fonts um mehrere hundert Schriften, wenn Sie sich statt aller Fonts nur die anzeigen lassen, die die Zeichen von Deutsch oder »Latin Extended« beinhalten.

3. **Wie viele Schriften werden benötigt?** Reicht eine Schrift oder benötigen Sie zwei oder noch mehr Schriften? Meine Empfehlung: Versuchen Sie grundsätzlich, mit einer – sehr gut ausgebauten – Schrift auszukommen (siehe auch die folgenden drei Punkte). Benötigen Sie mehr Kontrast und »Farbe« im Satzbild, nehmen Sie eine weitere Schrift hinzu. Falls die erste Schrift Teil einer Schriftsippe ist, bietet sich dann die Verwendung eines weiteren Familienmitglieds an. Ein gängiger Ansatz ist neben der Schrift für den Fließtext die Verwendung einer zweiten Schrift für Über- und Zwischenüberschriften. Mit einer oder maximal zwei Schriften werden Sie die allermeisten Satzaufgaben bewältigen können. Für Anzeigensatz und Ähnliches können auch mal mehr Schriften zum Einsatz kommen. Dabei steigt allerdings die Gefahr einer Anmutung von Beliebigkeit und Chaos.
4. **Wie viele Schnitte werden benötigt?** Auch wenn Sie hierüber möglicherweise keine genaue Aussage erhalten, lautet meine eindeutige Empfehlung: Ein Font sollte, wenn er für Fließtexte,

Überschriften und Zwischenüberschriften eingesetzt werden sollte, mindestens über die vier Schnitte Regular, Bold und Regular Italic, Bold Italic verfügen. Damit lassen sich die meisten Anforderungen erfüllen.

5. **Welche Ziffernsätze soll der Font neben den unter dem vorigen Punkt erwähnten sprachabhängigen Zeichen noch beinhalten?** Wenn Sie einen Font für Fließtext suchen, in dem häufig Zahlen vorkommen, würde ich darauf achten, dass der Font auch Mediävalziffern enthält. Sollen mit dem Font auch Zahlen in Tabellen gesetzt werden, sollten dementsprechend Ziffern für den Tabellensatz vorhanden sein, gegebenenfalls sogar Mediävalziffern für den Tabellensatz.
6. **Welche Bedeutung kommt An- und Abführungen zu?** Die gewöhnlichen An- und Abführungen („“) sind genau das: gewöhnlich, und sie sind daher in den meisten Fonts angelegt. Wenn Sie Guillemets (»«) einsetzen möchten, sollten Sie Ihre Schriftwahl auch danach ausrichten.

Details, die keine sind

»Details« wie die Form der An- und Abführungszeichen oder auch der Ziffernsätze lassen sich bei Fontanbietern leider nicht immer als Filter anwenden. Möglicherweise finden Sie weitere Angaben zu einem Font, für den Sie sich interessieren, unter einem Link wie »Details«. Ansonsten können Sie auch einfach die gewünschten Zeichen – wie ß„"123»« – als Beispieltext eingeben. Fehlt eine Glyphe, wird diese als Rechteck dargestellt.

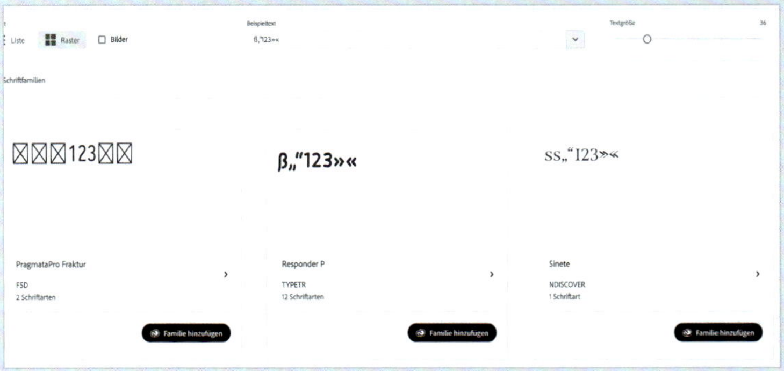

▲ **Abbildung 6.11**
Unten sehen Sie die beiden Adobe-Fonts PragmataPro Fraktur (links) und Sinete (rechts). Während bei der PragmataPro Fraktur fünf Glyphen fehlen, wird das »ß« bei der Sinete in »ss« umgewandelt.

Mischung mithilfe von Schriftschnitten
Hierbei verwenden Sie für Fließtext und Zwischenüberschrift dieselbe Schrift, Schriftgröße etc. Bei den Zwischenüberschriften wird lediglich statt des Regularschnitts des Fließtextes beispielsweise der Boldschnitt verwendet. Zu bedenken ist lediglich, dass sich die die beiden verwendeten Schnitt nicht zu ähnlich sehen.

7. **Welche technischen Anforderungen werden an den Font gestellt?** Wird der Text gedruckt oder/und am Bildschirm gelesen, müssen Sie auch diese Vorgabe bei der Schriftwahl berücksichtigen: Während Sie bei Printprojekten bei der Schriftwahl sehr frei sind, sieht das bei digitalen Medien ganz anders aus. Bei EPUBs etwa sind Sie mit einer überschaubaren, vordefinierten Fontauswahl konfrontiert, während Sie im Bereich Webdesign wiederum freier arbeiten können – und dennoch viel eingeschränkter als im Printbereich.
8. **Welcher Art ist der Text?** Text auf einem Instapost wird anders gelesen als ein Text in einem Nachschlagewerk, und Schriften in Drucksachen wie einer Zeitung sollten sich durch eher geringen Platzbedarf auszeichnen. Überhaupt ist die Frage nach der zu erwartenden Schriftgröße zu beantworten, da Schriften bei gleicher Schriftgröße sehr unterschiedlich groß wirken.
9. **Was ist die Tonalität des Fonts?** Natürlich soll Text immer den eigentlichen Textinhalt transportieren. Darüber hinaus transportiert eine Schrift immer auch eine Tonalität, eine Anmutung wie beispielsweise nüchtern, aufdringlich, antiquiert, zeitgeistig, jung, seriös, verspielt, kalt, laut, vertrauenserweckend, brutal, weich. Die gewünschte Anmutung gilt es zu klären und zu berücksichtigen.
10. **Wie sind die Lizenzbedingungen?** Fontlizenzen lassen sich grob in drei Kategorien aufteilen: gratis verfügbar, gekaufte Lizenz und eine Lizenz im Rahmen eines Fontabos. Beachten Sie, dass sich Lizenzbedingungen ändern können (was übrigens genauso auf andere Angebote wie Software und Bilder zutrifft). Fontanbieter können beispielsweise von anderen Firmen aufgekauft werden, und in diesem Zuge ändern sich gegebenenfalls eben auch die vorhandenen Lizenzen. Lizenzen beziehen sich häufig auf zwei Kennzahlen: einerseits die Anzahl der Rechner, auf denen Sie einen Font installieren dürfen, und andererseits die Anzahl von Drucksachen bzw. die Menge an Klicks, die Sie mit einem lizenzierten Font erstellen bzw. bedienen dürfen. Mehr dazu in Kapitel 8.

Gestaltung verschiedener Schrifthierarchien

An verschiedenen Stellen dieses Buches haben wir uns schon Gedanken über typografische Lösungen bezüglich Texthierarchien gemacht. So finden Sie grundlegende Informationen zu Auszeichnungen mittels Kapitälchen und durch eine Kursive in Kapitel 2. Auszeichnungen werden immer auf Textteile innerhalb von Absätzen und nicht auf ganze Absätze angewendet. Sie gehören somit im engeren Sinne derselben Texthierarchie des Absatzes an, in dem sie verwendet werden. Relativ unüblich, aber möglich sind Auszeichnungen auch in Überschriften.

Als allgemeinen Ansatz für die Schriftwahl in einem konkreten Text empfehle ich Ihnen, dass Sie sich »vom Vielen zum Wenigen« vorarbeiten. Damit meine ich, dass Sie bei langen Texten zunächst – nachdem Sie eine oder mehrere Schriften festgelegt haben – die Definition der allerwichtigsten typografischen Parameter wie Schriftgröße, Zeilenabstand, Satzbreite und Satzausrichtung vornehmen.

Für Texte, die linear gelesen werden, gilt nach wie vor die Empfehlung für die klassischen Satzschriften wie die Garamond, Sabon oder Minion (kontrastreiche dynamische Serifenschriften). Es kommen hier aber ebenso weitere Klassiker wie Bodoni, Didot und Walbaum infrage. Sie gehören der Gruppe der kontrastreichen statischen Serifenschriften an. Während sich die erstgenannten Schriften durch zwar vorhandenen, aber doch moderaten Strichstärkekontrast auszeichnen, ist dieser bei den genannten Vertreterinnen der zweiten Gruppe ausgeprägter. Die feinen Details der »klassizistischen Antiquas« stellen nicht nur höhere Anforderungen an Papierqualität und Druck, sie liefern aufgrund ihrer geringeren Verbreitung auch eine eigenständigere Anmutung.

Wenn die Typografie des Fließtextes ganz gut funktioniert (Sie brauchen sich in diesem Stadium noch nicht für die endgültige Typografie zu entscheiden), gehen Sie zur nächsthöheren bzw. der am zweithäufigsten zu erwartenden Textart wie etwas den Zwischenüberschriften über. Achten Sie darauf, dass Sie das »große Ganze«, Ihr gesamtes Projekt, nicht aus den Augen verlieren, wenn Sie an Details arbeiten. Gehen Sie also bald nach der Festlegung der wichtigsten typografischen Parameter zur nächsten Textart über. Denn: alle typografischen Einzelheiten fügen sich zu einem Gesamtklang zusammen und bedingen sich gegenseitig.

So hat eine Änderung der Schriftwahl möglicherweise eine Auswirkung auf die Schriftgröße, diese beeinflusst den Zeilenabstand, diese das Raster, die Satzbreite, die höheren Texthierarchien, gegebenenfalls hat sie sogar eine Änderung der Seitengröße zur Folge.

Garamond
Sabon
Minion
Caslon
Jenson
Centaur
Times
Baskerville
Palatino
Meridien
Bodoni
Didot
Walbaum

Beschränkung der Mittel

Wenn Typografie neu für Sie ist, empfehle ich Ihnen, sich zunächst mit den Gestaltungsmöglichkeiten zu beschäftigen, die Ihnen *eine* Schrift in *einer* Farbe (wie etwa Schwarz) bietet. Grundsätzlich bietet Ihnen die Beschränkung auf wenige Mittel häufig die Gelegenheit zu wichtigen Erkenntnissen. Erhöhen Sie erst ganz allmählich Ihre gestalterischen Mittel, indem Sie beispielsweise eine weitere Schrift einsetzen (aber bei einer Farbe bleiben).

Palatino Nova

Hermann Zapf, 1950

Zapf hat sich für seine Palatino von Schriften des 16. Jh. inspirieren lassen. Im Unterschied zu anderen wichtigen Schriften, die aus der Epoche stammen oder sich auf sie beziehen, zeichnet sich die Palatino durch deutliche Strichstärkenkontraste und wenig geneigte und vergleichsweise feine Serifen aus. 55 Jahre nach der Veröffentlichung der ersten Version wurde die Palatino Nova als Nachfolgerin veröffentlicht. Hermann Zapf und Akira Kobayashi haben die ursprüngliche Schrift in Details überarbeitet und weiter ausgebaut.

Schriftdetails | Durch die offenen Zeichenformen sehr prägnantes »P« und »R«. Fuß- und Kopfserifen eingekehlt. Der mittige Schwung der »S«-Formen bewegt sich stark in die Horizontale. »c« mit deutlich diagonal angelegter Schattenachse. Verspielte Fußserife beim »k«. Ungewöhnlich langes und breites »t«.

Blindtext in Palatino Nova 9,5/13,75 pt | Zwölf Boxkämpfer jagen Viktor quer über den großen Sylter Deich. Franz jagt im komplett verwahrlosten Taxi quer durch Bayern. Die heiße Zypernsonne quälte Max und Victoria ja böse auf dem Weg bis zur Küste. Sylvia wagt quick den Jux bei Pforzheim. Jörg bäckt quasi zwei Haxenfüße.

Palatino Nova 32 pt

Präsidialposten *Ratsbeschluss*
Superintendentin ***Society***

Palatino Nova 25 pt

abcdefghijklmnopqrstuvwxyzßäöü
ABCDEFGHIJKLMNOPQRST
UVWXYZÄÖÜ1234567890?!&„“-–

Meridien

Adrian Frutiger, 1994

Die Meridien ist eine weitere großartige Schrift von Frutiger, die viel zu selten eingesetzt wird. Frutiger wollte eine Schrift entwickeln, die ohne vollkommene Geraden auskommen sollte. Das Ergebnis ist eine sehr lebendige Schrift, die trotz der auffallenden Spitzen eine eigene Wärme durch die Nähe zu Handschriften bewahrt. Die Kursive ist im Gegensatz zum Regular-Schnitt sehr rund und organisch gehalten und zeichnet sich außerdem durch eine recht geringe Laufweite aus. Übrigens hat Frutiger die Meridien für seine beste Schrift gehalten.

G J O f d j

Schriftdetails | Aufgrund der sehr spitz zulaufenden – und dennoch eingekehlten – Serifen zumindest in größeren Schriftgraden eine fast aggressive, harsche Anmutung. Das »J« steht auf der Schriftlinie. Lebendiges »O« und »d«. Die Schwünge bei »f« und »j« sind sehr kurz gehalten und enden in fast senkrechten Serifen.

Blindtext in Meridien 9,5/13,75 pt | Zwölf Boxkämpfer jagen Viktor quer über den großen Sylter Deich. Franz jagt im komplett verwahrlosten Taxi quer durch Bayern. Die heiße Zypernsonne quälte Max und Victoria ja böse auf dem Weg bis zur Küste. Sylvia wagt quick den Jux bei Pforzheim. Jörg bäckt quasi zwei Haxenfüße.

Meridien 32 pt

Gütesiegel *Orchestergraben*
Januarabend ***Flugobjekt***

Meridien 25 pt

abcdefghijklmnopqrstuvwxyzßäöü
ABCDEFGHIJKLMNOPQRST
UVWXYZÄÖÜ1234567890?!&„“-–

Vorgehen bei Plakaten | Im Unterschied zu umfangreichen, textlastigen Projekten macht es bei der Gestaltung einer Titelseite, eines Plakats oder einer Anzeige Sinn, beim Titel, also der Überschrift zu beginnen und sich von da aus zu den untergeordneten Textarten vorzuarbeiten. Der grundsätzliche Ansatz, die Gesamtwirkung im Blick zu behalten, ist aber derselbe.

Wie Sie diese grundsätzlich anlegen können, erfahren Sie in Kapitel 5. Bei den beiden Varianten (ohne und mit Leerzeilen nach den Zwischenüberschriften), die ich Ihnen dort bereits vorgestellt habe und hier noch einmal zeige, verwende ich für Fließtext und Zwischenüberschrift dieselbe Schrift, Schriftgröße etc.

(AVAIL® and Wefox™ are testing aussi la Kerning), um die Wirkung in anderen Sprachen zu testen. In Lateinisch sieht zum Beispiel fast jede Schrift gut aus. Quod erat demonstrandum.

Einsatz von Typoblindtexten
Seit 1975 fehlen in den meisten Testtexten die Zahlen, weswegen nach TypoGb. 204 § ab dem Jahr 2034 Zahlen in 86 der Texte zur Pflicht werden. Nichteinhaltung wird mit bis zu 245 € oder 368 $ bestraft. Genauso wichtig in sind mittlerweile auch Âçcèñtë, die in neueren Schriften aber fast immer enthalten sind. Ein wichtiges aber schwierig zu integrierendes Feld sind OpenType-Funktionalitäten. Je nach Software und Voreinstellungen können eingebaute Kapitälchen, Kerning oder Ligaturen (sehr pfiffig) nicht richtig dargestellt

ges aber schwierig zu integrierendes Feld sind OpenType-Funktionalitäten. Je nach Software und Voreinstellungen können eingebaute Kapitälchen, Kerning oder Ligaturen (sehr pfiffig) nicht richtig dargestellt werden. Dies ist ein Typoblindtext. An ihm kann man sehen, ob alle Buchstaben da sind und wie sie aussehen. Manchmal benutzt man Worte wie Hamburgefonts, Rafgenduks oder Handgloves, um Schriften zu testen. Manchmal Sätze, die alle Buchstaben des Alphabets enthalten – man nennt diese Sätze »Pangrams«.

Typografie am Ausdruck überprüfen
Sehr bekannt ist dieser: The quick brown fox jumps over the lazy old dog. Oft werden in Typoblindtexte auch fremdsprachige Satzteile ein-

kung in anderen Sprachen zu testen. In Lateinisch sieht zum Beispiel fast jede Schrift gut aus. Quod erat demonstrandum.

Einsatz von Typoblindtexten

Seit 1975 fehlen in den meisten Testtexten die Zahlen, weswegen nach TypoGb. 204 § ab dem Jahr 2034 Zahlen in 86 der Texte zur Pflicht werden. Nichteinhaltung wird mit bis zu 245 € oder 368 $ bestraft. Genauso wichtig in sind mittlerweile auch Âçcèñtë, die in neueren Schriften aber fast immer enthalten sind. Ein wichtiges aber schwierig zu integrierendes Feld sind OpenType-Funktionalitäten. Je nach Software und Voreinstellungen können eingebaute Kapitälchen, Kerning oder Ligaturen (sehr pfiffig) nicht richtig dargestellt werden. Dies ist

richtig dargestellt werden. Dies ist ein Typoblindtext. An ihm kann man sehen, ob alle Buchstaben da sind und wie sie aussehen. Manchmal benutzt man Worte wie Hamburgefonts, Rafgenduks oder Handgloves, um Schriften zu testen. Manchmal Sätze, die alle Buchstaben des Alphabets enthalten – man nennt diese Sätze »Pangrams«.

Typografie am Ausdruck überprüfen

Sehr bekannt ist dieser: The quick brown fox jumps over the lazy old dog. Oft werden in Typoblindtexte auch fremdsprachige Satzteile eingebaut (AVAIL® and Wefox™ are testing aussi la Kerning), um die Wirkung in anderen Sprachen zu testen. In Lateinisch sieht zum Beispiel fast jede Schrift gut aus. Quod erat demonstrandum. Seit

Bei den Zwischenüberschriften habe ich lediglich statt des Regular-Schnitts des Fließtextes den Bold-Schnitt verwendet.

Möglicherweise ist diese Lösung für Ihr Projekt zu zurückhaltend, zu »leise«. Sie möchten eine deutlichere Unterscheidung von Fließtext zu den Zwischenüberschriften. Neben dem Einsatz von Farbe kommt an dieser Stelle die Möglichkeit des Schriftmixes ins Spiel.

6.3 Schriftmischung

Mit Schriftmischung ist die Verwendung mehrerer Schriften – im Gegensatz zur Verwendung einer Schrift mit verschiedenen Schnitten – gemeint. Während Sie in Büchern der Belletristik häufig eine einzige Satzschrift antreffen, ist der Einsatz von zwei oder auch mehreren Schriften beispielsweise im Magazinlayout gängig.

Je näher Texte verschiedener Schrifthierarchien beieinanderstehen, in denen Sie verschiedene Schriften einsetzen, desto mehr Gedanken sollten Sie sich um den Schriftmix machen. Im Anzeigensatz und im Magazinlayout kommen beispielsweise deutlich unterschiedliche Texthierarchien in einer Zeile vor:

Tagestipp: Für angenehme Kühlung sorgen

Für das Beispiel habe ich die Minion Pro in Regular und Bold verwendet. Diese Auszeichnung von Text mithilfe von Schriftschnitten haben wir ja bereits mehrfach erwähnt.

Wenn Sie für eine solche Anforderung mehr Spannung benötigen, bietet sich der Schriftmix an. Dabei besteht die Aufgabe darin, zwei Schriften zu finden, die sich zwar deutlich voneinander abheben sollen, dabei aber nicht wie Fremdkörper zu der jeweils anderen Schrift wirken.

Für die Schriftmischung gibt es zwei Vorgehensweisen:

1. das Mischen von Schriftsippen
2. das Mischen komplett eigenständiger Schriften

Zur Erinnerung: Schriftfamilie und Schriftsippe
Eine Schriftfamilie besteht aus mehreren Schriftschnitten wie Fetten, Breiten und Kursiven. Eine Schriftsippe (heute auch als »Großfamilie« bezeichnet) umfasst wiederum mehrere Familien einer Schrift, meistens eine serifenlose und eine Serifenschrift.

Erinnern wir uns an die Regeln für die Schriftwahl. Im folgenden sehen wir dann, wie wir diese Vorgaben mithilfe einer gelungenen Schriftmischung umsetzen können:

- Achten Sie darauf, dass die Schriften genügend **Kontrast** bieten. Das bedeutet, dass sie sich in Form, Gewicht oder Stil unterscheiden sollten.
- Trotz des Kontrasts sollten die Schriften **harmonieren**.
- Denken Sie darüber nach, wie die verschiedenen Schriften in Ihrem Design **funktionieren** werden. Unterschiedliche Schriften können unterschiedliche Stimmungen und Bedeutungen transportieren. Die gewählten Schriften sollten zum Zweck Ihres Designs passen.
- Unabhängig davon, wie viele Schriften Sie mischen, die **Lesbarkeit** sollte immer im Vordergrund stehen. Stellen Sie sicher, dass Ihre Textabschnitte klar und gut lesbar sind. Zu viele verschiedene Schriften können das Layout unruhig und schwer verständlich machen.
- Nutzen Sie Schriftmischung, um visuelle **Hierarchien** zu erstellen. Verschiedene Schriften können verwendet werden, um

wichtige Informationen hervorzuheben und den Leser durch das Layout zu führen.

Schriftsippen mischen

Mit Schriftsippen werden Schriftgruppen bezeichnet, zu denen mindestens zwei Schriften gehören und die mit einem ähnlichen Duktus gezeichnet wurden. Zum Duktus gehören die grundlegenden Zeichenformen – und damit auch ihre Proportionen –, der Gestaltungsansatz und die Strichstärkenverläufe. Damit entsprechen die einzelnen Mitglieder einer Sippe den Empfehlungen, wie Sie bereits gelesen haben. Aufgrund dieses hohen Verwandtschaftsgrads lassen sich die Familien einer Schriftsippe problemlos miteinander kombinieren.

Prinzipiell gibt es zwei verschiedene Ansätze bei Schriftsippen: Entweder wurde eine Sippe mit ihren verschiedenen Familien direkt als eine Sippe geplant (hierzu gehören Compatil, Corporate, Rotis und Stone), oder eine zweite Schrift kam erst später hinzu, weil die ursprüngliche Schrift erfolgreich war und es dann einen Bedarf an einer passenden zweiten Schriftvariante gab. Dies war etwa bei der Meta und der DIN der Fall.

In Bezug auf einen gemeinsamen Gestaltungsansatz ist die Rotis-Sippe eine Ausnahme: Während die Familien der Sans Serif und SemiSans ein statisches »R« zeigen, ist dieser Buchstabe bei den Familien der Semi Serif bzw. Serif eindeutig dynamisch angelegt, wie Sie in der nebenstehenden Abbildung sehen.

Die Compatil stellt wiederum einen Sonderfall dar, weil die vier Familien Compatil Fact, Compatil Letter, Compatil Text und Compatil Exquisit nicht nur als zusammengehörige Sippe konzipiert wurden, sondern noch zwei weiteren Ansprüchen genügen. Dieselben Zeichen sind in den verschiedenen Schriftfamilien exakt gleich breit, wodurch ein Wechsel zu einer anderen Familie keinen neuen Umbruch nach sich zieht. Zudem ist der Grauwert der verschiedenen Familien praktisch identisch. Rechts sehen Sie zum Vergleich die drei Familien der Corporate.

Kommunikationsaufgabe
Kommunikationsaufgabe
Kommunikationsaufgabe
Kommunikationsaufgabe

Kommunikationsaufgabe
Kommunikationsaufgabe
Kommunikationsaufgabe

Rags Compatil Fact
Rags Compatil Letter
Rags Compatil Text
Rags Compatil Exquisit

Rags Corporate A
Rags Corporate E
Rags Corporate S

Rags DIN Next
Rags DIN Next Slab

Rags Meta
Rags Meta Serif

Rags Rotis Sans Serif
Rags Rotis SemiSans
Rags Rotis Semi Serif
Rags Rotis Serif

Rags Stone Serif
Rags Stone Informal
Rags Stone Sans

Wie problemlos sich Schriften einzelner Schriftensippen mischen lassen, zeige ich Ihnen in folgenden Beispielen.

Einsatz von Typoblindtexten
In den meisten *Blindtexten* fehlen seit 1975 die Ziffern. Ab dem Jahr 2034 werden diese nach TypoGb. 689 § zur Pflicht. *Alegreya Sans, Alegreya*

Einsatz von Typoblindtexten
In den meisten *Blindtexten* fehlen seit 1975 die Ziffern. Ab dem Jahr 2034 werden diese nach TypoGb. 689 § zur Pflicht.
Ascender Sans, Ascender Serif

Einsatz von Typoblindtexten
In den meisten *Blindtexten* fehlen seit 1975 die Ziffern. Ab dem Jahr 2034 werden diese nach TypoGb. 689 § zur Pflicht.
Compatil Fact, Compatil Text

Einsatz von Typoblindtexten
In den meisten *Blindtexten* fehlen seit 1975 die Ziffern. Ab dem Jahr 2034 werden diese nach TypoGb. 689 § zur Pflicht.
DIN Next, DIN Next Slab

Einsatz von Typoblindtexten
In den meisten *Blindtexten* fehlen seit 1975 die Ziffern. Ab dem Jahr 2034 werden diese nach TypoGb. 689 § zur Pflicht.
Frutiger, Frutiger Serif

Einsatz von Typoblindtexten
In den meisten *Blindtexten* fehlen seit 1975 die Ziffern. Ab dem Jahr 2034 werden diese nach TypoGb. 689 § zur Pflicht.
IBM Plex Sans, IBM Plex Serif

Einsatz von Typoblindtexten
In den meisten *Blindtexten* fehlen seit 1975 die Ziffern. Ab dem Jahr 2034 werden diese nach TypoGb. 689 § zur Pflicht. *Joanna Sans, Joanna*

Einsatz von Typoblindtexten
In den meisten *Blindtexten* fehlen seit 1975 die Ziffern. Ab dem Jahr 2034 werden diese nach TypoGb. 689 § zur Pflicht. *Josefin Sans, Josefin Slab*

Einsatz von Typoblindtexten
In den meisten *Blindtexten* fehlen seit 1975 die Ziffern. Ab dem Jahr 2034 werden diese nach TypoGb. 689 § zur Pflicht. *Meta, Meta Serif*

Einsatz von Typoblindtexten
In den meisten *Blindtexten* fehlen seit 1975 die Ziffern. Ab dem Jahr 2034 werden diese nach TypoGb. 689 § zur Pflicht.
Museo Slab, Museo

Einsatz von Typoblindtexten
In den meisten *Blindtexten* fehlen seit 1975 die Ziffern. Ab dem Jahr 2034 werden diese nach TypoGb. 689 § zur Pflicht.
Mr Eaves, Mrs Eaves

Einsatz von Typoblindtexten
In den meisten *Blindtexten* fehlen seit 1975 die Ziffern. Ab dem Jahr 2034 werden diese nach TypoGb. 689 § zur Pflicht.
Noto Sans, Noto Serif

Einsatz von Typoblindtexten
In den meisten *Blindtexten* fehlen seit 1975 die Ziffern. Ab dem Jahr 2034 werden diese nach TypoGb. 689 § zur Pflicht.
Priori Sans, Priori Serif

Einsatz von Typoblindtexten
In den meisten *Blindtexten* fehlen seit 1975 die Ziffern. Ab dem Jahr 2034 werden diese nach TypoGb. 689 § zur Pflicht. *PT Sans, PT Serif*

Einsatz von Typoblindtexten
In den meisten *Blindtexten* fehlen seit 1975 die Ziffern. Ab dem Jahr 2034 werden diese nach TypoGb. 689 § zur Pflicht.
Questa Sans, Questa

Einsatz von Typoblindtexten
In den meisten *Blindtexten* fehlen seit 1975 die Ziffern. Ab dem Jahr 2034 werden diese nach TypoGb. 689 § zur Pflicht. *Rotis Sans Serif, Rotis Serif*

Einsatz von Typoblindtexten
In den meisten *Blindtexten* fehlen seit 1975 die Ziffern. Ab dem Jahr 2034 werden diese nach TypoGb. 689 § zur Pflicht.
Stone Sans, Stone Serif

Einsatz von Typoblindtexten
In den meisten *Blindtexten* fehlen seit 1975 die Ziffern. Ab dem Jahr 2034 werden diese nach TypoGb. 689 § zur Pflicht.
Vista Sans, Vista Slab

Schriftmischung mit eigenständigen Schriften

Die schwierigste, aber auch individuellste Schriftmischung ist das Kombinieren »fremder« Schriften. Die goldene Regel ist hierbei: Mischen Sie niemals zu viele Schriften, denn dann verliert Ihr Text an Klarheit und Lesbarkeit. Für die meisten Einsatzzwecke genügen zwei Schriften, für Magazine dürfen auch einmal drei Schriften eingesetzt werden. Beginnen Sie außerdem stets mit der Auswahl der Hauptschrift, d.h. der Fließtextschrift. Erst dann kommt die zweite Schrift hinzu.

Für die Mischung fremder Schriften möchte ich Ihnen einige Empfehlungen an die Hand geben:

- Die Schriften sollten deutliche Unterschiede aufweisen.
- Die Strichenden sind für den Schriftmix von Bedeutung.
- Sie müssen die Schriftproportionen beachten.

Schauen wir uns diese drei Aspekte einmal genauer an.

Schriftmischung durch Unterschiedlichkeit | Da durch einen Schriftmix verschiedene Texthierarchien deutlich gemacht werden sollen, fallen Kombinationen aus Schriften derselben Gruppe schon einmal aus, weil die Mischung überhaupt nicht ins Auge fällt und somit keinen gestalterischen Vorteil gegenüber der Verwendung verschiedener Schnitte bietet:

Tagestipp: Für angenehme Kühlung sorgen

Tagestipp: Für angenehme Kühlung sorgen

Im Beispiel sehen Sie in der oberen Zeilen die Times bold in Kombination mit der Minion regular. Beide Schriften zähle ich zu der Gruppe A.1 – kontrastreiche dynamische Serif. In der unteren Zeile sehen Sie die Helvetica bold neben der Univers regular, beides Schriften der Gruppe D.2 – linear statische Sans-Serif.

Schriften, die auf verschiedenen Gestaltungsansätzen basieren (und in meiner Schriftgruppierung in verschiedenen Spalten stehen), unterscheiden sich deutlich, schlüssig wirken derartige Kombinationen aber nicht:

Tagestipp: Für angenehme Kühlung sorgen

Tagestipp: Für angenehme Kühlung sorgen

Oben habe ich die Minion bold (der Gruppe A.1 – kontrastreiche dynamische Serif) mit der Bodoni regular (der Gruppe A.2 – kontrastreiche statische Serif) gemischt, unten die Frutiger bold (der Gruppe D.1 – lineare dynamische Sans-Serif) mit der Univers regular (der Gruppe D.2 – linear statische Sans-Serif). Die Minion mit ihrem deutlichen Breitfederduktus steht in irritierendem Kontrast zur statischen Bodoni. Auch die Frutiger und die Univers stehen sich fremdartig gegenüber. Achten Sie beispielsweise auf die jeweiligen »g«- und »s«-Formen. Solche Details trennen diese Schriften zu stark voneinander, als dass sie einen interessanten Mix abgeben würden.

»Beziehungen zu schaffen, ist das Ziel aller Typographie.«

Kurt Schwitters

Schriften, die demselben Gestaltungsansatz (wie dynamisch, statisch, geometrisch) folgen und sich in Art der Serifen unterscheiden, lassen sich hingegen sehr gut mischen.

Tagestipp: Für angenehme Kühlung sorgen +

Tagestipp: Für angenehme Kühlung sorgen +

Tagestipp: Für angenehme Kühlung sorgen +

In diesem Beispiel sehen Sie vier Schriften der Gruppen A.1, B.1, C.1 und D.1, sie sind daher alles dynamische Schriften. Die Caecilia bold habe ich mit der Garamond, der Optima und der Frutiger kombiniert. Diese Kombinationen funktionieren gut.

Das Mischen der Glypha bold mit der Bodoni Regular, Britannic Medium und der Helvetica Neue Roman führt – obwohl alle zu den statischen Schriften der Gruppen A.2, B.2, C.2 und D.2 gehören – zu weniger überzeugenden Ergebnissen.

Tagestipp: Für angenehme Kühlung sorgen –

Tagestipp: **Für angenehme Kühlung sorgen** –

Tagestipp: Für angenehme Kühlung sorgen –

In der ersten Zeile sehen wir das Problem, das durch sehr unterschiedliche Proportionen entsteht: Die Glypha hat im Vergleich zur Bodoni eine sehr große x-Höhe. Im Gegenzug hat die Bodoni eine deutlich größere Versalhöhe: Wenn wir die Versalhöhe durch die Schriftgrößen aneinander angleichen, passen die Ober- und

Unterlängen der beiden Schriften nicht mehr zueinander. Auch die »g«-Formen dieser beiden Schriften unterscheiden sich deutlich. In der zweiten Zeile fällt die Britannic aus dem Rahmen, da sie nicht zu den Leseschriften zu zählen ist. Auf den ersten Blick passen die Glypha und die Helvetica Neue recht gut zueinander. Bei näherer Betrachtung fallen jedoch die verschiedenen Formen vom »a« auf, die dieses Schriftenpaar nicht sonderlich überzeugend wirken lassen. Wenn ich die Helvetica Neue gegen die Univers Regular austausche, überzeugt dieser Schriftmix:

Tagestipp: Für angenehme Kühlung sorgen

Mischung verschiedener Strichenden | Bei der Mischung zweier Schriften bietet es sich an, Schriften zu verwenden, deren Strichenden sich deutlich voneinander abheben. Die Kombination zweier Sans-Serifs fällt damit aus.

Tagestipp: Für angenehme Kühlung sorgen

Im Beispiel sehen Sie die Optima bold mit der Gill Sans Book. Diese Schriften sind Vertreterinnen der Gruppen C.1 – kontrastreiche dynamische Sans-Serif bzw. D.1 – lineare dynamische Serif. Prinzipiell funktioniert dieser Mix zwar, aber beide Schriften bleiben sich doch bei aller Ähnlichkeit zu fremd.

Wenn ich statt Optima die Caecilia mit der Gill mische, sieht der Mix wesentlich schlüssiger aus:

Tagestipp: Für angenehme Kühlung sorgen

Schriftproportionen | Schauen wir uns ein wichtiges Prinzip noch genauer an, das einen erheblichen Einfluss auf die Auswahl zweier Schriften hat: die Proportionen von Schriften. Das gilt insbesondere für Schriftpaare, die wie in den obigen Beispielen in einer Zeile stehen.

Für das folgende Beispiel habe ich Schriften der verschiedenen Gruppen so in den Schriftgrößen aneinander angepasst, dass die x-Höhe dieselbe ist. Hierdurch lassen sich die teils enormen Unterschiede der Größenverhältnisse von x-Höhe zu Ober- und Unterlänge sehr einfach nachvollziehen:

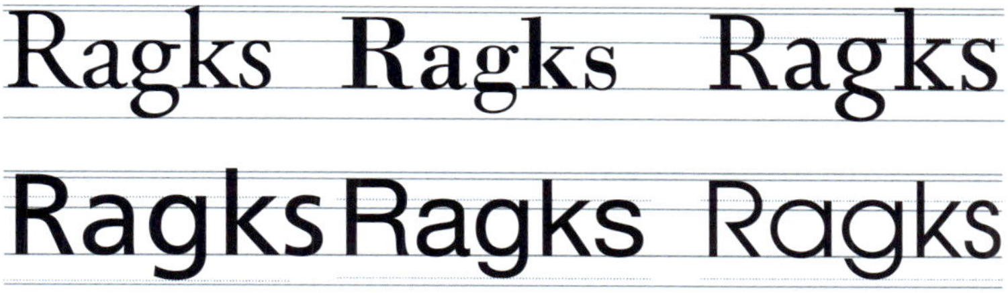

Sie sehen in der oberen Zeile: Garamond, Bodoni und Joanna. In der unteren Zeile habe ich Frutiger, Helvetica und Avant Garde abgebildet. An den durchgezogenen Linien sehen Sie zusätzlich zur Schriftlinie die x-Höhe, Versalhöhe, Ober- und Unterlänge der Garamond, die ich hier als Referenz verwende.

Während die Bodoni mit Ausnahme der Oberlänge, die hier auch der Versalhöhe entspricht, sehr ähnliche Proportionen zur Garamond aufweist, sehen Sie bei den anderen vier Beispielschriften vollkommen andere Proportionen. In diesem Vergleich zeigt sich deutlich, wie extrem groß die x-Höhe der Avant Garde sind. Hier sehen Sie, dass aus einer großen x-Höhe logischerweise kleine Ober- und Unterlängen folgen. Wenn wir als Vergleichsgröße die Versalhöhe statt der x-Höhe heranziehen, sehen dieselben Schriften aus dem vorherigen Beispiel so aus:

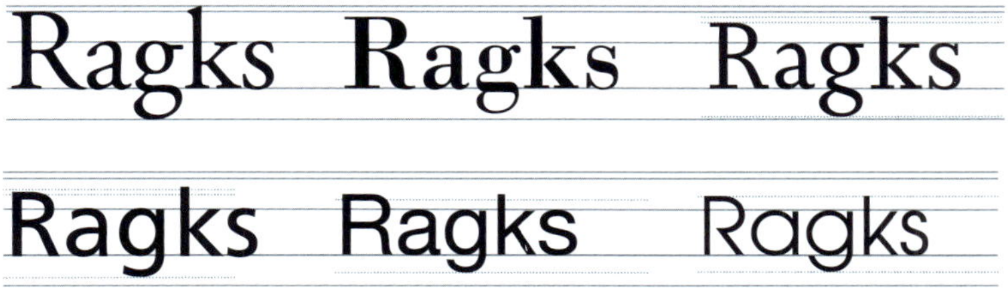

Aus den beiden vorigen Beispielen folgt, dass die Proportionen ein wesentlicher Faktor für die Schriftmischung sind, insbesondere, wenn die Schriften in einer Zeile stehen.

Tagestipp: Für angenehme Kühlung sorgen

Tagestipp: Für angenehme Kühlung sorgen

Für das Beispiel habe ich die Frutiger Bold mit der Garamond gemischt. Bei gleicher x-Höhe (im Beispiel oben) ist die Frutiger (im gemischten Satz) viel zu klein. In der zweiten Zeile, in der ich

»Sprache wird durch Schrift erst schön.«

Erik Spiekermann

die beiden Texte in derselben Schriftgröße gesetzt habe, wirkt die Frutiger zu groß, weil die x-Höhe wesentlich größer ist als bei der Garamond. Sie sehen: Die deutlich unterschiedlichen Proportionen lassen sich nicht überzeugend aneinander angleichen.

Für das folgende Beispiel habe ich die Frutiger als Referenz genommen. In der Mitte sehen Sie die Minion und rechts die Garamond. Die Minion passt in den Proportionen durch die größere x-Höhe wesentlich besser zur Frutiger:

Ragks Ragks Ragks

Um die Frutiger und die Minion gleich groß wirken zu lassen, habe ich die Minion etwas größer als die Frutiger gesetzt.

Tagestipp: Für angenehme Kühlung sorgen

Im folgenden Beispiel sehen Sie weitere Schriftmischungen, die aufgrund ihrer ähnlichen Proportionen in einer Zeile funktionieren:

Tagestipp: Für angenehme Kühlung sorgen
Corporate E — Baskerville

Tagestipp: Für angenehme Kühlung sorgen
Vista Sans — Janson

Tagestipp: Für angenehme Kühlung sorgen
Aleo — Alegreya

Tagestipp: Für angenehme Kühlung sorgen
Roboto Slab — Century

Tagestipp: Für angenehme Kühlung sorgen
Calvert — Utopia

In den ersten drei Zeilen sehen Sie Mischungen aus je zwei dynamischen Schriften, in den unteren beiden Zeilen habe ich jeweils statische Schriften verwendet. Die Schriftgrößen habe ich teils minimal angepasst.

Schriften mit dem gleichen Formprinzip mischen | Wenn Schriften einer Mischung nicht in einer Zeile stehen, bieten sich Ihnen noch mehr Kombinationsmöglichkeiten. Im folgenden Beispiel habe ich Schriften miteinander kombiniert, die auf demselben Formprinzip basieren. In der linken Spalte sehen Sie dynamische Schriften, in der Mitte statische und rechts geometrische Schriften.

Einsatz von Typoblindtexten
In den meisten *Blindtexten* fehlen seit 1975 die Ziffern. Ab dem Jahr 2034 werden diese nach TypoGb. 689 § zur Pflicht.
Caecilia, *Garamond*

Einsatz von Typoblindtexten
In den meisten *Blindtexten* fehlen seit 1975 die Ziffern. Ab dem Jahr 2034 werden diese nach TypoGb. 689 § zur Pflicht.
Roboto Slab, *Bodoni*

Einsatz von Typoblindtexten
In den meisten *Blindtexten* fehlen seit 1975 die Ziffern. Ab dem Jahr 2034 werden diese nach TypoGb. 689 § zur Pflicht.
Memphis, *Futura*

Einsatz von Typoblindtexten
In den meisten *Blindtexten* fehlen seit 1975 die Ziffern. Ab dem Jahr 2034 werden diese nach TypoGb. 689 § zur Pflicht.
Museo Slab, Scala

Einsatz von Typoblindtexten
In den meisten *Blindtexten* fehlen seit 1975 die Ziffern. Ab dem Jahr 2034 werden diese nach TypoGb. 689 § zur Pflicht.
Calvert, *Utopia*

Einsatz von Typoblindtexten
In den meisten *Blindtexten* fehlen seit 1975 die Ziffern. Ab dem Jahr 2034 werden diese nach TypoGb. 689 § zur Pflicht.
Serifa, Avenir

Einsatz von Typoblindtexten
In den meisten *Blindtexten* fehlen seit 1975 die Ziffern. Ab dem Jahr 2034 werden diese nach TypoGb. 689 § zur Pflicht.
Gill, Minion

Einsatz von Typoblindtexten
In den meisten *Blindtexten* fehlen seit 1975 die Ziffern. Ab dem Jahr 2034 werden diese nach TypoGb. 689 § zur Pflicht.
DIN, *Walbaum*

Einsatz von Typoblindtexten
In den meisten *Blindtexten* fehlen seit 1975 die Ziffern. Ab dem Jahr 2034 werden diese nach TypoGb. 689 § zur Pflicht.
Vista Slab, Caslon

Einsatz von Typoblindtexten
In den meisten *Blindtexten* fehlen seit 1975 die Ziffern. Ab dem Jahr 2034 werden diese nach TypoGb. 689 § zur Pflicht.
Glypha, Univers

Während sich viele Schriften mit dynamischem Charakter sehr gut mischen lassen, sind stimmige Mischungen aus zwei statischen Schriften etwas aufwendiger zu finden. Bei den geometrischen Schriften finden sich nur wenige überzeugende Kombinationen – was auch mit daran liegt, dass diese Schriftgruppe nur wenige Schriften beinhaltet, die sich überhaupt als Leseschrift eignen. Die Schriftgrößen habe ich bei einigen der obigen Beispiele aneinander angepasst, da die Schriftgrößenwirkung bei derselben Schriftgröße aufgrund deutlich voneinander verschiedener Proportionen sonst zu unterschiedlich ausgefallen wäre.

Schriftenmischung nach Gestalter/Gestalterin | Der Vorteil des Mischens von Schriften eines Gestalters oder einer Schriftgestalterin ist, dass die Schriften bereits zusammengehörig angelegt wurden und Sie sich so bereits sicher sein können, dass eine gelungene Schriftmischung entstehen wird. Dass Schriften von Adrian Frutiger wie die Glypha und die Univers harmonieren, haben Sie schon im obigen Beispiel gesehen. Dort habe ich als Muster für die Mischung zweier geometrischer Schriften auch noch einmal auf Frutigers Schriften zurückgegriffen: Oben sehen Sie die Serifa in Kombina-

Checkliste Schriftmischung mit eigenständigen Schriften

- Mischen Sie nicht mehr als zwei, höchstens drei Schriften.
- Mischen Sie keine Schriften derselben Klassifikationsgruppe, da sie zu ähnlich sind.
- Die Kombination zweier Schriften aus Gruppen, die nebeneinander stehen (wie A.1 mit A.1, D.2 mit D.2), wirken wenig überzeugend.
- Schriften desselben Gestaltungsansatzes (dynamisch, statisch, geometrisch) lassen sich mischen.
- Zwei Sans-Serif-Schriften zu mischen empfiehlt sich nicht (selbst wenn Sie auf demselben Gestaltungsprinzip beruhen).
- Ähnliche Proportionen führen zu stimmigen Mischungen.

tion mit der Avenir. Nicht nur bei Adrian Frutigers Schriften ist ein durchgängiger Gestaltungsansatz zu sehen, aber dass seine Schriften derart gut miteinander harmonieren, ist schon bemerkenswert.

Hamburgefons Meridien LT Pro	Hamburgefons Meta Pro	Hamburgefons Filosofia
Hamburgefons Frutiger Next	Hamburgefons Officina Sans ITC Pro	Hamburgefons Matrix II
Hamburgefons Univers LT Pro	Hamburgefons Fira Sans	Hamburgefons Mr Eaves Mod
Hamburgefons Glypha LT Pro	Hamburgefons InfoTextPro	Hamburgefons Tarzana Nar
Hamburgefons Avenir	Hamburgefons Real Text Pro	Hamburgefons Base 9 Sans

Hamburgefons Demos	Hamburgefons Gill Sans	Hamburgefons Palatino Nova
Hamburgefons Vesta	Hamburgefons Joanna Nova	Hamburgefons Optima Nova
Hamburgefons Oranda	Hamburgefons Perpetua	
Hamburgefons Swift		

Im vorherigen Beispiel habe ich bekannte Schriften nach ihren Designer und Designerinnen zusammengestellt. Sie sehen in den oberen drei Spalten (v. l. n. r.) Schriften von Adrian Frutiger, Erik Spiekermann oder Zuzana Licko, in den unteren Schriften von Gerard Unger, Eric Gill und Hermann Zapf. Hier ist zwar teilweise die »Handschrift« des Typografen bzw. der Typografin zu erkennen, eine Garantie für überzeugende Schriftmischungen ist die Verwendung von Schriften, die aus einer Feder stammen, jedoch nicht. Ein Blick auf die verschiedenen Schriftfamilien einzelner Gestalter und Gestalterinnen lohnt aber immer und kann wie beispielsweise bei Frutiger, Gill und Zapf zum gewünschten Ergebnis führen. Übrigens kann es für die Schriftmischung auch eine Möglichkeit sein, sich innerhalb von Foundries nach passenden Schriften umzusehen. Besonders wenn es sich um kleine Schriftenanbieter handelt, folgen sie eventuell einer bestimmten Richtung, einem gemeinsamen Stil.

Compatil Fact

Linotype Design Studio, Olaf Leu, Silja Bilz, Erik Faulhaber, Reinhard Haus, 2001

Die Compatil wurde mit Blick auf global tätige Unternehmen und deren Jahresberichte konzipiert. Neben den im Text bereits erläuterten Besonderheiten bezüglich einheitlicher Schriftbreite und Grauwert hat das Designteam um Olaf Leu ein weiteres Hauptaugenmerk auf die Leserlichkeit von Ziffern gelegt, da diese in Geschäftsberichten eine zentrale Rolle spielen. Mediävalziffern finden sich hierbei allerdings nicht. Linotype, in dessen Auftrag die Compatil entworfen wurde, bewirbt diese Sippe als »Linotype Compatil Schriftsystem«.

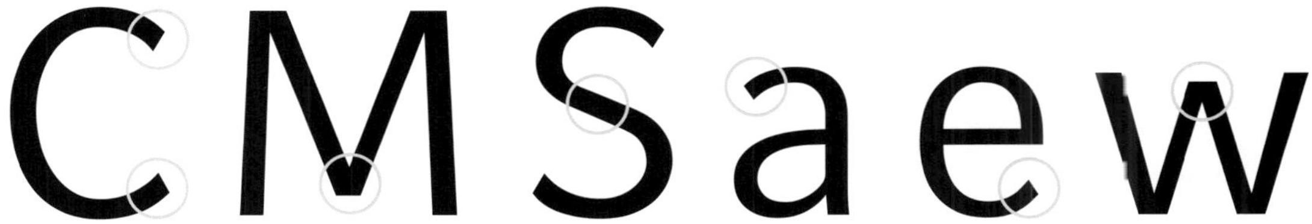

Schriftdetails | Kreisbasierte Zeichen wie das »C« sind recht schlank gehalten. Strichenden sind häufig schräg zum Strichverlauf angelegt, gut sichtbar am »C« und »e«. Mittlerer Winkel beim »M« erreicht nicht die Schriftlinie. Sehr gerade Mitte beim »S«. Weit nach unten laufender Anstrich beim »a«. Beim »w« endet die mittlere Spitze unterhalb der x-Höhe.

Blindtext in Compatil Fact 9,5/13,75 pt | Zwölf Boxkämpfer jagen Viktor quer über den großen Sylter Deich. Franz jagt im komplett verwahrlosten Taxi quer durch Bayern. Die heiße Zypernsonne quälte Max und Victoria ja böse auf dem Weg bis zur Küste. Sylvia wagt quick den Jux bei Pforzheim. Jörg bäckt quasi zwei Haxenfüße.

Compatil Fact 32 pt

Chauvinismus **Modifikation**

Systemrelevanz ***Reiterweste***

Compatil Fact 25 pt

abcdefghijklmnopqrstuvwxyzßäöü
ABCDEFGHIJKLMNOPQRST
UVWXYZÄÖÜ1234567890?!&„"–

Stone Sans

Sumner Stone, 1988

Sumner Stone war von 1984 bis 1989 »Director of Typography« von Adobe und hat mit der Stone Sans eine der wenigen Sans-Serifs gezeichnet, bei denen auch die Strichenden von Geraden, die schräg verlaufen, deutlich angewinkelt sind. Das resultierende Schriftbild ist daher auffallend dynamisch. Stone gelingt es hierbei, die Schrift nicht in eine unruhige oder gar nervöse Anmutung wegkippen zu lassen. Auch die Stone Informal, die praktisch zwischen der Stone Sans und der Stone Serif angesiedelt ist, ist eine sehr markante Schrift mit überraschenden Formen.

G P S a k x

Schriftdetails | Ausladendes, sehr rundes »G«. Offener Bauch beim »P«. Sehr elegant geschwungene »S«-Zeichen. Auffallend schräg angesetzter Bauch beim »a«. Geraden, die wie beim »k« und »x« schräg verlaufen, enden in ebenso abgeschrägten Abschlüssen: ein sehr seltener Gestaltungsansatz, der daher zu einem prägnanten Schriftbild führt.

Blindtext in Stone Sans 9,5/13,75 pt | Zwölf Boxkämpfer jagen Viktor quer über den großen Sylter Deich. Franz jagt im komplett verwahrlosten Taxi quer durch Bayern. Die heiße Zypernsonne quälte Max und Victoria ja böse auf dem Weg bis zur Küste. Sylvia wagt quick den Jux bei Pforzheim. Jörg bäckt quasi zwei Haxenfüße.

Stone Sans 32 pt

Grundausstattung *Polkappen*

Somnambuler ***Aktivkohle***

Stone Sans 25 pt

abcdefghijklmnopqrstuvwxyzßäöü
ABCDEFGHIJKLMNOPQRST
UVWXYZÄÖÜ1234567890?!&„“-—

Kapitel 7
Mikrotypografie

Guten Satz können Sie schnell an den angewandten Kleinigkeiten erkennen. Ebenso können Sie die typografische Qualität durch die Anwendung einiger wichtiger Details immens erhöhen.

»Die Seele des Ganzen lebt in den Details.«

Mies van der Rohe

In diesem Kapitel wollen wir uns mit den Feinheiten der typografischen Gestaltung wie der Optimierung von Leerräumen, Glyphen und Sonderzeichen beschäftigen. Das Ziel dieser Details ist es, den Text nicht nur inhaltlich, sondern auch visuell zu strukturieren, die Lesbarkeit zu verbessern und ein ästhetisch ansprechendes Gesamtbild zu schaffen. Dabei werden wir im Blick behalten, dass die Mikrotypografie kein Selbstzweck ist, sondern immer im Dienst der Inhalte und der Zielgruppe steht. Eine gelungene Mikrotypografie ist nicht aufdringlich, sondern unterstützt subtil die Botschaft und die Wirkung des Designs.

Folgende Details wollen wir in diesem Kapitel betrachten:

- Korrekt gestaltete Leerräume schaffen ein harmonisches Gesamtbild.
- Die Wahl der richtigen Schriftzeichen wie der korrekten Anführungszeichen, passender Striche und korrekter Apostrophe ist entscheidend für eine professionelle Wirkung Ihrer Texte.
- Zahlen müssen so gesetzt werden, dass sie gut lesbar und verständlich sind. Dazu gehört etwa die Verwendung von Tausendertrennzeichen bei großen Zahlen, die korrekte Darstellung von Telefonnummern oder die Gestaltung von Datumsangaben. Auch die Wahl der richtigen Ziffernform (Versalziffern, Mediävalziffern) kann die Wirkung eines Textes beeinflussen.

7.1 Leerräume

Whitespace
Nichtdruckende Zeichen wie Leerräume und Tabulatoren werden im Englischen als »whitespace characters« bezeichnet, was deren typografische Bedeutung besser widerspiegelt als die deutschen Begriffe »Leerzeichen« oder »Leerraum«.

Kann man ein Zeichen, das nicht gedruckt wird, überhaupt »Zeichen« nennen? Ja, denn es ist Teil eines jeden Zeichensatzes und wird tatsächlich als individuelles Schriftzeichen angelegt. Und es gibt neben dem normalen Leerraum noch weitere, die ich Ihnen vorstellen werde.

Viertelgeviert | Wie Sie wissen, wird das gewöhnliche Leerzeichen mit der größten Taste von Standardtastaturen – der Leertaste – eingefügt. Bei normalen Schriften (also nicht bold, condensed oder Ähnlichem), ist das Leerzeichen etwa ¼ Geviert breit. Bei schmalen Schriften ist es etwas schmaler, bei sehr weiten Schriften dafür etwas weiter gehalten.

Bei den drei Helvetica-Varianten (von oben nach unten) condensed, roman und black extended sehen Sie, dass der Leerraum unterschiedlich breit ausfällt.

Und weil das Leerzeichen vom Prinzip her ein gewöhnliches Schriftzeichen ist, wird bei der Laufweitenänderung eines Textes auch das verwendete Leerzeichen in der Breite verändert. An dieser Stelle greife ich schon einmal weiter vor, denn der Leerraum spielt auch bei der Satzart Blocksatz eine besondere Rolle: Die Breite des Leerraums ist der wichtigste Parameter, der im Blocksatz dafür sorgt, dass sich Zeilen eben über die gesamte Zeilenbreite erstrecken.

Achtelgeviert | Dieses schmalere Leerzeichen misst die Hälfte des Standardleerzeichens. Es wird vor allem in zwei Situationen eingesetzt:

1. zwischen Zahlen und abgekürzter Einheit
2. in Abkürzungen wie »u. a.«, »z. B.« sowie bei Abkürzungen, die aus mehreren Teilen gebildet werden

Steht eine aus Ziffern geschriebene Zahl vor einer Einheit, wird ein Achtelgeviert zur Trennung von Zahl und Einheit verwendet (wie im folgenden Beispiel oben). Bei ausgeschriebenen Einheiten wird das gewöhnliche Leerzeichen eingefügt (wie im Beispiel bei »30 Kilometer«). Wenn Sie einer allgemeinen Empfehlung folgen und Zahlen bis einschließlich zwölf ausschreiben, wird auch die Einheit ausgeschrieben. Eine Mengenangabe wie »zehn ml Milch« ist also falsch – es müsste »zehn Milliliter Milch« heißen.

Der Streifen ist 15 km breit.
Die Strecke ist 30 Kilometer lang.

Einheiten und Zahlen nicht trennen

Nach Möglichkeit sollten Sie außerdem versuchen, Einheiten am Zeilenende nicht von den Zahlen zu trennen. Beim Lesen weiß man nämlich sonst erst beim Erreichen der Einheit in der Folgezeile, worum es geht. Es entsteht eine spürbare Pause im Lesefluss, die enorm störend wirkt.

Der Fußweg war ganze 150
km lang.

Achtelgeviert in InDesign

Solch ein typografischer Fauxpas wie bei der Trennung von »150« und »km« passiert Ihnen in InDesign bei Verwendung eines Achtelgevierts glücklicherweise nicht, da Adobe hier vorgesorgt hat. Denn das Achtelgeviert ist in InDesign als sogenanntes geschütztes (Achtelgeviert-)Leerzeichen angelegt: Ziffer und die folgende Einheit werden nicht getrennt.

Das Achtelgeviert kommt außerdem immer zum Einsatz, wenn Sie Abkürzungen wie »z. B.« oder »u.a.« setzen. Außerdem steht es zwischen Titel und Name wie bei »Prof. Weis«.

Paul las u. a. Bücher – z. B. »A & O«
von Prof. Dr. Phil. A. Knecht

Genauso wie Einheiten von ihren Mengenangaben nicht getrennt werden sollten, sollten Sie auch Trennungen bei Abkürzungen vermeiden. Dass zusammengesetzte Abkürzungen wie »z. B.« nie getrennt werden dürfen, versteht sich von selbst. Je länger ein Titel wie Prof. Prof. h. c. Dr. med. dent. F. Becker ist, desto eher müssen Sie diesen trennen (solche bemerkenswerten Titel kommen tatsächlich vor).

InDesign: Anzeige der Leerräume

InDesign zeigt Ihnen ein Achtelgeviert mit einem Punkt und einem Winkel darüber ② in der Ebenenfarbe an. Das Standardleerzeichen wird als einzelner Punkt ① dargestellt.

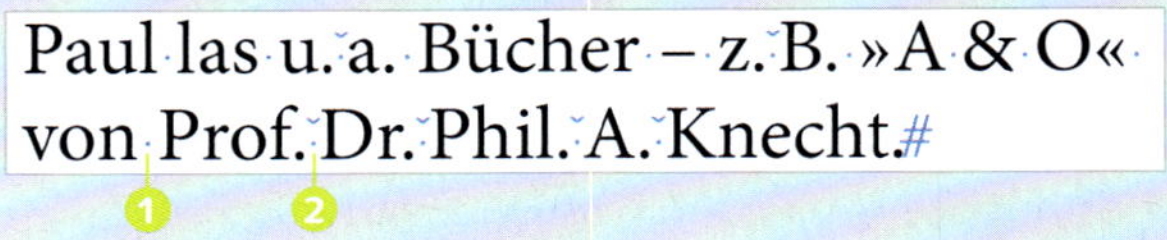

Leerräume in InDesign

Bevor wir uns anschauen, wann welche Leerräume zum Einsatz kommen, möchte ich Ihnen zeigen, wo Sie die diversen Leerräume aufrufen können. Fügen Sie den Cursor an der betreffenden Stelle ein, und rufen Sie über SCHRIFT • LEERRAUM EINFÜGEN den gewünschten Raum auf. Die angebotenen zwölf Varianten von Leerräumen können Sie auch über das Kontextmenü aufrufen.

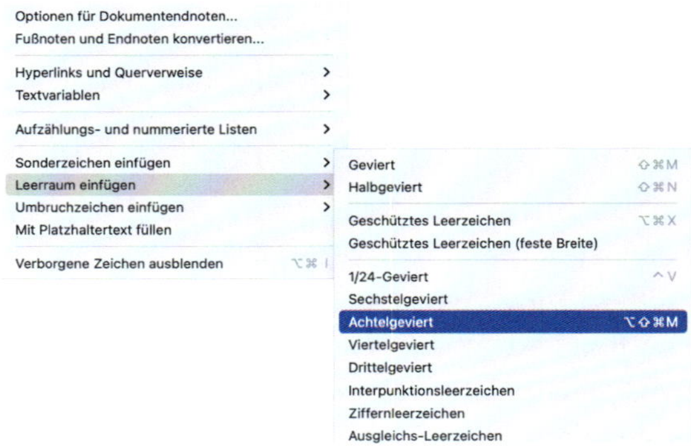

▶ **Abbildung 7.1**
Welcher der zwölf Leerräume darf's denn sein? Im Folgenden beschränke ich mich auf die wichtigsten der von InDesign angebotenen Leerräume.

InDesign zeigt die diversen Leerräume mit verschiedenen Symbolen an. Wählen Sie hierfür den Befehl SCHRIFT • VERBORGENE ZEICHEN EINBLENDEN, außerdem müssen Sie sich im Normal-Modus befinden.

▶ **Tabelle 7.1**
Symbole zur Wiedererkennung von Leerräumen in Adobe InDesign

Symbol	Leerraum	Symbol	Leerraum
	Geviert		Achtelgeviert
	Halbgeviert	!	Interpunktionszeichen
^	Geschütztes Leerzeichen	#	Ziffernleerzeichen
^	Geschütztes Leerzeichen (feste Breite)	~	Ausgleichsleerzeichen

Manches Mal ist es leichter, den verwendeten Leerraum anhand von InDesigns Kennzeichnung nachzuvollziehen. Lassen Sie also zur Übersicht die eigentlich verborgenen Zeichen eingeblendet, um die verschiedenen Leerzeichen bei Satzarbeiten sehen zu können.

Geviert | Dieser große Leerraum wird im Fließtext nicht verwendet. Er kann aber gut eingesetzt werden, wenn Sie am Seitenfuß die Pagina vom Titel der Publikation abrücken möchten. Ich habe hier die Pagina mit einem Geviertleerraum vom Magazintitel abgesetzt.

Definition Geviert

Das Geviert stammt aus dem Bleisatz, es entspricht in Höhe und Breite der Schriftkegelhöhe, d. h., ein Geviert ist eine relative Einheit und immer so groß wie die Schriftgröße.

Das Magazin **3**

Geviert am Beispiel

Übrigens sehen Sie den Geviertleerraum auch in diesem Buch: Im Kolumnentitel der linken Seite ist ein Geviert zwischen der Kapitelnummer und der Kapitelbezeichnung eingefügt. Auf den rechten Seiten sorgt der Geviertleerraum ebenso für genügend optischen Raum zwischen Kapitelnummer und dem Abschnitt.

Geviert im Web

Im Webdesign entspricht der Wert »em« einem Geviert.

Halbgeviert | Der Halbgeviertleerraum (die Hälfte eines Gevierts) rückt ab, ohne die beiden Texte wie beim Geviert voneinander zu entfernen. Sie sehen ihn am Anfang dieses Absatzes vor und nach dem aufrechten Strich. Gerne wird er auch in Inhaltsverzeichnissen oder Indizes verwendet. Er trennt dann den Eintrag von der folgenden Seitenzahl.

Leerräume 154
Geschütztes Leerzeichen 158
Geviert 156
Halbgeviert 160

Achten Sie im Beispiel in der zweiten Zeile auf die Breite des normalen Leerzeichens und wie das Halbgeviert durch seine im Vergleich dazu doppelte Breite die Seitenzahl abrückt, dabei aber den Zusammenhang zwischen Indexeintrag und Seitenzahl wahrt.

Das Halbgeviert wird außerdem häufig als Abstand bei Aufzählungen (zwischen Aufzählungszeichen und Textbeginn) eingesetzt.

Geschütztes Leerzeichen | Die Bezeichnung »geschützt« bedeutet im Zusammenhang mit Leerzeichen, dass ein solches Leerzeichen nicht umbrochen wird: Die beiden Wörter, zwischen denen ein geschütztes Leerzeichen steht, bleiben dadurch immer zusammen auf einer Zeile.

Nach dem Tod von Apple-CEO Steve
Jobs war das Vorzeigeunternehmen
nicht mehr dasselbe wie zuvor.

Nach dem Tod von Apple-CEO
Steve Jobs war das Vorzeigeunter-
nehmen nicht mehr dasselbe wie
zuvor.

Leerräume im Einsatz

- Zwischen Zahl und Prozentzeichen wird ein Achtelgeviert gesetzt: 15 %.
- Zwischen Zahl und °C wird ein Achtelgeviert gesetzt: 28 °C. Achten Sie aber darauf, dass bei einem reinen Gradzeichen, beispielsweise bei einem Winkel von 90°, kein Leerraum nach der Zahl verwendet wird.
- Maßangaben werden folgendermaßen gestaltet: erst die Breite, dann ein Achtelgeviert, dann das mathematische Malkreuz, dann wieder ein Achtelgeviert und anschließend die Höhe: 10 × 10 mm.
- Bei Größenangaben und Jahreszahlen wird kein Zwischenraum zwischen Zahl und Halbgeviertstrich gesetzt: S-XXL.
- Malzeichen werden mit einem Achtelgeviert abgetrennt: 3 × 3

Im rechten Beispiel habe ich ein geschütztes Leerzeichen zwischen Vor- und Zuname gesetzt. Derartige Wortkombinationen, die Sie immer zusammenhalten möchten, können Sie natürlich mit einer Suchen-und-Ersetzen-Abfrage dokumentweit steuern.

Abwägungssache

Übrigens sehen Sie im Beispiel, dass ich mir zwei unschöne Folgen durch das Einfügen des geschützten Leerzeichens erkauft habe: Ich erhalte eine Zeile und eine Trennung mehr. In solchen Situationen müssen Sie abwägen, welche Lösung Ihnen angemessener erscheint.

Weitere Fälle, in denen Sie das geschützte Leerzeichen einsetzen sollten, sehen Sie in den folgenden Beispielen bei »11 Spieler«, »Design AG« und »Art & Fashion«. Zahlen sollten nach Möglichkeit nicht vom zugehörigen Begriff getrennt werden. Folgt einer Zahl eine Einheit, wird der Abstand noch geringer gesetzt, darauf komme ich gleich zu sprechen. Auch Firmenzusätze wie AG sollten immer beim Firmennamen stehen. Dasselbe gilt auch für zusammengesetzte Begriffe, die mit dem buchhalterischen Und geschrieben werden.

11 Spieler   Design AG   Art & Fashion

Das normale geschützte Leerzeichen ändert seine Breite wie normale Leerzeichen, wenn eine Zeile durch Änderung der Wortzwischenräume im Blocksatz vom Satzprogramm auf die Satzbreite gebracht wird, was praktisch immer der Fall sein dürfte.

Geschütztes Leerzeichen (feste Breite) | Damit Begriffe wie in »Art & Fashion« und »Design AG« auch im Blocksatz als zusammengehörende Gruppen wahrgenommen werden und nicht durch variable Wortzwischenräume auseinandergezogen werden, können Sie statt des normalen geschützten Leerzeichens auch das mit der festen Breite einsetzen, welches hier im rechten Beispiel zu sehen ist. Der Vorteil also: Zusätzlich zur Verhinderung eines Zeilenumbruchs erreichen Sie hier auch noch eine konstante Breite des Leerraums.

Die Art & Fashion-Ausstellung, auf der auch die Design AG vertreten war, hatte viel Neues zu bieten.

Die Art & Fashion-Ausstellung, auf der auch die Design AG vertreten war, hatte viel Neues zu bieten.

1/24-Geviert | Den kleinsten der in InDesign verfügbaren Leerräume können Sie zum feinen Abrücken etwa vom sogenannten Bis-Strich verwenden. Die verschiedenen Striche und ihre Anwendung sehen wir uns in Abschnitt 7.3 genauer an. Auch bei den nach außen weisenden Anführungszeichen (siehe Abschnitt 7.2) kann er eingesetzt werden.

Prinzipiell sollte Ihnen die händische Korrektur von Abständen durch die Wahl einer hochwertigen Schrift erspart bleiben, je nach Anwendungsfall werden Sie aber doch eingreifen wollen, etwa bei der Gestaltung einer Geschäftsausstattung. Im Mengensatz werden Sie eher nicht jeden Abstand von beispielsweise Anführungszeichen individuell korrigieren.

Automatisierung
Einmal eingefügt, behält das geschützte Leerzeichen seine Eigenschaften, auch wenn sich der umgebende Text ändert. Dadurch lässt sich die Textgestaltung teilweise automatisieren und man spart Zeit bei der manuellen Anpassung von Abständen und Umbrüchen.

Achtelgeviert | Diesen Leerraum können Sie in InDesign nicht umsonst mit einem Tastenkürzel (Strg/cmd + Alt + ⇧ + M) aufrufen: Das Achtelgeviert ist der am häufigsten verwendete spezielle Leerraum. Es ist wie die anderen Extraleerräume in InDesign ein geschütztes Leerzeichen, wodurch es den Umbruch von beispielsweise Abkürzungen am Zeilenende verhindert. Im folgenden Beispiel sehen Sie noch einmal links das normale Leerzeichen, rechts die korrekten Achtelgevierte im Einsatz.

Prof. Dr. hc. Jürgen Weiß
2 EL Kurkuma
180 °C Umluft
z. B., u. A., u. Ä., S. 100

Prof. Dr. hc. Jürgen Weiß
2 EL Kurkuma
180 °C Umluft
z. B., u. A., u. Ä., S. 100

Im folgenden Beispiel oben sehen Sie das Achtelgeviert zwischen der Zahl und dem Eurozeichen bzw. der Abkürzung EL. In den unteren Zeilen kommt in beiden Fällen der normale Wortzwischenraum zum Einsatz, und zwar als geschütztes Leerzeichen, damit die Zahl nicht von der folgenden Einheit getrennt wird.

Die Kosten beliefen sich auf 351 €. Fügen Sie 2 EL Kurkuma hinzu.
Die Kosten beliefen sich auf 351 Euro. Fügen Sie 2 Esslöffel Kurkuma hinzu.

7.2 Anführungszeichen

So rufen Sie die Anführungszeichen auf:

- Mac: alt + ^ bzw. alt + 2
- Windows: Alt + 0132 bzw. 0147.

Stellen Sie bei InDesign die Voreinstellungen unter EINHEITEN am sinnvollsten auf TYPOGRAFISCHE ANFÜHRUNGSZEICHEN VERWENDEN.

Für mich sind Anführungszeichen *das* Beispiel für die Mikrotypografie: Wer sich nicht damit auseinandergesetzt hat, wird kaum jemals einen Gedanken daran verschwenden. Für Profis hingegen entscheidet sich die Qualität des Satzes mit an der Verwendung dieser Zeichen. Und wie bei so vielem in der Typografie ist die Satzqualität meiner Ansicht nach auch spürbar, selbst wenn die Gründe für guten oder eben nicht so hochwertigen Satz von Laien nicht unbedingt benannt werden können.

Anführungszeichen werden praktisch immer paarweise verwendet. Und im Deutschen gibt es genau zwei Formen von Anführungszeichen, die Sie verwenden können: die Gänsefüßchen und die deutschen Guillemets. Die typografisch korrekten Anführungszeichen erinnern im Deutschen an die Zahlen 99 und 66. 99 zeigt das öffnende Anführungszeichen, 66 das schließende.

„Gänsefüßchen“ der Adobe Garamond

»Guillemets« der Adobe Garamond

Die Guillemets stammen ursprünglich aus dem Französischen, wobei dort die nach außen weisenden Guillemets mit einem Leerraum verwendet werden. Im folgenden Beispiel sehen Sie oben die Version ohne weitere Eingriffe in die Zeichenabstände. In der unteren Zeile habe ich die öffnende Anführung mit +80, die schließende Anführung mit +100 gekernt.

«Guillemets» der Adobe Garamond

«Guillemets» der Adobe Garamond

Statt des individuellen Kernings können Sie auch den Einsatz des 1/24-Gevierts in Betracht ziehen.

«Guillemets» der Adobe Garamond

Im Schweizerdeutschen wird für die Guillemets die französische Stellung mit Spitzen nach außen verwendet, allerdings ohne Leerzeichen. Im Englischen werden die Anführungszeichen gänzlich anders als bei uns gesetzt, nämlich sowohl das öffnende als auch das schließende Anführungszeichen oben. Und wie Sie hier sehen, sind beide Zeichen im Vergleich zum deutschen Textsatz vertauscht, nämlich 66 oben, 99 oben.

“Quotationmarks” of Adobe Garamond

Einfache Anführungszeichen | Nun können innerhalb eines Zitates oder eines Textes einer direkten Rede einzelne Wörter wiederum in Anführungszeichen stehen. Diese Situation haben Sie vor sich, wenn im Zitat oder dem gesprochenen Text Passagen etwa durch Ironie hervorgehoben werden, der Sprecher ganz einfach jemanden zitiert oder auf einen Titel eines Werkes Bezug genommen wird. Derartige Texte werden dann in einfachen statt doppelten Anführungen gesetzt. Dabei sollten Sie die grundsätzliche Form der äußeren Zeichen wiederholen und nicht zwei verschiedene Formen mischen.

„Die ‚neue‘ Inszenierung vom ‚Figaro‘ fand ich so neu nicht.“

Spätestens bei dieser Lösung offenbart sich der Nachteil der im Deutschen gängigen Gänsefüßchen: Das einfache öffnende Anführungszeichen ähnelt dem Komma und das einfache schließende

Schlusspunkt

Wenn ein Satz im Deutschen mit einem Schlusspunkt endet, steht dieser immer allein. Wenn also eine Abkürzung am Satzende steht, wird einer der Punkte weggelassen: *Er mochte Fächer wie Typografie, Gestaltung usw.*

Merksatz

Merksatz für deutsche Anführungszeichen:
99 unten, 66 oben
Merksatz für englische Anführungszeichen:
66 oben, 99 oben

Anführungszeichen könnte mit einem Apostroph verwechselt werden. Beides sorgt für unnötige Irritation beim Lesen, zumal uns mit den doppelten und einfachen Guillemets eine mehr als praktikable Alternative zur Verfügung steht.

»Die ›neue‹ Inszenierung vom ›Figaro‹ fand ich so neu nicht.«

Die Guillemets fügen sich wesentlich besser ins gesamte Satzbild ein, da sie im Gegensatz zu den Gänsefüßchen meist weder unten noch oben über die Schriftlinie bzw. über die x-Höhe hinausragen. Dadurch wirken sie eher wie zurückhaltende Minuskeln und nicht wie Satzzeichen. Auch an Satzkanten macht sich dieser Gestaltungsansatz positiv bemerkbar.

„‚Da simmer dabei‘ gefällt mir während der ‚Fünften Jahreszeit‘ gut!“, meinte der Sitznachbar.
„An die ‚Qualität‘ von ‚Die Polonaise‘ reicht er aber nicht …“, entgegnete Caro augenzwinkernd.

»›Da simmer dabei‹ gefällt mir während der ›Fünften Jahreszeit‹ gut!«, meinte der Sitznachbar.
»An die ›Qualität‹ von ›Die Polonaise‹ reicht er aber nicht …«, entgegnete Caro augenzwinkernd.

Die weit verbreiteten Gänsefüßchen links wirken beinahe so, als ob die Absätze eingezogen (nach rechts eingerückt) seien. Achten Sie auch auf die Unruhe, die beim Aufeinanderfolgen von Satzzeichen wie !“, entsteht. Auch hierbei machen die Guillemets eine weitaus bessere Figur.

▼ **Tabelle 7.2**
Tastenkürzel zum Erstellen von Anführungszeichen

Zeichen	Bezeichnung	Windows	Mac	HTML-Entity
„	Öffnendes doppeltes Anführungszeichen (deutsch, »99 unten«)	Alt + 0132	alt + ^	„
“	Schließendes doppeltes Anführungszeichen (deutsch, »66 oben«)	Alt + 0147	alt + 2	“
‚	Öffnendes einfaches Anführungszeichen	Alt + 0130	alt + S	‚
‘	Schließendes einfaches Anführungszeichen	Alt + 0145	alt + #	‘

Zeichen	Bezeichnung	Windows	Mac	HTML-Entity
»	Nach rechts zeigendes doppeltes Guillemet	Alt + 0187	alt + ⇧ + Q	»
«	Nach links zeigendes doppeltes Guillemet	Alt + 0171	alt + Q	«
›	Nach rechts zeigendes einfaches Guillemet	Alt + 0155	alt + ⇧ + N	›
‹	Nach links zeigendes einfaches Guillemet	Alt + 0139	alt + ⇧ + B	‹
“	Öffnendes doppeltes Anführungszeichen (englisch, »66 oben«)	Alt + 0147	alt + 2	”
”	Schließendes doppeltes Anführungszeichen (englisch, »99 oben«)	Alt + 0148	alt + ⇧ + 2	“
‘	Öffnendes einfaches Anführungszeichen, englisch	Alt + 0145	alt + #	‘
’	Schließendes einfaches Anführungszeichen, englisch	Alt + 0146	alt + ⇧ + #	’

Zollzeichen | Sehr häufig, besonders auf Webseiten, aber auch in erklärenden Texten in Fernsehsendungen, sehen Sie falsche Anführungszeichen. Dann wird das Zollzeichen (") als Anführungszeichen eingesetzt.

Das "Zollzeichen" ist kein Anführungszeichen, sondern ein Zeichen für eine Einheit.

Zollzeichen sind in genau zwei Situationen richtig eingesetzt, nämlich als Zeichen für Zoll und als Zeichen für Sekunde. In allen anderen Fällen ist es die falsche Wahl.

5,8" Display
Dolphin Dance . . . . 5' 45"
Las Palmas (28° 7' 38" N, 15° 25' 53" W)

Dauer
Üblicher (und kürzer) als die Angabe einer Dauer mit Minuten- und Sekundenzeichen ist bei uns die Verwendung des Doppelpunktes: 5:45.

Bei der Größenangabe von Displays und im Baugewerbe bei der Größenangabe etwa von Rohrdurchmessern finden Sie die Einheit Zoll, darüber hinaus ist sie bei uns im Gegensatz zum angloamerikanischen Kulturkreis recht unüblich. Sekunden werden mit demselben Zeichen angegeben. Hierbei gibt es zwei Anwendungsfälle: einerseits den Gebrauch von Sekunde in einer Zeitangabe für die Angabe einer Titeldauer) und als geografische Positionsangabe.

In allen Fällen können Sie das Zollzeichen im Unterschied zu anderen Einheiten ohne Abstand setzen.

7.3 Striche

In umfangreichen Schriften finden Sie mindestens eine Handvoll verschiedener Striche. Sie unterscheiden sich wie die Leerräume durch ihre Breite, und diese spiegelt sich auch genauso in den Bezeichnungen wider. Die gebräuchlichsten Striche stelle ich Ihnen im Folgenden vor.

Divis

Der kürzeste Strich hat etwa die Länge eines Viertelgevierts und wird in zwei Fällen verwendet: als Bindestrich und als Trennstrich.

Bindestrich | Er ist Teil eines zusammengesetzten Wortes wie in TFT-Display, Rote-Kreuz-Aktion oder Nordrhein-Westfalen und steht ohne jegliches Leerzeichen.

In Nordrhein-Westfalen fand die Ro-
te-Kreuz-Aktion großen Beifall.

In Nordrhein-Westfalen fand die Rote-
Kreuz-Aktion großen Beifall.

Dass diese auch als gekoppelte Wörter bezeichneten Begriffe möglichst auch an den Bindestrichen getrennt werden sollten, versteht sich sicher von selbst.

Trennstrich | Textverarbeitungen, Satzprogramme, E-Book-Reader und Browser stellen ihn bei Bedarf an den vorgesehenen Worttrennungen an der rechten Satzkante dar. Ändert sich der Umbruch, wird der Strich genauso wieder entfernt. Näheres zum Thema Worttrennungen finden Sie in Abschnitt 3.6.

Dies ist ein Typoblindtext. An ihm kann man sehen, ob alle Buchstaben da sind und wie sie aussehen. Manchmal benutzt man Worte wie Hamburgefonts, Rafgenduks oder Handgloves, um Schriften zu testen.

Dies ist ein Typoblindtext. An ihm können Sie gut sehen, ob alle Buchstaben da sind und wie sie aussehen. Manchmal benutzt man Worte wie Hamburgefonts, Rafgenduks oder Handgloves, um Schriften zu testen.

Halbgeviertstrich

Der nächstlängere Strich wird immer händisch eingefügt. Obwohl die Bezeichnung darauf hin deutet, dass er die exakte Länge eines Halbgevierts hat, dient diese Einheit meist nur als Orientierung, wie Sie im nebenstehenden Fontvergleich sehen. Für den Halbgeviertstrich gibt es im Deutschen eine ganze Reihe von Einsatzzwecken. Zu den wichtigsten gehören der Gebrauch als Gedankenstrich, als Bis-Strich und als Auslassungszeichen.

– Adobe Garamond
– Minion Pro
– Myriad Pro
– Alegreya Sans
– Baskerville URW
– Meta Pro
– DIN 2014

Gedankenstrich | Steht der Gedankenstrich zwischen zwei Wörtern, ist er immer eingerahmt von normalen Leerzeichen. Er bezeichnet dabei einen Einschub oder Nachsatz.

Nach Möglichkeit sollte besonders der zweite der paarweisen Gedankenstriche nicht wie im linken Beispiel am Anfang einer Zeile stehen.

Tayfun sah – jedenfalls meinte er das
– alles viel intensiver.

Er sah – jedenfalls meinte er das –
alles viel intensiver.

Folgt dem Gedankenstrich statt eines Wortes ein Satzzeichen wie ein Komma oder ein Semikolon, steht dieses direkt nach dem Strich.

Ob er mit einem blauen Auge davonkam – wovon er selbst ausging –, musste bezweifelt werden.

In Ausnahmefällen kann der Gedankenstrich auch alleine stehen. Er sorgt wie beim paarweisen Gebrauch für eine kurze Pause beim Lesen und ersetzt häufig den Doppelpunkt.

Eier in die heiße Pfanne – fertig!

Die Verwendung des Bindestrichs bzw. Divis als Gedankenstrich gilt als typografischer Fehler.

Empfehlung
Ein unersetzbarer Helfer bei der Detailtypografie ist das gleichnamige Buch von Friedrich Forssmann und Ralf de Jong, erschienen beim Verlag Hermann Schmidt.

Bis-Strich | Immer, wenn ein Strich für das Wort »bis« steht, sollten Sie den Halbgeviertstrich verwenden. Dabei steht er – abhängig vom jeweiligen Font – entweder ohne Zwischenraum zu den Zahlen, zwischen denen er steht, oder mit sehr kleinen Zwischenräumen.

Die Jahre 1979–1985 waren sehr trocken.
Die Seiten 13–80 sind wichtig.

Auslassungsstrich | Preise, die keine Nachkommazahlen haben, werden auch mit dem Halbgeviertstrich geschrieben.

€ 199,– für Hin- und Rückfahrt
17,– € Kinderfahrschein

Wird die Einheit vor dem Preis geschrieben, folgt dem Auslassungsstrich ein normaler Leerraum, wie im Beispiel oben zu sehen. Folgt hingegen die Einheit dem Auslassungsstrich, wird die Einheit wie gewohnt mit einem Achtelgeviert abgerückt (im Beispiel unten). Der Einheit folgt dann ein normaler Leerraum.

Spiegelstrich | Bei Listen können Sie den Halbgeviertstrich auch als sogenannten Spiegelstrich verwenden, um die einzelnen Punkte optisch voneinander abzugrenzen.

Der Halbgeviertstrich wird in einer
Vielzahl von Situationen eingesetzt:
– Gedankenstrich
– Bis-Strich
– Auslassungsstrich
– Gegenstrich
– Streckenstrich

Gegenstrich | In der Sportberichterstattung kommt auch der Halbgeviertstrich zum Einsatz und steht dabei für das Wort »gegen«.

Freundschaftsspiel Köln-Niehl – Bochum-Brenschede

Für dieses Beispiel habe ich den Halbgeviertstrich mit 1/24-Räumen abgesetzt.

Streckenstrich | Der Halbgeviertstrich wird auch gesetzt, wenn beispielsweise von Autobahn- oder Bahnstrecken die Rede ist. Dann wird er entweder ohne oder mit geringen Abständen gesetzt.

Wetterbedingte Ausfälle auf der Strecke Frankfurt–Berlin

Geviertstrich

Der längste verfügbare Strich wird im deutschsprachigen Raum praktisch überhaupt nicht verwendet. Im englischen, und hier vor allem im amerikanischen Sprachraum wird er als Gedankenstrich eingesetzt. Im Unterschied zur bei uns gängigen Satzpraxis wird er dort ohne Leerräume gesetzt.

Dancing in the rain—and getting fairly wet—was quite joyful.

Unterstrich

Dieser auffallende Strich kommt in Fließtexten praktisch nicht vor. Ausnahmen sind URLs und E-Mail-Adressen, wobei Unterstriche auch hierbei immer weniger verwendet werden und praktisch durch Bindestriche abgelöst wurden. Das hat nicht zuletzt einen praktischen Grund, denn ein Bindestrich lässt sich im Gegensatz zum Unterstrich ohne eine Zusatztaste eintippen (siehe Tabelle 7.3).

https://de.wikipedia.org/wiki/Universität_zu_Köln

In den letzten Jahre findet der Unterstrich auch als sogenanntes Gendergap Verwendung. Dabei trennt der Unterstrich den Wortstamm und den darauf folgenden geschlechtsspezifischen Zusatz.

Programmierer_innen

▼ **Tabelle 7.3**
Die wichtigsten Striche und ihre Tastenkürzel und HTML-Codes

Zeichen	Bezeichnung	Windows	Mac	HTML-Entity
-	Divis	[-]	[-]	-
–	Halbgeviertstrich	[Alt] + [0150]	[alt] + [-]	–
—	Geviertstrich	[Alt] + [0151]	[alt] + [⇧] + [-]	—
_	Unterstrich	[⇧] + [-]	[⇧] + [-]	_

7.4 Mathematische Zeichen

Gradzeichen
Steht das Gradzeichen ohne Einheit, wird es direkt an die Zahl angehängt: 24°. Folgt aber die Einheit, wird das Gradzeichen mit einem Leerzeichen (am besten einem geschützten Leerzeichen) getrennt: 24 °C.

Zeichen für »minus« und »mal« kommen auch in nichtwissenschaftlichen Texten immer wieder vor. Für beide Zeichen bieten sich entsprechende Zeichen an.

Minuszeichen | Bei weit ausgebauten Fonts ist das Minuszeichen als eigenständiges Zeichen zu finden. Häufig wird aber auch der Halbgeviertstrich verwendet. Es steht bei negativen Zahlenwerten ohne Abstand vor der Zahl. Im folgenden Beispiel sehen Sie oben den Halbgeviertstrich, unten das individuelle und diesem Fall längere Minuszeichen der Minion Pro.

Es wurde nachts zwischen –5 und –12 °C kalt.
Es wurde nachts zwischen −5 und −12 °C kalt.

Copyright und Registered Trademark
Das Copyright-Zeichen steht mit einem einfachen Leerraum: © Rheinwerk Verlag. Das Registered-Zeichen und das Trademark-Zeichen stehen direkt oder mit einem 1/24-Geviert am Wort: Firmenname® oder Firmenname™.

Steht das Minus im Fließtext als Rechenoperator zwischen Zahlen, wird es mit verringerten Abständen gesetzt.

Max musste bei der Aufgabe 564 − 368 erst einmal nachdenken.

Malzeichen | Das Malzeichen finden Sie in Fließtexten, etwa bei Flächenangaben, außerdem natürlich im eigentlichen Formelsatz.

Der Baugrund misst 10 × 27 m.
Der Baugrund misst 10×27 m.
Der Baugrund misst 10 x 27 m.

Im Fließtext sollten Sie das Malzeichen des verwendeten Fonts verwenden (so wie im oberen Beispiel geschehen). Bietet der gewählte Font diese Zeichen nicht an, können Sie auf den weit verbreiteten Symbol-Font zurückgreifen (Mitte). Im Vergleich zum Malzeichen der Minion Pro fällt es im Symbol-Font kräftiger aus. Den Buchstaben »x« als Malzeichen zu verwenden, ist keine befriedigende Lösung (unten). In den Fließtextbeispielen habe ich die Abstände vor und nach dem Malzeichen jeweils mit einem Achtelgeviert realisiert. Für Formelsatz bieten sich im Gegensatz zum Gebrauch von mathematischen Zeichen im Fließtext normale Leerräume an. Ebenso sind hier die Tabellenziffern von Vorteil.

$10 \times 27 = 270$

Zeichen	Bezeichnung	Windows	Mac	HTML-Entity
–	minus	Alt + 8722	über die Sonderzeichen	−
×	mal	Alt + 0215	über die Sonderzeichen	×
÷	geteilt	Alt + 0247	alt + ⇧ + .	÷

▲ **Tabelle 7.4**
Die wichtigsten mathematischen Zeichen und ihre Tastenkürzel und HTML-Codes

7.5 Ziffernsatz

Zunächst einmal unterscheidet sich die Wahl der verwendeten Ziffern danach, ob Sie Zahlen im Fließtext, in einer Tabelle oder in Formeln verwenden. Im Fließtext bieten sich die Mediävalziffern an, für Tabellen die Tabellenziffern und für Formeln die Majuskelziffern.

Im Fließtext kommen Ziffern in vielen Anwendungsfällen vor, meist als Datum oder als gewöhnliche Zahl. Die Vorteile der verschiedenen Ziffernsätze haben Sie schon in Abschnitt 2.2 kennengelernt.

Im Vergleich zum 31.12.2015 stieg die Bevölkerung in Köln 2016
um 12 509 Personen – das entspricht 1,2 % – auf 1 081 701.

Gliederung

Beim Zahlensatz gibt es für die verschiedenen Zahlenarten unterschiedliche Konzepte für die Gliederungen.

Ziffer vs. Zahl vs. Nummer
Mit Ziffern werden die zehn Zeichen von 0 bis 9 bezeichnet. Eine Zahl bezeichnet eine Menge und kann auch nur aus einer Ziffer bestehen, z. B.: 5 Seiten. Nummern, wie sie bei Telefon- und Hausnummern, Bankverbindungen oder Kapitelnummerierungen verwendet werden, sind hingegen keine Mengenangaben, sondern dienen der Ordnung und Identifikation von Daten.

Große Zahlen | Im Unterschied zu Jahreszahlen werden Zahlen, die aus mehr als drei Ziffern, bzw. aus mehr als drei Ziffern vor oder nach dem Komma geschrieben werden, in Dreiergruppen zusammengefasst. Als Abstand kommt ein kleiner Leerraum wie das Achtelgeviert zum Einsatz (im folgenden Beispiel oben). Zahlen bis zu vier Stellen vor dem Komma können auch ohne Gruppierung gesetzt werden (zu sehen in der zweiten Zeile).

Der neue Laptop kostete 1 280,50 €.
Der neue Laptop kostete 1280,50 €.
Im Goldenen Schnitt findet sich die Zahl ф (≈ 1,618 033 988).
Die Weltbevölkerung belief sich Mitte 2018 auf 7 611 750 382 Menschen.

Telefonnummern | Zur besseren Lesbarkeit werden Telefonnummern in der Regel paarweise von rechts ausgehend gruppiert. Dabei wird jede Zahleneinheit wie Landesvorwahl, Vorwahl, Netzvorwahl und die eigentliche Telefonnummer für sich gruppiert und von den anderen mit einem geschützten Leerzeichen oder sogar Klammern abgesetzt.

Unser Kundendienst ist für Sie unter (0 12 34) 1 23 45 67 89 erreichbar.
Du erreichst mich mobil unter +49 (123) 1 23 45 67 89.

Bei Telefonnummern, deren Zahlen von sich aus deutliche Gruppen bilden, ist eine abweichende Gruppierung vorteilhafter: Die Lesbarkeit der Gruppierung oben ist besser als im unteren Beispiel.

Unser Kundendienst ist für Sie unter (0 12 34) 1 200 300 erreichbar.
Unser Kundendienst ist für Sie unter (0 12 34) 1 20 03 00 erreichbar.

Für die Kennzeichnung der verschiedenen Zahlenarten bieten sich verschiedene Lösungen an.

In der oberen Zeile in der nächsten Variante sehen Sie die vermutlich geläufigste Variante für den Telefonnummernsatz. Der Vorteil gegenüber anderen Lösungen: Die Tatsache, dass die Vorwahl optional ist, wird durch die Klammern am deutlichsten. In der zweiten Zeile habe ich den Halbgeviertstrich zur Trennung von Vorwahl und Telefonnummer verwendet. Prinzipiell könnten Sie auch andere Zeichen zur Trennung verwenden.

(0 12 34) 1 23 45 67 89-01 +49 (1234) 1 23 45 67 89-01
0 12 34 – 1 23 45 67 89-01 +49 – 1234 – 1 23 45 67 89-01

Internationale Telefonnummer
Die Schreibung mit der Landesvorwahl sollte gut begründet sein, da die fehlende Null Ungeübten Probleme machen kann. Außerdem wirkt es schnell anbiedernd, wenn die Firma nicht auch tatsächlich international tätig ist.

Die Lösung mit dem aufrechten Strich hat meiner Ansicht nach auch ihren Reiz. Weit abgeschlagen ist allerdings die Lösung mit dem schrägen Strich: Hier sieht die Telefonnummer schon nach einer Rechenaufgabe aus. Im Gegensatz dazu funktioniert der kleine mittige Punkt in der dritten Zeile wieder besser.

0 12 34 | 1 23 45 67 89-01 +49 | 1234 | 1 23 45 67 89-01
0 12 34 / 1 23 45 67 89-01 +49 / 1234 / 1 23 45 67 89-01
0 12 34 · 1 23 45 67 89-01 +49 · 1234 · 1 23 45 67 89-01

Bankverbindung | Die sehr langen IBAN (International Bank Account Number) werden von links ausgehend in Vierergruppen mit kleinen Abständen gruppiert. Der BIC (Bank Identifier Code) wird meist ohne Gliederung gesetzt, obwohl auch hier eine Gliederung die Lesbarkeit erhöht.

IBAN DE02 1234 5678 0000 1234 56
BIC GENODEF1ETK
BIC GENO DE F1 ETK

Wo Mediävalziffern in Telefonnummern eine gute Figur machen, liefern sie bei Bankverbindungen ein eher unruhiges, irritierendes Schriftbild.

IBAN DE02 1234 5678 0000 1234 56
BIC GENO DE F1 ETK

Ziffern im Webdesign | Telefonnummern und Kontonummern sollen auf Webseiten möglichst zu kopieren sein. Man kann so die entsprechenden Nummern beispielsweise in ein Programm – beispielsweise eine Adressverwaltung – einfügen. Damit dabei keine überflüssigen Leerzeichen kopiert werden, sind hier Workarounds gefragt, mit denen Abstände ohne extra Leerzeichen realisiert werden können.

Im Webdesign schließen Sie die einzelnen Zifferngruppen in `span`-Tags ein und weisen diesen eine Klasse zu, der Sie einen passenden Abstand nach rechts etwa per `margin-right: .25em` zuweisen.

```
(0123) <span class="margin-right-025em">12</span>
 <span class="margin-right-025em">34</span>56
.margin-right-05em { margin-right: .25em; }
```

Im Browser ist natürlich nicht zu erkennen, dass die Leerräume zur Gruppierung der Ziffern ohne Leerzeichen realisiert wurden:

Telefon: (0123) 12 34 56

Damit die Telefonnummer – etwa auf mobilen Geräten – klickbar ist, definieren wir die gesamte Telefonnummer als Link. Als Wert für die `href`-Eigenschaft wird die Telefonnummer samt Vorwahl ohne Leerzeichen angegeben. Der Quellcode sieht dann wie folgt aus:

```
<a href="tel:0123123456" class="text-decoration-none">
 <span class="margin-right-025em">(0123)</span>
 <span class="margin-right-025em">12</span>
 <span class="margin-right-025em">34</span>56</a>
```

Damit die Nummer weder als Link mit einer Unterstreichung noch in einer Linkfarbe gerendert wird, habe ich den Link noch mit der Klasse `.text-decoration-none` belegt.

```
.text-decoration-none {
 color: inherit;
 text-decoration: none;
}
```

Diese Klasse entfernt die Linkfarbe durch die Zuweisung `color: inherit;`. Der Wert `inherit` sorgt immer dafür, dass der Wert des übergeordneten Tags verwendet wird. In meinem Beispiel wird dadurch die Schriftfarbe des body-Tags verwendet.

Der gerenderte Code sieht immer noch genauso aus. Auf Smartphones öffnet sich durch einen Klick auf die Telefonnummer nun aber direkt die Telefonapp. Alternativ kann die Telefonnummer auch ohne lästige Leerzeichen in eine Adressverwaltungsapp eingefügt werden.

Klickbare Telefonnummer im PDF | Wenn Sie klickbare Telefonnummern in PDFs oder E-Books erstellen möchten, können Sie die gewohnten Leerräume verwenden. Sie brauchen dann nur noch genau wie in HTML als Linkziel etwa `tel:0123123456` zu definieren. Das erledigen Sie am einfachsten direkt in InDesign.

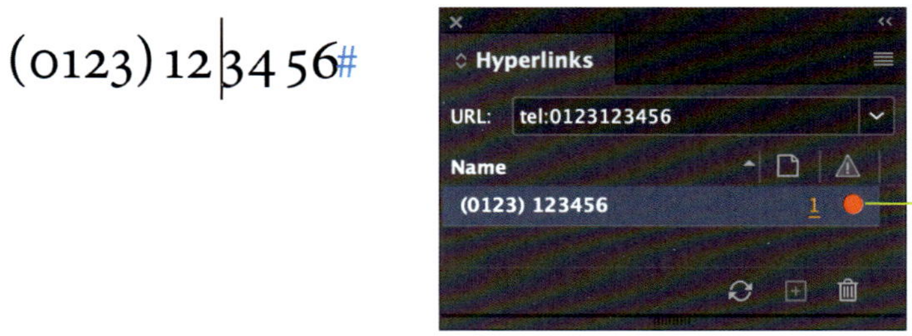

▶ **Abbildung 7.2**
Wenn Sie Telefonnummern in InDesign oder in Acrobat als URL-Ziel hinterlegen, können diese auch angeklickt werden.

Lassen Sie sich nicht von InDesigns Warnung 1 irritieren, die im Hyperlinks-Bedienfeld ausgegeben wird. Falls Sie ein PDF ausgeben (müssen), das für den Druck optimiert ist, aktivieren Sie die Option HYPERLINKS ❷ im Bereich ALLGEMEIN • EINSCHLIESSEN des Exportdialogs.

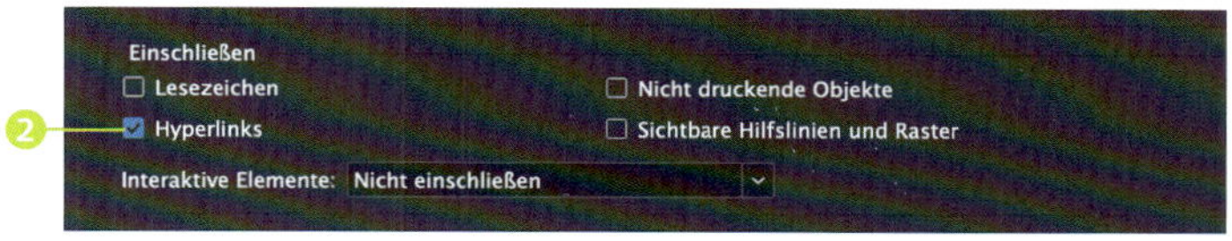

◂ **Abbildung 7.3**
Aktivieren Sie die Option HYPERLINKS, wenn Telefonnummern anzuklicken sein sollen.

Datum | Neben der internationalen Schreibweise nach dem Muster Jahr/Monat/Tag sind im Deutschen auch folgende Schreibweisen möglich:

- 12.05.2025
- 12. Mai 2025 bzw. 1. Mai 2025 (Die Tageszahl wird bei einstelligen Daten ohne 0 vorweg geschrieben.)

Schreibt man den Monat aus, so folgt nach der Zahl ein Achtelgeviert.

Uhrzeit | Die Stunden, Minuten und Sekunden werden immer zweistellig und mit einem Doppelpunkt getrennt angegeben:

- 18 Uhr
- 18:00 Uhr
- 18:30 Uhr
- 18:30:10 Uhr

Zwischen der Zahl und dem Wort »Uhr« wird ein Viertelgeviert gesetzt.

Währung | Sie können sowohl das Euro-Zeichen (€) als auch EUR sowohl vor als auch nach dem Betrag schreiben:

- 10,00 EUR
- EUR 10,00
- 10,00 €
- € 10,00

Zwischen Währung und Zahl wird ein Viertelgeviert gesetzt.

Brüche

Bei Brüchen zeigen OpenType-Fonts einmal mehr ihre Stärken. Verfügt nämlich der gewählte Font über den entsprechenden Zeichenvorrat an Bruchziffern, können Sie etwa in InDesign einfach die OpenType-Funktion BRUCH anwählen. Der eigentliche Text ändert sich hierdurch nicht. Links sehen Sie OpenType-Brüche, rechts händisch erstellte Brüche.

½ Teelöffel Salz in ¾ l Wasser auflösen. ⅞ des Teigs beiseitestellen.	½ Teelöffel Salz in ¾ l Wasser auflösen. ⅞ des Teigs beiseitestellen.

Wenn ein Text viele Brüche enthält, sollten Sie sich ein Zeichenformat für die Brüche anlegen – das Zuweisen der Bruchfunktion auf ein Absatzformat verbietet sich in InDesign, da dadurch auch alle Satzschlusspunkte nach oben verschoben werden.

Wenn die gewählte Schrift allerdings nicht über die genannten OpenType-Features verfügt, müssen Sie die Brüche händisch erstellen. Da dies mit einigem Aufwand verbunden ist, ist das allerdings nur in Texten praktikabel, in denen Brüche nur ausnahmsweise vorkommen. Das Ergebnis, das ich für das rechte Beispiel erstellt habe, fällt gegenüber der OpenType-Version links doch etwas ab. Zunächst habe ich den gewöhnlichen Schrägstrich (/) durch den Bruchstrich (⁄) ersetzt. Wie Sie sehen, ist der Bruchstrich deutlich schräger angelegt und die Strichstärke ist wesentlich leichter. Für die Zahlen habe ich dann einen kräftigeren Schriftschnitt gewählt: statt der Minion Pro Regular die Minion Pro Medium. Danach habe ich die Zahlen als hoch- bzw. tiefgestellt, die Schriftgröße, die Abstände zur Schriftlinie und das Kerning korrigiert.

Brüche in Unicode
In Unicode sind nur wenige Brüche als feststehende Zeichen codiert. In der Minion Pro Regular sehen die Brüche wie folgt aus:
¼, ½, ¾, ⅓, ⅔, ⅛, ⅜, ⅝, ⅞.

Brüche im Webdesign | Im Webdesign bieten sich Ihnen neben der üblichen Schreibung (Zahl Schrägstrich Zahl wie: 1/2) zwei Alternativen an. Falls Sie einen eher gewöhnlichen Bruch setzen möchten (siehe nebenstehenden Kasten), können Sie überprüfen, ob dieses Zeichen im verwendeten Font vorliegt. Der Code für 1/2 lautet `½`. Frac steht als Abkürzung für das englische »fraction« (deutsch: Bruch).

Brüche, die sich nicht mit Unicodezeichen darstellen lassen, können Sie mit den beiden CSS-Eigenschaften `sup` bzw. `sub` realisieren. Diese beiden Abkürzungen stehen für superscript (deutsch: hochgestellt) bzw. subscript (deutsch: Index) und sind ihren Bezeichnungen nach eben für die Darstellung von hoch- und tiefgestellten Zahlen wie Fußnoten oder Indexziffern vorgesehen – und nicht für den Satz von Brüchen. Um ein wenig Feintuning kommen Sie also nicht umhin, wenn Sie Bruchzahlen in HTML setzen wollen.

Unicode-Tabelle
Die entsprechenden HTML-Codes für die anderen Unicodebrüche können Sie auch *unicode-table.com* entnehmen.

Im folgenden Beispiel sehen Sie, dass der verwendete Font Slabo 27px nicht über ein Zeichen für 1/8 verfügt und der Browser in diesem Fall auf die Times zurückgreift. Ich habe die Schriftart für das gesamte HTML-Dokument mit `body { font-family: 'Slabo 27px', serif; }` definiert.

½ Teelöffel Salz in ⅛ l Wasser auflösen.

Um Brüche in einer beliebigen Schrift umzusetzen, sind zunächst drei Schritte im HTML-Code nötig. Umschließen Sie den Zähler mit dem `sup`-Tag, den Nenner entsprechende mit dem `sub`-Tag. Tauschen Sie den normalen Schrägstrich mit dem Schrägstrich für Brüche, dem »fraction slash«.

```
<sup>1</sup>&frasl;<sub>8</sub> l Wasser
```

Firefox stellt mit seinen voreingestellten Stilanweisungen den Code folgendermaßen dar:

⅛ l Wasser

Im direkten Vergleich mit dem als Unicodezeichen realisierten Bruch ½ oben ragen die Zahlen hier zu weit nach oben bzw. unten. Außerdem sind beide Zahlen zu groß. Damit die nötigen Stile nur auf Brüche angewendet werden und nicht auch auf eventuell vorhandene Fußnoten oder Indizes, klammern wir den gesamten Bruch in ein `span`-Tag und weisen diesem eine neue Klasse, z. B. `fraction`, zu. Dadurch sieht der Quellcode nun so aus:

```
<span class="fraction"><sup>1</sup>&frasl;<sub>8</
sub></span> l Wasser
```

Die folgenden Selektoren, die sich aus der neuen Klasse `.fraction` und `sup` bzw. `sub` zusammensetzen, greifen nur noch auf die Zahlen innerhalb von `sup`- und `sub`-Tags zu, die sich wiederum innerhalb eines mit der `.fraction`-Klasse belegten Elements befinden.

```
.fraction sub,
.fraction sup {
 font-size: 75%;
 line-height: 0;
 vertical-align: baseline;
 position: relative;
}
```

```
.fraction sup {
 top: -0.4em;
}
```

Firefox rendert den Code wie folgt:

⅛ l Wasser

Der Stand der Zahlen bezüglich Grundlinie und Versalhöhe ist in Ordnung, beim verwendeten Font Slabo 27px stehen die Ziffern allerdings noch zu nah am Bruchstrich. Mit geringen Werten bei `margin-right` beim `sup`-Selektor und `margin-left` beim `sub`-Selektor ist aber auch das schnell angepasst:

```
.fraction sup {
 top: -0.4em;
 margin-right: .1em;
}

.fraction sub {
 margin-left: .1em;
}
```

⅛ l Wasser

Advanced Editor Tools
Infos zum Advanced Editor Tool unter Wordpress finden SIe hier: *https://de.wordpress.org/plugins/tinymce-advanced*

Zugegeben: das sieht nach einer Menge Aufwand für Brüche aus. Aber: auf der einen Seite ist (und bleibt sicher auch) hochwertiger Satz aufwendig. Und auf der anderen Seite kommt uns zugute, dass wir etwa in WordPress die wichtigsten Funktionen direkt im Editor anwählen können. So können Sie die Eingabe des Bruchstriches bequem im Editor erledigen. Das Hoch- und Tiefstellen von Zahlen lässt sich ebenso ohne Bearbeiten des Quellcodes realisieren, wenn Sie die Advanced Editor Tools verwenden.

Somit bleibt nur noch das Anlegen und Zuweisen einer neuen Klasse.

7.6 Apostroph

Der Apostroph ist ein eigenständiges Zeichen und auf gängigen Hardwaretastaturen leider nicht als Taste zu finden. Dieser Umstand erklärt sicher, dass Sie im öffentlichen Raum nicht lange suchen müssen, um Minutenzeichen (') oder Akzente (´`) statt korrekter Apostrophzeichen (') in Texten zu finden.

Einen Apostroph geben Sie mit Alt + 0146 (Windows) bzw. alt + ⇧ + # (Mac) ein, und er hat in Serifenschriften die Form einer Neun, in Groteskschriften ist er meist geneigt und verjüngt sich nach unten hin.

Im folgenden Beispiel sehen Sie von links nach rechts in der Adobe Garamond Pro: Apostroph, Minuten-/Fußzeichen, Akzent (Akut), Akzent (Gravis) und das einfache schließende Anführungszeichen.

’ ′ ´ ` ‘

So, wie das Minuten-/Fußzeichen ein Zeichen für eine Größeneinheit ist und daher ausschließlich nach Mengenangaben gesetzt wird, stehen die Akzente niemals ohne einen Buchstaben. Akzente gehören zu den sogenannten diakritischen Zeichen, die immer mit einem Buchstaben kombiniert werden. Dazu gehören auch die Umlautzeichen von »ä«, »ö« und »ü«. Auf deutschen Tastaturen können wir diese Zeichen natürlich direkt eingeben, aber um Café zu schreiben, setzen wir zunächst den Akut und dann das »e«.

Der Apostroph wird immer gesetzt, wenn Wortteile ausgespart werden – er ist somit ein Auslassungszeichen.

Rock ’n’ Roll
M’gladbach

Hier sehen Sie Beispiele in der Baskerville URW. Wie Sie hier feststellen können, werden im Deutschen viele Wörter – wie »gehts« – *ohne* Apostroph geschrieben, obwohl Wortteile fehlen. Als Daumenregel können Sie sich merken, dass bei allen zusammengesetzten Wörtern, bei denen das »es« verkürzt wurde, kein Apostroph gesetzt werden muss: gehts, habs, hats. Wörter wie aufs, beim, hinterm stehen hingegen grundsätzlich ohne Apostroph.

Wenn allerdings ein Name mit einem Zischlaut wie etwa »s«, »ss«, »ß«, »sch« oder »x« endet, wird ein Apostroph statt des Genitiv-S gesetzt: Klaus' Haus, Professor Weiß' Villa.

Nun gibt es auch wieder Ausnahmen von der Regel, dass das Genitiv-S ohne Apostroph gesetzt wird. Bei Namen, die mit angehängtem »s« zumindest irritierend wirken, kann zur Verdeutlichung ein Apostroph verwendet werden.

Andreas Laden	Andrea's Laden
Carlos Kölsch-Eck	Carlo's Kölsch-Eck

Hier ist bei den linken Beispielen nicht auf den ersten Blick ersichtlich, ob Laden Andrea oder Andreas gehört. Obwohl: wäre es – wie man in Köln sagt – Andreas seiner, müsste ja ein Apostroph stehen. Dasselbe gilt für Carlo/Carlos.

Falsche Apostrophe

Häufig werden Apostrophe gesetzt, wo gar keine hingehören. Das gilt besonders für das sogenannte Genitiv-S, das im Deutschen einfach angehängt wird: Jules USB-Stick, Franks Rechner. Besonders bei Ladenbeschilderungen können Sie allerdings einen geradezu überwältigenden Wildwuchs beobachten. Da gibt es neben »Monika's Boutique« auch »Manni's Pommesbud«. Vermutlich ist diese Schreibweise von der Namensgebung großer amerikanischer Ketten wie McDonald's inspiriert. Nur: die englische Rechtschreibung folgt – eigentlich nicht besonders überraschend – anderen Regeln als das Deutsche: Im Englischen wird das Genitiv-S mit einem Apostroph abgesetzt. Übrigens erklärt sich ein Name wie McDonald's aus einer Verkürzung: Er ergibt sich aus McDonald's Restaurant.

7.7 Auslassungszeichen

Auslassungszeichen (auch Ellipse oder Auslassungspunkte), bestehen aus drei aufeinanderfolgenden Punkten (…) und werden verwendet, um anzuzeigen, dass Teile in einem Satz oder Wort ausgelassen wurden oder eine Pause im Dialog oder Gedankenfluss stattfindet. Vor und nach einem Auslassungszeichen wird ein Leerzeichen gesetzt:

Fortsetzung folgt …

Eine Ausnahme bilden Ellipsen, die Buchstaben in einem Wort ersetzen, hier wird kein Leerzeichen verwendet:

Ach du Sch…

Nach einer Ellipse entfällt generell der Schlusspunkt. Ausrufezeichen und Fragezeichen werden ohne Leerzeichen angeschlossen, allerdings ist diese Kombination selten.

Fortsetzung folgt ...!

In InDesign ist die Ellipse als eigenes Zeichen über SCHRIFT • SONDERZEICHEN EINFÜGEN • SYMBOLE AUSLASSUNGSZEICHEN einfügbar. Hierbei wurde der Abstand der drei Punkte zueinander verringert.

7.8 Optischer Rand

Das mit Abstand wichtigste Kriterium für guten Satz ist die optische Wirkung – und nicht die Einhaltung irgendwelcher Regeln. Das Phänomen, dass grafische Formen wie Quadrate, Kreise und Dreiecke unterschiedlich groß sein müssen, damit sie uns gleich groß erscheinen, können Sie in Abschnitt 1.4 nachlesen.

Naturgemäß fallen unsaubere Satzkanten in größeren Textgraden und eher geringerer Textmenge – wie bei Titeln oder Überschriften – eher ins Auge als bei Fließtexten. Schauen wir uns zunächst Überschriften an.

„B-Promis" unter Putins Einfluss
Peinliche Fotos beweisen alles

„B-Promis" unter Putins Einfluss
Peinliche Fotos beweisen alles

„B-Promis" unter Putins Einfluss
Peinliche Fotos beweisen alles

Hier sehen Sie drei Varianten, wie Sie im Fall von Überschriften mit dem öffnenden Anführungszeichen an der linken Satzkante umgehen können. Ganz links sehen Sie die unbearbeitete Variante. Bei der Variante in der Mitte habe ich über FENSTER • SCHRIFT die Option OPTISCHER RANDAUSGLEICH (1) aktiviert.

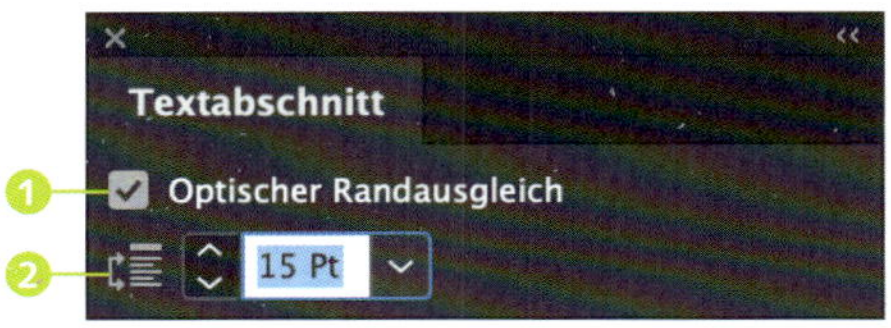

◄ **Abbildung 7.4**
Der optische Randausgleich lässt sich im Bedienfeld TEXTABSCHNITT einstellen.

Guillemets

Wie in Abschnitt 7.2 erläutert, reißen Guillemets keine Löcher ins Satzbild: Damit würde die hier beschriebene Problematik gar nicht erst auftreten.

Die eingetragenen 15 pt ② entsprechen der Headlineschriftgröße des Beispiels – es ist der von Adobe empfohlene Wert. In der rechten Variante, bei der die optische linke Achse am eindeutigsten ist, habe ich vor das öffnende Anführungszeichen ein Leerzeichen eingegeben und dieses mit –900 unterschnitten.

Bei zentriertem Satz können Zeichen mit auffallendem Weißraum für eine optische Unwucht sorgen.

Wie beim vorigen Beispiel mit linksbündigem Text sehen Sie im Folgenden links, dass der unkorrigierte Satz durch das öffnende Anführungszeichen optisch nach rechts rückt. Rechts habe ich wieder das mit –900 unterschnittene Leerzeichen vor dem öffnenden Leerzeichen eingefügt.

„B-Promis“ und Putins Einfluss Exklusiv & aktuell	**„B-Promis“ und Putins Einfluss** Exklusiv & aktuell

Im Gegensatz zu Überschriften dürfte sich die manuelle Korrektur durch den hohen Arbeitsaufwand bei Fließtext kaum rechtfertigen lassen.

Manuelles Deaktivieren

Den optischen Randausgleich können Sie leider immer nur für einen kompletten Textfluss aktivieren. Allerdings können Sie diese Funktion für einzelne Absätze auch wieder deaktivieren – das allerdings nur manuell: Die Deaktivierung des optischen Randausgleichs auf Basis von Absatzformaten ist aktuell nicht vorgesehen.

Achten Sie beim linken Beispiel auf die rechte Satzkante bei den Trennungen: Durch die Trennstriche bildet sich hier eine leichte Delle. Die Trennstriche unterstützen durch ihren im Vergleich zu Buchstaben großen Weißraum weniger die Bildung einer optisch geraden Satzkante. Der Gedankenstrich in der letzten Zeile bildet durch seinen noch einmal größeren Raum fast schon ein Loch an der linken Satzkante. Im rechten Beispiel habe ich den optischen Randausgleich aktiviert. Da ich das Beispiel in 11 pt gesetzt habe, habe ich diesen Wert auch beim optischen Randausgleich verwendet. Die Trennstriche und der Gedankenstrich werden dadurch aus dem Textrahmen verschoben. Das Ergebnis finde ich bei den Trennstrichen überzeugend, der nach links verschobene Gedankenstrich hingegen sorgt nach meinem Empfinden nicht wirklich für eine überzeugende Satzkante.

Dies ist ein Typoblindtext. An ihm kann man sehen, ob alle Buchstaben da sind und wie sie aussehen. Manchmal benutzt man Worte wie Hamburgefonts, Rafgenduks oder Handgloves, um Schriften zu testen. Manchmal Sätze, die alle Buchstaben des Alphabets enthalten – man nennt diese Sätze »Pangrams«.	Dies ist ein Typoblindtext. An ihm kann man sehen, ob alle Buchstaben da sind und wie sie aussehen. Manchmal benutzt man Worte wie Hamburgefonts, Rafgenduks oder Handgloves, um Schriften zu testen. Manchmal Sätze, die alle Buchstaben des Alphabets enthalten – man nennt diese Sätze »Pangrams«.

GREP

Um einige der typischen detailtypografischen Probleme zu beheben, denen Sie sich ziemlich sicher nach dem Platzieren von Textdokumenten in einem InDesign-Dokument gegenübersehen, kommt Ihnen ein mächtiges Tool in InDesign zu Hilfe: GREP. Diese Abkürzung steht für »Global Regular Expression Print«, zu Deutsch etwa »Globale Ausgabe regulärer Ausdrücke«. GREP ist in der Programmierung und in der Verwaltung von Computern auf Befehlszeilenebene ein gängiges Programm zum Suchen und Filtern von Texten. Das Interessante dabei sind die regulären Ausdrücke: Im Gegensatz zur Suchen-&-Ersetzen-Funktion, bei der Sie nach buchstäblichen Ausdrücken suchen, können Sie durch reguläre Ausdrücke nach Platzhaltern, sogenannten Metazeichen suchen. Für eine beliebige Ziffer schreiben Sie dann beispielsweise `\d`. Hier sehen Sie, dass viele Metazeichen mit einem vorangehenden Backslash versehen werden: dadurch wird GREP eben angehalten, nicht nach dem Buchstaben »d« zu suchen, sondern nach einer Ziffer (»d« steht hier für engl. digit, dt.: Ziffer).

Print

Das »Print« im GREP-Akronym bedeutet auf Kommandozeilenebene nicht »auf einem Drucker ausgeben«, sondern »ausgeben« im allgemeinen Sinn. Das kann ebenso die Ausgabe auf dem Bildschirm sein.

Praktischer Zugriff in InDesign

Adobe hat GREP recht nutzerfreundlich in InDesign implementiert: Diese zugegebenermaßen schlecht zu merkenden Kürzel können Sie nämlich ganz bequem in einem Menü aufrufen – Sie müssen sie sich nicht unbedingt merken.

GREP wirkt auf den ersten und vielleicht auch zweiten Blick durch seine ungewohnten Kürzel, mit denen Sie arbeiten werden, sehr abschreckend und »nerdig«. Das Problem bei GREP ist meiner (eigenen) Erfahrung nach: Wenn Sie es bisher gewohnt sind, Ihren Rechner und Ihre Dateien mit eleganten, möglichst selbst erklärenden grafischen Benutzeroberflächen zu bedienen, kommt die Beschäftigung mit GREP einem Paradigmenwechsel gleich. Sie werden nämlich sehr viel tiefer in die Struktur von Texten einsteigen, als Sie es gewohnt sind. Und da dieser Einstieg mittels der erwähnten Metazeichen und weiterer Kürzel vonstattengeht und dadurch sehr abstrakt wirkt, ist die Hürde zunächst einmal möglicherweise recht hoch. Ich verspreche Ihnen allerdings: Wenn Sie sich auf GREP einlassen und sich die ersten Erfolge einstellen, werden Sie diese Funktion nicht mehr missen wollen. Und mit der Zeit werden Sie immer mehr Aufgaben in Ihren Dokumenten finden, die sich

Escapen

Der Backslash fungiert als sogenanntes Escapezeichen: Es sorgt dafür, dass beispielsweise statt des Buchstabens »d« eine beliebige Ziffer gesucht wird, wenn es vor dem »d« steht. Und falls Sie einmal einen Backslash suchen möchten, escapen Sie diesen durch einen weiteren Backslash: »\\«. Dasselbe gilt auch für einen Punkt (».«). Er muss auch escapt werden: »\.«. Dieses Prinzip finden Sie in Tabelle 7.5 auf.

mit GREP nicht nur elegant lösen lassen, sondern sich mit GREP möglicherweise überhaupt lösen lassen.

Ein Beispiel: Sie möchten in einem Text das Divis zwischen Zahlen durch den Bisstrich (einen Halbgeviertstrich) ersetzen. In Ihrem Text kommen z. B. Jahreszahlen wie »1985-1990« vor. Die reine Textsuche verbietet sich in diesem Fall, weil Sie dadurch ja auch Binde- und Trennstriche (wie in »Sachsen-Anhalt«) ersetzen würden. Mit GREP können Sie eine Suche etwa wie folgt formulieren: »Finde ein Divis, das zwischen zwei beliebigen Zahlen steht.« Und beim Ersetzen tauschen Sie dann das Divis durch den Halbgeviertstrich aus.

GREP-Stil vs. GREP-Suche

GREP-Stil und -Suche
Ein Stil formatiert Text, eine Suchen/Ersetzen-Aktion verändert den Text.

In InDesign finden Sie GREP an zwei Stellen: einmal als Reiter im Suchen/Ersetzen-Dialog und als GREP-Stil. GREP-Stile können Sie als Funktion innerhalb des Absatz-Menüs und als Teil eines Absatzformates anwählen. Es gibt einen essenziellen Unterschied zwischen GREP-Stilen und der GREP-Suche, der sich bei genauerem Hinschauen sicher erschließt, zu Beginn der Beschäftigung mit GREP in InDesign aber Probleme bereiten kann. Wann sind GREP-Stile und wann ist die GREP-Suche angezeigt? Die Begriffe liefern eigentlich die entsprechenden Hinweise: GREP-Stile sorgen für die Formatierung von Text, sie ändern aber den Text selber nicht (genauso wenig wie andere Formatierungsanweisungen dies tun). Im Gegensatz dazu ändert eine GREP-Suche den Text, etwa, indem Sie wie beschrieben ein Divis durch einen Halbgeviertstrich austauschen. Daraus folgt, dass Sie bei einer Textänderung einen GREP-Stil nicht erneut auf die betreffende Passage anwenden müssen, eine GREP-Suche hingegen schon. Bevor wir uns zunächst die Anlage von GREP-Stilen anschauen, ein allgemeiner Hinweis zu GREP-Stilen: Da InDesign die in GREP-Stilen hinterlegten Muster laufend im Text anwendet, geht die Anlage von vielen Suchmustern zu Lasten der Performance von InDesign. Halten Sie ein Auge auf den Umfang Ihrer Suchmuster, falls InDesign vor lauter GREP-Suchen in die Knie geht.

GREP-Stile | Angenommen, Sie bekommen Text geliefert, in dem neben gewöhnlichen Zahlen (wie 1932) auch hoch- und tiefgestellte Zahlen wie in m^2, m^3 und CO_2 vorkommen. In Word haben die Kollegen die hochgestellten ② und tiefgestellten Ziffern durch die entsprechenden Buttons ① realisiert.

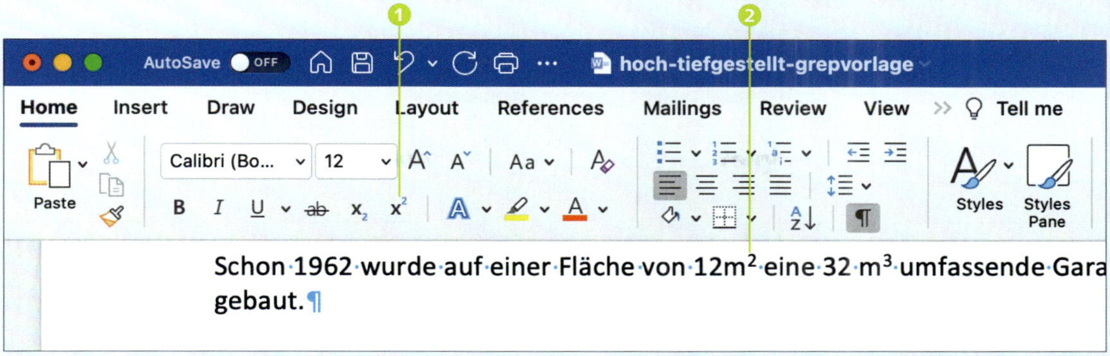

Nach dem Platzieren einer solchen Datei werden die nach oben 4 und unten versetzten Zeichen auch in InDesign so dargestellt, als ob Sie in InDesign die Buttons bzw. die entsprechenden Befehle im Menü des ZEICHEN-Fensters angewählt hätten 3. Da diese Änderungen an der Formatierung nicht als Zeichenformat angelegt sind, quittiert InDesign diese Abweichungen im ABSATZFORMATE-Bedienfeld mit einem Pluszeichen hinter dem angewandten Absatzformat.

▲ **Abbildung 7.5**
Mit einem Klick auf den entsprechenden Button in Word wurden Zahlen hoch- und tiefgestellt.

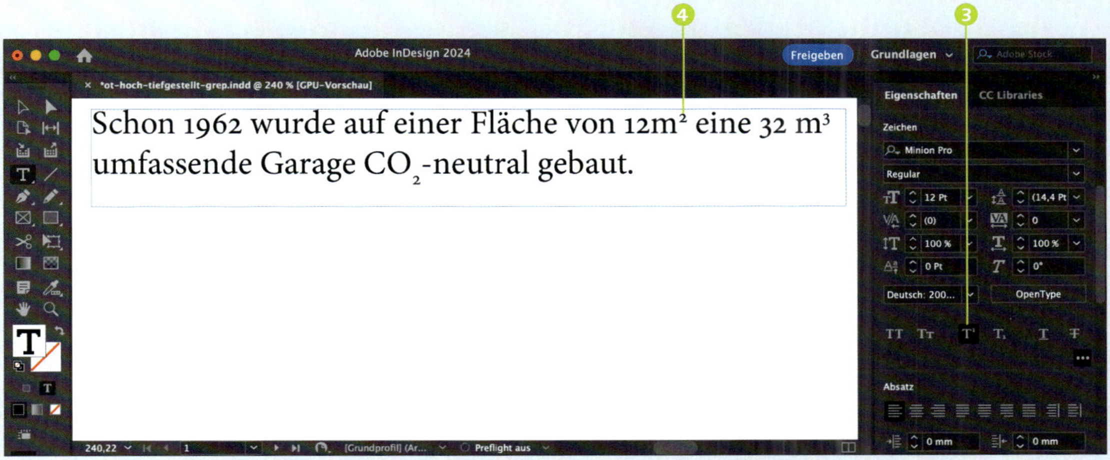

Für den Screenshot habe ich schon die Zeichenformate angelegt, die wir gleich den entsprechenden Zahlen per GREP zuweisen werden. Ich zeige Ihnen hier beispielhaft die Einstellung des Zeichenformats »ot-hochgestellt«. Übernehmen Sie die Einstellungen bitte aus dem Screenshot. Wichtig ist die Anwahl von OPENTYPE-HOCHSTELLUNG unter POSITION 5.

▲ **Abbildung 7.6**
Die hoch- und tiefgestellten Zahlen sind noch nicht durch OpenType-Features formatiert.

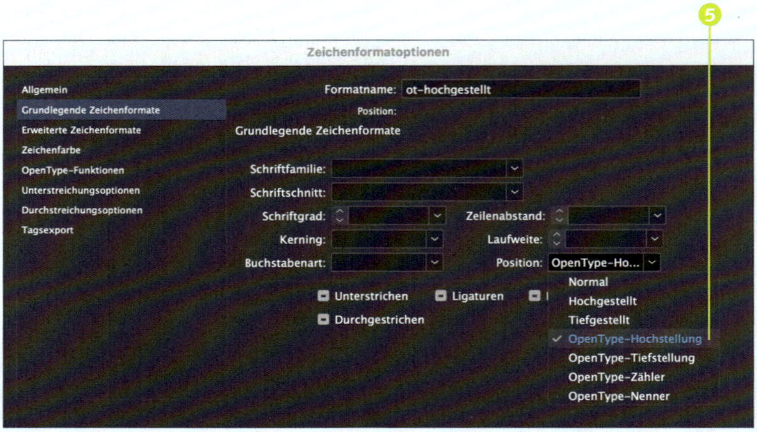

▶ **Abbildung 7.7**
Das Anlegen eines Zeichenformats für hochgestellte Zahlen

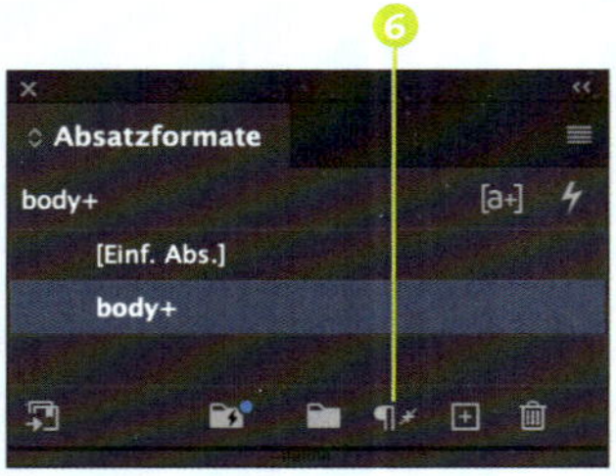

▲ **Abbildung 7.8**
Löschen Sie am besten die abweichenden Zeicheneinstellungen.

Bevor wir uns GREP zuwenden, löschen Sie am besten die lokalen Formatierungen mit einem Klick auf den entsprechenden Button ABWEICHUNGEN IN AUSWAHL LÖSCHEN 6. Der Cursor muss sich hierfür im betreffenden Absatz befinden.

Nach dem Löschen der Formatabweichungen sieht der Text ziemlich unschön aus.

Schon 1962 wurde auf einer Fläche von 12m2 eine 32 m3 umfassende Garage CO2-neutral gebaut.

Weitere Fehlerkorrektur mit GREP-Suche

Dass die Abstände zwischen Mengenangabe und Einheit in gelieferten Textdokumenten nicht unbedingt einheitlich gehandhabt werden, habe ich im Beispiel nachempfunden. Das Einfügen von Achtelgevierten werden wir als letzten Schritt, dann mit der Funktion GREP innerhalb von Suchen & Ersetzen, erledigen.

Zunächst soll GREP seine Arbeit aufnehmen und die Zahlen »2« und »3« mittels des Zeichenformats »ot-hochgestellt« automatisch formatieren. GREP-Stile legen Sie am besten innerhalb von Absatzformaten an. Ich habe mir für das Beispiel das Absatzformat »body« angelegt.

Um GREP-Stile anzulegen, öffnen Sie sie im linken Bereich der Absatzformatoptionen 7. Im rechten Bereich GREP-STIL ist schon ein Suchmuster voreingestellt: \d+ 8.

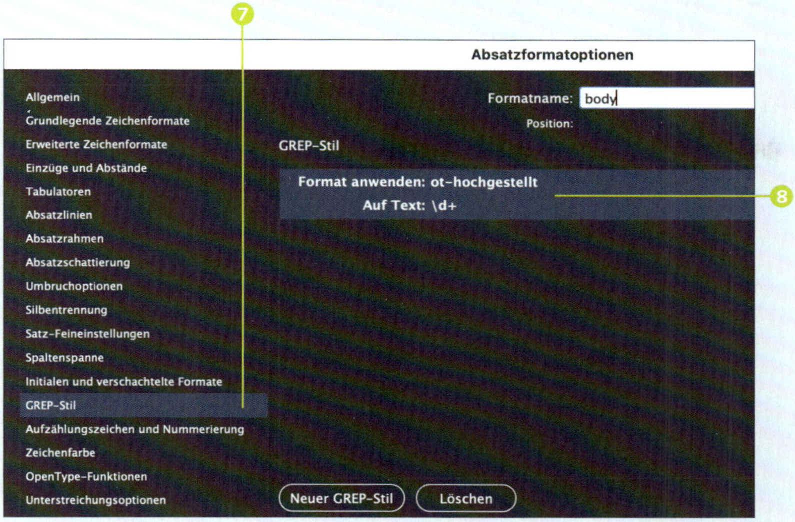

◂ **Abbildung 7.9**
Die hoch- und tiefgestellten Zahlen sind noch nicht durch OpenType-Features formatiert.

Wenn Sie bei FORMAT ANWENDEN das eben erstellte Zeichenformat »ot-hochgestellt« wählen, sehen Sie sofort die Auswirkungen im Dokument, wenn Sie unten links die Option VORSCHAU aktiviert haben. Auch wenn Sie hier nichts »kaputt machen« können, weil GREP-Stile ja Texte »nur« formatieren, rate ich doch dazu, sich GREP zunächst mit Testdokumenten zu nähern. Der Beispieltext sieht dann direkt so aus:

Schon ^{1932} wurde auf einer Fläche von ^{12}m^{2} eine ^{32} m^{3} umfassende Garage CO^{2}-neutral gebaut.

Haben Sie mit diesem Ergebnis gerechnet? Zunächst einmal sehen Sie hier einen GREP-Stil in Aktion: Der GREP-Stil wird sofort auf den Text angewendet – Sie müssen keine extra Suchen/Ersetzen-Funktion oder Ähnliches ausführen. Und die Anweisung `\d+` sorgt dafür, dass alle Ziffern gefunden werden. Sie erinnern sich: Das `\d` steht für Ziffer. Das Pluszeichen steht für »ein oder mehrere Male«. In diesem Beispiel macht es allerdings keinen Unterschied, ob das Pluszeichen hinter dem Metazeichen für Ziffer steht oder nicht: In beiden Fällen findet GREP alle Ziffern in Texten, die mit dem Absatzformat »body« formatiert sind.

Wie auch immer: Das Ergebnis dieses GREP-Ausdrucks ist nicht, was wir wollen. Wir möchten nur die Ziffern hochstellen, die direkt einem »m« folgen. Für diese Art Suchen gibt es in GREP die sogenannten **Lookarounds**. Mit diesen Ausdrücken können Sie genau solche Suchen zusammenstellen.

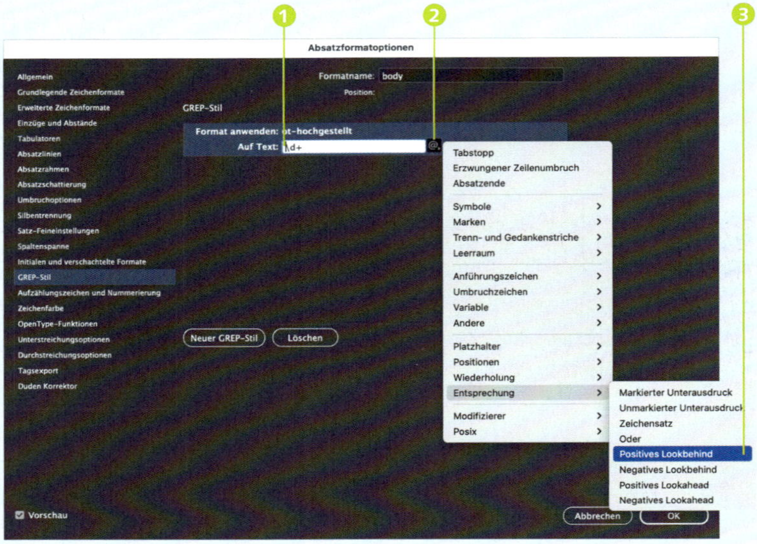

▶ **Abbildung 7.10**
Adobe hat die GREP-Implementierung dankenswerterweise sehr benutzerfreundlich umgesetzt.

In unserem konkreten Beispiel gehen Sie wie folgt vor: Setzen Sie den Cursor vor den Backslash ①, und klicken Sie dann auf das @-Zeichen ② rechts neben dem Eingabefeld AUF TEXT. Wählen Sie hier aus dem umfangreichen und enorm benutzerfreundlichen Menü ENTSPRECHUNG • POSITIVES LOOKAHEAD ③. InDesign fügt dadurch (?<=) in das Feld AUF TEXT ein. Zwischen das Gleichheitszeichen und die schließende Klammer geben Sie den Suchbegriff ein, den GREP finden soll. In unserem Fall also ein »m«.

▶ **Abbildung 7.11**
Ihre Eingabe sollte so aussehen.

Da hochgestellte Zahlen nach einem »m« in der Regel nur aus einer Ziffer bestehen, habe ich auch noch das »+« hinter dem Metazeichen für Ziffer gelöscht, sodass mein GREP-Ausdruck so wie hier gezeigt.

Schon 1932 wurde auf einer Fläche von 12m^2 eine 32 m^3 umfassende Garage CO2-neutral gebaut.

So soll es sein: InDesign formatiert beliebige Zahlen wie hier die »2« und die »3« jetzt wie geplant automatisch mit dem Zeichenformat »ot-hochgestellt«, wenn sie nach einem »m« stehen.

Um die »2« von CO_2 automatisch mit dem Zeichenformat »ot-tiefgestellt« zu versehen, erstellen wir uns einen neuen GREP-Stil analog zum eben angelegten. GREP-Stile können in InDesign leider nicht kopiert werden, Sie müssen also die notwendigen Schritte für jeden GREP-Stil extra durchführen. Orientieren Sie sich dafür an der folgenden Abbildung.

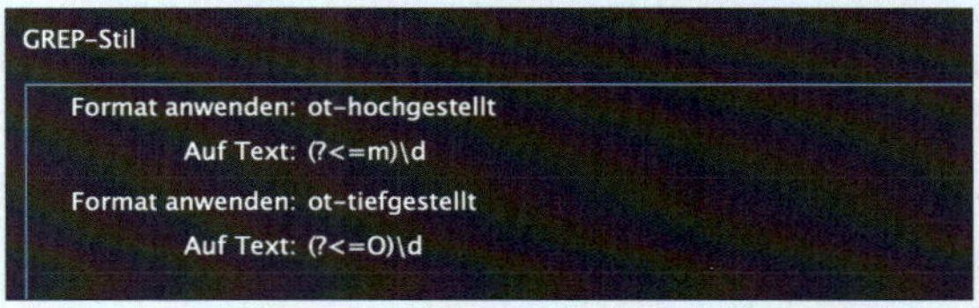

◀ **Abbildung 7.12**
Ein zweiter GREP-Stil für das Tiefstellen wurde angelegt.

Wenn Sie nach dem Gleichheitszeichen ein »O« eintragen, wird die »2« von CO_2 ab jetzt auch korrekt formatiert.

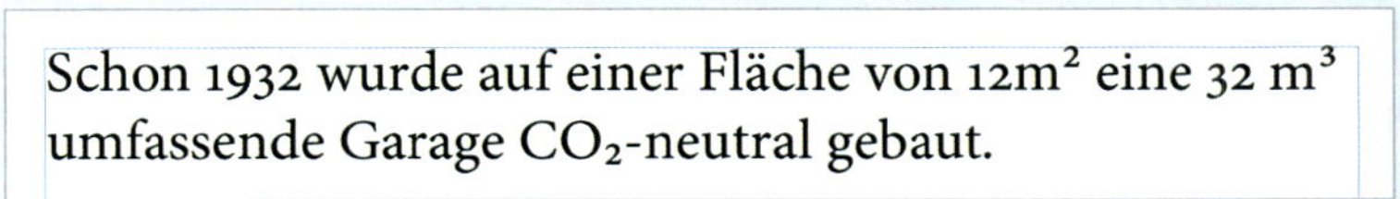

Lookarounds

Ich habe mich lange schwer damit getan, mir zu merken, wann ich einen Lookbehind (deutsch: schau zurück) und wann ich einen Lookahead (deutsch: schau voraus) einsetzen soll. Zwei Überlegungen helfen bei der Wahl des passenden Ausdrucks: Die grundsätzliche Richtung, in die GREP »schaut«, ist die Leserichtung – also nach rechts. Und: die Position, von der aus GREP schaut, bestimmt das eigentlich zu suchende Zeichen.

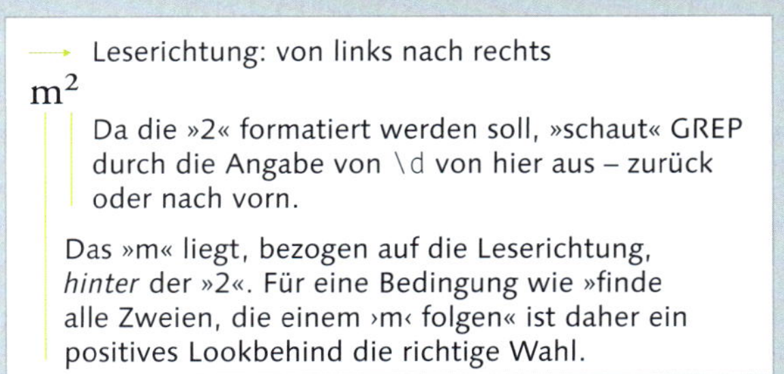

GREP und Performance

Zuvor muss ich allerdings noch auf einen Punkt hinweisen, der bei GREP-Stilen eine Rolle spielen kann: Performance. Da GREP im Hintergrund laufend Ihre Texte in InDesign nach den eingegebenen Suchmustern durchsucht, kann die Anlage von mehreren GREP-Anweisungen zu Lasten der Performance von InDesign gehen. Wenn InDesign beim Bearbeiten von Texten auffallend langsam wird, müssen Sie sich möglicherweise von einigen der automatischen Zuordnungen von Zeichenformaten verabschieden.

Zwei GREP-Stile sorgen für die automatische Zuweisung der Zeichenformate, die das Hoch- bzw. Tiefstellen mit den entsprechenden OpenType-Funktionen umsetzen. Nachdem Sie nun den ersten Einstieg in die Vorgehensweise von GREP geschafft haben, wenden wir uns gleich der zweiten wichtigen Funktion zu, in der Sie GREP-Funktionen ausnutzen können.

GREP-Suche | Da es im Unterschied zu GREP-Stilen beim Erstellen der Suchausdrücke keine Vorschau des Suchergebnisses gibt, gehört das Testen von Suchausdrücken zur Praxis. Bedenken Sie, dass Sie GREP-Suchen genau wie gewöhnliche Textsuchen für den wiederholten Gebrauch speichern können – das ist bei GREP-Suchen noch mehr als bei Textsuchen ein Muss. Denn wie Sie bei den GREP-Stilen gesehen haben, werden GREP-Ausdrücke schnell komplex und sind auch aufgrund der Metazeichen schlecht zu merken. Machen Sie also besonders bei GREP-Suchen Gebrauch von der Sichernfunktion.

Schon 1932 wurde auf einer Fläche von 12m^2 eine 32 m^3 umfassende Garage für umgerechnet 123€ (56 $) gebaut.

In unserem aus Word importierten Text sind die Abstände typografisch nicht korrekt. Schauen wir uns an, wie Sie Achtelgevierte zwischen Zahlen und Einheiten per GREP-Suche einfügen können. In folgendem Beispiel gehe ich davon aus, dass in einem gelieferten Text der Umgang mit dem Leerraum zwischen Zahl und Einheit nicht einheitlich gehandhabt wurde: Die Zahl steht mal direkt vor der Einheit, mal ist ein normales Leerzeichen gesetzt. Die Anforderung an die Suche könnte als normaler Satz formuliert so aussehen: »Finde alle Vorkommen, bei denen einer beliebigen Zahl ein ›m‹, ›€‹ oder ›$‹ folgt, egal, ob zwischen Zahl und ›m‹, ›€‹ oder ›$‹ ein Leerzeichen steht«.

Die GREP-Suche finden Sie als zweiten Reiter im Dialogfenster SUCHEN & ERSETZEN ❶. Wie bei den GREP-Stilen können Sie sich einen ganzen Teil der Suchbedingungen über das SONDERZEICHEN FÜR SUCHE-Menü mit dem @-Zeichen zusammenklicken ❷. Zunächst füge ich über PLATZHALTER • BELIEBIGE ZIFFER ❸ das Metazeichen `\d` in das Feld SUCHEN NACH ein.

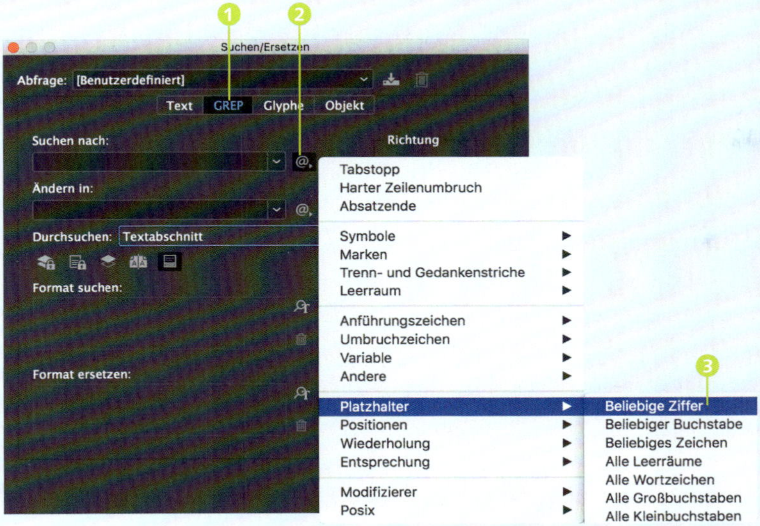

◀ **Abbildung 7.13**
Das Menü mit den GREP-Codeschnipseln kennen Sie schon von den GREP-Stilen.

Als Nächstes fügen wir über dasselbe Menü PLATZHALTER • ALLE LEERRÄUME ein. Nun steht im Bereich ÄNDERN IN folgender Code: `\d\s`. Theoretisch könnten wir die Zahl auch wieder mit einem positiven Lookbehind suchen lassen und die gewünschten Einheiten mit einem positiven Lookahead.

In der Praxis hat sich das beim Beispieltext allerdings nicht bewährt. Wir schreiben die Einheiten stattdessen in eine sogenannte Zeichenklasse. Zeichenklassen sind immer in eckige Klammern eingefasst, sodass für mein Beispiel `[m€$]` passt. Der gesamte Ausdruck sieht daher nun so aus:

```
\d\s[m€$]
```

Jetzt müssen wir GREP nur noch beibringen, dass er auch die Stellen findet, an denen zwischen einer beliebigen Ziffer und dem »m« bzw. einer der Einheiten kein Leerzeichen steht. Positionieren Sie den Cursor dafür im Suchbegriff hinter das »s«, rufen Sie erneut das Menü auf, und wählen Sie im Eintrag WIEDERHOLUNG den Wert NULL ODER EINMAL. Das Ergebnis sollte dann so aussehen:

```
\d\s?[m€$]
```

Eigentlich sollte das alles sein – und nach Prüfungsläufen mit diesem Suchausdruck findet GREP auch alle gewünschten Stellen. Allerdings müssen wir noch zwei Anforderungen berücksichtigen.

Erstens: Wenn wir jetzt schon ein Achtelgeviert bei ÄNDERN IN einfügen, wird der gesamte Suchausdruck ersetzt. Die Ziffer und die Einheit werden dabei gelöscht. Zweitens: InDesign ersetzt mit dem bisherigen Suchausdruck nur die Stellen, an denen im Text ein Leerzeichen zwischen Ziffer und Einheit steht – obwohl auch die Stellen ohne Leerzeichen gefunden werden. Wir werden beide mit einem kleinen Kniff beheben.

Bei der GREP-Suche können wir Referenzen verwenden. Dafür werden die betreffenden Suchbegriffe einfach in runde Klammern eingefasst. Und bei ÄNDERN IN verwenden wir das $-Zeichen, gefolgt von der Stelle, an der der Suchbegriff steht.

```
(\d)\s?([m€$])
```

Um die Ziffer und die folgende Einheit referenzieren zu können, habe ich Klammern um `\d` und `[m€$]` gesetzt. Die eingeklammerten Ausdrücke werden mit eins beginnend von links nach rechts gezählt und können im Feld ÄNDERN IN eingesetzt werden:

```
$1~<$2
```

Über das Menü SONDERZEICHEN FÜR ERSETZUNG **1** habe ich zwischen beide Referenzen das Metazeichen für Achtelgeviertleerraum eingefügt.

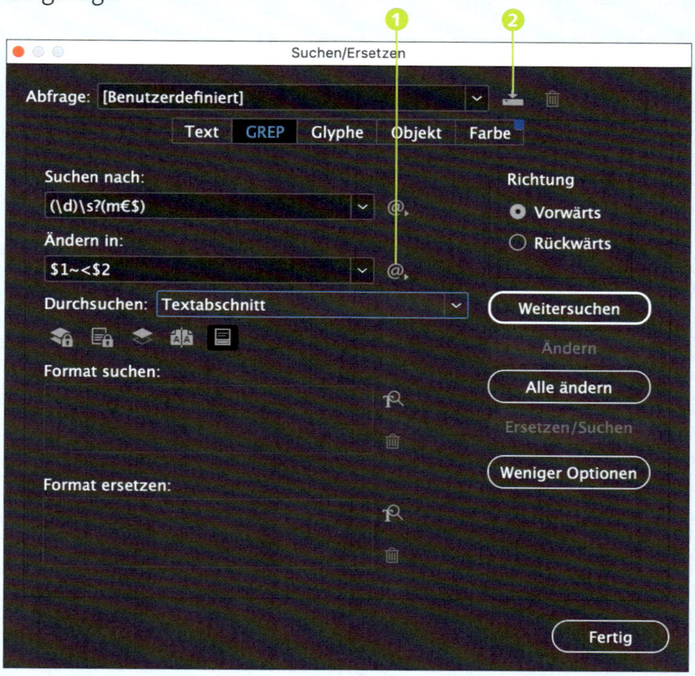

▶ **Abbildung 7.14**
GREP-Suchen lassen sich für die Zukunft speichern.

Um eine solche GREP-Suche immer wieder anwenden zu können, speichern Sie sie unbedingt über den Button ANFRAGE SPEICHERN **2** ab.

> Schon 1932 wurde auf einer Fläche von 12 m² eine 32 m³ umfassende Garage für umgerechnet 123 € (56 $) gebaut.

Nachdem ich die erstellte GREP-Suche angewendet habe, steht zwischen Zahlen und Einheiten der gewünschte Achtelgeviertleerraum. Der Leerraum hinter der Jahreszahl bleibt von der GREP-Suche unberührt.

GREP-Suchen zusammenfassen | Im Laufe der Zeit werden Sie sich eine Reihe von GREP-Suchen zusammenstellen, die Sie bei Bedarf über das Pulldown-Menü ABFRAGE aufrufen können. Nun wäre es doch noch praktischer, Sie könnten verschiedene GREP-Suchen zusammenfassen, um nicht bei jedem Text eine Reihe von einzelnen GREP-Suchen laufen zu lassen. Hierfür gibt es zwei hilfreiche Ansätze, die genau dies erledigen.

Ein sehr hilfreiches Skript bietet Ihnen Gregor Fellenz an. Er stellt Ihnen auf seiner Website *www.indesignblog.com/2017/02/grep-ersetzungen-automatisieren* das kostenlose Skript »ChainGREP.jsx« zur Verfügung, mit dem Sie die schon erstellten Skripte beliebig zusammenstellen, umsortieren und als neues Skript sichern können.

Einen anderen Weg schlägt das Skript »FindChangeByList.jsx« ein, das zur Standardinstallation von InDesign gehört. Dieses Skript greift wiederum auf eine Textdatei zu, in der die verschiedenen Suchausdrücke eingetragen werden. Es bietet einen sehr guten Einstieg in das Thema GREP und Skripting. Allerdings gibt es zu beachten, dass die Suchanweisungen nicht einfach eine Kopie der Anweisungen aus dem SUCHEN/ERSETZEN-Fenster sein können – denn die Metazeichen wie `\d` müssen hier noch ein weiteres Mal escapt werden: Aus dem `\d` wird somit ein `\\d`, was die Lesbarkeit der GREP-Codes noch weiter verringert. Lohnend ist die Beschäftigung mit Skripten aber allemal.

Suchausdruck, teils mit Beispiel	Sucht nach	Suchergebnis
.	Alle Zeichen: alle druckbaren Zeichen, alle Leerzeichen, Umbrüche	Beispieltext, Müller-Thurgau, 15 €, !
\l	Kleinbuchstaben (engl.: lowercase)	Beispieltext, Müller-Thurgau, 15 €, !
\u	Großbuchstaben (engl.: uppercase)	Beispieltext, Müller-Thurgau, 15 €, !
\d	Ziffer (engl.: digit)	Beispieltext, Müller-Thurgau, 15 €, !
[] [aeiou]	Zeichenklasse	Beispieltext, Müller-Thurgau, 15 €, !
\x{####} \x{D7} (mathematisches Malzeichen)	Unicode	6 × 7
\s	Beliebiges Leerzeichen	Beispieltext, Müller-Thurgau, 15 €, !
\S	Beliebiges Zeichen, das kein Leerzeichen ist	Beispieltext, Müller-Thurgau, 15 €, !
\t	Tabulator	a b c d
\r	Umbruchzeichen	Beispieltext Müller-Thurgau, 15 €, !
\n	Harter Umbruch	Beispieltext, Müller-Thurgau, 15 €, !
\z oder \Z	Ende des Textabschnitts	Absatzformate Zeichenformate
()	Gruppierung (bis zu neun)	
^	Absatzanfang	Beispieltext, Müller-Thurgau, 15 €, !
$	Absatzende	Ein kurzer Absatz Und noch ein Absatz
? ül?	Null oder ein Mal	Müller-Thurgau, Mülhausen, Münze
* ül*	Null, ein oder mehrere Male	Müller-Thurgau, Mülhausen, Münze

Suchausdruck, teils mit Beispiel	Sucht nach	Suchergebnis
`+` `ül+`	Ein oder mehrere Male	Müller-Thurgau, Mülhausen, Münze
`{#}` `l{2}`	Suchausdruck muss #-mal vorkommen	Müller-Thurgau, Mülhausen, Mund
`(?<=`*Ausdruck*`)`*Ausdruck* `(?<=a)u`	Finde »u«, wenn es einem »a« folgt (positives Lookbehind)	Müller-Thurgau, Mülhausen, Mund
`(?<!`*Ausdruck*`)`*Ausdruck* `(?<!a)u`	Finde »u«, wenn es nicht einem »a« folgt (negatives Lookbehind)	Müller-Thurgau, Mülhausen, Mund
Ausdruck`(?=`*Ausdruck*`)` `e(?=n)`	Finde »e«, wenn es vor einem »n« steht (positives Lookahead)	Müller-Thurgau, Mülhausen, Münze
Ausdruck`(?!`*Ausdruck*`)` `e(?!n)`	Finde »e«, wenn es nicht vor einem »n« steht (negatives Lookahead)	Müller-Thurgau, Mülhausen, Münze

▲ Tabelle 7.5
Wichtige GREP-Suchausdrücke

Anforderung	Suchen nach	Ändern in	Ursprungstext (oben), Text nach GREP-Suche/Ändern in (unten)
Divis (als Gedankenstrich) in Halbgeviertstrich umwandeln	`\s-`	`~S~=`	Er dachte - mehrmals am Tag - an Pia. Er dachte – mehrmals am Tag – an Pia.
Achtelgeviertleerraum bei Abkürzungen einfügen	`(\s[\l\u])\.\s?([\l\u])\.`	`$1.~<$2.`	z.B., z. B., u.a., u. a. z. B., z. B., u. a., u. a.
Achtelgeviertleerraum zwischen S. und Seitenzahl einfügen	`(S\.)\s?(\d)`	`$1~<$2`	S. 8, S.512 S. 8, S. 512
Einzelne Satzschlusspunkte durch Ellipse ersetzen	`\.{3,}`	…	Wind kam auf ... Wind kam auf …
Löschen von Leerzeichen und -zeilen vor dem Ende des Textabschnitts	`\s+(?=\z)`	(kein Eintrag bei ÄNDERN IN, die gefundene Stellen werden dadurch gelöscht)	

<table>
<tr><th>Anforderung</th><th>Suchen nach</th><th>Ändern in</th><th>Ursprungstext (oben), Text nach GREP-Suche/Ändern in (unten)</th></tr>
<tr><td rowspan="2">Statt Divis Halbgeviertstrich als Bisstrich zwischen zwei Zahlen einfügen</td><td rowspan="2"><code>(\d)\s?-\s?(\d)</code></td><td rowspan="2"><code>$1~=$2</code>
(Bei Bedarf kann der Bisstrich hierbei auch noch mit kleinen Leerräumen wie dem 1/24-Geviert abgerückt werden:
<code>$1~|~=~|$2</code>)</td><td>81-90</td></tr>
<tr><td>81–90</td></tr>
</table>

▲ **Tabelle 7.6**
Beispiele für Suchen und Ersetzen mit GREP

Durchsuchen

Falls Sie sich bisher nicht wirklich mit den verschiedenen Optionen bei DURCHSUCHEN ⑤ beschäftigt haben, ist es bei der GREP-Suche an der Zeit, dies zu tun. Denn hier können Sie recht genau steuern, wo GREP überhaupt suchen soll. Die verfügbaren Optionen (DOKUMENT, ALLE DOKUMENTE, TEXTABSCHNITT, BIS ZUM ENDE DES TEXTABSCHNITTS und AUSWAHL) sind davon abhängig, ob mehrere Dokumente geöffnet sind, ob Text markiert ist und ob sich der Cursor überhaupt in einem Textrahmen befindet.

Kombination aus GREP-Suche und -Stil

In manchen Fällen müssen Sie auf die Kombination aus GREP-Suche und -Stil zurückgreifen. Das ist beispielsweise bei Brüchen der Fall, wenn Sie diese nicht mit den gängigen OpenType-Zeichen umsetzen können (siehe Abschnitt 7.5 unter »Brüche«). Zur Demonstration verwende ich eine Textzeile, die verschiedene Arten von Zahlen aufweist, damit ich sichergehe, dass GREP wirklich nur die gewünschten Zahlen der Brüche findet:

7/9, 12/25, S. 15, 1979

Das prinzipielle Vorgehen könnte wie folgt aussehen: Zunächst ersetzen Sie per GREP-Suche den Schrägstrich durch den Bruchstrich. Anschließend formatieren Sie die Zahlen per GREP-Stile mit den beiden Zeichenstilen, die ich Ihnen im Abschnitt über die GREP-Stile vorgestellt habe.

Um den Schrägstrich ② zwischen Zahlen zu finden, setzen wir das positive Lookbehind ① und das positive Lookahead ③ ein. Die Bedingung, die bei der Suche greifen soll, lässt sich ja so formulieren: »finde Schrägstriche nur, wenn er einer beliebigen Ziffer folgt und wenn eine beliebige Ziffer dem Schrägstrich folgt«.

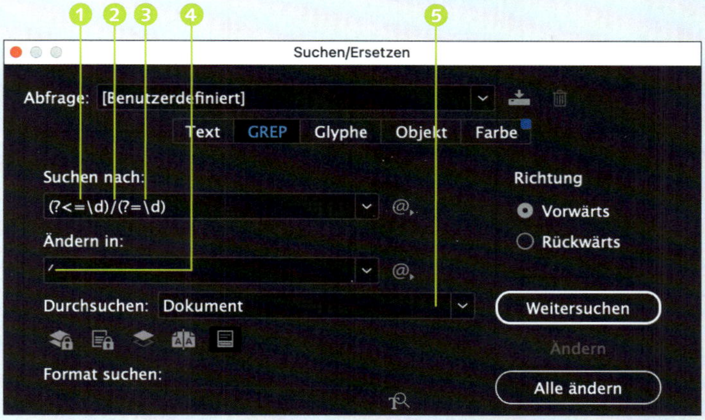

◀ **Abbildung 7.15**
GREP-Suche für das korrekte Erstellen von Brüchen

Auch wenn er hier im Suchen/Ersetzen-Fenster gleich aussieht, der Strich im Eingabefeld Ändern in ist der korrekte Bruchstrich ④. Da dieses Zeichen nicht im Menü Sonderzeichen für Ersetzung hinterlegt ist, habe ich ihn mir erst aus dem Glyphen-Fenster (Schrift • Glyphen) in das Dokument kopiert und von da aus in das Ändern in eingefügt.

Nach Ausführung der GREP-Suche sieht das Ergebnis in InDesign wie erwartet aus:

7⁄9, 12⁄25, S. 15, 1979

Dass nun die Bruchstriche zwischen den Zahlen stehen, nutzen wir bei den Anweisungen des GREP-Stils aus:

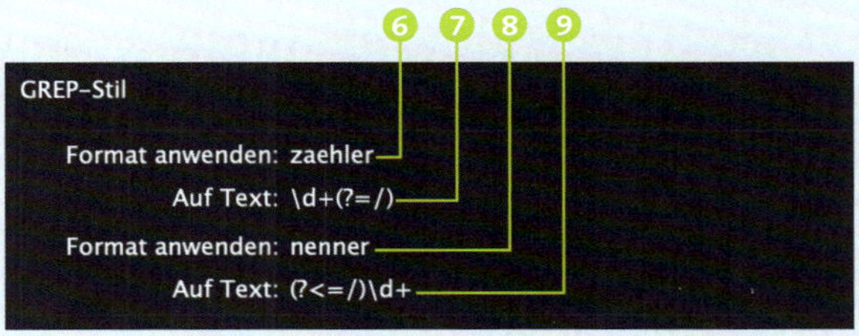

◀ **Abbildung 7.16**
Einstellungen des GREP-Stils

Wenn Sie bis hierher das Thema GREP durchgearbeitet haben, bergen die beiden GREP-Codes keine Überraschungen mehr.

Der Code, der alle Ziffern vor einem Bruchstrich findet ⑦ und diesen das Zeichenformat »zaehler« ⑥ zuweist, funktioniert wie folgt. `\d` findet jede beliebige Ziffer, das + sorgt dafür, dass auch mehrere direkt aufeinanderfolgende Ziffern berücksichtigt werden. Und damit eben nicht andere Ziffern wie die in der Seiten- und Jahreszahl des Beispiels gefunden werden, folgt nun mit `(?=)` ein positives Lookahead. Der Bruchstrich (⁄) innerhalb des positiven Lookahead sorgt nun dafür, dass nur die Ziffern gefunden werden, denen ein Schrägstrich folgt. Wie bei der GREP-Suche, die ich in den vorigen Absätzen erläutert habe, habe ich den Bruchstrich auch dieses Mal aus der Zwischenablage in das Eingabefeld eingefügt.

Das Code-Pendant (9), das den Nenner formatiert (8), funktioniert prinzipiell genauso wie gerade besprochen. Der erste Teil des Codes ist ein positives Lookbehind: `(?<=)`. Hinter dem Gleichheitszeichen innerhalb des positiven Lookbehinds sehen Sie den Bruchstrich – damit ist die Bedingung »finde die folgenden Zeichen, wenn sie einem Schrägstrich folgen« als Code umgesetzt. `\d+` findet, wie im vorigen Absatz erläutert, ein oder mehrere Ziffern.

$^{7}/_{9}$, $^{12}/_{25}$, S. 15, 1979

Die Lookarounds grenzen die Suche wie gewünscht so ein, dass weder die Seiten- noch die Jahreszahl im Beispiel der formatiert werden.

Die beiden angewendeten Zeichenformate »zaehler« und »nenner« sind leicht abgewandelte Kopien der Zeichenformate »ot-hochgestellt« bzw. »ot-tiefgestellt«, die Sie im Abschnitt über die GREP-Stile kennengelernt haben. Beim Zeichenformat »zaehler« habe ich die Zahlen per Grundlinienversatz durch den Wert »-1 pt« nach unten verschoben. Denn im Gegensatz zu hochgestellten Zahlen (etwa für Fußnotenverweise) sollten die Zähler von Brüchen nicht über die Versalhöhe der verwendeten Schrift hinausragen. Dasselbe gilt für die Nenner: Während tiefgestellte Zahlen als Index nach unten über die Grundlinie ragen, stehen Nenner – wie die meisten Zeichen – darauf.

Kapitel 8
Schrifttechnik

Dieses Kapitel über Schrifttechnik taucht tief in die technischen und rechtlichen Aspekte ein, die für alle, die mit digitaler Textgestaltung zu tun haben, von entscheidender Bedeutung sind. Es behandelt alles von den Grundlagen der Speicherung und Verwaltung von Schriften über die Vielfalt der Font-Formate und Lizenzierungsfragen bis hin zu modernen Lösungen wie Fontabonnements und dem Umgang mit Schriftproblemen.

Dieses Kapitel über Schrifttechnik sollten Sie unbedingt aufmerksam durcharbeiten, denn durch die Auseinandersetzung mit den folgenden Themen können Sie sicherstellen, dass Ihre typografischen Arbeiten nicht nur ästhetisch ansprechend, sondern auch technisch solide und rechtlich abgesichert sind.

8.1 Font-Formate

Font-Technologien unterliegen wie alle technischen Errungenschaften, insbesondere wenn sie wie Fonts dem Bereich Software zuzurechnen sind, einem stetigen Wandel. Die Entwicklung im Bereich Fonts lässt sich ganz einfach an den verschiedenen Font-Formaten ablesen, die es mittlerweile auf dem Markt gibt: Bitmap, TrueType, PostScript, OpenType, Variable Fonts und SVG-Fonts.

▲ **Abbildung 8.1**
InDesign und andere Programme zeigen in SCHRIFT-Menüs auch das vorliegende Font-Format an (v. l. n. r.): Bitmap/PostScript Type 1 (am Mac), TrueType, OpenType, OpenType Variable Font, OpenType SVG.

Bitmap

Beim ältesten Font-Format wird die Zeicheninformation als eine Bitmap-Grafik gespeichert. Bei Bitmap-Grafiken (auch Raster-Grafiken genannt) werden die Bildinformationen rasterförmig gespeichert, es ist genau das Prinzip, das wir etwa bei regulären Photoshop-Dateien vor uns haben. Bitmap- oder Raster-Grafiken von Fonts enthalten allerdings nur die Farben Schwarz und Weiß.

Raster-Grafiken von Schriften können nicht beliebig groß dargestellt werden, da solche Darstellungen bei entsprechend großer Skalierung pixelig wirken. Ein weiterer Nachteil bei Bitmap-Fonts besteht darin, dass für verschiedene Schriftgrößen jeweils individuelle Grafiken im Zeichensatz gespeichert werden müssen, wodurch die Dateigröße der Fontdatei zunimmt.

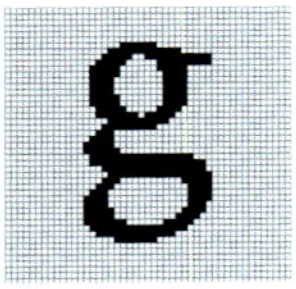

▲ **Abbildung 8.2**
Bitmap-Fonts basieren wie alle pixelbasierten Grafiken auf einem Raster, das bei entsprechender Vergrößerung zu einer pixeligen Optik führt.

Bedeutung von Bitmap-Fonts

Die ersten Macs konnten ausschließlich Bitmap-Fonts darstellen und ausdrucken. Heute spielen Bitmap-Fonts in besonderen Fällen eine Rolle. Auf Macs finden sich beispielsweise chinesische Bitmap-Fonts. InDesign zeigt Bitmap-Fonts übrigens als PostScript-Fonts an.

PostScript Type 1

Dieses Schriftformat wurde von Adobe Mitte der 80er Jahre entwickelt und praktisch ausschließlich auf Macs eingesetzt. Daher findet sich manchmal auch die Bezeichnung Mac PostScript Type 1 für diese Art Fonts. PostScript ist nicht nur eine Font-Technologie, sondern kann allgemein für die Beschreibung von Seiten verwendet werden. Dabei werden möglichst alle Elemente durch mathematische Ausdrücke beschrieben. Das bringt zwei Vorteile mit sich: Die Grafiken lassen sich ohne Qualitätsverlust beliebig vergrößern (eingefügte Bitmap-Grafiken ausgenommen), und die Dateigröße ist in der Regel deutlich kleiner, als dies bei einer Rastergrafik der Fall wäre. Übrigens ist die PostScript-Sprache in einer weiteren von Adobe entwickelten Technologie zu finden: PDF.

Adobe und Apple

Adobe hat in 2021 angekündigt, in den Anwendungen der Creative Cloud ab 2023 keine PostScript-Type-1-Schriften mehr zu unterstützen. Laut der Mitteilung von Adobe erkennen ihre Programme ab diesem Datum PostScript-Type-1-Fonts nicht mehr, auch wenn sie installiert und aktiviert sind.

Auch Apple rät seit einigen Jahren vom Gebrauch von Fonts in diesem Font-Format ab.

Definition PostScript

Programmiersprache zur Beschreibung von Text, Grafik und Bildern in einem Layout, weshalb man PostScript auch als Seitenbeschreibungssprache bezeichnet. Der Vorteil von PostScript liegt darin, dass bis auf die Pixelbilder alle Elemente rein mathematisch definiert und deshalb auflösungsunabhängig sind. Erst bei der Ausgabe wird eine PostScript-Datei entsprechend dem Auflösungsvermögen des Ausgabegerätes im RIP (Raster Image Processor) aufgerastert. Mit PostScript-Befehlen lassen sich auch Schriften erstellen, deren Buchstaben ebenfalls nur mathematisch definiert und damit auflösungsunabhängig sind. Zum Drucken der Zeichen muss das Betriebssystem oder das Ausgabegerät PostScript unterstützen.

Als Besonderheit weisen PostScript-Fonts zwei Dateien auf: Bildschirm- und Druckerzeichensätze. Die Daten für PostScript-fähige Ausgabegeräte sind Konturschriften, und zusätzlich gibt es einen Schriftkoffer mit Bitmap-Fonts (siehe Abbildung 8.3). Das Programm Adobe Type Manager machte PostScript-Type-1-Fonts auch für Windows-Betriebssysteme zugänglich.

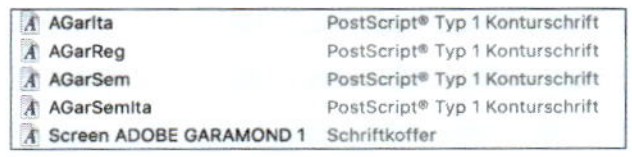

▲ **Abbildung 8.3**
Eine Besonderheit von PostScript-Type-1-Fonts sehen Sie an diesem Screenshot vom Mac: Neben den Konturschriften (pro Schriftschnitt) sehen Sie einen Schriftkoffer mit den Bitmap-Versionen für die Bildschirmdarstellung.

TrueType

Um nicht abhängig von Adobes PostScript-Technologie zu sein und überdies Lizenzgebühren zu sparen, entwickelte Apple Anfang der 1990er das Font-Format TrueType, das im Gegensatz zu PostScript-Type-1-Fonts mit einer Datei auskommt und rein vektorbasiert ist. Eine weitere wesentliche Eigenschaft von TrueType-Fonts ist die Möglichkeit des Hintings (von engl.: to hint – hinweisen). Durch Hinting können Fonts insbesondere in kleinen Schriftgraden in ein Pixelraster eingepasst werden, wodurch die Darstellung in diesen Schriftgrößen und auf entsprechend gering auflösenden Displays kontrolliert werden kann (siehe folgenden Exkurs zu Rasterung).

Microsoft hat die Vorteile von Apples TrueType-Technik so hoch eingeschätzt, dass Microsoft TrueType unter der Lizenz von Apple seit Anfang der 1990er Jahre in seinen Betriebssystemen einsetzt – und weiterentwickelt. TrueType wird – obwohl von Apple entwickelt – eher mit Microsoft in Verbindung gebracht.

Microsoft

Fonts, die von Microsoft stammen, sind mittlerweile ausschließlich .ttf- oder .ttc-Fonts.

PostScript Type 3

PostScript Type 3 ist eine weitere Variante der Schrifttechnologie von Adobe. Ein wesentlicher Unterschied zwischen Type 1 und Type 3 liegt in der Handhabung von Schriften: Während Type-1-Schriften auf klaren, mathematisch definierten Kurven basieren (Bézier-Kurven), können Type-3-Schriften auch aus »freieren« PostScript-Zeichnungen bestehen, was ihre Erstellung und Bearbeitung komplexer macht. Aufgrund dieser Komplexität und der schwierigeren Qualitätskontrolle bei der Schriftdarstellung wurde Type 3 im professionellen Umfeld seltener verwendet als Type 1.

OpenType

Mitte der 1990er entwickelte Microsoft das Font-Format OpenType, das die jeweiligen Beschränkungen der Formate PostScript Type 1 und TrueType überwinden sollte. Im weiteren Verlauf stieß Adobe zur Entwicklung von OpenType hinzu, und mit der Unter-

Rasterung

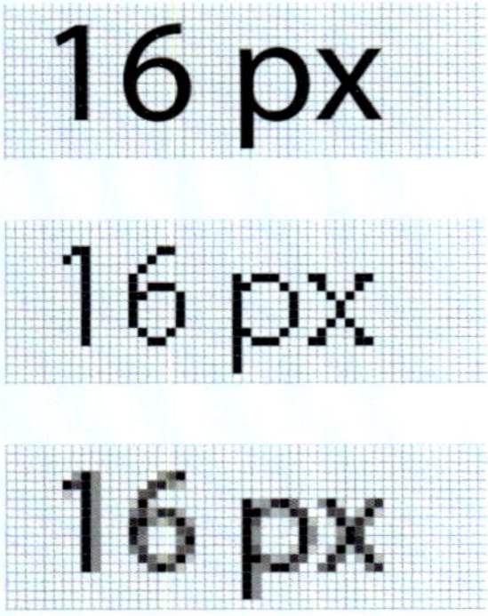

▲ **Abbildung 8.4**
Hier sehen Sie dieselbe Grafik in verschiedenen Darstellungsmodi: Vektordarstellung bzw. hochauflösendes Display, Bitmap und Darstellung mit Antialiasing. Die Auflösung der unteren beiden Grafiken beträgt 36 ppi.

Weil die Pixel von Monitoren in einem Raster angeordnet sind, müssen selbst Grafiken, die auf Vektoren beruhen und auf einem Monitor dargestellt werden sollen, gerastert werden. Dieser Vorgang wird daher als Rasterung bezeichnet und wird von der jeweils verwendeten Software übernommen. Das kann das Betriebssystem oder die Anwendungssoftware sein: Daher kann es beispielsweise zu Darstellungsunterschieden derselben Website zwischen verwendeten Browsern kommen.

Aliasing | In der mittleren Grafik von Abbildung 8.4 sehen Sie das Aliasing. Beim Aliasing werden keine halbtransparenten Pixel verwendet. Aus diesem Grund bilden sich bei schrägen oder runden Linien die typischen treppenartigen Darstellungen, welche zu einer erheblich deformierten Form führen können. Der Vorteil des Aliasings liegt in der einfachen Berechnung. Diese Art der Darstellung wird auch als Bitmap bezeichnet, hier kommen genau zwei Farbwerte wie Schwarz und Weiß vor.

Antialiasing | Beim Antialiasing kommen transparente Pixel zum Einsatz (Abbildung 8.4 unten). Obwohl diese Darstellung unschärfer ist, wirkt das Ergebnis doch wesentlich akkurater als die Version ohne Antialiasing.

Hinting | Mittels Hinting (von engl. to hint – hinweisen) können in einer Schriftdatei Orientierungslinien hinterlegt werden. Beim Rastern von Schriften in kleinen Schriftgraden, die auf grob auflösenden Displays dargestellt werden, werden diese Hilfslinien herangezogen, damit beispielsweise die x-Höhe verschiedener Zeichen nicht pixelweise verspringt. Das bedeutet nicht zwangsläufig, dass durch Hinting der Charakter der Schrift eher gewahrt wird – durch Hinting erscheinen Fonts bei entsprechenden Ausgabebedingungen schärfer, verlieren aber möglicherweise Details, die in der unschärferen, ungehinteten Fontversion gewahrt bleiben. Der Aufwand, Hinting manuell anzulegen, ist enorm, da die Hilfslinien pro Zeichen und für jeden Schriftgrad einzeln definiert werden müssen.

▲ **Abbildung 8.5**
In der oberen Abbildung sehen Sie nicht gehintete, unten gehintete »o«.

Schließlich ist es von der Soft- und Hardware abhängig, ob Hints überhaupt unterstützt werden. Aktuelle Mac- und iOS-Versionen greifen beispielsweise nicht auf in Fonts hinterlegte Hints zurück.

stützung dieses Formats seitens Betriebssystemen und Anwendungen etablierte sich dieses Font-Format zur Jahrtausendwende als Standard.

Fonts, die im OpenType-Format vorliegen, sind im Unterschied zu PostScript Type 1 plattformunabhängig. Außerdem können in einer Fontdatei ganze Schriftfamilien mit ihren diversen Schnitten abgelegt werden.

OpenType-Fonts können entweder auf PostScript- oder auf TrueType-basierten Schriftkonturen basieren. Dies zeigt sich an den drei verschiedenen Dateiendungen, die bei OpenType-Fonts zum Einsatz kommen: .otf, .ttf und .ttc. Beim .otf-Format liegt ein PostScript-OpenType-Font vor, bei den anderen beiden ein TrueType-OpenType-Font bzw. eine TrueType-OpenType-Fontcollection. In einer .ttc-Datei liegen – genau wie die Bezeichnung nahelegt – mehrere .ttf-Dateien vor. Hierdurch können Glyphen über mehrere Fontdateien verwendet werden, was Speicherplatz spart. Das Handling von Schriftfamilien wird ebenfalls vereinfacht, da auf Betriebssystemebene nur noch eine Datei nötig ist (siehe Abbildung 8.7).

AmericanTypewriter.ttc	Schrift aus TrueType® Collection
Andale Mono.ttf	TrueType®-OpenType®-Schrift
STIXGeneral.otf	PostScript® OpenType®-Schrift

▲ **Abbildung 8.6**
Hier sehen Sie die drei Varianten von OpenType-Fonts: .ttc, .ttf und .otf.

American Typewriter (7)	Sample
Condensed Light	Sample
Condensed	Sample
Condensed Bold	Sample
Light	Sample
Regular	Sample
Semibold	Sample
Bold	Sample

▲ **Abbildung 8.7**
Die American-Typewriter-Fontdatei im .ttc-Format enthält sieben Schnitte. In InDesign werden diese als TrueType-Fonts angezeigt.

Variable Fonts

Bei variablen Fonts können verschiedene Schriftparameter wie Laufweite, Strichstärke und Neigungswinkel durch den Benutzer festgelegt werden. Die DTP-Programme von Adobe bieten hierfür Schieberegler, mit deren Hilfe die entsprechenden Einstellungen praktisch stufenlos vorgenommen werden können. Hierbei werden immer mindestens zwei Entwürfe als die Schriftvarianten herangezogen, zwischen denen dann beliebige neue Schnitte erstellt werden können.

Ein bemerkenswerte variabler Font ist die Recursive von Stephen Nixon. Diese Schriftsippe enthält 64 Schnitte und ist gratis verfügbar. Sie basiert auf den vier Schriftfamilien Recursive Sans Linear, Recursive Sans Casual, Recursive Mono Linear und Recursive Mono Casual, im folgenden Beispiel von links nach rechts zu sehen. Jede dieser Familien enthält wiederum jeweils acht Schnitte, und alle Schnitte liegen neben der Standardversion dann auch noch in Italic vor. Die beiden Casual-Familien basieren auf Pinselschriften und liefern ein sehr eigenständiges Schriftbild.

Sans Linear Light	Sans Casual Light	Mono Linear Light	Mono Casual Light
Sans Linear	Sans Casual	Mono Linear	Mono Casual
Sans Linear Medium	Sans Casual Medium	Mono Linear Medium	Mono Casual Medium
Sans Linear SemiBold	Sans Casual SemiBold	Mono Linear SemiBold	Mono Casual SemiBold
Sans Linear Bold	**Sans Casual Bold**	**Mono Linear Bold**	**Mono Casual Bold**
Sans Linear ExtraBold	**Sans Casual ExtraBold**	**Mono Linear ExtraBold**	**Mono Casual ExtraBold**
Sans Linear Black	**Sans Casual Black**	**Mono Linear Black**	**Mono Casual Black**
Sans Linear ExtraBlack	**Sans Casual ExtraBlack**	**Mono Linear ExtraBlack**	**Mono Casual ExtraBlack**
Sans Linear Light Italic	*Sans Casual Light Italic*	*Mono Linear Light Italic*	*Mono Casual Light Italic*
Sans Linear Italic	*Sans Casual Italic*	*Mono Linear Italic*	*Mono Casual Italic*
Sans Linear Medium Italic	*Sans Casual Medium Italic*	*Mono Linear Medium Italic*	*Mono Casual Medium Italic*
Sans Linear SemiBold Italic	*Sans Casual SemiBold Italic*	*Mono Linear SemiBold Italic*	*Mono Casual SemiBold Italic*
Sans Linear Bold Italic	***Sans Casual Bold Italic***	***Mono Linear Bold Italic***	***Mono Casual Bold Italic***
Sans Linear ExtraBold Italic	***Sans Casual ExtraBold Italic***	***Mono Linear ExtraBold Italic***	***Mono Casual ExtraBold Italic***
Sans Linear Black Italic	***Sans Casual Black Italic***	***Mono Linear Black Italic***	***Mono Casual Black Italic***
Sans Linear ExtraBlack Italic	***Sans Casual ExtraBlack Italic***	***Mono Linear ExtraBlack Italic***	***Mono Casual ExtraBlack Italic***

Ein weiteres sehr seltenes Feature bringt die Recursive neben den stark unterschiedlichen Grundvarianten noch mit: Die einzelnen Zeichen haben innerhalb der Familie Sans Linear und Casual immer dieselbe Dickte (diese Besonderheit können Sie sich auch bei der Compatil im Schriftporträt in Kapitel 6 anschauen). Durch diesen Gestaltungsansatz bietet sich die Recursive besonders für Benutzeroberflächen in Apps und Webseiten an.

Interaktive Webseiten

Was variable Fonts tatsächlich können, lässt sich auf interaktiven Webseiten sehr gut nachvollziehen.

- *glyphsapp.com*
- *recursive.design*
- *mohanvadivel.com/projects/font-playground*
- *play.typedetail.com*

Im folgenden Beispiel sehen Sie links die Recursive Sans Linear, rechts die Alegreya Sans. Für dieses Beispiel habe ich Navigationsbuttons einer Webseite so definiert, dass sich beim Überstreichen mit dem Cursor der Schriftschnitt von einem leichten bzw. regulären Schnitt zu einem Bold-Schnitt ändert. Bei der Recursive bleibt der Platzbedarf unabhängig vom verwendeten Schriftschnitt gleich. Bei so gut wie allen anderen Schriften benötigen verschiedene Schriftschnitte unterschiedlich viel Platz (rechts am Beispiel der Alegreya Sans zu sehen).

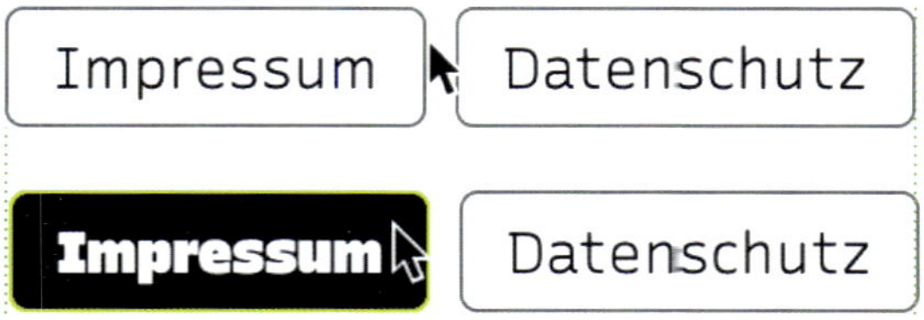

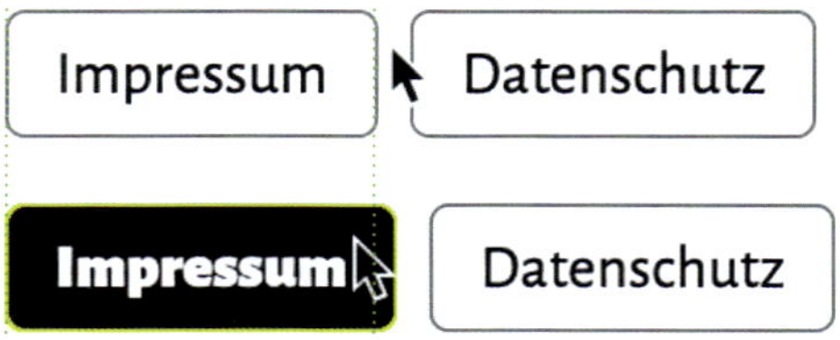

Dieser unterschiedliche Platzbedarf mag hier im Druck nicht sonderlich groß erscheinen, im App- und Webdesign ist dieser Unterschied allerdings ein Problem. Zum einen wirkt eine Änderung der Breite etwa eines Buttons wie im Beispiel durch das Überstreichen mit dem Cursor für sich schon irritierend, und zum anderen verschieben sich die Elemente, die neben einem nun breiteren Button stehen, ebenfalls. Aus diesem Grund wird beim Einsatz eines Fonts, dessen Schriftschnitte unterschiedlich breit laufen, in digitalen Anwendungsbereichen auf einen Wechsel wie im obigen Beispiel verzichtet. Stattdessen wird beispielsweise nur die Farbe beim Überstreichen des Cursors geändert, nicht aber der Schriftschnitt.

Welche Parameter (oder Achsen) in einem variablen Font veränderbar sind, wird beim Schriftentwurf definiert. Hierbei gibt es zwei Gruppen von Parametern: Zunächst gibt es die fünf in der OpenType-Spezifikation definierten Achsen Strichstärke (engl. weight), Laufweite (engl. width), Neigung (engl. slant), Optische Größe (engl. optical size) und Italic (engl. italics). Darüber hinaus können weitere Achsen beim Entwurf festgelegt werden. In der Recursive beispielsweise sind als benutzerdefinierte (engl. custom) Achsen Monospace, Casual und Cursive definiert.

Recursive Sans Linear Light **Recursive Benutzerdefiniert** **Recursive Sans Linear ExtraBlack**
Recursive Casual Light Recursive Benutzerdefiniert ***Recursive Mono Linear ExtraBlack Italic***

Für dieses Beispiel habe ich in InDesign mittels der Schieberegler ②, auf die Sie etwa im ZEICHEN-Fenster ① Zugriff haben, neue Schnitte angelegt. Wie Sie bereits gesehen haben, enthält die Recursive in der Standardinstallation schon 64 Schnitte – zwischen denen Sie nun beliebig viele und beliebig feine Abstufungen selbst erstellen können. In der ersten Zeile des Beispiels habe ich für den Schriftschnitt in der Mitte nur die Strichstärke geändert, die beiden Schriften, die praktisch die äußeren Enden der möglichen Designs darstellen, sehen Sie links die Sans Linear Light und rechts die Sans Linear ExtraBlack. Der selbst generierte Schnitt wird in InDesign mit »Benutzerdefiniert« angegeben. In der zweiten Zeile habe für das Beispiel in der Mitte neben der Strichstärke auch die Werte für MONOSPACE, CASUAL, SLANT und CURSIVE geändert.

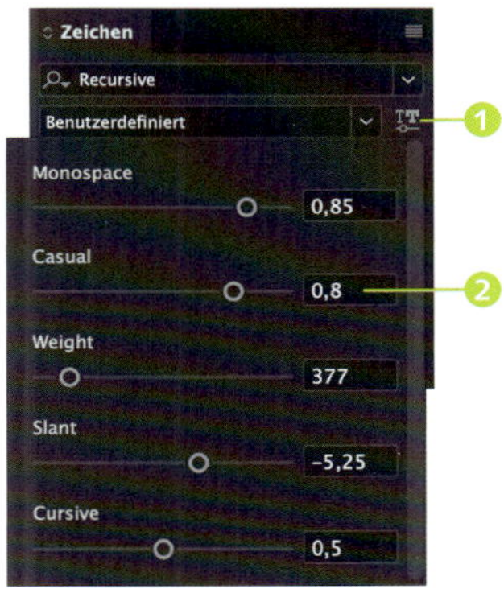

▲ **Abbildung 8.8**
In DTP-Anwendungen wie InDesign können Sie die im variablen Font angelegten Parameter per Schieberegler einstellen.

Benennung der variablen Fonts
Die Möglichkeiten von variablen Fonts, eigene Schnitte zu generieren, sind praktisch grenzenlos. Eine Herausforderung im Umgang mit variablen Fonts ist die Benennung der neu erstellten Schnitte. Sie werden in den Adobe-Programmen einfach alle gleich benannt: Benutzerdefiniert. Dieser Umstand lässt sich aber durch eine entsprechende Benennung von Zeichen- und Absatzformaten zumindest eingrenzen.

Dass User in das Design von Schriften eingreifen können, machte Adobe schon zu Anfang der 1990er Jahre mit den sogenannten

Decovar: 15 Achsen
Der variable Font Decovar von David Berlow kann mittels 15 Achsen modifiziert werden.

Multiple Master-Fonts möglich. Diese Fonts basierten auf der PostScript-Type-1-Technologie und waren am »MM« im Namen zu erkennen – durchsetzen konnte sich dieses Format allerdings nicht. Es wird daher von Adobe auch nicht mehr weiterentwickelt.

Im Gegensatz zu den Multiple-Master-Fonts beruht die Entwicklung des Font-Formats für variable Fonts auf einer Gemeinschaftsinitiative. Beteiligt sind hierbei Adobe, Apple, Google und Microsoft, was den variablen Fonts mit Sicherheit zu einer langfristigen Akzeptanz verhelfen wird. Schauen wir uns die gängigsten Achsen an Beispielen an.

ag *ag*

Italic | Im Unterschied zu der Zeichenneigung, die mit SLANT angegeben wird, können mit ITALIC Wechsel von Zeichenformen definiert werden. Da sich die jeweiligen Zeichenformen nicht ineinander überblenden lassen, wie es etwa bei Strichstärke oder Zeichenbreite der Fall ist, gibt es beim Italic-Wert nur die Wahl zwischen den jeweiligen beiden Alternativen. Die Werte sind daher 0 oder 1. Im nebenstehenden Beispiel sehen Sie links den Wert 0, rechts den Wert 1. Als dritten Wert gibt es noch 0,5. Wird dieser verwendet, sind die Zeichenalternativen abhängig vom Wert bei SLANT (dazu gleich mehr) und werden dann innerhalb einer automatisch definierten Neigung gewählt.

Minion Variable Concept Regular
Minion Variable Concept Display

Optical size | Mit dieser Achse können Schriftschnitte für verschiedene Schriftgrößen optimiert werden. Diesen Ansatz gab es schon zu Bleisatzzeiten: Damals wurden die Schriftzeichen für verschiedene Größen nicht einfach in ihren Proportionen hoch- bzw. herunterskaliert, sondern für die jeweiligen Größen angepasst. Diese Anpassung kann die Ausgestaltung von Details und Strichstärkenunterschiede betreffen: Je kleiner eine Schrift, desto weniger Details weist sie auf und desto geringer fallen die Strichstärkekontraste aus. Dieses Prinzip haben Sie schon bei der Walbaum in Abschnitt 4.4 kennengelernt, beim variablen Font Minion Variable Concept können Sie Schnitte stufenlos für Schriftgrößen zwischen 6 pt und 36 pt erstellen. Neben dem Detailreichtum und Strichstärkekontrast werden die Zeichenabstände mit zunehmender Größe verringert. Im Beispiel sehen Sie die Größen 11 pt (oben) und 36 pt (unten). Hier sind die beiden Varianten in 8,5 pt dargestellt.

Acumin Variable Concept Italic

Slant | Mit diesem Wert können Sie den Neigungswinkel eines Schnittes definieren. Der aufrechte Schnitt hat den Wert 0, die

Neigung kann sich laut Spezifikation zwischen –90 und 90 bewegen. Bei der Recursive sind Werte zwischen 0 und –15 möglich, die Italic-Schnitte haben daher den Wert –15. Bei der Acumin Variable Concept wird die Neigung mit positiven Werten angegeben. Hier hat die Acumin Variable Concept Italic bei SLANT den Wert 12.

Weight | Wenn die Achse für WEIGHT (engl. Gewicht) in einem Font hinterlegt ist, lässt sich die Strichstärke stufenlos definieren. Bei der Myriad Variable Concept sind hierbei Werte zwischen 300 (Light) und 900 (Black) möglich, wie Sie im nebenstehenden Beispiel sehen. Die Bezeichnung von Schriftschnitten mittels Zahlen ist auch im Webdesign üblich (siehe Abschnitt 9.2).

Myriad Variable Concept
Myriad Variable Concept

Width | Mit der WIDTH-Achse (engl. Weite) können Sie definieren, wie breit die Zeichen ausgestaltet sein sollen. Bei der Myriad Variable Concept lassen sich hier Werte zwischen 70 (Condensed) und 110 (SemiExtended) einstellen.

Myriad Variable Concept
Myriad Variable Concept

SVG-Fonts

Das jüngste Mitglied der Schriftformate unterscheidet sich von allen anderen Formaten insbesondere dadurch, dass bei SVG-Fonts mehrere Farben in einem Zeichen angelegt werden können. SVG-Fonts sind aus der modernen Kommunikation nicht mehr wegzudenken und dürften hier auch mit als Erstes eingesetzt worden sein: Farbige Emojis werden in Messengern und E-Mail-Programmen mit SVG-Fonts realisiert.

SVG ist die Abkürzung für Scalable Vector Graphic und ist ein Dateiformat, das auf Pfaden statt auf Pixeln beruht. Wie der englische Begriff deutlich macht, können SVG-Daten beliebig vergrößert oder verkleinert werden – ohne Qualitätsverluste (was bei Bilddaten, die auf Pixeln basieren, nicht möglich ist). Das Dateiformat SVG geht auf eine Initiative des World Wide Web Consortiums des Jahres 1999 zurück und wurde zuerst von Webbrowsern und anschließend in E-Mail-Programmen und Messengern unterstützt. SVG-Fonts können seit 2017 in einzelnen Adobe-Programme eingesetzt werden. Seitdem wird auch der SVG-Font Trajan Color Concept von Adobe bei der Installation seiner Programme mit auf die Festplatte gespielt.

TRAJAN COLOR CONCEPT

Ebenso wenig, wie Sie die Farbigkeit von Emojis beliebig ändern können, ist dies bei anderen SVG-Fonts möglich. Die verschiedenen Farbgebungen der Trajan Color sind als OpenType-Varianten im Font hinterlegt – die Schriftfarbe ist in allen drei Varianten Schwarz ②.

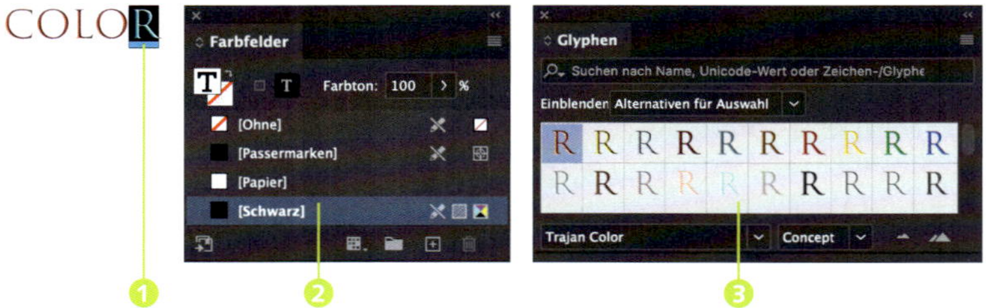

► **Abbildung 8.9**
Die Farbigkeit von SVG-Fonts ist im Font hinterlegt und nicht abhängig von der gewählten Schriftfarbe.

In InDesign können Sie sich die Alternativen eines markierten Zeichens ① über SCHRIFT • GLYPHEN ③ einblenden lassen.

8.2 Schriftverwaltung

Die effiziente Verwaltung von Schriften ist ein wesentlicher Bestandteil der professionellen Typografie, daher beleuchten wir nun verschiedene Aspekte.

Speicherorte von Fonts

Schriftarten können an verschiedenen Orten gespeichert werden. Die Kenntnis der Speicherorte ist für die effiziente Verwaltung und Nutzung von Schriftarten unerlässlich, besonders in Umgebungen mit mehreren Benutzern oder Geräten. Prinzipiell gibt es auf unseren Rechnern drei Bereiche, in denen Fonts eine zentrale Rolle spielen:

- Betriebssystem
- Anwendungen
- Webfonts

Diese drei Bereiche zeigen teilweise deutliche Überschneidungen: So können etwa Schriften, die seitens des Betriebssystems installiert sind, sowohl in Anwendungen (wie Adobe-, Affinity- oder Microsoft-Programmen) als auch von Webseiten aus im Browser zum Einsatz kommen.

Fonts der Betriebssysteme | Betriebssysteme benötigen zwingend Fonts zum Funktionieren. Daher finden sich Fontsordner in allen Betriebssystemen, unabhängig von der Hardware (Desktop oder Mobil), auf der ein Betriebssystem läuft. Da die grundlegenden Fonts unentbehrlich für die Betriebssysteme wie macOS, Windows, iOS und Android sind, finden Sie sie nicht in den einfach zugänglichen Ordnern. Dadurch wird sichergestellt, dass User ihrem Betriebssystem nicht zufällig ernsthaften Schaden zufügen. Bei den mobilen Betriebssystemen wie iOS und Android haben wir ohnehin keinen freien Zugriff auf die Festplatte des jeweiligen Gerätes wie Smartphone oder Tablet.

Fonts der Benutzer | Betriebssysteme von Desktoprechnern ermöglichen im Gegensatz zu den mobilen Betriebssystemen das Anlegen von Benutzeraccounts. Dadurch ist es möglich, dass mehrere Personen an einem Gerät arbeiten können und dann jeweils Zugriff auf ihre eigenen Dateien, Kontaktdaten, Browserverläufe etc. haben.

Bei den Unix-basierten Betriebssystemen, zu denen macOS gehört, kann vom Benutzer gewählt werden, ob ein Font systemweit – und damit für alle – oder eben für eine einzelne Person installiert werden soll.

Fonts von Programmen | Bei der Installation von Anwendungen wie InDesign, Photoshop und Illustrator werden automatisch auch ein Reihe von Fonts mit auf Ihren Rechner installiert. Sowohl Programme als auch die mit ihnen installierten Fonts werden praktisch immer betriebssystemweit installiert.

Im Zuge der Digitalisierung haben auch Cloudservices enorm an Bedeutung gewonnen. Fontanbieter wie Adobe und Monotype bieten Font-Lösungen an, bei denen Fonts in einer Web-App aktiviert werden und über eine Cloudlösung verwaltet werden. Fonts, die Sie beispielsweise über die Creative Cloud von Adobe aktivieren, werden dann automatisch auf den Rechner des Benutzers geladen und aktiviert. Besonders anwenderfreundlich ist dabei die Synchronisierung über mehrere Rechner hinweg: Fonts, die Sie etwa auf Ihrem Bürorechner aktiviert haben, werden automatisch auf Ihrem Rechner im Homeoffice ebenfalls aktiviert. (Voraussetzung hierfür ist natürlich die Installation der Creative Cloud und die Anmeldung dort mit demselben Account.)

Fonts nicht zugänglich

Ähnlich wie bei den betriebssystemeigenen Fonts sind auch die Verzeichnisse dieser Fonts nicht über die normalen Benutzeroberflächen wie den Finder unter Mac bzw. den Explorer unter Windows zugänglich. Dadurch wird ganz einfach seitens der Anbieter eine Hürde gestellt, damit die installierten Fonts nicht einfach weitergegeben werden.

Schriftlizenzen

Wenn Sie einen Font verwenden möchten, benötigen Sie hierfür eine Lizenz. Hier lassen sich zwei Lizenzarten unterscheiden: Gratis- und Bezahllizenzen. Bei einem Anbieter wie *fonts.google.com* können Sie sich Fonts kostenfrei herunterladen bzw. als Webfont verwenden. Wie bei anderen frei verfügbaren Produkten wie Open-Source-Software oder Bildern werden Google Fonts nichtsdestotrotz unter einer Lizenz bereitgestellt. Diese definiert in der Regel, dass Sie den Font kostenfrei etwa für private und kommerzielle Projekte einsetzen dürfen, aber nicht verkaufen dürfen.

Bei kostenpflichtigen Font-Lizenzen richtet sich die Höhe der Gebühr nach verschiedenen Größen. Entscheidend ist hier zunächst das Anwendungsgebiet für den Font. Monotype unterscheidet beispielsweise zwischen den sechs Kategorien Desktop, Digitale Werbung, eBook, App, Server und Web. Entsprechend der gewünschten Kategorie werden dann noch weitere Parameter in die Berechnung der Lizenzhöhe einbezogen. Hierzu zählen entspre-

▼ Tabelle 8.1
Übersicht über verschiedene Preismodelle diverser Anbieter (Stand 2024)

	Google	Diverse (z. B. emigre.com, myfonts.com)	Monotype	Adobe
Lizenzmodell	Gratisangebot	Pro-Font-Lizenzierung	Font-Abonnement	Abonnement von Software, Fonts, Clouddiensten
Anzahl angebotener Fontfamilien	ca. 1.600	–	ca. 3.000	ca. 4.000
Besonderheiten	• keine klassischen Schriftfamilien • ohne Obergrenzen für Zugriffe bei digitalen Projekten • unterschiedliche Qualität	• Zugriff auf unverbrauchte Fonts • ggf. Unterstützung kleinerer Fontanbieter	• meist sehr hochwertige Fonts • viele klassische Schriftfamilien (Helvetica, Bodoni, Frutiger)	• inkl. umfassender branchenführender Programme • meist sehr hochwertige Fonts
Kosten	gratis	ca. 200–400 € einmalig für Font mit vier Schnitten	120 € jährlich	720 € jährlich

chend dem Einsatzgebiet die Anzahl Rechner, auf denen der Font installiert werden soll, oder die Klickzahlen eines Banners oder die monatlichen Views einer Website. Selbstverständlich ist in einer Font-Lizenz auch festgelegt, dass Sie die betreffenden Fonts weder weitergeben noch weiterverkaufen dürfen.

Beim viel diskutierten Abo-Angebot von Adobe, bei dem für die Vollversion rund 60 € monatlich fällig werden, haben Sie freien Zugriff auf ca. 4.000 Schriftfamilien, die sowohl auf Webseiten als auch in Printprojekten eingesetzt werden können.

Font-Abo

Monotype bietet ein Font-Abonnement an, das bei jährlicher Abrechnung gut 220 € kostet. Hier erhalten Sie Zugriff auf 150.000 Fonts, von denen Sie 10 für die Produktion herunterladen können (Stand 2024).

Adobe Fonts über die Creative Cloud | Wenn Sie mit aktuellen Adobe-Programmen arbeiten, startet beim Hochfahren Ihres Rechners automatisch das Zusatzprogramm Creative Cloud:

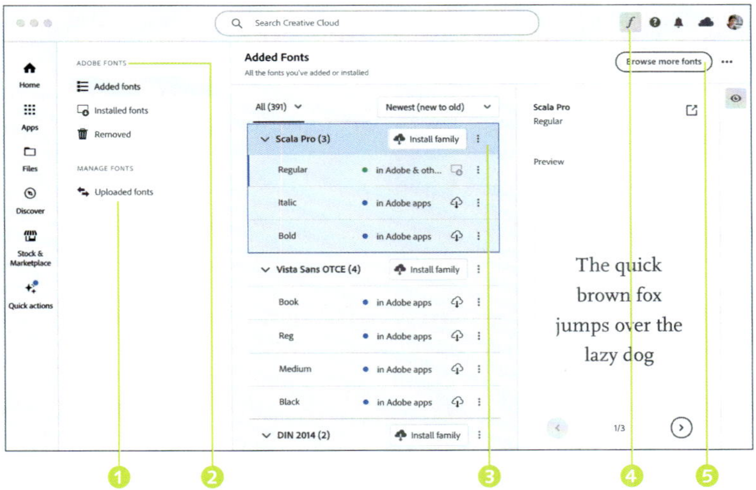

◀ Abbildung 8.10
Das Programm Creative Cloud läuft immer, wenn Sie das Softwareabonnement von Adobe verwenden, hier in der englischen Version.

In der rechten Menüzeile von Creative Cloud sehen Sie den Schriften-Button (4). Hierüber haben Sie Zugriff auf Funktionen, welche insbesondere die Verwaltung von Fonts des Abonnements betreffen. Im Bereich ADOBE FONTS (2) wählen Sie, ob Sie die derzeit aktiven Fonts oder deaktivierte Fonts verwalten möchten. Fonts lassen sich in der mittleren Spalte je Schnitt oder als gesamte Schriftsippe aktivieren bzw. deaktivieren (3). Wenn Sie an mehreren Rechnern arbeiten, könnte die Funktion HOCHGELADENE SCHRIFTEN (1) für Sie interessant sein. Hierüber können Sie Fonts, sofern Sie über die entsprechenden Lizenzen verfügen, in Ihre Creative Cloud laden – diese Fonts werden auf Rechnern, an denen Sie sich mit Ihrem

»Mehr als das Gold hat das Blei die Welt verändert. Und mehr als das Blei in der Flinte das im Setzkasten.«

Lichtenberg

Creative-Cloud-Account anmelden, synchronisiert. Mittels WEITERE SCHRIFTEN DURCHSUCHEN ⑤ gelangen Sie auf die Website *fonts.adobe.com*, auf der Sie sich gegebenenfalls mit Ihren Zugangsdaten anmelden müssen.

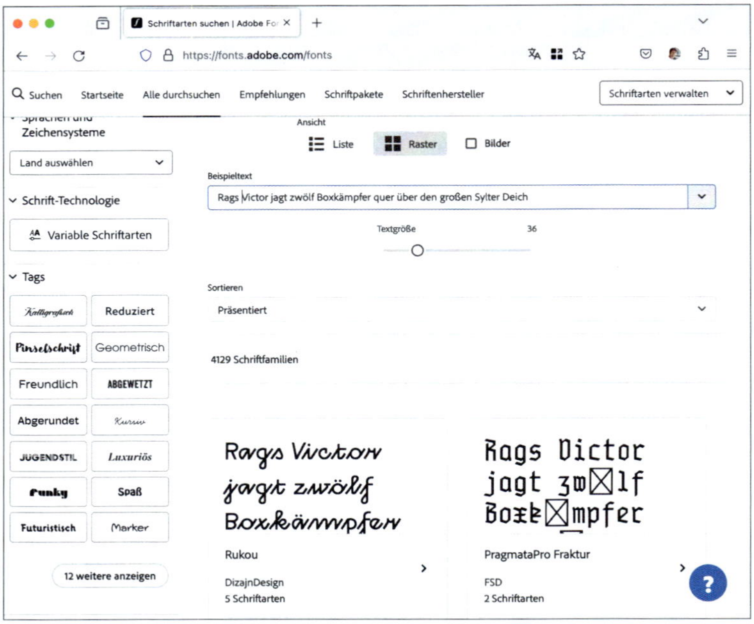

▶ **Abbildung 8.11**
Eine Übersicht über die Fonts des Creative-Cloud-Abonnements erhalten Sie über die Website *fonts.adobe.com*. Dort können Sie auch neue Fonts auswählen.

Das Aktivieren und Deaktivieren von Fonts auf *fonts.adobe.com* wird umgehend auch auf Ihrem Rechner durchgeführt.

Monotype Library Abonnement | Genau wie bei Adobe wählen Sie beim Monotype Library Abonnement Fonts auf der zugehörigen Website *monotypefonts.de* aus. Das Monotype Library Abonnement bietet Zugriff auf 14.000 Schriftarten, die Sie in begrenzter Anzahl in Ihren Projekten verwenden können, solange Ihr Abonnement aktiv ist. Ob Sie ganze Schriftsippen oder einzelne Schnitte installieren möchten, entscheiden Sie durch die Wahl des jeweiligen Buttons ①.

Damit die gewählten Fonts auf Ihrem Rechner installiert werden, benötigen Sie beim Monotype Library Abonnement das Zusatzprogramm Monotype Fonts, das Sie gratis installieren können. Dieses wird mit Ihrem Monotype-Account verbunden, und von da an können Sie Fonts auf der Website per Klick installieren.

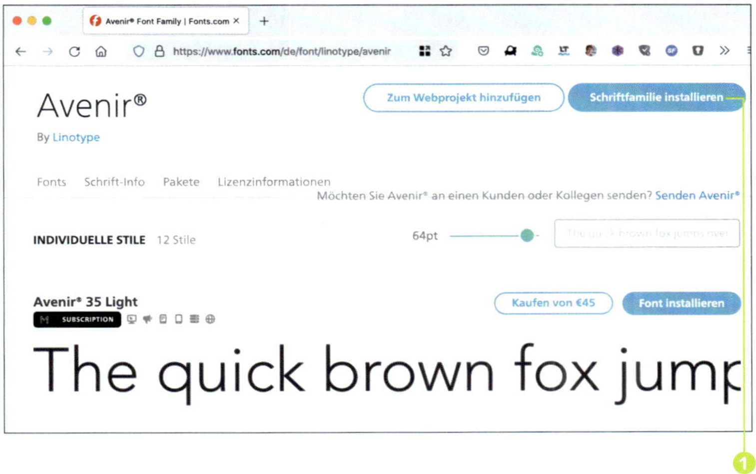

◄ Abbildung 8.12
Auch beim Font-Abonnement von Monotype wählen und aktivieren Sie Fonts auf der entsprechenden Website *monotypefonts.de*.

Bei Monotype Fonts handelt es sich um einen Cloud-basierten Fontmanager, der das Verwalten und Synchronisieren von Schriftarten auf verschiedenen Geräten erleichtert. Besonders können Sie mit Monotype Fonts Schriftarten nahtlos über verschiedene Geräte hinweg synchronisieren, einschließlich Desktop-Computern, Laptops und Tablets.

Probleme mit Fontmanagern

Nach meiner Erfahrung ist es am zuverlässigsten, Fonts der Abonnements mit den jeweiligen Programmen wie Creative Cloud und Monotype Fonts und nicht mit einer Drittanbietersoftware wie Suitcase Fusion oder Typeface zu verwalten.

Schriften installieren und deinstallieren

Die manuelle Installation und weitere Verwaltung von Fonts ist abhängig vom Betriebssystem.

Unter Windows öffnen Sie durch einen Doppelklick auf einen heruntergeladenen und entpackten Font ein Optionsfenster, in dem Sie die Funktion INSTALLIEREN ② finden (für die Beispiele dieses Abschnitts habe ich mir den Google Font Aleo heruntergeladen):

◄ Abbildung 8.13
Unter Windows wird Ihnen nach Doppelklick auf eine Fontdatei direkt die Installieren-Funktion angeboten.

Windows-Suche

Am einfachsten können Sie das SCHRIFTARTEN-Fenster unter Windows aufrufen, indem Sie den Begriff im Suchfeld unten links eingeben.

Alternativ können Sie neue Fonts auch über die Einstellungen installieren. Den entsprechenden Bereich finden Sie unter EINSTELLUNGEN • PERSONALISIEREN • SCHRIFTARTEN. Hier lassen sich über Drag & Drop Fonts installieren.

▶ **Abbildung 8.14**
Fonts lassen sich unter Windows auch sehr einfach über die Einstellungen installieren.

Neu installierte Fonts stehen Ihnen direkt in allen Anwendungen zur Verfügung. Da Fonts unter Windows systemweit installiert werden, haben auch andere Benutzeraccounts sofort Zugriff auf neue Fonts.

Auch an Macs wird Ihnen die Funktion zum INSTALLIEREN neuer Fonts durch Doppelklick auf eine Fontdatei angeboten:

▶ **Abbildung 8.15**
Auch am Mac ist die Installation neuer Fonts sehr einfach.

Nach der Installation eines Fonts werden Sie zum Programm SCHRIFTSAMMLUNG weitergeleitet. Die Schriftsammlung ist ein nützliches Tool, mit dem man Schriftarten verwalten, organisieren und betrachten kann. Es hilft dabei, den Überblick über die installierten Schriftarten zu behalten und sie effizient zu verwalten.

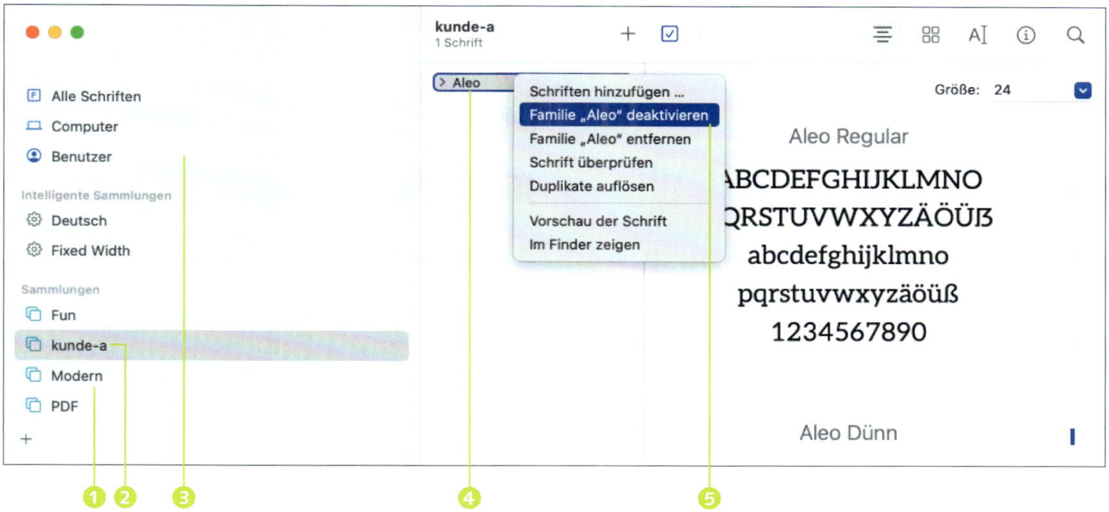

▲ **Abbildung 8.16**
Das Mac-Programm SCHRIFT-SAMMLUNG

Hier wird der gerade installierte Font in der mittleren Spalte angezeigt ④. Anders als unter Windows werden am Mac Fonts immer im jeweiligen Benutzeraccount ③ installiert – anderen Accounts desselben Rechners steht der neue Font daher nicht zur Verfügung. Des Weiteren können Sie am Mac Fonts in selbst erstellten Sammlungen organisieren. Dadurch können Sie beispielsweise Fonts nach Kunden ② und/oder nach Schriftgruppen ① ordnen. Mit einem Rechtsklick auf einen Font oder eine Sammlung erhalten Sie Zugriff auf ein Kontextmenü, über das Sie einzelne Fonts oder eben komplette Sammlungen bei Bedarf deaktivieren ⑤ bzw. aktivieren können.

Die Stärke des Tools »Schriftsammlung«

In der Möglichkeit, Schriften bei Bedarf zu deaktivieren, ohne sie deinstallieren zu müssen, liegt die Stärke eines Tools wie des appleeigenen Programms, denn wenn Sie mit vielen Fonts arbeiten, belasten diese nicht nur das Betriebssystem und können sich negativ auf die Performance auswirken, auch die SCHRIFT-Menüs in Ihren Anwendungen werden immer unübersichtlicher.

Fontmanager

Bei einer Handvoll Fonts spricht nichts gegen den Einsatz der erwähnten betriebssystemeigenen Lösungen. Wenn Sie allerdings viele Fonts zu verwalten haben, bieten sich spezialisierte Softwarelösungen an. Dazu gehören Suitcase Fusion, das auf Windows und Mac läuft, sowie Typeface (nur Mac). Beide Programme sind seit vielen Jahren auf dem Markt. Diese Programme zeichnet neben den grundlegenden Funktionen wie Vorschau, Aktivieren/Deaktivieren und der Organisation von Fonts insbesondere die Möglichkeit aus, dass Fonts aus DTP-Programmen automatisch aktiviert werden können. Wenn also die Software in einem gerade geöffneten Dokument einen zwar installierten, aber nicht aktivierten Font registriert, sorgt der Fontmanager für das Aktivieren dieses Fonts.

Suitcase Fusion kostet knapp 90€ jährlich pro Userlizenz. Erwartungsgemäß lassen sich auch in Suitcase Fusion beliebige Ordnerstrukturen anlegen. Für den Screenshot habe ich Ordner für »kunde-a« 4 und für die Schriftgruppe »monospace« 3 angelegt.

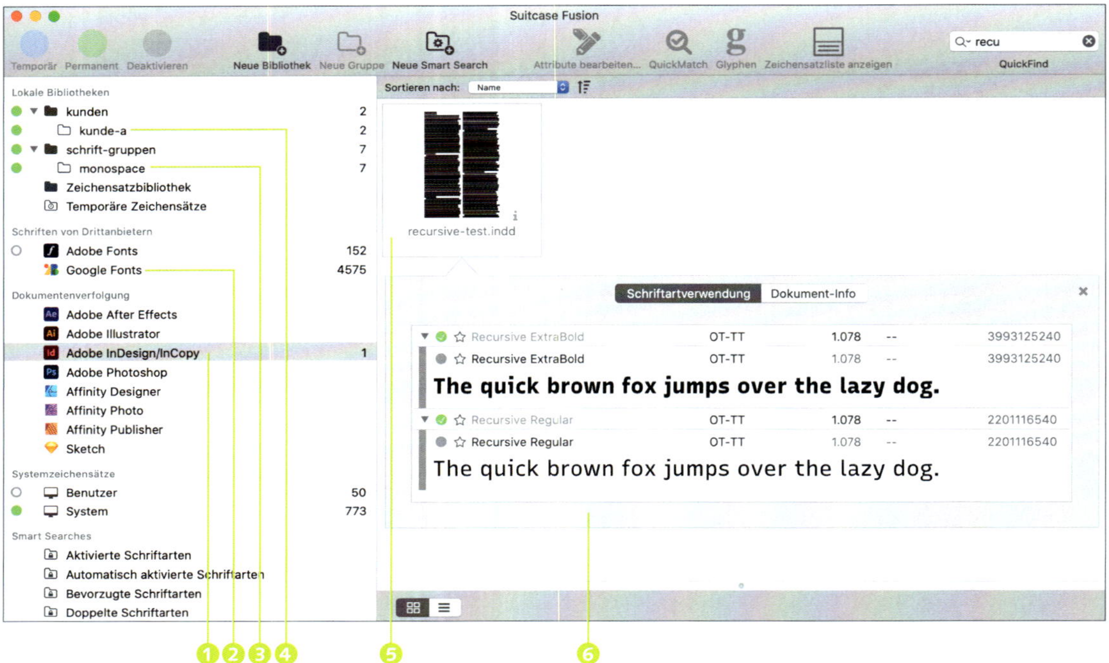

▲ **Abbildung 8.17**
Die Oberfläche von Suitcase Fusion wirkt modern und bietet etwa die Aktivierung von Google Fonts an.

Interessant ist in Suitcase Fusion die Möglichkeit, direkt Google Fonts 2 zu aktivieren. Eine weitere Besonderheit dieses Fontmanagers ist die automatische Auflistung verwendeter Dokumente und des dazugehörigen Programms 1. Im Screenshot sehen Sie, dass Suitcase Fusion mein Beispieldokument »recursive-test.indd« auflistet 5. Ein solches Dokument kann in der Vorschau markiert werden, daraufhin lassen sich alle im Dokument verwendeten Fonts anzeigen. Hier ist dann auch ersichtlich, welche Fonts gegebenenfalls nicht installiert bzw. nicht aktiviert sind 6. Suitcase Fusion arbeitet nicht nur flüssig mit den Produkten von Adobe zusammen, sondern unterstützt auch die Affinity-Suite und Sketch.

Mac-Software-Abo Setapp

Für ca. 10€/mtl. erhalten Sie per Abo Zugriff auf eine sehr interessante Software-Auswahl. Teil des Abos ist auch die Fontverwaltung Typeface.

Weitere Fontmanager

Sehen Sie sich unter Windows auch den Fontmanager FontExpert (*https://proximasoftware.com/fontexpert*) (Windows) und auf dem Mac das sehr schöne Typeface (*https://typefaceapp.com*) an.

Für die Installation und weitere Verwaltung von Fonts der beiden Abonnements von Adobe und Monotype sind jeweils verschiedene Softwarelösungen nötig.

8.3 Schriftprobleme

Probleme, die Ihnen im Umgang mit Fonts begegnen können, lassen sich in eine der drei Kategorien aufschlüsseln: fehlende Fonts, fehlende Glyphen und fehlerhafte Fonts. Die jeweilige Problematik kann beim Öffnen oder bei der Ausgabe von Dokumenten auftreten.

Fehlende Fonts

Das häufigste Problem, mit dem Sie sich konfrontiert sehen, dürfte ein fehlender Font sein. Hierbei können wir unterscheiden zwischen einem Font, der nicht auf Ihrem System installiert ist, und einem Font, der zwar installiert, aber nicht aktiviert ist.

Beim Öffnen eines Dokuments, in dem ein Font verwendet wird, der auf Ihrem System nicht verfügbar ist, erhalten Sie beispielsweise in InDesign eine Warnmeldung mit der Information, welche Fonts fehlen 2. Hier wird Ihnen auch angeboten, den fehlenden Font durch einen anderen zu ersetzen 1. Dass Sie einen fehlenden Font durch einen anderen ersetzen möchten, dürfte allerdings die absolute Ausnahme sein.

Alte oder fremde Dokumente

Am ehesten fehlen Fonts, wenn die Datei alt ist und/ oder auf einem anderen System erstellt wurde.

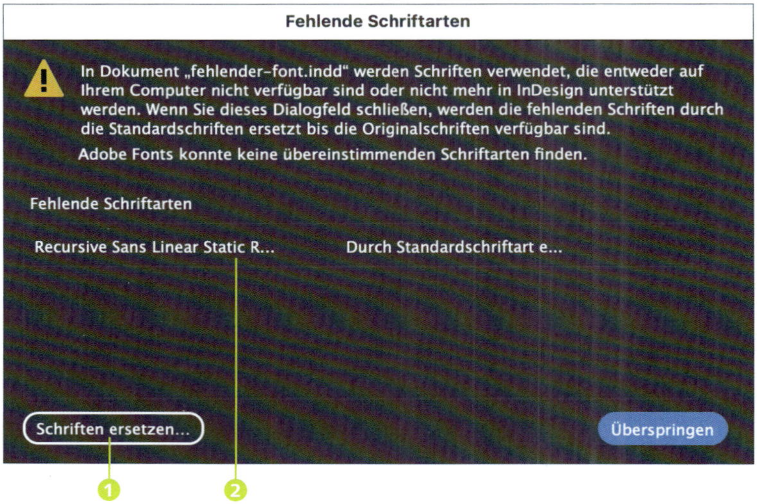

◂ **Abbildung 8.18**
Ein Programm wie InDesign gibt beim Öffnen eines Dokumentes an, welche Fonts fehlen.

Affinity Publisher

Auch Affinity Publisher blendet eine Warnmeldung beim Öffnen eines Dokuments ein, wenn ein Font nicht installiert bzw. aktiviert ist. Eine Übersicht der Fonts, die im geöffneten Dokument verwendet werden, finden Sie über DOKUMENT • SCHRIFTEN VERWALTEN.

Wenn der fehlende Font tatsächlich nicht auf Ihrem Rechner installiert ist, müssen Sie die Installation nachholen (siehe Abschnitt 8.2, »Schriftverwaltung«). In InDesign können Sie sich jederzeit über SCHRIFT • SCHRIFT SUCHEN/ERSETZEN einen Überblick über verwendete und gegebenenfalls fehlende Fonts verschaffen.

Haben Sie ein InDesign-Dokument geöffnet, in dem fehlende Fonts verwendet werden, kennzeichnet InDesign die entsprechenden Textstellen im Normalmodus mit einer sehr auffallenden rosafarbenen Unterlegung, wie es nebenstehend bei der Recursive Sans der Fall ist.

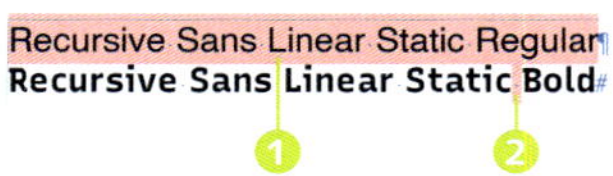

Für das nebenstehende Beispiel habe ich zunächst ein Dokument in InDesign erstellt, in dem ich die Recursive Sans in Regular und in Bold eingesetzt habe. Die Recursive Sans Regular habe ich anschließend deaktiviert. Hier sehen Sie, dass es für ein Programm wie InDesign keinen Unterschied macht, ob ein Font in Schriftzeichen ① oder einem Leerzeichen ② verwendet wird: In beiden Situationen erhalten Sie eine Warnmeldung bezüglich des fehlenden Fonts. Auch bei Ausgabe eines Dokuments werden Sie bei fehlenden Fonts auf diesen Umstand hingewiesen.

Dokumente, die fehlende Fonts enthalten, lassen sich zwar sowohl als PDF als auch auf einem Drucker ausgeben. Dafür würden Sie einfach den Button OK betätigen, die fehlenden Fonts werden dann für die Ausgabe mit Systemfonts wie der Helvetica ersetzt. Davon rate ich aber definitiv ab: Wenn Sie die Warnung wegklicken, erstellt InDesign Ihnen zwar – nach einem erneuten Warnhinweis – ein nicht PDF-X-konformes PDF. Durch die Ersetzung der fehlenden Fonts werden diese in einem PDF-Viewer wie Acrobat Pro DC aber nicht mehr besonders gekennzeichnet.

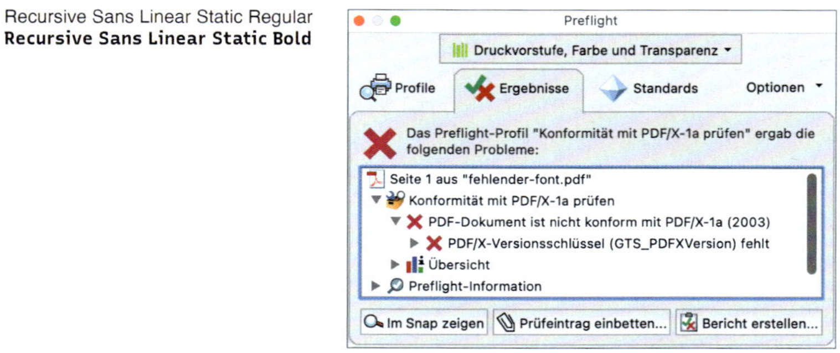

▶ **Abbildung 8.19**
In Acrobat Pro DC werden die mit einem Systemfont ersetzten Textstellen im Text nicht gekennzeichnet. Rechts sehen Sie das negative Ergebnis der Prüfung auf PDF/X-1a-Konformität.

Außerdem wird merkwürdigerweise ein Font, der in InDesign fehlt, in Acrobat als eingebettet angegeben ③. Die entsprechenden Informationen über ein geöffnetes PDF können Sie sich in Acrobat Pro DC über DATEI • EIGENSCHAFTEN anzeigen lassen.

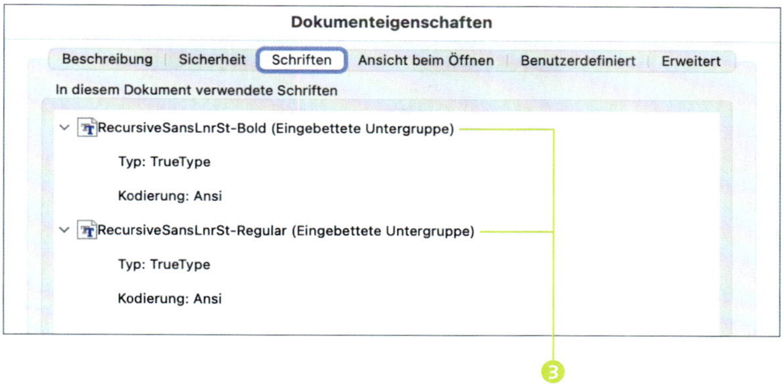

◄ Abbildung 8.20
Obwohl die Fonts in InDesign beim Export fehlten, werden sie in Acrobat Pro DC als »Eingebettete Untergruppe« gelistet.

> **Installation**
> Nach der Installation eines bisher fehlenden Fonts wird dieser direkt von Programmen wie InDesign als vorhanden erkannt – ein Neustart des Rechners oder des Programms ist nicht notwendig.

Fehlende Glyphen in Dokumenten

Fehlen in einer Schrift Glyphen für die Darstellung von Schriftzeichen, werden diese von InDesign genauso gemarkert wie ein fehlender Font.

Während die Minion Pro keinerlei Probleme bei der Darstellung des polnischen Cześć Łódź (dt.: Hallo Lodz) hat (links), fehlen die Glyphen »ś«, »ć« und »ź« in der Acumin Variable Concept (rechts). Wenn Sie sich in einer derartigen Situation wiederfinden, sind die fehlenden Glyphen ein ernsthaftes Problem, da es hierfür keine kurzfristige Lösung gibt. Die einzige Lösung ist das händische Erstellen der fehlenden Zeichen – und das dürfte kaum praktikabel sein. Es bleibt also nur der Wechsel zu einem anderen Font.

Im Gegensatz zum PDF-Export eines Dokuments, in dem fehlende Fonts verwendet werden, gibt InDesign beim Erstellen eines Layouts, das fehlende Glyphen enthält, leider keine Fehlermeldung aus.

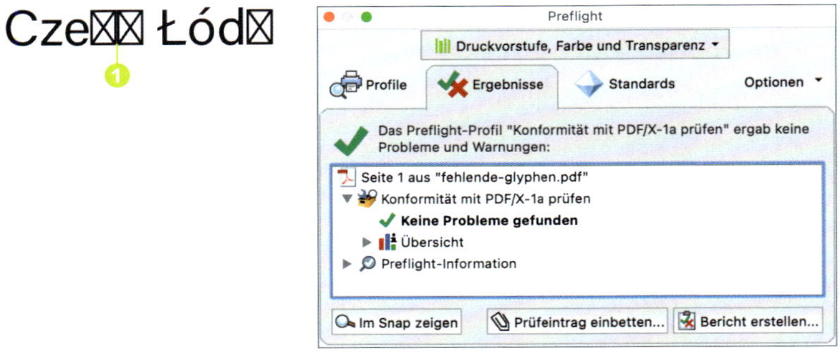

▶ **Abbildung 8.21**
Beim PDF-Export aus InDesign erhalten Sie wegen fehlender Glyphen keine Warnmeldung – auch die Konformitätsprüfung erkennt keine Probleme!

Auch die Konformitätsprüfung auf die PDF-X/1-Vorgaben in Acrobat DC Pro erfolgt ohne Warnmeldung. Die fehlenden Zeichen werden als Rechtecke mit einem x dargestellt (wie in Abbildung 8.21 unter ① zu sehen).

Fehlende Glyphen beim Druck

InDesign gibt genau wie bei der Ausgabe eines Dokuments als PDF auch beim Drucken auf einem Desktopdrucker keine Warnmeldung aus, wenn das entsprechende Dokument fehlende Glyphen enthält. Im Druckbild sind dann genau dieselben Ersatzzeichen zu sehen, die InDesign auch im Dokument anzeigt.

Preflight | Moderne Satzprogramme wie InDesign und Affinity Publisher verfügen glücklicherweise über eigene Prüfmechanismen, die Ihnen fehlende Glyphen anzeigen. In InDesign sollten Sie definitiv mit der Funktion PREFLIGHT arbeiten.

Zugriff auf die Preflightoptionen haben Sie über zwei Menüs am unteren Fensterrand links ② und ③. Mittels Preflightprofilen können Sie definieren, was InDesign Ihnen als fehlerhaft anzeigen soll. So können Sie individuelle Profile etwa für die Ausgabe für den Offsetdruck oder für die Produktion von E-Books anlegen. Im Profil für den Offsetdruck können Sie InDesign etwa anweisen, Bilder mit einer effektiven Auflösung unterhalb von 300 ppi zu markieren, während Sie im Profil für E-Books die Mindestauflösung für Grafiken mit 150 ppi festlegen.

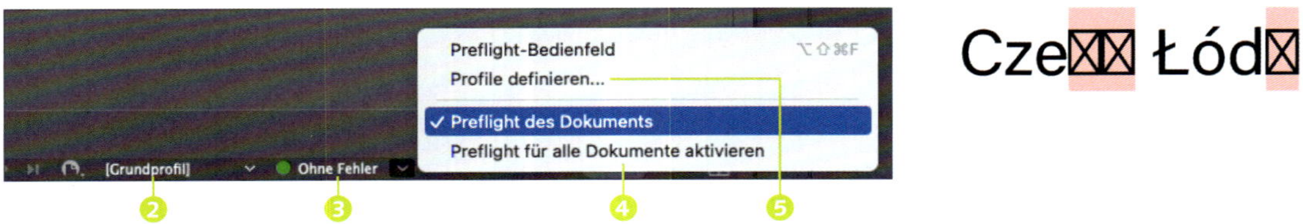

▲ **Abbildung 8.22**
Fehler in Ihrer Datei können Sie mit dem Preflight von DTP-Programmen finden lassen.

Wenn Sie in InDesign verschiedene Preflightprofile angelegt haben, können Sie diese über das entsprechende Menü auswählen ②. Über ein weiteres Menü ③ legen Sie fest, ob InDesign überhaupt die Preflightprüfung durchführen soll ④. Hier können Sie auch das PREFLIGHT-Bedienfeld öffnen, Preflightprofile definieren und angeben, ob das aktuelle Dokument oder alle geöffneten Dokumente geprüft werden sollen. Den Screenshot für Abbildung 8.22 habe ich übrigens mit der geöffneten Datei mit fehlenden Glyphen der Acumin Variable Concept gemacht. Wie Sie am eingeblendeten Profil [GRUNDPROFIL] ❷ und der Meldung OHNE FEHLER sehen können, werden fehlende Glyphen hiermit nicht erkannt.

Daher müssen Sie ein eigenes Profil anlegen, um fehlende Glyphen als Fehler anzeigen zu lassen. Rufen Sie hierfür die Funktion PROFILE DEFINIEREN auf, die Sie im Menü am Fensterrand finden ❺.

Wann sollte der Preflight laufen?

Ich selbst starte den Preflight immer erst nach den eigentlichen Layout- und Satzarbeiten: Die laufende Überprüfung eines Dokuments samt Fehlerausgabe erlebe ich beim Layouten als irritierend.

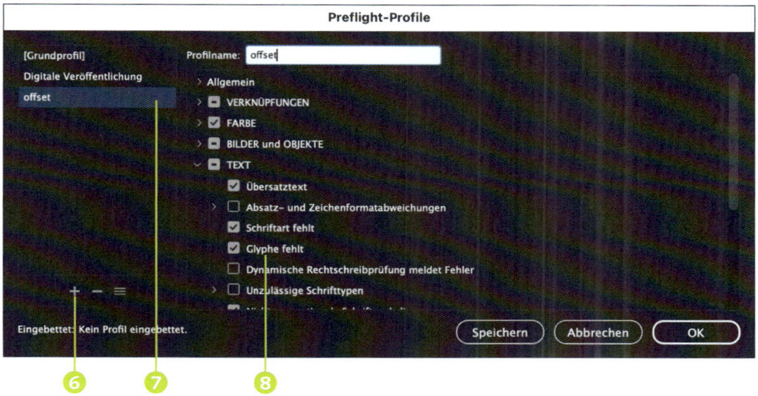

◄ **Abbildung 8.23**
Über GLYPHE FEHLT können Sie fehlende Glypen als Fehler anzeigen lassen. Speichern Sie sich hierzu ein eigenes Profil ab.

Mit einem Klick auf das Pluszeichen ❻ erstellen Sie ein neues Profil, das dann in der Auswahlliste ❼ erscheint. Aktivieren Sie GLYPHE FEHLT ❽ im Bereich TEXT. Anschließend können Sie das neue Profil für den Preflight anwählen und von nun an sicher sein, dass InDesign fehlende Glyphen auch als Fehler erkennt.

Fehlende Glyphen auf Webseiten

Fehlende Glyphen können auch im Webdesign auftreten. Wenn hier Glyphen des eigentlich verwendeten Fonts fehlen, greift der Browser automatisch auf die browserabhängigen Standardfonts zurück.

Wenn Glyphen wie »ś«, »ć« und »ź« im eigentlich vorgesehenen Font fehlen, greift Firefox beispielsweise am Mac auf die Times zurück, die zu den sogenannten Browserdefaults gehört (weitere Informationen hierzu finden Sie in Abschnitt 9.2). Dabei ist es offensichtlich unerheblich, ob es sich bei dem jeweiligen Font um eine serifenlose Schrift wie die ABeeZee (in der vorherigen Abbildung links) oder um eine handschriftliche Schrift wie die Permanent Marker (rechts) handelt.

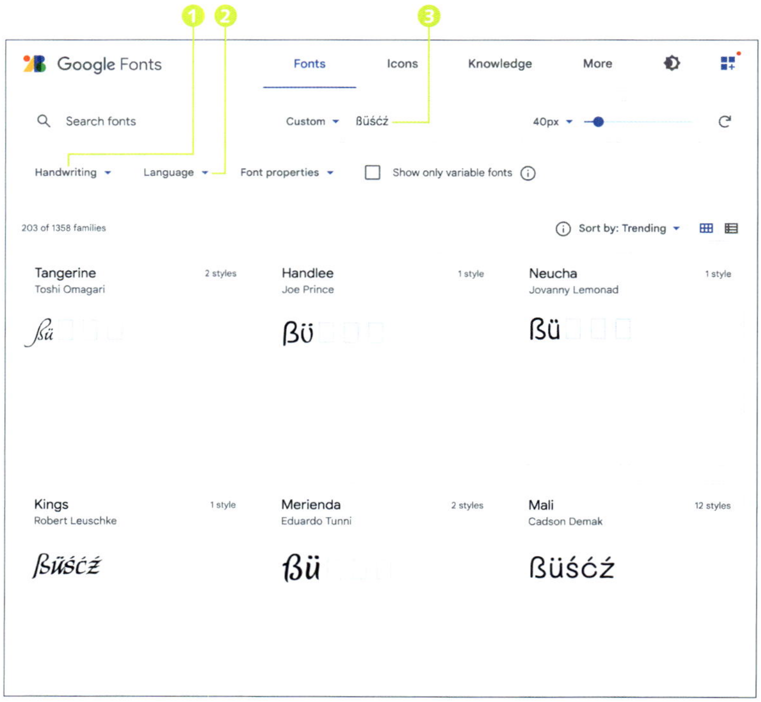

► **Abbildung 8.24**
Schriftzeichen, wie sie im Polnischen üblich sind, fehlen auffallend oft in handschriftlichen Fonts. Hier sehen Sie eine Auswahl an Google Fonts.

Fehlende Glyphen

Übrigens finden sich gerade in handschriftlichen und experimentellen Schriften immer mal wieder fehlende Glyphen. Für Abbildung 8.24 habe ich einfach auf *fonts.google.com* den Filter auf HANDWRITING (1) gestellt und als Beispieltext »ßüśćź« (3) verwendet. So lassen sich sehr schnell Probleme bei Fonts anzeigen. Rechts neben dem Filter für die Schriftgruppe sehen Sie auch ein Menü zur Auswahl von bestimmten Sprachen (LANGUAGE) (2) – Polnisch wird hier jedoch nicht aufgelistet.

Dass Browser auf ihre jeweiligen Defaultfonts zurückgreifen, wenn Glyphen fehlen, ist allemal besser, als die Glyphen mit Rechtecken oder Ähnlichem zu rendern – wünschenswert ist das natürlich nicht. Bei einigen Anbietern wie Adobe können Sie definieren, welche Sprachen mit einem Webfont abgedeckt sein müssen. Durch eine solche Auswahl können Sie möglicherweise sogar Bandbreite sparen, weil die Besucherinnen und Besucher Ihres Webprojektes dann keinen kompletten Zeichensatz zu laden brauchen (weitere Informationen finden Sie hierzu in Abschnitt 9.2).

Fontprobleme umgehen

Wenn Sie selbst bei der Entscheidung über Schriften involviert sind, die in einem Projekt eingesetzt werden sollen, klären Sie vor der Präsentation vor dem Kunden, ob die wichtigsten Glyphen überhaupt in dem Font, den Sie ins Auge fassen, hinterlegt sind. Bei modernen Fonts, die für Lesetexte konzipiert sind, wird das kaum ein Problem darstellen. Wie Sie eben im Abschnitt »Fehlende Glyphen auf Webseiten« gesehen haben, kann das bei handschriftlichen und experimentellen Schriften anders aussehen. Klären Sie zu Beginn eines Projektes mit Ihrem Kunden, ob es denkbar ist, dass auch Schriftzeichen, die nicht im Deutschen verwendet werden, vorkommen können. Überprüfen Sie vor der Lizenzierung, ob die gewünschten Fonts diesen Anforderungen entsprechen. In Abbildung 8.25 sehen Sie anhand zweier Beispiele, dass Fontanbieter Ihnen umfangreiche Informationen bereitstellen. Von besonderem Interesse sind hier die Anzahl Glyphen (Glyph count), unterstützte Zeichensätze (Character Sets) und unterstützte Sprachen (Supported Languages).

Wenn Sie selbst die Schrift während der Arbeit am Projekt ändern, laufen Sie auch Gefahr, dass der neue Font weniger ausgebaut ist und Sie so mit dem Problem fehlender Glyphen konfrontiert werden. Mit dem entsprechenden Preflightprofil werden Sie jedoch direkt auf derartige Probleme hingewiesen – es bleibt dann meist nur der Wechsel zu einer anderen Schrift.

Summer Loving Regular
VersionID: 812893
Full Font Name: Summer Loving Regular
Family name: Summer Loving
Sub-Family name: Regular
PostScript name: SummerLoving-Regular
Format: OpenType OTF
Version: Version 1.006;Fontself Maker 2.3.4
Glyph count: 269
File size: 1920992
Character Sets:
OT Features: aalt liga

Avenir LT Pro 65 Medium
VersionID: 782327
Full Font Name: Avenir LT Pro 65 Medium
Family name: Avenir LT Pro 65 Medium
Sub-Family name: Regular
PostScript name: AvenirLTPro-Medium
Format: OpenType TTF
Version: Version 1.00 Build 1000
Glyph count: 393
File size: 65176
Character Sets:
OT Features: aalt dlig frac kern liga ordn su ps
Supported Languages: Western Europe, Central/Eastern Europe, Baltic, Turkish, Romanian

▲ Abbildung 8.25
Fontanbieter stellen Ihnen vor der Lizenzierung umfangreiche Informationen zur Verfügung, damit Sie im Vorfeld entscheiden können, ob der Font infrage kommt. Hier sehen Sie die Informationen zweier Fonts auf *myfonts.com*.

8.4 Einen eigenen Font entwerfen

Einen ganz besonderen Zugang zu Typografie bietet die Erstellung eines eigenen Fonts. Die Bandbreite an Anlässen für einen neuen Font reicht vom Spaß am Entwerfen bis zum Kundenauftrag. Während beim Kundenauftrag die Anforderungen im Vorfeld des Entwurfs geklärt werden, kann sich bei einer freien Arbeit das Konzept einer Schrift während der Entwurfsarbeit auch ändern. In beiden Fällen bieten sich unterschiedliche Herangehensweisen an, wie ein Font entwickelt wird.

Der Entwurf

»Eine Schrift, die eine Gegenwart und vor allem eine Zukunft haben soll, darf weder ganz famos noch zu andersartig sein.«
Stanley Morison

Wenn Sie sich mit dem Zeichnen eines eigenen Fonts beschäftigen, stellen sich eine Reihe von Fragen. Hierzu gehören:

- Starte ich analog oder digital?
- Mit welchen Zeichen fange ich an?
- Welcher Font-Editor bietet sich an?

Analog oder digital | Genau wie beim Layouten können die ersten Entwürfe analog angescribbelt werden, oder dieser Schritt erfolgt direkt in der betreffenden Software. Hier entscheidet einfach die individuelle Vorliebe über den ersten Entwurfsprozess.

Wenn Sie analog beginnen, können Sie Ihren gescannten Entwurf einfach in Ihre Fontsoftware importieren und anschließend Ihre gescannten Schriftzeichen nachzeichnen. Falls Sie zum ersten Mal in einer Fontsoftware arbeiten, kann auch der Zwischenschritt über Illustrator oder Photoshop sinnvoll sein. Zeichnen Sie mit den gewohnten Werkzeugen in dem DTP-Programm Ihrer Wahl, und kopieren Sie anschließend die erstellten Pfade über die Zwischenablage in Ihre Fontsoftware.

Auf lange Sicht empfiehlt sich der Weg über ein Zeichenprogramm allerdings nicht. Für das Kopieren aus einem anderen Programm müssen Ihre Zeichen nämlich einige Voraussetzungen erfüllen. Diese müssen Sie natürlich zunächst recherchieren und dann auch noch im Zeichenprogramm Ihrer Wahl umsetzen. Der Aufwand, den Sie hierfür aufbringen müssen, ist langfristig sicher besser in die Einarbeitung in den eigentlichen Fonteditor investiert.

Planung
Bevor Sie mit der Erstellung Ihres Fonts beginnen, sollten Sie sich einige Gedanken über das Konzept machen. Entscheiden Sie, für welchen Zweck der Font genutzt werden soll (z. B. Überschriften, Fließtext, Display). Bestimmen Sie anschließend den Stil (serifenlos, Serifenschrift, handgeschrieben etc.) und beginnen Sie dann mit den Entwürfen. Interessant ist auch, vor der Gestaltung bestehende Fonts zu analysieren, die Ihnen gefallen, um ein Gefühl für Proportionen und Details zu bekommen.

Die Wahl des Fonteditors | Fonteditoren sind Programme, die es ermöglichen, eigene Schriftarten zu erstellen oder bestehende Schriftarten zu modifizieren. Sie bieten eine Vielzahl von Funktionen, von der Bearbeitung einzelner Glyphen bis hin zur Einstellung der Schriftmetadaten. In der folgenden Tabelle habe ich Ihnen die wichtigsten Fonteditoren aufgelistet. Wie bei allen Entscheidungen, bei denen sich Ihnen ganz verschiedene Lösungen anbieten, müssen Sie für sich abwägen, was Ihnen wie wichtig ist. Wenn Sie an einem Windows-Rechner arbeiten, fallen die beiden Glyphs-Versionen direkt aus. Da Sie mit Fontself zwar recht einfach Zeichen, die Sie in Illustrator oder Photoshop erstellt haben, exportieren können, diese aber ziemlich sicher in einem Fonteditor weiterbearbeiten müssen, fällt Fontself eigentlich aus: Für etwas höhere

	Fontself	TypeTool	FontLab	Glyphs Mini	Glyphs
URL	*fontself.com*	*fontlab.com*	*fontlab.com*	*glyphsapp.com*	*glyphsapp.com*
Lizenzkosten	40 €	49 €	499 €	50 €	300 €
OS	PC, Mac	PC, Mac	PC, Mac	Mac	Mac
Besonderheiten	• Plugin für Illustrator, Photoshop • genauere Bearbeitung erfolgt in einem Fonteditor		• Angebot einer Dreimonatslizenz für 100 €	• Glyphs Mini ist Teil des Mac-Softwareabos Setapp	• mittels Plug-ins lassen sich weitere Funktionen installieren • lebhafte Community

▲ **Tabelle 8.2**
Übersicht über verschiedene Preismodelle diverser Anbieter

Lizenzgebühren erhalten Sie ja schon Fonteditoren wie TypeTool oder Glyphs Mini. Im Vergleich zu den großen Programmen erhalten Sie hier für ca. 50 € Programme, mit denen Sie die ersten Schritte im Bereich des Fontdesigns machen können. Wenn Ihnen später der Funktionsumfang nicht mehr genügt, können Sie immer noch upgraden.

Meine Empfehlung folgt ganz einfach dem Betriebssystem, mit dem Sie arbeiten: Wenn Sie mit Windows arbeiten, starten Sie mit TypeTool, und wenn Sie mit Mac arbeiten, legen Sie mit Glyphs Mini los.

Grundlegende Einstellungen

Bevor Sie an das Erstellen von Zeichen gehen, bietet es sich an, im Fonteditor grundlegende Informationen etwa bezüglich des Fontnamens zu hinterlegen. In den allgemeinen Fontdefinitionen legen Sie auch fest, mit welcher Größeneinheit Sie arbeiten und welche Proportionen Ihr Font haben soll. Im Folgenden zeige ich Ihnen die Grundzüge des Typedesigns anhand von Glyphs Mini. TypeTool für Windows funktioniert aber nach einem ähnlichen Prinzip.

Mit welchen Zeichen beginnen? | Unabhängig davon, ob Sie schon mit anderen Zeichen wie etwa den sehr prägnanten und ebenso anspruchsvollen Zeichen wie »a«, »g« oder »s« begonnen haben: Zwei Zeichenpaare bieten sich für die weitere Entwurfsarbeit eines kompletten Zeichensatzes an. Das sind entweder »H« und »O« oder »n« und »o«. Diese Zeichenpaare vereinen in sich eine ganze Reihe an grundsätzlichen Formen, Proportionen und Abständen, die Sie häufig in Ihrer Schrift verwenden werden. Während das »H« bzw. das »n« nicht nur eine eckige Außenkontur haben, sondern sowohl die Vertikale als auch die Horizontale Striche bzw. einen Bogen aufweisen, können Sie beim großen oder kleinen »O« die grundsätzliche Linienführung, die Schattenachse festlegen. Bei diesen beiden Beispielbuchstaben können Sie daher auch die Vor- und Nachbreite bei eckigen und runden Zeichenformen grundsätzlich festlegen.

Einen neuen Font anlegen mit Glyphs Mini

Wenn Sie in Glyphs Mini einen neuen Font angelegt haben, wird Ihnen das SCHRIFT-Fenster eingeblendet, das in die vier großen Bereiche Informationen/Werkzeuge oben ②, eine linke und eine rechte Seitenleiste ① ④ und den eigentlichen Schriftbereich ③ aufgeteilt ist.

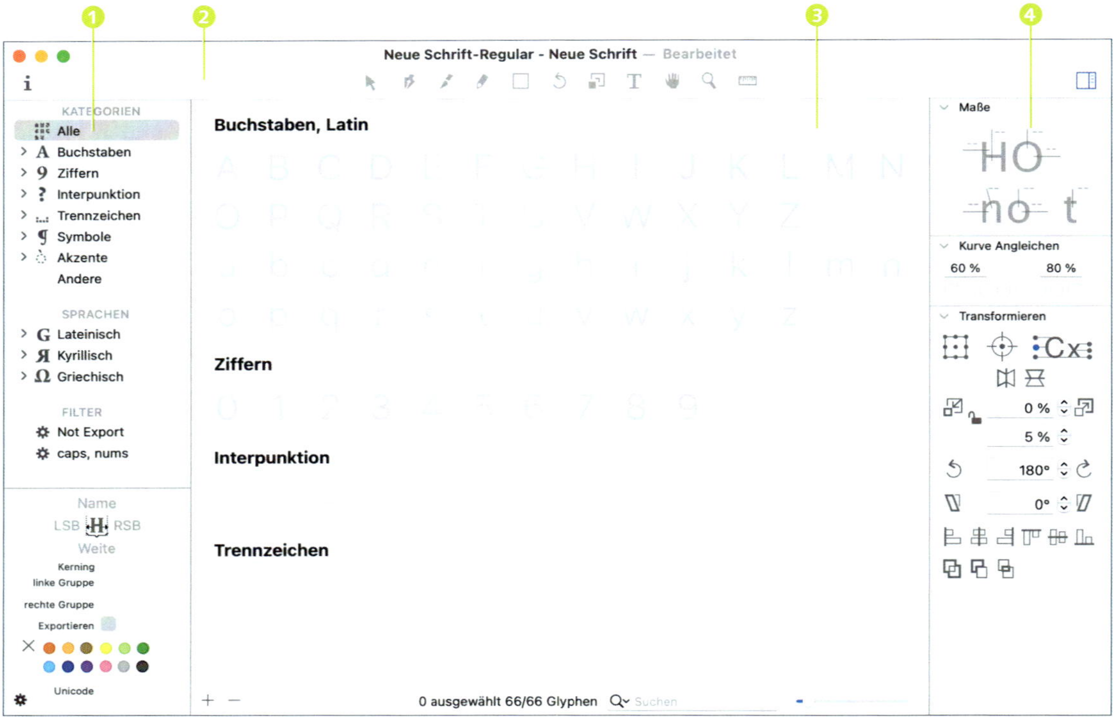

▲ **Abbildung 8.26**
Die Oberfläche von Glyphs Mini, an deren Beispiel ich das Anlegen eines Fonts zeigen möchte

In der oberen Zeile ② finden Sie drei Bereiche: links einen Button mit einem i, in der Mitte die Werkzeuge und einen Button zum Ein- und Ausblenden der rechten Seitenleiste.

Info-Fenster | Mit einem Klick auf den i-Button ⑤ öffnen Sie das INFO-Fenster in einem neuen Tab, in dem grundlegende Einstellungen zum geöffneten Font definiert werden können.

Eine Reihe von Werten, die die Größenproportionen und die Strichstärken betreffen, sind schon ausgefüllt ⑥. Diese können Sie beliebig und zu jedem Zeitpunkt ändern. Übernehmen Sie also an dieser Stelle ruhig die voreingestellten Werte.

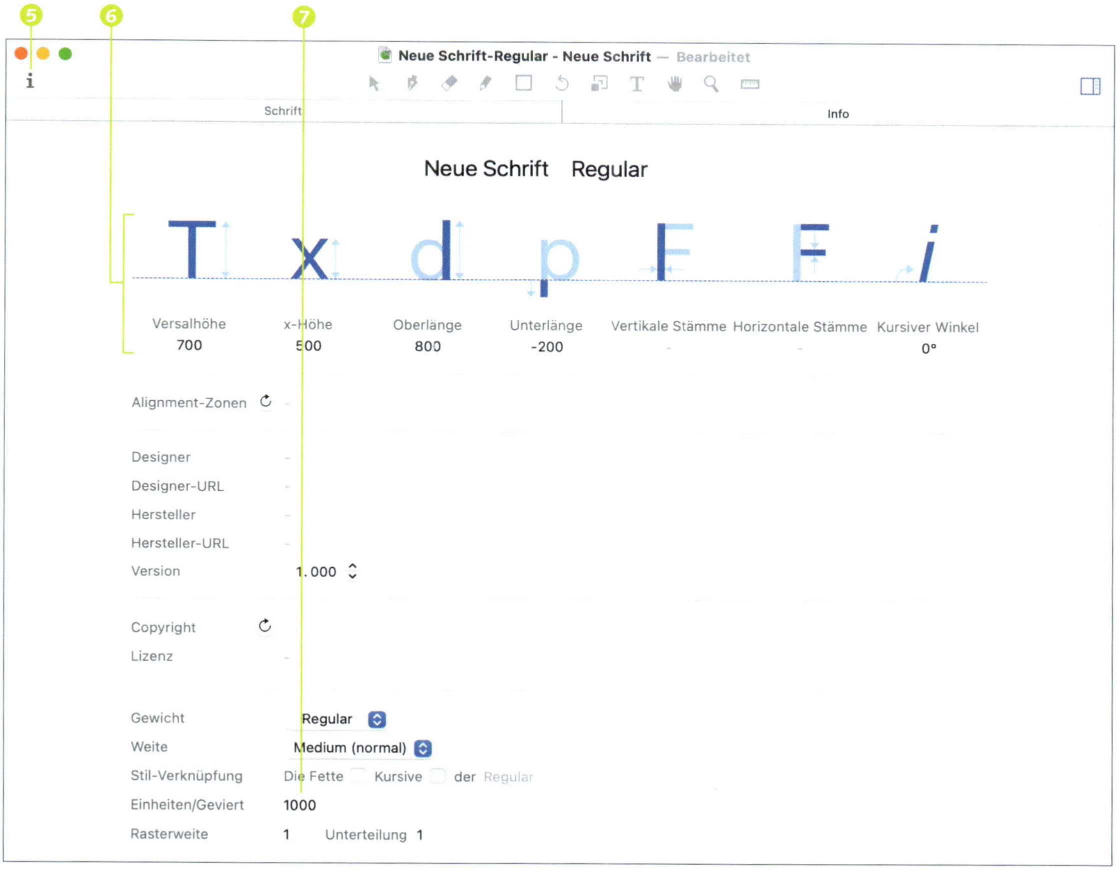

▲ Abbildung 8.27
Im INFO-Fenster werden wichtige Grundeinstellungen eines Fonts hinterlegt.

Die Einheit Geviert

Wie Sie bei den Größenangaben gesehen haben, sind hier recht große Werte voreingestellt. Die Einheit, die hier zum Tragen kommt, ist unter Einheiten/Geviert definiert 7. Hier steht eine 1.000, die Sie ebenfalls übernehmen können. Die Bezeichnung an dieser Stelle gibt darüber Aufschluss, was diese Zahl bedeutet: Durch sie wird ein Geviert geteilt. Laut der Voreinstellung können Sie daher mit einer Genauigkeit von einem 1.000stel Geviert arbeiten. Dieser Wert bezeichnet gewissermaßen die Auflösung, mit der Sie in Glyphs arbeiten. Da auch Layoutprogramme fürs Kerning oder für die Laufweite häufig diese Einheit verwenden, ist das eine weitere praktikable Voreinstellung in Glyphs.

Öffnen von Zeichen

Enthält Ihr Font Zeichen, lassen sich die im SCHRIFT-Fenster mit einem Doppelklick in einem neuen Tab öffnen.

Das Zeichen-Fenster | Bevor wir uns mit den verschiedenen Werkzeugen beschäftigen, schauen wir uns zunächst an, wie Zeichen in Glyphs dargestellt werden.

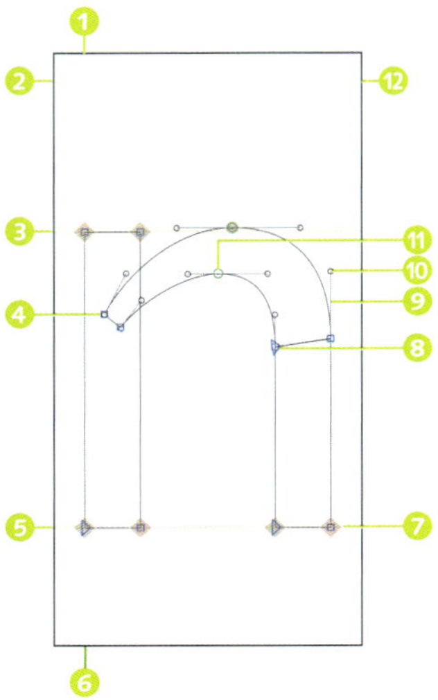

Als Beispielzeichen dient mir ein »n«, das ich in Glyphs erstellt habe.

Nach dem Öffnen eines Zeichens ist nichts markiert (obwohl man meinen könnte, alles sei markiert – Glyphs kennzeichnet markierte Elemente allerdings sehr deutlich, nämlich mit einem blau hinterlegten Bereich). Um das Zeichen wird ein grauer Rahmen – sozusagen der Kegel – angezeigt. Er definiert sich durch die Angaben im INFO-Fenster bzw. durch Vorgaben, die für das gezeigte Zeichen getroffen wurden. Die obere Horizontale definiert die Oberlänge ❶, die untere die Unterläge ❻. Die Breite des Zeichens wird durch die beiden Vertikalen ❷ und ⓬ angezeigt. Die x-Höhe ❸ und die Schriftlinie ❺ werden in Braun dargestellt. Wie in anderen Zeichenprogramme werden in Glyphs Pfade durch das Setzen entweder von Eck- oder Kurvenpunkten erstellt. (Außerdem gibt es noch Endpunkte von Pfaden. Diese spielen in Glyphs aber eine untergeordnete Rolle, weil Schriftzeichen praktisch ausnahmslos mit geschlossenen Pfaden erstellt werden.) Eckpunkte sind an einem blauen Quadrat ❹, Kurvenpunkte an einem grünen Kreis ⓫ zu erkennen. Runde Formen werden mithilfe von Grifflinien ❾ definiert. Deren Länge und Winkel steuern den entsprechenden Pfadverlauf. Um die Länge und/oder den Winkel einer Grifflinie zu ändern, bewegen Sie den Griffpunkt ❿. Wie Sie hier genau vorgehen können, schauen wir uns später noch an. Pfade haben immer eine Richtung, diese können Sie an einem blauen Dreieck ❽ ablesen. Die Pfadrichtung ist meist zwar nicht von besonderer Bedeutung, bei geschlossenen Punzen ist sie allerdings entscheidend – auch das schauen wir uns später noch an. Liegt ein Pfadpunkt genau auf einer der horizontalen Linien wie der x-Höhe oder der Schriftlinie, wird er zusätzlich zur Punktart mit einer braunen Raute gekennzeichnet ❼.

Durch Drücken der Leertaste können Sie sich während der Arbeit an Ihrem Font zwischendurch immer wieder eine Vorschau eines Zeichens wie nebenstehend anzeigen lassen. Lernen Sie nun die wichtigsten Funktionen der Werkzeuge innerhalb von Glyphs kennen.

Auswahl-Werkzeug | Icon, Bezeichnung und sogar den Kurzbefehl [V] dieses wichtigen Werkzeugs kennen Sie gegebenenfalls aus anderen Programmen. Die Funktionen des Auswahl-Werkzeugs sind in Glyphs allerdings umfangreicher. Das ist auch mit darin begründet, dass Sie mit diesem Werkzeug sowohl gröbere als auch sehr feine Auswahlen treffen können (wofür beispielsweise in InDesign und Illustrator zwei Werkzeuge verwendet werden). Beginnen wir mit großen Auswahlbereichen.

Um Teilbereiche oder ein ganzes Zeichen zu markieren, klicken Sie mit dem Auswahl-Werkzeug ①, und ziehen Sie bei gedrückter Maustaste ein hellblau-halbtransparentes Markierungsrechteck auf ②. Alle Objekte, die Sie so überstreichen, sind – unabhängig von ihrer Art – anschließend markiert ③. Um die gesamte Auswahl blendet Glyphs einen feinen gepunkteten rechteckigen Rahmen ein, der an den vier Ecken und den vier Mittelpunkten der Seiten Kreise aufweist. Durch Klicken und Ziehen auf diesen Punkten lassen sich ausgewählte Pfade schnell skalieren. Mit gedrückter [⇧]-Taste bleiben die Proportionen des ursprünglichen Pfades erhalten.

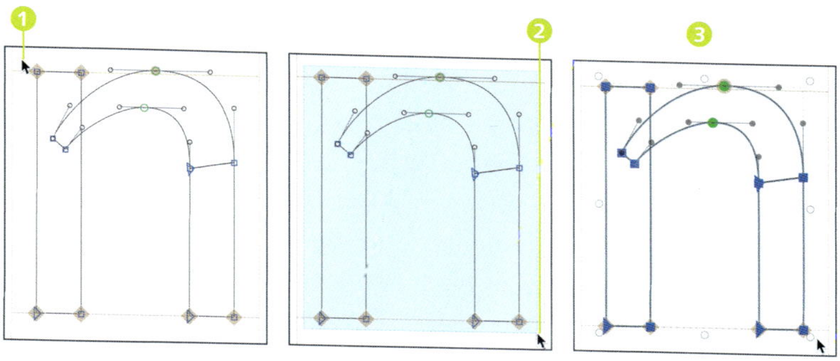

Möchten Sie einzelne Teile markieren, klicken Sie auf das betreffende Pfadsegment ④. Ein Einfachklick führt zur Markierung des Pfadsegmentes ⑤, ein Doppelklick wählt den gesamten Pfad aus ⑥.

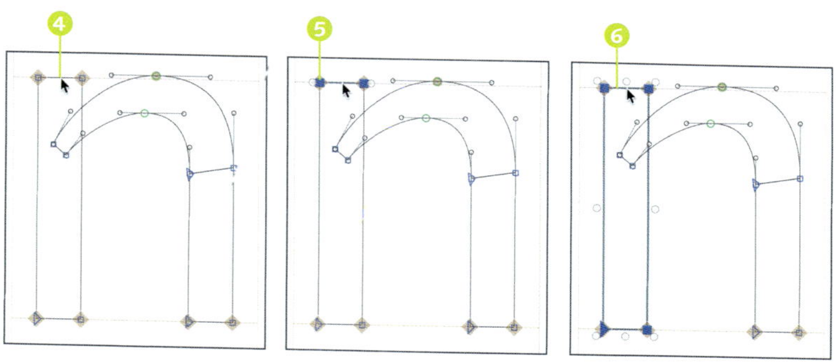

Einen einzelnen Ankerpunkt ⑦ wählen Sie mit einem Einfachklick aus ⑧. Achten Sie hierbei wirklich darauf, dass Sie nur einmal klicken. Denn ein Doppelklick auf einen Ankerpunkt ändert die Pfadart in sein Gegenteil. So wird per Doppelklick aus einem Eck- ein Kurvenpunkt bzw. aus einem Kurvenpunkt ein Eckpunkt ⑨. Weil

Lasso-Werkzeug

Wenn Sie Objekte markieren möchten, die sich nicht mit einer rechteckigen Auswahl umschließen lassen, wählen Sie das Lasso-Werkzeug. Mit ihm können Sie freihändig Auswahlen erstellen. Sie finden es, wenn Sie die Maus in der Werkzeugleiste auf dem Auswahl-Werkzeug gedrückt halten.

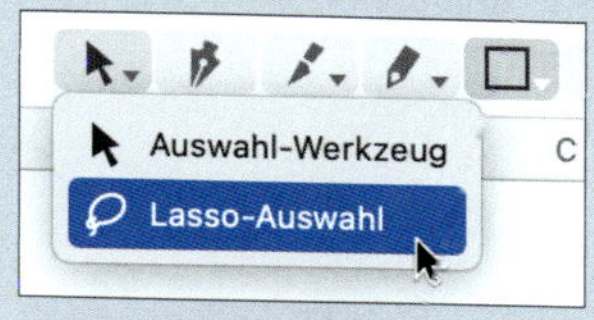

▲ **Abbildung 8.28**
Das Lasso-Werkzeug

Glyphs bei dieser Umwandlung den Pfadverlauf beibehält, ist diese Änderung schnell übersehen – und das, obwohl Glyphs die Kennzeichnung mit einem grünen Kreis bzw. einem blauen Quadrat deutlich macht.

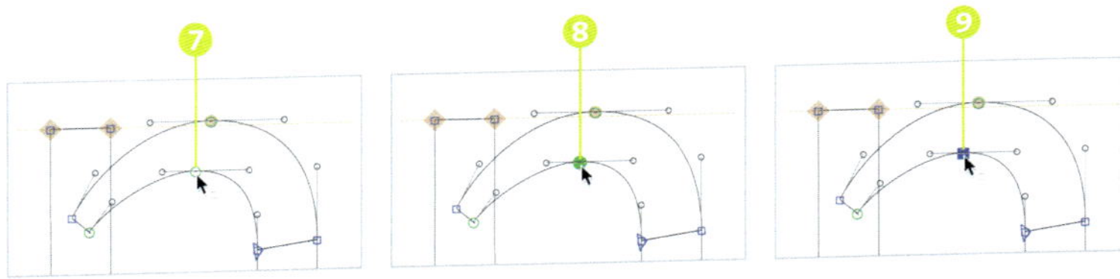

Nachdem Sie eine beliebige Auswahl getroffen haben, können Sie diese neben den Standardoptionen wie Löschen, Kopieren und Ausschneiden natürlich auch bewegen. Wie gewohnt, können Sie eine Auswahl bei gedrückter Maustaste verschieben. Wenn Sie gleichzeitig die ⇧-Taste drücken, wird die Bewegung auf die vertikale bzw. horizontale Achse beschränkt.

Recht fein lässt sich eine Auswahl auch mithilfe der vier Pfeiltasten auf Ihrer Tastatur bewegen. Außerdem können Sie auch die gewünschten numerischen Werte in die entsprechenden Felder eingeben (Abbildung 8.29), die Ihnen eingeblendet werden.

Es gibt noch weitere interessante Funktionen, die Sie durch Drücken von Zusatztasten aufrufen: Wenn Sie beim Bewegen eines Griffpunktes die `ctrl`-Taste gedrückt halten, bleibt die Neigung der Grifflinie erhalten.

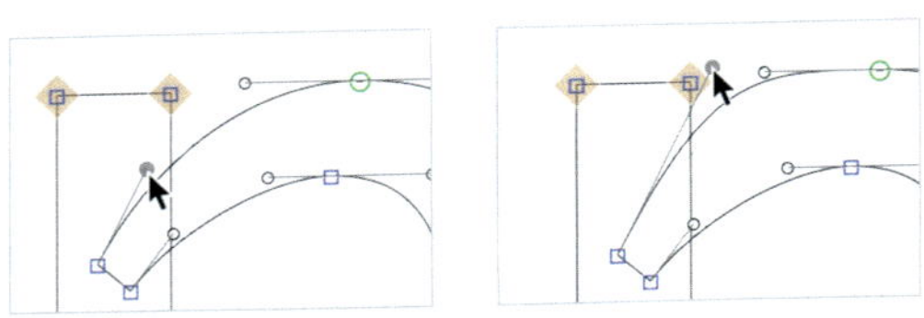

Wenn Sie einen Kurvenpunkt mit gedrückter `alt`-Taste verschieben, ist die Bewegung nicht nur auf die Neigung der Grifflinien beschränkt, auch die Länge der Grifflinien bleibt dabei erhalten: Sie können den Griffpunkt auf den Grifflinien verschieben.

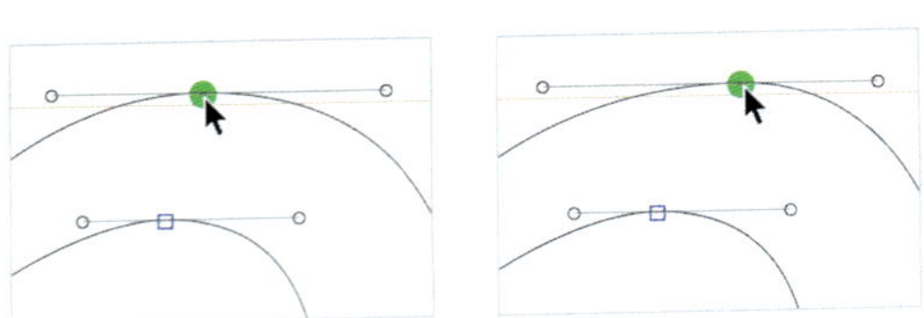

Mehrere Elemente markieren

Wenn Sie mehrere Elemente markieren möchten, die nicht in der Nähe voneinander liegen, halten Sie hierfür die ⇧-Taste gedrückt. Diese Methode funktioniert unabhängig von der Art dessen, was Sie markieren wollen: Sie können so verschiedene Pfade, Pfadsegmente, Ankerpunkte und sogar mehrere Griffpunkte markieren (siehe die Abbildung). Diese Funktion bietet ein ausgewachsenes Grafikprogramm wie Illustrator bis heute nicht.

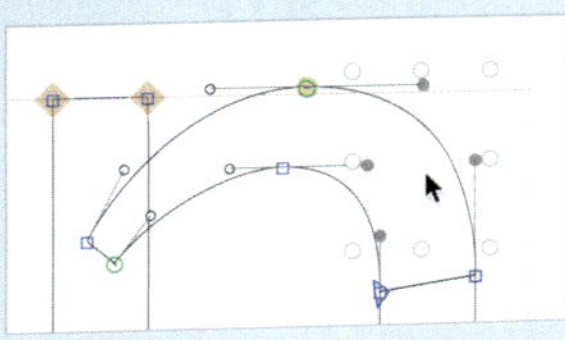

▲ **Abbildung 8.29**
Sie können die x- und y-Koordinaten von Punkten auch eintragen.

Wenn Sie mit gedrückter [alt]-Taste auf ein Pfadsegment zwischen zwei Ankerpunkten klicken (1), werden hierdurch Grifflinien an den Ankerpunkten hinzugefügt (2). Diese können anschließend wie gewohnt bearbeitet werden (3):

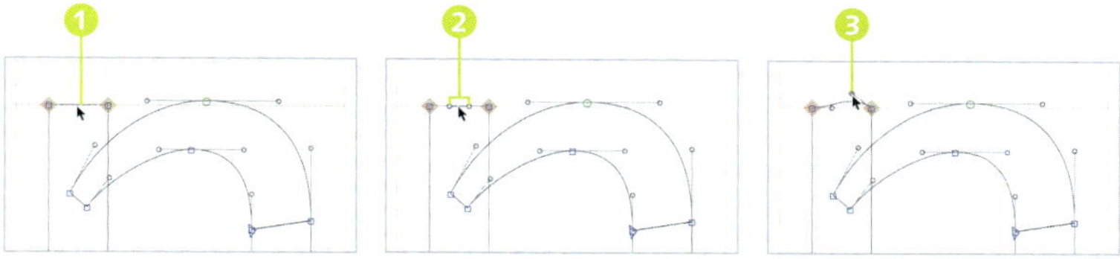

Insbesondere bei runden Pfadsegmenten bietet es sich an, diese nicht mittels der entsprechenden Grifflinien zu korrigieren: Sie können auch einfach auf das Pfadsegment klicken (4) und es direkt durch Verschieben ändern (5). Dadurch ändern sich gegebenenfalls die Winkel einzelner Grifflinien (6). Das ist häufig nicht gewollt: Halten Sie beim Verschieben des Pfadsegments die [alt]-Taste gedrückt, und die Ausrichtung der Grifflinien bleibt gewahrt (7).

Ankerpunkte beim Zeichnen verschieben

Wenn Sie gerade einen Ankerpunkt gesetzt haben und diesen etwas anders positionieren möchten, drücken Sie die Leertaste. Dadurch lässt sich der noch aktive Ankerpunkt beliebig verschieben. Lassen Sie die Leertaste los, ist wieder das Zeichen-Werkzeug aktiv.

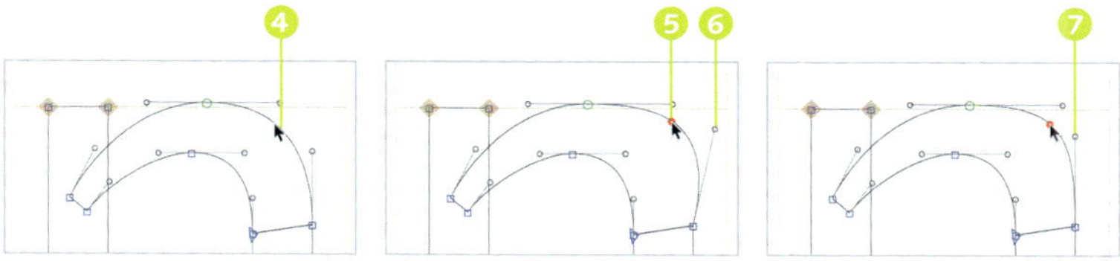

Zeichen-Werkzeug | Zum Zeichnen von Pfaden verwenden Sie das Zeichen-Werkzeug, das Sie auch über den Kurzbefehl [P] aktivieren können.

Wie in anderen Zeichenprogrammen setzen Sie mit diesem Werkzeug Griffpunkte, indem Sie auf einen leeren Bereich einer Zeichenfläche klicken (8). Den ersten Punkt eines Pfades erkennen Sie am rechtwinklig angesetzten Strich samt eines Pfeils, der die Pfadrichtung anzeigt (9). Weitere Eckpunkte setzen Sie durch Klicken und Loslassen des Zeichen-Werkzeuges (10).

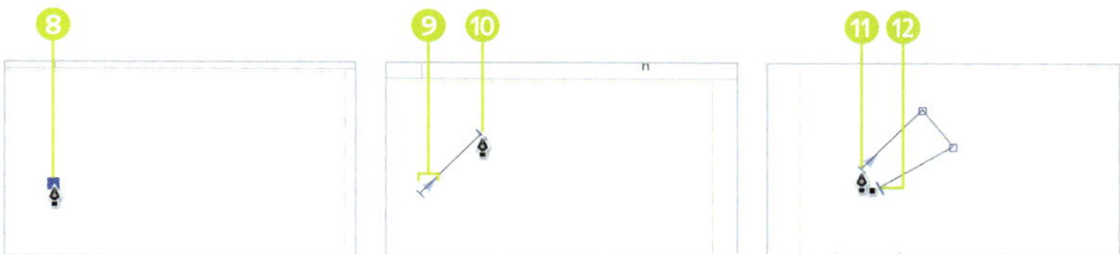

Der Endpunkt eines Pfades wird wie der Startpunkt durch einen rechtwinklig angesetzten Strich gekennzeichnet ⑫, beim Endpunkt aber ohne den Richtungspfeil. Beenden/schließen Sie einen Pfad durch Klicken auf den Startpunkt ⑪.

Im Unterschied zu Eckpunkten setzen Sie Kurvenpunkte, indem Sie die Maustaste nach dem Setzen gedrückt halten und die Maus in die Richtung ziehen, in der sich der Pfad weiter fortführen soll.

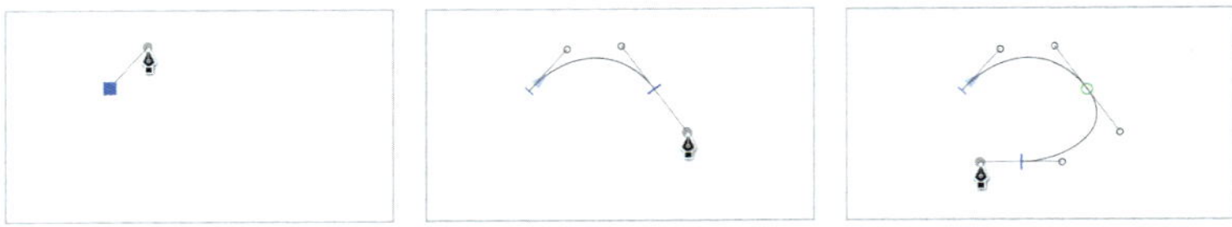

Natürlich können Sie beim Zeichnen Eck- und Kurvenpunkte in beliebiger Reihenfolge erstellen.

Wenn Sie einen Punkt setzen möchten, der auf der einen Seite ein rundes Pfadsegment und auf der anderen Seite ein gerades Pfadsegment aufweisen soll, halten Sie nach dem Herausziehen der Grifflinie ⑬ die `alt`-Taste gedrückt. Dadurch lässt sich die Grifflinie abknicken und so unabhängig von der bereits bestehenden Grifflinie bewegen ⑭. Auf diese Weise lassen sich beliebige Formen erstellen, wie im folgenden Beispiel zu sehen.

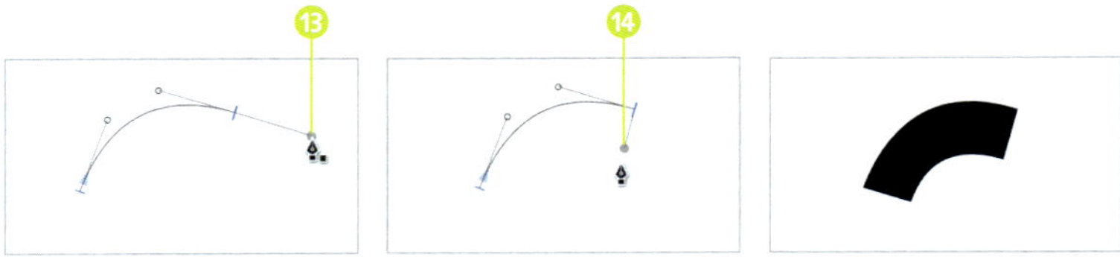

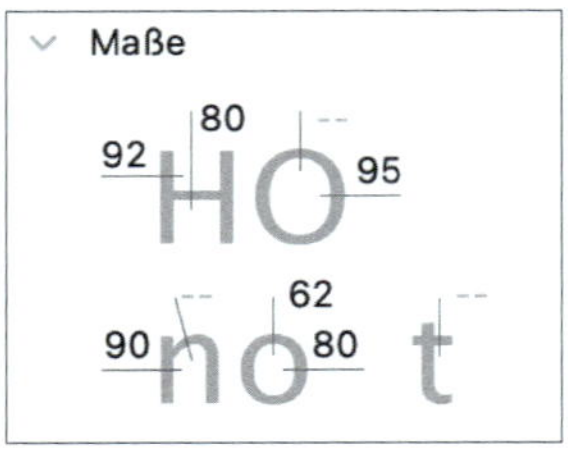

▲ **Abbildung 8.30**
Im Bereich Masse können Sie die wichtigsten Strichstärken Ihres Fonts hinterlegen und haben sie danach immer im Blick.

Die weiteren Werkzeuge stelle ich Ihnen beim Erstellen der Zeichen vor.

Seitenleiste | Die rechte Seitenleiste ist in Glyphs in die drei Bereiche Masse, Kurve angleichen und Transformieren gegliedert. Im Bereich Masse können Sie neun Strichstärken hinterlegen (Abbildung 8.30). Die eingetragenen Breiten haben keinen Einfluss auf die tatsächlichen Strichstärken, sie haben nur die Funktion eines Spickzettels, um immer wieder dieselben Werte zu verwenden. Das sehen wir uns noch genauer beim Erstellen eines Zeichensatzes an. An den gezeigten Zeichen sehen Sie auch eine Empfehlung bezüglich der Zeichen, mit denen Sie sich recht früh im Entwurfsprozess beschäftigen sollten: »HO« und »no«. Ich komme später auf diese wichtigen Zeichenpaare zurück. Zunächst klären wir die sonstigen Funktionen, die uns hier unter MASSE und TRANSFORMIEREN zur Verfügung stehen.

Glyphs verfügt mit KURVE ANGLEICHEN (Abbildung 8.31) über eine mächtige Funktion, die es Ihnen ermöglicht, runde Formen per Klick runder oder eckiger zu formen. Unterhalb der Prozentangaben sehen Sie acht Buttons ❶, die einen oder auch mehrere markierte Pfade (oder auch einzelne Pfadsegmente) bemerkenswert harmonisch in die eine oder andere Richtung verformen:

▼ Abbildung 8.31
Mithilfe von acht Buttons können Sie kurvenförmige Pfade runder oder eckiger formen: links das ursprüngliche »O«, rechts dasselbe Zeichen, nachdem ich den vorletzten Button von KURVE ANGLEICHEN gedrückt habe.

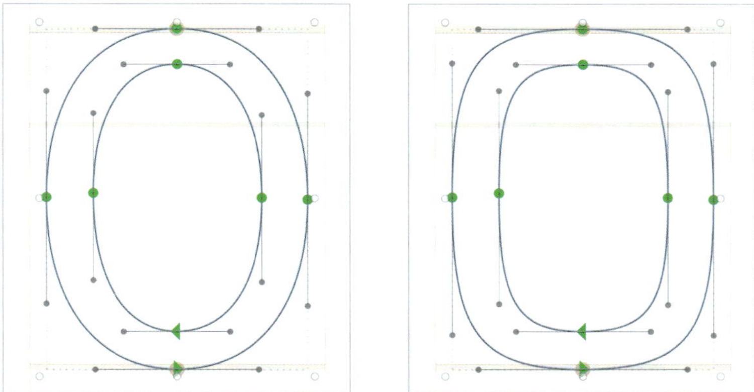

Hier sehen Sie links das ursprüngliche runde »O«. Für die rechte Variante habe ich auf den vorletzten Button der Reihe geklickt. Beachten Sie, dass der angeklickte Wert nicht als aktiv gekennzeichnet wird.

Wenn Sie mit Zeichenprogrammen vertraut sind, werden Ihnen die Funktionen, die Sie im Bereich TRANSFORMIEREN (Abbildung 8.32) finden, in groben Zügen bekannt vorkommen. Die Optionen und Funktionen lassen sich in vier Gruppen zusammenfassen: Ganz oben finden Sie drei Bedienelemente, über die Sie genau steuern können, um welchen Punkt eine Transformation (wie etwa eine Skalierung oder Drehung) erfolgen soll ❷.

Dieser Ursprungspunkt wird in Blau dargestellt und kann mit einem Klick auf einen anderen Punkt neu definiert werden. Hier haben Sie die Wahl zwischen drei Referenzen: dem Objekt selbst und seinen neun Punkten, die sich aus dem Markierungsrahmen ergeben (links), einem frei definierbaren Ursprung (Mitte) und diversen Größen, die sich aus den Zeichenproportionen ergeben (rechts).

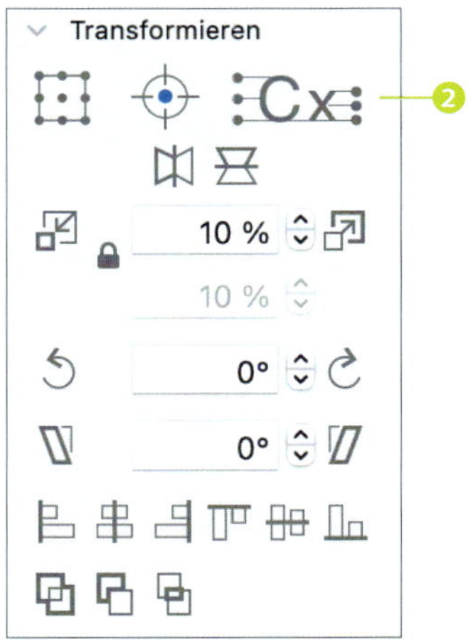

▲ Abbildung 8.32
Die aufgeräumte Oberfläche von Glyphs bietet schnellen Zugriff auf wichtige Funktionen.

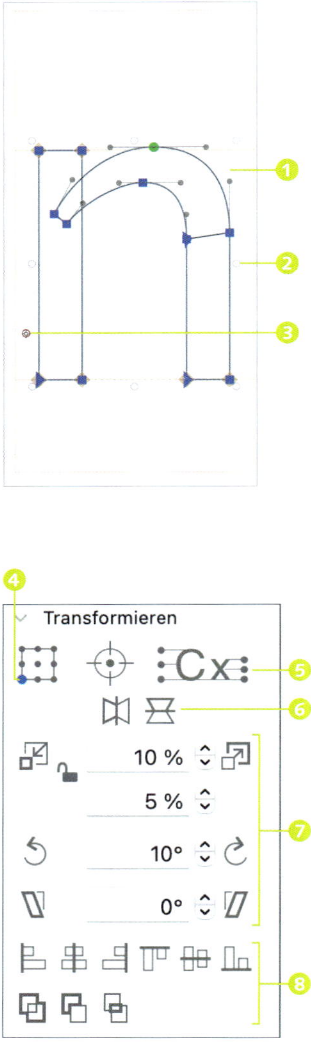

▲ **Abbildung 8.33**
Legen Sie fest, welcher der neun Auswahlpunkte der Ursprung einer Transformation sein soll.

Jedes Objekt wird in Glyphs – wie in anderen DTP-Programmen auch – in einem rechteckigen, punktierten Rahmen angezeigt ❶, sobald Sie es markieren. Ein solcher Rahmen hat, unabhängig von der Komplexität des Objekts, acht Auswahlpunkte und einen virtuellen Mittelpunkt (einer der Auswahlpunkte ist mit ❷ gekennzeichnet). Die insgesamt neun Punkte werden links im Transformieren-Bereich als ein Punktraster dargestellt. Mit einem Klick auf einen der Punkte können Sie definieren, welcher der Punkte als Ursprung einer Transformation dienen soll. Ich habe den linken unteren Auswahlpunkt als Ursprung definiert ❹. Für das ausgewählte »n« wäre damit die untere linke Ecke des Buchstabens/der Auswahl gemeint.

Wenn Sie bei der Verwendung des Rotations- oder Skalierungswerkzeug aus dem Bereich TRANSFOMIEREN den Ursprung ganz frei definieren möchten, klicken Sie den Punkt im Fadenkreuz in der Mitte an. Dadurch wird auf der Zeichenfläche ein Fadenkreuz eingeblendet ❸, das Sie nach Bedarf positionieren können.

Mittels der sechs Punkte, die im rechten Bereich am »C x« angezeigt werden ❺, können Sie an wichtigen Hilfslinien wie Schriftlinie oder der halben x-Höhe etc. Auswahlen transformieren.

In der nächsten Reihe haben Sie Zugriff auf eine vertikale bzw. horizontale Spiegelung der getroffenen Auswahl ❻. In Kombination mit der Hilfslinie, welche die Hälfte der x-Höhe bezeichnet, lässt sich hiermit beispielsweise ein »n« mit jeweils einem Klick auf die vertikale und horizontale Spiegelung zu einem »u« transformieren.

Die Funktionen zum Skalieren, Drehen und Schrägstellen ❼ sind mit einem Klick auf das jeweilige Icon links und rechts neben den Eingabefeldern aufzurufen. Im Unterschied zu den Drehen- und Schrägstellen-Funktionen können Sie mit einem Klick auf das Schlossicon bei den Skalierenfunktionen festlegen, ob bei der Skalierung die Proportionen gewahrt bleiben sollen. Im Screenshot sehen Sie, dass das Schloss abgeschlossen ist. Dann ist auch das untere Eingabefeld ausgegraut, weil eben für die horizontale und vertikale Skalierung derselbe Wert (im Screenshot 10 %) verwendet wird.

Im unteren Bereich der Seitenleiste ❽ finden Sie in der oberen Reihe sechs Funktionen zum Aneinander-Ausrichten von ausgewählten Elementen. In der ganz unteren Reihe sind noch drei Buttons untergebracht, mit deren Hilfe Sie mindestens zwei Pfade kombinieren können. Diese Funktionen agieren anders, als Sie es gegebenenfalls von anderen Zeichenprogrammen gewohnt sind.

Tipps zum Umgang mit Pfaden

Hier ein paar allgemeine Hinweise zum Erstellen bzw. Korrigieren von Pfaden.

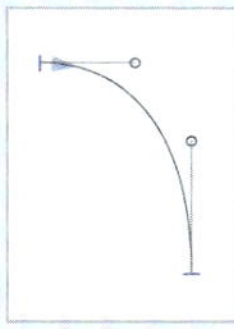

1. Verwenden Sie so wenig Ankerpunkte wie möglich und so viele Ankerpunkte wie nötig.
2. Gestalten Sie Grifflinien eher kürzer als länger. Für organische Kurven sollten die Grifflängen etwa ein Drittel des Pfadsegmentes ausmachen (Abbildung oben). Diese ist die empfehlenswerte Variante.

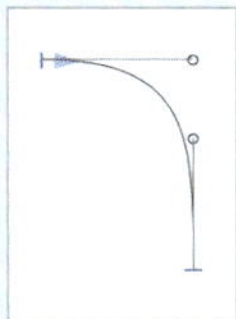

3. Griffpunkte sollten nicht in einer Flucht stehen (Abbildung Mitte).

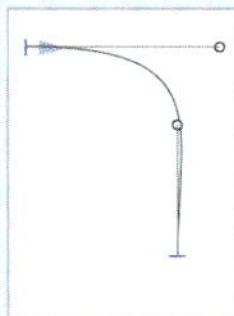

4. Grifflinien sollten sich nicht kreuzen, auch nicht in einer gedachten Verlängerung (Abbildung unten).
5. Setzen Sie nach Möglichkeit Extrempunkte: Die Grifflinien verlaufen entweder horizontal oder vertikal.

Extrempunkte | Diese besondere Art von Kurvenpunkten spielt eine zentrale Rolle beim Erstellen von Fonts. Einer der enormen Vorteile dieser Punkte ist die einfache Bearbeitung. Weil Ihre Grifflinien entweder horizontal oder vertikal verlaufen, lassen sich insbesondere die Grifflinien einfach per Pfeiltasten verschieben, ohne dass Sie sich um die Neigung der Grifflinien kümmern müssen.

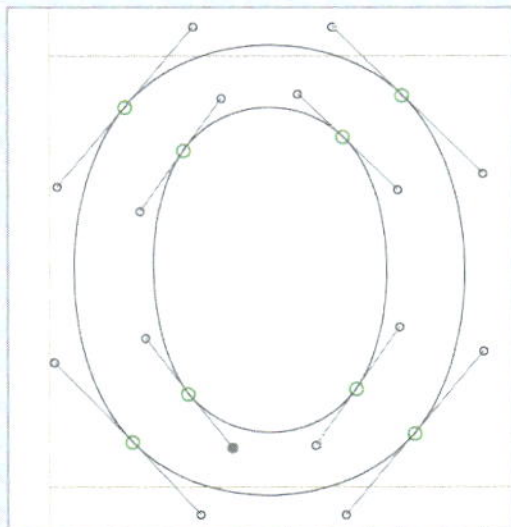

In diesem Beispiel sehen Sie zweimal dieselbe Form, oben ohne Extrempunkte realisiert, unten mit. Manche Formen lassen sich sowohl ohne als auch mit Extrempunkten umsetzen. Mit dem Einsatz von Extrempunkten machen Sie sich selbst nicht nur die Gestaltung leichter, manche Funktionen wie das Hinting erwarten Extrempunkte. Verallgemeinert gesagt, gehören Extrempunkte im Bereich Fontdesign zu den Best Practices.

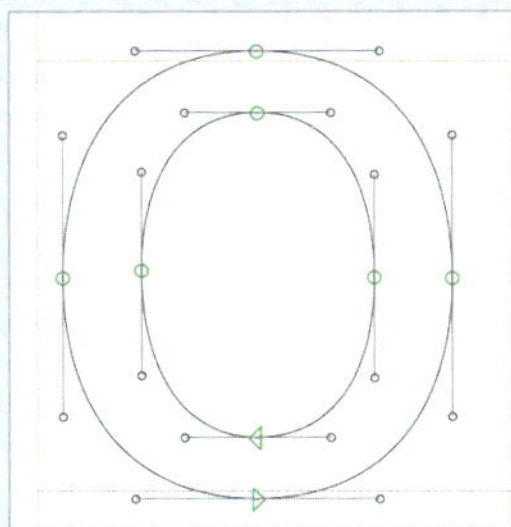

Falls Sie nach dem Erstellen eines Zeichens bemerken, dass Sie auch mit Extrempunkten hätten arbeiten können: Glyphs erstellt Ihnen diese über GLYPHE • EXTREMPUNKTE HINZUFÜGEN auch im Nachgang. Glyphs versucht dabei, die Grifflinien so zu setzen, dass die ursprünglichen Ankerpunkte möglichst überflüssig werden. Versuchen Sie einfach, die ursprünglichen Ankerpunkte zu löschen, nachdem Sie den genannten Befehl ausgeführt haben.

Glyphs bezieht nämlich alle Objekte eines Zeichens bei der Kombination ein – und benötigt noch nicht einmal zwingend eine Auswahl. Das kann beim Aufrufen der Schnittmenge-Funktion (dem rechten Button) zur Löschung von Pfaden führen! Behalten Sie bei diesen Funktionen unbedingt Ihre gesamte Zeichenfläche im Auge, und machen Sie die letzte Aktion gegebenenfalls direkt wieder rückgängig, wenn das Ergebnis nicht Ihren Erwartungen entspricht.

Bevor wir uns an das Erstellen der ersten Zeichen machen, fügen wir unserem neuen Font gleich noch weitere wichtige Zeichen hinzu.

Zeichen einem Zeichensatz hinzufügen | Am unteren Rand des SCHRIFT-Fensters von Glyphs Mini sehen Sie, wie viele der – bisher automatisch generierten – Schriftzeichen Sie markiert haben. Im Screenshot sehen Sie, dass der neue Font zunächst über 66 Glyphen verfügt ❸ – die allerdings allesamt noch leer sind. Die grau dargestellten Zeichen sind nämlich nur als Orientierung zu verstehen. Sobald Sie Zeichen in Glyphs erstellt haben, werden diese statt der grauen Platzhalter in der Schriftübersicht dargestellt.

▼ Abbildung 8.34
Mit einfachen Klicks können Sie die angezeigten Glyphen filtern.

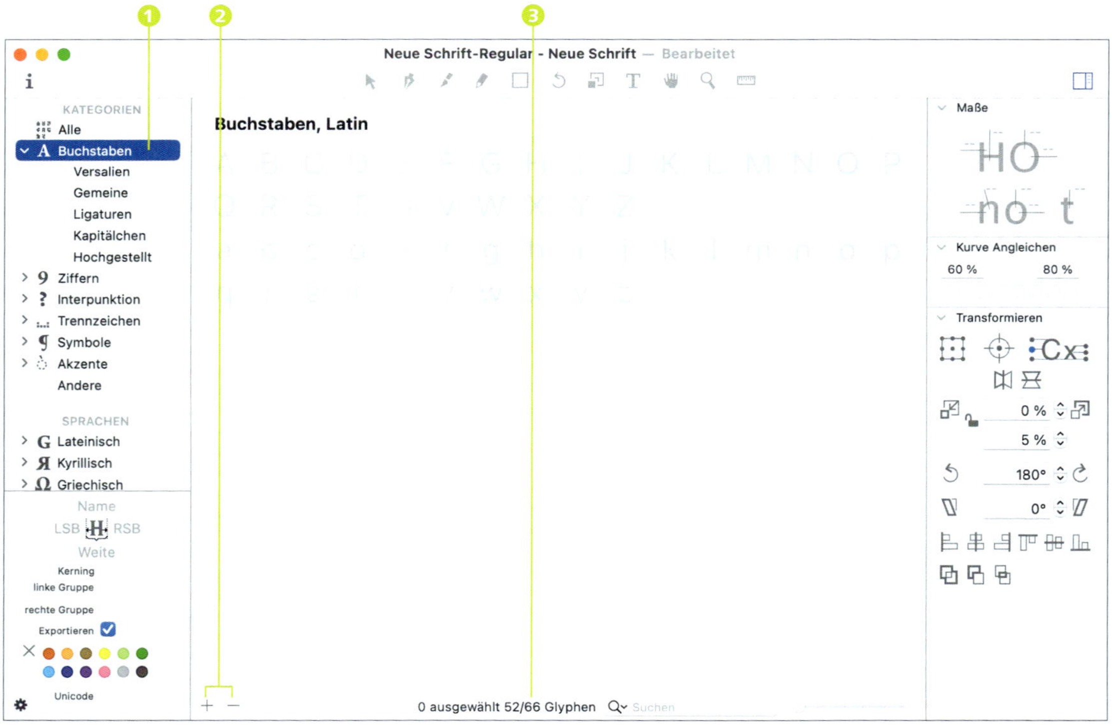

Mithilfe der linken Seitenleiste können Sie die Ansicht sowohl filtern als auch weitere Zeichen Ihrem Font hinzufügen. Fürs Filtern genügt ein Klick auf den entsprechenden Eintrag. Dadurch werden Ihnen nur noch die angeklickten Zeichen angezeigt. Über die nun eingeblendeten Unterkategorien können Sie Ihren Filter weiter verfeinern. Für den Screenshot habe ich die Kategorie BUCHSTABEN gewählt ❶, die Anzahl der eingeblendeten Glyphen reduziert sich hierdurch auf 52 ❸. Zum Hinzufügen und Löschen von Glyphen finden Sie am unteren Fensterrand einen Plus- und einen Minusbutton ❷.

Kategorien wie Ziffern und Interpunktion bieten Ihnen die Möglichkeit, Ihrem Font weitere Glyphen hinzuzufügen. Öffnen Sie zunächst die Kategorie, deren Zeichen Sie hinzufügen möchten. Für das Beispiel habe ich INTERPUNKTION gewählt ❹. Bisher sind im neuen Font nur der Punkt, das Komma und der Divis vorgesehen ❻. Um nun beispielsweise Klammern einem Font hinzuzufügen, klicken Sie mit gedrückter Rechts-Taste auf den entsprechenden Eintrag ❺. Im Untermenü können Sie nun Ihrem Font einzelne Zeichen hinzufügen ❼. Mit gedrückter [⇧]- bzw. [cmd]-Taste können Sie auch mehrere Zeichen auswählen. Durch Klicken auf den Button HINZUFÜGEN werden die zuvor markierten Zeichen Ihrem Font hinzugefügt. Ich habe meinem Font die runden Klammern hinzugefügt. Die neuen Glyphen werden im SCHRIFT-Fenster direkt angezeigt ❽.

Mehrere Filter aktivieren

Mit gedrückter [cmd]-Taste können Sie auch mehrere, nicht aufeinanderfolgende Kategorien markieren.

▼ Abbildung 8.35

Fügen Sie Ihrem Font weitere Glyphen hinzu.

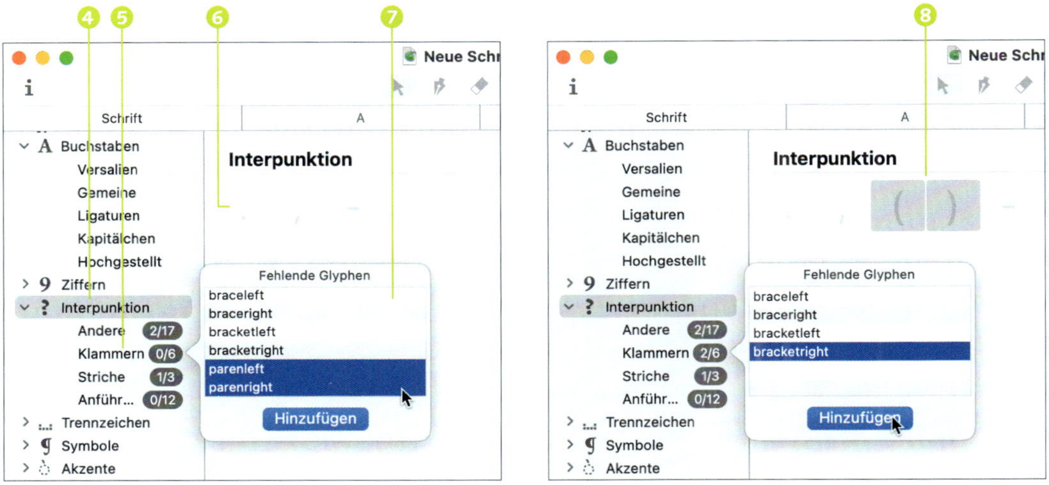

Fügen Sie Ihrem neuen Font neben den verschiedenen Interpunktionen auch noch die wichtigsten Trennzeichen, Symbole und

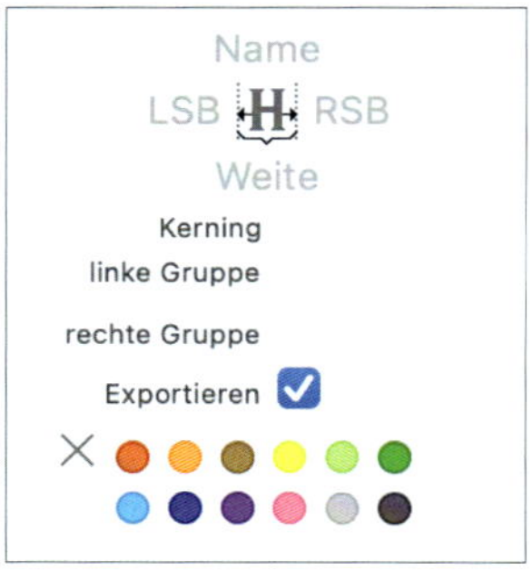

▲ **Abbildung 8.36**
Im unteren Bereich der linken Seitenleiste werden Ihnen wichtige Informationen zu einer markierten Glyphe angezeigt.

Akzente hinzu. Danach ist der Zeichensatz ca. 200 Zeichen groß und wird vermutlich mit der Zeit noch umfangreicher werden.

Unten links werden Ihnen wichtige Informationen zu einer Glyphe angezeigt (siehe Abbildung 8.36). Da ich keine Glyphe angewählt hatte, werden hier nur die Bezeichnungen für die diversen Informationen eingeblendet, die später die individuellen Werte einer Glyphe wiedergeben.

Neben dem Namen der Glyphe finden Sie hier LSB und RSB. Das sind die Abkürzungen für die englischen Bezeichnungen für Vor- und Nachbreite (left bzw. right side bearing). Mit Weite ist die Dickte einer Glyphe gemeint. Beim Zurichten Ihrer Schrift werden neben dem Kerning die beiden Werte bei LINKE und RECHTE GRUPPE von großem Interesse sein.

Das »n« anlegen | Ich beginne mit dem »n« und werde mit dem »o« weitermachen. Warum sind diese bzw. das »H« und das »O« so gute Kandidaten für das Erstellen eines Fonts? Weil beide Zeichenpaare sowohl eine rechteckige als auch eine runde Zeichenform enthalten samt den diversen Strichstärken. Anhand dieser Zeichen können Sie neben den Proportionen auch die Dickte und insbesondere die Vor- und Nachbreiten von geraden und runden Zeichenteilen definieren.

Ein Fonteditor wie Glyphs bietet Ihnen für die Wiederverwendung sowohl von Pfadteilen als auch von Vor- und Nachbreiten nötige Funktionen, die Sie im Folgenden kennenlernen werden.

Mit einem Doppelklick auf das gewünschte Zeichen öffnen Sie es in einem neuen Tab ①, die Schriftübersicht bleibt als erster Tab bestehen ④. Blenden Sie sich gegebenenfalls die Informationen zum Zeichen ③ über ANSICHT • INFO ANZEIGEN ein. Zum Positionieren und Zoomen des Zeichens im GLYPHS-Fenster verwenden Sie das Hand- [✋] ⑤ bzw. Zoom-Werkzeug [🔍] ⑥.

Zeichnen Sie mit dem Rechteck-Form-Werkzeug ② den linken Stamm des »n«. In diesem Moment wird das ausgegraute »n« im Hintergrund ausgeblendet, und Sie sehen den eben gezeichneten Pfad. Im Unterschied zu anderen Zeichenprogrammen arbeiten Sie in Glyphs standardmäßig in der Pfadansicht. Die Vorschau Ihres Zeichens erhalten Sie durch Drücken der Leertaste. Außerdem können Sie sich am unteren Fensterrand eine Vorschau einblenden lassen. Drücken Sie hierfür den Button mit dem Auge unten links ⑦. Die Größe der Vorschau können Sie mit den Minus- und Plustasten rechts anpassen.

Gängige Kurzbefehle

Wenn Sie das Zeichnen in Adobe-Programmen gewohnt sind, kennen Sie viele der Werkzeuge, Konzepte, Icons und Kurzbefehle. Zu den wichtigsten gehören:

- Auswahl: [V]
- Zeichen: [P]
- Hand: [H], Leertaste
- Zoom: [Z]

Wenn Sie nur die Leertaste drücken, wird sowohl das Handwerkzeug aktiviert als auch die Vorschau des Zeichens gezeigt: Das Zeichen wird dann statt mit Pfaden, Ankerpunkten und Hilfslinien in Schwarz gezeigt.

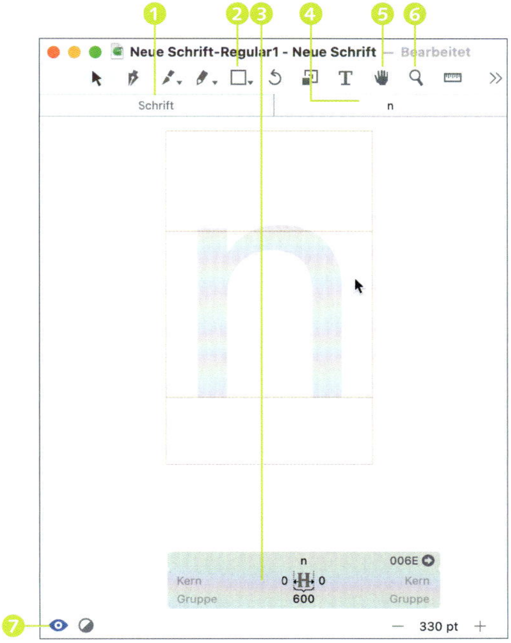

◀ **Abbildung 8.37**
Solange kein selbst erstelltes Objekt im Zeichen hinterlegt ist, ist das graue Beispielzeichen zu sehen.

Lassen Sie sich bei der Arbeit an Ihrem Font unbedingt die Informationen anzeigen. Falls nötig, blenden Sie sie über ANSICHT • INFO ANZEIGEN ein (⑦, zu sehen in Abbildung 8.38). Im linken Bereich sind Informationen zum gesamten Zeichen zu sehen ⑨, rechts finden Sie Informationen zur aktuellen Auswahl ⑪. Wichtig an dieser Stelle: Zahlreiche Felder mit Informationen geben nicht nur elementare Parameter wieder, Sie können hier auch selbst gewünschte Werte eintragen. Und genau das mache ich nun auch: Weil ich ein schlankeres »n« als das vorgegebene erstellen möchte, ändere ich die Dickte von 600 auf 500 ⑩. Im rechten Bereich definiere ich die Breite des Stamms auf 90 ⑫.

Um den bisher erstellten Stamm auch rechts einzufügen, legen wir über Copy & Paste eine standgenaue Kopie an. Die so erstellte Pfadkopie liegt standgerecht auf dem bisherigen Pfad. Mit den Pfeiltasten können Sie das Duplikat nach rechts verschieben (Abbildung 8.38 rechts oben).

Um den rechten Stamm oben zu verkürzen, klicken Sie den mittleren Auswahlpunkt ⑬ und ziehen ihn um etwa ein Drittel der Höhe nach unten. Um möglichst variabel zu bleiben und einzelne Teile eines Schriftzeichens unabhängig von anderen Zeichenteilen bewegen zu können, bietet es sich in einem Fonteditor an, Zeichen aus mehreren Teilen zusammenzusetzen. Diesen Ansatz verfolgen wir nun auch beim Komplettieren des »n«.

Gängige Zusatztasten beim Zeichnen

Beim Zeichnen kommen vor allem folgende drei Tasten zum Einsatz:

- Bewegung auf Vertikale bzw. Horizontale beschränken: [⇧]
- Grifflinie abknicken: [alt]
- Ankerpunkt beim Zeichnen versetzen: Leertaste

Größere Schritte

Das Drücken einer Pfeiltaste bewegt das markierte Objekt um 1/1.000 Geviert. Um Objekte schneller zu bewegen, halten Sie beim Drücken einer Pfeiltaste die [⇧]-Taste gedrückt. Das erhöht die Schrittweite auf 10 und bedeutet eine merkliche Beschleunigung.

Schnell kopieren

Erstellen Sie schnell eine Kopie einer Auswahl, indem Sie zuerst die [alt]-Taste drücken und dann die Auswahl bewegen. Diese Zusatztaste erstellt direkt eine Kopie, wenn Sie die Auswahl dann bewegen.

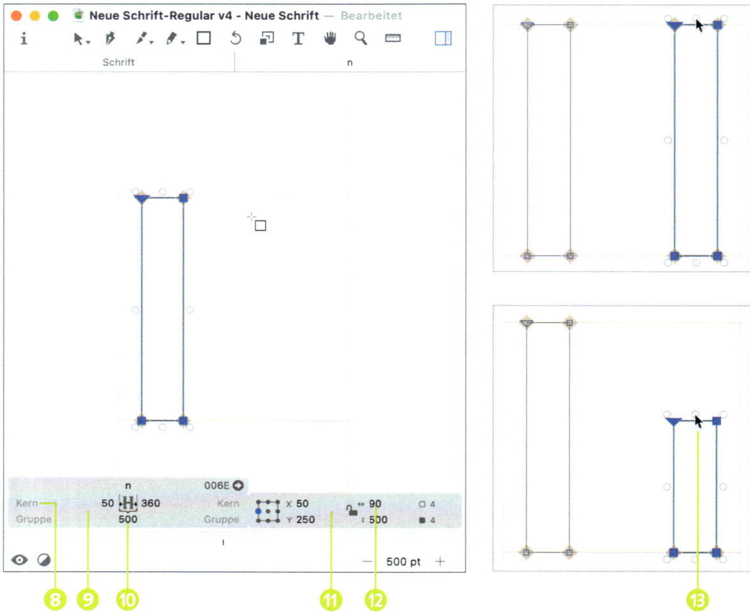

▶ **Abbildung 8.38**
In den grauen Bereichen am unteren Fensterrand werden nicht nur wichtige Informationen angezeigt, sie können hier auch eingetragen werden. Duplizieren Sie den linken Stamm, und verkürzen Sie ihn oben.

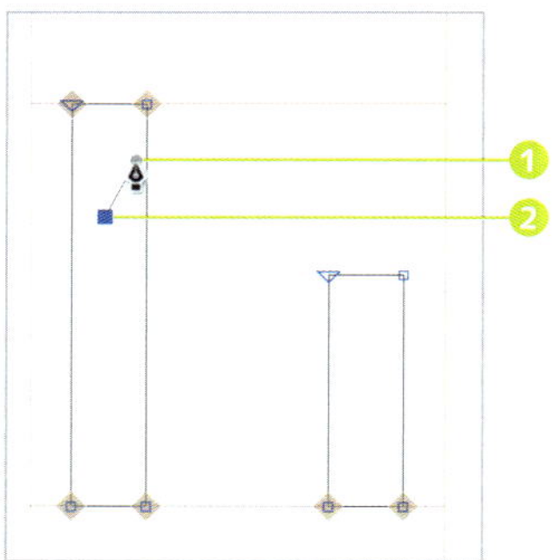

Um den oberen Bogen, die Schulter des »n«, zu zeichnen, wählen Sie das Zeichen-Werkzeug. Setzen Sie innerhalb des ersten Stamms einen Anfangspunkt 2, und ziehen Sie mit gedrückter Maustaste direkt eine Grifflinie aus dem eben gesetzten Ankerpunkt 1. Die Neigung und Länge der Grifflinie definiert, wie sich der Pfad aus dem Ankerpunkt fortbewegen kann. Um abschätzen zu können, wie die Grifflinie beschaffen sein muss, benötigen Sie Erfahrung – und die werden Sie beim Entwurf Ihres ersten Fonts machen. Außerdem: das Schöne an dem Konzept der Pfade ist es, dass Sie Pfade im Nachgang beliebig wieder ändern können.

Den nächsten Punkt setzen wir mittig zwischen die beiden vertikalen Linien, oberhalb der braunen Linie, die ja die x-Höhe bezeichnet (dass runde Formen größer als rechteckige sein müssen, um optisch gleich groß zu wirken, erkläre ich in Abschnitt 1.4). Hierbei ziehen wir wieder direkt Grifflinien aus dem neuen Punkt: Mit gedrückter Maustaste erstellen wir durch Ziehen und Loslassen zwei Grifflinien 3. Wichtig hierbei: Ziehen Sie in die Richtung, in die sich der Pfad weiter fortsetzen soll. In unserem Fall also nach rechts. Halten Sie außerdem die ⇧-Taste gedrückt: Dadurch bleiben die Grifflinien, die Sie aus dem Ankerpunkt ziehen, in der Horizontalen. Damit haben Sie den (grünen) Kurvenpunkt als einen Extrempunkt gesetzt (weitere Informationen zu Extrempunkten finden Sie im Exkurs »Tipps zum Umgang mit Pfaden«).

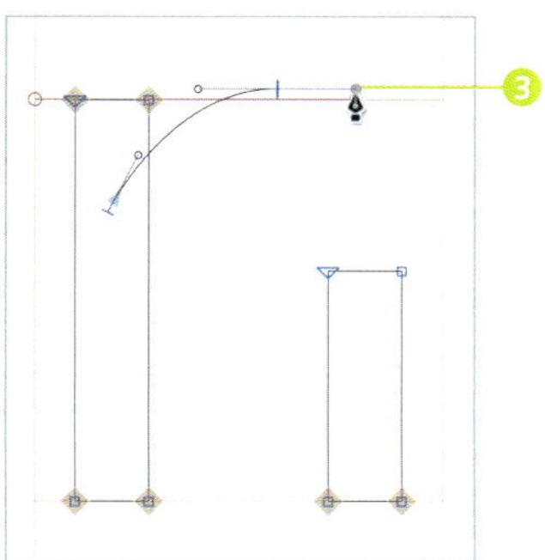

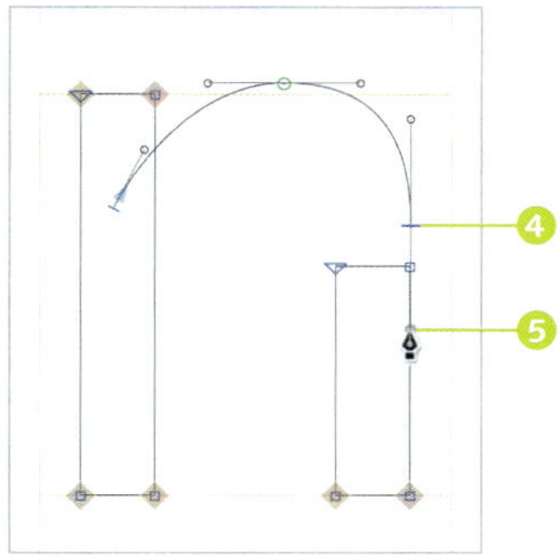

Zeichnen Sie den Pfad nach rechts weiter, indem Sie knapp oberhalb der rechten oberen Ecke des rechten Stamms einen Eckpunkt setzen (auf den bestehenden Punkt des bestehenden Pfades sollten Sie nicht klicken, sonst verbindet Glyphs beide Pfade, was wir hier nicht wollen). Wir erstellen zunächst die grobe Form der Schulter, dem Finetuning widmen wir uns, nachdem die grobe Form steht.

Das Setzen dieses Eckpunktes basiert auf zwei direkt aufeinanderfolgenden Aktionen: Zuerst erstellen Sie einen Kurvenpunkt ❹. Halten Sie genau wie eben beim Setzen des Extrempunktes wieder die ⇧-Taste gedrückt, damit die Grifflinien exakt vertikal verlaufen ❺. Es soll später ja keine Ecke beim Übergang der Schulter in den Stamm nach unten entstehen. Halten Sie die Maus weiter gedrückt.

Um die Grifflinie, die nun nach unten weist, abzuknicken, drücken Sie zusätzlich zur ⇧-Taste noch die `alt`-Taste. Knicken Sie diese nach links ab, und verkürzen Sie sie gegebenenfalls, damit sie nicht länger als die Breite des unteren Stamms ist.

Nachdem die Grifflinie abgeknickt ist ❻, klicken Sie für den nächsten Punkt an die betreffende Stelle und lassen die Maustaste los, damit Sie hier einen Eckpunkt setzen ❼. Nun wollen wir noch eine Grifflinie vertikal nach oben ziehen. Halten Sie hierfür wieder die ⇧-Taste gedrückt. Mit einem weiteren Kurvenpunkt ❿ und einem Eckpunkt ❾ vervollständigen Sie die Schulter des »n«. Ein Klick auf den Anfangspunkt schließt den Pfad ❽.

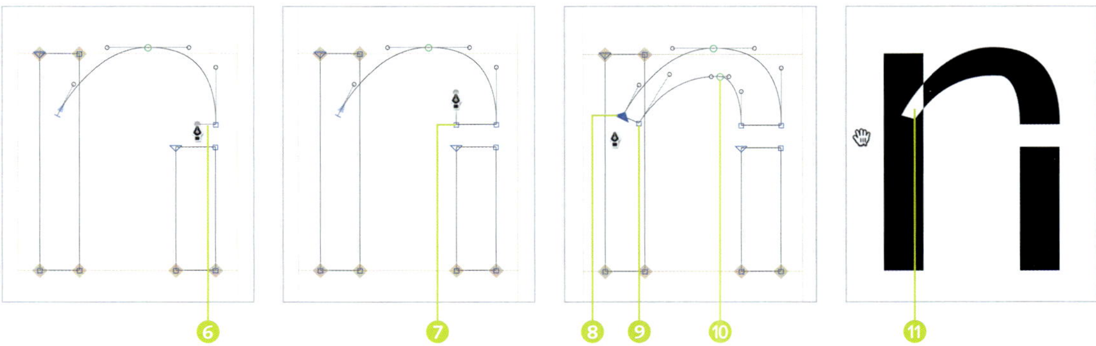

Die drei Grundelemente des »n« haben wir somit erstellt. Nun stehen Optimierungen des Buchstabens an. Hierfür kommt praktisch ausnahmslos das Auswahlwerkzeug zum Einsatz.

Was bisher nicht aufgefallen ist: dass der sich überlappende Teil von rechtem Stamm und Schulter von Glyphs ausgespart wird ⓫. Diese Situation sehe ich, indem ich die Leertaste drücke: Hierdurch aktiviere ich die Vorschau. Um den ausgesparten Teil zu korrigieren, reicht der Aufruf der Funktion PFADRICHTUNG KORRIGIEREN im GLYPHE-Menü. Nach diversen Korrekturen meines »n« sieht es so aus:

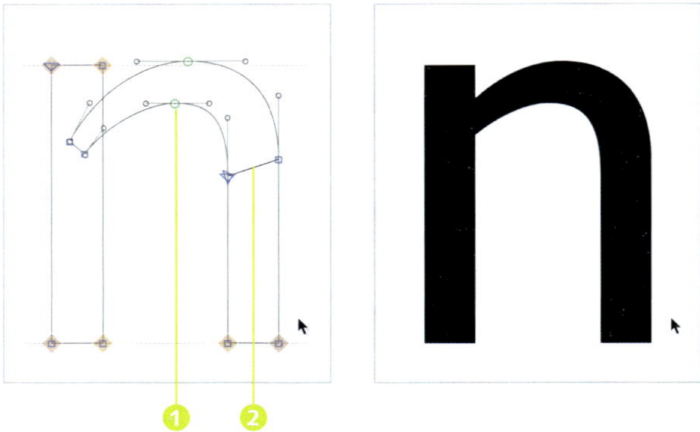

Neben dem Schließen der Lücke, die bisher zwischen der Schulter und dem rechten Stamm zu sehen war, waren das Verschieben des Extrempunktes am unteren Bogen der Schulter nach links 1 und das Anschrägen des Übergangs des linken Stamms in die Schulter 2 wesentliche Eingriffe. Sie führen zu einem dynamischeren Kurvenverlauf.

▼ Abbildung 8.39
Allmählich etablieren wir Standards für unseren neuen Font.

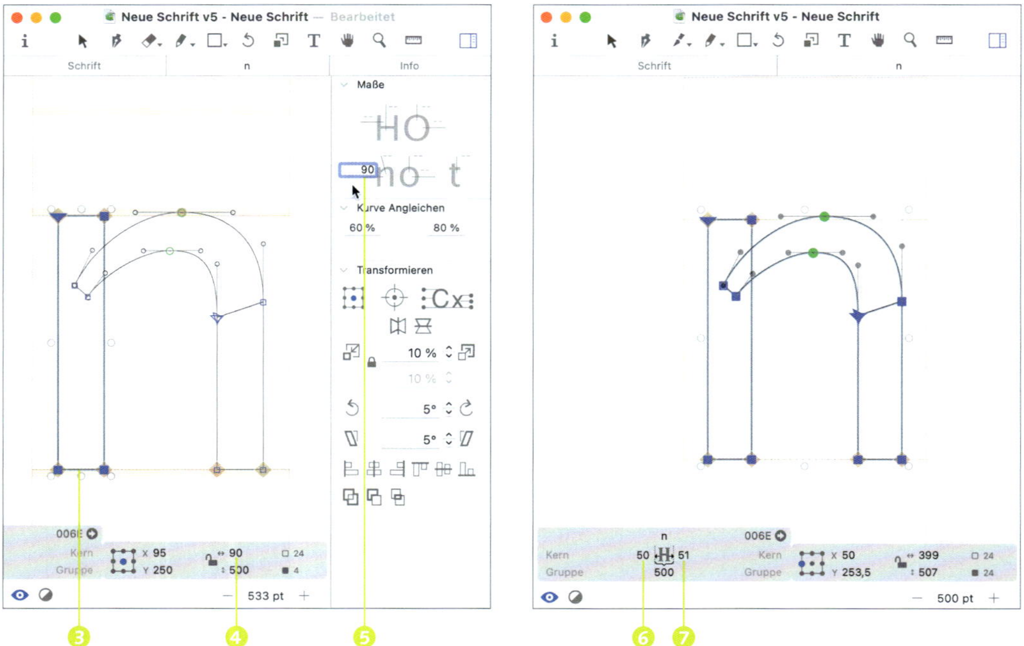

Schauen wir uns wichtige Größen an, die uns nun durch das Zeichnen des »n« vorliegen. Zunächst tragen wir die verwendete Breite ❹ des Stamms ❸ in das entsprechende Feld in der Seitenleiste ein ❺.

Aus der Zeichenbreite und der Dickte des »n« ergeben sich die Vor- und Nachbreite. Falls Ihr Zeichen noch nicht mittig in dem braunen Rechteck steht, können Sie es über DATEI • ALLES AUSWÄHLEN oder über den hierfür gängigen Kurzbefehl [cmd]+[A] komplett auswählen und dann mit den Pfeiltasten mittig platzieren. Achten Sie dabei einfach auf die Werte bei der Vor- und Nachbreite ❻ ❼. Falls sich Ihre Werte wie in meinem Beispiel um 1 unterscheiden sollten: Diese Ungenauigkeit nehmen wir in Kauf.

Beim »n« bietet sich die Verwendung desselben Wertes für Vor- und Nachbreite an, weil die linke und rechte Zeichenseite praktisch dieselbe Form aufweist: eine Vertikale. Und weil ein »o« auch auf beiden Seiten dieselbe Form – einen Bogen – aufweist, bieten sich diese beiden Zeichen für die Festlegung wichtiger Fontparameter an. Eine mögliche Gruppierung nach diesen Außenformen habe ich in nebenstehendem Kasten aufgezeigt. Diese Art der Zuordnung werden wir uns später bei der Definition von Vor- und Nachbreiten zunutze machen.

Bevor wir das »o« anlegen, lassen wir Glyphs noch weitere Hilfslinien erstellen: die sogenannten Alignment-Zonen. Rufen Sie hierfür wieder die Font-Infos mit einem Klick auf den i-Button oben links auf.

Gruppierung von Zeichen nach Außenformen

- **gerade | gerade:** n, m, h, u, i, j, l, N, (M), H, U, E, F
- **rund | rund:** o, (c), e, O, Q, (C), (G)
- **gerade | rund:** b, p, ß , B, P, R
- **rund | gerade:** d, q, (g), (a)
- **diagonal:** v, w, x, y, z, A, V, W, X, Y, Z
- **andere:** f, k, r, s, t, S

(Bei den eingeklammerten Zeichen hängt die Zuordnung sehr von der individuellen Form ab.)

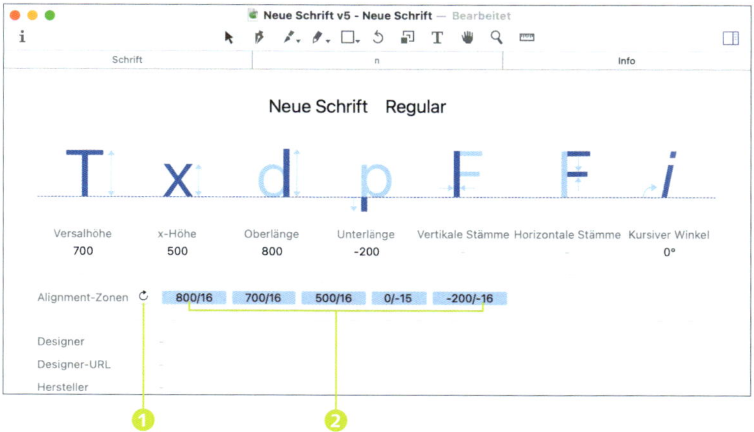

◄ **Abbildung 8.40**
Lassen Sie Glyphs Werte für Alignment-Zonen vorschlagen.

Klicken Sie auf den Pfeil-Button neben ALIGNMENT-ZONEN ❶, und Glyphs fügt verschiedene Standard-Wertepaare für uns ein ❷. Den

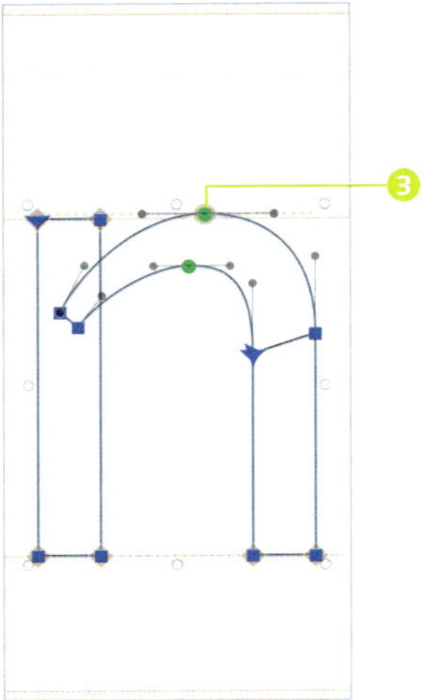

besagten Button können Sie nach gravierenden Änderungen an den Proportionen wieder betätigen oder die Werte manuell eintragen. Welche Werte Glyphs hier vorgeschlagen hat, wird im Zeicheneditor als hellbraune Balken oberhalb der x-Höhe, der Versalhöhe, der Oberlänge und unterhalb der Schriftlinie und der Unterlänge dargestellt. Sollte der obere Extrempunkt der Schulter 3 Ihres »n« nicht in der Alignment-Zone liegen, korrigieren Sie dies.

Somit ist das »n« so weit fertiggestellt, und wir wenden uns dem nächsten wichtigen Zeichen zu: dem »o«. Noch ein Hinweis an dieser Stelle: Halten Sie sich in diesem Stadium noch nicht zu sehr mit Details auf – weder in Bezug auf Form noch auf Abstände. Viele wichtige Entscheidungen können Sie erst im Zusammenhang mit anderen Zeichen treffen.

Anlage des »o« | Öffnen Sie den Zeicheneditor des »o«, indem Sie im Schrift-Tab einen Doppelklick auf das gewünschte Zeichen machen. Da wir eben die Alignment-Zonen haben generieren lassen, sind diese von nun an immer im Zeicheneditor eingeblendet. Bei Bedarf können Sie diese über ANSICHT • METRIKEN AUSBLENDEN auch deaktivieren. Im Unterschied zum »n« belassen wir am Anfang die vorgeschlagene Dickte des »o« bei 600. Mit dem Ellipsen-Werkzeug erstellen Sie den ersten Pfad. Dieser sollte bis in die Alignment-Zonen oberhalb der x-Höhe und unterhalb der Schriftlinie reichen 4 5.

Anschließend rufen wir die enorm hilfreiche Funktion VERFETTEN im FILTER-Menü auf. Sie vereinfacht das Erstellen eines zweiten Pfades ganz erheblich. In dem VERFETTEN-Dialog stellen Sie die gewünschten Werte bei HORIZONTAL und VERTIKAL ein. Durch die Aktivierung der Option MAKE STROKE 7 verdoppeln sich die hier hinterlegten Werte. Da die Strichstärke von Bogenformen kräftiger als die Strichstärke eines normalen vertikalen Stamms sein muss, um gleich breit zu wirken, gebe ich bei HORIZONTAL mit 48 6 etwas mehr als die Hälfte der Stammbreite von 90 ein. Durch die Option AUTO 8 bleibt die Höhe der ursprünglichen Form erhalten.

Da ich eine schlankere Form vor Augen habe (die AUTO-Option hat meine ursprüngliche aufrecht stehende Ellipse viel kreisförmiger umgestaltet), verwende ich die Skalierungs-Funktion in der Seitenleiste mit unterschiedlich großen Werten. Auch skaliere ich beide Pfade sowohl gemeinsam als auch einzeln: Durch die horizontale Skalierung beider Pfade nimmt die Strichstärke auch wieder ab, durch die Skalierung nur eines Pfades steuere ich hier gegen.

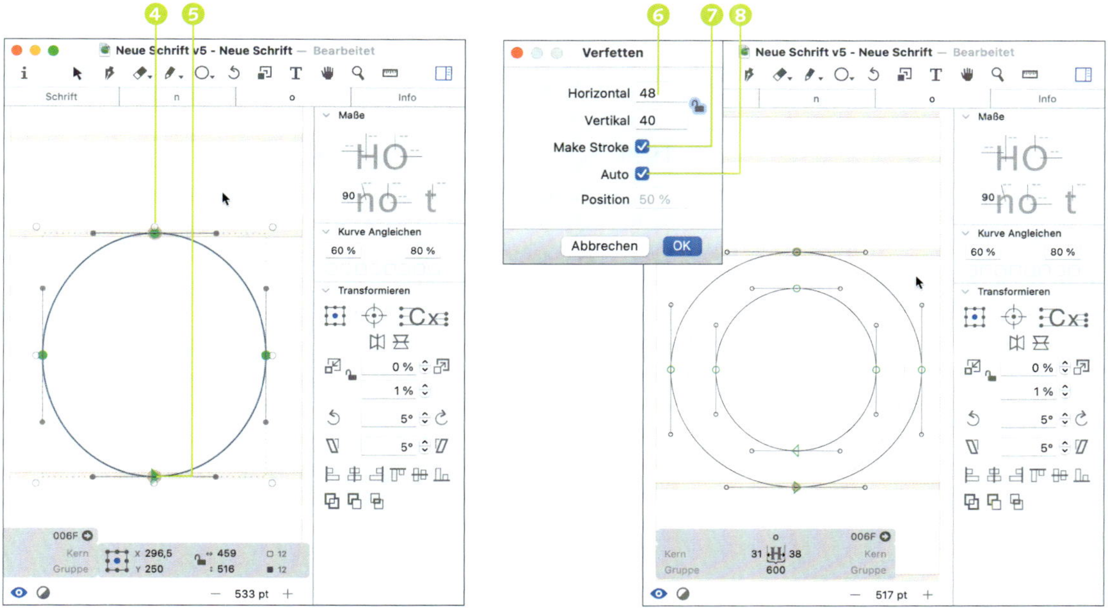

▲ Abbildung 8.41
Der Verfetten-Filter ist eine sehr wirkungsvolle Funktion.

Für meinen derzeitigen Entwurf ist die ursprüngliche Dickte von 600 viel zu breit, daher gehe ich beim »o« nun auch auf 500. Um das »o« etwas weniger rund zu gestalten, wende ich auch die Funktion KURVE ANGLEICHEN an. Ich klicke hierfür den zweiten Button von links an 9.

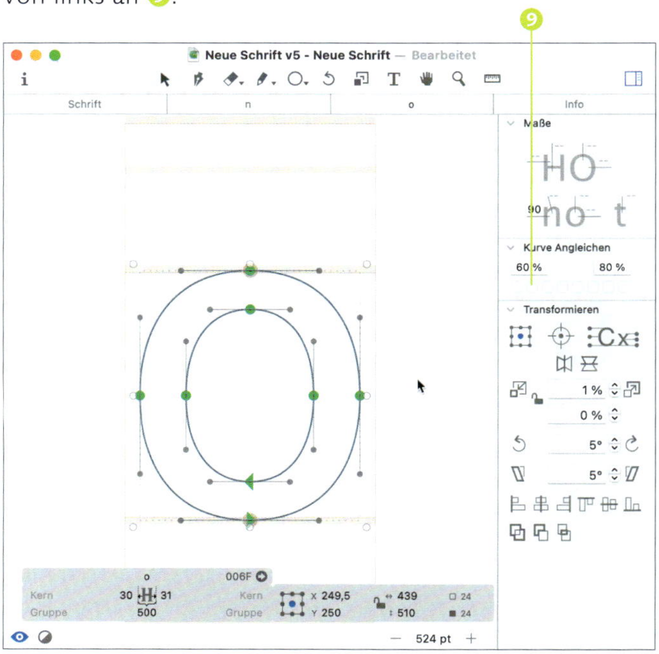

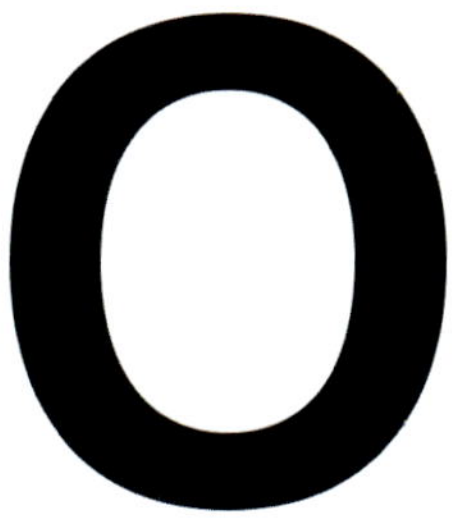

◀ ▲ Abbildung 8.42
Das »o« nach einigen Optimierungen

Kerning

Regulieren Sie Zeichenabstände möglichst lange ausschließlich über die Vor- und Nachbreite. Das Kerning sollten Sie erst ganz am Ende des Entwurfsprozesses angehen.

Zusammenspiel | Um einen Überblick darüber zu erhalten, ob unsere einzelnen Zeichen auch zusammenpassen, wählen wir das Textwerkzeug. Ein Textcursor erscheint links vom »o«, und wir geben ein »n« ein. Anschließend klicken wir rechts vom »o« und geben weitere Zeichenkombinationen ein, sodass wir verschiedene Zeichenkombinationen vor uns haben:

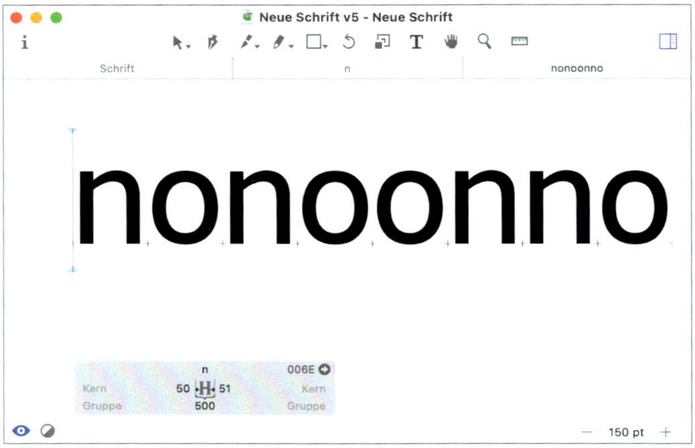

▶ **Abbildung 8.43**
Das »o« ist noch zu klein, die Abstände sind noch uneinheitlich.

Im Zusammenspiel der verschiedenen Zeichen werden Unstimmigkeiten sichtbar: Das »o« ist optisch noch zu klein, und die Zeichenabstände sind noch sehr unruhig.

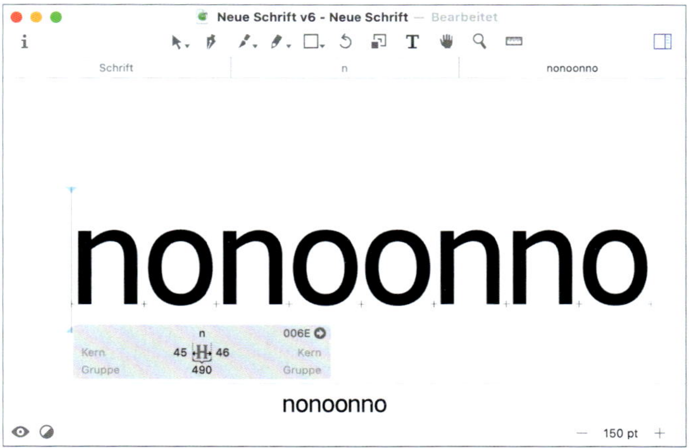

▶ **Abbildung 8.44**
Ich habe das »o« hochskaliert und die Dickten samt Vor- und Nachbreiten etwas verringert.

Zur Kontrolle und Bearbeitung von Abständen sollten Sie sich die Zeichen unten in einer zweiten Version anzeigen lassen, damit Sie dieselben Zeichen in verschiedenen Größen beurteilen können. Zur Bearbeitung klicken Sie einfach das betreffende Zeichen mit dem Auswahl-Werkzeug doppelt an. Sie können anschließend wie gewohnt das Zeichen direkt im Zusammenhang bearbeiten. Dabei ist es egal, welches der Zeichen Sie wählen; jede Änderung wird direkt an alle Instanzen desselben Zeichens durchgereicht und ist somit sichtbar.

Anlage von »a«, »d« und »g« | Die Wahl des nächsten Zeichens ist weniger zwingend, als es bei den bisherigen Buchstaben »n« und »o« war. Ich wende mich nun dem »a« zu, weil es ein Zeichen ist, dessen Teile ich in einer Reihe von weiteren Zeichen wiederverwenden kann. Ganz nach Gestaltungsansatz können sich »a«, »d«, »g«, »q«, »b« und »p« sehr ähneln.

Starten wir wie bisher, indem wir im Schrift-Tab das »a« doppelklicken. Falls das »n« nicht in einem Tab geöffnet ist, öffnen wir auch ein »n« in einem eigenen Tab und kopieren uns den linken Stamm des »n« in die Zwischenablage. Außerdem kopieren wir uns das komplette »o« in unser neues »a«.

Da Glyphs automatisch den Stand eines kopierten Elementes übernimmt, orientiere ich mich bei der weiteren Arbeit am eingefügten »o«: So übernehme ich die Vorbreite.

Zunächst positioniere ich den eingefügten Stamm weiter nach links ❶. Mit dem Schneiden-Werkzeug trenne ich das »o« mit zwei schrägen Schnitten auf ❷ und ❸. Da das Schneiden-Werkzeug alles auftrennt, was mit diesem Werkzeug überstrichen wird, müssen wir hier aufpassen, dass wir nur die Pfade des »o« bearbeiten (und nicht auch den rechten Stamm) ❹. Zoomen Sie gegebenenfalls näher an die betreffenden Stellen heran. Das Schneiden-Werkzeug schließt automatisch aufgetrennte Pfade, sodass durch das Hinzufügen von zwei Schnitten zwei unabhängige Pfade entstanden sind. Den rechten Bogen markiere ich mit dem Auswahl-Werkzeug mittels eines Doppelklicks und lösche ihn ❺.

Zeichenabstände

Bei Schriften mit Serifen lautet eine Empfehlung, sich für den Zeichenabstand an den offenen Punzen eines »m« zu orientieren. Zeichen serifenloser Schriften stehen im Vergleich dazu wesentlich enger zueinander. Oben sehen Sie die Adobe Garamond Pro, unten die Myriad Pro.

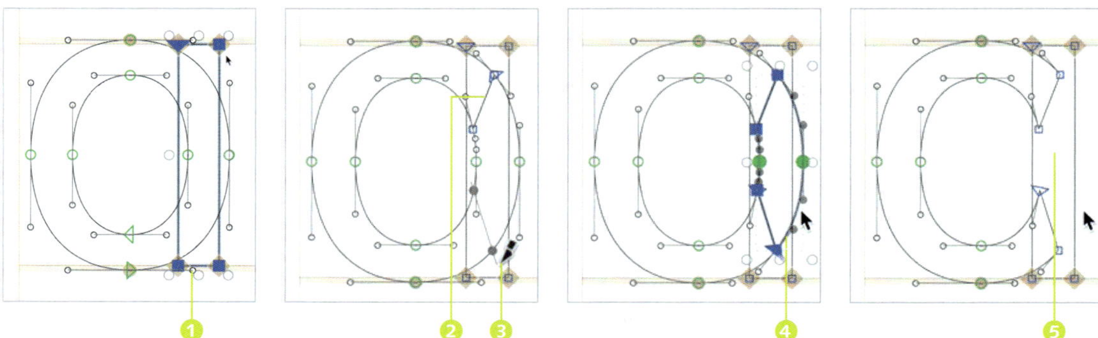

Die Vorschau des »a« macht deutlich, dass die Partien, in denen der Bauch in den Stamm übergeht, viel zu kräftig ausfallen 6. Mit dem Auswahl-Werkzeug markiere ich jeweils zwei gegenüberliegende Ankerpunkte, um sie gemeinsam nach links zu verschieben 7 8 und die rechten Ausläufe des Bauchs zu verschlanken.

Ich bin mit der Form des »a« zufrieden und stelle nun die Vor- und Nachbreite ein. Hierfür brauche ich lediglich die Zeichen in die Felder für Vor- und Nachbreite im Info-Bereich des »a« einzutragen 9 11. Die jeweiligen übernommenen Werte werden in Klammern hinter den Referenzzeichen automatisch eingetragen. Die Dickte errechnet Glyphs automatisch neu 10.

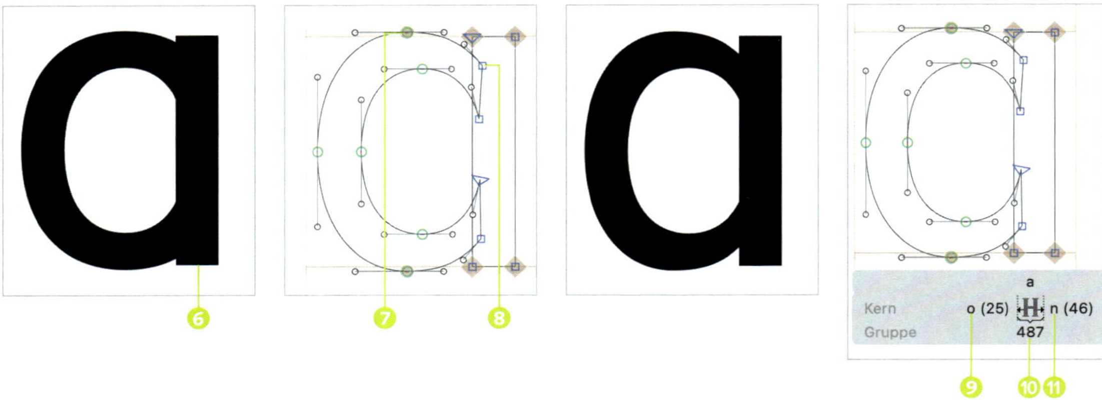

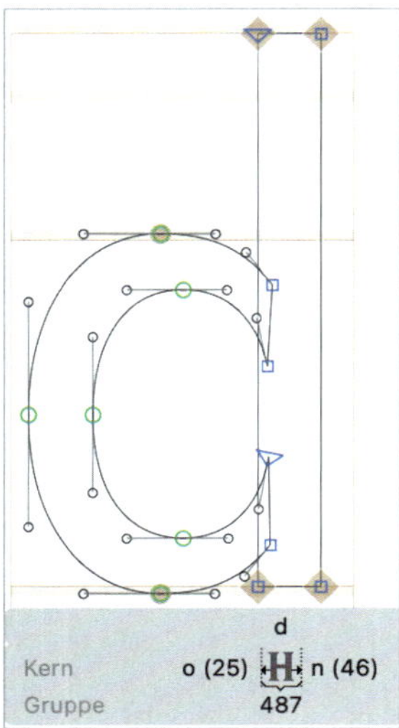

Für einen ersten Überblick über einen neuen Font möchte ich das Wort »Handgloves« verwenden. Es beinhaltet bei aller Kürze sehr wichtige Zeichen wie »a«, »g«, »o«, »e« und »s«. Daher erstelle ich als Nächstes durch Copy & Paste ein »d«, indem ich als Grundform das »a« verwende. Hier brauchen wir lediglich den Stamm nach oben bis zur Versalhöhe oder bis zur Oberlänge zu verlängern. Ich orientiere mich an der von Glyphs vorgeschlagenen Oberlänge und brauche nur wieder die Vor- und Nachbreite von »o« und »n« einzutragen wie in der nebenstehenden Abbildung zu sehen.

Für das »g« kopiere ich mir zuerst das »o« in das leere »g«. Da ich nur den unteren Bogen benötige, trenne ich das »o« mit dem Schneide-Werkzeug an den mittigen Ankerpunkten auf und lösche die obere Hälfte. Die verbleibende Hälfte verschiebe ich nach unten, bis die untere Rundung in die Alignment-Zone ragt. Diese Hälfte verkürze ich noch, bis die horizontalen Abschlüsse auf der Schriftlinie stehen, die Strichstärke und die Linienführung korrigiere ich nach 12.

Anschließend kopiere ich das »a« und füge es in das »g« ein. Der Bogen, der vom »o« stammt, muss verschmälert werden, weil die »a«-Form schlanker ist. Die beiden rechten oberen Ankerpunkte der Schlaufe bringe ich mit denen des Stamms in Deckung und lasse auch hier die Gerade des Stamms nicht horizontal, sondern leicht angeschrägt in die Biegung der Schlaufe übergehen (13). Ich markiere die beiden Eckpunkte und rufe mit einem Rechtsklick das Kontextmenü auf. Hier wähle ich die faszinierende Funktion »Ecke öffnen«. Glyphs ersetzt dadurch die beiden markierten Ankerpunkte durch je zwei neue (14) und erhält dabei das Aussehen des Pfades. Jetzt können wir das Strichende beliebig verschieben (15).

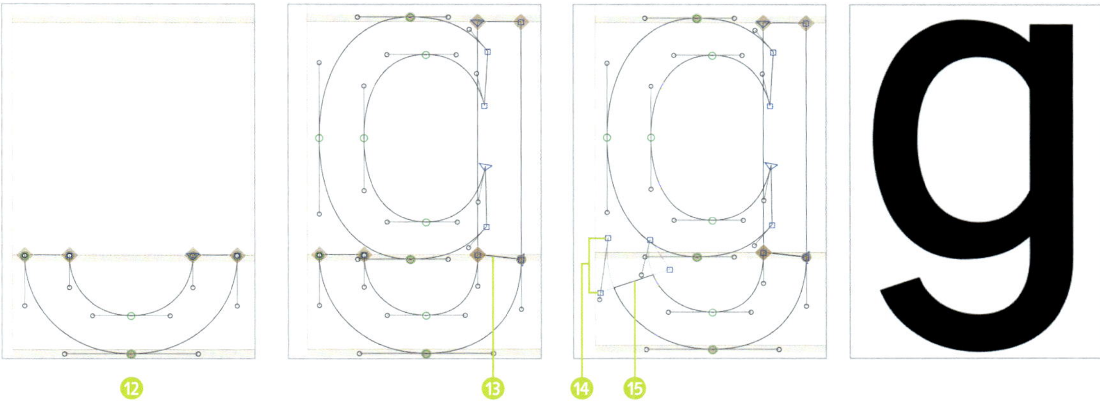

Anlage des »s« | Das »s« darf zu den anspruchsvollsten Zeichen gezählt werden. Das liegt auch mit daran, dass wir keine Partien von anderen Zeichen wiederverwenden können.

Wir beginnen mit der Grundform und lassen Glyphs gleich über die Verfetten-Funktion, die Sie schon beim »o« kennengelernt haben, die Strichstärke zeichnen. Dieses Mal halten wir Abstand zu den Alignment-Zonen der Schriftlinie und der x-Höhe. Versuchen Sie, das »s« mit sechs Ankerpunkten, von denen zumindest die Kurvenpunkte allesamt Extrempunkte sind, zu zeichnen (1), wie in der nächsten Abbildung zu sehen. Beherzigen Sie hierbei auch die Hinweise vom Exkurs »Tipps zum Umgang mit Pfaden«.

Verwenden Sie auf dieser Grundform ruhig einige Zeit. Zwischendurch können Sie sich das zu erwartende Ergebnis vom Verfetten als Quasi-Vorschau einblenden lassen. Rufen Sie hierfür den VERFETTEN-Befehl im FILTER-Menü auf, bestätigen Sie ihn aber nicht, solange Sie noch nicht vollkommen zufrieden mit dem Ergebnis sind. Als Werte nehmen wir dieselben wie beim »o« zuvor, wir deaktivieren dieses Mal aber die Option AUTO ❷. Nach dem Verfetten habe ich noch zahlreiche Modifikationen vorgenommen (siehe ❸, ❹ und ❺.

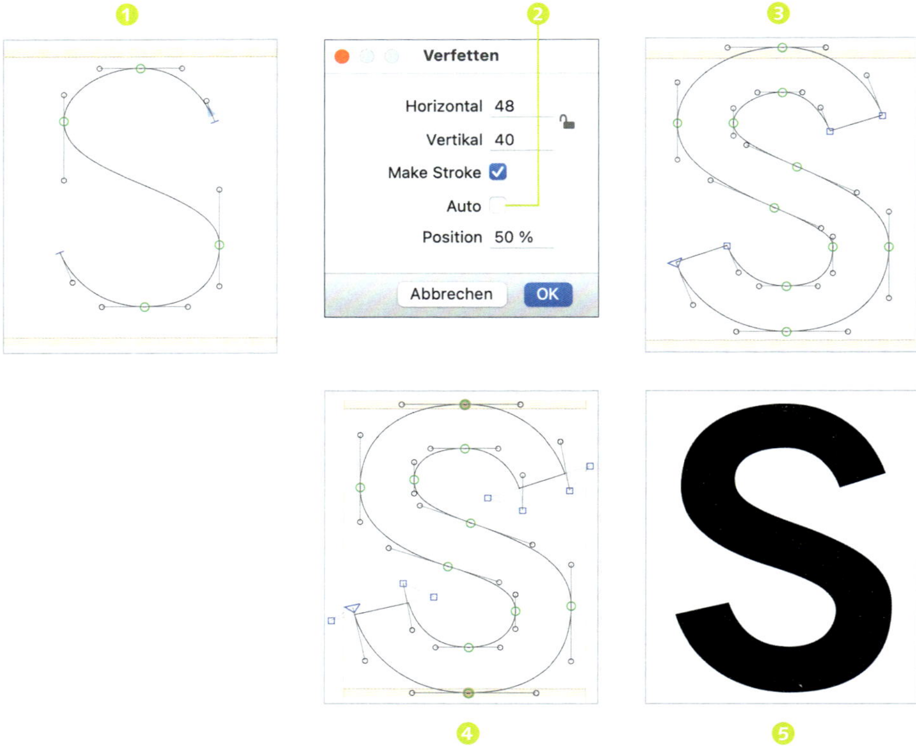

Hierzu gehörten insbesondere:

- das Einpassen des Zeichens in die Alignment-Zonen
- das Verschieben einzelner Ankerpunkte
- das Öffnen der Ecken, um die Strichenden ohne großen Aufwand modellieren zu können
- Übernahme von Vor- und Nachbreite vom »o«

Font-Export

Für das Testwort »Handgloves« fehlen nun nur noch das »H«, »l«, »v« und »e«. Nachdem ich diese Zeichen angelegt habe, möchte ich den neuen Font einmal in InDesign testen.

Um einen neuen Font in Adobe-Programmen zu testen, legen Sie sich zunächst einen neuen Ordner an. Weil dieser Ordner im Root-Verzeichnis angelegt wird, benötigen Sie hierfür Adminrechte.

Weiterführende Infos

Die erste Anlaufstelle für weitere Informationen zu Glyphs Mini und Glyphs finden Sie natürlich auf der offiziellen Website *glyphsapp.com*. Dort finden Sie neben umfangreichen Hinweisen zum Erstellen auch sehr detaillierte Manuals zu den beiden Softwareversionen als PDFs zum Gratisdownload.

Navigieren Sie im Finder zu Ihrem Rechner • Library • Application Support • Adobe. Legen Sie in diesem Verzeichnis gegebenenfalls einen neuen Ordner an, und nennen Sie ihn »Fonts«.

Für den Font-Export rufe ich den Exportieren-Befehl im Datei-Menü auf und wähle als Verzeichnis für den Export das eben angelegte Fonts-Verzeichnis:

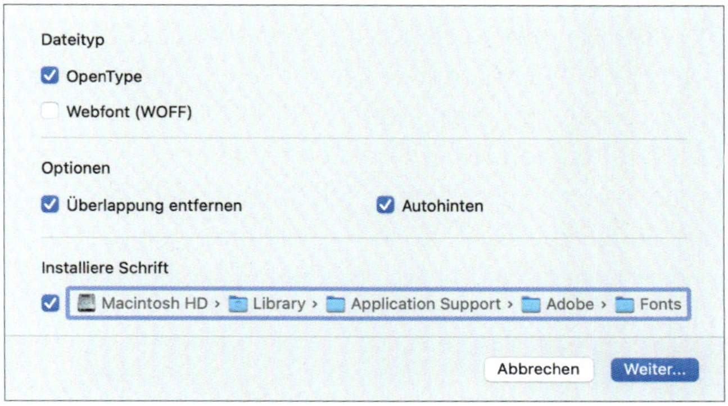

◀ Abbildung 8.45
Wenn Sie Ihren Font in diesen besonderen Ordner speichern, steht er Ihnen umgehend in Adobe-Programmen zur Verfügung.

Die Zeichen meines Fonts »Neue Schrift« stehen mir nach dem Export in InDesign sofort zur Verfügung.

◀ Abbildung 8.46
Meinen neuen Font »Neue Schrift« kann ich direkt einsetzen.

8.5 Typografie und KI

Typografische KI-Anwendungen sind zurzeit noch recht überschaubar (Stand 2024), aber mit der Zeit werden hier viele neue Möglichkeiten entstehen. Die Königsdisziplin, das Erstellen einer komplett neuen Schrift per Textprompt, mag vielleicht schon möglich sein, allerdings noch nicht für den professionellen Einsatz. Wie genau typografische Details, auf die jede Schriftdesignerin und jeder Schriftdesigner achtet, dabei umgesetzt werden können (Stichwort: Kerning), bleibt aber abzuwarten.

KI bereits heute als Sparringspartner und Assistent im Bereich Typografie einzusetzen, wird Ihren Designprozess beschleunigen und verbessern. Nutzen Sie die aktuellen Möglichkeiten für Ihre Arbeit:

- **Schriften finden:** Ein bereits bekannter Einsatz von KI: Schriften lassen sich anhand von Pixelbildern finden, indem man sie auf *fonts.adobe.com* hochlädt und sich Alternativschriften vorschlagen lässt, die man direkt aktivieren und im Design nutzen kann. Das geht beispielsweise auch auf der Website *monotype.com* und mit der App Adobe Capture. Hier können Sie Ihre Schriften zusätzlich noch Katalogisieren lassen.
- **Schrift in KI-Bildgeneratoren** einzusetzen ist noch ein Abenteuer, da die Schrift nahezu immer falsch dargestellt wird. Das gilt für alle Bildgeneratoren, auch für Midjourney oder Dall-E sowie für die Darstellung von Schriftzügen in Adobe Firefly.

▶ **Abbildung 8.47**
Erstellung von Bild mit Text in Adobe Firefly: Hier sollte der Schriftzug »Type« im Hintergrund liegen – das hätten Sie sicher nicht erraten.

- Adobe bietet allerdings eine gute Alternative, nämlich eine eigene **KI für Texteffekte**: Adobe Express. Hier lässt sich Schrift mithilfe einer Auswahl an Schriftarten und Schrifteffekten gestalten. Alternativ kann man selbst Schrifteffekte per Textprompt erstellen. Außerdem lässt sich hier Schrift auf einem transparenten Hintergrund generieren. Dazu gleich mehr.
- Die neue **Retype-Funktion in Adobe Illustrator** erkennt nicht nur die Schriften, sondern kann auch direkt im Layout oder im Bild den Grafiktext in Schrift zurückwandeln.

Texteffekte mit Adobe Express

Die KI-Texteffekte von Adobe Express bringen ein spielerisches Element in die Typografie, und für den einen oder anderen Zweck haben Sie schnell einen Schriftzug erstellt, für den Sie in 3D definitiv länger gebraucht hätten. Bisher gibt es nur ein paar Schrifttypen zur Auswahl, aber Sie können mit Hilfe von Beispielen und eigenen Prompts kreativ werden.

Wenn Sie ein neues Projekt angelegt haben, können Sie links in der Werkzeugleiste auf TEXT klicken 1 und dann oben EIGENEN TEXT HINZUFÜGEN wählen. Nun können Sie die Schriftart, Schriftschnitt, Größe und weitere typografische Funktionen Ihres Textes einstellen.

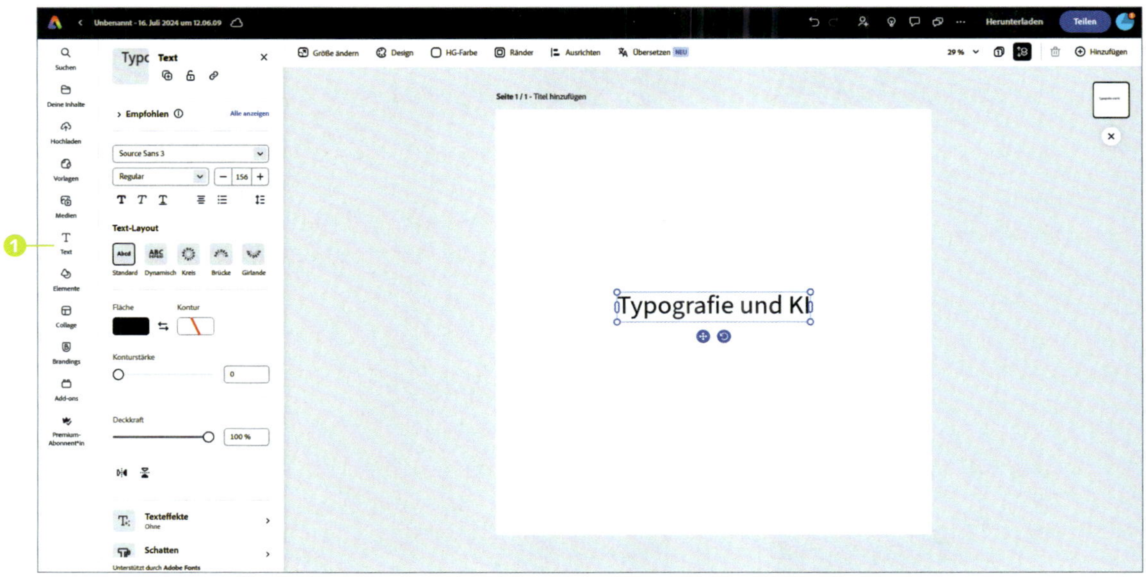

▼ Abbildung 8.48
In Adobe Express können Sie einen eigenen Text eingeben.

Generator

Wenn Sie sich etwas mit Coding auskennen und etwas experimenteller mit Schrift arbeiten möchten, bietet sich der Open-Source-Generator für SVG-Typografie *magenta.tensorflow.org/svg-vae* an.

Klicken Sie nun im linken Bereich auf TEXTEFFEKTE, und Sie können aus vorgefertigten Effekten wählen oder im Bereich BESCHREIBE… einen eigenen Textprompt eingeben.

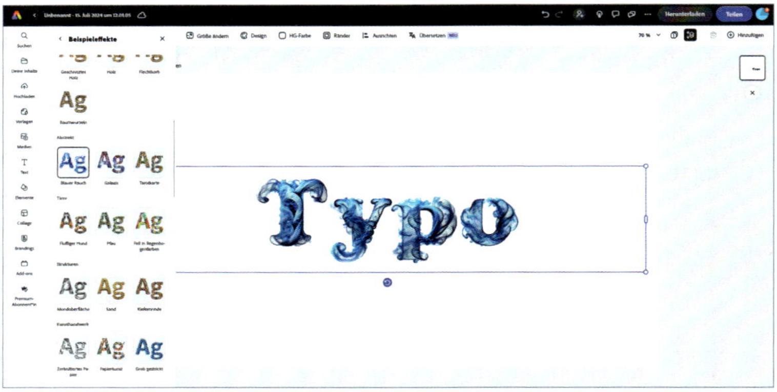

▶ **Abbildung 8.49**
Schrifteffekt »Blauer Rauch«, erstellt mit Adobe Express

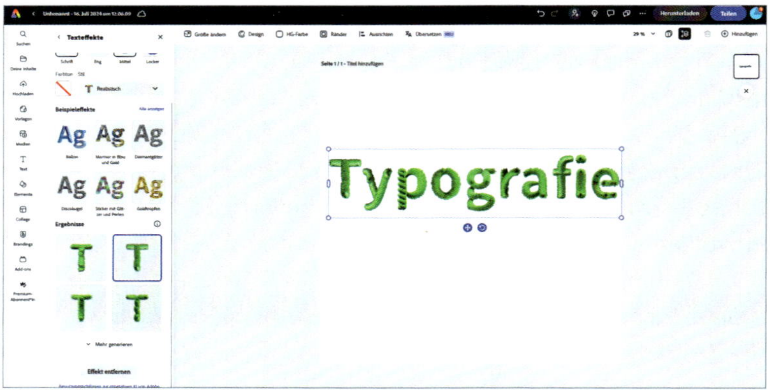

▶ **Abbildung 8.50**
»Grün, haarig, weich« – das war mein einfacher Textprompt

Schriftsuche und Schriftmischung

Sie brauchen Inspiration und Unterstützung bei der Schriftsuche und Schriftmischung? Dann probieren Sie Mixfont unter *mixfont.com* oder Fontjoy unter *fontjoy.com* aus.

Es lassen sich nun weitere Texteffekte wie Schlagschatten, Glühen, Verläufe u. a. hinzufügen und auch Hintergrundgrafiken dazuladen. Die Texte lassen sich auch animieren, indem Sie Bewegungseffekte hinzufügen.

Die Illustrator-Retype-Version

Die Retype-Funktion von Adobe Illustrator ist eine leistungsstarke, KI-gestützte Technologie, die es ermöglicht, Texte aus Bildern oder gescannten Dokumenten zu extrahieren und in bearbeitbaren Text umzuwandeln. Es kann beispielsweise passieren, dass Sie ein Schriftbeispiel als Referenz erhalten, in dem der Text in Pixel oder Pfade umgewandelt wurde und Sie müssen die Schriftart identifizieren (oder eine ähnliche Schrift finden). Dafür gibt es Online-Dienste, aber so eine Funktion ist auch direkt in Illustrator integriert. Sie erkennt nicht nur die Schriften, sondern kann auch direkt im Layout oder im Bild den Grafiktext in Schrift zurückwandeln. Auf Basis künstlicher Intelligenz versucht die Retype-Funktion, im besten Fall dieselbe Schrift zu finden. Dazu liefert Retype auch eine Reihe ähnlich aussehender Alternativschriften. Illustrator durchsucht dafür die auf Ihrem Computer installierten Schriften sowie das Angebot von Adobe Fonts.

Falls möglich, optimieren Sie die Vorlage. Gerasterte Vorlagen sollten möglichst hoch aufgelöst sein und auch in Pfade umgewandelte Schriftzüge sollten Sie vergrößern. Betten Sie Rasterbilder beim Platzieren ein, anderenfalls müssen Sie dies später tun und dann mehrere Arbeitsschritte wiederholen.

Je mehr Glyphen für eine Identifikation verwendet werden, umso präziser ist in der Regel das Ergebnis. Illustrator geht wortweise vor, das heißt, es erkennt einzelne Wörter anhand der Abstände und identifiziert anschließend deren Schriften. Entfernen Sie also die Abstände zwischen gleich gestalteten Wörtern.

Bei der Auftrennung in Wörter analysiert die Funktion jedoch nicht, ob diese Wörter auch in derselben Schrift gesetzt wurden. Unterschiedliche Schriften in einem Wort führen nicht zu einer sinnvollen Schriftidentifikation. Stehen unterschiedliche Schriften zu nah nebeneinander, dann vergrößern Sie die Abstände.

Gehen Sie wie folgt vor, um einen Schriftzug oder eine Bildvorlage mit Retype zu bearbeiten:

1. Wählen Sie einen in Pfade umgewandelten Schriftzug oder ein Bild aus und rufen Sie Schrift • Retype (Beta) auf. Illustrator öffnet das Retype-Bedienfeld. Bei der ersten Verwendung werden Sie aufgefordert, das Retype-Zusatzmodul herunterzuladen. Nach dem Aufrufen geht Retype in den Suchmodus, in dem im Dokument alles außer der Suchvorlage abgedimmt wird.
2. Auf der Zeichenfläche wird eines der erkannten Wörter hervorgehoben und im Bedienfeld wird der erkannte Text eingeblendet sowie Schriftempfehlungen aufgelistet.
3. Falls Sie wissen, dass es sich um einen auf Ihrem Computer installierten Font oder um einen Adobe-Font handelt, können Sie dies im Filter-Menü unter dem Button auswählen.
4. Scrollen Sie durch die Resultate im Retype (Beta)-Bedienfeld und vergleichen Sie sie mit dem Schriftzug. Mit einem Klick auf Weitere passende Schriften suchen generieren Sie mehr

Empfehlung

Wenn Sie mehr zu Illustrator lesen wollen, empfehle ich das Buch »Adobe Illustrator« von Monika Gause, erschienen bei Rheinwerk Design.

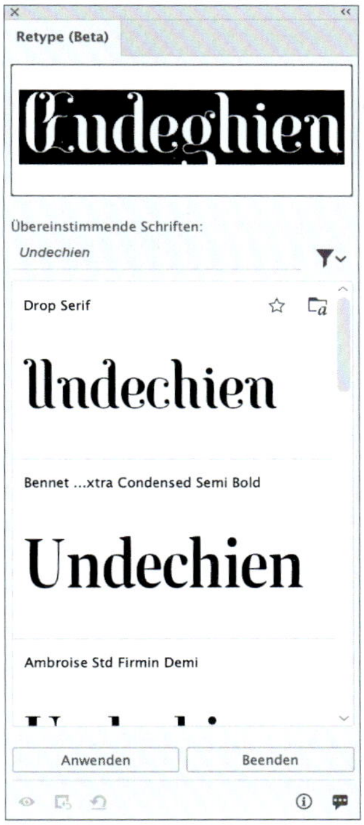

▲ **Abbildung 8.51**
Retype hat die Schrift als Drop Serif erkannt, allerdings scheinen Sonderzeichen zu fehlen.

Stern und Wolke

Mit einem Klick auf den Stern favorisieren Sie die Schriftart in Ihrem Schrift-Menü. Mit einem Klick auf die Wolke aktivieren Sie einen bisher nicht installierten Adobe-Font.

Alternative

Wenn Sie ein anderes Wort aus der Vorlage für die Schrifterkennung verwenden möchten, klicken Sie auf der Zeichenfläche darauf. Sehen Sie sich die Ergebnisse an.

▲ **Abbildung 8.52**
Die Schrift nach Textkorrektur und mit ausgewählter Schrift

Pfade vs. Pixel

Falls Retype Ihre in Pfade umgewandelte (Headline-) Schrift nicht einmal als Schrift erkennt, probieren Sie, ob Sie Resultate erhalten, wenn Sie die Grafik in Pixel umwandeln.

Vorschläge. Als Beispieltext verwendet Illustrator den Text des Schriftzugs, soweit es ihn erkennen kann. Den erkannten Text können Sie direkt im Bedienfeld ändern, die Vorschau wird angepasst. Das Erkennen von Sonderzeichen, Ligaturen und OpenType-Varianten der Glyphen funktioniert nicht gut.

5. Um das aktive Wort in Text in der gewünschten Schriftart zurückzuwandeln, aktivieren Sie die Schrift in der Liste und klicken auf den Button ANWENDEN. Illustrator retuschiert den Text aus der Bild- oder Grafikvorlage und platziert stattdessen ein Textobjekt.
6. Um Retype zu verlassen, klicken Sie auf BEENDEN oder drücken [Esc]. Das RETYPE (BETA)-Bedienfeld selbst verhält sich wie alle Bedienfelder und kann offenbleiben oder an der Seite der Arbeitsfläche angedockt werden. Falls Sie eine neue Vorlage analysieren lassen wollen, wählen Sie sie aus und klicken im RETYPE (BETA)-Bedienfeld auf ÖFFNEN.

Um den Text in einem Bild zu ersetzen, geht Illustrator bei der Retusche sehr grob vor. Sie können den Schritt widerrufen oder mit dem Button QUELLBILD WIEDERHERSTELLEN die Textersetzung zurückwandeln. Dabei wird der Retype-Modus nicht verlassen und Sie können auch eine andere Schrift auswählen.

Schriftidentifizierung

Falls Retype keine geeignete Schrift findet, bleiben natürlich noch *Whatthefont.com*, *Whatfontis.com*, *fontsquirrel.com/matcherator* oder *identifont.com*.

Schrift generieren mit Ideogram

Zukünftig werden KI-Modelle Schrift immer besser darstellen können, die Ansätze sind schon da, wie beim Bildgenerator namens Ideogram.

Sogar Produktdesigns sind mit diesem Modell möglich, auch wenn die Schrift bei mehr Details im Bild undeutlicher wird. Lassen Sie sich von den Beispielen anderer auf der Webseite inspirieren, übernehmen Sie Prompts, die funktionieren, und passen Sie diese nach eigenem Ermessen an. Das öffnet die Türen für spannende Logodesigns und auch typografische Experimente und Designs für verschiedenste Anwendungszwecke.

Für das folgende Bild wurde mit diesem Prompt gearbeitet: »Eat, sleep, design, repeat« – modern brush calligraphy, simple vector, t-shirt design, 2d flat

▲ **Abbildung 8.53**
Mit Ideogram können Sie bisher gute Ergebnisse mit englischen Begriffen und Namen erreichen. Es braucht aber manchmal etwas Geduld. Kurze und häufig vorkommende Worte kann die KI besser darstellen.

Zukünftig werden andere Modelle wie Midjourney, DALL-E und Stable Diffusion in der Darstellung von Schrift aufholen – zumindest haben es schon einige Anbieter angekündigt. Es lohnt sich also, immer wieder auszuprobieren, wie das KI-Modell der Wahl Schrift generiert und wie man diese Designs weiterverwenden kann.

Fazit

Sie sehen, dass die Möglichkeiten der KI im Bereich Typografie noch ausbaufähig sind. In den nächsten Jahren werden sicherlich KI-Fontgeneratoren auf den Markt kommen und hier bleibt es spannend zu sehen, wie professionell sie arbeiten werden und welche Möglichkeiten die Verwendung von KI noch präsentieren wird.

Empfehlung
Wenn Sie mehr über KI für Kreative wissen wollen, empfehle ich Ihnen das gleichnamige Buch von Jenny Habermehl, erschienen bei Rheinwerk Design.

Kapitel 9
Web-Typografie

In diesem Kapitel verlassen wir das große Gebiet der gedruckten Texte und wenden uns den verschiedenen Medien zu, bei denen Texte auf Displays ausgegeben werden. Dabei werden Sie manches aus dem Printbereich wiedererkennen, andere Themen sind spezifisch für die digitalen Medien.

»Webdesign ist 95 % Typografie.«
Oliver Reichenstein

Schrift ist im Webdesign eines der zentralen Elemente, die nicht nur die Ästhetik und das visuelle Erscheinungsbild einer Webseite prägen, sondern auch die Nutzererfahrung maßgeblich beeinflussen. Sie dient nicht nur der Vermittlung von Informationen, sondern auch der Schaffung von Stimmung, Ton und Markenidentität. Allerdings unterscheidet sich der Einsatz von Schrift im Web deutlich vom Einsatz im Printbereich. Beginnen wir daher mit einem Vergleich der beiden Einsatzgebiete und gehen dann zu den Besonderheiten der Webtypografie über.

9.1 Print und digitale Medien

Die grundsätzliche Wahrnehmung digitaler Medien unterscheidet sich naturgemäß nicht von der Wahrnehmung gedruckter Medien, da wir beide mit unseren Augen wahrnehmen. Aber so wenig digitale Medien ein Gewicht oder eine bestimmte Größe haben, so wenig können wir gedruckte Medien beliebig durchsuchen oder in großer Anzahl mit uns herumtragen.

Bevor wir uns mit dem Aufbau von Webseiten beschäftigen, lassen Sie mich kurz auf die ganz grundlegenden Unterschiede zwischen den gedruckten und digitalen Medienarten eingehen.

Reflektierend vs. selbstleuchtend | Printmedien benötigen immer eine externe Lichtquelle, die sie beleuchten, damit wir sie überhaupt wahrnehmen können. Die jeweilige Lichtquelle kann dabei einen enormen Einfluss auf die optische Wirkung einer gedruckten Seite haben. Das betrifft nicht nur die Farbigkeit, da beispielsweise Sonnenlicht eine andere Lichtfarbe als eine Halogenlampe hat. Die Lichtquelle entscheidet auch über die Kontraststärke, wie wir etwa schwarze Schrift auf hellem Papier wahrnehmen.

Vollkommen anders stellt sich die Situation bei digitalen Medien dar, denn Webseiten und E-Books werden praktisch ausnahmslos auf Monitoren gelesen (und nicht als ausgedruckte Version zu Archivierungszwecken oder wie die Screenshots von Webseiten in diesem Buch). Und Monitore sind im Gegensatz zu Papierseiten, die das Licht einer externen Lichtquelle reflektieren, selbstleuchtend: Sie produzieren das Licht selbst, mit dem Webseiten und E-Books überhaupt erst dargestellt werden. Dadurch ist der Kontrast etwa von Schwarz auf Weiß meist ungleich höher, als er es bei gedruckten, reflektierenden Medien je sein könnte.

Da extreme Kontraste wie schwarzer Text auf reinweißem Hintergrund für das menschliche Auge eine ermüdende Wirkung haben, finden Sie auf vielen Webseiten kein reines Schwarz, sondern dunkle Grautöne für Texte auf weißem Hintergrund. Auch im Printbereich wird aus demselben Grund beispielsweise bei reinen Textbüchern wie Romanen auch kein rein weißes, sondern leicht getöntes Papier verwendet.

Beim weitverbreiteten Framework tailwindcss (*tailwindcss.com*), das Sie als Grundlage für neue Webseiten verwenden können, finden Sie einen Grauton statt Schwarz für die Basistypografie. Denselben Ansatz finden Sie auch beim Design von *smashingmagazine.com*, einer der führenden Webseiten bezüglich Webdesign, beim Vorzeigeunternehmen Apple (*apple.com/de*) und auf der Website des Content Management Systems WordPress (*wordpress.org*).

Aufbau einer Website

Wenn Sie sich für eine Einführung darüber interessieren, wie eine Webseite überhaupt aufgerufen und ausgeliefert wird, dann lesen Sie doch hierzu das Zusatzkapitel »Der Aufbau einer Website«, das Sie im Download-Material zum Buch finden unter *www.rheinwerk-verlag.de/4083*. Denn ein grobes Verständnis über die Internettechnik macht es uns später auch leichter, über die einzelnen Bestandteile von Webseiten zu sprechen.

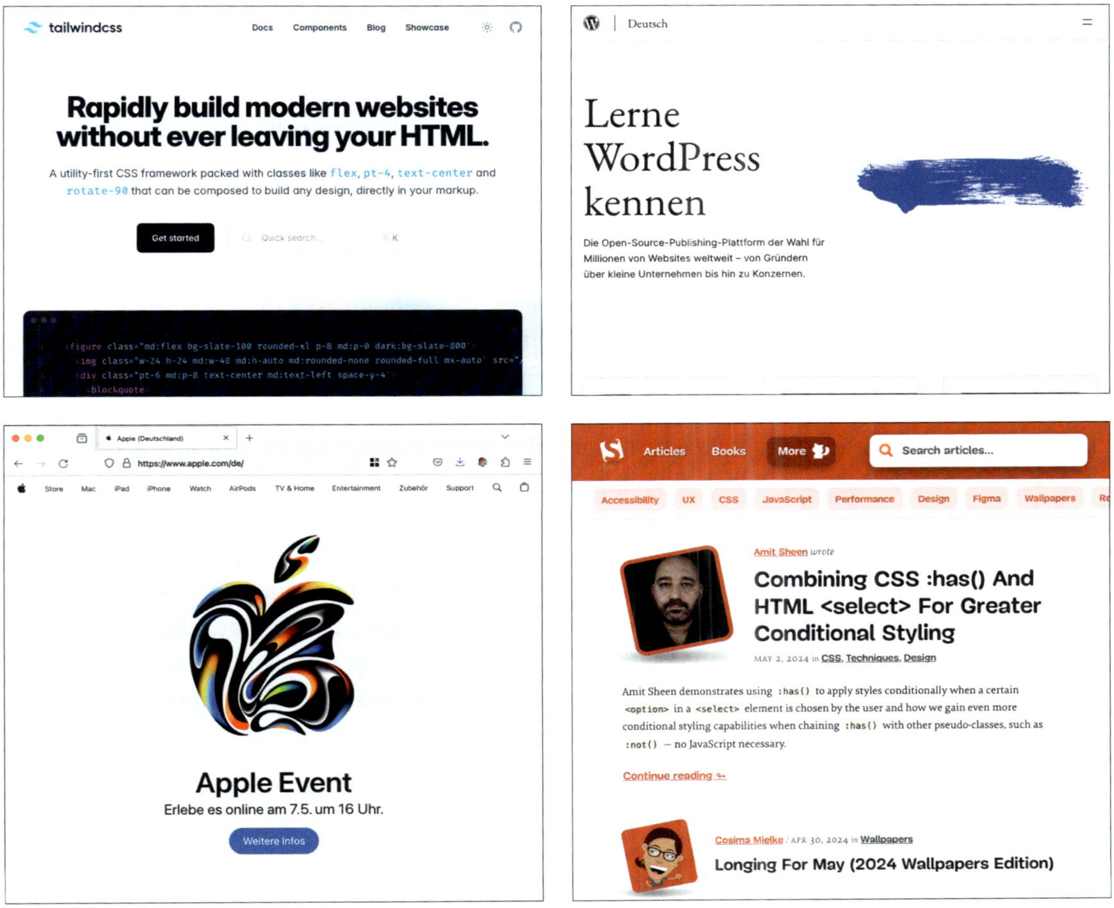

▲ **Abbildung 9.1**
Vier Webseiten, die kein Schwarz zur Textdarstellung verwenden: *tailwindcss.com*, *wordpress.org*, *apple.com/de* und *smashingmagazin.com*

Formate und Proportionen | Neben der Physik der Medien ist ein weiterer bedeutender Unterschied in den jeweiligen Formaten zu finden. Während wir bei Printmedien ausnahmslos unveränderbare Formate vor uns haben, werden digitale Medien auf einer unüberschaubaren Anzahl von Displaygrößen und -proportionen dargestellt und eben gelesen. Die Herausforderung für die Gestaltung: Wir müssen für die verschiedenen Varianten vorsorgen und die Inhalte so aufbereiten, dass sie unabhängig vom Ausgabegerät dem Zweck entsprechend wahrgenommen werden können.

Konkret bedeutet das, dass Sie verschiedene Designs erstellen, die für unterschiedliche Ausgabegrößen funktionieren und gut aussehen müssen. Für E-Books gilt Ähnliches, denn auch hier müssen Sie verschiedene Ausgabeanforderungen erfüllen.

Verdana

Matthew Carter, 1996

Die Verdana gilt als eine der ersten für den Bildschirm optimierten Schriften. Im Auftrag von Microsoft zeichnete Carter diese Schrift, die sowohl mit diversen Windows- und Mac-Versionen als auch den frühen Internet Explorern ausgeliefert wurde. In den frühen Jahren des Internets war die Verdana eine der beliebtesten Groteskschriften, was sich auch durch die hervorragende Leserlichkeit in kleinen Schriftgraden erklärt. Ikea änderte 2010 die Hausschrift von Futura zur Verdana.

CGISaj

Schriftdetails | Hufeisenförmiges »C« und »G«. Zur Leserlichkeit tragen neben der großen x-Höhe auch die Serifen beim »I« bei: Dadurch ist die Unterscheidbarkeit in kleinen Graden zu »1«, »l« und »i« gewährleistet. Charakteristisches »S«, hoher Bauchansatz beim »a«, Serife beim »j«.

Blindtext in Verdana 9,5/13,75 pt | Zwölf Boxkämpfer jagen Viktor quer über den Sylter Deich. Franz jagt im komplett verwahrlosten Taxi quer durch Bayern. Die heiße Zypernsonne quälte Max und Victoria böse auf dem Weg bis zur Küste. Sylvia wagt quick den Jux bei Pforzheim.

Verdana 32 pt

Couchtischfuß **Ikearegal**
Softwareanleitung ***Kasse***

Verdana 24 pt

abcdefghijklmnopqrstuvwxyzßäöü
ABCDEFGHIJKLMNOPQRST
UVWXYZÄÖÜ1234567890?!&„“-–

Georgia

Matthew Carter, 1996

Zeitgleich zur serifenlosen Verdana zeichnete Carter die sehr ausgewogene und zeitlose Georgia. Wie die Verdana gehört die Georgia zu den ersten bildschirmoptimierten Schriften. Dieser damals neue Ansatz führte Carter zu einer zurückhaltenden Ausgestaltung von Details und einem auffallend kräftigen Bold-Schnitt. Ebenso charakteristisch sind die im Vergleich zum Regular-Schnitt deutlich rundere Kursive und die Mediävalziffern, die sowohl bei Desktop- als auch bei Webfonts nur selten als Standardziffernsatz hinterlegt sind.

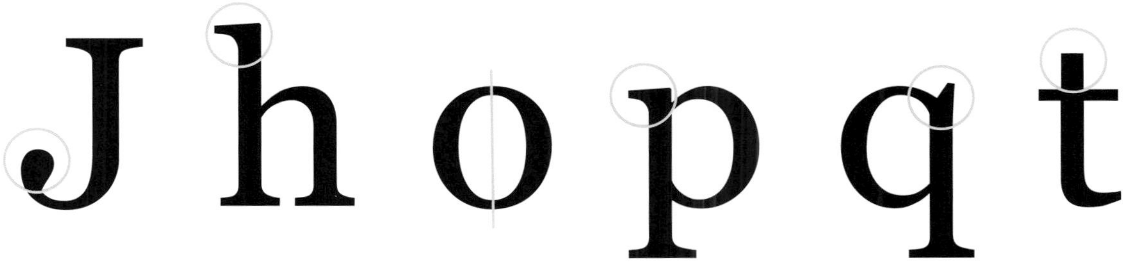

Schriftdetails | Eckig angefügte tropfenförmige Serifen. »J« steht auf der Schriftlinie. Nur sanft angeschrägte horizontale Serifen. Deutlich über die Versalhöhe hinausragende Oberlängen. Fast aufrechte Schattenachse. Beim »p« Anstrich mit Serife, eingeschnittener Stamm beim »q«. Horizontaler Anstrich beim »t«.

Blindtext in Georgia 9,5/13,75 pt | Zwölf Boxkämpfer jagen Viktor quer über den Sylter Deich. Franz jagt im komplett verwahrlosten Taxi quer durch Bayern. Die heiße Zypernsonne quälte Max und Victoria ja böse auf dem Weg bis zur Küste. Sylvia wagt quick den Jux bei Pforzheim. Jörg bäckt quasi zwei Haxenfüße.

Georgia 25 pt

Gravitation **Jahrbuchseite**
Freundschaftsanfrage ***Web***

Georgia 25 pt

abcdefghijklmnopqrstuvwxyzßäöü
ABCDEFGHIJKLMNOPQRST
UVWXYZÄÖÜ1234567890?!&„“-–

Webfonts

Dank der Technologie der Webfonts können nun auch Schriften eingesetzt werden, die nicht auf den Computern der Anwender und Anwenderinnen installiert sind. Die Gestaltungsmöglichkeiten im Bereich Typografie haben sich damit stark verbessert.

Webfonts sind digitale Schriften, die auch ohne Installation auf den Endgeräten im Web angezeigt werden können. Sie werden vom Webserver bereitgestellt oder über einen Webfont-Dienst (wie Google Fonts oder Adobe Fonts) geladen, wenn eine Webseite aufgerufen wird. Dies ermöglicht es Designern und Entwicklerinnen, fast jede beliebige Schriftart auf ihrer Webseite zu verwenden, ohne sich darauf verlassen zu müssen, dass sie auf dem Endgerät des Benutzers bereits vorhanden ist.

Webfonts werden mithilfe von CSS (`@font-face`-Regel) in Webseiten eingebunden. Die `@font-face`-Regel definiert, wie eine bestimmte Schriftart heruntergeladen und auf der Webseite dargestellt wird. Sobald die Regel definiert ist, kann die Schriftart im restlichen CSS-Code der Webseite verwendet werden, ähnlich wie jede andere Schriftart.

Schauen wir uns an, wie Webfonts verwendet werden können.

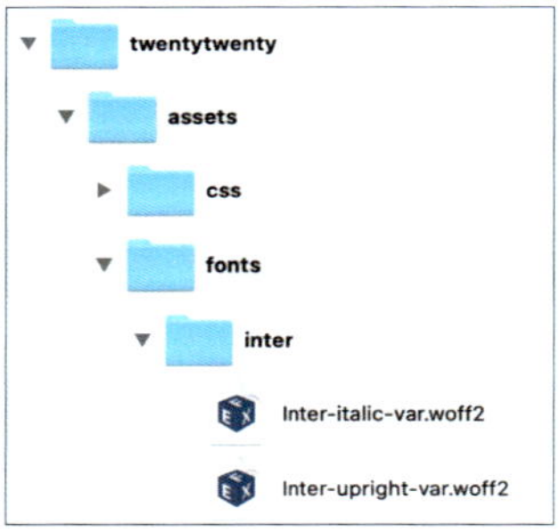

▲ **Abbildung 9.2**
Im WordPress-Theme twentytwenty ist der Font Inter hinterlegt – und wird somit selbst gehostet.

Selbstgehostete Fonts | Die eigentlichen Webfonts, die für die Darstellung auf Webseiten optimiert sind, können Sie einfach wie andere Daten auf Ihren Webspace, den Sie bei einem Hostinganbieter gemietet haben, hochladen. Im Unterschied zu den Systemfonts können Sie Webfonts nicht in Printprojekten einsetzen. Damit die Browser auch auf diese Fontdateien zugreifen können, werden diese Daten extra im Quellcode referenziert.

Der Vorteil dieser Lösung: Sie haben die volle Kontrolle über die Schriftart, die Sie einsetzen möchten. Für viele Fonts fallen Lizenzgebühren an (auf dieses Thema gehe ich im folgenden Abschnitt »Lizenzen« genauer ein).

Webfont-Dienste | Anbieter wie *fonts.google.com*, *fonts.adobe.com*, *monotypefonts.de* oder *myfonts.com* stellen teils gegen Gebühr hochwertige, für die Darstellung auf Webseiten optimierte Schriften zur Verfügung. Neben der einfachen Einbindung spricht auch die meist hohe Geschwindigkeit dafür, mit der Schriften in der Regel vom jeweiligen Server ausgeliefert und vom Browser gerendert werden.

Bei selbstgehosteten Fonts und den Fonts, auf die Sie über einen Dienst zugreifen, gilt: Je weniger Schriften (und Schnitte), desto schneller wird Ihre Seite geladen. Wählen Sie also die gewünschte Schrift oder die Schriften aus, alles Weitere wird auf den Webseiten der Anbieter gut erklärt. In der Regel erhalten Sie einen Codeschnipsel, den Sie nur noch auf Ihrer Webseite an der entsprechenden Stelle einzubauen brauchen.

> **Fonts und DSGVO**
> So praktisch das Laden von Webfonts von den großen, meist US-amerikanischen Anbietern ist, aus datenschutzrechtlicher Sicht ist dies problematisch. Denn bei der Anfrage über den Browser eines Users wird häufig dessen IP an den Anbieter übermittelt – und dafür brauchen Sie im Vorfeld dessen Zustimmung.

Anforderung an einen Webfont | Wie bei Printprojekten sollten Sie im Vorhinein klären, welche Anforderungen überhaupt an einen Webfont bestehen. Mit welchen Zeichen neben den gewöhnlichen lateinischen Zeichen ist zu rechnen?

Während es beim Printdesign praktisch unerheblich ist, ob Sie auf Ihrem Rechner einen sehr weit ausgebauten OpenType-Font wie Adobes Myriad installiert haben, der knapp zwei Megabyte »auf die Waage bringt«, hat der Umfang und damit die Datenmenge des verwendeten Webfonts direkte Auswirkung auf die Ladezeit Ihrer Website. Je mehr Zeichen im gewählten Font hinterlegt sind, desto größer die Datenmenge, die der User Ihrer Website laden muss. Um einen Font und damit seine Datenmenge an die Anforderung einer Website anzupassen, können Sie bei den verschiedenen Anbietern wählen, ob Sie beispielsweise neben (oder statt) dem standardmäßigen lateinischen Zeichensatz auch weitere Zeichen wie kyrillische oder vietnamesische Zeichen benötigen.

Auf *fonts.adobe.com* etwa finden Sie drei Optionen, um sich einen passenden Zeichensatz zusammenzustellen. Bei der voreingestellten Option Standard ① werden alle Zeichen geladen, die für Deutsch, Englisch, Französisch, Italienisch, Portugiesisch und Spanisch benötigt werden. Mit Alle Zeichen ② werden alle verfügbaren Zeichen des gewählten Fonts zusammengestellt. Da Sie hierdurch die größte Datenmenge erhalten, sollten Sie diese Option nur wählen, wenn Sie an einem großen mehrsprachigen Projekt arbeiten, bei dem Sie auch tatsächlich den kompletten Zeichensatz benötigen. Wenn Sie die Option Sprachen teilweise laden ③ aktivieren, können Sie sich einen individuellen Zeichensatz zusammenstellen, etwa, wie im Screenshot zu sehen, um eine spanisch-portugiesische Website zu erstellen.

▲ **Abbildung 9.3**
Am Beispiel von *fonts.adobe.com* können Sie sehen, dass Sie sich die benötigten Zeichensätze zusammenstellen können.

Neben den diversen Buchstabenformen, die in verschiedenen Sprachen vorkommen, gibt es weitere Zeichen wie beispielsweise Satzzeichen und Ziffern, denen Sie Ihre Aufmerksamkeit schenken sollten. Wie steht es beispielsweise mit Anführungen? Wie überzeugend ist die Kursive? Liegen die Ziffern nur in der gängigen Majuskel- oder auch als Mediävalvariante vor?

Selbst wenn Ihnen eine Schrift vom Gesamteindruck gefällt, sind fehlende oder unschöne Zeichen wie das schließende Anführungszeichen der Verdana ein Grund, solche Fonts nicht zu verwenden.

„Öffnendes und schließendes Anführungszeichen" der Verdana

Machen Sie so bald wie möglich Tests mit Zeichen, die immer mal wieder auffällige Formen aufweisen. Dazu gehören neben den deutschen Anführungen („") das scharfe S (ß), Umlaute (ä, ü, ö, Ä, Ü, Ö) und Sonderzeichen wie @, ©, & und €.

Nur wenige (Web-)Fonts bieten die Mediävalvariante als Standardziffernsatz an. Bei Schriften wie der Ropa sehen Sie Ziffern, die deutlich kleiner als die Versalien sind und dadurch in Fließtext weniger stark ins Auge springen als tatsächliche Versalziffern.

Nach 123.456 Metern musste er aufgeben.

Eine Schrift »kaufen«
Fonts werden häufig als Software angesehen. Und wie bei anderen Programmen auch, kaufen Sie diese in der Regel nicht, sondern Sie erwerben eine Lizenz zur Nutzung. In dieser ist geregelt, was Sie mit der lizenzierten Software tun dürfen – und was nicht. In den jeweiligen Font-Lizenzbestimmungen ist beispielsweise geregelt, auf wie vielen Rechnern oder Webseiten Sie einen Font installieren dürfen.

Lizenzen | Klären Sie im Vorfeld eines Webprojektes auch die benötigten Lizenzen und die möglicherweise anfallenden Lizenzgebühren. Bei kostenpflichtigen Diensten wie *fonts.adobe.com* müssen Sie auch klären, ob Sie Fonts, für die Sie selbst Lizenzgebühren – etwa im Rahmen eines Creative-Cloud-Abos – bezahlen, überhaupt für Kunden einsetzen können. Bei Webfonts ist die Lizenz häufig an eine Obergrenze für Webseitenansichten gekoppelt.

Als Beispiel für Lizenzmodelle möchte ich Ihnen das Prinzip von *myfonts.com*, einem der größten Anbieter, vorstellen. Hier dürfen Schriften meist nur vom Lizenznehmer verwendet werden. Das bedeutet für Sie als Webdesigner oder Webdesignerin, dass etwa im Gegensatz zu *fonts.adobe.com* der Kunde bei Schriften von *myfonts.com* selbst die Lizenzen der gewünschten Schriften haben muss – es nützt Ihnen also für Kundenprojekte mitunter nichts, wenn Sie Lizenzen für tolle Webfonts haben.

Und bei Kauf einer Lizenz auf *myfonts.com* müssen Sie oder eben Ihr Kunde angeben, mit wie vielen Pageviews Sie rechnen. Bei der Optima beispielsweise ist die kleinste Menge an buchbaren Pageviews 250.000 pro Monat. Die nächste Größenordnung ist die zehnfache Menge, für die allerdings deutlich weniger als der hochgerechnete Betrag fällig wird.

Neben den lizenztechnischen sollten Sie auch die datenschutzrechtlichen Bestimmungen des jeweiligen Anbieters im Blick haben. Denn die vorgestellten Services von *fonts.google.com*, *fonts.adobe.com* und *myfonts.com* fragen Informationen bezüglich der Verwendung der Webfonts beim Besuch Ihrer Internetpräsenz ab und speichern diese. Dies ist notwendig, damit man nachhalten kann, wie hoch das Aufkommen von Pageviews ist – denn wie erwähnt, ist die Lizenzhöhe abhängig von den tatsächlichen Pageviews, und diese registriert *myfonts.com*. Auf den Sachverhalt, dass überhaupt eine Übertragung stattfindet und diese sicher auf Servern außerhalb Europas erfolgt, sollte im Impressum hingewiesen werden.

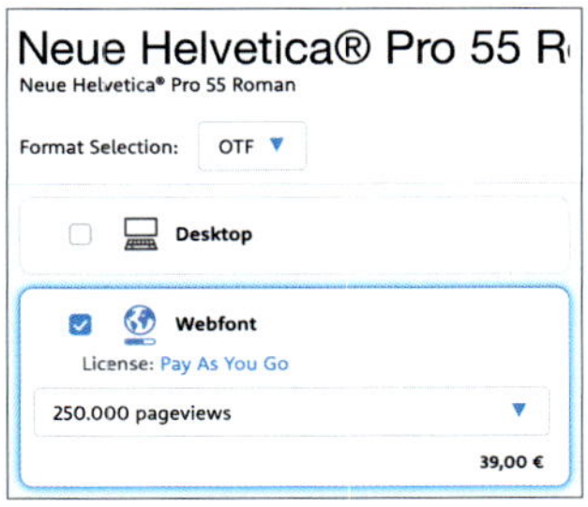

▲ **Abbildung 9.4**
Für einen Schnitt der Neue Helvetica Pro werden auf *myfonts.com* für 250.000 Seitenaufrufe auf einer Domain 39 € fällig.

Schriften zuweisen

Nachdem Sie sich für eine der drei Möglichkeiten entschieden haben, stellt sich die Frage, wie Schriften einer ganzen Website oder einem bestimmten Text zugewiesen werden und welche Formatierungsoptionen Sie dabei haben.

Wenn Sie aus Interesse immer mal wieder mit den Developer Tools Webseiten untersuchen, werden Sie sehen, dass Schriften praktisch immer gruppenweise einem HTML-Element zugewiesen werden. Die Zuweisung erfolgt über das Attribut `font-family`, das Sie weiter vorn schon mehrfach gesehen haben:

```
font-family: Helvetica, Arial, Verdana, sans-serif;
```

Das Prinzip hinter der Zuweisung einer Schrift: Der Browser liest den Font-Stack (deutsch: Schriftstapel) von links nach rechts und überprüft dabei, welche der Schriften auf dem Endgerät vorhanden ist. Für das Beispiel oben heißt das: Wenn Helvetica installiert ist, zeige den betreffenden Text in Helvetica an, sonst überprüfe, ob Arial installiert ist. Falls ja, zeige den Text in Arial an usw. Als letzten Eintrag eines Font-Stacks finden Sie praktisch immer eine der drei großen generischen Schriftgruppen: sans-serif, serif oder mono. Seltener, aber erlaubt sind auch die Gruppen cursive und fantasy (im nebenstehenden Beispiel von oben nach unten zu sehen). Dieses System nennt sich Fall-Back.

Typoblindtext in font-family: serif
Typoblindtext in font-family: sans-serif
Typoblindtext in font-family: monospace
Typoblindtext in font-family: fantasy
Typoblindtext in font-family: cursive

Hat der Browser keinen Zugriff auf eine der links notierten Schriften, kann er immer noch eine Schrift derjenigen Schriftgruppe anzeigen, die ganz am Ende eines Font-Stacks steht. Damit ist gewährleistet, dass zumindest die grobe Schriftsorte (mit oder ohne Serifen) beibehalten wird, auch wenn die gewünschte Schrift

Zusammengesetzte Fontnamen

Setzt sich ein Schriftname wie bei »Helvetica Neue« aus mehreren Wörtern zusammen, wird der komplette Name in Anführungszeichen gesetzt. Wie Sie sehen, ist es im Code üblich, von Anführungen zu sprechen, obwohl es Zollzeichen sind (und sein müssen).

`font-family: "Helvetica Neue", Helvetica, Arial, sans-serif;`

nicht verfügbar ist. Die weiter rechts notierten Werte sind somit die Fallback-Schriften der eigentlich gewünschten, ersten Schrift links.

Üblicherweise wird dem gesamten Body die gewünschte Hauptschrift zugewiesen. Prinzipiell können Sie diese Definition aber auch im HTML-Element vornehmen. Die Hauptschrift Ihrer Webseite definieren Sie im body-Element mit einem Font-Stack.

```
body {
 font-family: "Helvetica Neue", Helvetica, Arial,
 sans-serif;
}
```

Sie können Elemente wie Überschriften gesondert ansprechen, wenn diese in einer vom Body abweichenden Schrift dargestellt werden sollen. Bedenken Sie hierbei, dass die Verwendung mehrerer Schriften und Schnitten zulasten der Bandbreite geht. Wägen Sie ab, in welchem Verhältnis Design und Bandbreite stehen sollen.

```
h1, h2, h3, h4, h5, h6 {
 font-family: Cambria, "Times New Roman", Times,
serif;
}
```

Dieser Font-Stack aus Schriften ohne und mit Serifen und die Definition des Bodys führt in meinem Browser zu folgendem Ergebnis.

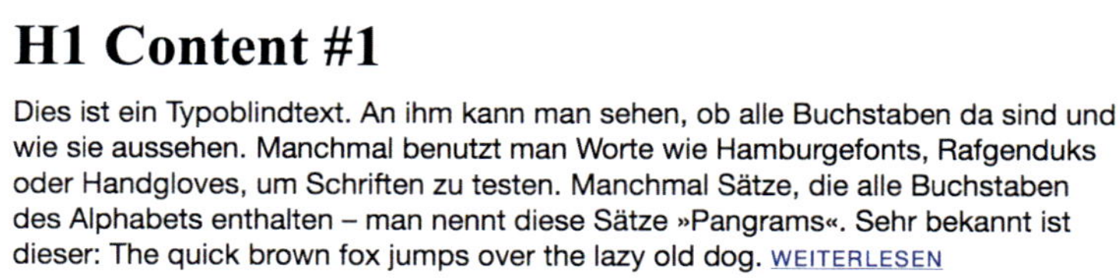

Code durch Fontanbieter

Webfontanbieter stellen Ihnen die nötigen Codeschnipsel zur Verfügung, um die gewünschten Fonts und Schnitte auf Ihrer Website einzubinden.

Da ich die Cambria nicht auf meinem Rechner installiert habe, rendert Firefox die Überschrift in der Times New Roman, einem Standardfont, der auf Macs vorinstalliert ist. Um individuellere Fonts verwenden zu können, müssen Sie diese erst mit der jeweiligen Webpräsenz »verdrahten«. Wenn Sie beispielsweise die hervorragende Alegreya von Google verwenden möchten, fügen Sie folgende Codezeile in den Head-Bereich Ihrer Webseite ein.

```
<style>
@import url('https://fonts.googleapis.com/
css2?family=Alegreya+Sans:wght@400;700&display=swap');
</style>
```

Solche Codeschnipsel bietet Ihnen Google nach Auswahl einer Schrift auf *fonts.google.com* direkt an. Die beiden Zahlen hinter dem Schriftnamen Alegreya verweisen auf zwei Schnitte dieser Schrift: In diesem Fall werden die Regular- und Bold-Schnitte geladen.

Diese Schnitte können nun wie gewohnt den gewünschten Selektoren zugewiesen werden:

```
body {
 font-family: Alegreya, serif;
 font-weight: 400;
}
h1, h2, h3, h4, h5, h6 {
 font-weight: 700;
}
```

Wie Sie sehen, brauchen Sie beim Styling der Überschriften keine Schrift anzugeben, wenn sich die Formatierung nur durch einen anderen Schnitt derselben Schrift unterscheidet: das `font-family`-Attribut wird ja vom übergeordneten `body`-Tag an alle folgenden Tags vererbt (siehe hierzu das einführende Kapitel zu CSS unter *www.rheinwerk-verlag.de/4083*). Jetzt wurde die Headline mit `font-weight: 700`, der Fließtext mit `400` definiert.

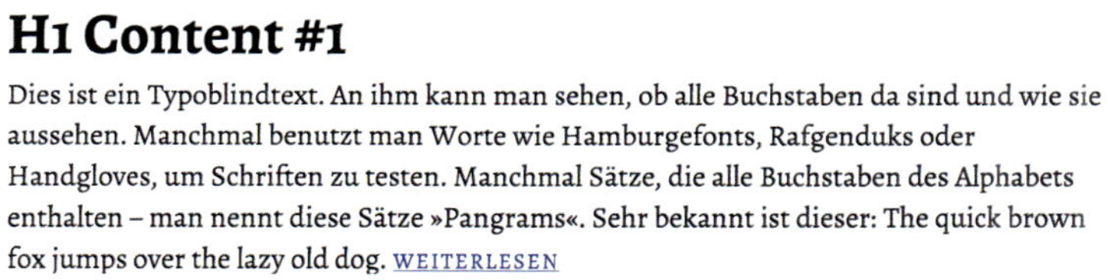

Wenn Sie verschiedene Google-Schriften mischen möchten, ist das Prozedere genauso: Binden Sie die gewünschten Schriften und Schnitte zunächst ein, und ordnen Sie dann die Schriften den entsprechenden Selektoren zu. Für das folgende Beispiel habe ich zusätzlich zur Alegreya (mit Serifen) im Fließtext die Alegreya Sans für die Headlines verwendet. Beide Fonts können dabei einfach durch eine »pipe« (|) voneinander getrennt werden, dieses Codesnippet wird uns von Google automatisch auf *fonts.google.com* generiert. Wird ein Font nicht weiter spezifiziert, wird automatisch nur der Regular-Schnitt geladen:

```
<link href="https://fonts.googleapis.com/
css?family=Alegreya|Alegreya+Sans:700&display=swap"
rel="stylesheet">
```

Die Zuweisung der Schriften im Stylesheet habe ich folgendermaßen realisiert. Dabei habe ich auch die Klasse `.more-link` mit dem Bold-Schnitt der serifenlosen Alegreya formatiert.

```
body {
 font-family: Alegreya, serif;
 font-weight: 400;
}
h1, h2, h3, h4, h5, h6, .more-link {
 font-family: "Alegreya Sans", sans-serif;
 font-weight: 700;
}
```

Der Browser rendert die so gestylten Texte wie folgt.

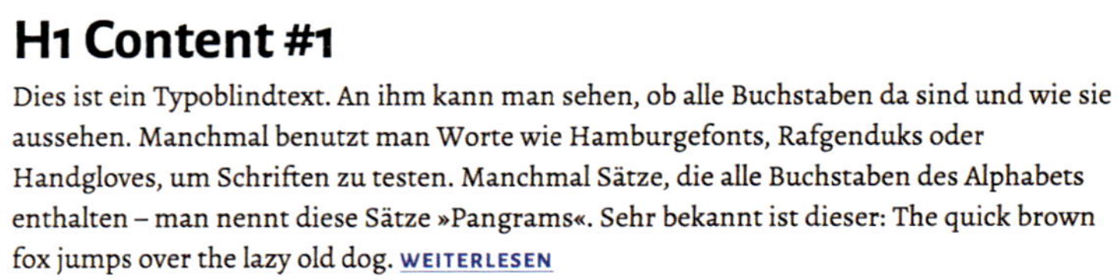

Versalien

Die Weiterlesen-Links habe ich über die Klasse `.more-link` in Versalien dargestellt. Der entsprechende Eintrag lautet:

```
.more-link {
 font-size: 0.75em;
 text-transform: uppercase;
 letter-spacing: 1px;
}
```

Die Attribute `text-transform` und `letter-spacing` stelle ich Ihnen später noch gesondert vor.

Neben der Definition des normalen und des Bold-Schnittes durch 400 bzw. 700 können Sie auch die entsprechenden Begriffe `regular` und `bold` verwenden. Prinzipiell können die Schnitte von Webfonts Werte in 100er-Schritten zwischen 100 und 900 annehmen. Ob diese neun Schnitte der gewählten Schrift überhaupt vorhanden sind, ist vom jeweiligen Font abhängig.

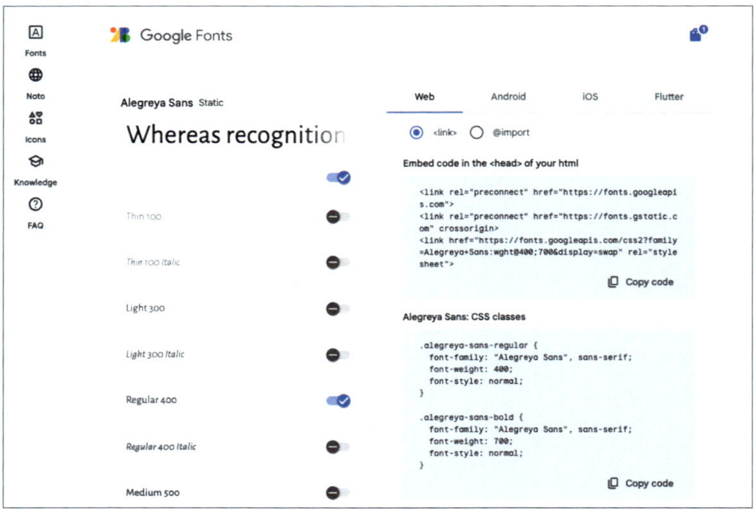

▶ **Abbildung 9.5**
Ausschnitt der Übersicht zu Alegreya Sans und Alegreya

9.3 Texte mit CSS und HTML hierarchisieren

Nachdem wir gesehen haben, wie Schrift grundsätzlich in die Website eingebunden wird, kommen wir nun zur Strukturierung unserer Texte im Web. Mit einer guten Hierarchie vermitteln Sie die unterschiedliche Wichtigkeit von Textelementen. Durch den Einsatz verschiedener Schriftgrößen, Schriftschnitte und -farben, aber auch durch Auszeichnungen kann eine klare Ordnung innerhalb des Textes geschaffen werden.

Lighter und bolder

Neben den beiden Eigenschaften `normal` und `bold` des `font-weight`-Attributs gibt es auch noch `lighter` und `bolder`, die aber keine besondere Praxisrelevanz haben.

Schriftgröße

Auch in der Webtypografie ist der Einsatz gut ausgesuchter Schriftgröße von großer Bedeutung für die Strukturierung und Leserlichkeit des Textes. Gehen Sie auch hier wie in der Printgestaltung von der Gestaltung des Fließtextes aus, und denken Sie an einen ausreichenden Größenunterschied zu den Überschriften.

Die Schriftgröße wird in CSS mit der Eigenschaft `font-size` festgelegt. Vorsicht, `font-size` lässt sich in verschiedenen Einheiten angeben (siehe den folgenden Exkurs), der absoluten Einheit `pt`, der Einheit `px` und der relativen Einheit `em` und `rem`. Auch Formulierungen wie `large`, `small` oder `medium` sind möglich.

Schriftschnitte

Schriftschnitte können durch die Verwendung verschiedener CSS-Eigenschaften wie `font-weight`, `font-style` und `font-variant` angewendet werden.

- `font-weight` ermöglicht die Anpassung der Schriftstärke. Werte können als Schlüsselwörter (z.B. `normal`, `bold`, `light`) oder als numerische Werte von 100 bis 900 angegeben werden, wobei 400 dem normalen Schriftgewicht entspricht und 700 dem fettgedruckten.
- Mit `font-style` wird der Schriftstil wie normal, kursiv oder geneigt (oblique) festgelegt.

Schnitt muss verfügbar sein

Für jede Variation der Schriftart (z. B. normal, fett, kursiv) müssen Sie sicherstellen, dass ein entsprechender Schriftschnitt verfügbar und korrekt in Ihrem CSS referenziert ist. Dies kann durch die Verwendung von `@font-face`-Regeln in CSS oder durch das Einbinden von Schriftarten über Webfont-Dienste wie Google Fonts geschehen, wo Sie spezifizieren können, welche Gewichte und Stile Sie verwenden möchten.

Der Zeilenabstand

Der Zeilenabstand von Texten wird mit dem Attribut `line-height` definiert. Anders als in DTP-Programmen, in denen Zeilenabstände

Die Einheiten Pixel, em, rem

Bei der Gestaltung für digitale Medien kommen drei Einheiten zum Einsatz: Pixel, em und rem.

Pixel

Das Wort Pixel leitet sich vom englischen Begriff *picture element* (engl. Bildelement) ab. Da dieser Begriff in drei zwar ähnlichen, aber doch verschiedenen Kontexten verwendet wird und dort auch unterschiedliche Dinge bezeichnet, schauen wir uns zunächst die jeweiligen Besonderheiten an.

▲ **Abbildung 9.6**
Pixel werden in Bildbearbeitungsprogrammen als farbige Quadrate repräsentiert.

Bildpixel | Jeder, der mit Bildbearbeitungssoftware wie Photoshop gearbeitet hat, kennt das mosaikartige Farbpunkteraster, das bei genügend hoher Zoomstufe auf dem Monitor zu sehen ist.

Dabei wird die kleinste Bildinformation als quadratische Farbfläche dargestellt (Abbildung 9.6 unten). Das hat sich in der Praxis bewährt, allerdings ist die Schlussfolgerung daraus, dass ein Pixel quadratisch sei, genau genommen falsch. Denn die Bildinformationen, die von Kameras oder Bildbearbeitungsprogrammen gespeichert und verarbeitet werden, sind genau das: Informationen. Daher haben Pixel von sich aus keine physische Ausdehnung oder eine bestimmte Form, sondern werden in Grafikprogrammen nur durch Farbquadrate repräsentiert.

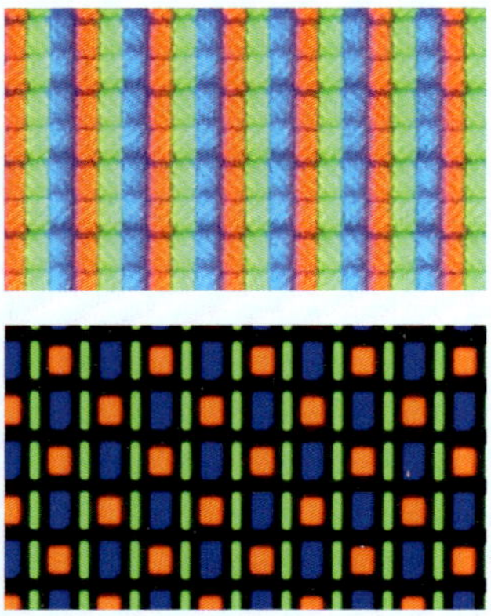

▲ **Abbildung 9.7**
Displaypixel haben weder eine einheitliche Form, Größe noch Struktur: oben ein LCD-Fernsehdisplay, unten ein Smartphonedisplay.

Gerätepixel | Im Bereich Displays werden Pixel zur Angabe der physikalischen Auflösung verwendet. Je mehr Pixel pro Längeneinheit auf einem Display Platz finden, desto schärfer können Bilddaten angezeigt werden.
Im Unterschied zu der quadratischen Repräsentation von Bildpunkten in Bildbearbeitungen verwenden Displayhersteller unterschiedlichste Formen zur Darstellung der vom Bild gelieferten Farbinformation. Hierbei braucht ein Gerätepixel noch nicht einmal quadratische Proportionen zu haben. Unabhängig von der verwendeten Struktur setzt sich ein Pixel eines Bildschirms immer aus den drei Displayfarben Rot, Grün und Blau – den sogenannten Subpixeln – zusammen.

CSS-Pixel | Im Gegensatz zu den Bild- und Gerätepixeln wird Pixel im Bereich Webtypografie als eine Größeneinheit verwendet.

Ursprünglich entsprach ein Pixel 1/96 inch und war damit etwa 0,2646 mm groß. Dieses Maß erklärt sich aus dem Umstand, dass Bildschirme der frühen Generationen genau diese Auflösung hatten. Ein Pixel war auf diesen Monitoren tatsächlich die kleinste darstellbare Größe. Im Zuge der Entwicklung von mittlerweile unüberschaubaren Display- und Browservarianten ist die Größe eines CSS-Pixels, wie es heute eingesetzt wird, keine absolute Größe mehr, sondern ist abhängig von der jeweils verwendeten Hard- und Software – und von den Einstellungen, die der Betrachter eventuell modifiziert hat. Eine 1 px-Linie etwa sieht daher nicht überall exakt gleich aus.

```
.box-aussen {
 font-size: .875rem;
 (= 14 px)
}
  .box-innen {
   font-size: 1em;
   (= 14 px)
  }
```

```
.box-aussen {
 font-size: .875rem;
 (= 14 px)
}
  .box-innen {
   font-size: 1rem;
   (= 16 px)
  }
```

▲ **Abbildung 9.8**
Die Einheit em steht immer in Relation zu einem (beliebigen) Elternelement (oben). Rem bezieht sich hingegen auf die Angabe im html- bzw. body-Tag (unten). Die resultierenden Schriftgrößen basieren auf der Standardschriftgröße von 16 px.

em

Die Einheit em bezieht sich immer auf die Schriftgröße eines übergeordneten Elementes und ist daher keine feststehende Größeneinheit, sondern immer von einer anderen Größe abhängig (siehe Abbildung 9.8 oben). Dieses Verhalten können Sie einsetzen, um die Schriftgröße verschiedener Tags in einzelnen Bereichen einer Website mit nur einer Codezeile zu ändern. Dabei bleiben die Größenverhältnisse zwischen den verschiedenen Textarten (etwa von Überschrift zum Fließtext) erhalten. Diese besondere Eigenschaft von em können Sie ausnutzen, um kürzeren CSS-Code zu schreiben. An einem praktischen Beispiel schauen wir uns das später noch genauer an.

rem

Im Unterschied zu em bezieht sich rem immer auf das root-Element einer HTML-Seite, daher auch die Bezeichnung »rem« (siehe Abbildung 9.8 unten). Das root-Element ist das html- bzw. body-Tag, da sich von hier aus alle weiteren Tags verzweigen. Wenn Sie in diesen Tags die Schriftgröße nicht geändert haben, ist die Bezugsgröße praktisch immer 16 px. Es sei denn, der User hat die Voreinstellungen bezüglich der Schriftgröße im Browser geändert. Um die praktische Relevanz von rem zu verstehen, werde ich Ihnen später ein Beispiel zeigen, in dem sowohl em als auch rem zum Einsatz kommen.

Pixel vermeiden
Grundsätzlich ist der Einsatz von em und rem der Einheit Pixel (px) vorzuziehen. Im Unterschied zur Schriftgröße ändern sich Seitenelemente, deren Größe Sie in px definiert haben, beim Zoomen nicht mit.

eigentlich immer mit einer Einheit angegeben werden, wird in CSS meist darauf verzichtet. Dann errechnet sich der Zeilenabstand aus der Schriftgröße multipliziert mit der als Zeilenabstand definierten Größe.

```
body {
 font-size: 1rem;
 line-height: 1.5;
}
```

Somit ergibt sich bei der Standardschriftgröße von 16 px durch die Angabe von `line-height: 1.5` ein tatsächlicher Zeilenabstand von 24 px (16 px × 1,5 = 24 px).

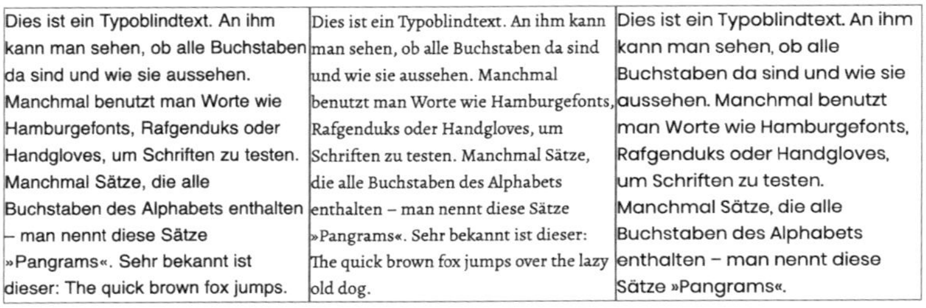

Die Texte habe ich (v. l. n. r.) mit der Helvetica, Alegreya und der Poppins formatiert, die Schriftgröße und Zeilenabstände sind jeweils 1 em und 1,5. Die drei Divs, in denen sich die Absätze befinden, habe ich zur Orientierung mit grauen Linien versehen. Dadurch sehen wir, dass der Text nicht an der oberen Elementbegrenzung beginnt. Dasselbe gilt genauso für die untere Elementkante: Auch dort hält der Text Abstand zum Rahmen.

Der Zeilenabstand beeinflusst nämlich auch den Abstand von Text zum vorigen bzw. zum Elternelement und ebenso zum folgenden Element: Je größer der Zeilenabstand, desto größer der Abstand zum vorigen und nächsten Element.

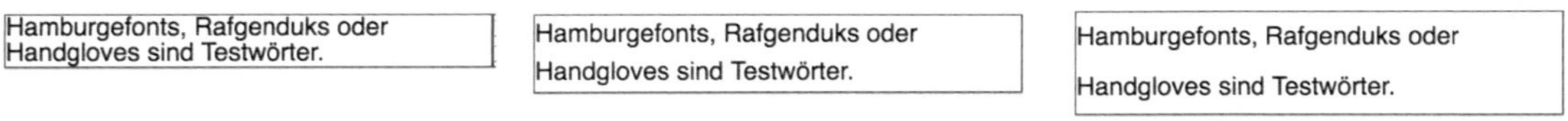

Bei `line-height: 1` wie in der Abbildung links sehen Sie kompressen Satz, der hier in Kombination mit gemischtem Satz viel zu eng steht. In der Mitte und rechts wurde mit `line-height 1.5` bzw. `2` formatiert.

Text/Bild vertikal ausrichten | Möchten Sie nun beispielsweise Text und Bild, die nebeneinander stehen, oben aliniert stehen haben, hilft nur Finetuning. Daher müssen Sie hier abwägen, wie wichtig dieses gestalterische Detail ist.

Alinierung
Bezeichnet die Ausrichtung von Fotos bzw. Grafiken und Texten zueinander.

◄ **Abbildung 9.9**
Text und Bild befinden sich in einem Div und sollen oben alinieren.

In der Abbildung schließt der Text oben nicht an der Bildkante ab ①. Wie erläutert, beginnt der Text durch die Eigenschaft von `line-height: 1.5` im Vergleich zum Bild zu weit unten. Der Fließtext rechts neben dem Bild besteht aus zwei Absätzen, was hier kaum zu sehen ist ② und gleich zu einem Problem wird.

Der Text lässt sich einfach durch die Vergabe von negativem Wert bei `margin-top` nach oben verschieben – den Wert von `-.4em` habe ich mit dem Augenmaß ermittelt:

Negative Werte bei Abständen
Im Unterschied zu `margin` (dem Außenabstand) können bei `padding` (dem Innenabstand) keine negativen Werte vergeben werden.

```
p {
 margin-top: -.4em;
}
```

Dieser negative Außenabstand oben (`margin-top`) rückt allerdings *alle* Absätze um den definierten Wert nach oben.

◄ **Abbildung 9.10**
Das eine Problem der Alinierung von Bild und Text ist zwar gelöst, aber dafür stimmt der Abstand zwischen den Absätzen nicht mehr.

Der Text schließt jetzt wie gewünscht oben bündig mit dem Bild ab ③, aber der zweite Absatz rückt nun auch nach oben ④. Daher müssen wir hier noch weiter nachbessern: Dafür setzen wir sogenannte Pseudoselektoren ein.

Diese besonderen Elemente werden immer mit einem anderen Selektor kombiniert; zwischen dem eigentlichen Selektor und dem Pseudoelement schreiben Sie zwei Doppelpunkte. Wenn wir die Pseudoklasse `:first-child` mit dem Selektor `p` kombinieren, der alle Absätze anspricht, werden durch `p:first-child` nur noch die Absätze angesprochen, die *direkt* einem Elternelement folgen.

```
p:first-child {
 margin-top: -.4em;
}
```

Bei der Kombination eines Selektors mit einem Pseudoselektor ist die Art des Elternelements (`div`-, `article`-, `section`- etc.) unerheblich. Achten Sie darauf, dass Sie Selektor und Pseudoklasse direkt (ohne Leerzeichen) hintereinander notieren.

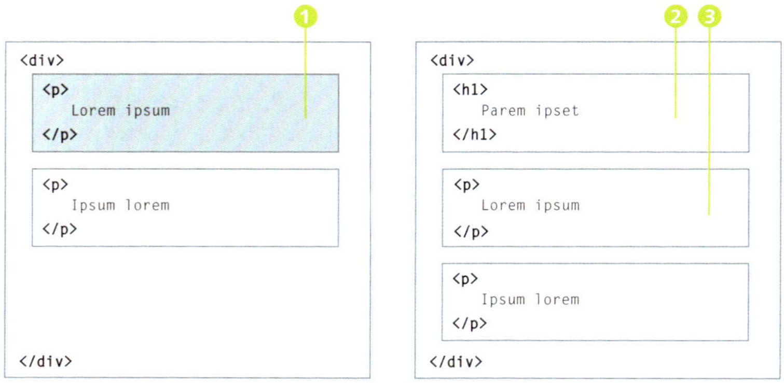

▶ Abbildung 9.11
Nur, wenn ein Absatz direkt das erste Kind eines Elternelements (links) ist, wird er per `p:first-child` angesprochen.

In Abbildung 9.11 sehen Sie, dass im linken Beispiel der erste Absatz ❶ auch wirklich das erste Element seines Elternelements ist. Im Beispiel habe ich als Elternelement ein einfaches `div`-Tag verwendet. Im rechten Beispiel ist das nicht der Fall, denn hier ist die `h1` ❷ das erste Element im Elternelement. Dadurch wird hier der Absatz ❸ nicht durch `p:first-child` angesprochen: Er ist zwar der erste Absatz im Elternelement, aber nicht das erste Kind.

▶ Abbildung 9.12
Durch den Code des letzten Listings wird nun nur noch der erste der beiden Absätze nach oben verschoben.

Pseudoklasse	Beispiel	Funktion
`:first-child`	`p:first-child`	selektiert einen Absatz nur, wenn er das erste Kindelement ist
`:last-child`	`li:last-child`	selektiert ein Listenelement (`li`) nur, wenn es das letzte Kindelement ist
`:hover`	`a:hover`	selektiert einen Link (`a`), wenn er mit der Maus überstrichen wird
`:visited`	`a:visited`	selektiert einen Link (`a`), falls er schon angeklickt wurde
`:active`	`a:active`	selektiert einen Link (`a`), wenn er angeklickt wird
`:focus`	`input:focus`	selektiert ein Formularfeld, wenn sich der Cursor darin befindet
`:nth-child()`	`tr:nth-child(2n+1)`	selektiert jede ungerade Tabellenzeile (`tr`)
`:not()`	`p:not(.fliesstext)`	selektiert alle Absätze, die *nicht* mit der Klasse `.fliesstext` belegt sind

◂ **Tabelle 9.1**
Übersicht über wichtige Pseudoklassen

Satzarten

Wie die Print-Typografie kennt auch HTML die Satzarten links- und rechtsbündiger Flattersatz, zentrierten Satz und Blocksatz. Zwei im Vergleich zum Printbereich erhebliche Einschränkungen müssen Sie bei digitalen Medien beachten: Weder Browser noch E-Pub-Reader können Zeichenabstände variabel darstellen, und auch die Silbentrennung wird derzeit nur bedingt von eben genannten Programmen unterstützt. Interessant in diesem Zusammenhang ist aber die CSS-Eigenschaft `hyphens`, die Silbentrennung im Browser ermöglicht (siehe den folgenden Abschnitt »Umbruch«). Dieser Umstand wird uns noch beschäftigen. Schauen wir uns die verschiedenen Satzarten, die alle durch das CSS-Attribut `text-align` festgelegt werden, an.

Linksbündiger Flattersatz | Auf Webseiten mit westlichen Sprachen sehen wir praktisch ausschließlich linksbündigen Flattersatz.

Leserichtung von rechts

Bei Sprachen wie Hebräisch oder Arabisch, die von rechts nach links geschrieben und gelesen werden, wird die Eigenschaft `direction` auf `rtl` (right to left, deutsch: rechts nach links) gesetzt:

```
.text-rtl {
 direction: rtl;
}
```

هذا هو نص تيبوبليند. يمكنك معرفة ما إذا
كانت جميع الأحرف موجودة وما تبدو
عليه.

Das zu erwartende Ergebnis, wie Browser diese Satzart darstellen, entspricht auch unserer Schreib- und Lesegewohnheit und ist am ehesten vorhersagbar. Diese Satzart ist auch die Browservoreinstellung für die Textausrichtung, falls kein Wert für `text-align` angegeben wurde. Möchten Sie den linksbündigen Flattersatz explizit definieren, weisen Sie dem Attribut `text-align` den Wert `left` zu.

Rechtsbündiger Flattersatz | Rechtsbündiger Flattersatz wird auf Webseiten für Absätze nur selten eingesetzt. Bei Texten wie etwa Weiterlesen-Links macht der Einsatz dieser Satzart aber Sinn. Diese Links finden Sie auf News- und Blogseiten, auf denen die Beiträge mit Textausschnitten angeteasert werden, die Links führen dann auf die kompletten Beiträge.

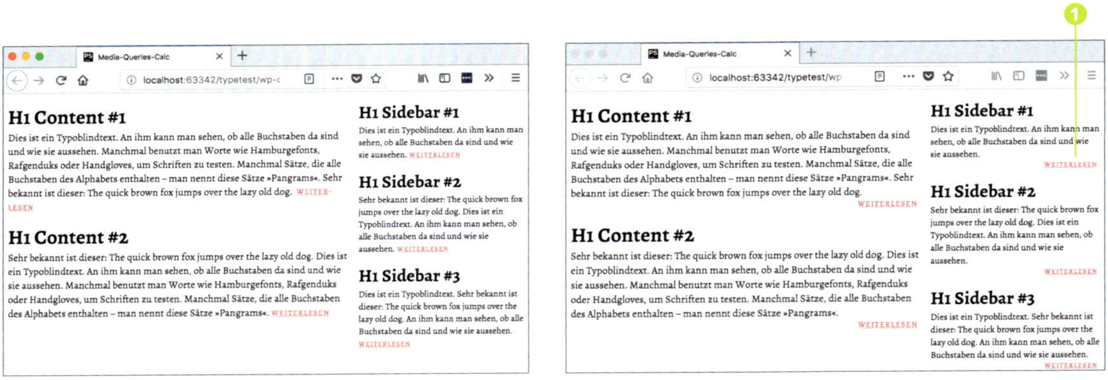

▼ Abbildung 9.13
Die Weiterlesen-Links habe ich im rechten Screenshot im Gegensatz zum Fließtext rechtsbündig ausgerichtet.

Im linken Screenshot der Abbildung 9.13 sehen Sie die Weiterlesen-Links **1** an verschiedenen Stellen auf der Website. Die Ausrichtung nach rechts, die Sie im Beispiel rechts sehen, wirkt aufgeräumter und der User findet die Links besser auf der Seite, weil sie nun an vereinheitlichten Stellen zu finden sind.

Der entscheidende Codeausschnitt zeigt, dass der Weiterlesen-Link im Beispiel Teil des Fließtextabsatzes ist und die Klasse `.more-link` zugewiesen hat:

```
<p>
  Dies ist ein Typoblindtext. […] lazy old dog.
  <a class="more-link" href="#">Weiterlesen</a>
</p>
```

Folgender CSS-Code ist für die Formatierung des Links verantwortlich:

```
1:  .more-link {
2:   font-size: .75em;
3:   color: red
4:   text-transform: uppercase;
5:   letter-spacing: 1px;
6:   display: block;
7:   text-align: right;
8:  }
```

Da Links zunächst Inline-Elemente sind (Infos hierzu finden Sie im Zusatzkapitel »Grundlagen CSS« unter *www.rheinwerk-verlag.de/4083*), habe ich diese Eigenschaft mit `display: block` in Zeile 6 überschrieben. Dadurch springen die Links in eine separate Zeile ①, um jeweils die volle Breite des Elternelements einnehmen zu können. Das sind in diesem Fall die `p`-Tags, in denen sich die Links befinden. Der Code in Zeile 7 `text-align: right` sorgt dann für die gewünschte Ausrichtung nach rechts. Ein alternativer Ansatz ist die Ausrichtung mit dem Attribut `float`, auf das ich im Abschnitt »Positionierung per float« in einem weiteren Zusatzkapitel zur Positionierung eingehe.

Blocksatz | Die im Printbereich am meisten verwendete Satzart, den Blocksatz, finden wir auf Webseiten nur in Ausnahmefällen. Und das hat seinen guten Grund: Auch wenn der Wert `justify` des Attributes `text-align` von allen Browsern unterstützt wird, ist das Ergebnis im Browser praktisch nie zufriedenstellend. Das liegt vor allem an den schwer zu steuernden Worttrennungen und den gleichbleibenden Zeichenabständen, die Browser (und E-Book-Reader) noch nicht so verändern können, dass ein angenehmer Blocksatz gerendert würde.

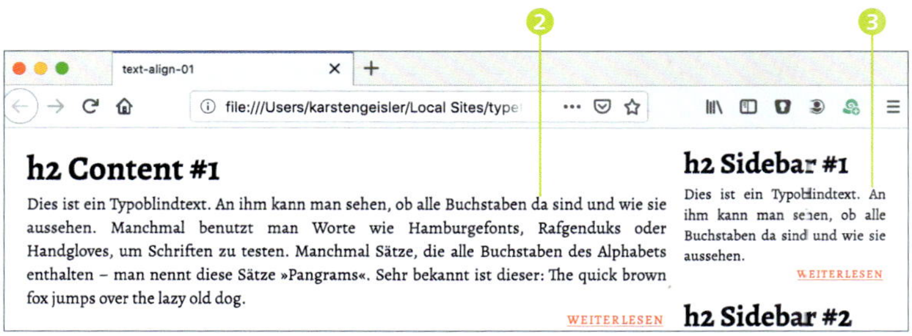

◄ **Abbildung 9.14**
Genau wie im Printbereich ist Blocksatz umso schwieriger zu steuern, je schmaler die Spalten sind.

Browser können Zeilen bisher nur durch die Erhöhung der Leerzeichenbreite auf die Satzbreite austreiben. Das ist schon bei eher breiten Texten ❷ problematisch, aber bei schmalen Spalten nicht mehr akzeptabel ❸. Etwas abschwächen können wir diese Problematik zwar durch Worttrennungen, aber da auch diese ihren eigenen Beschränkungen unterliegen, bleibt bisher eigentlich nur der komplette Verzicht auf den Blocksatz im Webdesign.

Zentrierter Satz | Mit `text-align: center` richten Sie Text zentriert aus.

▶ **Abbildung 9.15**
Zentrierter Satz bietet sich bei Überschriften, Teasertexten und bei kürzeren Texten auf kleinen Displays an.

Für das Beispiel habe ich eine Klasse `.center` angelegt und diese der Überschrift und dem Teasertext zugewiesen.

```
.center {
 text-align: center;
 max-width: 35rem;
 margin-left: auto;
 margin-right: auto;
}
```

Damit vor allem der Teasertext in der Breite begrenzt ist, habe ich diese zunächst mit `max-width: 35rem` definiert. Diese Änderung allein schiebt allerdings die zentrierten Texte an den linken Rand des Browserfensters. Um die Texte auch in Bezug auf das Browserfenster zu zentrieren, ist noch der Wert `auto` bei den beiden Attributen `margin-left` und `margin-right` nötig.

Absatzeinzüge

Der Absatzeinzug, der im Printbereich zur Kennzeichnung von Absatzanfängen gängig ist, ist auch in CSS vorgesehen und wird auf Webseiten überraschenderweise nur äußerst selten eingesetzt. Das Attribut zum Steuern des Erstlinieneinzugs ist `text-indent`. Beliebige Werte von `text-indent` ziehen die erste Zeile eines Absatzes (oder eines anderen Blockelements wie Überschriften) ein, nicht den gesamten Absatz.

```
p {
 margin: 0
 text-indent: 1.5em;
}
```

Damit Absatzeinzüge überhaupt Sinn machen, sollten Sie den voreingestellten Abstand der Standardabsätze mit `margin: 0` definieren. Solche als Reset bezeichneten Codeabschnitte werden häufig an den Beginn einer Stylesheetdatei geschrieben und können eine Vielzahl von CSS-Anweisungen enthalten (siehe nebenstehenden Kasten). Ich habe es im Listing nur der Übersichtlichkeit halber innerhalb der Anweisung für `p` notiert.

CSS-Reset, -Normalize
Um die verschiedenen Browser-Presets zu vereinheitlichen, werden häufig am Anfang von CSS-Daten eine Reihe von Tags zurückgesetzt (engl. reset). Eine weitverbreitete Sammlung finden Sie auf der Website *necolas.github.io/normalize.css*.

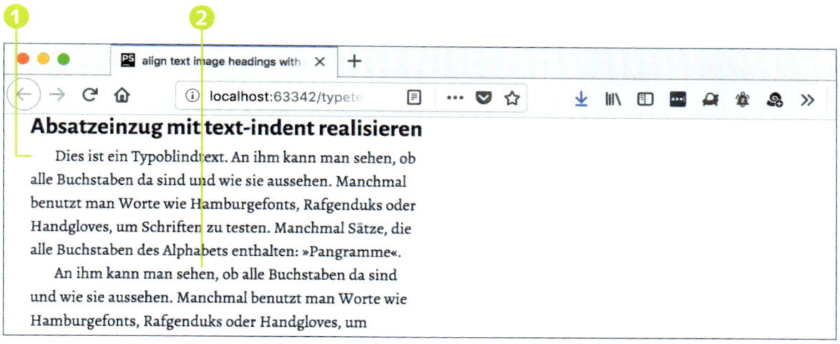

◂ **Abbildung 9.16**
Durch `margin: 0` rücken Sie Absätze aneinander, weil in den Standardeinstellungen von Browsern Abstände definiert sind.

Im Screenshot sehen Sie, dass die beiden Absätze des Fließtextes ohne zusätzlichen Abstand zueinander stehen ②. Wie beim Beispiel im vorigen Abschnitt, bei dem wir Text an der Bildoberkante ausgerichtet haben, schießen wir auch mit dem Hinzufügen des Einzugs *aller* Absätze über das Ziel hinaus. Denn bei Absätzen, die direkt einer Überschrift folgen ①, ist ein Einzug überflüssig und wirkt unruhig.

Mit einem + können Sie beliebige Selektoren kombinieren, und durch `p + p` werden dann nur noch die Absätze selektiert, die auf mindestens einen anderen Absatz folgen (und nicht beispielsweise auf eine Überschrift):

```
p + p {
 text-indent: 1.5em;
}
```

Durch `p + p` werden somit die jeweils ersten Absätze von der Formatierung ausgenommen.

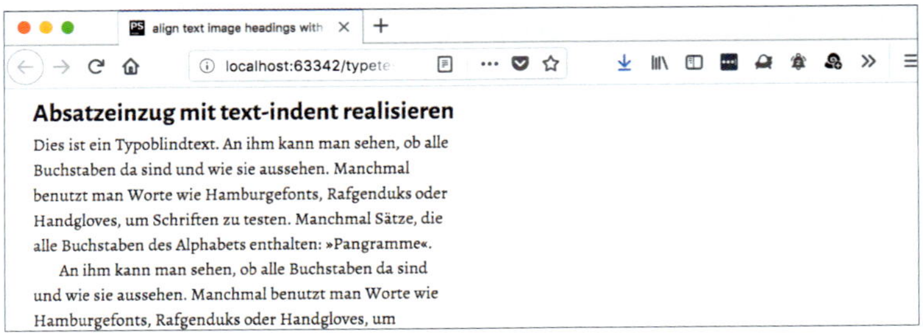

▶ **Abbildung 9.17**
Nur die Absätze, die direkt einem anderen Absatz folgen, werden eingerückt.

Umbruch

Grundsätzlich können Sie im Webdesign mit zwei Techniken auf den Umbruch von Texten Einfluss nehmen:

1. durch Definition der Vorgaben bezüglich Worttrennungen
2. durch die Eingabe von geschützten Leerzeichen

Worttrennungen per »hyphens« steuern | So wichtig Worttrennungen für ein ausgeglichenes Satzbild sind, müssen Sie selbst bei aktuellen Browsern mit Problemen rechnen. Worttrennungen, die sowohl grammatikalisch korrekt als auch unter ästhetischen Gesichtspunkten ansprechend sein sollen, sind nun mal keine triviale Angelegenheit – selbst nicht in hoch spezialisierten DTP-Programmen wie Adobe InDesign. Denn auch dort müssen für alle Wörter die korrekten Trennstellen hinterlegt sein. Und dies wird etwa in InDesign durch separat installierte Wörterbücher bewerkstelligt. Daher kann dieselbe Textdatei in verschiedenen Satzprogrammen zu verschiedenen Trennergebnissen führen. Und durch die diversen Stellschrauben, an denen wir in Satzprogrammen drehen können, ist das erreichte Satzbild Ergebnis von den jeweils vorgenommenen Maßnahmen und keine Eigenschaft der Textdatei selbst.

Und genauso verhält es sich bei Webseiten und Browsern: Die HTML-Dateien liegen ja als reine Textdateien vor und sollen von verschiedensten Webbrowsern zu einem ausgeglichenen Satzbild gerendert werden. Ihnen stehen dabei nur zwei Möglichkeiten zur Verfügung, Worttrennungen im Text anzuwenden: Sie können Trennungen beispielsweise dokumentweit (also für das gesamte HTML-Dokument) bzw. absatzweise aktivieren, oder Sie definieren für einzelne Wörter die gewünschten Trennstellen. So vielversprechend das klingen mag, zwei Fakten dürfen hier nicht unbeachtet bleiben: die sehr unterschiedliche Browserunterstützung für die absatzweiten Worttrennungen und der hohe Aufwand für das händische Eingeben von gewünschten Trennstellen.

Für Worttrennungen ist das CSS-Attribut `hyphens` zuständig. Mögliche Eigenschaften hiervon sind `none`, `auto` und `manual`, die Sie in folgender Abbildung von links nach rechts angewendet sehen.

▼ **Abbildung 9.18**
Ihnen stehen drei Möglichkeiten zur Verfügung, wie Browser Texte umbrechen sollen.

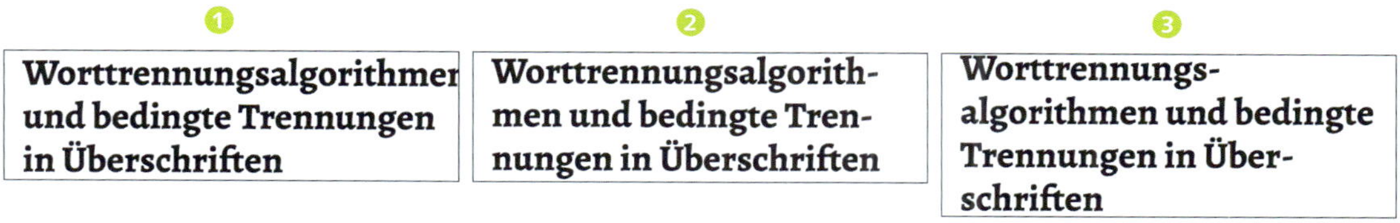

Das Preset der gängigen Browser ist mit `hyphens: manual` definiert. Dadurch rendern Browser Trennungen nur dann, wenn diese händisch eingegeben wurden. Sind keine Trennungen im Text eingepflegt worden, entspricht diese Vorgabe vom Ergebnis her der Einstellung `hyphens: none`.

Bei entsprechend langen Wörtern in Verbindung mit schmalen Spalten, schmalen Displays oder schmalen Browserfenstern führt dies dazu, dass Wörter an der rechten Satzkante einfach abgeschnitten dargestellt werden ❶. Texte werden durch diese Vorgabe nämlich ausnahmslos nur bei Wortzwischenräumen getrennt. Für den mittleren Screenshot ❷ habe ich der Überschrift die Vorgabe `hyphens: auto` zugewiesen. Diese Option ist aus zwei Gründen problematisch. Einerseits benötigt der Browser ein Wörterbuch der Sprache, in der der Text angelegt ist. Und die Unterstützung von Wörterbüchern (außer Englisch) ist im Allgemeinen dürftig. Wenn Sie eine Sprache verwenden, zu denen ein Browser keinen Zugriff hat, trennt der Browser entweder gar nicht oder an eher zufälligen Stellen. Und wie Sie im Screenshot sehen, trennt Firefox, bei dem ein deutsches Wörterbuch installiert ist, zwar richtig, aber unschön.

Unabhängig von den Trenneinstellungen, die Sie vornehmen, sollten Sie im `html`-Tag immer die Sprache der Website definieren. Dafür schreiben Sie für eine deutschsprachige Webseite `lang="de"`, für eine englischsprachige Seite schreiben Sie `lang="en"`. Eine Übersicht über die möglichen Werte des `lang`-Attributes finden Sie beispielsweise auf *w3schools.com/tags/ref_language_codes.asp*.

Für den rechten Screenshot habe ich die im Englischen als *soft hyphens* benannten bedingten Trennungen an den betreffenden

Sprache der WordPress-Seite

Die Sprache einer WordPress-Installation können Sie unter Einstellungen • Allgemein • Sprache der Website ändern. Diese Einstellung regelt die Ausgabe des `lang`-Attributs.

Stellen eingefügt ❸. Dieses Vorgehen kann aber aufgrund des extrem hohen Aufwands bisher nur in Ausnahmen – wie in Überschriften – ein Workaround sein.

▲ **Abbildung 9.19**
Um den Code `` für bedingte Trennungen einzugeben, wählen Sie nach der Eingabe des eigentlichen Contents den Befehl ALS HTML BEARBEITEN.

Geben Sie zunächst wie gewohnt den gewünschten Text ein. Ich verwende einen Überschriften-Block, als Überschriften-Tag habe ich `h2` ❹ gewählt. Für das weitere Vorgehen sind diese Einstellungen unerheblich. Wählen Sie anschließend im Menü MEHR OPTIONEN ❺ den Befehl ALS HTML BEARBEITEN ❻.

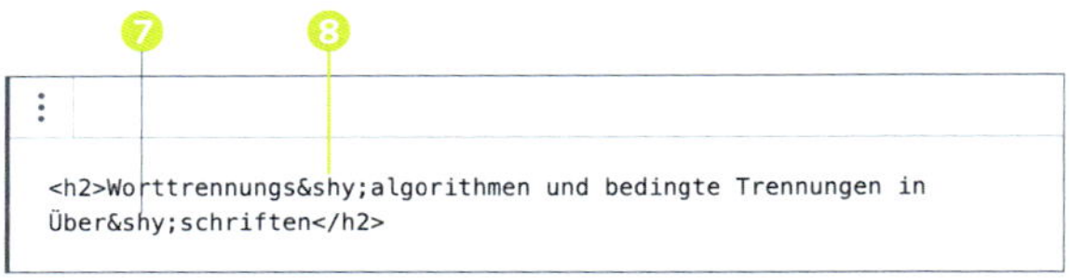

▶ **Abbildung 9.20**
Als dritten Schritt geben Sie den Code für die bedingten Trennungen an den betreffenden Stellen ein.

Geben Sie nun an den gewünschten Stellen (❼ und ❽) den Code `` – die Abkürzung für engl. »soft hyphens« – ein. Leider werden in WordPress derartige Codeeingaben nach dem Bestätigen der Änderungen direkt umgesetzt: Solche Codeänderungen sind nach dem Speichern nicht mehr im Code nachvollziehbar.

Fazit
Zusammenfassend empfehle ich Ihnen, die Browservoreinstellung `hyphens: manual` nicht zu überschreiben und nur in besonderen Ausnahmefällen die bedingten Trennzeichen einzufügen.

Geschütztes Leerzeichen » « | Manchmal sollen Wortpaare, wenn sie an der Satzkante stehen, möglichst nicht umbrochen werden.

▶ **Abbildung 9.21**
Achten Sie auf die irritierende Wirkung des Abkürzungspunktes und der Mengenangabe an der rechten Satzkante.

Achten Sie besonders auf Abkürzungspunkte (1) und Zahlen, die durch den Umbruch von den dazugehörigen Einheiten getrennt werden (2) und dann alleine an der rechten Satzkante stehen. Um derartige Umbrüche zu vermeiden, setzen Sie im Webdesign (und bei E-Books) das Kürzel ` ` statt des normalen Leerzeichens ein. Dabei steht ` ` für »non breaking space« (deutsch: nicht umbrechendes Leerzeichen).

Die Überschrift im Beispiel ist der Beitragstitel, daher kann ich den HTML-Code direkt dort ändern.

◀ **Abbildung 9.22**
Im Beitragstitel geben Sie den HTML-Code einfach direkt an der gewünschten Stelle ein.

Im Titel eines Beitrags (oder einer Seite) bleibt der HTML-Code zumindest im Editor sichtbar (3). In der Beitrags- bzw. Seitenübersicht wird das geschützte Leerzeichen umgewandelt und ist dann nicht als solches zu erkennen.

Um den Code für das geschützte Leerzeichen im eigentlichen Contentbereich in WordPress einzugeben, können Sie den Text entweder wie im vorigen Beispiel zum Thema `hyphens` im Modus ALS HTML BEARBEITEN oder im Code-Editor bearbeiten.

WordPress: Farbe im Backend

Da ich einige Seiten neben der Onlineversion auch noch einmal auf meinem Rechner lokal laufen lasse, stelle ich die Farbigkeit des Backends bei lokalen Installationen auf Blau (wie bei den Screenshots auf dieser Seite). Die Onlineversionen belasse ich schwarz: So habe ich immer im Blick, ob ich an einer Live-Seite oder eben einer lokalen Kopie einer Website arbeite.

◀ **Abbildung 9.23**
Statt des HTML-Modus benutze ich hier den Code-Editor.

Tastaturkürzel im Code-Editor

Im Code-Editor von WordPress können Sie auch Tastaturkürzel verwenden (siehe Tabelle 9.5), im HTML-Modus leider nicht.

Den Code-Editor rufen Sie über das Menü Mehr Werkzeuge und Optionen (5) auf oder benutzen zum Hin- und Herschalten zwischen dem normalen Blockeditor und dem Code-Editor das angegebene Tastenkürzel (4).

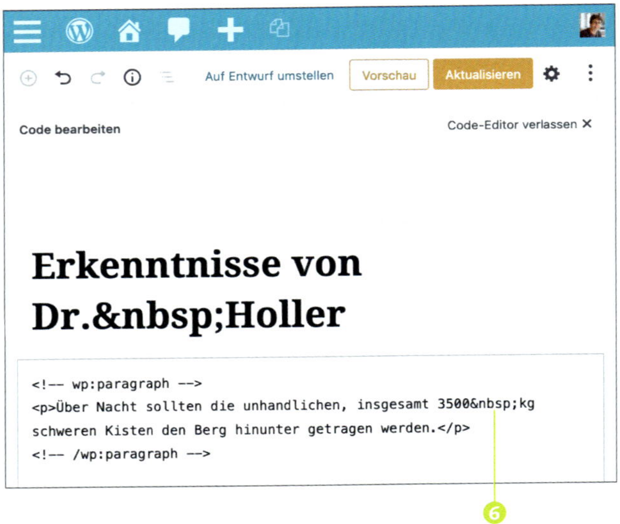

▶ **Abbildung 9.24**
Geben Sie im Code-Editor ` ` an der betreffenden Stelle (6) ein.

HTML-Entities

Eine Übersicht über weitere HTML-Entitäten finden Sie beispielsweise auch unter *w3schools.com/charsets/ref_html_entities_4.asp*.

Im Unterschied zu den bedingten Trennungen, die wir im vorigen Abschnitt besprochen haben, bleiben die geschützten Leerzeichen auch nach dem Aktualisieren sichtbar. Achten Sie bei der Arbeit im Code-Editor darauf, dass Sie wirklich nur den eigentlichen Content bearbeiten und nicht per Zufall die Tags verändern, die WordPress automatisch vergibt.

▶ **Abbildung 9.25**
Die beiden mit ` ` eingefügten geschützten Leerzeichen erhöhen die Lesbarkeit des Textes deutlich.

In Abbildung 9.25 sehen Sie, dass die eingefügten geschützten Leerzeichen »Dr. Holler« und »3500 kg« wie gewünscht zusammenhalten. Obwohl die händische Eingabe der bedingten Trennung (``) und des geschützten Leerzeichens (` `) mit erheblichem Aufwand verbunden ist, sorgen sie doch für eine deutliche Verbesserung der Lesbarkeit.

Schriftfarbe

Die Schriftfarbe ändern Sie einfach mithilfe des `color`-Attributs. Ich habe mich am Anfang meiner Beschäftigung mit CSS bezüglich dieses Attributs schwergetan, weil ich anfangs davon ausgegangen war, dass mit `color` der Hintergrund eines Elements geändert wird (dafür gibt es jedoch das Attribut `background-color`). Außerdem hatte ich erwartet, dass es ein Attribut wie `font-color` gäbe, da ja viele andere Schrifteigenschaften `font` im Namen tragen. Hier sehen Sie die wichtigsten Formatierungsangaben für das Ergebnis in Abbildung 9.26:

```
body {
 color: #222;
}
main h2 {
 color: red;
}
```

Um den sehr hohen, für Augen anstrengenden Kontrast vom Weiß selbstleuchtender Displays zu Schwarz abzumildern, habe ich die Schriftfarbe für das folgende Beispiel zunächst global, nämlich im `body`-Tag, auf ein Grau (`color: #222`) gesetzt. Und um nur die Überschriften der Kategorie `h2` innerhalb des `main`-Tags anzusprechen, verwende ich den kombinierten Selektor `main h2` und färbe diese rot (Näheres zu kombinierten Selektoren finden Sie im Zusatzkapitel »Grundlagen CSS« unter *www.rheinwerk-verlag.de/4083*). Daher bleiben die Überschriften im `aside`-Tag grau. Die Farbe der Weiterlesen-Links habe ich nicht besonders formatiert, daher greift hier die Browservoreinstellung, die hier alle Links blau färbt.

Exkurs Farbwerte und HTML

Weiterführende Informationen zum Thema Farben und HTML finden Sie im folgenden Exkurs.

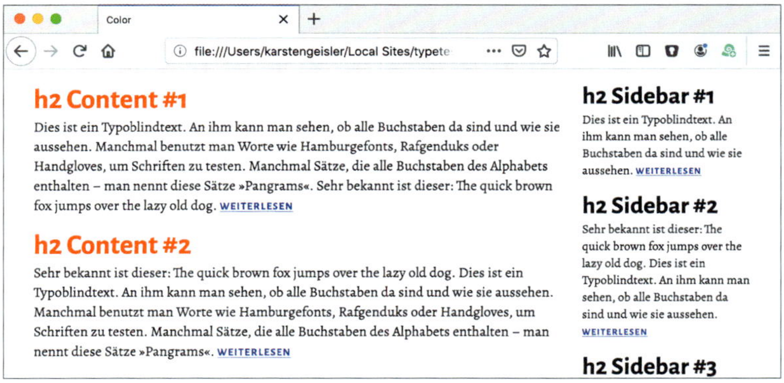

◄ **Abbildung 9.26**
Mit zwei `color`-Angaben habe ich die Fließtexte und die Überschriften in der Sidebar mit Grau, die Überschriften im `main`-Bereich mit Rot gefärbt.

Farbwerte in HTML

Sie können in HTML Farben auf verschiedene Arten angeben. Am gängigsten ist die Angabe als RGB-, RGBA- oder Hexadezimalwert. Sie können aber auch einen der 140 standardisierten Farbnamen wie `black` oder `red` verwenden. Eine Übersicht über Farbnamen finden Sie beispielsweise unter *w3schools.com/colors/colors_names.asp.*

Hexadezimalwerte | Bei dieser Schreibweise stehen Ihnen im Gegensatz zu dem vertrauten Dezimalsystem mit 10 Ziffern 16 Werte zur Verfügung. Darauf verweist auch die Bezeichnung: hexa (griechisch: sechs), dezimal (lateinisch: zehn). Der Vorteil hiervon: Mit zwei Werten können Sie alle Zahlen von 0 bis 256 darstellen (statt 0–99 im Dezimalsystem). Die zunächst ungewöhnliche Idee: Zu den Ziffern 0–9 kommen noch die Buchstaben A–F hinzu.

▼ **Tabelle 9.2**
Im hexadezimalen Zahlensystem stehen statt 10 Ziffern 16 Zeichen zur Verfügung.

Hexadezimalwert	0	1	2	3	4	5	6	7	8	9	A	B	C	D	E	F
Dezimalwerte	0	1	2	3	4	5	6	7	8	9	10	11	12	13	14	15

Wenn wie bei den Farbwerten die zweite Stelle (vorn) hinzukommt, errechnet sich der konkrete Wert dieser Stelle durch die Multiplikation mit 16.

Hexadezimalwert	10	11	12	13	14	15	16	17	18	19	1A	1B	1C	1D	1E	1F
Dezimalwerte	16	17	18	19	20	21	22	23	24	25	26	27	28	29	30	31

▲ **Tabelle 9.3**
Die erste der beiden Ziffern wird mit 16 multipliziert, der zweite Wert wird wie im Dezimalsystem addiert.

Schauen Sie sich als Beispiel den Hexadezimalwert 10 in Tabelle 9.3 an, er entspricht im Dezimalsystem der 16: Die erste Stelle ergibt durch $1 \times 16 = 16$, die 0 verändert den Wert erwartungsgemäß nicht. Als weiteres Beispiel dient die `1F` in derselben Tabelle. Die 1 der ersten der beiden Stellen steht wieder für 16, nun brauchen Sie nur noch den Dezimalwert 15 für F (siehe Tabelle 9.2) zu addieren und erhalten so die 31. Um auf den Dezimalwert des höchsten zweistelligen Hexadezimalwerts (`FF`) zu kommen, schauen Sie zunächst nach dem `F` in Tabelle 9.2: Es steht für 15. Daraus ergibt sich nach dem eben vorgestellten Prinzip $(15 \times 16) + (15) = 255$.

Die Definition einer Farbe in HTML beginnt mit dem Rautezeichen, auf das in der Regel drei Wertepaare des RGB-Farbsystems für die Anteile von Rot, Grün und Blau folgen. Das RGB-Farbsystem ist ein sogenanntes additives Farbsystem: Von Schwarz ausgehend, das durch das Fehlen jeglichen Lichts entsteht, addieren sich die drei farbigen Lichtanteile bis zur maximalen Stärke, dem Weiß. Dementsprechend ist der Code für Schwarz `#000000`. Der Wert hierfür ist `#FFFFFF` und stellt den höchsten Wert dar, den Sie in der hexadezimalen Schreibweise für einen Farbton notieren können. Mit diesem Wissen können Sie vielleicht erahnen, welche Farbe mit `#FF0000` notiert wird? Es ist Rot: Der Rotanteil dieser Farbe ist mit FF der höchstmögliche, während die anderen Farben gar nicht vertreten sind. Dementsprechend ist `#00FF00` das reine Grün, und mit `#0000FF` definieren Sie reines Blau. Und wenn wie bei `#A8A8A8` die Intensität der drei Farbanteile genau gleich ist, haben wir ein Grau vor uns.

▲ **Abbildung 9.27**
Rot, Grün und Blau addieren sich zu Magenta, Gelb, Cyan und Weiß.

◂ **Abbildung 9.28**
Mit je zwei Werten werden die Anteile von Rot, Grün und Blau einer Farbe angegeben.

RGB-Werte | Weit weniger verbreitet ist die Definition von Farben durch die drei Farbanteile, was sicher auch an der aufwendigeren Schreibweise liegt:

```
#d7db00 = rgb(214, 218, 15)
```

RGBA-Werte | Interessanter als die Farbangabe in RGB ist die erweiterte Angabe mit einem zusätzlichen Wert a für Alphatransparenz. Mit diesem vierten Wert können Sie regeln, wie durchscheinend die Farbe wirken soll. Die Alphatransparenz können Sie entweder in Prozent oder als Kommazahl angeben. Der niedrigste Wert ist 0 (dann ist die Farbe komplett transparent, und das entsprechende Element ist nicht sichtbar) und der höchste 100 % oder 1 (für 100 %ige Farbdeckung).

Für das Beispiel habe ich die Überschriften folgendermaßen formatiert:

```
h1 {
 color: rgba(0, 0, 0, .5);
}
```

Die drei Nullen definieren die Farbe als Schwarz, die `.5` sorgt für die 50 %ige Transparenz. Dadurch scheint der verschiedenfarbige Hintergrund bei den Überschriften durch.

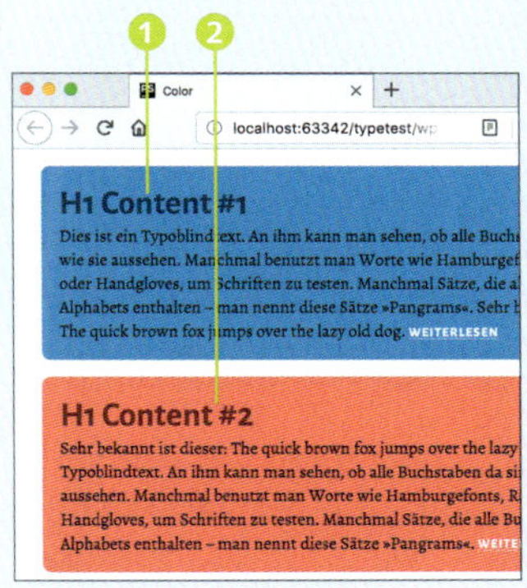

▲ **Abbildung 9.29**
Das Styling der beiden Überschriften ist genau gleich, die optische Wirkung ist verschieden.

Listentypen

Die Unterscheidung in unsortierte und nummerierte Listen finden Sie genauso etwa auch in InDesign:

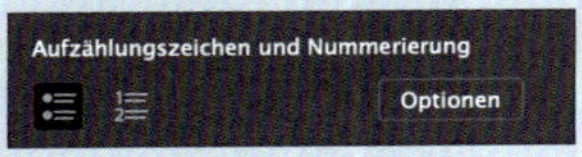

Listen

In HTML können Sie Listen wie im Printdesign entweder mit Aufzählungszeichen oder mit Nummerierung erstellen. Schauen wir uns zuerst die gängigere Listenart, die nicht nummerierte, ungeordnete Liste an.

Ungeordnete Listen | Hierfür setzen Sie das `ul`-Tag (für engl. *unordered list*) ein. Dieses rahmt die eigentlichen Listeninhalte (engl. *list items*) ein:

```
<ul>
 <li>absolute Größe</li>
 <li>relative Größe</li>
</ul>
```

Damit die Liste links in einer Achse beispielsweise mit dem Fließtext steht (und nicht aufgrund der Browservoreinstellungen eingerückt gerendert wird), sind folgende Codezeilen notwendig:

```
ul {
 padding-left: 16px;
}
```

Firefox am Mac rendert diesen Code so, dass die Aufzählungspunkte und der Fließtext in einer Flucht stehen.

Hier steht Blindtext, damit die linke Satzkante des
Fließtextes zu sehen ist.

- absolute Größe
- relative Größe

Außer den standardmäßigen Punkten stehen Ihnen noch eine Reihe weiterer Zeichen zur Verfügung, die Sie mit `list-style-type` definieren können.

○ absolute Größe	■ absolute Größe
○ relative Größe	■ relative Größe

Sie sehen links das Ergebnis von `list-style-type: circle` bzw. `square` (rechts). Die wichtigsten Werte habe ich in Tabelle 9.4 zusammengefasst. In den Beispielen sehen Sie recht gut, dass die Aufzählungszeichen zu hoch stehen: Sie überragen die x-Höhe der danebenstehenden Texte deutlich. Da wir diese voreingestellten Aufzählungszeichen nur mit erheblichem Aufwand beispielsweise bezüglich Farbe, Größe und Position weiter formatieren können, schauen wir uns eine einfachere Methode an.

Durch den Einsatz des Attributes `list-style-image` können wir speziell für einen Zweck vorbereitete Grafiken als Auflistungszeichen einsetzen, und somit beispielsweise auch farbige Aufzählungspunkte gestalten.

```
ul {
 padding-left: 16px;
 list-style-image: url('img/dot.svg');
}
```

Wie Sie im Listing sehen, können Sie als Wert des `list-style-image`-Attributes einfach den Pfad zur entsprechenden Bilddatei angeben. Im Beispiel habe ich die Grafik dot.svg im Unterverzeichnis *img* abgelegt (weitere Informationen zu Dateireferenzen finden Sie im Exkurs in Abschnitt 9.5). Auch farbige Aufzählungen können Sie ganz einfach mit Grafiken realisieren.

- **Europäische Küche**
- **Asiatische Küche**

Verschachtelte Listen | Listen können auch ineinander verschachtelt werden. Dann enthält ein Listenelement, das eine weitere Verschachtelungsebene enthält, einfach wieder eine Liste (hier jeweils unter Europäische bzw. Asiatische Küche):

```
<ul>
 <li>Europäische Küche
  <ul>
   <li>Mediterran</li>
   <li>Nordeuropäisch</li>
  </ul>
 </li>
 <li>Asiatische Küche
  <ul>
   <li>Thailändisch</li>
   <li>Chinesisch</li>
   <li>Indisch</li>
  </ul>
 </li>
</ul>
```

Achten Sie im Listing darauf, dass die Tags der beiden Listenelemente, die wieder eine Liste enthalten (in Zeile 2 und 8) erst nach den Einträgen der jeweiligen untergeordneten Liste wieder geschlossen werden (hier in Zeile 7 und 14). Die Grafiken werden auf alle Listenpunkte, auch den untergeordneten, angewendet.

- Europäische Küche
  - Mediterran
  - Nordeuropäisch
- Asiatische Küche
  - Thailändisch
  - Chinesisch
  - Indisch

Listenstandard

Ohne eigens erstellte Stylesheets wird der Code des Listings in Firefox wie in folgendem Screenshot gerendert.

Beliebte internationale Küchen

- Europäische Küche
  - Mediterran
  - Nordeuropäisch
- Asiatische Küche
  - Thailändisch
  - Chinesisch
    - Kantonesisch
    - Sichuan
  - Indisch
    - Norden
    - Süden

Eine weitere Ebene sieht im Quellcode folgendermaßen aus. Dabei wird das Prinzip der Verschachtelung einfach unabhängig von der Verschachtelungstiefe weiter angewendet.

```
<ul>
 <li>Europäische Küche
  <ul>
   <li>Mediterran</li>
   <li>Nordeuropäisch</li>
  </ul>
 </li>
 <li>Asiatische Küche
  <ul>
   <li>Thailändisch</li>
   <li>Chinesisch
    <ul>
     <li>Kantonesisch</li>
     <li>Sichuan</li>
    </ul>
   </li>
   <li>Indisch
    <ul>
     <li>Norden</li>
     <li>Süden</li>
    </ul>
   </li>
  </ul>
 </li>
</ul>
```

Wenn Sie die verschiedenen Verschachtelungsebenen auch durch unterschiedliche Aufzählungszeichen kenntlich machen möchten, brauchen Sie nur die Bilder bei den entsprechenden Selektoren anzupassen. Das Aussehen und die Auflösung der Grafiken müssen hierbei im Grafikprogramm festgelegt werden, da es bei diesem einfachen Ansatz keine Möglichkeit gibt, die Grafiken beispielsweise zu skalieren.

Gemischte Listen
Verschachtelte Listen müssen nicht derselben Art sein: Sie können ungeordnete und geordnete Listen beliebig mischen.

Für das Beispiel habe ich SVG-Grafiken angelegt, die 8×8 px groß sind. Auf hochauflösenden Displays wirken diese Grafiken jedoch unscharf – daher zeige ich Ihnen im nächsten Abschnitt eine weitere Möglichkeit, durch die Sie auch dieses Problem in den Griff bekommen.

```
ul ul {
 list-style-image: url('img/circle.svg');
}
ul ul ul {
 list-style-image: url('img/dash.svg');
}
```

Mit dem dreifachen `ul` werden die unsortierten Listen der dritten Verschachtelungsebene angesprochen. Dieser Selektor ist zugegebenermaßen unschön, funktioniert aber, so dass die verschiedenen Listenebenen nun auch durch verschiedene Auflistungspunkte kenntlich gemacht sind.

- Europäische Küche
  - Mediterran
  - Nordeuropäisch
- Asiatische Küche
  - Thailändisch
  - Chinesisch
    - Kantonesisch
    - Sichuan
  - Indisch
    - Norden
    - Süden

Lösung per Code
Unter *w3.org/Style/Examples/ 007/color-bullets.en.html* finden Sie Tricks, wie Sie Auflistungszeichen unabhängig vom Listeninhalt formatieren können – ohne Grafiken.

Geordnete Listen | Für numerisch geordnete Listen kommt einfach `ol` (für engl. »ordered list«) im Quellcode zum Einsatz. Diese Art Listen werden von den Browsern automatisch durchnummeriert. Die geordneten Listen können auch verschachtelt werden, die Nummerierung beginnt dabei jeweils automatisch immer wieder bei eins.

1. Europäische Küche
   1. Mediterran
   2. Nordeuropäisch
2. Asiatische Küche
   1. Thailändisch
   2. Chinesisch
      1. Kantonesisch
      2. Sichuan
   3. Indisch
      1. Norden
      2. Süden

Das Styling entspricht im Prinzip dem der ungeordneten Listen, hiermit überschreiben wir (wie für die ungeordneten Listen im Abschnitt zuvor) die Browser-Presets.

```
ol {
 padding-left: 0;
 list-style-position: inside;
}
```

Durch den Code werden alle geordneten Listen nach vorn gerückt, die 20 px bei `padding-left` passen wir für die geordneten Listen. Damit die verschachtelten Listen einrücken, verwenden wir ein Listing wie bei `ul` vorhin, der Code unterscheidet sich durch den Selektor.

```
ul ul {
 padding-left: 20px;
}
```

Der eigentliche HTML-Code unterscheidet sich vom Listing mit `ul` lediglich durch den Gebrauch von `ol` statt `ul`:

```
<ol>
 <li>Europäische Küche
  <ol>
   <li>Mediterran</li>
   <li>Nordeuropäisch</li>
  </ol>
 </li>
 <li>Asiatische Küche
  <ol>
   <li>Thailändisch</li>
   <li>Chinesisch
    <ol>
```

```
        <li>Kantonesisch</li>
        <li>Sichuan</li>
      </ol>
    </li>
    <li>Indisch
      <ol>
        <li>Norden</li>
        <li>Süden</li>
      </ol>
    </li>
  </ol>
</li>
</ol>
```

Für die Formatierung von Listen stehen uns noch weitere Varianten zur Verfügung. In der folgenden Tabelle stelle ich Ihnen die wichtigsten Listenalternativen vor, eine komplette Übersicht über die möglichen Werte von `list-style-type` finden Sie beispielsweise unter der URL *developer.mozilla.org/de/docs/Web/CSS/list-style-type*. Um Platz zu sparen, stelle ich die gerenderten Ergebnisse neben- statt untereinander dar:

list-style-type	Ergebnis im Browser
`disc` (Voreinstellung für ungeordnete Listen)	• item 1, • item 2, • item 3
`circle`	○ item 1, ○ item 2, ○ item 3
`square`	■ item 1, ■ item 2, ■ item 3
`decimal` (Voreinstellung für geordnete Listen)	1. item 1, 2. item 2, 3. item 3
`decimal-leading-zero`	01. item 1, 02. item 2, 03. item 3
`lower-roman`	i. item 1, ii. item 2, iii. item 3
`upper-roman`	I. item 1, II. item 2, III. item 3
`lower-latin`	a. item 1, b. item 2, c. item 3

◂ **Tabelle 9.4**
Übersicht über wichtige Werte für `list-style-type`

9.4 Mikrotypografie im Web

Auch im Web ist es wichtig, Texte lesefreundlich zu gestalten. Das geschieht besonders über die Möglichkeiten der Mikrotypografie wie beispielsweise typografische Varianten, Sonderzeichen, Anpassung des Zeichenabstands und Einsatz von Initialen und Unterstreichungen. Bedenken Sie auch im Web den Feinsatz bei Zahlen, Strichen und Leerräumen, auf den wir ausführlich in Kapitel 7 eingegangen sind.

Typografische Varianten darstellen

Wie zu erwarten, stellen Browser Texte so dar, wie Sie sie verfassen. Und das sollten Sie wie in DTP-Programmen immer im gemischten Satz machen. Falls Sie einzelne Texte beispielsweise in Versalien darstellen möchten, überlassen Sie diese Änderung den Stylesheets. Da durch diese Praxis der eigentliche Text unangetastet bleibt, können Sie Formatierungen (etwa von Versalien zurück zum gemischten Satz) ganz einfach durch die Änderung am Stylesheet realisieren – und müssen die entsprechenden Textstellen nicht neu eingeben.

Versalien | Um Textabschnitte in Versalien darstellen zu lassen, verwenden Sie einfach `text-transform: uppercase`.

▶ **Abbildung 9.30**
Beim Starter Template »Planet Earth« des Spectra-Themes sehen Sie einen intensiven Einsatz von Versalien.

An einem der Standardthemes von WordPress können Sie sehen, wie Versalien interessant eingesetzt werden. Hier sehen Sie Versalien im Titel ①, im Untertitel ②, in der Beitragsnavigation ④ und in den Kategorien ③.

Daher finden Sie etwa in der `.entry-meta`-Klasse, die für die Formatierung der Beitragsmetadaten eingesetzt wird, unter anderem die Angabe:

```
.entry-meta {
 […] text-transform: uppercase; […]
}
```

Es gibt weitere Werte für `text-transform` wie etwa `capitalize` (alle Wörter werden am Wortbeginn großgeschrieben) und `lowercase` (alle Wörter werden kleingeschrieben), die aber kaum Praxisrelevanz haben.

Kapitälchen | Wenn Sie statt des Versalsatzes Kapitälchen verwenden möchten, bieten sich Ihnen zwei Ansätze an.

Der einfache Weg: Durch die Definition von `font-variant: small-caps` werden Texte mit Pseudokapitälchen gerendert.

DIES IST TYPOBLINDTEXT: HAMBURGEFONTS.

Weil die Browser die Kapitälchen aus dem normalen Schnitt eines Fonts errechnen, stimmen die Strichstärken nicht: Die Majuskeln an den Wortanfängen sind daher zu kräftig. (Dieses Problem besteht bei DTP-Programmen genauso, wenn der entsprechende Schnitt nicht vorhanden ist.)

Manche Schriften bieten Ihnen durch einen extra Kapitälchenschnitt korrekte Zeichen an. Diese erkaufen Sie sich natürlich mit zusätzlicher Ladezeit durch das Laden dieses weiteren Schnittes. Durch die Anwahl der konkreten Kapitälchenschrift, die häufig den Zusatz SC für »small capitals« im Namen trägt, entfällt dann die Zuweisung von `font-variant: small-caps`. Um beispielsweise Auszeichnungen durch echte Kapitälchen zu realisieren, würde folgender Code ausreichen, um die Carrois Sans SC einzusetzen.

```
em {
 font-family: "Carrois Sans SC", sans-serif;
}
```

Ligaturen

Auf die gleiche Art, nämlich mit `font-variant: ligatures`, können Sie auch Ligaturen im Webdesign verwenden.

Bei der Carrois Sans ist der Unterschied zwischen den browsergenerierten Kapitälchen im Beispiel und dem echten Schnitt sehr auffallend:

DIES IST TYPOBLINDTEXT: HAMBURGEFONTS.

Wenn Sie einen OpenType-Font verwenden, der als Feature Kapitälchen mitbringt, können Sie diese wie folgt im Stylesheet anwählen. Das Laden eines zusätzlichen Schnitts entfällt dann. Für das Beispiel wende ich Kapitälchen auf das `em`-Tag an, das zur Auszeichnung von Texten vorgesehen ist.

```
em {
 font-style: normal;
 font-variant-caps; small-caps;
}
```

Wenn Sie statt des gängigen Italic-Schnitts in WordPress Auszeichnungen mittels Kapitälchen umsetzen möchten, ist je nach verwendetem Theme noch die Angabe `font-style: normal` nötig. Besonders dann, wenn Sie diese Angabe im Customizer unter ZUSÄTZLICHES CSS einfügen. Als Grundschrift für den folgenden Screenshot verwende ich die Adelle von Adobe, die das OpenType-Feature Kapitälchen mitbringt.

Für DIESE AUSZEICHNUNGEN werden KAPITÄLCHEN eingesetzt.

Zeichenabstand

Sowohl beim Versalsatz, den Sie, wie gerade gesehen, durch `text-transform: uppercase` realisieren, als auch bei Kapitälchen (siehe voriger Abschnitt) stehen die Zeichen häufig zu eng. Bei den Fonts, die Kapitälchen mitbringen, sind diese dementsprechend optisch ausgeglichener, wie etwa bei der Carrois Sans SC. Die Kapitälchen der Adelle im vorherigen Beispiel haben für meinen Geschmack aber einen zu geringen Abstand. Den Zeichenabstand manipulieren Sie mit dem Attribut `letter-spacing`, die Werte geben Sie in Pixeln, `rem` oder `em` an.

Kategorie: ADOBE ILLUSTRATOR CC
Kategorie: ADOBE ILLUSTRATOR CC
Kategorie: ADOBE ILLUSTRATOR CC

Kategorie: ADOBE ILLUSTRATOR CC
Kategorie: ADOBE ILLUSTRATOR CC
Kategorie: ADOBE ILLUSTRATOR CC

In der ersten Zeile sehen Sie die zu engen Zeichenabstände bei den Google Fonts Alegreya und Josefin Sans, die durch den Versalsatz entstehen. Den Zeichenabstand habe ich hier nicht geändert. In der zweiten und dritten Zeile sehen Sie die gerenderten Ergebnisse von `letter-spacing: 1px` bzw. `2px`. Die Alegreya benötigt den größeren Wert, bei der Josefin Sans finde ich das Ergebnis mit 1 px in Ordnung. Prinzipiell können Sie auch den Abstand einzelner Zeichenpaare, die Sie mit `span`-Tags einrahmen, durch `letter-spacing` optimieren.

Initialen

Initialen gehören praktisch zur Grundausstattung von Typografie – im Webdesign sind sie allerdings nur mit einigem Aufwand zu realisieren (siehe Kasten »Die Ursprünge des Internets«). Für das folgende Beispiel möchte ich das erste Zeichen des jeweils ersten Absatzes eines `article`-Tags als Initiale formatieren. Der folgende Code zeigt Ihnen eine Möglichkeit, wie Sie hierfür vorgehen können.

```
article p:first-of-type::first-letter {
  font-family: 'alegreya sans', sans-serif;
  font-weight: bold;
  color: red;
  float: left;
  font-size: 5em;
  line-height: .7;
  margin-top: 0.1em;
  margin-left: -.08em;
}
```

Im Selektor in der ersten Zeile werden mit `article p` zunächst nur die `p`-Tags angesprochen, die sich innerhalb von `article`-Tags befinden. Dadurch bleiben andere `p`-Tags, die beispielsweise in WordPress auch im Header oder im Footer vorkommen können, unberührt. Die Pseudo-Klasse `:first-of-type` beschränkt die Auswahl auf den ersten Absatz innerhalb eines `article`-Tags. Das Pseudoelement `::first-letter` wählt davon wiederum das erste Zeichen aus. Die Formatierung habe ich in den Webdeveloper-Tools per Augenmaß vorgenommen.

Die Ursprünge des Internets

Die grundlegende Idee bei der Entwicklung des Internets war der Austausch von Information – die Gestaltung und Darstellung von Information war zu Beginn überhaupt kein Thema. Diese Tatsache ist heute immer noch bei einzelnen Formatierungsproblemen wie Initialen zu spüren.

Hier steht ein Absatz, der mit einer Initiale beginnt. Dies ist ein Typoblindtext. An ihm kann man sehen, ob alle Buchstaben da sind und wie sie aussehen. Manchmal benutzt man Worte wie Hamburgefonts, Rafgenduks oder Handgloves, um Schriften zu testen.

Jetzt steht hier wieder ein Absatz, der mit einer Initiale beginnt. Dieses Mal mit einem Zeichen, das eine Unterlänge

Wie Sie sehen, wird die Initiale nur im ersten Absatz gerendert, ab dem zweiten Absatz wende ich Einzüge an. Übrigens bieten sich für Initialen im Webdesign besonders solche Fonts an, die möglichst keine (beim »J«) oder nur kleine Unterlängen (beim »Q«) haben. Bei Fonts mit großen Unterlängen könnte es sonst zu auffallend engen Abständen zwischen Initiale und dem darunter folgenden Fließtext kommen.

Unterstreichungen

Links und Barrierefreiheit

Machen Sie Links mittels einer eindeutigen Gestaltung kenntlich. Eine Unterstreichung hebt einen Link viel deutlicher als etwa eine leichte Änderung der Farbigkeit im Vergleich zum Fließtext hervor. Menschen mit Sehschwäche oder mit Farbenblindheit werden es Ihnen danken.

Während Unterstreichungen im Printbereich aufgrund ihrer »Lautheit« fast immer unangenehm auffallen, sind Unterstreichungen im Webdesign zu Recht nach wie vor sehr verbreitet. Denn die Kennzeichnung von Links innerhalb von Fließtexten hat sich seit Anfang des Internets als Standard etabliert.

Prinzipiell bieten sich hierfür zwei CSS-Attribute an: `text-decoration` und `border-bottom`.

»text-decoration« | Unterstreichungen erreichen Sie zwar ganz einfach durch das Hinzufügen von `text-decoration: underline`, da Sie hierbei jedoch nur wenig Einfluss auf den Stand oder die Stärke der Linie nehmen können, ist `text-decoration` eher als eine Quick-&-Dirty-Methode anzusehen.

Dies ist ein Link: Typoblindtext.

Im Beispiel sehen Sie die Standardformatierung, wie Browser Links darstellen, wenn Sie Links nicht individuell formatieren. Auch wenn die Linie die Unterlängen ausspart, so ist das Ergebnis doch nicht so richtig überzeugend.

Es gibt zwar noch weitere Attribute wie etwa `text-decoration-color`, mit denen Sie die Unterstreichung weiter manipulieren können, so richtig zufriedenstellend sind diese Möglichkeiten jedoch nicht. Schauen Sie sich stattdessen die Stylingmöglichkeiten an, die uns durch den Gebrauch des `border`-Attributs zur Verfügung stehen.

»border« | Das Attribut `border` kennt – wie Sie es von anderen Attributen her kennen – die vier Ausrichtungen `border-top`, `border-right`, `border-bottom` und `border-left`. Dadurch können Sie für jede Seite eines beliebigen Block- oder Inline-Elements entscheiden, ob Sie diese überhaupt formatieren möchten und wie diese Formatierung dann aussehen soll. Bei der Textunterstreichung interessiert uns natürlich das Attribut `border-bottom`.

BEM

BEM steht für Block, Element, Modifier und ist eine Namenskonvention für Klassen in HTML und CSS, die entwickelt wurde, um den Code sauber, verständlich und skalierbar zu halten. Das BEM-Konzept hilft dabei, die Struktur eines Projekts klar zu definieren und Komponenten modular zu gestalten, sodass sie leicht wiederverwendbar und pflegbar sind. Mehr zum Thema finden Sie im Zusatzkapitel »Positionierung«, das ich Ihnen zum Download unter *www.rheinwerk-verlag.de/4083* anbiete.

Für den ersten Teil des Klassennamens, mit dem ich die Links im Fließtext formatieren möchte, verwende ich `copy`. Dies ist die auch im Deutschen geläufige englische Bezeichnung für Fließtext. Falls Sie nicht wie ich im Beispiel die BEM-Schreibweise verwenden möchten, etwa, weil Sie im Customizer von WordPress eigene CSS-Stile angeben möchten, könnten Sie alle Links im Fließtext beispielsweise durch den Selektor `.entry-content a` ansprechen. Die Formatangaben sind dann dieselben wie in der eigens erstellten Klasse, die ich Ihnen hier erläutere.

```
1:  .copy--link {
2:   color: inherit;
3:   text-decoration: none;
4:   border-bottom: 1px solid red;
5:  }
```

Zur Definition der Schriftfarbe verwende ich hier `color: inherit`. Durch `inherit` wird das übergeordnete Tag angewiesen, seinen Attributwert (hier also von `color`) an den Selektor weiterzuvererben. In meinem Fall wird dadurch die Schriftfarbe der `.body`-Klasse, die ich auf das `body`-Tag angewendet habe, verwendet. Sollte ich also die Schriftfarbe der `.body`-Klasse einmal ändern, wird diese Farbe dann einfach an die `.copy--link`-Klasse durchgereicht und muss hier nicht noch ein zweites Mal angegeben werden.

In den Zeilen 3 und 4 sehen Sie zwei Formatierungen, die nötig sind, weil in BEM keine Browser-Resets verwendet werden: Die nötigen Stilanweisungen zum Überschreiben der Browser-Presets werden dann wie hier nur bei den entsprechenden Klassen vorgenommen. Daher definiere ich hier die Schriftfarbe neu (damit Browser nicht das voreingestellte Blau für Links rendern) und entferne durch `text-decoration: none;` die Unterstreichung.

Die Kurzschreibweise bei `border-bottom` spart zwei Codezeilen und ist sicher selbsterklärend. Das vom Browser gerenderte Ergebnis sieht so aus:

Dies ist ein Link: Typoblindtext.

Sonderzeichen

> **Sonderzeichen-Plugin**
> Wenn Sie in WordPress viel mit Sonderzeichen arbeiten, lohnt sich sicherlich die Installation des Plugins *Insert Special Characters*. Allerdings finden Sie dort Zeichen wie das geschützte Leerzeichen oder den bedingten Trennstrich auch nicht.

Bei Zeichen wie den öffnenden und schließenden Anführungszeichen oder Copyright-Zeichen ist die Eingabemethode im Bereich Webdesign davon abhängig, wo Sie diese Zeichen eingeben. Wenn Sie bestimmte Zeichen im eigentlichen Inhalts-Editor (und nicht im Quelltext) eingeben, probieren Sie zunächst die gewohnten Tastenkürzel aus. Am Mac können Sie beispielsweise einen Halbgeviertstrich (–) wie gewohnt mit `alt` + `-` und öffnende Guillemets (») mit `alt` + `⇧` + `Q` eingeben. Unter Windows verwenden Sie die Tastenkürzel aus Tabelle 9.5, oder kopieren Sie die gewünschten Zeichen aus einer Zeichentabelle heraus.

Bei einer Reihe von Zeichen – wie dem geschützten Leerzeichen oder dem bedingten Trennstrich – kommen Sie auch in Inhalts-Editoren nicht umhin, den entsprechenden Code einzugeben.

Der Code der sogenannten HTML-Entitäten beginnt immer mit einem & und endet mit einem ;. Dazwischen finden Sie häufig Kürzel, die entweder das Zeichen genau bezeichnen (wie etwa *endash*, die ausgeschriebene Variante von n-dash, deutsch: Halbgeviertstrich) oder eine Abkürzung des Zeichens sind. Abkürzungen sehen Sie etwa bei nbsp, für engl. *non breaking space*, nicht umbrechendes Leerzeichen/geschütztes Leerzeichen, oder raquo, das für *right-pointing angled quotation mark* (nach rechts zeigende eckige Anführung) steht.

Sonderzeichen können neben den HTML-Entitäten beispielsweise auch als Unicode oder HTML-Code eingegeben werden. Da diese Codes im Gegensatz zu den HTML-Entities keinerlei Rückschlüsse auf die verwendeten Zeichen zulassen, kann man sie praktisch nicht im Gedächtnis behalten. Daher gebe ich Ihnen hier nur die HTML-Entities an.

In der nachfolgenden Tabelle stelle ich Ihnen die wichtigsten Sonderzeichen im Webdesign vor. Im Internet finden Sie beispielsweise unter *typefacts.com* eine hervorragende Übersicht über weitere Sonderzeichen.

Zeichen	HTML-Entity	Windows	Mac
Anführungszeichen unten „	„	[Alt] + [0132]	[alt] + [^]
Anführungszeichen oben "	“	[Alt] + [0147]	[alt] + [2]
Guillemet öffnend »	»	[Alt] + [0187]	[alt] + [⇧] + [Q]
Guillemet schließend «	«	[Alt] + [0171]	[alt] + [Q]
Einfaches Anführungszeichen unten ‚	‚	[Alt] + [0130]	[alt] + [S]
Einfaches Anführungszeichen oben '	‘	[Alt] + [0145]	[alt] + [#]
Einfaches Guillemet öffnend ›	›	[Alt] + [0155]	[alt] + [⇧] + [N]
Einfaches Guillemet schließend ‹	‹	[Alt] + [0139]	[alt] + [⇧] + [B]
Gedankenstrich –	–	[Alt] + [0150]	[alt] + [-]
Trennstrich -	-	[-]	[-]
Apostroph '	'	[Alt] + [0146]	[alt] + [⇧] + [#]
Ellipse …	…	[Alt] + [0133]	[alt] + [.]

▲ **Tabelle 9.5**
Übersicht über häufig verwendete Sonderzeichen, die Sie abhängig vom Kontext mit gewohnten Tastenkürzeln oder als HTML-Entities eingeben.

9.5 Responsive Typografie

Zugriffe auf Webinhalte erfolgen heute über eine Vielzahl von Geräten, von Smartphones und Tablets bis hin zu Desktop-Computern und Smart-TVs. Daher ist es nötig, die Designelemente an verschiedene Bildschirmgrößen und Auflösungen anzupassen. Dies gilt besonders für Typografie, um die Lesbarkeit eines Textes auf allen Geräten sicherzustellen. Responsive Typografie passt Textgröße, Zeilenabstand und Layout dynamisch an, um auf jedem Gerät eine optimale Lesbarkeit und Benutzerfreundlichkeit zu gewährleisten. Dabei spielen Media Queries eine wichtige Rolle.

Anpassung der Schriftgrößen

Relative Einheiten wie em und rem basieren auf einer festgelegten Basisschriftgröße, die standardmäßig bei 16 px liegt, was bedeutet, dass 1 em oder 1 rem standardmäßig 16 px entsprechen. Die Basisschriftgröße kann jedoch definiert werden, typischerweise auf einem übergeordneten Element wie `html` oder `body`. Der Vorteil dieser relativen Einheiten gegenüber festen Pixelwerten (px) liegt in ihrer Flexibilität: Eine Änderung der Basisschriftgröße bewirkt eine proportionale Anpassung der gesamten Typografie, wodurch auch Benutzer eigene Schriftgrößen festlegen können. Während sich rem immer auf die definierte Basisschriftgröße bezieht, orientiert sich em am Schriftgrößenkontext des jeweiligen Elements.

Definition Viewport
Der Viewport ist der sichtbare Bereich einer Webseite, den der Benutzer auf seinem Gerät (z. B. Smartphone, Tablet oder Desktop-Computer) sieht, ohne scrollen zu müssen. Er ist sozusagen das »Fenster« zur Webseite.

Viewport-Einheiten | Bei der Gestaltung responsiver Typografie wird zunehmend die Anpassung von Schriftgrößen an unterschiedliche Bildschirmgrößen diskutiert. Für kleinere Displays können kleinere Schriftgrößen angemessen sein, da der Betrachtungsabstand geringer ist, während größere Bildschirme von größeren Schriftgrößen profitieren. Hierfür eignen sich viewport-bezogene Einheiten wie `vw` (Viewport Width), `vh` (Viewport Height), `vmax` und `vmin`. Die Nutzung von `font-size: 10vw;` für eine Überschrift bedeutet beispielsweise, dass ihre Schriftgröße immer 10 % der Viewport-Breite beträgt, wodurch die Schriftgröße dynamisch mit dem verfügbaren Raum skaliert.

Media Queries

Bereiche definieren
In Media Queries können Sie auch Bereiche angeben, in denen bestimmte CSS-Anweisungen gelten sollen. Stile innerhalb des Media Queries `@media (min-width: 645px and maxwidth: 960px)` würden nur bei Fensterbreiten zwischen 645 px und 960 px interpretiert werden.

Die Darstellungsmöglichkeiten einer Website sind sehr stark vom verwendeten Endgerät abhängig. Während Sie auf Smartphone-Displays Text meist auf der vollen Breite darstellen möchten, können Sie auf Tablets und Desktop-Rechnern ohne Weiteres Grafiken, Bilder oder mehrere Textspalten nebeneinander rendern lassen. Um denselben HTML-Quellcode einer Seite den verschiedenen Displaygrößen entsprechend umzuformatieren, setzen Sie Media Queries ein.

Media Queries (zu Deutsch: Medienabfragen) sind Codeblöcke, die Browser nur dann interpretieren, wenn ganz bestimmte Bedingungen zutreffen. Zu diesen Bedingungen gehören die sogenannten Breakpoints: Hier definieren wir beispielsweise einfach eine Fensterbreite, bis zu der bestimmte Stilanweisungen gelten sollen.

```
@media screen and (max-width: 645px) {
  .page {
   font-size: 14px;
   font-size: .875rem;
  }
}
```

Im Listing sehen Sie die grundsätzliche Struktur von Media Queries. Zu Beginn eines Media Querys, das für Bildschirme gelten soll, steht `@media screen`, gefolgt von der Bedingung, für die der darauf folgende Codeblock gelten soll. Dieser Codeblock wird wie gewohnt mit geschweiften Klammern eingerahmt (Zeile 1 und 6). Durch die Angabe der Bedingung `(max-width: 645px)` interpretieren Browser den Codeblock der Zeilen 2–5 nur dann, wenn das Browserfenster maximal 645 px breit ist. Die Werte bei Fensterbreiten, auch Breakpoints genannt, können Sie frei wählen.

Prinzipiell gehen Sie bei der Konzeption von Media Queries zweistufig vor. Zunächst klären Sie, bei welchen Displaybreiten sich das Layout Ihrer Seite ändern soll. Gängig ist es, mit drei Breakpoints zu arbeiten. Dabei können Sie sich grob an typischen Displaybreiten von Smartphone, Tablet und Desktop-Rechnern orientieren. Wenn Sie die Breiten definiert haben, können Sie sich an das Schreiben der CSS-Angaben machen, die eben nur für bestimmte Bildschirmgrößen gelten sollen. Der CSS-Code innerhalb von Media Queries wird in gewohnter Manier geschrieben. Das sehen Sie auch im Listing: Der CSS-Code innerhalb des Media Queries enthält keinerlei Überraschungen. Im Beispiel definiere ich einfach die Schriftgröße für die Klasse `.page`. Im Folgenden möchte ich dieses Vorgehen an einer einfachen Beispielwebsite am Code erklären.

CSS für Ausdrucke

Mit Media Queries können Sie auch Stylesheets einbinden, die nur beim Ausdrucken einer Seite verwendet werden. Dafür schreiben Sie `@media print`. In den Formatierungsanweisungen könnten Sie beispielsweise alle Farben durch Grautöne austauschen oder bestimmte Bereiche wie die Navigation komplett ausblenden.

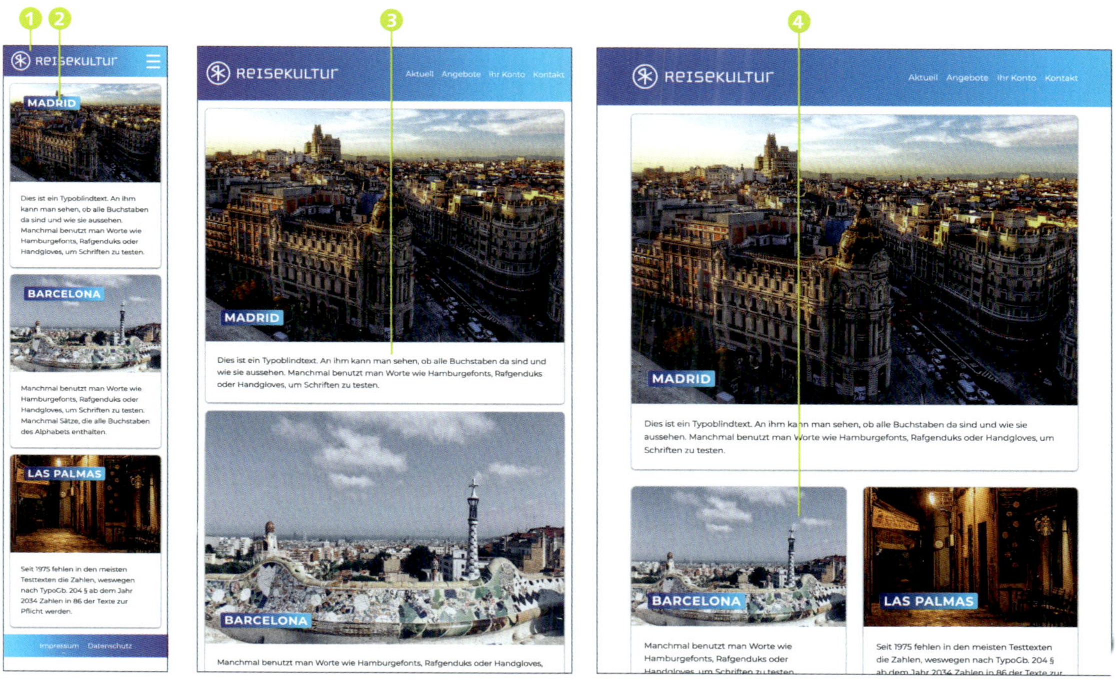

▼ Abbildung 9.31
Derselbe Quellcode wird durch den Einsatz von Media Queries bei verschiedenen Display- bzw. Fensterbreiten unterschiedlich dargestellt.

Das Hauptaugenmerk möchte ich hierbei auf vier Bereiche legen, die sich bei bestimmten Breakpoints ändern. Das ist zunächst der Kopfbereich (der sogenannte Header) der Seite ❶. Hier ändert sich von der schmalen (links) zur nächstbreiteren Darstellung (Mitte) die Höhe, und statt des sogenannten Hamburger-Icons werden nun die vier Navigationspunkte eingeblendet. Die Überschriften mit den Städtenamen ❷ werden in der schmalen Version am oberen Rand des jeweiligen Bildes, auf dem sie stehen, in den breiteren Darstellungsvarianten am jeweils unteren Bildrand ausgerichtet. Die Schriftgrößen und Abstände vom Fließtext innerhalb der Cards vergrößern sich ab der mittleren Fensterbreite ❸. Weiterhin schauen wir uns an, wie Sie beliebige Elemente – im Beispiel sind es die beiden Cards zu Barcelona und Las Palmas ❹ – so formatieren können, dass Sie ab einem bestimmten Breakpoint nebeneinander (Abbildung 9.31 rechts) statt wie in den schmaleren Websitedarstellungen (Abbildung Mitte) untereinander gerendert werden.

Der HTML-Code | Zunächst schauen wir uns den HTML-Code der Seite an. Hier sehen Sie das Prinzip von BEM, mit dem ich den CSS-Code geschrieben habe, noch einmal in der Anwendung.

```
<!DOCTYPE html>
<html lang="de">
 <head>
  <meta charset="UTF-8" />
  <meta name="viewport" content="width:
  device-width, initial-scale=1">
  <title>Media Queries</title>
  <link rel="stylesheet" href="css/styles.css" />
 </head>
 <body class="page">
   <header class="header">
   <div class="header__content">
    <a href="#" class="logo"></a>
    <a class="hamburger" href="#"></a>
    <nav class="nav">
     <ul class="nav__ul">
      <li class="nav__li"><a class="nav__link"
      href="#">Aktuell</a></li>
      <li class="nav__li"><a class="nav__link"
      href="#">Angebote</a></li>
```

```
    <li class="nav__li"><a class="nav__link" href="#">Ihr Konto</a></li>
    <li class="nav__li"><a class="nav__link" href="#">Kontakt</a></li>
   </ul>
  </nav>
 </div>
</header>
<main class="main">
 <article class="article">
  <header class="article__header">
   <img class="article__img" src="img/madrid.jpg" alt="" />
   <h1 class="article__h1">Madrid</h1>
  </header>
  <p class="article__text">Dies ist ein Typoblindtext. […]</p>
 </article>
 <div class="row">
  <article class="article article--half">
   <header class="article__header">
    <img class="article__img" src="img/barcelona.jpg" alt="" />
    <h1 class="article__h1">Barcelona</h1>
   </header>
   <p class="article__text">Manchmal benutzt man […]</p>
  </article>
  <article class="article article--half">
   <header class="article__header">
    <img class="article__img" src="img/las-palmas.jpg" alt="" />
    <h1 class="article__h1">Las Palmas</h1>
   </header>
   <p class="article__text">Seit 1975 fehlen […]</p>
  </article>
 </div><!-- .row -->
</main>
<footer class="footer">
```

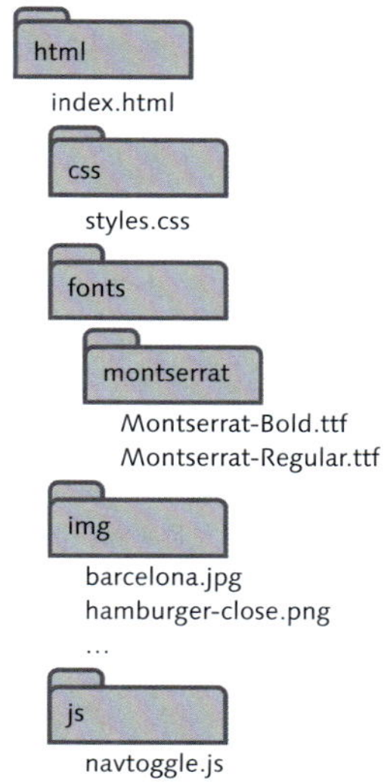

▲ **Abbildung 9.32**
Diese recht typische Verzeichnisstruktur wende ich auch im Beispiel an.

Verzeichnisstruktur
Schon bei kleineren Webseiten macht sich eine nachvollziehbare Verzeichnisstruktur bezahlt. Genauso wie bei Daten, die Sie auf Ihrem Rechner erstellen und ablegen, erhöhen eine logische Struktur bei Verzeichnissen und »sprechende« Dateinamen auch bei Webseiten die Übersicht. Wie Daten referenziert werden, die Sie in verschiedenen Verzeichnissen abgelegt haben, erfahren Sie im folgenden Exkurs zu den Dateireferenzen.

```
50:     <div class="footer__content">
51:      <ul class="footer__nav">
52:       <li class="footer__li"><a class=
          "footer__link" href="#">Impressum</a></li>
53:       <li class="footer__li"><a class=
          "footer__link" href="#">Datenschutz</a></li>
54:      </ul>
55:     </div>
56:    </footer>
57:    <script src="js/navtoggle.js"></script>
58:   </body>
59: </html>
```

In den ersten beiden Zeilen gebe ich mit `html` bzw. `de` die Dokumentart und die im Content verwendete Sprache an. Zwischen den Zeilen 3 und 8 gebe ich im `head`-Block den verwendeten Zeichensatz, eine Darstellungsanweisung für mobile Geräte und den Dokumenttitel an. Außerdem referenziere ich hier die Datei `styles.css`, die wir uns im nächsten Absatz zum CSS-Code genauer ansehen. Dadurch, dass ich auch in diesem Beispiel das Konzept von BEM zum Schreiben von CSS anwende, erhalten auch die HTML-Tags wie `body` und der folgende `header` eigene Klassen: `page` bzw. `header`. Wie weiter vorn besprochen, werden bei der konsequenten Anwendung des BEM-Prinzips durch CSS weder HTML-Tags noch IDs angesprochen bzw. definiert: Es wird ausschließlich mit Klassen gearbeitet. Dieses Vorgehen hat neben den weiter vorn genannten, unschätzbaren Vorteilen einen unschönen Nachteil, den Sie im HTML-Code des Beispiels sehen: Der HTML-Code wird länger. Dennoch halte ich BEM für eine extrem gute Methode, CSS (und letztlich auch HTML und JavaScript) zu schreiben.

Als Linkziele verwende ich hier lediglich Platzhalter: `href="#"`. Ich lege hier den Fokus auf CSS und nicht auf HTML oder PHP. Darüber hinaus ist es üblich, mit einem CMS wie WordPress zu arbeiten, das Ihnen die Erstellung und die Verwaltung von Links ohnehin abnimmt.

Schauen wir uns ein paar Details des HTML-Codes genauer an, bevor wir uns den dazugehörigen CSS-Code ansehen. Im Header-Block (Zeilen 9–22) sehen Sie ein eingefügtes `div` mit der Klasse `.header__content`. Dieses `div` ist nötig, damit wir den Content-Bereich mit Logo und Hamburger bzw. Navigation unabhängig vom übergeordneten Header in der Breite beschränken können. Wenn

Sie sich noch einmal Abbildung 9.31 anschauen, sehen Sie, dass entweder das Hamburger-Icon *oder* die Navigation zu sehen ist. Genau hierfür kommt im CSS-Code ein Media Query zum Einsatz. Dieses sorgt dafür, dass entsprechend dem Viewport eines der beiden Seitenelemente ausgeblendet wird.

Nach dem Header-Bereich öffne ich in Zeile 24 den Main-Bereich, den ich in Zeile 48 wieder schließe. Da der Main-Bereich den eigentlichen Website-Content aufnimmt (im Gegensatz zu untergeordneten Bereichen wie Navigation, Footer oder einem Seitenbereich), sehen Sie in diesem Code-Abschnitt drei `article`-Bereiche. Wie die Bezeichnung vermuten lässt, ist dieses HTML-Element dafür gedacht, beispielsweise News- oder Blogbeiträge aufzunehmen. Und genau wie eine Webseite kann ein `article`-Tag auch einen eigenen `header`-Bereich beinhalten. Diese Struktur entspricht damit genau unserer Leseerfahrung aus dem Printbereich. Im ersten `article`-Bereich im Beispielcode sehen Sie den Header in den Zeilen 26–29. Achten Sie darauf, dass ein `article`-Tag eine `h1`-Überschrift enthalten kann. Wenn, wie im Beispiel, mehrere `article`-Bereiche mit je einer `h1`-Überschrift stehen, ist das valider Code. Content, der *direktes* Kindelement vom `main`-Tag ist (und nicht ein Kindelement eines `article`-Tags ist), darf hingegen nur eine einzige `h1`-Überschrift beinhalten.

Valider Code

Das Standard-Werkzeug zur Überprüfung Ihres Codes finden Sie auf *validator.w3.org*. Dort haben Sie die Möglichkeit, kostenfrei den Code einer beliebigen URL überprüfen zu lassen. Sie können aber auch Code über Copy & Paste dort einfügen. Die Hinweise, die Sie auf diese Art erhalten, sind sehr wertvoll: Probieren Sie dieses Tool also unbedingt aus!

Damit das zweite und dritte `article`-Tag (im Beispiel die Abschnitte Barcelona und Las Palmas) bei breiten Viewports nebeneinander dargestellt werden können, habe ich sie in ein eigenes `div` mit der Klasse `.row` eingefasst (Zeilen 32 und 47).

In den Zeilen 49–56 folgt das übliche `footer`-Tag. Wie im `header` ist auch im `footer` ein verschachteltes `div` nötig, um den innen liegenden Inhalt unabhängig vom `footer` formatieren zu können. Daher öffne ich in Zeile 50 das `div` mit der Klasse `.footer--content`. Es enthält im Beispiel lediglich zwei Links und wird uns nur marginal interessieren. Nach dieser allgemein gehaltenen Betrachtung des HTML-Codes schauen wir uns nach einem Exkurs zum Thema Dateireferenzen den CSS-Code der Beispielseite an.

Der CSS-Code | Die Stilanweisungen habe ich im Dokument styles.css hinterlegt, das im Beispiel in einem separaten Verzeichnis liegt, das noch weitere CSS-Dateien aufnehmen könnte. Das können Sie an der Referenz `href="css/styles.css"` ablesen. In dieser CSS-Datei binde ich zunächst die beiden Fonts ein, die auf der Website zum Einsatz kommen. Ich lade die Google Fonts in

Dateireferenzen

In HTML (und anderen Skript- und Programmiersprachen) können Dateien und Verzeichnisse prinzipiell in vier verschiedenen Beziehungen zueinander stehen. Dabei ist es für die Verweise unerheblich, ob es sich bei dem zu referenzierenden Objekt um eine tatsächliche Datei (wie index.html oder styles.css) oder ein Verzeichnis (wie css) handelt. In den folgenden Beispielen zeige ich Ihnen das Prinzip an typischen Situationen.

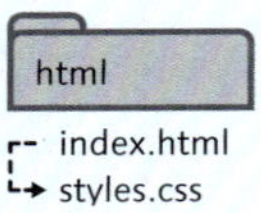

Referenz zu Datei im selben Verzeichnis
Im einfachsten Fall liegen die betreffenden Dateien beide im selben Verzeichnis. Soll von index.html auf styles.css referenziert werden, lautet der Code einfach `styles.css`.

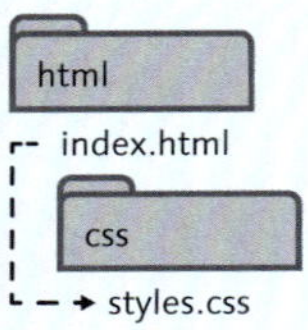

Referenz zu Datei in untergeordnetem Verzeichnis
In der nebenstehenden Abbildung liegt die Datei styles.css nun in einem Unterverzeichnis und soll wieder von index.html aus referenziert werden. Dann wird zunächst das Verzeichnis genannt, und nach einem / folgt die Datei: `css/styles.css`. Liegt die Datei in noch weiter verschachtelten Verzeichnissen, werden diese einfach der Reihe nach genannt. Als Trennzeichen wird ausschließlich / verwendet: `css/layout/styles.css`.

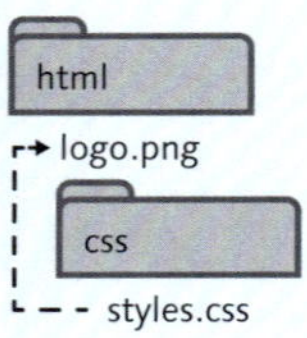

Referenz zu Datei in übergeordnetem Verzeichnis
Die Datei logo.png soll von styles.css angesprochen werden und liegt – von styles.css aus betrachtet – in einem übergeordneten Verzeichnis. Je Verzeichnisebene wird dann ein `../` vorangestellt. Daraus folgt in unserem Beispiel der Code `../logo.png`. Liegt die zu referenzierende Datei noch eine weitere Verzeichnisebene höher, lautet die Referenz `../../logo.png`. Wie Sie hier sehen, sind die Verzeichnisnamen irrelevant, wenn Sie sich von einem Unterverzeichnis nach oben orientieren.

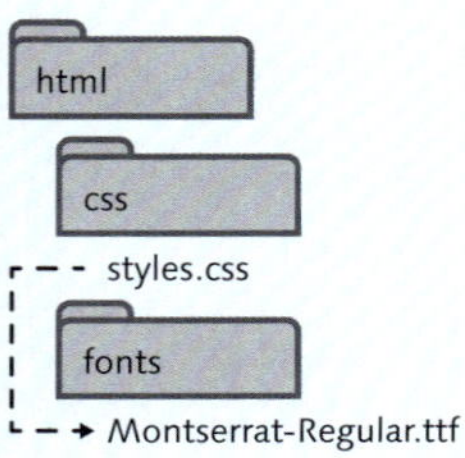

Referenz zu Datei in einem anderen Verzeichniszweig
Wenn Sie eine Datei referenzieren möchten, die in einem anderen Verzeichniszweig liegt, werden die beiden Techniken der beiden vorigen Abschnitte einfach kombiniert. Um den Font Montserrat-Regular.ttf von styles.css aus anzusprechen, geht es zunächst mit `../` eine Verzeichnisebene nach oben. Und von dort geht es ins Verzeichnis fonts hinein: `../fonts/Montserrat-Regular.ttf`.

der selbst gehosteten Version (und nicht von den Google-Servern). Das gilt meines Wissens momentan als sicherste Variante, um der DSGVO gerecht zu werden. Die gewünschten Google Fonts habe ich zuvor von der Website *fonts.google.com* heruntergeladen.

```
1:   /* FONT-SETUP */
2:   @font-face {
3:     font-family: montserrat;
4:     font-style: normal;
5:     font-weight: 100;
6:     src: url('../fonts/montserrat/
       Montserrat-Regular.ttf');
7:   }
8:   @font-face {
9:     font-family: montserrat;
10:    font-style: normal;
11:    font-weight: 700;
12:    src: url('../fonts/montserrat/
       Montserrat-Bold.ttf');
13:  }
```

Ich verwende für das Beispiel den Font Montserrat. Die heruntergeladenen Fontdateien habe ich in ein eigenes Verzeichnis (montserrat) abgelegt. Dieses liegt wiederum in einem separaten `fonts`-Verzeichnis (siehe Abbildung 9.32). Die notwendigen Pfadinformationen finden Sie in den Zeilen 6 und 12. In diesen Zeilen sehen Sie auch, dass hier nur die beiden Fontdateien für den Regular- bzw. den Bold-Schnitt zur Anwendung kommen. Darüber hinaus unterscheiden sich die beiden Codeblöcke nur durch die Angaben bei `font-weight` (100 für den Regular- bzw. 700 für den Bold-Schnitt).

Nachdem die Fonts referenziert sind, folgt nun das Styling der verschiedenen Seitenelemente. Dabei gehe ich nach dem Prinzip »mobile first« vor. Damit ist gemeint, dass eine Website von der kleinsten – eben der mobilen – Darstellungsvariante ausgehend entwickelt wird. Durch diesen Ansatz bedingt, stehen die gesamten Formatierungsangaben für schmale Viewports zu Beginn und werden später bei Bedarf innerhalb der Media Queries überschrieben. Als Nächstes definiere ich in den Stylesheets die `.page`-Klasse, den `header`-Bereich, das Logo und den Hamburger-Button:

```
.page {
  margin: 0;
  padding: 0;
  font-family: montserrat, sans-serif;
  font-size: 14px;
  font-size: 0.875rem;
  color: #444;
}
.header {
  background: linear-gradient(90deg, rgba(9, 9, 121, 0.7),rgb(0, 212, 255));
}
.header__content {
  max-width: 55rem;
  height: 4rem;
  margin: 0 auto;
  padding-left: 1rem;
  padding-right: 1rem;
  box-sizing: border-box;
  display: flex;
  align-items: center;
  justify-content: space-between;
}
.logo {
  height: 2.5rem;
  width: 13.5rem;
  background: center / contain no-repeat url('img/logo-reisekultur.png');
}
.hamburger {
  width: 2em;
  height: 2em;
  background: center / contain no-repeat url('img/hamburger-icon.png');
}
.hamburger--close {
  background-image: url('img/hamburger-close.png');
}
```

Verläufe generieren

Den Verlauf der Beispielseite habe ich von der Website *cssgradient.io*. Dort und auf anderen Anbieterseiten können Sie sich über verschiedene Methoden sehr einfach Verläufe erstellen lassen. Der jeweilige CSS-Code wird Ihnen anschließend direkt zur weiteren Verwendung ausgegeben.

Eine Besonderheit beim CSS-Schreiben mit BEM ist das Fehlen eines Browser-Resets. Bei BEM werden die nötigen Resets bei den entsprechenden Stilangaben gemacht und nicht in allgemeinen

Selektoren wie * oder body. Daher sehen Sie den Reset der Margins und Paddings in der .page-Klasse. Diese Klasse wende ich für das body-Tag an (siehe Listing des HTML-Codes). Weil alle anderen Seitenelemente Kinder des body-Tags sind, nehme ich hier auch die Schrift-Definitionen vor. Mit 0.875rem in Zeile 6 habe ich die Schriftgröße im Vergleich zur Standardgröße von 16 px etwas heruntergesetzt. Beachten Sie, dass diese Größe im weiteren Verlauf von verschiedenen Seitenelementen als Referenz verwendet wird. Das ist im Beispiel bei allen Größenangaben der Fall, die rem als Einheit verwenden.

In der .header-Klasse ab Zeile 9 definiere ich nur den Verlauf von links nach rechts, als Farben kommen ein dunkles und ein helles Blau zum Einsatz. Standardmäßig werden Verläufe durch die Eigenschaft linear-gradient von oben nach unten gerendert. Die Angabe von 90deg kippt den Verlauf von der Vertikalen in die Horizontale. Achten Sie im Beispielcode auf die Angabe des vierten Wertes des ersten Farbtons: Ich habe ihn mit 0.7 angegeben. Der vierte Wert von RGBA-Farbtönen definiert die Transparenz, daher hat der dunkelblaue Bereich eine Deckkraft von 70 %. Das können wir im Header der Seite aufgrund des weißen Hintergrunds nicht sehen, aber bei den Überschriften auf den Bildern und der ausgeklappten Navigation (siehe Abbildung 9.33) sehen wir denselben Verlauf noch weitere Male.

Die Klasse .header__content ab Zeile 12 sorgt durch die Angabe von max-width: 55rem dafür, dass der Inhalt des Headers diese Breite auch bei breiteren Viewports nicht überschreitet. Die Angabe von margin: 0 auto sorgt dafür, dass dieser Bereich bei breiten Viewports in der Horizontalen zentriert wird. Dieses Verhalten sehen Sie in dem rechten Screenshot der Abbildung 9.31. Die beiden padding-Angaben lassen den Inhalt links und rechts vom übergeordneten Element, dem HTML-Tag header, abrücken. Damit die Browser die Padding-Werte nicht zur Breite des eigentlichen Inhaltes dazuaddieren, ist hier die Angabe box-sizing: border-box notwendig. Die drei letzten Zeilen 19–21 des .header__content-Blocks definieren ein Element, das mit dieser Klasse getaggt wurde, als Flex-Element und steuern die Ausrichtung der betreffenden Inhalte. Hierbei sorgt align-items: center für die vertikale Zentrierung, und justify-content: space-between führt in unserem Beispiel dazu, dass die beiden sichtbaren Inhalte – das Logo und der Hamburger-Button bzw. die Navigation – jeweils links und rechts außen stehen.

Zwei statt vier Werte

Zur Erinnerung: margin ist die Kurzschreibweise für margintop, margin-right, marginbottom und margin-left.

▲ **Abbildung 9.33**
Die Navigation wird auf schmalen Endgeräten erst durch Drücken des Hamburger-Buttons eingeblendet (unten).

Die `.logo`-Klasse ab Zeile 23 habe ich im HTML-Code auf einen Link angewendet, und neben der Breite und Höhe definiere ich hier lediglich per `background`-Eigenschaft die Darstellung der Logo-Bilddatei. Die Angabe von `center` sorgt wie erwartet für die Zentrierung innerhalb der zuvor definierten Abmessungen. `contain` passt das Bild in diese Abmessungen ein, und `no-repeat` unterbindet die wiederholte Darstellung/Kachelung des Bildes. Mit `url('img/logo-reisekultur.png')` wird einfach die entsprechende Datei referenziert. Diese liegt hier in einem mit `img` benannten Verzeichnis. Dasselbe Prinzip sehen Sie auch bei der Definition der `.hamburger`-Klasse ab Zeile 28. Diese wird durch die `.hamburger--close`-Klasse entsprechend der BEM-Namensvergabe lediglich modifiziert: Das Bild im Hintergrund wird ausgetauscht.

```
.nav {
  display: none;
  z-index: 1;
  left: 0;
}
.nav__ul {
  list-style: none;
  padding-left: 0;
  margin-top: 0;
  margin-bottom: 0;
}
.nav__link {
  color: white;
  line-height: 1.5;
  display: block;
  height: 2.5rem;
  text-decoration: none;
  padding-left: 1rem;
  padding-top: 1rem;
  margin-right: 0;
}
```

Damit die Links der Navigation auf kleinen Displays zunächst ausgeblendet sind (siehe Abbildung 9.33), blende ich den gesamten `nav`-Block mittels der Klasse `.nav` aus. Das erledige ich mit `display: none`. Um die Navigation durch Drücken des Hamburger-Buttons einzublenden, werden wir ein paar Zeilen JavaScript verwenden. Damit werden wir einfach zwei Klassen bei Klick auf den Button austauschen. Darauf gehe ich noch ein. Hier im CSS-Code nehme ich aber schon einmal die Formatierungen vor, die für die eingeblendete Navigation gelten sollen.

Damit die Navigation im eingeblendeten Zustand nicht von den später folgenden Inhalten im `main`-Tag überdeckt werden, ist hier die Angabe von `z-index: 1` in Zeile 3 nötig. Wie in anderen Kontexten auch, bezeichnet die CSS-Eigenschaft `z-index` die Lage eines Seitenelements im Gegensatz zur x-Achse (der Horizontalen) und der y-Achse (der Vertikalen) sozusagen im Hinblick auf seine räumliche Position. Damit ist hier die Stapelreihenfolge von sich überlappenden Elementen gemeint.

Elemente, für die Sie keinen `z-index` angegeben haben, haben den Wert 0. Überlappen sich nun solche Elemente, entscheidet die Position im Quellcode darüber, was weiter vorn gerendert wird: Je später ein Element im Quellcode steht, desto »höher« wird es dargestellt und überlappt gegebenenfalls Elemente, die vor ihm im Quellcode stehen.

Position-Wert definieren

Beachten Sie, dass die Angabe des `z-index` nur Wirkung zeigt, wenn das entsprechende Element einen extra definierten `position`-Wert hat. Wie Sie im Listing sehen, habe ich diese Definition hier noch nicht vorgenommen, das hole ich später im Media Query nach.

Üblicherweise werden Links in einer Navigation im Quellcode als eine ungeordnete Liste angelegt. Das sehen Sie auch in meinem HTML-Beispielcode in den Zeilen 15 und 51. Die Browser-Presets setze ich in den Klassen `.nav__ul` und später unter `.footer__nav` zurück. Die Standarddarstellung der Hauptnavigation sehen Sie in Abbildung 9.34.

▲ **Abbildung 9.34**
Die Navigation-Links des Beispiels werden ohne Browser-Reset mit Aufzählungspunkten und großem linken Abstand gerendert.

Das Styling der eigentlichen Links innerhalb der Navigation habe ich in der Klasse `.nav__link` in Zeile 12 vorgenommen. Wie bei dem bisher fehlenden `position`-Wert der `.nav`-Klasse hebe ich mir die Definition der hellen Linien unterhalb der Navigationspunkte (sichtbar im unteren Screenshot der Abbildung 9.33) für ein Media Query auf. Mit `display: block` weise ich Browser an, die Links über die volle Breite zu rendern. Darüber hinaus ist diese Angabe notwendig, damit die Definition der Höhe überhaupt Wirkung zeigt. Hiermit sind die grundlegenden Stildefinitionen innerhalb des Headers abgeschlossen. Entsprechend dem HTML-Code schauen wir uns als Nächstes die Klassen an, die für das Styling des eigentlichen Content-Bereichs zuständig sind.

```
.main {
  margin: 0 auto;
  max-width: 55rem;
  line-height: 1.6;
};
```

Wie vom Content-Bereich des Headers bekannt, wird auch das mit der `.main`-Klasse ausgezeichnete Element durch `margin: 0 auto` bei breiten Viewports horizontal mittig dargestellt und durch denselben Wert bei `max-width` auf ebendiese Breite beschränkt. Die Zeilenhöhe definiere ich hier mit recht großzügigen `1.6`. Der zuvor gewählte Font Montserrat führt in Verbindung mit diesem Zeilenabstand zu einer luftigen Anmutung der Texte.

Die nun folgenden Artikel-Klassen sind zwar recht umfangreich, die verwendeten Attribute sind Ihnen aber weitgehend bekannt.

Styling

Die Inhalte der Beispielseite sind jeweils als `article`-Tags definiert. Mittels dieser fünf Klassen werden sie gestylt.

```
.article {
 background: white;
 border: 1px solid #ccc;
 margin: 1em;
 border-radius: 0.5em;
 box-shadow: 0px 0.1em 0.2em #999;
}
.article__header{
 position: relative;
 line-height: 1;
}
.article__img{
 max-width: 100%;
 height: auto;
 border-radius: 0.5em 0.5em 0 0;
}
.article__h1{
 font-weight: 700;
 color: white;
 text-transform: uppercase;
 letter-spacing: 1px;
 margin: 0;
 position: absolute;
 left: 1em;
 padding: 0.25rem 0.5rem;
 background: linear-gradient(90deg, rgba(9, 9,
 121, 0.7) 0%,rgba(0, 212, 255, 1) 100%);
 border-radius: 0.25em;
}
.article__text{
 padding: 1.5em;
```

```
31:   margin: 0;
32:  }
```

In der `.article__h1`-Klasse sehen Sie in Zeile 23 die Definition `position: absolute`. Diese Angabe führt in Kombination mit `position: relative` des Elternelements `.article__header` dazu, dass wir die Überschrift auf das Bild schieben können. Mit `left: 1em` rücke ich die Überschriften von der linken Kante des übergeordneten `header`-Tags mit der `.article__header`-Klasse ab. Den Wert für den Abstand nach oben definiere ich erst später im entsprechenden Media Query. Mit den `padding`-Angaben in Zeile 25 vergrößere ich den Hintergrund der Überschriften, damit der Farbverlauf, den ich in Zeile 26 anlege, nicht direkt am Text endet. Bevor wir uns die drei Media Queries anschauen, die ich für die Beispielseite angelegt habe, zeige ich Ihnen noch der Vollständigkeit halber die CSS-Klassen, mit denen ich den Footer formatiere.

```
.footer {
  background: linear-gradient(-90deg, rgba(9, 9, 121, 0.7) 0%,rgba(0, 212, 255, 1) 100%);
  height: 3rem;
  display: flex;
  align-content: center;
  align-items: center;
}
.footer__content {
  max-width: 55rem;
  margin: 0 auto;
}
.footer__nav {
  list-style: none;
  padding-left: 0;
}
.footer__li {
  display: inline;
}
.footer__link {
  color: white;
  text-decoration: none;
  margin: 0 0.5em;
}
```

Damit die Navigation auf schmalen Displays durch Drücken des Hamburger-Buttons eingeblendet werden kann, fügen wir dem `nav`-Tag per JavaScript die Klasse `.visible` hinzu, da derartige Eingriffe in den HTML-Code mit CSS alleine nicht möglich sind. Da dieser Klasse keinerlei andere Aufgabe zukommt, ist der CSS-Code dementsprechend knapp:

```
/* Klasse, die nur von JavaScript eingesetzt wird */
.visible {
 display: block;
}
```

Die drei verwendeten Media Queries | Zunächst definiere ich im folgenden Codeblock Details, die nur bis zu einer Maximalbreite des Viewports von 644 px gerendert werden sollen. Sie werden somit – wie bei allen Formatierungen innerhalb von Media Queries – praktisch an die bisherigen Stildefinitionen angehängt, aber nur, solange die Viewport-Breite schmaler als der angegebene Wert ist.

Ich habe mich für dieses Vorgehen entschieden, weil es den Code etwas kürzer macht. Hätte ich dieselben Formatierungen ohne das Media Query in den bisherigen Code geschrieben, hätte ich diese Stile später überschreiben müssen. Für eine bessere Orientierung überschreibe ich den kompletten Codebereich, der die Media Queries enthält, mit entsprechenden Kommentaren. Da ich später noch Media Queries für mittlere (medium) und große (large) Breiten anlege, habe ich den ersten Codeblock mit `von schmal bis mittel` überschrieben.

```
/* MEDIA QUERIES */
/* von schmal bis mittel */
@media (max-width: 644px) {
 .nav {
  top: 4rem;
  position: absolute;
  width: 100%;
  background: linear-gradient(90deg, rgba(9, 9,
  121, 0.7) 0%,rgba(0, 212, 255, 1) 100%);
 }
 .nav__li:not(:last-of-type) {
  border-bottom: 1px solid rgba(255, 255,
  255, 0.5);
 }
 .article__h1 {
```

```
    top: 1.2em;
  }
}
```

Mit `.nav__li:not(:last-of-type)` verwende ich einen kleinen Trick. Der Code sieht zunächst schwer lesbar aus, ist aber bei genauem Hinsehen und etwas Vorwissen selbsterklärend. Am Anfang des Selektors sehen Sie die schon eingeführte Klasse `.nav__li`. Nach dem : leite ich die sogenannte Pseudoklasse ein (Infos hierzu finden Sie in Abschnitt 9.3), in unserem Fall `not()`. Und innerhalb der Klammern steht eine Bedingung, die für den eingangs genannten Selektor, die `.nav__li`-Klasse, eben nicht anzutreffen sein soll. Mit `:last-of-type` haben wir eine weitere Pseudoklasse vor uns. Sie selektiert innerhalb des Elternelements das letzte seiner Art. Sowohl im HTML-Code als auch an meiner Namensvergabe können Sie sehen, dass es sich bei `.nav__li` um ein `list-item` handelt. Da das Elternelement das `ul`-Tag ist, das die gesamten `list-items` aufnimmt, wählt der genannte Selektor alle Listenelemente der `.nav__li`-Klasse – mit Ausnahme des letzten Listeneintrags.

Durch diesen Selektor und die entsprechenden Formatierungen erhalten alle Menüpunkte der ausgeklappten Navigation unten eine weiße, halbtransparente Linie – mit Ausnahme des untersten Punktes »Kontakt«.

```
/* mittel und größer */
@media (min-width: 645px) {
.page {
  font-size: 16px;
  font-size: 1rem;
 }
 .header__content {
  height: 7rem;
 }
 .logo {
  height: 3rem;
  width: 17rem;
 }
 .hamburger {
  display: none;
 }
 .nav {
```

Mobile First

Entsprechend dem Mobile-First-Ansatz folgen in den Media Queries für größere Viewport-Breiten nur noch wenige Anpassungen.

```
18:     display: block;
19:   }
20:   .nav__li {
21:     float: left;
22:   }
23:   .nav__link {
24:     display: inline-block;
25:   }
26:   .article__h1 {
27:     bottom: 1.5em;
28:     left: 1.25em;
29:   }
30: }
31: /* groß und darüber */
32: @media (min-width: 768px) {
33:   .row {
34:     display: flex;
35:   }
36:   .article--half {
37:     width: 50%;
38:   }
39: }
```

Der mit `mittel und größer` übertitelte Codeblock wird von Browsern ab einer Fensterbreite von `645px` interpretiert. Er schließt damit exakt an das vorige Media Query an, das ja Stilanweisungen bis zu einer Maximalbreite von `644px` enthält. Im Folgenden gehe ich nur auf die Besonderheiten dieses Codes ein.

In der `.page`-Klasse ab Zeile 3 setze ich die Schriftgröße auf die üblichen 16px hinauf. Die Angaben in den Klassen `.header__content` und `.logo` sorgen nun für eine größere Darstellung der Seitenelemente. Da ab der definierten Mindestbreite der Hamburger-Button nicht zu sehen sein soll, wird dieser einfach mit `display: none` ausgeblendet. Im Gegenzug wird das mit der `.nav`-Klasse getaggte Seitenelement mit `display: block` eingeblendet. Damit die einzelnen Listenelemente der Klasse `.nav__li` als Blockelemente eben nicht mehr die gesamte Breite einnehmen, floate ich diese nach links. Die `h1`-Überschriften innerhalb der `article`-Tags werden mit `bottom: 1.5em` unten am Bild ausgerichtet.

Ab Zeile 32 folgt der Codeblock mit dem Media Query, das ab einer Mindestbreite von 768 px von Browsern umgesetzt werden soll. Hier definiere ich nun die `.row`-Klasse, die mit `display: flex` dafür sorgt, dass der zweite und dritte Artikel (im Beispiel »Barcelona« und »Las Palmas«) nebeneinander dargestellt werden können. Die Breite dieser beiden Seitenelemente definiere ich in der `.article--half`-Klasse einfach mit `width: 40%`.

Wenn Sie eine Klasse (wie im Beispiel etwa `.row`) ausschließlich in einem Media Query definieren, wird der entsprechende Code komplett vom Browser ignoriert, wenn die betreffende Bedingung nicht erfüllt ist. Das können Sie ganz einfach in den Webdeveloper-Tools überprüfen. Für den oberen Screenshot in Abbildung 9.35 habe ich das Browserfenster breiter als die 768 px gezogen, die ich als Bedingung festgelegt hatte. Um das Verhalten des Browsers zu überprüfen, habe ich im HTML-Code die Zeile markiert, in der das `div` mit der `.row`-Klasse steht ❷. Da die Bedingung für die Mindestbreite des Browserfensters ❸ hier zutrifft, wird uns die Definition der Klasse auch angezeigt ❶. Durch das Verschmälern des Browserfensters wird der Code innerhalb des Media Querys nicht mehr ausgelesen und wird daher in den Developer-Tools auch nicht mehr angezeigt. Dies sehen Sie im unteren Screenshot: Im unteren Bereich der Webdeveloper-Tools ist die `.row`-Klasse nicht mehr zu sehen.

Zum Abschluss dieses recht langen Abschnitts zu Media Queries schauen wir uns noch an, wie der Austausch von CSS-Klassen im JavaScript-Code realisiert ist.

Die JavaScript-Funktion navtoggle.js | Im Unterschied zur Auszeichnungssprache HTML, die für den reinen Inhalt und die Strukturierung des Inhaltes vorgesehen ist, und CSS, das das Aussehen einer HTML-Datei steuert, wird die Skriptsprache JavaScript für Funktionen eingesetzt, die weder mit HTML- noch mit CSS-Mitteln realisiert werden können. Auf der Beispielseite sorgt eine JavaScript-Funktion dafür, dass durch das Drücken des Hamburger-Buttons auf schmalen Displays einerseits die Navigation eingeblendet wird und andererseits die Hamburgergrafik durch eine Grafik mit einem x ausgetauscht wird.

Wie die HTML- und die CSS-Datei ist auch die JavaScript-Datei eine reine Textdatei. Im Beispiel habe ich die navtoggle.js-Datei in ein separates Verzeichnis abgelegt, das ich mit js benannt habe. Das ist gängige Praxis und sorgt dafür, dass man nicht den Über-

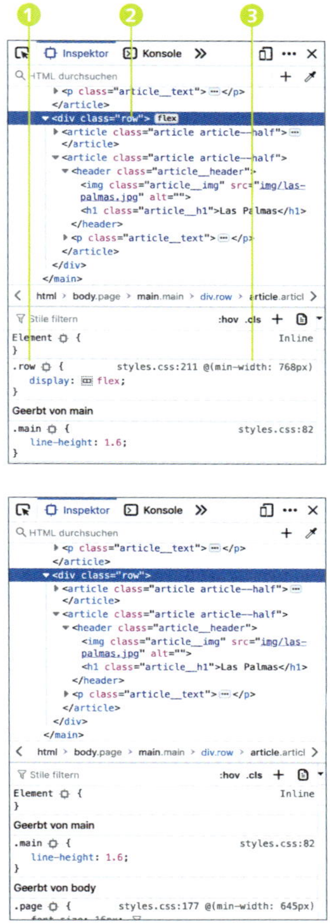

▲ Abbildung 9.35
In den Webdeveloper-Tools können Sie sehen, dass Code innerhalb von Media Querys wirklich nur entsprechend der definierten Bedingung vom Browser interpretiert wird. Im oberen Screenshot trifft die Mindestbreite des Browserfensters zu. Für den unteren Screenshot hatte ich das Browserfenster schmaler gezogen, was zur Folge hat, dass der Code des Media Querys vollständig ignoriert wird.

blick verliert, wenn ein Projekt weiter anwächst und viele Dateien hinzukommen.

Browserseitige Skriptsprache

JavaScript-Funktionen werden im Browser ausgeführt, in dem sie durch den Webseitenbesucher aufgerufen werden. Eine weitere wichtige Skriptsprache, die beispielsweise in Content-Management-Systemen zum Einsatz kommt, ist PHP. Diese wird im Gegensatz zu JavaScript auf dem Webserver ausgeführt.

```
1:  hamburger_btn = document.querySelector('.hamburger');
2:  hamburger_btn.onclick = function() {
3:   toggleNav();
4:  };
5:  function toggleNav() {
6:  hamburger_btn.classList.toggle('hamburger--close');
7:  document.querySelector('.nav').classList.toggle('visible');
8:  }
```

In diesen paar Zeilen JavaScript lernen Sie wichtige Konzepte dieser Skriptsprache kennen (die übrigens genauso auch in anderen Programmier- und Skriptsprachen verwendet werden). In Zeile 1 definiere ich eine Variable, die ich `hamburger_btn` genannt habe. Vom Konzept her sind Variablen Behälter, deren Inhalt sich ändern kann. Variablen können, nachdem sie definiert sind, beliebig oft im darauf folgenden Code wiederverwendet werden. Im Listing verwende ich die Variable `hamburger_btn` noch in Zeile 2 und 6.

Nach der Benennung der Variablen, wodurch sie auch direkt angelegt wird, setze ich den Inhalt mit dem Ausdruck `document.querySelector('.hamburger')` gleich. Wie gewohnt, interpretieren Browser JavaScript von links nach rechts. Mit `document` wird definiert, worauf sich der mit einem Punkt abgesetzt folgende Ausdruck beziehen soll. Somit wird `querySelector('.hamburger')` auf das gesamte HTML-Dokument angewendet. Und `querySelector()` ist eine sogenannte Methode. Diese ist Teil von JavaScript und gibt das erste Element zurück, das in den Klammern als Suchobjekt angegeben ist. Daher enthält die Variable `hamburger_btn` in meinem Beispiel einfach einen Verweis auf das Seitenelement, das mit der `.hamburger`-Klasse getaggt ist. Und diesen Verweis verwenden wir nun weiter.

Code und Anführungszeichen

Im Codingbereich ist praktisch immer von einfachen oder doppelten Anführungszeichen die Rede, wenn ' und " eingesetzt werden. Die englischen Unicodebezeichnungen für diese Zeichen sind zwar »apostrophe« (') und »quotation mark« ("). Typografisch ist das aber genau genommen nicht korrekt. Denn außerhalb von Code werden diese Zeichen eigentlich überhaupt nicht eingesetzt. Häufig werden sie allerdings als Minuten-, Sekunden- oder Zollzeichen verwendet.

In der zweiten Zeile steht zunächst `hamburger_btn.onclick`. Hierbei ist `onclick` ein sogenanntes Event, eine Benutzeraktion. Dieses Event ist genauso wie die eben besprochene Methode Teil des »JavaScript-Wortschatzes«. Was nun nach einem Klick auf das mit der `.hamburger`-Klasse getaggte Element passieren soll, wird mit function() angegeben. Innerhalb der geschwungenen Klammern steht in Zeile 3 die Funktion toggleNav().

Diese Funktion definiere ich nun in den Zeilen 5 bis 7. Prinzipiell hätte ich den Code auch direkt in den Funktionsaufruf in Zeile 3 schreiben können. Aber der gezeigte Ansatz führt zu einer höheren Modularität: Die Funktion toggleNav() könnte so auch mehrfach verwendet werden. Nach dem Keyword function folgt der Name der neuen Funktion, der immer ein Paar runder Klammern folgt: toggleNav(). Die gewünschten Aktionen dieser Funktion stehen wiederum in geschweiften Klammern und bestehen in unserem Fall aus zwei Codezeilen. Mit hamburger_btn.classList.toggle() wird auf die zuvor definierte Variable hamburger_btn die classList-Methode angewendet. Diese Methode gibt einfach die verwendeten CSS-Klassen des in der Variablen gespeicherten Elements aus. Welche Klassen das sind, interessiert uns gar nicht, aber mit der toggle()-Methode, die wiederum auf diese Klassenliste angewendet wird, können wir dieser Liste ganz einfach eine neue Klasse hinzufügen und genauso wieder entfernen (toggle bedeutet im Deutschen »umschalten«, also genau das, was wir hier wollen). Die Klasse, die hinzugefügt bzw. entfernt werden soll, steht in einfachen Anführungen: 'hamburger--close'.

In der siebten Zeile wird zunächst durch document.querySelector('.nav') das erste Element im Quellcode mit der Klasse .nav ausgewählt. Diese Auswahl mittels JavaScript haben Sie ja eben schon gesehen, genau wie den zweiten Teil des Codes, der mit .classList.toggle('visible') einfach die .visible-Klasse dem zuvor ausgewählten Element durch Drücken des Hamburger-Buttons hinzufügt bzw. entfernt.

Dieses Einfügen und Entfernen von Klassen können Sie auch in den Webdeveloper-Tools beobachten (Abbildung 9.36). Wenn der Hamburger-Button nicht betätigt wurde, enthält das entsprechende a-Tag nur die .hamburger-Klasse ①, und das nav-Tag enthält nur die .nav-Klasse ②. Dass das nav-Tag ausgeblendet ist, sehen Sie in den Developer-Tools an der grauen Schrift. Nach dem Betätigen des Hamburger-Buttons wird den genannten Tags die .hamburger--close-Klasse ③ bzw die .visible-Klasse ④ hinzugefügt. Durch erneutes Drücken des Hamburger-Buttons werden diese Klassen wieder aus dem Quellcode entfernt.

Eingriff in den HTML-Code

JavaScript-Funktionen können wie im Beispiel den HTML-Code verändern: Durch das Klicken auf einen Button wird hier eine Klasse hinzugefügt bzw. entfernt. Eine solche Änderung lässt sich mit CSS alleine nicht bewerkstelligen.

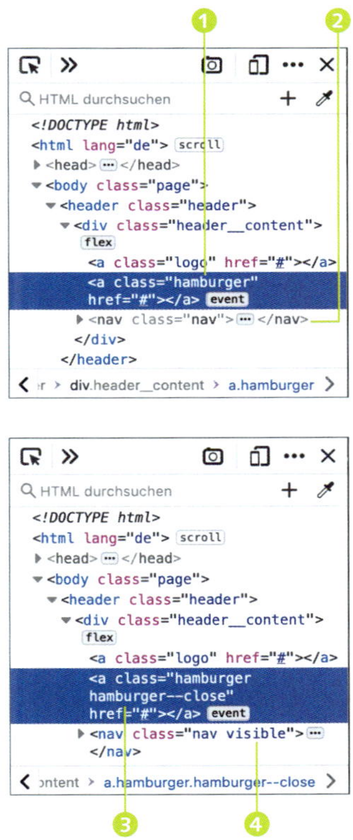

▲ **Abbildung 9.36**
Das Hinzufügen und Entfernen von Klassen können Sie auch in den Webdeveloper-Tools im Browser beobachten.

Carol Twombly

Adobe Originals

Das Adobe Originals-Programm wurde 1989 als hauseigene Foundry bei Adobe gegründet, um den wachsenden Bedarf an hochwertigen digitalen Schriften zu decken. Das Ziel war es, sowohl neue, originelle Schriften zu entwickeln als auch historische Schriftarten zu digitalisieren und zu modernisieren. Dabei sollte die Qualität und Authentizität der Originaldesigns bewahrt werden.

Carol Twombly wurde 1959 in den USA geboren und studierte Grafikdesign, Typografie und Schriftgestaltung. Ihre berufliche Laufbahn begann bei Adobe Systems, wo sie als Schriftgestalterin tätig war. Als eine der ersten Designerinnen der Adobe-Originals-Reihe, einer Sammlung erstklassiger digitaler Schriften, leistete sie einen bedeutenden Beitrag zur Entwicklung und Verbreitung digitaler Schriften.

Twombly ist bekannt für ihre Fähigkeit, historische Schriftstile in digitale Formate zu übertragen. Durch die Verschmelzung traditioneller Ästhetik mit moderner Technologie erschafft sie Schriften, die sowohl klassisch als auch zeitgenössisch anmuten.

Bedeutende von ihr gestaltete Schriften sind die Trajan (1989), die Adobe Caslon (1990) und die Myriad (1992). Letztere, eine humanistische serifenlose Schrift, wurde von Twombly in Zusammenarbeit mit Robert Slimbach entworfen. Die Myriad besticht durch ihre einladenden, offenen Formen und ihre außergewöhnliche Lesbarkeit. Durch die langjährige Verwendung als Hausschrift von Apple erlangte sie große Bekanntheit.

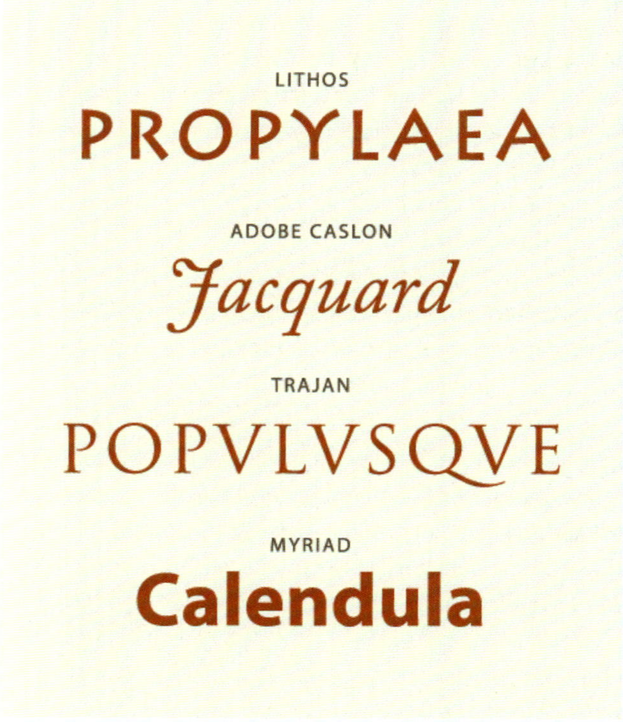

► **Abbildung 9.37**
Schriften von Carol Twombly

Index

G

H

I

J

K

L

M

N

T

Quellenverzeichnis

Die meisten Abbildungen des Buchs wurden den Webseiten von Wikipedia und Wikipedia Commons entnommen bzw. den jeweils genannten Zeitungen und Zeitschriften. Wenn die Abbildungen von anderen Rechteinhabern stammen, ist dies direkt am Bild vermerkt.